JN226614

久冨善之／長谷川裕／福島裕敏［編著］

# 教師の責任と教職倫理

## 経年調査にみる教員文化の変容

勁草書房

# はじめに
## —研究目的・研究過程—

久冨　善之

### 1.「教師の責任と教職倫理」に関する課題

3.11 東日本大震災の被災およびそれに引き続く復興問題をめぐる経験や「いじめ自殺」問題を通じて、学校で「子どもの命と安全」を守る教師の責任が、いまの日本で改めて問われている。

本書の作成へと至る共同研究の課題は、そこで追究対象になっている「教師の責任」というテーマを、教師の仕事をめぐる子ども・保護者との関係がどのように構成されるかという「応答責任（responsibility）」の課題として社会的・文化的文脈に置き直し、責任をめぐる関係構成の文化的定着の姿やその内面化である「教職倫理」の問題を、日本の学校文化・教員文化の今日的動態として実証的に解明することで、学校と教師たちが抱えるジレンマへの対処可能性を追究することであった。

#### (1)「教師の責任」を学校文化の戦後史的な形成・再編とその現在として明らかにする

柿沼昌芳『裁判で問われる学校の責任・教師の責任』（学事出版、2001）は、当時裁判になった体罰事件・学校事故で「教師の責任」がどう追及されたかを解明する数少ない本である。しかし裁判での争点に視点が限られており、社会的・文化的な視野に欠ける。本研究では、たとえば 1994 年の「大河内清輝君『いじめ自殺』事件」と 2011 年の大川小学校被災などに見られるように、「子どもたちの命を守れなかった教師たちの無責任」として非難・追及されることの多い、この間の「教師の責任」をめぐる構図は何なのか、地域・親と学校・教師が共同形成してきた学校文化がどういう状況変化の中で関係構成のどういう性格変化がそこにあったのかを、今日の「教師の責任」の社会的・文化的な問題として明らかにしようとした。そしてそれを戦後の学校文化・教員文化の変化のなかに位置づけた。

### (2)「教師への子ども・親の期待」の教師たちによる認知と責任意識を明らかに

教師・学校に対して「何も期待しない」との語りもあるが、「過剰期待だ」「学校任せ」という言説も有力である。子どもたち・親たちは、教師と学校にいま何を期待しているのか？「教師の責任」はまさにその期待にどのように応答するのかという課題である。子ども・親の持つ教師への期待を、今日の教師たちはどのように認知し、それに対するどのような責任意識を持っているのかという現代日本の実態を、質問紙調査を通じて追究し、その今日的性格と特徴を明らかにしようとした。

### (3) 教師が陥るアポリア、その10年の変化とそれを乗り切る教員文化再構成の可能性追求

「教師の責任」をめぐって、なぜ責任追及的な被告席に教師が立つことが多いのか？　そこには上記の子ども・親側の期待における性格変化とともに、教師の側がことがらの関連の中で立つ独特の社会的位置があると考える。つまり現代社会・政策・学校制度の文脈の中での教師の位置づけの問題であり、それが教師たちの今日的困難（アポリア）を構成している。これは「教員文化（＝教師たちが共有することがらの捉え方とそれへの意味づけ）」の今日的様相が、10年前に行った同様の調査研究結果と比較してどう変化しているかを明らかにし、今日の「教員文化」のどこにその困難を乗り切る対処があるのかという教員文化の再構成の可能性を追求する課題である。

### (4) 上の3つの課題に伏在する理論的問題と「教員文化」研究の30余年を考える

教員文化には、その時々に起こる事件に左右される面とがある。本研究ではそれを、この間起こった学校事故・子ども事故・「いじめ自殺」事件の教育法的な分析を通して解明することを目指した。

なお筆者は30余年にわたって「教員文化」に関する研究を続けてきた。そこで何が「成果・弱点・課題」なのかを明らかにし、今後の教員文化研究の方向性を考察した。

## 2. 研究の組織と過程

研究は以下の3グループを編成しながらの共同研究という形で進められた。

**研究代表**…………………久冨　善之（一橋大学［大学院社会学研究科］名誉教授）

**A）「全国10地域教師質問紙調査」実施・分析グループ**

長谷川　裕（琉球大学・人文社会学部・教授）
福島　裕敏（弘前大学・教育学部・教授）
山田　哲也（一橋大学・大学院社会学研究科・教授）
松田　洋介（金沢大学・学校教育学類・准教授）
本田　伊克（宮城教育大学・大学院教育学研究科・准教授）
山本　宏樹（東京電機大学・理工学部・助教）
（研究協力者）松浦加奈子（一橋大学・大学院社会学研究科・博士課程）

**B）「東日本大震災・被災地教師質問紙・インタビュー調査」実施・分析グループ**

福島　裕敏
本田　伊克
久冨　善之

**C）「伏在する理論問題」・「教員文化研究の方向性」検討分析グループ**

中田　康彦（一橋大学・大学院社会学研究科・教授）
久冨　善之

また、本研究の過程で協力してくれた11の教育委員会と105の小・中学校と、質問紙調査・インタビュー調査に快く回答してくれたA・B両研究で

2000 人を超える各職種の教師の方々、さらにまた各地の民間の協力者、その皆さんの協力と励ましがなければ、この書にまとめるまでに到達することがなかったことを思い、深く感謝したい。

2018 年 4 月

研究グループを代表して　久冨 善之

# 教師の責任と教職倫理
—経年調査にみる教員文化の変容—

## 目　次

# 序

# 日本の教員文化の現在と「教師の責任と教職倫理」

## —本書のテーマと方法—

長谷川　裕

本書は、「はじめに」で述べた共同研究のひとまずの成果として、日本の学校教員の教員文化の現在を明らかにすることをテーマとする。その中で特に、「教師の責任と教職倫理」という論点に焦点を当てていく。

このテーマを追究するに当たって、主として、「はじめに」で言及した2014年実施の学校教員対象の質問紙による調査によって得られたデータに依拠する。しばしば、そのデータと、本共同研究のメンバーの多くが参加していた2004年実施の同様の質問紙調査（以下「2004年調査」。その実施概要は**2**(1)参照）のデータとを経年比較することによって、上記の教員文化の「現在」の特徴を浮かび上がらせることを試みる。

加えて、共同研究の一環として実施された東日本大震災被災地の学校・教員調査によって得られたデータも活用していく。

## 1. 本書のテーマ

以下本節では、上で簡単に示した本書のテーマについて、より詳細に述べていく。

### (1)「教員文化」という概念、及び教員文化論と2004年調査の問題意識

#### ①「教員文化」の社会理論的性格

1980年代末以降2000年代までの、教員についての教育社会学的研究動向をレビューした越智・紅林（2010）は、教員文化とは「教育システムと教師の再

帰的な関係をつなぐもの」であるとしている。その上で、上の期間の教育社会学的な教員研究において、教員文化は「問うべき対象として極めて重要なもの」として、「戦略的なターゲット」として位置づけられ、その「研究の蓄積が著しい」ものであったと評している（pp. 113, 119）。

確かに教員文化は、A. ギデンズの社会理論である構造化論の概念を用いながら述べるならば[(1)]、学校という場で展開する教育の「社会システム」において教員という「社会的地位」に「位置づけられ」た「行為者」が、その社会的地位にあることに「状況づけられ」た「社会的実践」を遂行する際に依拠する何ものかであり、それに依拠した社会的実践を通じて教員は、その社会システムの「構造」を変容させつつ「再生産」し、再生産しつつ変容させている。このような意味で教員文化は、教育の社会システムと教員の社会的実践との「再帰的 recursive」な関係をつなぐものであるといえる。

教員文化がそのような位置を占めるのは、それが、教員が有する、社会システムの「構造」の一側面である「規則」についての「知識」を、その基本的な構成要素とするものだからである。

一般に行為者は、社会的実践を遂行する中で、その実践に関する「知識」を獲得しつつ、それをその過程に投入し援用する。行為者は、「意味論的」でありかつ「道徳的」な性格も帯びた、「技術あるいは一般化可能な手続き」としての規則を認知しながら、すなわち、今この実践を遂行しているコンテクストにおいて生起している諸々のできごとを、どのようなものとして認識しつつ、また価値的にどのように評価しつつ、この実践をどのようなやり方で展開していけばいいかに関する規則を認知しながら、実践を遂行する。このように行為者が実践過程でそれについての知識を活用する規則は、その諸実践の複合によって成り立つ社会システムの構造をなすものでもある。行為者は、社会システムの構造としての規則を認知する「知識能力」をもって実践し、実践することによってその規則を、したがって社会システムを再生産するのである。

そのような規則に関する知識を、行為者は、それについて言葉ではっきりと語れる「言説的意識」のレベルで得てもいるが、同時にしばしばその多くを言葉ではうまく語れない「実践的意識」のレベルで身につけている。その知識は、個々の行為者が独自に自らの実践の経験を通じて獲得する場合もあるが、ある範囲の人びととの間で共有され継承される「相互知識」の形をとったものである場合もある。

教員文化とは、社会事象としてのその基本性格としては、この相互知識の統合体、すなわち教員という社会的地位に付随した社会的諸実践の規則についての、その社会的地位に位置づけられた行為者たちが共有し継承している相互知識の統合体であるとしておさえることができるだろう。

本書の編者の1人である久冨は、前述の1980年代末以降2000年代までの期間を通じて、さらに2010年代に入って以降も継続的に教員文化研究に従事し(本書の共同執筆者の多くも、途中からそれに参加している)、特に教員文化概念の定義及びその性格に関する原理的な議論に関して体系的な考察を進めてきた(2)。その久冨自身による従来からの教員文化の概念定義は、本書「おわりに」でも記されている(p. 481)。それと矛盾するものではないのだが、本書「序」の筆者としては、教員文化なるものの社会理論的基本性格を明示する形で定義するならば、上記のように、教員文化とは、教員の社会的実践の規則についてのかれらが共有する相互知識を要素とした、その統合体であるとするのが妥当であると考えている。

なお、教員文化は、述べてきたように教職を構成する実践各々についての相互知識として表れる場合もあるが、それら実践の複合としての教職をどのようなものとして見るかという教職観・教師像としても表れるし、そうした教職の立場に自身があることをどのように受けとめるかという「教職アイデンティティ」のもち方としても表れる。教職の実践が多様であり不整合・矛盾が孕まれたものであるゆえに、それらについての相互知識としての教員文化も不整合・矛盾を帯びたものとなるが、その中にあって教職アイデンティティをどのように構築し維持し強化していくかが、教員文化の中軸的な機能であり、その全体としての一定のまとまりの軸をなしていると言える(長谷川 2006)。

### ② 教員文化論の問題意識

久冨の教員文化に関する最初の編著書(久冨編著 1988)の第1章「教員文化の社会学・序説」のある項の見出しが「病める学校と学校教員の世界」となっていることに象徴されるように、この頃の久冨の教員文化論は、当時の学校の病理的な問題状況をいかに捉えるかという問題関心に立って、その原因を、教員の資質などに帰する「個人責任説的視点」でも、全体社会の構造に帰する

「構造還元的視点」でもなく、また学校における諸々の営みの骨格をなす「制度としての学校」が根深く孕む問題性を重視しつつもそこのみに帰する視点でもない（同 pp. 4-12)、学校を担う「教員世界の内側」(同，p. iii）に着目して把捉するという視点をとることが、その主要な問題意識であったと解釈できる。

しかし教員文化論の2番目の編著書（久冨編著 1994）では、久冨は、上と同様の問題意識を保持しつつも、教員たちが置かれた「社会的・制度的位置」がかれらにもたらす「アポリア」を「乗り切って」いくためのすべとして教員文化を捉えるという問題意識も同時に示すようになる（同，pp. 12-13)。教員文化に向けられるこれら2つの問題意識は、互いに相容れないというものではなく、いずれも、教員文化に関わる問題意識の主要なもののうちの2つに当たるものであると考えていいだろう。ただし以後の久冨の教員文化論では、後者の問題意識のほうによりウェイトが置かれるようになっていく。つまり、学校の問題性の原因の精緻な把握のための概念としての教員文化から、学校における営みの困難性の乗り切りのための教員当事者による方略の把握のための概念としての教員文化へと、教員文化概念によって捉えようとすることがらの焦点が移動していったと見ることができる。

本書が教員文化に対して向ける問題意識も、おおよそその方向性に沿うものである。その問題意識に基づいた場合、関連する諸々のことがらの中で教員文化はどのような位置を占めるか、その点について、〈引用・参考文献〉一覧に挙がっている久冨の一連の文献に示された見解に依拠しつつ、筆者なりに捉えているところを図示すると、**図0.1**のようになる。

この図が示しているのは、

(a) 教師の生徒に対する教育活動、その前提となる安定的な教師－生徒関係の形成・維持等々、教員が主に学校を舞台として担う営みの首尾よき遂行には、原理的な困難が孕まれている。
(b) したがって、その営みは常に破綻の危険を孕んでいる。
(c) しかしその一方で、その破綻回避のための装置、破綻回避を可能にしてきた諸条件も形成されてきた。教員文化は、その装置のうちの重要なものの1つである。
(d) それらの装置・条件がうまく機能する中で、教員は生徒や保護者などの

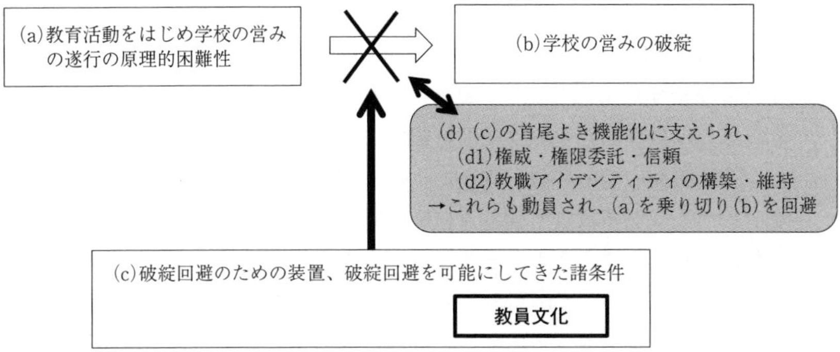


**図 0.1　教員文化をめぐる諸事象の関連構図①**

関係者から、権威を調達し信頼を獲得し教育活動等を遂行する権限の委託を受けるようになる。また、教員はその仕事にまつわるアイデンティティ＝教職アイデンティティを安定的なものにしてその遂行に専心できるようになる。これらのことも支えとして加わることで、(b) の破綻が少なくとも決定的なものとなることは回避され、学校の営みは持続されることになる。

という、教員文化及びそれと関連する諸事象の展開に関する構図である。

多少詳しく説明を加えていこう。本書が対象としている教員とは、学校一般の教師ではなく近代学校のそれであることは議論の前提である。したがって、教えるという活動が一般的に孕む困難もあるがそれは措いて考えると、(a) の原理的な困難として次のようなものが挙げられる。

(ⅰ) 現実の生活・労働の文脈から切り離され再文脈化され、したがって社会的レリバンスを感じとりづらい内容についての学習へと動機づける必要があるが、特に近代学校が公教育として運営される際に原則とされる皆学制のもとで通学する多数の生徒たちに対して、その動機づけを行うことには多大な困難を伴う。

(ⅱ) 教師一人あたりに多数の生徒（しかも（ⅰ）で示したような動機づけの困難の問題を伴う生徒）を抱えることにより集団規律の確保が必要となるが、実際にそれを実現するのは困難である。

(iii) 近代学校は、そこで教えられることがらの中心は (i) で見たような性質を帯びやすいものであり (高度にアカデミックな教科教育などに典型的)、その点では教員はその職務範囲を限定しやすいように見えるが、実際にはある特定領域の能力に限られない、いわば人格全体の育成を、しかも (ii) で示したような多数の生徒各々に応じた形で進めることが要請される。そのためその要請に応えようとすれば、何をどのように教えるべきかについて確たる基準に照らしてこれと定めることが難しく、また教える活動を遂行するに当たって前もって立てた計画に沿って進めるのみでは事足りずに、多過ぎるとも言える数の相手や状況に応じた即興的な対応を少なからず要することになる。また、教える活動を進めた結果どのような成果が達成できたのか、その成果が達成できたと判断する根拠はどのようなことなのか、その活動を首尾よくやり遂げるだけの力量を自身が有していると主張できる根拠は何なのか等について、確たるところを明示することが困難である。このように教職は、その様々の面で「不確定性」(Lortie 1975) という性質を帯びており、そうした性質の仕事を遂行していくことの困難がある。

これらの原理的困難が実際に (b) の学校の営みの破綻へと現実化するのを回避する機能を、(c) の装置・条件は発揮してきたのだが、それには主に次のようなものがある[(3)]。

(ア) まず、教員が教員としての社会的地位が承認されるということである。その背景には、近代学校教育制度出発期の教員資格や教員養成の制度創設をはじめとした、国家による教員の制度的地位の正統化・安定化に資する施策の支えが存在している。

(イ) さらに学校制度が、人々が職業上の地位に就く上での巨大で強力な通路になったということである。これにより学校は、そこに通う子ども・若者にとってもその家族にとっても、自分たちが暮らしを立てていく上で重大な意味合いをもつ場として位置づけられるようになる。

(ウ) (ア)で述べたようにその地位を社会的に承認された教員が、その制度的な権限を用いて形成した学校空間を舞台とした制度的秩序が、正統的なものとして見なされるようになり、子ども・若者が生徒としてそれに適応するようになったということがある。なお、その制度的秩序の根幹には、学業成績をめぐる競争・序列づけの秩序が位置しており、それは（イ）で見た学校制度の人材配分機能によってもその効力が支えられるようになる。

（エ）前述のように「不確定性」に満ちた学校の場では、この場合はこれを適用すればいいと明瞭に定式化された、N・ルーマンのいう「技術」に相当するものが開発されることは決して多くないが、それでもそのような場で生起する諸々の困難への対処に向けて試行錯誤が重ねられ、その成果が様々な経験則として蓄積されていく。

（オ）公教育の下ではしばしば生徒はフルタイムで就学することになるが、そのように長時間学校の場にいることは、かれらが（ウ）の制度的秩序の影響を長時間被ることを意味するとともに、教師と生徒との間で密度の高いコミュニケーションがなされうる可能性を担保するものであり、その高密度のコミュニケーションを通じて、教師は生徒に対して継続的・反復的な方向づけを行うことが可能になる。

（カ）以上のような破綻回避の装置・条件は、多くの場合それと対応する教員の実践によって機能化される。その実践の遂行に関する教員たちの相互知識は教員文化として共有・継承され、それもまた装置・条件の重要な一要素となる。

以上のような装置・条件がうまく機能する中で教員は、生徒や保護者などの関係者から、（ア）の最も基本的なレベルの制度的な権威・権限を超えて権威・権限・信頼を認められるようになり、教職アイデンティティを安定化させ、それらも支えとなって、学校の営みを持続させていくことができるようになるのである。

#### ③ 2004年調査の枠組みと教員文化の位置

2004年調査は、教員文化の機能についてのおおよそ上記のような捉え方（学校の営みの原理的な困難、それが破綻に至るのを回避するための装置、その１つとしての教員文化という捉え方）を背景にして、その枠組みが設定されたと言っていい。ただしその枠組みは、**図0.1** に図示されている諸事象の関連全体に関わるもの

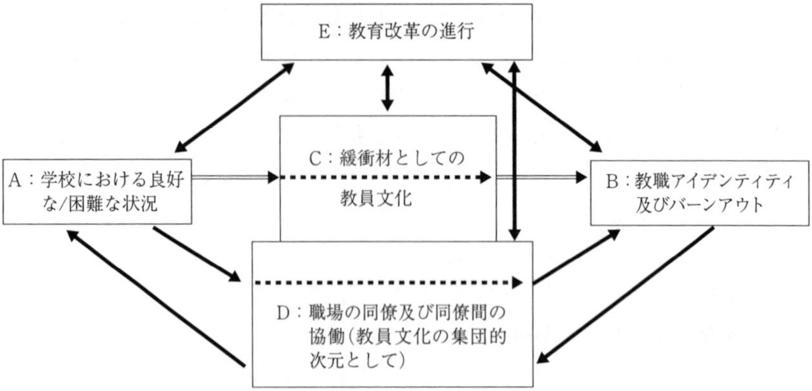


図 0.2　2004 年調査の枠組み

ではなく、図 0.2（久冨編著 2008a, p. 86）に示される、より限定的なことがらを特に射程に入れようとするものであった。

つまり図 0.2 が示しているのは、教員が勤務する学校の状況のいかん（A）によって、その仕事の遂行に伴い教員が抱く教職アイデンティティのあり方及びバーンアウトをはじめ疲弊状態のいかん（B）が左右されるが、これら A と B の間に教員文化（その集団的次元としての職場の同僚間関係のあり方も含む）が介在すること（C、D）によって、たとえ A が困難な状況にあってもそれが B の状態に直結して教職アイデンティティが激しく揺らぎ疲弊が過度なものとならないように緩衝する、そして以上の諸次元とそれらの関連に対して教育改革の進行状況（E）が影響を与えるという因果連鎖が存在しているという想定であり、そこで想定されている因果連鎖が実際にはどの程度、より具体的にはどのように成り立っているものかを明らかにしようというのが、2004 年調査の中心的なねらいであった。

### (2) 教員文化の今日的変容と現在：2014 年調査の問題意識

先にも触れたように、国家の教員政策は長らく、図 0.1 の（c）の破綻回避のための装置・条件の１つである教員の制度的権威・権限を担保する機能を少なからず果たしてきたが、日本では 2000 年代に入り加速化された教育改革、特にその教員政策は、教職遂行にまつわる原理的な困難（同図の(a)）を理解せず、

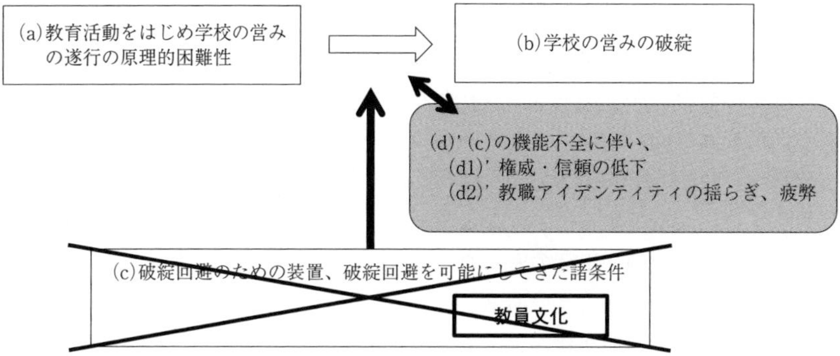


図 0.3　教員文化をめぐる諸事象の関連構図②

既に広まりを見せていた教員・学校に対する不信を追い風にし、それに拍車をかけ、その困難を学校の営みの実際の破綻へとつながらせかねない性格を帯びたものであった。つまり、教育改革の推進をきっかけにして、諸事象の関連は、**図 0.1** ではなく**図 0.3** で示されるようなもの —— (a) の原理的困難性が (b) の破綻へとつながる可能性を回避する装置・条件がうまく作動しなくなることによって、実際に破綻が発生するようになるとともに、教員・学校の権威・信頼が低下し、教員の教職アイデンティティが揺らぎ疲弊が増大し、それらもまた破綻を発生させる要因となる —— へと向かう方向で変化しつつある可能性があるのではないかということである。

だが、こうした変化が実際に進行しているとして、上記のような国家による教育改革・教員政策の転換が単独で、あるいは単独ではないまでも最大要因となって、その進行を牽引しているということでは、おそらくないだろう。事態の因果連鎖は複雑であり、それを全体としてどう捉えるかについては様々な考え方があり得る。だが、ここではそれらの綿密な検討は省略し、学校制度がある閾値を超えて普及したことの帰結を強調しておきたい(4)。すなわち、学校制度の大衆的普及は、学校に通い卒業することの職業上の地位・報酬を得る上での効用によって多数の人々にその正統性を承認させることを担保に遂げられてきたが、しかしその普及それ自体が、パラドキシカルにもその相対的効用を低下させることになり、その結果その正統性の最大の担保の効力を減退させることになる。だがその一方で、それだけ広く普及した制度からドロップアウトすることは子ども・若者にとって以前にもまして危険なものとなる。その結果かれらのうちの少なからぬ者たちにとって学校は、そこに留まることに積極的な意味は見出せないがしかしきっぱりと離脱することもできない閉塞的な場としての性格を漸次的に強めてきたということである。

それは、(1)の②で見た破綻回避の装置・条件のうち、(イ)の学校制度の実利的意味合いが低下するということであり、(ウ)の制度的秩序や(エ)の従前の経験則や(オ)の教師－生徒の密なコミュニケーションの効力が発揮されづらい事態が生まれるということである。それらによってもたらされた学校の営みの困難の様々な形での顕在化が、上で「既に広まりを見せていた教員・学校に対する不信」と述べたものの背景にあり、そうした趨勢の中で推進された国家の教員政策は、(ア)の教員の制度的権威・権限を揺るがすことによって、それに拍車をかけた可能性があるということである。

しかしながら2004年調査によって明らかになったのは、教員たちをめぐる事態は全体としては、必ずしも図0.3に示されるような形では進展していないのかもしれないということであった。つまり、教員たちの疲弊状態は、バーンアウト・スコアとして示される数値を見れば決して楽観できるものではないにせよ、しかし1990年代の状態に比べれば多少なりとも好転の様子さえ見られた(5)。また教職アイデンティティについても、その揺らぎが広範に進行しているとは見られず、全体としては安定的な状態を維持できていると言っていいような様子がうかがわれるということだった。

この点に関して2004年調査の結果分析が特に着目したのは、教員たちの教職アイデンティティのもち方についてであった。すなわち、教職の日々の遂行にまつわる諸々の困難に直面した場合その影響を直接に受けて「攪乱」をきたしやすい層と、教職について抱く理念などに支えられ、日常の困難の影響によって相対的には左右されづらい「安定」の層とに、教職アイデンティティを二元化するやり方が教員たちの間でとられており、それによってかれらの教職アイデンティティが全体としては相対的安定状態を維持していることが推測された。そして、そうした教職アイデンティティのもち方は、教職アイデンティティの獲得・確保・防御の「二元化戦略」と名づけられ、日本の少なからぬ教員たちが共有する教員文化の一側面として位置づけられた（長谷川 2008a, pp. 95-100、久冨編著 2008a, pp. 173-174、久冨 2017, pp. 162-166）。

おそらく、学校の営みを破綻へと導きかねない前述のような事態は、実際既に一定水準まで進行してきていると見ていいように思う。しかしそうした事態の中でもなお、教員文化は、**図 0.1** でいえば破綻回避のための装置として、**図 0.2** でいえば緩衝材として、依然として一定の有効性をもって機能しており、そのことが上記のように、教員たちの教職アイデンティティが相対的安定を見せ、かれらの疲弊状態のいっそうの昂進もくい止められているという状況をもたらしていた。未だ仮説的なものに過ぎないがこうした1つの状況診断を、2004 年調査の結果は導き出したのであった。

では、その後この状況はどのようになったのであろうか。前述の教育改革・教員政策は、むしろ 2004 年調査実施以降に、より本格的に推進され加速化したと言っていい。そうした教育改革が進行するコンテクストの下、教員たちをめぐる事態はどのように変化しているのか、あるいはしていないのか、その中での教員文化の有り様はどのように変化しているのか、あるいは変化していないのか。この点を掴みたいというのが、2014 年調査の課題意識である。そのような経年比較を行うことをねらっているため、調査の枠組みも、**図 0.2** で示した 2004 年調査のものと基本的には同様のものとなっている。

### (3)「教師の責任と教職倫理」という観点から教員文化にアプローチする

2014 年調査は、(2)で述べたとおりの課題意識に基づいて行われたが、加えて、特に「教師の責任と教職倫理」という観点から教員文化にアプローチすることにより、その現在のあり方の特徴を浮かび上がらせたいということも重要な課題意識としてもちながら実施された。

大庭 (2005) を参考にして考えると、「責任」なるものの原義は、互いに関わり合っている者同士が、相手から差し向けられる呼びかけを、応えることが期待されているものとして受けとめて、なすべきことに進んでコミットしようとすること、そのように呼びかけに対して応答可能である responsible としてそれを引き受ける態度をとることであり、そのような態度をとる者同士の関係性のあり方のことである。その呼びかけは、そのように呼びかけることが妥当なことなのかどうかという基準があらかじめ定められてはいない、個別的・一回的な性質を帯びたものであり、また何をもってそれに呼応したことになるのかも、前もって確定はできない性質のものである。

(1)②で、近代学校の教員の仕事である教職は、根源的に「不確定性」という性質を帯びている旨を述べた。そのよって来るところは原理的には、教職の中心的な実践である〈教育〉――何らかの限定されたことがらを教えるというのではなく、各人それぞれの潜在可能性・必要・希望に応じてその人の全体的な発達を促そうとする営みをこのように表記した――なるものの根源的に不確定な性格にあると言っていいだろう。それは、教師は生徒に対して、上記のような原義的な意味での責任を負っていることを含意しているとも言える。

しかし、教員がそのような意味の責任を文字通りに負うのは、現実にはかなりの困難が伴うことである。少なくとも、個々の教員が、自分が関わる各生徒すべてに対してそうした原義的な責任を継続的に背負い続けるというのではないように（それができるのは望ましいことかもしれないが、現実にはたいていの場合不可能なので）、責任を負うべきことがらの範囲やその負い方について何らかの限定がかけられることになる。

本書が追究するのは、その限定の仕方についてである。つまり、どのような限定がかけられることによって、日本の教員が、自分たちに向けられるどのような期待を自分たちが義務として負うべき責任があると見なしているのか、逆に責任がないと見なしているのか、さらにどのような責任を自分たちが全うすべき自らの倫理と見なしているのか、逆に、倫理と見なしていないのかについてである。その限定にはもちろん法的で公的な性格を帯びたものもあるが、本書が特に焦点を当てるのは、教員自身・生徒・保護者などの当事者間のより日常的な関係の中でのコンセンサス（場合によっては明示的であるが、たいていは暗黙の）によるそれであり、その中でもさらに教員同士の間でのそれである。後者は、教員文化の一様相となっていると考えられる。ここを捉えたいというのが、「教師の責任と教職倫理」という観点からの教員文化へのアプローチの意味するところである。

なお、そうした「教師の責任と教職倫理」という観点をなぜ殊に今日採用して、教員文化の現在を捉えようと考えたのかという、この観点の今日的意味については、第１章で述べられることになる。

以上述べてきたように、本書のテーマは、(A) 教育改革が進行するコンテクストの下、教員たちをめぐる事態の変化、その中での教員文化の有り様の変化がどのように見られるかを、その改革進行過程の2時点間の経年比較を通じて把握することであり、それとともに、(B)「教師の責任と教職倫理」という観点から教員文化にアプローチすることにより、その現在のあり方の特徴を浮かび上がらせることである。

## 2. 研究の方法と本書の構成

### (1) 本研究の方法

本研究は、1で論じた本書のテーマについて、「序」全体の冒頭で述べたように、主として2014年実施の教員対象の質問紙調査の結果に基づいて、いくつかの箇所で2004年の教員調査の結果との経年比較を行いつつ、明らかにしていく。また、東日本大震災被災地の学校・教員調査の結果にも依拠する。

2014年の教員質問紙調査については第2章にて、東日本大震災被災地調査については第14章にて、その実施概要が示されるので、ここでは2004年実施の教員調査の概要と、2014年調査・2004年調査の結果の経年比較に関することだけ述べておく。

2004年調査とは、2003-2005年度の科研費（基盤研究（B））による共同研究「教育改革時代における教師の位置と文化：その再編の社会学的・歴史的・比較論的研究」（研究代表者：久冨善之）の一環として2004-2005年に実施された、日本・韓国・スウェーデン・英国・米国の公立小中学教員対象の国際比較質問紙調査のうち、日本実施分のことを指している。この共同国際比較調査研究の結果は、長谷川（2008a pp. 79-137）、山田・長谷川（2010）などで報告されている。

2004年調査は、2004年夏〜秋に、日本国内9地点で、教育委員会の仲介で、または調査メンバーの知人を介して、当該地点の学校に回答を依頼し実施したものである。協力が得られた学校では、基本的にその学校の全教員（校長・教頭・養護教諭・時間講師を除く）に質問紙を配布し、回答済みの質問紙を回収し、返送してもらえるようにお願いした。有効回収数は、9地点全体で、小学校36校・577人、中学校28校・436人、計64校・1013人であった（長谷川 2008a, p. 80）。

2014年調査は、2004年調査の結果との経年比較を行うことを企図して、その質問紙において勤務校の様子、自信・信頼、教職生活、バーンアウト尺度、職場の雰囲気、相談相手、教職観などの質問項目・質問文を、2004年調査の質問紙のそれと共通のものにしている（この点についてより詳細には、本書第3章冒頭に記されている）。また、調査地点についても、2004年調査を実施した上記9地点での実施を目指し、結果的にはそのうちの7地点が両調査間で共通の調査地点となった。2004年調査の際に実施協力をしてもらった学校と同じ学校での実施も、何校かにおいて実現した。以上に基づく2004年・2014年2時点間の経年比較が、第3章をはじめ本書のいくつかの箇所で行われている。さらに付け加えるならば、2014年調査の質問紙は、本共同研究のメンバーのうちの何人かが参加していた2004年調査よりさらに以前の調査の質問紙との間で、質問項目・質問文の一部を共通にしているので、2004年よりもさらに前の時点と2014年との経年比較も、本書において行われている。

### (2) 本書の構成

最後に、本書全体の構成を簡単に示しておく。

本書第Ⅰ部は、2014年実施の教員対象の質問紙調査の結果と、1地点だけではあるが調査地域や調査校を訪問して実施したインタビュー調査の結果とに基づいて執筆される。

第1章は、調査結果の分析に先立ち、先にも触れたが本書が特に焦点を当てる「教師の責任と教職倫理」という問題がどのような問題であるのかを、理論的かつ歴史社会学的に論じる。

第2章では、2014年調査の概要とその基礎的集計結果が示される。

第3章では、いくつかの調査項目について、2014年調査の結果と2004年調査の結果の経年比較が行われる。第4章・第5章・第6章・第7章でも、それぞれ教職アイデンティティ、学校職場の教員同僚間関係、教職観、バーンアウト状況という特定の事項に関して、やはりその2時点間の経年比較を行いつつ論じられる（第6章・第7章では、2004年よりさらに以前の調査の結果との比較も交える）。

第8章以下は、経年比較ではなく、基本的に2014年調査の結果に基づいて執筆される。第8章は、本書の焦点である「教師の責任と教職倫理」に関わることがらについて、第9章は、2004年調査でも中心的な調査項目の1つだった「教育改革」の教員による受けとめ方について分析がなされる。第10章・第11章・第12章はそれぞれ、教育信念、特別支援教育の各校での取り組み状況やそれについての考え方、政治意識という角度から、教員の意識・教員文化の諸相を浮かび上がらせる。

第13章は、2014年調査の調査地点の1つであるD町の教育委員会・学校を訪問して実施したインタビュー調査の結果を、その地域の質問紙調査の結果と同調査の全国集計の結果との比較を交えながら分析している。

以上の第I部各章が明らかにしようとする課題は、第2章でももう少し具体的に示される。

本書第II部は、東日本大震災被災地の学校・教員調査の結果の報告である。第14章では同調査の概要が示され、第15章では質問紙調査の結果が、第16章では質問紙調査の自由記入回答とインタビュー調査の結果が示される。

「結び」では、先に示した本書のテーマについての一定の回答を示すことが試みられる。

「おわりに」では、本共同研究の代表者である久冨により、先にも言及したように教員文化概念定義をはじめ、自身の教員文化論の要点が改めて示された上で、「日本の教員文化」把握において本書で示した研究成果が何を付け加えることができたかが論じられる。

〈注〉

（1） 以下の「序」**1**①の叙述は、より詳細には長谷川（2003）で論じられており、それと一部重なっているところがある。長谷川（2003）は、本文中すぐ後で論及する久冨の教員文化論によって捉えられた教員文化が、A・ギデンズの構造化論の視点から見るとその社会理論的性格がどのようなものとして捉え直されるかを考察したものである。なお、「　」を付したものが、ギデンズ構造化論の概念である。

（2） 久冨の教員文化研究を中心とした教員研究の現時点までの集成は、久冨（2017）に示されている。また、2000年代初頭までの久冨による教員文化定義論・原理論の整理と検討が、前述の長谷川（2003）にて行われている。

（3） 以下で列挙されるその装置・条件のうち(ア)～(オ)は、長谷川（2008b）で教師－生徒関係成立の原理的困難の補償の仕組み・やり方として述べたことと同様。

（4） 久冨・長谷川編（2008）、久冨（2012）、久冨（2017）などで、また本書の第1章でも久冨が参照している、M・アーチャーの教育システム発展段階論における「第3局面」に関する議論に依拠している。

（5） 詳しくは、本書第I部第7章を参照されたい。

〈引用・参考文献〉

大庭健 2005『「責任」ってなに？』講談社現代新書.

越智康詞・紅林伸幸　2010「教師へのまなざし、教職への問い——教育社会学は変動期の教師をどのように描いてきたのか」『教育社会学研究』第86集.

久冨善之編著 1988『教員文化の社会学的研究』多賀出版.

久冨善之 1992「日本の教員文化——その実証的研究(1)」『一橋大学研究年報 社会学研究』29巻.

稲垣忠彦・久冨善之編 1994『日本の教師文化』東京大学出版会.

久冨善之編著 1994『日本の教員文化——その社会学的研究』多賀出版.

久冨善之 1995「教師のバーンアウト（燃え尽き）と『自己犠牲』的教師像の今日的転換——日本の教員文化・その実証的研究(5)」『一橋大学研究年報　社会学研究』34巻.

久冨善之 1996「学校文化の構造と特質——『文化的な場』としての学校を考える」堀尾輝久他編『講座学校⑥ 学校文化という磁場』柏書房.

久冨善之 1998「教師の生活・文化・意識——献身的教師像の組み替えに寄せて」佐伯胖他編『岩波講座 現代の教育 6 教師像の再構築』岩波書店.

久冨善之 2000「変動する日本社会の教師たち——その混乱、葛藤、そして「乗り切り（？）」」藤田英典他編『変動社会のなかの教育・知識・権力——問題としての教育改革・教師・学校文化』新曜社.

久冨善之 2003a「日本の教師——今日の「教育改革」下の教師および教員文化」『一橋大学研究年報　社会学研究』41巻.

久冨善之編著 2003b『教員文化の日本的特性——歴史、実践、実態の探究を通じてその変化と今日的課題をさぐる』多賀出版.

久冨善之 2004「評価、競争、教員文化——「教育改革と教師」の課題論に寄せて」『〈教育と社会〉研究』第14号.

久冨善之 2007「教師のしごとの性格　日本におけるいま」『クレスコ』2007年8月号.

久冨善之編著 2008a『教師の専門性とアイデンティティ——教育改革時代の国際比較調査と国際シンポジウムから』勁草書房.

久冨善之 2008b「転換期にある教師像——『献身的教師像』を越えて」『BERD』No.14.

久冨善之 2009a「教師が成長する学校職場の文化的性格——Professional Development of Teachers を支える基盤を考える」『学校運営』2009年1月号.

久冨善之 2009b「日本の教師と現代の教員制度改革」マイケル・W・アップル他編著『批判的教育学と公教育の再生——格差を広げる新自由主義改革を問い直す』明石書店.

久冨善之 2010a「学校教育の担い手としての教師と教員集団——『教員社会・教員文化』論・再考」『〈教育と社会〉研究』第20号.

久冨善之 2010b「なぜ学校に通うのか」田中孝彦他編『現実と向きあう教育学——教師という仕事を考える25章』大月書店.

久冨善之 2011a「『教師教育ペダゴジー』の社会学を考える」『日本教師教育学会年報』第20号.

久冨善之 2012「学校・教師と親の〈教育と責任〉をめぐる関係構成」『教育社会学研究』第90集.

久冨善之（代表）2016『教師の責任と教職倫理に関する社会学的・文化論的研究　2013-2015年度科学研究費補助金・基盤研究［B］研究成果報告書』.
久冨善之 2017『日本の教師、その12章――困難から希望への途を求めて』新日本出版社.
久冨善之・長谷川裕編 2008『教育社会学』学文社.
長谷川裕 2003「教員の実践と教員文化の概念」久冨善之編著『教員文化の日本的特性――歴史、実践、実態の探求を通じてその変化と今日的課題をさぐる』多賀出版.
長谷川裕 2006「教員文化・教師集団」教育科学研究会編『現代教育のキーワード』大月書店.
長谷川裕 2008a「5ヵ国の教師たち、その教職アイデンティティ確保戦略」久冨善之編著 2008a 所収.
長谷川裕 2008b「教師と生徒との関係とは、どのようなものか」久冨善之・長谷川裕編 2008 所収.
山田哲也・長谷川裕　2010 「教員文化とその変容」『教育社会学研究』第86集.
Lortie, D. C. 1975 *Schoool Teacher: A Sociological Study*, The University of Chicago Press.

# 第Ⅰ部

## 10 地域教師調査の結果と、そこに見る 10 年前調査からの変化

# 第1章

## 「教師の責任と教職倫理」の文化論と社会過程論

### —1994年と2011年の2つの被災事件から問われるもの—

久冨　善之

東日本大震災での宮城県石巻市の大川小学校における悲惨な事態は、筆者に「教師の責任と教職倫理」というテーマを想起させた(1)。それよりも15年余前の愛知県西尾市で起きた「大河内清輝君『いじめ自殺』」は、これまた上のテーマを強く意識させられる被害事件であった。本章は、まず大河内清輝君の事件から、続いて大川小学校被災問題へと、筆者がわかる限りの事実描写とその検討を行い、そこにはらまれた「教師の責任と教職倫理」の問題を浮かび上がらせ（1、2)、続いてその問題を「教師の責任」をめぐる期待する側と期待される側の社会関係・社会過程・文化の問題として考えていきたい（3)。

## 1. 1994年「大河内清輝君『いじめ』自殺」事件の現地を訪ねて

### (1) はじめに——小林篤氏のルポルタージュに依拠して

1994年11月27日に起きた清輝君の「いじめ自殺」事件は、その「遺書」が見つかり公表された時から、日本中を震撼させる大事件として連日テレビ・新聞・週刊誌などで「報道の洪水」のような勢いで伝えられた。それは、1970年代後半から幾度も起こった「いじめ自殺」事件のなかでも、おそらく最も世間の注目を集めた悲惨なケースだったと思われる。

筆者らは研究仲間とともに、現地の知人に連絡をし、その年のうちに現地調査へと向かった。しかし筆者らのネットワークでは、その学校当事者の話を聞くことはできず、また「加害」生徒やその関係者にも接触できず、事件当事者といえば、被害者の父親（祥晴さん）のお宅を伺ってお悔やみを言うだけだった。現地の知人の紹介で、地域の父母数人と、同じく紹介してもらった他学校の教師数人の話を聞かせてもらった。古矢作川の「ここが、遺書にあった場所だ」という河原の公園のような所にも連れられて行ったが、休日で親子連れや友達同士が遊んでいる様子を見た。「ここで、死ぬほどつらい〈屈服〉を強いられたのか」と当方は暗澹たる気持ちだった。

筆者は当時の調査集団のなかでは「西三河の教員文化」が分担だったので[(2)]、それでも、現地訪問に若干の意味はあったが、事件そのものに関して「起こった事実に接近できていない」「清輝君の苦悩を理解できないままの現地訪問だった」という後悔を抱いて帰京した。大学に戻って、しばらくすると、雑誌『現代』（講談社）で小林篤による、この事件のルポルタージュ連載（小林 1995a, 1995b, 1995c, 1995d）が始まった。それは筆者の知る限り「清輝君事件」の最も詳細でかつおそらく最も正確なルポだった。我々の現地訪問の比較的貧しい事実把握と違い、それはまさに「渾身」のルポだった。次項ではこのルポの記述を主たる材料に、事件の事実描写を試みたい[(3)]。

### (2)「清輝君の家族関係」と「いじめグループの構造」、「学校・教師の人間・社会関係」

いじめ事件で追いつめられる子どもは、「孤立」という共通の特徴を持つと言われてきた[(4)]。そこでこの事件に関しても、まず人間・社会関係的な「孤立」という問題から迫ってみたい。

① **家族関係とそこでの「孤立」**：清輝君は、地元中堅企業の課長で技術者でもある父と母との間に生まれ、当時中学２年生であった。

後にも述べるが、清輝君はいじめグループに強いられていくつもの「悪事」（お金の持ち出しを初めさまざまの）を行っており、その件で父親から酷く叱られ、叩かれた時もあった。まさに中井（1996）が言うようないじめグループによる「孤立化」作戦が完全に成功し、身近な家族の信頼をおよそ失い、家族内孤立に陥っている（事件後の地域・他の親との関係もあるが、省略）。

② **いじめグループの人間関係の特徴**：「遺書」には「いつも４人の人（名前が出せなくてスミマせん。）にお金をとられていました。」とある「４人」が「X君、A君、B君、C君」である。遺書とは別に書かれた「旅日記[(5)]」には、「遺書」に書けなかった「４人」の実名が書かれていた。

4人中3人は、いずれかの面で清輝君と似た要素を持っていた。X・A・B君はともに地元の系列企業で働く父親の息子だった。A君は、地元の旧家という点でも清輝君と同じだった。

事件当時に中2だった4人は、その周りに10人前後の同学年男子を集めてグループを作っていた。そのなかではX君が「社長」と呼ばれてトップだった。他の3人はその次の位置を占めていた。それ以外のグループ・メンバーの中には、いじめ被害者が清輝君以外にもいて、30万円を恐喝で取られていた生徒や、生活困難層も含まれていた。「いじめ・いじめられ関係」の錯綜が常態化した2年生グループだったといえるだろう。

その中では清輝君とP君とが最も「いじめ攻撃」を集中的に受け「パシリ1号・パシリ2号」と呼ばれていた。同じ中2の女子の一部は、男子グループ内部の「被害者」側を笑い、冷やかす「観衆」（森田・清永編 1994）という、事実上加害者側に加担する者もいた。

上学年との関係はやや複雑で、旧3年生（清輝君らが中学入学時3年生）の「ツッパリグループ」は、そのリーダーが清輝君とは「ファミコン仲間」だったが、旧1年生グループ10数人を「パシリ」として使っていた。それに対し、旧2年生（事件当時は3年生）ツッパリグループは、X君が「兄」のように慕うY君がその中にいるが、下の学年の「いじめグループ」には、「パシリにするいじめはやめろ」と叱責し、また制裁を行い、さらに上の学年の「ツッパリグループ」には、「1年をパシリにするとは、……」と抗議し、決闘まで挑んでいる（それは、若い生徒指導主事の指導で、このグループが「生徒会の役員に立候補する」まで変身していったことが介在する）。事件当時3年生のリーダーは、清輝君に「大丈夫か？」と声を掛けたが、清輝君は「楽しいから、いい」と応えている。それで、上の学年グループの関与もここで途切れている。

③ **学校・教師の地位・役割・関係など**：このように複雑に絡まって構造化された生徒集団関係に対して、それを教育活動で指導する立場にある学校・教師の側の関係を、次に見てみる。

当該・西尾市立中学は教師が28人（過去2年間に16人異動）で「学校4役」とこの地域で呼ばれる「校長・教頭・教務主任・校務主任(6)」が管理層であり、「生徒指導主任」と「学年主任」との4人が中間管理層になっている。その他は、各学級担任（各教科担任も兼ねる、一部は部活動顧問も兼ねる）という一般教諭と、それとは別に養護教諭がいる。

愛知県には戦前から愛知県第一師範と愛知県岡崎師範と、県内に２つの師範学校があり、後者は「竜城会」という名称の学閥があり、西三河全域の公立小・中学校教師に強い影響力を行使している。戦後1949年に「愛知学芸大学」に統合されるが、分校という形が残り、1966年に実質的に現在地（刈谷市）に統合されて、大学名も「愛知教育大学」に変わった。この統合以降は表向きには「愛知教育大学同窓会（略称：愛教同）」という形で県内統一組織の姿になるが、旧「学閥」は潜在的に続き、事件当時は、その教師の出身地で「県内２学閥」に分かれ、この地域の「竜城会」では、当時西尾市教育委員会教育長が同学閥のトップで、その下に公立小・中の学校規模の大きな順に校長・教頭の序列（学閥内の）も決まっていたという。

また、この地域は伝統的に剣道が盛んで、翌年に同県で開催の国体に「好成績」を挙げるのが使命とされ、そのための「剣道人事（剣道に現役として実績のある教諭をその中学に赴任させる、同時に剣道部顧問）」ということまでなされていた。またこの地域では「S教育大賞」が「教育界のノーベル賞」とまで重視され、各学校が「大賞」獲得競争をしており、まだ大賞を取っていないその中学では当該年度「蛍飼育」をテーマとする研究課題に取り組み、前任校で大賞を取った教頭を呼び寄せ、また審査基準に教師の指導過程に関する論文があるので「論文指導」が得意な教諭を赴任させ、さらに蛍飼育を生徒に指導する専門家を愛教大教員の推薦で、大学時代は生物学が専門の教諭（2年C組・清輝君のクラスの担任で、かつ科学部顧問）を、それまで勤めた小学校から引き抜いて据えるという「生徒の学習・発達とは関係の薄い課題が重視された人事」が公然と行われていた(7)。

筆者は、戦前からのこの地域の「教育熱心」の伝統を全面的に否定する立場ではないが、少なくとも清輝君被災事件では、この学校・教師の関係・体制が、「（重大・悲惨な）いじめ」を把握するのを妨げ、教師（たち）が「いじめ」に気が付いてもそれに的確に、個人的・集団的に対処することができなかった、重要な要因になったと考える。

### (3)「清輝君『いじめ自殺』事件」の経過と、学校・教師側の対処

清輝君をめぐる「いじめ」の時系列的な経過を見ていきたい。

清輝君とX・A君とは3人とも同じ小・中で、しかもクラブ活動（小）、部活動（中）でも、同じ剣道部だった。清輝君は学業成績も良く、教師に信頼される児童・生徒であったが、運動はそれほど得意ではなく、X君・A君とは剣道での実力差があったようである。逆に、X・A君は運動が得意でも、学業成績はそれほど良くない状況で、「問題行動」で教師ににらまれる存在であったとされている(8)。

中学入学後は、X・A・清輝君らは、3年生ツッパリグループと交流があり、一方ではリーダー格の先輩と清輝君が「ファミコン仲間」として遊ぶ面と、他方では3年生の「パシリ」としても1年生として使われるという面もあった。この3年生と1年生との交流の質について批判意識を持った2年生のツッパリグループが（生徒指導主事の関与もあって）卒業期を前に、3年生グループに対して「1年生をパシリにして何だ」と公然と抗議し、決闘を挑むということがあった。

その傍らで、X・A・B君らがこの時期、大河内家を度々訪れるということがあり、その度に家からお金や商品券などがなくなるということが起こり、家族から「友人関係を怪しまれる」という形で、清輝君がこれまでの「良き息子」からの離脱をしているのではないかとの不信の眼を家族に持たれるようになっている。

そうして、旧1年生が2年に進学すると、「いじめ」が進みB君が、清輝君とL君（グループ下位の2人）に命令して、他のクラスの生徒を叩くという事件が起こった。学年に生じた公然の暴力に教師らは「事情聴取」をするが、L君は無言で、清輝君は「B君に命令されてやった」と正直に話した。教師らはB君に確かめたが、B君に否定されるとB君は「お咎めなし」で放置され、結局2年生グループで「清輝はチクリをする裏切り者」とされた。

この件は、「2年生いじめグループ」と「学校・教師」との力関係を逆転させ、グループ生徒たちによる「教師への見くびり」が決定的となった。担任教諭の理科の授業は崩壊し、「蛍飼育」も生徒ではなく教師が「職員トイレ」で進めるという異常事態に陥った。その当時、学校に存在した「登校拒否・いじめ対策委員会（9人）」は機能せず、事態は悪化のままだった。

大河内家では、以前にも増して清輝君が、祖母・母のお金を持ち出すようになり、その後も合わせた総額は、100万円を超えるまでになった。その背後にますます凶暴化する暴力・恐喝が、清輝君に加えられていた。いじめグループは暴力・恐喝だけでなく「清輝の成績をダメにする」作戦を進め、「試験前に呼び出して勉強させない」「いろんな用事を強要して、時間を奪う」、さらに「恐喝金額を高額にする」など、いじめの攻撃形態は多様にエスカレートしていった。

その結果、清輝君の1学期中間試験の成績は急に低下し、7月期末試験の成績はさらに落ちて三者面談で「清輝君が涙を流す」ということが起こった。

そんな「いじめ」の状況を知った3年生グループは、X君らいじめグループを呼び出し「パシリにしていじめるのはやめろ」と2年生らを制裁するに及んだ。これを知った教師らは、3年生たちの暴力を主要な問題とし、「2年生の家まで謝罪訪問するように」という指導をしている。

それとは別に、剣道の部活動で「いじめ」場面を顧問の教諭が直接に目撃するということがあり、顧問は加害者X・A君らを強く叱責した。この事件は顧問の厳しさもあって、少しは効き目があり、いじめグループは一時期鳴りを潜めた（＝いじめ攻撃をやや控えた）。

その間にも、清輝君の自転車が度々壊されるということがあり、家族も「おかしい」と思うが清輝君は「自分で転んだ」と、家族からの心配を否定した。

夏休みに入ると、清輝君が夜に家をあけることが多くなる。心配した父が「あいつらとの付き合いをやめろ」と注意するが、清輝君は「僕が付き合いたいんだ」と応じた。その頃、グループ下位のP君がいじめられた際に、清輝君が止めに入るということがあった。「それならお前が」といじめがいっそう清輝君に集中するようになる。恐喝される金額はさらに高額化し、清輝君が恐喝者の「集金代行」を強要されることもあった。

また、古矢作川では、清輝君を数人で潜って足を引っ張り溺れさせ「死の恐怖」を与えることで、最終的な「屈服」にまで追い込んだ。遺書には「(略)残念だけど彼らの言うままになりました」と、この時の恐怖と無念さを書き綴っている。

先に自転車が度々壊されることがあったが、その壊れた自転車を何度も直していた自転車屋の「おじさん」が、養護教諭に「いじめられているに違いない。学校で調べろ」と忠告するが、養護教諭は「学校でも把握しています」と応じるだけだった。

夏休み明けの２学期になると、２年生グループ５人が家出し、その間に「自転車泥棒」をして刈谷警察署に補導されるという事件が起こった。この生徒らは「この自転車は清輝が盗んだ」と嘘をつき、それが学校に伝えられた。またその同じ月に、Ｘ・Ａ・Ｂ君らがタバコを吸っている場面に清輝君が居合わせたことが、教師たちに知られた。学校・教師側は「良い子」と思っていた清輝君が「すっかりあのグループの一員になった」と認定し、清輝君だけに「反省文」を書くようにと指導した。「僕は吸っていません」と抗弁しても「その場に居て注意しなかったことが問題だ」と、「反省文」を書いて提出するよう強要した。

10月に入ると、家族の話では「顔や体にアザをつくって帰宅する」ことがあり、その間も恐喝は続いて、窮した清輝君はまた祖母のお金を持ち出した。それが知れ、父は初めて清輝君を叩いたという。11月に入ると、遺書にも書かれているが恐喝金額がますますエスカレートしていった。またその間には、ここでは記述がためらわれるような残虐な「性的いじめ」も受けた。

見かねた同じクラスの女子数人が、担任に「清輝君がグループにいじめられている」と訴えたが、担任教諭は「こっちでも手を打つから」と応じるだけだった。グループ加害者側の一人が、担任教諭に「清輝君のことで相談が」と(おそらく) 大きな勇気を出し話しかけたが「今日は時間がないから、……」とそのままになってしまった。

11月26日には、父が清輝君の悪行の数々にたまりかねて「強く叱責」した。

その翌日27日の夜、清輝君は家の裏庭の柿の木で縊死した。追いつめられた末の自殺だった。

11月30日の葬儀の翌日・12月１日に清輝君の机の中から「遺書」「借用書(母宛で100万円以上)」「旅日記」が発見された。それで家族はようやく、清輝君が「いじめられていた」ので強要されてあのような「悪事」の数々をしていたことを知ることになったのである。

### (4) 大河内清輝君事件から私たちが考えるべきこと

今日よりもう20年余前のできごとであるが、それが持つ衝撃と、含んでいる理論的・実践的・社会的課題は、いまも決して古びていないと考える。

それを、私たちが考えるべき「教訓・課題」として引き取るとすれば、筆者は次の４点を考えている。以下、それぞれについて述べたい。

**①清輝君の「いじめられ」は把握できた、学校・教師が見逃したチャンス**：これだけひどい暴力・恐喝・強要が８か月間も連続的に起こっていたのに、事件後の学校側の会見では、校長は「清輝君へのいじめに、学校としては気が付かなかった」と述べている。本当だろうか？ それとも気がついていても軽視していたのか？ あるいは「いじめグループ」の事実上の支配力が強くて教師たちが手を出すのをためらったのか？ 残念だがルポでも取材が教師集団関係の内部まで食い込めていないので、その辺りは必ずしもはっきりはしていない。

しかし、少なくとも言えることは、「学校・教師側がいじめエスカレートを止める」チャンスは何度もあったと思われるということである。そのいずれかの時点で「これほども異常な〈いじめ〉」を明確に把握し、それを教師間で共有して、「いじめグループ」に教師集団全体で対峙する可能性はあったはずなのではないか。また、同学年の「いじめのない学校・学年・クラス」を求めている大多数の生徒たちの気持ちに応え、またその気持ちを組織する形まで取って許すことのできない非道・罪悪を公然化し、学校・学年内の力関係を逆転させて、「いじめエスカレート」を押しとどめて、清輝君の命と安全、人権と尊厳とを守る可能性もあったはずだと思う。その点では、この事件での教師・学校側の個人的・集団的な「責任」は免れないと考える。

教師一人ひとりとその集団の「責任」は、何もない時でさえ「子どもの命」が関わっているという意味で重いものであって、ましてこれ程の暴力・恐喝・強要・人権侵害が連続しているのであるから、その「責任」はいっそう重大であると言わねばならない。

**②いじめグループの「標的化」作戦を見通す必要性**：このケースで「不運」だったと思うのは、加害者であるＢ君に一応話は聞いているが「否定（＝自分は命令していない）」されると、そこで放置して、本当は被害者でもある清輝君のグループ内の関係をいっそう「いじめられ」へと固定化させる役割を事実上果たすことで、これに関わった複数の教師たちが、いじめグループに「見くびり」を受けていることである。

それは、前述した中井の言う「孤立化」作戦（＝教師たちに信用された清輝君に、「悪事」を強要して「悪い子」と思わせ、その信頼関係を奪うことで、教師たちから切り離すやり方）に教師たちが引っかかって、作戦の成功に手を貸した形になったことを意味するだろう。芹沢俊介（2012）は「いじめ」攻撃に「標的の特定化」という要素が必然的に存在する点を指摘している。いじめグループはこの場合、清輝君をまさに「標的」と見定めて、彼に攻撃を集中する、その一環として「孤立化」作戦を遂行しているのである。

教師としては（筆者には当時どんな「いじめ」問題研修が、行政側から行われていたかに関する知見はないが）、「標的の特定化」や「孤立化」作戦など言葉として［知る／知らない］にかかわらず「いじめグループのやり方」の巧妙さを、「見抜く眼」や「読み取り能力」を持っていることが期待されていると思う。また、現場で度々起こる「いじめ・いじめられ」ケースについて相互に相談する中で、そんな「眼」や「能力」をお互いに鍛え合っていることが期待されると考える。

**③ いじめの「攻撃性」の基底と、集団動態をリアルにつかむ**：以上のように言ってくるとまるで「いじめグループ」の中心にいる生徒たちは元々「悪魔」のように思われるかもしれないが、それはそうではないと思う。かれらにはかれらなりの「いじめ」で攻撃性を発揮するだけの理由・背景があると考える。この点に関しては「なぜいじめるのか？」という理由・原因の問題として、既にあまりにも多くのことが語られ議論されてきた。ここでは、その中で筆者がかなり説得的だと思われる議論として（おそらく「いじめ」に関して最も多くの理論的著作を書いてきている）内藤朝雄の［α体験⇔β体験］理論を紹介しながら、それが清輝君被災事件のケースをどのように意味づけることになるのかについて考えたい。

**表 1.1** は、同事件のすぐ後に筆者が読んだ内藤（1996）に載っている表を一部改変したものである（この表の前に、内藤はもっと視野を広げた［α体験⇔β体験］の構造図を描いて理論展開しているが、それは長くなるので、ここでは文章でざっと触れるだけとした）。

内藤は、人間にはまず「無前提の安心」状態という体験があるという。赤ん坊が泣くと養育者がそれに応えて、赤ん坊の泣き声を何らかの必要・要求（＝呼びかけ）と捉えて、それに応答するかのように、ミルクを与えたり、おむつを換えたりしてあげるということがある。こうやって赤ん坊は事実上無力でも、その必要・要求（needs）はその時々に満たされるということがある。こういう［必要・要求と、それへの随時の応答］という関係への注目は、内藤に限られるわけではないが、これを内藤は「α体験」と名付けている。それは人間に

表 1.1　β体験構造における「自己表象」と「対象表象」との交換される関係

| 全能感筋書ユニット | 自己表象 | 対象表象 | 随伴情動 |
|---|---|---|---|
| A | 無力でみじめな自己 | 迫害的で酷薄な対象 | 無力感・崩壊観 |
| B-a | 主人 | 奴婢 | 全能感 |
| B-b | 破壊神 | 崩れ落ちる屑物 | 全能感 |
| B-c | 遊ぶ神 | 玩具 | 全能感 |

出典：内藤（1996, p. 338）を一部改変.

とって原初的な無償の信頼関係とも言えるだろう。それは、現代では誰でもが幼児期に体験するとは限らないが、多くの人間が、通常の配慮ある養育環境に置かれれば、体験するものだと考える。

これに対して、その人間がある程度の期間、抑圧・圧迫の状態に陥れられ、そこで、**表 1.1** の［A］に見るように、抑圧者が「迫害的で酷薄」と映り、自分のほうは「無力・みじめ」と思うという関係が構成されるような状況が続くと考えてみよう。

そこでは、原初的で肯定的な状況で形成された「α体験」が崩れて、〈欠如〉という状態が生じていることになる。それにいつまでもは耐えられない人間は、その〈欠如〉状態を埋めるために、それとは正反対の状態を夢想するという。それが、表の左下の［B］の「全能感筋書」というもので、そこでは［A］とは反対に、自分が「主人・破壊神・遊ぶ神」となり、対象側がそれとそれぞれ一対の「奴婢・崩れ落ちる屑物・玩具」となって、そこに「人権もあり人間の尊厳もある」人を、自分の思い通りに「奴隷」や「オモチャ」にすることで「侵してならないものを恣意的に侵す（人格をズタズタにする）」ことができる「全能の感覚」が伴う「β体験」をもって、先の〈欠如〉を埋めようとする。そうした「全能感筋書」の一つが、「いじめ」に他ならないというのが、内藤「いじめ」理論の核心である。

ただ、いじめ攻撃で「全能感」状態を得たとしても、それは（対象には怖れられるとしても）信頼されるわけではないので、その状態は一時的で、かつ〈欠如〉が埋まるわけもない。それで攻撃者の内部では「〈欠如〉を埋めろ！」なるアラームが鳴り続け、いじめ攻撃が止まらない＝エスカレートという関係にますます嵌まることになる。

清輝君をあれ程の攻撃性で「いじめ」をエスカレートさせたX君・A君を例に取ると、彼らは、家族内では「勉強ができない子」として否定・抑圧され、学校では教師たちには「勉強のできない非行気味の子」「問題児」と烙印を押され排除されている。また同じ学校内で先輩集団からは、「パシリ」としていじめを受けたり、逆に「いじめ」をしている点を非難・叱責され、リンチを受けたりもしている。彼らは、どちらを向いても「圧迫・抑圧・無力」状態の中にいることになる。

ところが、彼らの眼前には、家庭的には（経済的・文化的に）同程度なのに、「勉強ができて成績が良く、また素直で教師にも信頼されている、しかしスポーツは得意ではなく、喧嘩も強そうにない」、つまり「標的」にしていたぶるのに絶好の「標的」としての清輝君がいた。これを見逃すはずもなく「いじめ」による「全能感」状態獲得として、彼が標的化され、ついに自殺にまで追い詰められることになる。

こう考えると、X・A君はその行動やことがらの捉え方においては「悪魔的」なほど狡猾かつ酷薄であるが、その内面は「悲しいほどに空洞化し、無力感・不信感に苛まれる」状態にあったと言えるだろう。その空洞＝欠如を補償するかのように「いじめ攻撃」を繰り返し、かつエスカレートさせていったわけだが、そういう意味付けで見ると、彼らも社会的な大きな視点からは、ある意味で「被害者」であったとも言えるだろう(9)。

日本で1970年代後半から今日まで40年近くの間に、どれだけの子どもたちが「迫害的いじめ」（全生研）の当事者のなかで「加害者」になったのかを思うとき、かれらの外面的迫害・攻撃・悪魔化のその裏に、どれだけの寂しさ、悲しさ、孤独、孤立、内面の空洞化を抱え込んでいたかに、慄然とするのは私だけであろうか？

④ **家族にはなぜ「話せない」のだろうか、その心理と論理**：父・大河内祥晴さんが、最も悔やんでいた点は、「何で親に本当のことを言ってくれなかったのか？」「なぜそれを聞き取ることができない親だったのか？」ということだった。「わかってさえいれば、私が救うことができたのに、……」という想いがそこに重なっているように思えた。

いじめられている「被害者」は、なぜそれを大人（親や教師、その他の関係者）

に話したり、相談したり、告発したりすることができないのだろうか？

「死ぬくらいならば、それくらいの勇気がなぜでないのか？」と思うかも知れない。

別のケースになるが、野村俊幸（2014）は、テーマは「不登校」で、その長女の場合と、次女のケースとでの親としての対応を比較して反省的に考察したものだが、長女の不登校は「いじめ」がきっかけだったことを知ったのは、長女が成人になった後だったそうである。「『なぜ親に話してくれなかったのか』と尋ねたところ、『親に心配をかけたくない』という気持ちや『親が怒って学校に話を持ち込んだりしたら、仕返しされるのが怖かった』こともちろんあったけれど、『口に出してしまうと、いじめられていることを自分で認めてしまうことになり、その惨めさが耐えられなかった』という話だった」と書かれている。娘さんが挙げた３つの理由のうち、初めの２つはよく言われるし、理解もされるだろう。しかし、彼女にとっては３番目こそ最大にして最も重要な理由だった。人間とは、なんと「誇り高い存在」であろうか。その誇りが、不当な「いじめ」で踏みにじられているという実際を、どれ程苦しくても「認めたくない」気持ちが、親にも、教師にも、親しい友人・知人にも「その自分の惨めさを、自分の口からは言えない」という気持ちが、痛いほど伝わる、ある親子のエピソードだった。成人して、自己を人間としても職業人としても市民としても、確立・自立したときに「本当に苦しく、死にたくなるほど悩んでいたことを話せる」というのは、偽りのない当事者としての思いだと感じた。

その当時「いじめ」は、学校・学級で起きていたわけだから、教師たちもまた、被害当事者である彼女の想いにどう応えたのか、どう応えるのか、どう応えていけばよいのかが問われていると思う。「いじめの早期発見」はいつも強調されていて、そのこと自身は当然望ましい対処であるが、その難しさが「被害当事者の人間的な誇りの強さ・高さ」にあるとするならば、それへの対処は当然ながら微妙にして困難なものとならざるを得ないだろう。

しかし、この想いに応えることがなければ、「いじめ被害当事者」が安心して心を開いて、話をするとは思えない。この点が、日本の子ども社会、学校・学級社会を「いじめ／いじめられ」関係が、もう40年余もの間、支配して、子どもたちを縛り付けている最大の問題である。これを解決・緩和することができないのならば、極論で言えば「学校や学級がなければいい」との改革提案にもなりかねない。それは近代学校制度の正統性が問い直されていることを意味するだろう。この彼女の想いと、それが投げかけたと思われる問に対し、教師として、教育研究者として、教育関係者として、その応答責任をどう果たすのかが、筆者ら本書執筆者にも問われていることを、本節の末尾で銘記しておきたい。

## 2. 大川小学校被災跡地に立って(10)

### (1) 現地訪問で考えたこと

3・11、あの大震災発生の日から約1年半後の2012年8月に、研究仲間に案内してもらい、宮城県・石巻市立大川小学校の被災跡地を訪問した。北上川の土手から数メートル下った所にそれはあった。半円形の2階建てで屋上がない校舎（1985年統合により大川小学校が誕生した時に建設）は津波で破壊されてコンクリートの残骸となっていたが、破壊される前には「シャレた建物だっただろう」という面影をわずかに残していた(11)。体育館は土台を残して破壊されていた。被災直後はヘドロやガレキに埋まっていたそうだが、それは既に片付けられ、学校のあった釜谷地区はほとんど更地化し、津波が襲った校舎跡は黄・黒のテープで「立ち入り禁止」とあった。

地震のあと、児童も教職員もこのグラウンドに約50分間いたと聞いた。海から、4kmあったこの釜谷地区は、宮城県の津波浸水域予測図では範囲外になっており、大川小学校自体が、津波の「避難所」に指定されていた。地域の人たちも高齢者を含めて学校に来ていたと言われている。「大津波警報」が伝わって、グラウンドに留まるか、どこかに避難するか判断に迷う状況のなか、いよいよ「大津波来る」の報に結局新北上大橋たもとの通称「三角地帯」に向けて避難を始めた時は既に遅く、北上川の土手を越えた8～10 mの津波に前方から襲われ、列の横からは海岸から、直接陸地の家や田畑を越えて来た津波にもぶつかり、この釜谷の地で津波が渦を巻くようだったと聞いた。児童74と教職員10の死亡・行方不明、地区住民多数の命も奪われた。

今回の東日本大震災では、学校に残っていた子どもたちの命は、結果的にはほとんど助かっており、むしろ地震後迎えに来た保護者に引き渡した子どもや、当日卒業式やその予行練習で既に帰宅した児童・生徒たちのほうに死亡・行方不明が多い傾向があって、「学校は基本的に子どもたちの命を守った」（数見 2011）と言われている。その中では大川小学校はやや例外的に、親が引き取った子どもは助かり、学校に残ったほうが避難の列の後ろの3人と教師1人と、もう1人の子どもが助かった以外の84人の命が奪われたという点で、極めて悲惨なケースと言える。

同行した人の案内で、壊れた体育館脇から「ここから、このほうに逃げたら助かっていたはず」という山に登る道を上がった。確かに地震後の約50分をグラウンドにいて、直前に土手側の三角地帯方向に逃げるよりも、結果から考えるとこの山に登っていれば命が助かった可能性が高いと思えた。しかし、震災後に多くの人が既に登ったであろうその時も、山道は狭く踏み跡はすぐに消え、その先には何もない山林である。当時は道があっても「けもの道」だろうし、雪もちらつく寒さの中で地域の人を含めて100人超の人たちが、下草が濡れすべるその急斜面方向に逃げることを直ちには決断できなかった気持ちも理解できた。でもそれが多くの命が助かる道だったのだろう。たとえ怪我をする人があり、寒さの中に濡れて1日・2日と孤立したとしても、きっと発見されて多くの命は助かった可能性が大きい。結果的に8～10mの津波に2方向から襲われることがわかっておらず「ここまでは津波が来ない、避難所にも指定されている」という〈安心したい〉「正常化願望」の呪縛にとらわれていたのかも知れない。あるいは少なくとも地域に記憶の残る限り「津波がここまで来たことはない」という古老の言葉が〈安心したい〉願望をより強めていたのかもしれない。

**図1.4**の地図で、追波湾は今回の震源に対して近く、かつ6kmの湾口を開いている。それに今回の大地震で、海底が最大20m余、この海岸線で5mくらい東に動き、その分だけ陸地が1m近く沈下したので、湾口から北上川（旧追波川）の河口へ、その奥へと、明治と昭和の三陸大津波にはなかった巨大な水量とエネルギーの巨大津波がまともに襲ったと考えられるのである(12)。

結果を知っている筆者自身がその場の責任者だった場合を考えてみても、どうするか迷う状況である。その意味では（戦災を除けば）日本の教育史上最悪のこの学校被災は、いくつもの偶然の重なりがすべて不運の側に働いたケースだと思えた。それで、子どもの命を守るという何よりも大事な「教師の義務・責任」が果たせなかったことが悔やまれてならない。

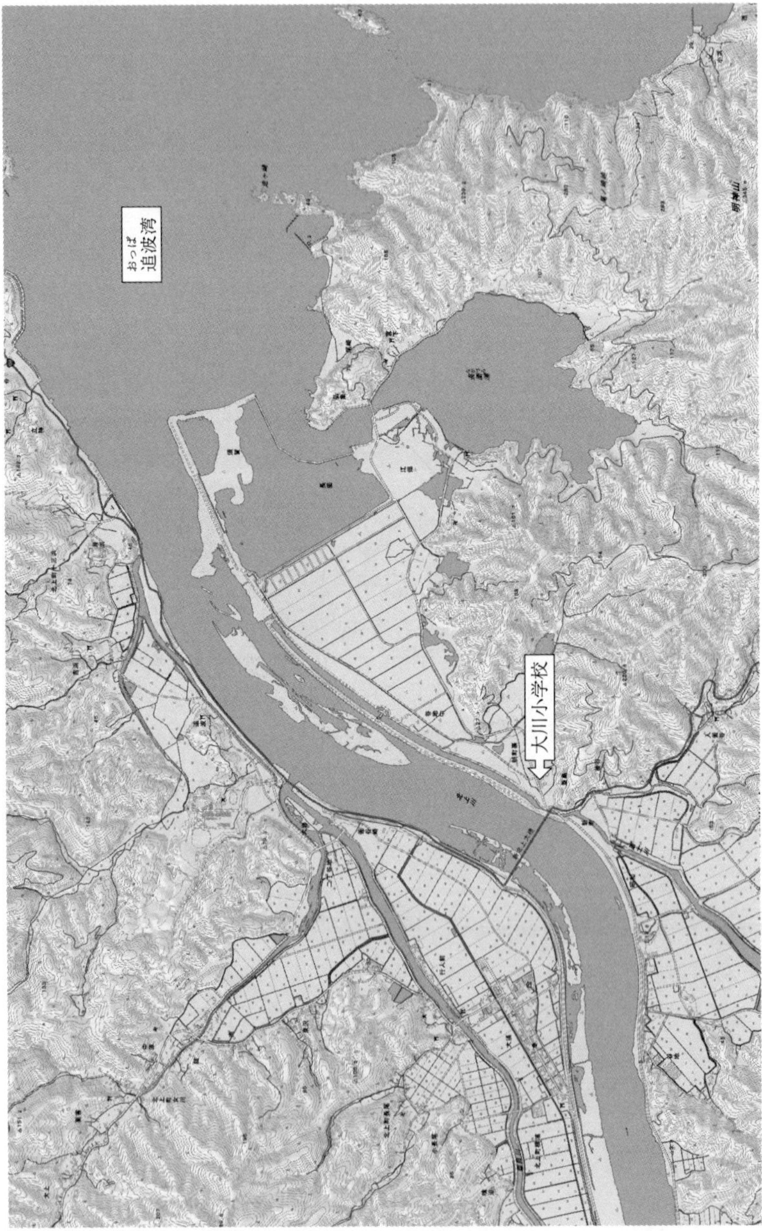


図1.4　大川小学校周辺地図

出典：国土地理院電子地形図

結果から見ると、①統合学校校舎をもっと高台に建てるか、②海岸から数キロの平地であれば校舎を万一大津波が襲った場合に耐え得る3階建てや4階建てにすべきだったということになるだろう（数見編著 2011)。じっさい、2キロ上流の大川中学校は鉄筋4階建てだったし、北上川の対岸の（我々が訪問・インタビューした）橋浦小学校が、土手からやや広い田畑を挟んで、少しだけ高くなった所に建っていた（それでも津波の力は大きく、当時の校長の話では、波が田畑を越えグラウンドにまで侵入し、校舎の1階に浸水するかと心配された時に、対岸側の土手が崩壊したので橋浦小方向への津波は引き始めたそうである)。③地震に備えた校庭への避難だけでなく、津波を考えた第2次避難場所を考え、それを指定しその訓練もしておくべきだったことになる。

だがそれは、ある意味で「結果論」であり、津波がこの地に及ぶことを想定していなかった日本の地震・津波学や防災論に、これだけの大津波に対する研究不足があったとも言える。またグラウンドからは校舎が視界を遮り、津波に気づくのが遅れた点も不運だった。そしていよいよ津波襲来の直前の判断としては、裏山への避難を選択したほうが結果的によかったと思える。

しかし、同様の「想定以上」の津波が襲った学校も、被災3県を中心に数多い。瞬時の判断で高台や山に急遽避難した学校があり、間一髪の声かけで避難路変更して助かった学校もあった。それだけに「もし山に逃げていれば」「なぜ大川小学校だけ大部分の子どもたちの命が奪われたのか」というわが子を失った、親の悲嘆と諦め切れない気持ちが伝わる。この訪問後に刊行された（被災児童の保護者を代弁した）ジャーナリストの共著（池上・加藤 2012）を読んで実感したことだった。

壊れた校舎前に線香と花が供えられた慰霊碑が、母子像と並んであり（図1.5参照)、その前に膝を折って手を合わせた。「碑」は「被災学童」のためのものだった。山側には、「手合わせ桜」植樹があって、この地で被災した地域の人を含むすべての人の鎮魂に手を合わせた。

やはり訪問後発行の書籍（宮城県教職員組合編 2012）の中に「夫の思いを胸に」という死亡した大川小3年生担任・佐々木教諭の妻（彼女もまた教師）の寄稿があり「かわいい教え子たちの命を救うことができなかったことが、どんなに悔しく辛かったか」と、亡き夫を想う一文があった。教師魂というものは、そうであったに違いないとの思いを新たにした。

図 1.5　大川小学校慰霊碑

確かに大川小学校の教師たちには、担当児童の命を守る安全配慮義務があり、それを果たせなかった責任があると言わざるを得ない。それを「日本の教師」の問題としてどう受けとめればいいのだろうか？

### (2) 仙台地裁の、学校・教師に厳しい「判決」をどう受けとめるのか

① わが子を失った親たちの想いの深さ：今日の親たちの「わが子の命」に対する思いが、それを体験したことのない者が想像できないほどの深いものであることは、当然であると思う。前項で記述した宮城県訪問（日本教育学会・特別課題研究「大震災と教育」[2011 ～ 2012 学会年度］の一環として行われた(13)）以降でも、子どもたち多数をこの学校被災で失った保護者たちの、石巻市教育委員会、大川小学校の教師たちへの疑念・不信は収まることはなかった。とりわけ、市教育委員会の説明が二転三転したり、生き残った教師・児童の聴き取りをしたメモをなぜか廃棄されたりするなど、不信を増幅するような行為が市教委側にあった。

文部科学省も関与して「大川小学校事故検証委員会」が 10 人の専門家を中心とする委員構成で 2013 年 2 月に組織され、9 回の検証委員会会合を重ねて、2014 年 2 月に「大川小学校事故検証報告書」が提出された。しかし、保護者たちはこの「検証委員会」「検証報告書」にも納得せずに、むしろ「不信」を強めて、前出のジャーナリストらによる「検証委員会」とその報告書とを批判する新しい共著本として池上・加藤（2014）が刊行されている(14)。

②「係争事件」となってしまった大川小学校被災：亡くなった児童のうち、23 人の親たちが 2014 年 3 月に、石巻市と宮城県を相手取り「国家賠償等請求」訴訟を起こした。その訴状の冒頭近くの「訴求の原因」（p. 2）の最初の 4 行には、次の 4 点が書かれていた。

○児童は津波によって死に至ったのではない。

○学校にいたから死ななければならなかった。

○もし、先生がいなかったら、児童たちは死ぬことはなかった。

○本件は、明らかな人災である。

ここには「かけがえのないわが子の命」を奪われた遺族たちの、学校・教師に対する不信と憤りとが端的に表明されている。

そして、2016年10月26日、仙台地裁は、原告側の主張を大筋で認めて、総額14億円余を、賠償として、石巻市と宮城県に支払うことを命ずる判決を下した。

だが石巻市側は、その2日後にこの判決を「不服」として「控訴」の方針を決め、市議会でもそれを決議した。この市側の控訴方針は、そのタイミングが2日後だったこともあり、遺族たちは「即日控訴と変わらない」と、市側への不信をさらに強めた。他方、宮城県側も控訴方針を決め11月7日には、市と県とが仙台高裁への控訴に及んだ。遺族側も「仙台地裁判決」を「請求の一部しか認めなかった」ことを「不服」として高裁に控訴している。児童たちの「悲惨な死」と「助かるべき命」をめぐる係争は今後も続くこととなった。

個人的な見解であるが、仙台地裁が原稿側の切実な訴えをおおむね認めた点は評価できることだと思う。ただ、その「判決文」において、教員たちが広報車の大津波警報を聞いてからの7分間における「注意義務違反」と、選んだ避難場所が不適切であったとする「結果回避義務違反」とで、大川小学校の教師たちを断罪する形になっているからには、教育に関わって研究作業の仕事をする筆者らが、事実・真実に立ち返ってより深く追究して、明らかにすべき点が多くあると考えた。

同時に「断罪されるのは、教師たちだけなのか？」という率直な思いも残った。前項で①②③と3点挙げたように「校舎建築や防災訓練に権限を持ち指導もしている行政の責任」はどうなったのか？ 被災後に、遺族の「疑念・不信」を強める行為を度々行った不誠実な「行政の責任はどうなのか？」とも思った。

しかし、学校で「子どもの命を守る」という重い責任を、学校・教師たちが、一人ひとり、また教職員集団として負っていることが、そのこと（行政にも責任がある）で、軽くなるというわけではない。現代では「学校で、子どもの命を守る」という義務と責任が重いという当然の事実を教育に関わる者たち（筆者を含めて）が、改めて重く受けとめなければ、と思う。

この不運で、悲惨で、重大な学校被災事件が、裁判上の「違反の有無」だけではなく、日本の学校と教師が、子どもの命をこれまで以上に大事に意味づける契機とできれば、と願う(15)。

## 3. 形成されてきた、ある姿の「学校文化」(16)
### ―「教育と責任」をめぐる諸関係の構成―

### (1) 近代国家・近代産業社会に対する、近代学校制度の「応答」関係構成

その社会に生まれた子ども全員がある年数学校に通う皆学制の近代学校制度は、人類史の19世紀に近代国家によって組織される形で成立した。そこで近代学校制度は近代国家との間に、ある「応答・責任」関係を形成したと考える。① まず国家が学校制度を設立・維持するために、大量の財政・人員・校地・校舎・設備・教材などを投入するという制度組織者の責任を引き受ける。② 学校の側は国家に対して「あらゆる近代社会において、学校は国民意識(national consciousness) を叙述し、再叙述する決定的な装置」(Bernstein 1996=2000) であると言われるような関係、国民とその子どもが「この国は自分たちの国だ」と思うような「国民意識」を語ることで、近代国民国家の形成に決定的な役割を担ったと考えられる (Green 1990)。

近代学校制度はまた、近代産業社会（＝大工業社会）との間に重要な応答関係を持って成立した。③ 産業社会は、職場の内外に高度な分業・協業関係を形成するので、労働者たちにその分業・協業の円滑な展開を可能にして支える規律性と共通知識のレベルを必要とした。④ そしてより高度な分業に従事する一部の層には、それに対応する専門知識のレベルが必要になる。そのための専門的上級学校を、皆学制学校の上の段階として制度化した。⑤ 近代社会の持つ「業績主義」という人間への評価・処遇原理にも応えるものだった。つまりその社会に誕生した子どもたちを一定年齢になると皆入学させて同じ教科・課題を学ばせるので、業績主義が持つ〈平等〉理念にかなう。また学校知識を習得したかを系統的に評価する仕組みを持ち、その評価が進学・進路につながることで、学校体系自体が業績主義的な人材養成・選抜・振り分け機構の役割を負った。

上の①～⑤の姿での国家と産業社会との関係構成を通じて、近代学校制度が社会定着を果たしたとすれば、そのことが、⑥ 民衆生活にも学校制度存在を

浸透させ、近代社会に不可欠の「次世代形成のための子育て社会機関」となったと考える。たとえば、いったん国民国家があるまとまりをもって形成されると、その社会の「国民」であることは民衆にとっても必要となる。産業社会の成立は、あるレベルの知識・規律の獲得が社会人・職業人としての生活・労働に必要なことを意味する。だとすると「国民」・「社会人」・「職業人」にふさわしい能力・資質・規律の形成は民衆の「子育て要求」にもなるだろう。また「社会的地位の上昇」が民衆の心を捉えると、学校での業績達成程度もまた「子育ての要求・関心」の焦点となる。

近代学校制度は、近代の国民国家と産業社会と民衆との間に、その歴史的・社会的課題に応える以上のような関係を結ぶことで、人類史に定着し「20世紀は学校の世紀」と言われるくらいに世界中に広がることになった(17)。

### (2) 日本における、子ども・親と学校・教師たちとの関係構成をめぐって

前項では近代学校の人類史的定着・拡大に関わって、社会諸領域間の関係構成に着目した。ここでは日本の近現代史のレベルで、また一つひとつの学校とそれが存在する地域のレベルで、その関係構成のあり方を具体的に考えてみたい。

一つの学校がある地域に定着し、そこに住む子ども・親・住民にもその存在を認められて「地域の子どもが通う学校」・「学校が存在する地域」となるには、学校はその子ども・親・住民からの期待に応答するという側面を持つ必要があるだろう。じっさい、日本の近代学校制度は1872年の「学制」に始まるとされるが、その当初20年余りは「不就学」の多さに悩み、就学率・卒業率を上げるために多大の努力・工夫をしている（勝田・中内 1964、泊史 2009）。そうした制度とそこに組み込まれる当事者との交渉過程を通して形成された子ども・親と教師・学校との応答関係構成の、日本における特徴を以下3点について考える。

#### 1）子どもに対する教師・学校の責任関係に見る「無限定性（diffuseness）」

日本の教員という仕事は、「無限定性」を職業倫理として価値理念化する職業であると言っておそらく間違いあるまい。子どもの教育にたずさわるという仕事の性格を「いわゆるサラリーマン的な」限定的態度で割り切ることができない、あるいは割り切ってはならない、むしろ無限定な関心と熱意とを必要と

するのだ、という一つの教職観が、父母と教員とに分有・共有されていると考えられる（久冨 1988）。

これは教師が、その担任する子どもたちの側から教師に期待していることがらに対して、教師として「それが子どもにとって必要」と考えられるならば、熱意をもって応えていこうとする行動様式である。そこでは、教師の「責任範囲」判断をめぐる価値志向に「無限定」(18)という性格が浸透し、それが教職観の要素として、教師たちと親たちに共有される。もちろんそれは「無限の責任を負う」という意味ではない。「責任の範囲をあらかじめ限定・局限しない」、「子どもへの責任範囲が緊急の必要とともに変わり得る」という責任範囲の不分明さを意味している。

上の「担当する子どもに対する責任の無限定性」というのは、子どもが大人に比べてまだ弱くて保護を必要とする存在であると考えられる限り、子どもに向きあうあらゆる職業に多少とも伴う性格とも言える。ただ日本の教員文化の場合、「責任範囲の無限定性」を教職倫理として形成し、それが教師と子ども・親との応答・責任関係の一つのあり方として構成されただろう。

#### 2)「落第のない学校」と「献身的教師像」を通じた「学校・教師への信頼」調達

教師の「教える」という仕事はいくつかの難題を抱えている。たとえば、D. H. ハーグリーヴスはそれを、「地位課題（the status theme）」、「能力課題（the competence theme）」、「関係課題（the relational theme）」の3点としている（Hargreaves, D. H. 1980）。つまり、弁護士や医師のような確立した専門職ではないことがもたらしている学校教師の社会的地位と権威の不安定［＝地位課題］に加えて、他の専門分野に比べて教育という仕事の成果が不明確なために専門家としての力量があるのかを他者にも自分にも確実に示すことが難しい［＝能力課題］。また「教える仕事」には不可欠な教師と子ども・親との関係づくりという難しい課題［＝関係課題］の達成の困難がある。「この教師の指示に従っていれば大丈夫」と思ってもらう「教師の力量」への信頼と権威が必要になる。また、「仕事には権威が必要なのに、権威は社会的に不安定」、「関係づくりには信頼を得るだけの力量を示すことが必要なのに、その力量の確認が難しい」という、ほとんど堂々巡りのようなアポリアとなっている。

この難問の乗り切りには「学業成績による落第のない義務教育学校」方式と「献身的教師像」形成という2つの関係構成を通して、子ども・親・地域住民から「学校・教師への信頼と権威」を調達したことが寄与したと考える。前者は、近代学校制度ではやや例外と言えよう。カリキュラムの修得を目標・課題とする学校制度は、修得程度を確認する進級・卒業試験が必須となるはずである。じっさい成立期の日本ではそうだった。しかしその種の試験は、日本の義務教育では廃止されて今日に至っている。筆者らが学校文書の100余年を閲覧した但馬の小学校でも、そうだった（久冨 2009, pp. 46-47）。

これは学校の業績主義的な進級・落第制度が、日本の共同体における「ドーネン（同年）」秩序に背反することが、民衆生活への学校の浸透を妨げ就学率向上の障害になってきた点を、あえて業績主義修得原則のほうを崩したものである。「学校に来た子どもたちを抱え込んで、できるだけ卒業へ導く」という家父長主義的温情を注ぐ関係は、日本の学校を地域社会に浸透・定着させる重要な要因になったと考える。同じパターナルな関係は「献身的教師像」の形成にも表れている。たとえば、明治末期に誕生したとされる「教え子主義」（木村他 2003）は、教師がその担任する子どもたちを「自分の教え子」と捉えて「教育愛」をもって接し、かれらが必要とし期待することがらに応えようという教師の行動原理である。そこにその萌芽を見る「担任する子どもに対して献身的に向き合う教師」という像は、大正時代の「小野さつき訓導事件」に象徴されるような〈教師殉職事件顕彰ブーム〉を経て、「担任する子どものためには命も捨てるのが教師という人たち」という「教師像の聖化」として、子どもにも親にも地域社会にも押しつけられたとされる（中内 1995）。筆者は、この教師像を子ども・親・地域が受容しただけでなく、教師層もそれを受け入れて、半世紀以上の間、日本の教職倫理の支柱となったと考える（久冨 1998）。というのは、もしこの献身的教師像が教師と子ども・親・地域との間で共有されるならば、つまりあらかじめ教師を「像が語るような存在」として眼差してくれるならば、教師という存在にとってのあの難問「子ども・親との関係づくり」、そのための「教師に対する信頼と権威の確保」にとって、大きな助けになったに違いないからである。「落第のない学校」も「献身的教師像」も、家父長主義的である点と、それを通じて、学校と教師に対する子ども・親の信頼を調達する回路形成になっている点で共通している。それが、学校・教師と子ども・親との関係構成におけるパターナルな日本的特性であると考える。

### 3）子ども・親に向けて、教師と学校が〈前面〉に立つ関係

このような応答・責任関係構成の特徴は［学校制度、個々の学校、個々の教師］という側に対して、子ども・親・住民の側がどのような距離関係に立ったかにも強く影響したと考える(19)。

マクロに見ると、子ども・親は学校制度が要請する「規則的通学と学校知識修得」に応え、近代社会の国民・職業人への成長・子育てを果たすという関係にある。と同時に「(学校) 制度のアクセスポイント」(Giddens 1990) である個々の学校・個々の教師との交流こそ、関係の日常であると、山﨑鎮親は言っている (山﨑 1996)。

確かに、日本の教員文化の要素である「教え子主義」・「献身的教師像」は、制度関係をパーソナルなものに置き換え、それを通して制度信頼の支えにもなったであろう。ここで、そのパーソナルな関係に「パターナルな温情主義・包摂主義と、それを通じた信頼・権威調達」が浸透しているという分析を重ねると、子ども・親が［学校制度、個々の学校、個々の教師］という側に対して持つ距離関係において、個々の学校と個々の教師の〈前面性〉が際立つ。言い換えればそこでの「パターナルな抱え込み」は、制度へのアクセスポイントを単なる入口ではなく、制度の事実上の担い手として「子ども・親との関係の〈前面〉に立つ」関係に導くことになる。個々の教師や教師集団・学校が、子ども・親に対する応答・責任関係を積極的に引き受け、その関係の前面に立つ位置取りを負うことで、(教師・学校側が欲する) 教師と学校への信頼・権威を確保・維持して、近代学校と学校教師の抱えるアポリアを乗り切ってきたという構図である。だがそこで、教育問題に関する〈責任追及〉場面が生じたときは (制度の組織者としてより重い責任のある筈の国家や教育官僚機構は衝立の後ろに隠れ) 個々の学校や教師が、責任追及の被告席に立つという関係にもなるのである (この点は本節(4)(5)で今日的問題として再考する)。

### (3) ある性格の「学校文化 (＝学校の当たり前)」の形成と定着

(2) で述べたような特徴を持つ関係構成は、毎時間・毎日・毎年と繰り返される教室と学校での活動と、その関係と活動への関係当事者の不断の組み込みを通じて、また子どもにも父母にもそれらが何らかの意味ある関係と活動として感じられる学校体験の繰り返しを通して、「学校文化 (school culture)」として定着したと考える。「文化」は、言葉が抽象的・多義的で使い方が難しい用語である。ここで英国cultural studiesの源流とされるR. ウィリアムズの「文化」概念、つまり「その社会や集団、制度・組織や場を構成している、あるいはそれに関わっている人々が、その間での相互のコミュニケーションを通して、ある姿の『生活様式』・『行動型』とそれと表裏一体の『ことがらへの特有の意味づけの体系』を作り出している」とする文化理論に依拠したい(20)。学校文化は、学校という場を構成する人々が相互交流を通して協同形成する「行動型とそれへの意味づけ」として理解する。

(1)で整理した近代学校制度の社会関係構成①〜⑥に(2)で考察したその日本近現代史における具体的関係構成の特徴点を加えて整理しておきたい。

⑦ 教師・学校のあり方としては、[「担当する子どもに対する責任範囲が無限定な教師像」(+)「入学した子どもたちを抱え込む学校像」]が相互形成された。そこには制度のアクセスポイントにいる個々の教師・学校が「子どもたちにはこういう学力と生活規律を形成します。その責任を負います」と〈前面性〉を担う関係がある。この応答関係構成が、教師・学校への信頼と権威を、子どもや親・住民から調達する回路となり、「教える」仕事の難しさを乗り切るという構図がある。

⑧ そこにはある種の「恩情と従属」セットがある。その信頼付与を越える従属性はたとえば、教師がつける絶対評価に子ども・親からの抗弁の余地のない関係や、またやや押しつけがましい教師・学校からの「学校生活適応準備への数多くの要請」(多くの教材・教具を個々の家族ごと購入・準備、学校に持参する持ち物すべてに記名要請、「掃除用の雑巾2枚を家庭より持参」など)に、親が子どもの保護責任者として応答する関係であっただろう。

⑨ 個々の教師と子どもたちとの関係では、「一人の担任教師と数十人の子どもたち」で形成されるschool classを「学級という感情共同体」(柳 2005)にまで高めることを範型とするような「学級像」を共有的に形成している関係である。それはまた、学校の利害当事者の中で、教師たちが無前提に特権的な信頼と権威を持つ関係の定着である。だが一見強固に見えるその安定・権威には危うさが伴うとウォーラーも述べている(Waller, 1932=1957)。その点では「献身的教師像」の共有関係は、教師の仕事の危うさを補う重要な要素となったであろう。

これら⑦〜⑨は日本の学校生活と教育活動の中で日常化し、「学校の当たり前」を子ども・父母・地域社会にも浸透させ、「これが学校の姿」という像も定着しただろう。それは親と学校・教師との応答・責任関係構成の特徴を、協同形成の文化にまで結晶させたものである。

### (4) 日本の戦後期起こって来た学校・教師と親の関係構成の変化

本節(1)(2)(3)で述べたような、日本の近代化過程での学校・教師と親との関係構成の特徴は、戦後いくつかの再編と性格変化を経たと考えられる。以下ではそれを「戦後第Ⅰ期（1945～1970年代前半）」、「戦後第Ⅱ期（1970年代半ば～1990年代前半）」、「戦後第Ⅲ期（1990年代半ば～今日）」の3つの時期に分けて考察する。

#### 1) 戦後第Ⅰ期（1945～1970年代前半）における「教師の権威・黄金時代」

この時期には、戦後教育改革による「6・3・3・4制単線型学校体系」の下で、進学率が、高校へは50%未満から90%台に、大学・短大へは10%未満から30%台後半へと大きく上昇している。それは学校への通学・進学の意義が戦前にも増して多くの社会層に浸透したことを意味し、じっさい戦後改革で義務化した前期中等教育（新制中学校）で当初高かった「長期欠席率」が1970年代半ばに0.5%にまで低下する時期でもある。そこでは、戦後復興から高度経済成長への社会・生活変化の中で、近代的職業への進路を学校体系がほとんど独占する形で学校教育への期待が高まり、産業社会と民衆の子育てとを学校教育が媒介する関係（前節③・④・⑤・⑥）の点では、相互応答関係がむしろ強まった時期であると言えよう。

そういう時代であったからこそ、個々の教師・学校と子ども・親との関係においても学校と教師への信頼と権威が高い「教師の統制力にとっての黄金時代」（Whitty 2002）と呼ばれる状況が日本でも成立した。⑦・⑧・⑨の関係構成上の日本的特性が有効であった。また国家との関係でも、教師身分の制度的確立と、国家による教員統制が例外的に弱い時期でもあり、まさに「教師の黄金時代」であったと言えるだろう。しかしどんな「黄金時代」もそう長くは続かない。

#### 2) 戦後第Ⅱ期（1970年代半ば～1990年代前半）における「教育荒廃」時代

**(a) 学校通学・進学の経済効果は継続した**：オイルショック後の資本主義世界の不況時代は、日本では「高度成長後の〈安定成長〉期」であり、世界の経済大国にのし上がって行く時期でもあった。拡大する日本経済の新規学卒者求人増に支えられて「高校卒業資格」が「それなりに安定した職業への移行」を可能にした。その意味では、民衆の子育てと産業社会とを媒介する学校教育の③・④・⑤・⑥の関係構成は、なお健在であったと言えよう。

(b) **「教育荒廃」問題の噴出と、学校・教師への不信・不満の顕在化**：だがそれは「黄金時代」継続を意味しなかった。「おちこぼれ」「荒れる中学校」「いじめの蔓延」「不登校の激増」などなど、「教育荒廃」と呼ばれる状況が社会問題となり、公立学校不信から「私学ブーム」が起った。とりわけ「いじめ自殺」事件とその報道の繰り返しは、学校・教師への信頼・権威を著しく低下させた。また、学校教育の「被害者（おちこぼれ、いじめられ、非行、不登校など）」の大量発生は、学校・教師に対する不信・不満を、世代を越えて国民的に蓄積させただろう。

これら一連の動向は、「学校の当たり前」・「無前提な教師への信頼・権威」が子どもや父母と共有された関係を大きく後退させ、⑦・⑧・⑨に挙げた、個々の学校・教師と子ども・親との関係構成の日本的特性とその安定性、つまりあの伝統的な「学校文化」的関係構成は崩れてきて、関係づくりに必要な「子ども・父母からの一定の信頼と権威」は無前提ではなくなり、むしろ直接的・個別的な親からの「責任追及」が行われる関係のほうが顕在化し始めたと思われる。

(c) **社会変化の中に生まれたいっそうの難しさ要因の重なり**：これらの関係構成変動には同時期に生じた社会変化が重なって、学校・教師の仕事のもともとの難しさ・危うさをより顕在化させたと思われる。たとえば、学校で学ぶべき学校知識はその特権性や意味を低下させた。また学校の教育活動が「学歴獲得」以外では空洞化が進んだ点もある。さらに国民的な高学歴化の進行が、親に対する教師層の学歴上の優位を薄めたという点もある。また家族生活・子育て様式の変化と情報・消費社会の進展が、子どもたちと学校秩序とのミスマッチを強めたということもある。これらの諸点にここで立ち入る余裕がない[21]。

いずれにせよ戦後第Ⅱ期は、学校制度と日本の企業社会との関係構成はむしろ強まったとも言えるが、同時に第Ⅰ期を成熟させた状況が、第Ⅱ期には親の学校・教師への直接的関係構成の点で、その信頼・権威を弱める方向への変化要因へと転化している。

**3）戦後第Ⅲ期（1990 年代半ば〜今日）の「学校・教師の苦難」と「教育改革」の時代**

**(a) 本格化した「第 3 局面の教育危機」**：1990 年代半ば以降から今日への時代を考えると、バブル経済崩壊後の長期不況の中で「若年層における非正規雇用」が激増する「学校から職業への移行」困難問題が浮上した。そこでは、第Ⅱ期の日本的特徴だった進学・卒業の経済効果が一部を除いて弱まり、M. アーチャー（Archer 1982）のいう「第 3 局面（Phase 3）」の本格的到来を思わせる。つまり 9 割を超えた後期中等教育進学者によって「学校卒業の持つ経済効果」が弱まり、にもかかわらず「進学しないことはいっそうの脱落」の烙印につながるので効果の見込めない進学が増え、生徒たちの勉学意欲もネガティブ化する、という危機である。「第 3 局面」到来の指標である「後期中等教育 90％」はすでに第Ⅱ期に訪れていた。日本の例外的な経済的好調によって抑えられていたものが、その経済的条件が失われて、他国に約 15 年遅れでこの危機が本格的に顕在化することになったと言えよう。そこでは、第Ⅱ期の「不登校」・「いじめ」は解決できないまま学校の日常となり、加えて小学校での「学級崩壊」や、中学・高校生が勉強しない状況（学校知識離れ）が広がった。その中では、「教師と生徒の関係の難しさ」（長谷川 2008）を緩和する要素が十分に働かず、その難しさがそのまま学級崩壊や学校知識離れとして顕在化した姿がそこにあると考える。

**(b)「教育改革」時代の学校・教師をめぐる関係構成の日本に特徴的な再編**：学校教育活動の日常的展開を脅かす危機の到来は「教育改革・学校改革」を必然化する。その場合の関係構成の再編成には、皮肉にもこれまでの関係が色濃く反映した日本独特のものになったと思われる。

**（ｉ）〈前面性〉がもたらす「衝立効果」と「改革への追い風」**：90 年代半ばに日本は「教育改革」時代に入る。そこでは先の⑦の「学校・教師の、子ども・親への〈前面性〉」という距離関係が、親・国民の不信・不満の前面に、学校・教師が立つという関係へと引き継がれた。つまりかつて「信頼・権威を調達する回路」として働いた〈前面〉関係がいったん不信へと反転した場合に、そこに「批判集中＝矢面化」構図が生み出されていると考える。

じつはそのバックにいて規定力を持っている「教育官僚機構（文部科学省や教育委員会）」は、教師・学校の前面性を衝立にその後ろにあって非難を免れ、自らは「公正な改革者」の相貌をもって登場する（久冨 2000a）。そこでは親・

国民からの学校・教師への不信・不満が「改革」の追い風になるという構図が生み出された。

**(ⅱ) 日本の「教育改革」における3つの「ない」**：そのような構図の中では、「官僚統制批判がない」「学校の自律がない」「関係当事者の学校経営参加権がない」という3つの「ない」が日本の「学校改革」の権利・責任・応答関係の特徴となっている。第一に「教育への官僚統制」が批判対象になっていないので、「規制緩和」と「分権・権限委譲」は、中央官僚機構に都合のよい要素（予算削減や責任回避、あるいは「改革特区」の部分的認可）に限られる傾向にある。第二に学校が「自立」できるような学校現場への「権限委譲」もほとんどない。また、官僚統制に替わるべき「当事者らの学校経営参加」も「学校評議員」や「コミュニティースクール」のような、参加する側に権利のない中途半端なものになっている(22)。

**(ⅲ) 合理化よりも、繁文縟礼の多忙化と圧迫**：「経営体」としての合理化と成果達成という面は強調されている。しかしそれは自立しないまま、多くの規制を強要されている。たとえば、「アカウンタビリティ」は、もっぱら「責任追及されたときに、困らないような説明用資料をあらかじめ完備しておく」という要請に堕している。「学校評価」は2007年改訂学校教育法にも書き込まれ、学校の自己評価と外部・第三者評価が近年の流行になっている。これらの動向の中では、学校現場に教育の仕事の向上につながる保証のない膨大な文書の作成・報告を学校と教師に強い、合理化どころか、正反対の「繁文縟礼」という非合理を現場に押し付けている。

**(ⅳ)「教師受難」の時代**：これら一連の政策には、「信頼の低下した学校と教師」を、国家行政が「厳しく監督し競争させ、信頼できる学校・教師にたたき直します」というような指向がある。教師たちは、子どもとの関係づくりに悩み、親からは非難を受け、上からは政策的圧迫を受けている。学校内部の教師同僚関係も難しい。このように「不信」に囲まれた関係では、そうでなくても困難で危うい仕事の性格のために、それに向きあっていく内面からの支えを崩されると、教師は傷つきやすく弱い。この間の公立学校教師の精神性疾患による休職者の激増問題にそれが典型的に示されている(23)。

### (5) 学校・教師と親の「教育と責任」関係再構成への課題

本節(4)では、親による学校・教師への攻撃的非難が、マクロレベルでの政策責任を不問にし、「改革」が教師・学校をますます圧迫するさまを見てきた。この好ましいとは思えない関係の再構成を以下の２点で考えたい。

#### 1) 学校・教師と親との「相互非難関係の罠」からの脱出を

苦しんでいるのは教師だけではない。いまの日本では、子どもたちは「育ちづらい」世界で生育し、親たちは「難しい親子関係と子育て」に取り組みながら生きづらい社会で働き生活している。子どもと親が苦しいから、教師もかれらとの関係づくりが難しく、また子どもの教育という仕事も困難が深まっているわけである。苦悩と傷つきは教師だけでなく、むしろその前に子ども・父母に起こっている。当事者たちの多くが陥っている苦悩・傷つきを、単にその人間の弱点として捉えるのでなく共有すること（sharing）に、新しい学校文化を協同形成する文脈を考える。

この認識共有を妨げるイデオロギー（虚偽意識）が「自己責任」論である。それは、「そのように苦しみ悩んでいるのはその人が努力しなかったからだ。その人に責任がある」と周りにも当人にも思わせ、「そういう無責任な人間が多いから、自分が苦しめられている」と感じさせて、庶民間の相互非難に導く。その意味では一つの関係論的な罠である。この罠を避けるには、「そのように苦しみ悩んでいるのは、その人に何か責任があることではなく、多くの人がそうなって仕方のない根拠があってのことだ」という「社会的な認識・責任・感覚を共有する（sharing social reality）」という、もう一つの認識回路が必要であろう。

そしてじっさい東日本大震災の被災各地で、本書Ⅱ部で見るように、子ども・親・地域と教師・学校との「被災を共有しながら、希望を共にしよう」とする共同と交流のとり組みが生まれている。そのような関係再構成が、学校という場を通じて広くなされ得る可能性について、B. バーンスティンの「教育の民主主義」論で考える。彼は「学校の民主主義」の条件として、〈人々がそこに「関与（a stake／掛け金・利害）」を「受け取る」と「与える」の両方の意味で感じる〉と〈そこに自分の意見・要求が発言できて、その通りに実現しなくてもそれを受け止める議論の場がある〉という２つの条件を挙げている（Bernstein 1996=2000）。確かに人間は欲得だけで生きるのでなく、自ら寄与することに生きがいを感じる。また多様な意見・利害関心は、すぐにどれも実現するとは限らないが、それがまともに議論され受け止められる場があれば、それは各人が集い交流する民主的広場の意味を持つだろう。

それを、「良き議論の広場」と呼ぶならば、学校がそんな「議論の広場」たり得る可能性は、大震災とそれに続く取り組みの中で試されていることであった。その可能性は子どもも親も教師もそれぞれの困難に直面しているあらゆる学校に通じるものである。筆者は「関係の再構成」の回路を、「学校の民主主義」の場がどう実現し得るかという課題の中に考えて行きたい。

**2）もう一つの責任関係の再構成：教育政策・教育改革のアセスメント**

**(a)「押しつけることに成功」は、政策として成功なのか（？）：**『教員評価の社会学』（苅谷・金子編 2010）の書評を書いた（久冨 2011）。そこで感じた疑問の第一は、同書が「宮崎県の教員人事考課制度が成功している」と複数の章で「成功」を強調する点だった。同書の教員調査データでは教師たちの多くはこの制度に批判的で、この制度で何か良くなったようなことは見られなかった。なぜそれで「成功」なのか？ 当初現場の抵抗が強かったが、制度の手直しを含んで結局この人事考課制度押しつけに〈成功〉したということなのだろうか。ある政策・制度を抵抗など押し切って押しつけ、結果的によいことは起こっていないのだから、それは政策として〈大失敗〉ではないのか。

これは同書だけの問題ではないだろう。日本の教育政策・改革全般に対する、教育行政当局自身のことがらの評価（君が代・日の丸押しつけ、観点別評価押しつけ、教員人事考課・学校評価の押しつけ、学習指導要領と学力テスト押しつけなど）にも貫かれている。支配者が「自分の支配が貫徹していればそこで誰がどれだけ苦しもうと〈成功〉」とするのは、それ自身が支配者としての「腐敗・堕落」を表現している。

**(b) 独立の第三者による教育政策・改革のアセスメントという応答関係構成：**教育界ではいま「評価」が流行であり、学力評価から教員評価、学校評価に関する新方式が次々と政策的に打ち出され席巻している。しかし、そのような政策・改革はいったい誰がどこで評価しているのか。もし毎年の『文部科学白書』に見るように政策立案・実施当事者がその「評価」も行っているとすれば、そういう評価がどれだけ杜撰になり易いかは、東電原発過酷事故を通した国民的な痛苦の教訓として、いま独立の第三者によるチェック体制の構築が急がれている。

「教育政策・教育改革」もその政策・改革実施当局でなく、独立の第三者による評価が求められていると考える。そのようなアセスメントが、学校の関係当事者の代表者を含む第三者独立機関によってなされることは、戦後第Ⅲ期にまるで「公正な改革者」であるように登場した教育官僚機構が、じつは責任を問われる〈被告〉であることを「評価」をめぐる関係として実現するものである。[教師・学校と親との相互非難関係]を、今日の時代に見合った新しい学校文化の協同形成の可能性へと導く、もう一つの社会的関係構成であると考える。

〈注〉

（1） 本研究のテーマ課題を想起させる「東日本大震災の一環として発生」したもう一つの事件として、東電・福島第一原子力発電所の過酷事故がある。その点は「知識人の社会的責任と倫理」というテーマを強く意識させる「事故」であったが、ここで触れる余裕がないので、久冨（2012）を参照いただきたい。

（2） その分担で、筆者が執筆した論文は、久冨（1996b）である。

（3） 小林篤は、この4回連載の後も、同じ雑誌（『現代』）の、同年10〜12月号に「清輝君『いじめ自殺』の決算」というテーマの論考を3か月連続で載せている。ただし、後の3回連載は、前半の4回のものと違って、ルポルタージュというよりもジャーナリスト・小林の一連の連載に対する「総決算」の意味を負っているようだ。じっさい、彼自身が10月号（後期連載の1回目）の冒頭近くで、「清輝君と大河内家の家族に関することは、取材した事実そのままであるが、その他の部分に関しては一切がフィクションであることを断っておく」と、以下の3回連載が読者の「詮索（人物・実名・組織名など）」の対象にならないようにと配慮するような、わざわざ「断り」を書いている。その小林の意図も筆者なりに汲んで（3回連載の内容は、やはり取材によって得られた事実ではないかと推測するが）、敢えて、ここでは検討の素材からは外した。

（4） たとえば、中井（1996）は、「私は仮にいじめの過程を、『孤立化』『無力化』『透明化』の三段階に分ける」と述べて、その後に「孤立化作戦はすでに無力化を含んでいる」と続けて、「孤立化」が重大な「いじめ事件」の一貫した基礎的過程となっていることを的確に指摘している。

（5） この「旅日記」は、本文で後に出てくる「遺書の入った封筒」の表側にその存在について「（ぜひ、旅日記もよんで下さい）」と記されており、遺書と同じ場所で発見されたそうである。その「旅日記」には、清輝君の様子を心配した両親が、気分を換える意味も込めて、オーストラリアに家族だけで出掛けた旅行に関して（いじめグループから、その間だけは解放されたこともあったのか）その久し振りに楽しかった思い出が、両親に対する感謝とともに綴られていた。

（6） 「校務主任」という聞き慣れない名称が、この地域の学校でなぜ存在し、かつ「学校4役」という重要な位置づけをなぜ持っていたのかについては、説明すると長くなるので、前注（2）の久冨（1999b）を参照いただければ幸いである。

（7）「剣道人事」と「S人事」、そしてそのような人事に差配権を持つ「竜城会」とが、「清輝君・いじめ自殺」とどのような関係にあったかについては、ここで詳述する余裕がないので、前注（2）の久冨（1999b）を参照いただきたい。

（8） 小学校時代にどういう「いじめ」がどれだけあったのかについては、「遺書」にも抽象的にしか触れられておらず、小林ルポでも詳しく調べて報告する形にはなっていない。

（9） 結果的には、4人中3人が「初等少年院」に、1人が「自立支援施設」へ保護処分となった。

（10） 本節の叙述は、久冨（2017）のプロローグの1節及び追記のそれと多く重なっている。

（11） じっさい、被災前の航空写真を、三陸河北新報社発行『ふるさと石巻の記憶：空撮 3.11 その前・その後』（2011年）で見ると、実にのどかな山と川、田園・宅地に囲まれた、瀟洒な感じの2階建て校舎に見える。

（12） 日本近代の明治・昭和という二つの三陸大津波については、吉村昭（2004）に詳しい被災状況が記録されている。そして確かにそこには、この釜谷地区の被害にふれる箇所はない。

（13） この研究を引き継ぎ発展させる形で、続いて科研費・基盤研究［A］「東日本大震災と教育の総合的研究」（代表：藤田英典、2012～2014年度）においても、9グループで構成された、被災現地訪問が繰り返された。それら研究の「報告書」は、各グループごとに、また全体でも2冊と、合わせて10冊程度出されている。

（14） なお大川小学校事故問題については、数見隆生がその教訓をまとめた上で、さらに今後予想される東南海地震に対する沿岸地域の学校防災の現状と、とり組みの視点・提言を記した数見編著（2015）を刊行している。

（15） なお、その後の裁判の経緯について簡単に触れると、2018年4月26日に仙台高裁の控訴審判決があった。控訴審では、地震発生・津波襲来の極限状況における一般教員の判断の適否よりも、震災前に防災体制が十分に取られていたかどうかに焦点が当てられ、学校管理者と市教委にその点での不備があったとの判断が示された。石巻市・宮城県はこの判決を不服として、5月10日最高裁に上告した。

（16） 本節の叙述は、久冨（2012）の3～5節のそれと多く重なっている。

（17） ⑤の学校の業績主義はもちろん、高額の授業料を徴収する私立学校が公立学校とは別に特権的なコースになっている点など、学校体系の業績主義にはつねに属性主義が浸透する余地はある。

（18） ここでの「無限定（diffuse）」とは、社会学者パーソンズの言うパターン変数の一つ［限定性（Specificity）⇔無限定性（Diffuseness）］で対比される価値志向である（Parsons & Shils 1954=1960, p. 83=113）。

（19）「学校制度」と「個々の学校」と「個々の教師」をそれぞれシステム（ルーマン）と考え、それらシステムと子ども・親との関係における「信頼」の調達という課題については、山﨑鎮親の議論（山﨑 1996）に学んだ。

（20）「文化」のこのような理解については、レイモンド・ウィリアムズ『文化とは』

(Williams 1981=1985）と、同著『長い革命』（Williams 1980=1983）に依拠している。ただし本文中の「　　」内は引用者による上記 Williams 本の要約的理解である。その「人々が」には、個人も集団・組織も含まれる。

(21)　このような学校と教師の困難については別稿（久冨 1999a, 2000b）を書いた。

(22)　OECD 調査で日本は例外的に「親の学校運営参加権のない国」となっていた（OECD 教育研究革新センター 1998)。この状況はいまも変わらない。

(23)　こうした教師たちの苦悩と疲弊について、この数年間に同工異曲の複数の論稿を書いた。その最近のものは久冨（2017）である。

〈引用・参考文献〉


Archer, M. S. 1982 Introduction: theorizing about the expansion of educational system, in Archer（ed.）*The Sociology of Educational Expansion*, London: Sage.

Bernstein, B. 1996 *Pedagogy, Symbolic Control and Identity*, London: Taylor & Francis（=2000 久冨善之他訳『〈教育〉の社会学理論――象徴統制、〈教育〉の言説、アイデンティティ』法政大学出版局).

Green, A., 1990 *Education and State Formation: the rise of education systems in England, France and the USA, Houndmills*: Macmillan Press, 1990.

Giddens, A., 1990 *The Consequences of Modernity*, Cambridge: Polity Press（=1993 松尾精文・小幡正敏訳『近代とはいかなる時代か――モダニティの帰結』而立書房).

Hargreaves, D. H., 1980 The occupational culture of teachers, in Woods, P. ed., *Teacher Strategies*, London: Croom Helm.

長谷川裕 2008「教師と生徒の関係とは、どのようなものか」久冨善之・長谷川裕編『教育社会学』学文社.

池上正樹・加藤順子 2012『あのとき、大川小学校で何が起きたのか』青志社.

池上正樹・加藤順子 2014『石巻市立大川小学校「事故検証委員会」を検証する』ポプラ社.

苅谷剛彦・金子真理子編著 2011『教員評価の社会学』岩波書店.

勝田守一・中内敏夫 1964『日本の学校』岩波新書.

数見隆生編著 2011『子どもの命は守られたのか――東日本大震災と学校防災の教訓』かもがわ出版.

数見隆生編著 2015『子どもの命に向き合う学校防災――東日本大震災の教訓から日本の沿岸部学校への提言』かもがわ出版.

木村元他 2003「教員文化の形成――鈴木利貞日記を読む」久冨善之編著『教員文化の日本的特性――歴史、実践、実態の探求を通じてその変化と今日的課題をさぐる』多賀出版.

小林篤 1995a「[第 1 弾] 僕は、旅立ちます――清輝君「いじめ自殺」の真実」『現代』1995 年 2 月号、講談社.

小林篤 1995b「[第 2 弾] 清輝君の学校で何が起こっていたのか」『現代』1995 年 3 月号、講談社.

小林篤 1995c「[第 3 弾]「いじめ 4 人組」はなぜ暴走したか」『現代』1995 年 4 月号、講談社.
小林篤 1995d「[第4弾] 清輝君の死は何を遺したか」『現代』1995年5月号、講談社.
久冨善之 1988「教員文化の社会学・序説」久冨善之編『教員文化の社会学的研究』多賀出版.
久冨善之 1998「教師の生活・文化・意識――献身的教師像の組み換えに寄せて」佐伯胖他編『岩波講座現代の教育6　教師像の構築』岩波書店.
久冨善之 1999a「楽しい学校にどう立て直すか」『経済』4月号、新日本出版社.
久冨善之 1999b「清輝君事件と西三河の学校文化・教員文化」教育科学研究会・村山士郎・久冨善之編『いじめ自殺――6つの事件と子ども・学校のいま』(『教育』別冊10) 国土社.
久冨善之 2000a「官僚統制こそ批判対象に」岡部恒治・戸瀬信之・西村和雄編『小数ができない大学生――国立大学も学力崩壊』東洋経済新報社 (初出は『日本経済新聞』1998. 2. 8. 朝刊).
久冨善之 2000b「変動する日本社会の教師たち――その混乱、葛藤、そして「乗り切り(?)」藤田英典・志水宏吉編『変動社会のなかの教育・知識・権力――問題としての教育改革・教師・学校変化』新曜社.
久冨善之 2009「豊岡小学校の制度・学校時空間の構成と変化」久冨善之 (代表)『学校文化の形成・展開と地域社会 2006-2008年度科学研究費補助金・基盤研究 [B] 研究成果報告書』
久冨善之 2010「なぜ学校に通うのか」田中孝彦他編『現実と向きあう教育学――教師という仕事を考える25章』大月書店.
久冨善之 2011「書評：苅谷剛彦・金子真理子編著『教員評価の社会学』」『教育社会学研究』第88集.
久冨善之 2012「学校・教師と親の〈教育と責任〉をめぐる関係構成」『教育社会学研究』第90集.
久冨善之 2017『日本の教師、その12章――困難から希望への途を求めて』新日本出版社.
宮城県教職員組合編 2012『東日本大震災――あの日、学校はどう判断し、行動したか』明石書店.
森田洋司・清永賢二編 1994『(新訂版) いじめ――教室の病い』金子書房.
内藤朝雄 1996「『いじめ』の社会関係論」鬼塚雄丞・丸山真人・森政稔編『ライブラリ相関社会科学3　自由な社会の条件』新世社.
中内敏夫 1995「『愛の鞭』の心性史」中内敏夫・長島信弘他『叢書〈産む・育てる・教える――匿名の教育史〉5　社会規範――タブーと褒賞』藤原書店.
中井久夫 1996「いじめとは何か」『季刊　仏教』No. 37、1996年10月号、法蔵館.
野村俊幸 2014「不登校になったわが子が教えてくれたこと」『教育』2014年4月号、かもがわ出版.
OECD教育研究革新センター／中嶋博他訳 1998『親の学校参加――良きパートナーとして』学文社.
Parsons, T. & Shils, E. A. ed., 1954 Toward a General Theory of Action, Harvard University Press (=1960 永井道雄他訳『行為の総合理論をめざして』日本評論社).

芹沢俊介 2012「いじめの定義の大切さについて」『現代思想』12 月臨時増刊号、青土社.
泊史 2009「入学・通学・卒業という行為様式の慣行化・普遍化過程」久冨善之（代表）『学校文化の形成・展開と地域社会 2006-2008 年度科学研究費補助金・基盤研究［B］研究成果報告書』.
Waller, W. W. 1932 *Sociology of Teaching*, New York: Russell & Russell（=1957 石山脩平・橋爪貞雄訳『学校集団――その構造と指導の生態』明治図書）.
Whitty, G. 1985 *Sociology and School Knowledge*, London: Methuem（=2009 久冨善之他訳『学校知識――カリキュラムの教育社会学』明石書店）.
――― 2002 *Making Sense of Education Policy*, London: Sage（=2004 堀尾輝久・久冨善之監訳『教育改革の社会学』東京大学出版会）.
Williams, R. 1980［1961］*The Long Revolution*, London: Chatto & Windus（=1983 若松繁信・妹尾剛光・長谷川光昭訳『長い革命』ミネルヴァ書房）.
――― 1981 *Culture*, London: Fontana Paperbacks（=1985 小池民男訳『文化とは』晶文社）.
山﨑鎮親 1996「学校制度の中の教員文化――信頼のゆくえ」、堀尾輝久・久冨善之他編『講座学校⑥ 学校文化という磁場』柏書房.
吉村昭 2004『三陸海岸大津波』文春文庫.
柳治男 2005『〈学級〉の歴史学――自明化された空間を疑う』講談社.

# 第2章

## 質問紙調査の課題と内容構成、対象と方法、結果概要

久冨　善之

### 1. 教師対象質問紙調査の課題

東日本大震災の経験や「いじめ」問題を通じ、学校で「子どもの命と安全」を守る教師の責任が問われている。そこで追及対象になる「教師の責任」というテーマを、教師の仕事をめぐって子ども・保護者から寄せられる期待に、教師はどのような「応答」をし、その「責任」を果たすのかという文脈に置き直して考察し、その関係構成と、その文化的定着の姿を、日本の学校文化・教員文化の動態として実証的に解明しようと考えた。そうした問題意識に基づき進められた研究の中心は教師対象の質問紙調査であり、本書第Ⅰ部はその結果を報告する。調査の具体的課題は次の11点である。また、各課題を主要に扱った章、及び各課題と主に対応する質問紙の質問群も記しておく。

① **10年前の調査結果からの変化のなかに見えること（第3章）**：本書の執筆者の多くは10年前に教員文化に関する国際比較調査を実施しその結果を報告している(1)。その後の10年の間に日本の教師をめぐる制度・環境は、かなりの変化があったと考えられる。今回は、国際比較はできないが、10年間の時代変化のなかで日本の教師たちの職場状況、教職生活、教師・生徒関係、教職観や教職アイデンティティ確保の状況などに、どんな変化が生じているのか、またはいないかを、教師対象の質問紙調査データを通じて確認することで、日本の教師層にとってどのような新たな課題が生じているのかを明らかにしようと考えた。

② **教職アイデンティティの確保をめぐって（第4章）**：教師にとって「自分は教師としてその仕事を遂行できているという自己意識を持つこと」（筆者らは「〈教職アイデンティティ〉の確保」と呼んできた（久冨編 2008, pp. 23–25））が、教える仕事を行う自分の中の「自信」や「見通し」にもつながるので、それをどのような教師生活を通じて確保しようとしているか、できるのかを、「教員文化」の重要な要素と考えた。その現在の状況を解明することを課題とした。それは、質問紙のQ2とQ3との分析となる。

③ **学校職場の状況と、それを教師たちがどう受けとめているか（第5章）**：本書「序」で、図0.1、図0.2、図0.3も含めて説明したように、筆者らは、その教師の勤務校の状況と、教師たちのアイデンティティの維持・確保とは必ずしも直結するものではないと考えた。その間には「教員文化」が介在するものであると考えられる。つまり、勤務校の状況が「困難」である場合でも、教師たちが疲弊した結果として、アイデンティティの維持・確保に必ずしも失敗するとは限らない。逆に、勤務校の状況が「良好」である場合でも、教師たちが元気で、アイデンティティの維持・確保に成功するとは限らない。このような「教員文化」の屈折作用がどのように働くのかを確かめる課題がある。この点は質問紙のQ1の解析となる。また、学校職場の雰囲気や同僚関係は、教員文化の集団的次元として、本書「序」の図0.2で示したように、上で述べたのと同様、勤務校の「困難／良好」をそのまま反映させるのではなく、屈折させる集団的な関係である。この後者の点は、質問紙のQ1とQ5を解析することになる。

④ **教職観をめぐる時代的変化とその現在（第6章）**：「献身的教師像」の形成と継承は「日本の教員文化」の重要な特徴だった（久冨 2017, 第Ⅱ, Ⅲ部）。その点が1990年代半ば以降の「教育改革」時代を通じて、また2000年代に入っての「教師受難時代」を経験して、どのように変化しているのか、いないのか。また、どのような新たな教師像の形成が見られるのか、という今日的動向を改めて確認したいと考えた。この点は、質問紙のQ8の分析として行われる。

⑤ **教師のバーンアウトの今日的な状況確認（第7章）**：「バーンアウト（burn-out: 燃え尽き）」は「対人援助職」である教師の「職業病」とも言われてきた。筆者らは既に30余年間にわたって日本の教師たちの「バーンアウト」の程度と率とを測定してきたわけだが、今回の調査でその状況を確認し、20余年間の変化についても検討することを課題とする。この点は質問紙のQ10で尺度で測

られた「燃え尽き（バーンアウト）」程度の集計結果を使って分析される。

⑥ **近年の教育改革施策の学校現場での実施状況（第9章）**：近年の教育改革施策動向は「言語活動の充実」や「学校評価・教員評価」「公立小・中学校の選択」「第三者の学校参加」「組織のピラミッド化」「不適格教員の認定」「全国学力テストの実施とその評価を通じた学力向上施策」「道徳教育推進」「いじめ防止対策」「土曜日授業の実施」などに及んでいる。学校現場で、それはどの程度の熱心さで取り組まれているのか、その実際を把握することを課題とした。この「改革施策実施状況」は質問紙のQ11の結果に10地域比較を含んで分析し記述される。

⑦ **子ども・保護者や周囲の「教師への期待」の教師による「認知と責任意識」（第8章）**：子ども・保護者や周囲から様々の期待が寄せられ、教師には、それに応答する責任が社会的に存在する。確かに、教師は多くの「あまりにも強く期待に取り囲まれ過ぎている」（久冨 1994, pp. 9-11[(2)]）とは言えるだろう。しかしどんな期待でも応えるということはできないに違いない。教師たちは「何を自分たちに対する期待と感じ」、それに「自分たちが、応える責任がある」と考えているのか、またそのいわゆる「応答責任」意識は、「期待」の内容と強さ、その他のファクターとの関連の中で変化するものとして形成・保持されているのかを、データを通じて分析・追究することを、2004年の調査研究にはなかった、本研究の新たな課題とした。この点は、質問紙のQ7の回答結果の詳細な分析を通して解明される。

⑧ **「注入か、発達支援か」をめぐる、教師たちの教育信念の状況把握（第10章）**：近ごろの日本では「学校（○○）スタンダード」や「ゼロトレランス」といった、画一的で注入的な教育手法が、教育行政からも推奨され、一部現場では「それがあると楽だ」とそれが求められる例もあると言われる。それらは「80年代管理主義」の外からの「点検・処罰」を通じた統制と性格を異にし、生徒たちがその画一性を内面化する形で、「自律的」に行動することを目指して、各地に広がっている。

他方日本には伝統的に、また新しい教育実践運動や、近年の「ケア」論の深まり（岡野 2012, 竹内 2016）もあって、逆の「発達支援」的に子どもたちの「必要（needs）」に応答して伴走する教育手法も注目されている。その両者を対比させ、どんな教師がどちらの傾向を自らの教育信念として保持しているのか、それが他の要素とどう関連するのかという課題を追究する。この「教育信念」をめぐる対比・対立状況に関しては、質問紙のQ9の分析を通じて記述される。

⑨ **特別支援教育の実際（第11章）**：今日の日本では、障がい児のインクルージョンが10年前よりはずっと進んで、普通学校・学級に障がい児が在籍することが珍しくない状況になっている。それは「特別支援教育（special needs education)」と呼ばれ各学校で実施されているはずだが、その実態はどうなのか、取り組みが組織的になされているのかどうかを確かめようと考えた。この点での「特別支援教育」のとり組みの「組織」性については、質問紙のQ6の回答結果の地域比較を含んで分析し、記述される。

⑩ **教師の政治意識・社会意識の現代的状況把握（第12章）**：現代は「貧困・格差の拡大」や「安保法制（＝戦争法)」をめぐる政治意識が課題となり、政治意識・社会意識、また組織参加・活動などに関する国民的規模の調査も行われている。それらも参考にして、日本の教師たちの政治意識や社会意識の現状はどうか、それは国民全般と比べてどんな特徴があるかを確認したいと考えた。この点は、質問紙のQ12, Q13, Q14の回答結果の地域比較を含んで、分析し解明される。

ボトムシートは本章末で**表2.15**として簡潔に表示する。

⑪ **いくつかの調査地域の特徴を把握・交流する（第13章）**：以上の①～⑩の諸点で、調査地域である数地域については（10地域すべては困難だが)、全国平均との比較をもとに、その地域の特徴を明らかにし、もし協力が得られるならば、そのいくつかの地域・学校を訪問しインタビュー調査を実施して「数字・統計上の特徴」が、地域の教育委員会や学校関係者に、どう具体的姿として映っているのかを、聴き取ることを課題とした。**表2.1**に見る「A 8」地域で実施された調査と、その地域にある学校への訪問・面接調査を通じて行われた。

以上の11点が、教師対象質問紙調査の課題と、それに対応する質問紙の「問」に関する説明である。

## 2. 質問紙の内容構成(3)

a) ［フェイスシート］性別／年齢／教師経験年数（教師以外の職業経験とその年数）／勤務校の小・中別／学校での職務／学級担任かどうか／専門教科目

b）**勤務校の状況**・13 項目（4 段階回答）（Q1）

c）**教職生活の［積極面］**・13 項目（Q2）、**［厳しさ・困難］・16 項目**（Q13）（どちらも 4 段階回答）

d）**教育活動上の悩みの相談相手**・11 項目（複数回答）（Q4）

e）**職場の雰囲気・状況**・17 項目（4 段階回答）（Q5）

f）**特別支援教育への組織的取り組み**・7 項目（4 段階回答）（Q6）

g）**子ども・保護者や周囲からの教師への「期待認知」とそれへの「責任意識」**・各 17 項目（両方とも、4 段階回答）（Q7）

h）**教師自身の教職観**・13 項目（4 段階回答）（Q8）

i）**教育信念が「注入志向」か「支援志向」か**・7 項目（どちらに近いか、4 段階回答）（Q9）

j）**パインズの「バーンアウト尺度」測定**・21 項目（7 段階回答）（Q10）

k）**近年の教育改革施策の学校現場での実施状況**・12 項目（4 段階回答）（Q11）

l）**自分の生活と社会への意識**・10 項目（4 段階回答）（Q12）

m）**格差是正政策への賛否**・1 項目（5 段階回答）（Q13）

n）**政治と国民との関わりに関する意識**・4 項目（4 段階回答）（Q14）

o）［ボトムシート］配偶者有無 / 子ども有無（その年齢段階）／両親の学歴（双方ともに 4 段階）／15 歳時世帯収入の程度（5 段階回答）／組織参加（8 項目複数回答）

p）**［自由記入欄］**（本質問紙や毎日の仕事に関連しての感想・意見・主張を自由に記入する）

各項目の具体的内容と回答傾向は本章で、その分析は第 3 章～第 12 章で、1 の末尾の点である⑪の結果は第 13 章に記述する。

## 3. 質問紙調査の対象者と、実施過程

### (1) 質問紙調査の対象者構成

質問紙調査の対象者と回収状況は**表 2.1** のようになっている。

まず 10 年前調査と比較可能にするため、対象を「公立小・中学校教育職員（臨時を含む）」とした。前回対象 9 地域の教育委員会に依頼し、協力の得られた 7 地域と、新たに依頼した地方都市（A7）との 8 地域には、学校を通じて配

表 2.1　調査対象者の地域と配布・回収状況

| | 対象地域 | | 配布数 | 回収数 | 回収率（%） |
|---|---|---|---|---|---|
| A、学校を通じた配布・回収 | 首都圏 | A1 | 268 | 165 | 61.6 |
| | | A2 | 164 | 113 | 68.9 |
| | | A3 | 137 | 81 | 59.1 |
| | 政令指定市 | A4 | 174 | 109 | 62.6 |
| | 地方都市 | A5 | 204 | 125 | 61.3 |
| | | A6 | 175 | 111 | 63.4 |
| | | A7 | 152 | 122 | 80.3 |
| | 地方町村 | A8 | 123 | 93 | 75.6 |
| | Aの8地域・計 | | 1397 | 919 | 65.8 |
| B、個人郵送回収 | 中部地方県 | B1 | 497 | 252 | 50.7 |
| | 関西地方県 | B2 | 406 | 134 | 33.0 |
| | Bの2県・計 | | 903 | 386 | 42.7 |
| A・Bの10地域合計 | | | 2300 | 1305 | 56.7 |

布し回収する方法により、小・中合わせて50校の協力を得て、919人の有効回答（回収率：65.8%）が得られた。

8地域のデータだけではやや首都圏や都市部に片寄ったので、それを補正する意味も込めて、中部地方と関西地方との都市・農山村が混在する県の教職員台帳から（回収率が悪くても100を上回る回答が得られるよう）、ランダムにサンプリングを行い、2県で386人の有効回答（回収率：42.7%）が得られた。10地域合計の有効回収数（回収率）は、1,305人（56.7%）である。

その結果回答者の小・中と男女別の構成は、**表 2.2** のようになった。表にはないが、小学校教師の回収率がやや高い。以下の分析では小・中は別に行っている場合が多いし、また小・中とも、女性教師の有効回答者構成が2014年度学校基本調査の「本務教員構成」より4～5ポイント高いが、ウエイトづけは行わなかった。また「フェイスシート」から「学校での職務」を選んで、回答者構成を「小・中別」と「対象者の選び方の違う［A1～A8の8地域］／［B1・B2の2県］別」に一覧表に示したのが、**表 2.3** である。それによれば、「校長」が小・中とも4%台、「副校長・教頭」が小・中とも5～6% 程度で、「教諭（正規採用）」が小・中とも7割を超えて多くなっている。しかし「臨時採用常勤講師」が小・中とも8%台と近年の増加傾向を反映しており、「臨時採用非常勤講師」も足すと小・中とも10%ないしそれ以上になっている(4)。また「学校教員統計調査」2013年度結果と比べて職種別で小・中とも1ポイント程

## 表 2.2　小・中　男女別の回答者数

| | | 男性教師 | 女性教師 | 男女計 |
|---|---|---|---|---|
| 小学校 | 人数 | 296 | 578 | 874 |
| | 割合（%） | 33.9% | 66.1% | 100.0% |
| 中学校 | 人数 | 221 | 201 | 422 |
| | 割合（%） | 52.4% | 47.6% | 100.0% |
| 小中計 | 人数 | 517 | 779 | 1296 |
| | 割合（%） | 39.9% | 60.1% | 100.0% |

〈注〉小中ないし男女が不明の 9 人を除く

## 表 2.3　職種別の回答者数（小・中別／8 地域・2 県別）

| 小学校の回答教師たちの職務別の数と率 | | | | | | |
|---|---|---|---|---|---|---|
| | 8 地域 | | 2 県 | | 10 地域計 | |
| 職務 | 実数 | 比率（%） | 実数 | 比率（%） | 実数 | 比率（%） |
| 校長 | 27 | 4.5 | 12 | 4.7 | 39 | 4.5 |
| 副校長・教頭 | 26 | 4.3 | 20 | 7.8 | 46 | 5.3 |
| 主幹教諭 | 13 | 2.1 | 5 | 2.0 | 18 | 2.1 |
| 教諭（正規採用） | 441 | 72.8 | 189 | 74.4 | 630 | 73.3 |
| 養護教諭 | 24 | 4.0 | 10 | 3.9 | 34 | 4.0 |
| 臨時採用常勤講師 | 62 | 10.2 | 14 | 5.5 | 76 | 8.8 |
| 臨時採用非常勤講師 | 8 | 1.3 | 2 | 0.8 | 10 | 1.2 |
| その他 | 5 | 0.8 | 2 | 0.8 | 7 | 0.8 |
| 合計 | 606 | 100.0 | 254 | 100.0 | 860 | 100.0 |

| 中学校の回答教師たちの職務別の数と率 | | | | | | |
|---|---|---|---|---|---|---|
| | 8 地域 | | 2 県 | | 10 地域計 | |
| 職務 | 実数 | 比率（%） | 実数 | 比率（%） | 実数 | 比率（%） |
| 校長 | 15 | 5.1 | 3 | 2.3 | 18 | 4.3 |
| 副校長・教頭 | 15 | 5.1 | 11 | 8.7 | 26 | 6.2 |
| 主幹教諭 | 13 | 4.4 | 3 | 2.3 | 16 | 3.8 |
| 教諭（正規採用） | 205 | 69.3 | 94 | 74.6 | 299 | 70.9 |
| 養護教諭 | 9 | 3.0 | 6 | 4.7 | 15 | 3.6 |
| 臨時採用常勤講師 | 26 | 8.8 | 9 | 7.1 | 35 | 8.3 |
| 臨時採用非常勤講師 | 11 | 3.7 | 0 | 0.0 | 11 | 2.6 |
| その他 | 2 | 0.7 | 0 | 0.0 | 2 | 0.5 |
| 合計 | 296 | 100.0 | 126 | 100.0 | 422 | 100.0 |

| 小学校・中学校の合計の回答教師たちの職務別の数と率 | | | | | | |
|---|---|---|---|---|---|---|
| | 8 地域 | | 2 県 | | 10 地域計 | |
| 職務 | 実数 | 比率（%） | 実数 | 比率（%） | 実数 | 比率（%） |
| 校長 | 42 | 4.7 | 15 | 3.9 | 57 | 4.4 |
| 副校長・教頭 | 41 | 4.5 | 33 | 8.6 | 74 | 5.8 |
| 主幹教諭 | 26 | 2.9 | 8 | 2.1 | 34 | 2.6 |
| 教諭（正規採用） | 646 | 71.6 | 284 | 74.2 | 930 | 72.4 |
| 養護教諭 | 33 | 3.7 | 16 | 4.2 | 49 | 3.8 |
| 臨時採用常勤講師 | 88 | 9.8 | 23 | 6.0 | 111 | 8.6 |
| 臨時採用非常勤講師 | 19 | 2.1 | 2 | 0.5 | 21 | 1.6 |
| その他 | 7 | 0.8 | 2 | 0.5 | 9 | 7.0 |
| 合計 | 902 | 100.0 | 383 | 100.0 | 1285 | 100.0 |

〈注記〉有効回答数は「1,305」であるが、上の表では「小・中」が不明の人、小中一貫校で小中兼務の人、また「職務」欄が「無回答」の人を集計から外したので、10 地域合計が「1,285」となっている。

度の差しかなく、妥当なサンプルであると判断して、ここでもウエイトづけは行わなかった。

### (2) 調査の実施経過

調査はA・B両調査とも2014年7月～2015年1月に実施した。その集計結果を、全国とその地域を比較できる形で、協力してくれた各教育委員会と学校に送付した。また、2つの地域を訪問してその結果について教育委員会担当者に説明し、先方からの質問に答え、当方の質問に答えてもらった。その後［A8地域］では、学校訪問と保護者面接ができた。そこでの応答・交流の成果を第13章に記述している。

## 4. 各質問への回答結果

以下、先に本章1で述べた質問紙調査の課題①～⑩の順番におおよそ沿いながら、小学校・中学校教師の比較も行ってその差が持つ特徴と意味を解明しつつ、調査結果の概要を示す。ただし課題①については、第3章でその結果概要が示されているので本章では扱わない。その代わりにまず、ここでは扱わない課題①について論じた第3章に言及があるだけで、本書の他の箇所ではあまり分析されていない「悩みや問題の相談相手」についての質問への回答結果の概要を示すことから始める。なお小・中比較では、差を検定する有意水準を通常使われる「0.05」にすることとした。

### (1) ［Q4］の悩み・困難の「相談先」

「悩みや問題の相談相手」を「1～10」挙げて、それに複数回答可（あてはまるものにいくつでも○）で回答してもらい、「相談しない」という人は「11」に○をした問いの回答をもとに、各項目に○のある比率を棒グラフで示したのが、**図2.1**である。図の右側には、それの対応する形で、小学校・中学校教師別に各項目に「○のある比率」を示した。

a)［Q4］の**「悩みや問題の相談相手」結果に見える特徴**：この結果を、回答比率が多い順にみると以下の5点の特徴を見ることができる。

（i）**5割以上の教師が職場の同僚2項目を選択**：「2. 職場の先輩の教師」「3.

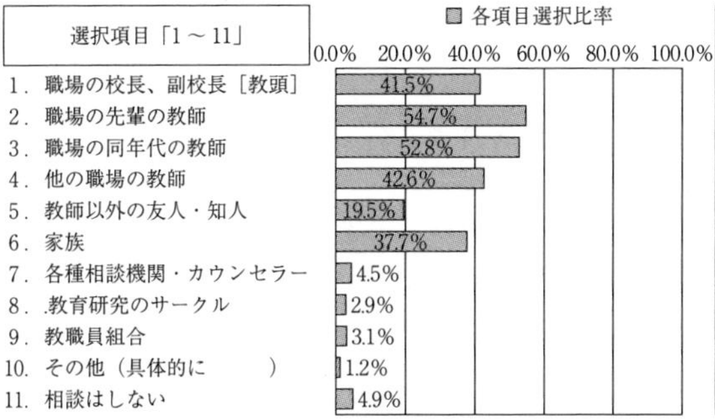

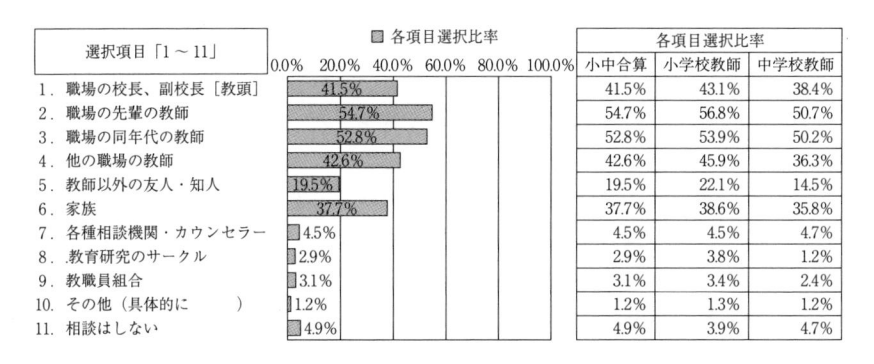

| 各項目選択比率 | | |
|---|---|---|
| 小中合算 | 小学校教師 | 中学校教師 |
| 41.5% | 43.1% | 38.4% |
| 54.7% | 56.8% | 50.7% |
| 52.8% | 53.9% | 50.2% |
| 42.6% | 45.9% | 36.3% |
| 19.5% | 22.1% | 14.5% |
| 37.7% | 38.6% | 35.8% |
| 4.5% | 4.5% | 4.7% |
| 2.9% | 3.8% | 1.2% |
| 3.1% | 3.4% | 2.4% |
| 1.2% | 1.3% | 1.2% |
| 4.9% | 3.9% | 4.7% |

**図 2.1　悩みや問題の相談相手**（11 項目で複数選択。グラフは各項目の小中合算選択比率で表示）

職場の同年代の教師」の選択が、小・中学校教師とも 5 割以上になっている。

（ii）**3 ～ 4 割台の教師が選択した 3 項目**：小・中学校教師とも、「1. 職場の校長・副校長［教頭］」「4. 他の職場の教師」「6. 家族」の 3 項目選択が、3 ～ 4 割台になっている。

（iii）**1 ～ 2 割台の教師が選択した 1 項目**：小・中学校教師とも、「5. 教師以外の友人・知人」の 1 項目が、1 ～ 2 割台の選択になっている。

（iv）**1 割未満の教師が選択した 4 項目**：小・中学校教師とも、「7. 各種相談機関・カウンセラー」「8. 教育研究のサークル」「9. 教職員組合」「10. その他（具体的に）」の 4 項目の選択が数%に留まっている。

（v）**相談しない教師は 5%未満**：「11. 相談はしない」を選択した教師は、小・中学校とも 4%前後で、そういう人は多くない。

**b）そこから読み取れるもの**

（i）**同じ職場の同僚関係が、教師の悩みや困難の支えに**：職場の先輩・同輩への相談が 5 割台で最も多く、「10. その他」にも「職場の後輩」の記述があった。日常的相談相手がかなり職場の同僚教師の中にいることがわかる。教師たちが悩みや困難に直面した際の支えが「職場の同僚関係」にあると言えるだろう。

（ii）**管理職・他の職場の教師・家族もそれに次ぐ選択**：「1. 職場の管理職」「4. 他の職場の教師」「6. 家族」も小・中学校教師ともに、4 割前後の選択があった。相談を受けるような信頼される管理職もある程度いることがわかる。

また、「他の職場の教師」は、もしかしたらかつての同僚だったかも知れない。「家族」は、10年前調査には入ってなかった項目であるが、今回入れてみると、小・中学校教師とも、4割弱の選択であった。教師は「持ち帰りの仕事」も多いので、家族がその姿を見て相談にのる場合も考えられる。また、今回は調べていないが教師の配偶者は、男女とも半数程度が「教師」だという過去のデータもある（久冨 1992, p.20）。相談者である「家族」自身が教師である場合もかなりあることが考えられる。

(iii) **教師の相談相手はやはり教師が多い**：( i )( ii ) から、教師の悩みの相談相手が、やはり教師であるという「教員社会」の求心性はかなりの程度のものであると言えよう。「教師のことは、教師にしかわからない」という昔からの言葉は、今日の相談相手の実際にも表れていると考える。教師たちが日常的に頼りにしているのは、やはり同じ職場の同僚を初めとする教師仲間であると思われる。

(iv) **教師以外への相談は、あまり多くない**：「5. 教師以外の友人」「7. 相談機関・カウンセラー」「8. 教育研究サークル」「9. 組合」などの選択は、小・中学校教師とも5%未満と少ない。教育研究サークルや組合は教師仲間のはずだが、それら組織の活動がいまは教師たち多数に浸透していないのかもしれない。また「相談機関・カウンセラー」は精神性疾患が重い場合は相談相手になると思われるが、Q3の(16)「この1年間にカウンセリングを受けた」の場合同様に、該当しながらもこの調査の対象にならない（休職中）か、質問に回答しない場合が多かったことも考えられる。

## (2) [Q2] [Q3] の教職生活の積極面と厳しさ・困難

### (2-1)「教職生活の積極面」に関する13項目について

教職生活の積極面に関する教師たちの回答で4段階の肯定側回答だけを棒グラフで示したのが、**図2.2** である。またそれを、小・中学校別に肯定側回答だけを示したのが**表2.4** である。

#### ① 結果に見る特徴的傾向

この結果を肯定側回答が多い順に見ると、以下の3点の特徴を見ることができる。

**a) 小・中とも7割前後を超える教師が「強く感じる」「感じる」と肯定側回答**

(%)

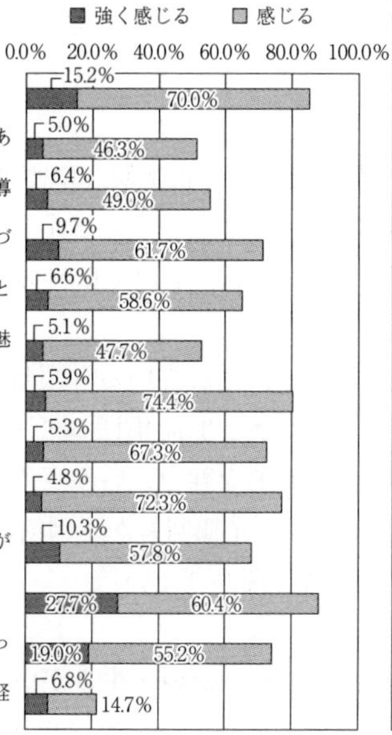

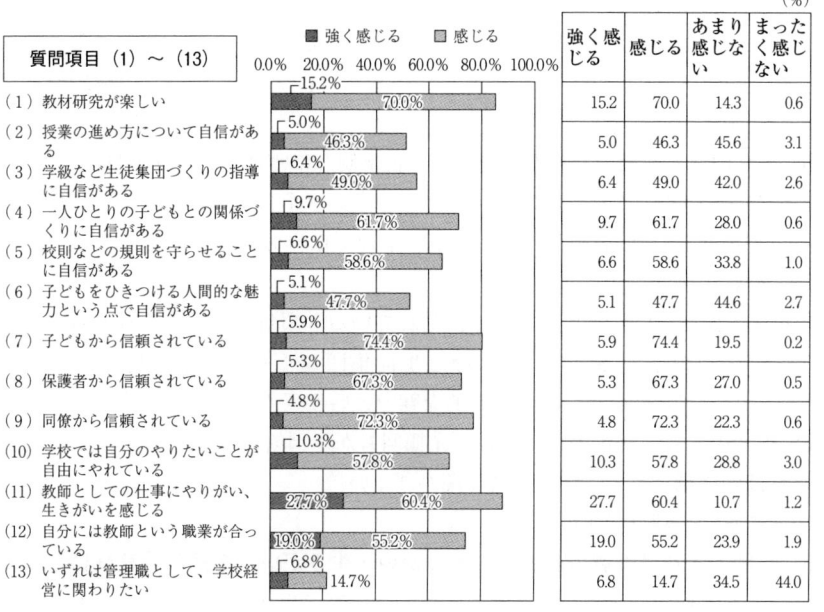

| 質問項目（1）～（13） | 強く感じる | 感じる | あまり感じない | まったく感じない |
|---|---|---|---|---|
| （1）教材研究が楽しい | 15.2 | 70.0 | 14.3 | 0.6 |
| （2）授業の進め方について自信がある | 5.0 | 46.3 | 45.6 | 3.1 |
| （3）学級など生徒集団づくりの指導に自信がある | 6.4 | 49.0 | 42.0 | 2.6 |
| （4）一人ひとりの子どもとの関係づくりに自信がある | 9.7 | 61.7 | 28.0 | 0.6 |
| （5）校則などの規則を守らせることに自信がある | 6.6 | 58.6 | 33.8 | 1.0 |
| （6）子どもをひきつける人間的な魅力という点で自信がある | 5.1 | 47.7 | 44.6 | 2.7 |
| （7）子どもから信頼されている | 5.9 | 74.4 | 19.5 | 0.2 |
| （8）保護者から信頼されている | 5.3 | 67.3 | 27.0 | 0.5 |
| （9）同僚から信頼されている | 4.8 | 72.3 | 22.3 | 0.6 |
| （10）学校では自分のやりたいことが自由にやれている | 10.3 | 57.8 | 28.8 | 3.0 |
| （11）教師としての仕事にやりがい、生きがいを感じる | 27.7 | 60.4 | 10.7 | 1.2 |
| （12）自分には教師という職業が合っている | 19.0 | 55.2 | 23.9 | 1.9 |
| （13）いずれは管理職として、学校経営に関わりたい | 6.8 | 14.7 | 34.5 | 44.0 |

**図 2.2　教職生活の積極面**（13 項目：グラフは肯定側回答のみ表示）

**表 2.4　教職生活積極面**（小・中別）

| | 小学校教師 | | 中学校教師 | |
|---|---|---|---|---|
| | 強く感じる | 感じる | 強く感じる | 感じる |
| (1) | 14.1 | 72.6 | 17.6 | 64.1 |
| (2) | 3.8 | 44.9 | 7.4 | 49.3 |
| (3) | 6.3 | 49.4 | 6.4 | 48.5 |
| (4) | 8.8 | 63.0 | 11.4 | 59.1 |
| (5) | 6.1 | 59.0 | 7.2 | 58.5 |
| (6) | 4.2 | 48.8 | 6.6 | 45.6 |
| (7) | 6.1 | 75.6 | 4.9 | 72.3 |
| (8) | 5.0 | 69.1 | 5.4 | 64.0 |
| (9) | 4.6 | 74.2 | 5.3 | 68.8 |
| (10) | 9.3 | 61.3 | 12.3 | 50.7 |
| (11) | 28.0 | 62.4 | 27.0 | 56.4 |
| (12) | 19.1 | 56.3 | 18.9 | 53.3 |
| (13) | 6.3 | 13.9 | 8.1 | 16.1 |

**が多い7項目**：(1) 教材研究が楽しい／(4) 一人ひとりの子どもとの関係づくりに自信がある／(7) 子どもから信頼されている／(8) 保護者から信頼されている／(9) 同僚から信頼されている／(11) 教師としての仕事にやりがい、生きがいを感じる／(12) 自分には教師という職業が合っている

b) **小・中とも教師の回答が、肯定側と否定側とに割れている5項目**

b-1) 割れているが肯定側のほうがやや多い2項目：(5) 校則などの規則を守らせることに自信がある／(10) 学校では自分のやりたいことが自由にやれている

b-2) 小・中ともほとんど半々に割れている3項目：(2) 授業の進め方について自信がある／(3) 学級など生徒集団づくりの指導に自信がある／(6) 子どもをひきつける人間的な魅力という点で自信がある

c) 小・中とも8割台の教師に、否定側回答が圧倒的に多い1項目：(13) いずれは管理職として、学校経営に関わりたい

**② そこから読み取れるもの**

a) **教師の多数は教職の仕事に「やりがい・生きがい」を感じ「教職に合っている」と回答**：上で見たように、「(11) 仕事にやりがい・生きがい」を感じ、教職を自分に「(12) 合っている」の2項目の肯定回答が、小・中学校教師とも8割前後～9割と圧倒的である。

b) **「教材研究」の楽しさ、子ども・保護者・同僚からの「信頼」もあると感じる回答多数**：「(1) 教材研究が楽しい」も子ども・保護者・同僚から「(7)(8)(9) 信頼されている」という点で小・中学校とも7割前後～8割台の多数の教師が肯定側の回答をしている。

c) **a), b) の両方の意味で「教職アイデンティティ」確保・保持の教師が多数派**：「教職アイデンティティ」とは、「自分は教師としての仕事を遂行できているという自己意識を持つこと」を意味し、その確保が「教師の仕事」を続けていく上で必要なので、教員文化の重要な要素になっている。少なくとも以上の回答結果からは教師たちの多数が「教職アイデンティティ」の確保・保持に成功していると考えられる。

d) **仕事に対する「自信」「自由」の程度では、教師たちは割れている**：ただし仕事に対する「自信」や「自由」については5～7割の教師たちが肯定側回答しており、圧倒的とは言えない。3～5割の教師は否定側回答をしており、

人によって割れているという傾向がある[(5)]。

e）**管理職への出世指向はあまり強くない**：ただ「(13) 管理職への出世指向」だけは、13項目中で一つだけ、否定側回答が8割弱で（この項目への回答は、現在既に校長・副校長・教頭の人は、「無回答」になっているので）、その点では一般教諭の「管理職への出世指向」は、むしろ弱い教師が多いという結果になっている。その意味では「生涯一教師」とも言われるような「子どもたちと直接触れ合いながら、そこに喜びを感じて、教師の仕事を続けていく」という「献身的教師像」とも一脈通じる意識が、一般教師たちの多数派の中にあるのかも知れない。

#### (2-2) 教職生活の厳しさ・困難」に関する16項目について

「教職生活の厳しさ・困難」に関する教師たちの回答で4段階の肯定側回答だけを棒グラフで示したのが、**図2.3** である。またそれを、小・中学校別に肯定側回答だけを示したのが**表2.5** である。

**① 結果に見る特徴的傾向**

a）**小・中とも7割前後～9割強の教師が「強く感じる」「感じる」と肯定側回答が多い4項目**：(1) 毎日の仕事が忙しい／(2) 現在の仕事の量は過重だ／(4) 子どもと関わる時間が減ってきている／(5) 問題をかかえている子どもに手を焼くことがある

b）**小・中とも回答が、肯定側と否定側とに割れている3項目**：(3) 自分に仕事が集中している（ただし小よりも中学校教師で肯定側回答が多い傾向がある）／(6) 何を教えれば子どもにとって意義があるのかがあいまいになる／(7) 自分の教育・指導の効果について疑問や無力感を感じる

c）**小・中とも7割前後以上の教師が「あまり（／まったく）感じない」と否定側回答が多い8項目**：(8) 自分の持っていた教育観や信念に混乱が生じている／(9) 校長・教頭からの評価が気になる／(10) 職場の他の教師からの評価が気になる／(11) 保護者への対応に手を焼く／(12) 職場内での人間関係がしんどいと思うときがある／(13) 自分が経験している教育実践上の困難に対して回りが無理解である／(14) 学校に行くのがおっくうになる／(15) 教職をやめたい

d）**(16)この1年間にカウンセリングを受けた人の比率**：小・中とも「ない」

(%)

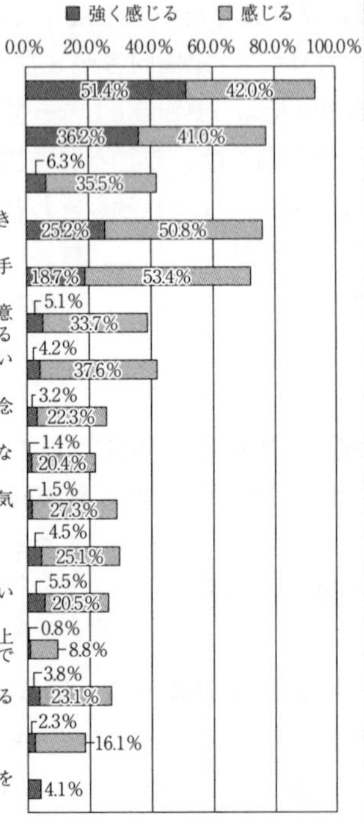

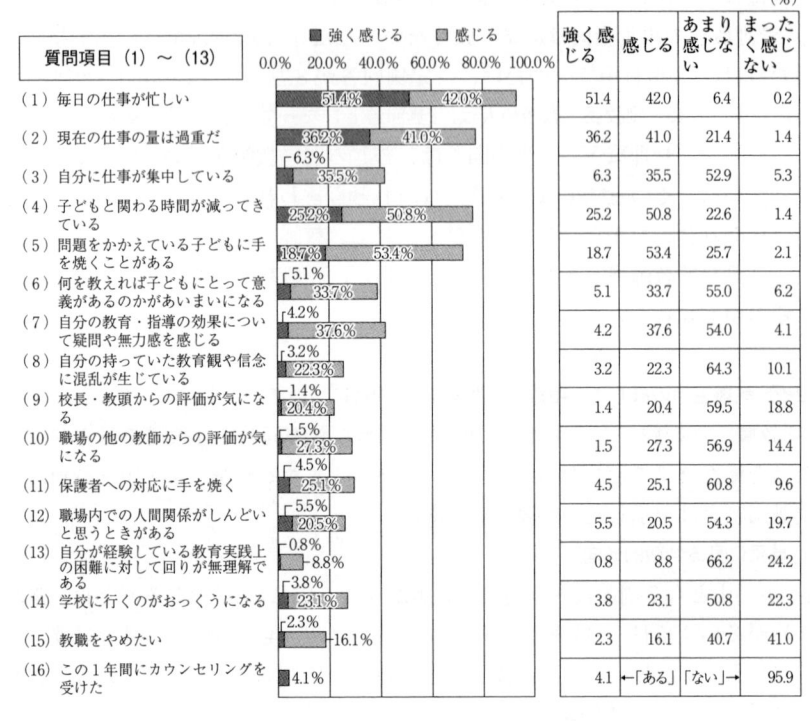

| 質問項目（1）～（13） | 強く感じる | 感じる | あまり感じない | まったく感じない |
|---|---|---|---|---|
| （1）毎日の仕事が忙しい | 51.4 | 42.0 | 6.4 | 0.2 |
| （2）現在の仕事の量は過重だ | 36.2 | 41.0 | 21.4 | 1.4 |
| （3）自分に仕事が集中している | 6.3 | 35.5 | 52.9 | 5.3 |
| （4）子どもと関わる時間が減ってきている | 25.2 | 50.8 | 22.6 | 1.4 |
| （5）問題をかかえている子どもに手を焼くことがある | 18.7 | 53.4 | 25.7 | 2.1 |
| （6）何を教えれば子どもにとって意義があるのかがあいまいになる | 5.1 | 33.7 | 55.0 | 6.2 |
| （7）自分の教育・指導の効果について疑問や無力感を感じる | 4.2 | 37.6 | 54.0 | 4.1 |
| （8）自分の持っていた教育観や信念に混乱が生じている | 3.2 | 22.3 | 64.3 | 10.1 |
| （9）校長・教頭からの評価が気になる | 1.4 | 20.4 | 59.5 | 18.8 |
| （10）職場の他の教師からの評価が気になる | 1.5 | 27.3 | 56.9 | 14.4 |
| （11）保護者への対応に手を焼く | 4.5 | 25.1 | 60.8 | 9.6 |
| （12）職場内での人間関係がしんどいと思うときがある | 5.5 | 20.5 | 54.3 | 19.7 |
| （13）自分が経験している教育実践上の困難に対して回りが無理解である | 0.8 | 8.8 | 66.2 | 24.2 |
| （14）学校に行くのがおっくうになる | 3.8 | 23.1 | 50.8 | 22.3 |
| （15）教職をやめたい | 2.3 | 16.1 | 40.7 | 41.0 |
| （16）この1年間にカウンセリングを受けた | 4.1 | ←「ある」 | 「ない」→ | 95.9 |

図 2.3　教職生活の厳しさ・困難（16 項目：グラフは肯定側回答のみ表示）

表 2.5　教職生活の厳しさ・困難（小・中別）

(%)

| | 小学校教師 | | 中学校教師 | |
|---|---|---|---|---|
| | 強く感じる | 感じる | 強く感じる | 感じる |
| (1) | 52.1 | 41.5 | 50.0 | 43.3 |
| (2) | 35.2 | 42.0 | 38.3 | 39.0 |
| (3) | 5.2 | 32.4 | 8.4 | 41.7 |
| (4) | 26.8 | 50.5 | 22.2 | 51.3 |
| (5) | 20.2 | 53.6 | 15.7 | 53.5 |
| (6) | 5.3 | 31.3 | 4.8 | 39.0 |
| (7) | 4.6 | 37.3 | 3.3 | 38.7 |
| (8) | 3.1 | 22.5 | 3.4 | 22.3 |

| | 小学校教師 | | 中学校教師 | |
|---|---|---|---|---|
| | 強く感じる | 感じる | 強く感じる | 感じる |
| (9) | 1.4 | 21.1 | 1.2 | 19.2 |
| (10) | 1.5 | 27.2 | 1.4 | 27.5 |
| (11) | 4.6 | 24.6 | 4.3 | 26.0 |
| (12) | 5.1 | 18.8 | 6.3 | 24.0 |
| (13) | 0.5 | 7.2 | 1.4 | 11.8 |
| (14) | 3.9 | 23.9 | 3.6 | 21.0 |
| (15) | 1.8 | 16.8 | 3.3 | 14.8 |
| (16) | 1、ある | 3.6 | 1、ある | 5.3 |

が95%前後。

② **そこから読み取れるもの**

a)**「多忙」と「過重労働」が最大の悩み**：「(1) 多忙」「(2) 過重労働」は小・中学校とも8割前後から9割を超える教師たち大多数の悩みであり困難になっている。この小・中学校教師の多忙は異常とも言えるだろう。

b)**子どもたちに向き合う時間が減少**：それに次いで「(4) 子どもと関わる時間減少」「(5) 問題生徒の指導困難」の2項目が、小・中ともに、7割前後の教師たちの悩みとなっている。これは「子どもの発達を指導・援助する」という教師の本来の仕事に対する圧迫であり、今日の学校現場の「過度の多忙」が生み出している重大問題であり、真っ当な教育活動を志向する教師たちにとって、大きな困難と悩みであるだろう。

c)**教師としての「信念」「仕事の効果」「教職理念」の揺らぎも4割台の教師に**：「(6) 教育内容の意義曖昧化」「(7) 教育効果への疑問」といった教職理念の揺らぎが、小・中学校ともに、4割前後の教師に見られる。それは、上の「過度の多忙」とも直接に関連する問題でもあるだろう。

d)**教師としてのより深い混迷は2割台**：ただし「(8) 教育観混乱」「(14) 登校がおっくう」「(15) 教職をやめたい」という項目のようなより深い混迷状況は、小・中学校教師ともに、いずれも2割前後である（少ないと言うべきか？ 多いと言うべきか？）。

e)**職場内の相互人間関係の悩みは2割台の教師に**：職場内の「評価（9；校長・教頭からの）（10；同僚教師からの）」や「(12) 職場内の人間関係のしんどさ」「(14) 学校に行くのがおっくう」「(13) 自分の教育困難への周囲の無理解」などに関する悩みも小・中学校とも2割前後～3割台とあまり多くない。

f)**悩み多き中でなお努力する教師たちの姿**：以上のa)～e)を総じて見れば「過度の多忙」や「子どもとの接触時間減少」などの悩み・困難は様々あるが、なおその中でも、何とか頑張っている教師が多数派であると思える。

ただしこれはこの質問紙調査に回答し教師たちの回答結果なので、現在は「休職中」だとか、メンタルな面での不調の人が「無応答者（回答しなかった人）」の側に多いことも考えられ、その点を若干割り引いて考える必要もあるかも知れない。

### (3) [Q1] の「勤務校の状況」に関する13項目について

勤務校の状況に関する教師たちの回答について4段階の肯定側回答だけを棒グラフで示したのが図2.4である。小・中学校別に肯定側回答だけ示したのが、表2.6である。

①「勤務校の状況」質問の結果

a) **小・中とも5割を超える教師が「よくある」と強く肯定し、肯定側回答が95%以上で圧倒的な4項目**：(1) 子どもたちが授業に熱心に取り組む／(2) 子どもたちが学校行事に熱心に取り組む／(5) 保護者の意見に耳を傾ける／(9) 子どもたちの学力に格差がある

b) **小・中とも6割～8割台後半の教師が「よくある／ときどきある」と肯定側回答が多い6項目**：(3) 子どもたちが学校の運営に積極的に参加する／(4) 保護者が学校の教育活動に積極的に参加する／(6) 保護者同士の交流が活発である／(10) 経済的に困難を抱える子どもがいる／(11) 保護者からクレームを受けることがある／(13) 特別支援教育に力を入れている

c) **小・中とも回答が、肯定側と否定側とに割れている2項目**：(8) 不登校の子どもがいる／(12) 子ども同士のいじめがある

d) **小・中とも8割台の教師が「あまりない」「まったくない」と否定側回答が多い1項目**：(7) 子どもたちが騒いで授業が成立しない

② そこから読み取れるもの

a) **学校の状況について教師たちの多くは、比較的安定していると捉えている**：回答の限りでは、子どもたち・保護者たちの学校教育活動への積極的な参加が目立っており、学校の教育活動は安定しているという観察と意識を教師たちが持っているように思える。

b) **問題と感じている3点**：そのなかでは「(9) 学力格差」「(10) 経済的困難の子ども」「(11) 保護者からのクレーム」の3点が、多くの教師に問題として意識されている。

c) **回答が割れる「不登校」「いじめ」問題**：「(8) 不登校」「(12) いじめ」については地域や学校の違いが大きいのか、個々の教師の問題認識の違いなのか、回答が割れている。

d) **肯定は少ないが問題な1項目**：「(7) 授業不成立」は小・中とも10%台の肯定回答で、他の項目と比べて多くはないが、この問題としては10%台は

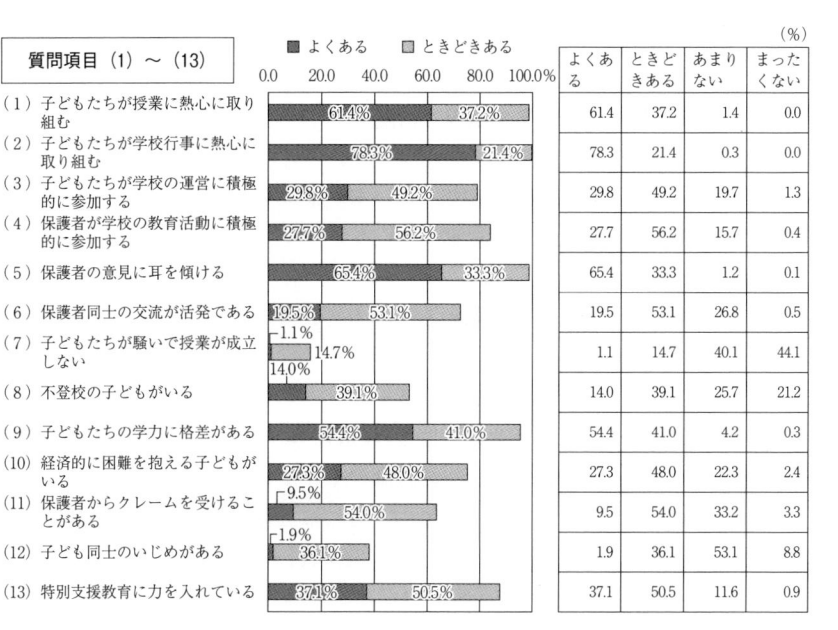

| 質問項目（1）～（13） | よくある | ときどきある | あまりない | まったくない |
|---|---|---|---|---|
| （1）子どもたちが授業に熱心に取り組む | 61.4 | 37.2 | 1.4 | 0.0 |
| （2）子どもたちが学校行事に熱心に取り組む | 78.3 | 21.4 | 0.3 | 0.0 |
| （3）子どもたちが学校の運営に積極的に参加する | 29.8 | 49.2 | 19.7 | 1.3 |
| （4）保護者が学校の教育活動に積極的に参加する | 27.7 | 56.2 | 15.7 | 0.4 |
| （5）保護者の意見に耳を傾ける | 65.4 | 33.3 | 1.2 | 0.1 |
| （6）保護者同士の交流が活発である | 19.5 | 53.1 | 26.8 | 0.5 |
| （7）子どもたちが騒いで授業が成立しない | 1.1 | 14.7 | 40.1 | 44.1 |
| （8）不登校の子どもがいる | 14.0 | 39.1 | 25.7 | 21.2 |
| （9）子どもたちの学力に格差がある | 54.4 | 41.0 | 4.2 | 0.3 |
| （10）経済的に困難を抱える子どもがいる | 27.3 | 48.0 | 22.3 | 2.4 |
| （11）保護者からクレームを受けることがある | 9.5 | 54.0 | 33.2 | 3.3 |
| （12）子ども同士のいじめがある | 1.9 | 36.1 | 53.1 | 8.8 |
| （13）特別支援教育に力を入れている | 37.1 | 50.5 | 11.6 | 0.9 |

(%)

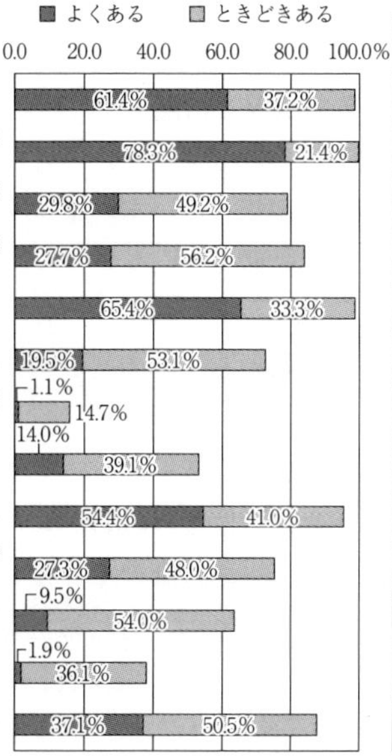


**図 2.4　勤務校の状況**（13 項目：グラフは肯定側回答のみ表示）

**表 2.6　勤務校状況**（小・中別）

| | 小学校教師 | | 中学校教師 | |
|---|---|---|---|---|
| | よくある | ときどきある | よくある | ときどきある |
| (1) | 60.1 | 38.8 | 63.7 | 34.4 |
| (2) | 74.8 | 24.9 | 85.6 | 14.2 |
| (3) | 27.8 | 51.7 | 33.5 | 44.5 |
| (4) | 28.4 | 55.7 | 25.7 | 57.6 |
| (5) | 67.1 | 32.0 | 61.5 | 36.3 |
| (6) | 20.9 | 52.1 | 16.3 | 55.3 |
| (7) | 1.1 | 15.1 | 1.0 | 14.0 |
| (8) | 8.2 | 33.0 | 26.1 | 52.1 |
| (9) | 52.0 | 42.6 | 59.8 | 37.6 |
| (10) | 23.5 | 46.5 | 35.3 | 51.2 |
| (11) | 8.6 | 51.6 | 11.6 | 59.4 |
| (12) | 1.7 | 31.8 | 2.4 | 45.0 |
| (13) | 41.5 | 48.5 | 28.1 | 54.4 |

多いとも言える。

**(4) ［Q5］の「職場の雰囲気・状況」に関する 17 項目について**

「職場の雰囲気・状況」に関する教師たちの回答で 4 段階の肯定側回答だけを棒グラフで示したのが、**図 2.5** である。またそれを、小・中学校別に肯定側回答だけを示したのが**表 2.7** である。

**① 結果に見る特徴的傾向**

この結果を、回答比率が多い順にしてみると、以下の 4 点の特徴を見ることができる。

a) **小・中とも 7 割前後を超える教師が「強く／ややそう思う」と肯定側回答が多い 9 項目**：(1) 校長・教頭と他の教職員との間で意思の疎通がうまくはかられている／(3) 学校では各々の教師のやりたいことが自由にやれている／(4) 職場の教師同士が協同してものごとに取り組んでいる／(5) お互いの持ち味・専門性を尊重しあっている／(6) 職員会議がよく開かれている／(10) 自校の教師間で、教材研究や児童・生徒の指導について活発な意見交流が行われている／(11) 職場で教師間に仕事に限らず何でも話せる雰囲気がある／(15) 他の教師との足並みがそろうように物事を進めている／(17) 管理職が最終的に責任を取ってくれるとの安心感がある

b) **小・中とも教師回答が肯定側と否定側とに割れている 3 項目**：

b-1) **否定側が多いが、肯定も 3 割台ある 2 項目**：(8) 職員会議で活発な議論がなされている／(12) 職場を離れても同じ学校の教師間でつきあうことが多い

b-2) **肯定側が多いが、否定も 3 割台ある 1 項目**：(9) 学年会・教科会や担当委員会（行事や校務分掌に関する）などで活発な議論がなされている

c) **小・中とも 7 割前後を超える教師が「まったくそう思わない」「あまりそう思わない」と否定側回答が多い項目（4 項目）**：(2) 校長・教頭が勝手にことがらを決めたり進めたりする／(13) 校長・教頭からの評価を気にして仕事をしている／(14) 他の教師からの評価を気にして仕事をしている／(16) 問題が起きたときに、責任を押しつけ合う雰囲気がある

d) **小学校教師では肯定側回答が 7 割以上とかなり多いが、中学校教師では肯定 6 割台で、否定 3 割台の 1 項目**：(7) 学年会・教科会や担当委員会（行事

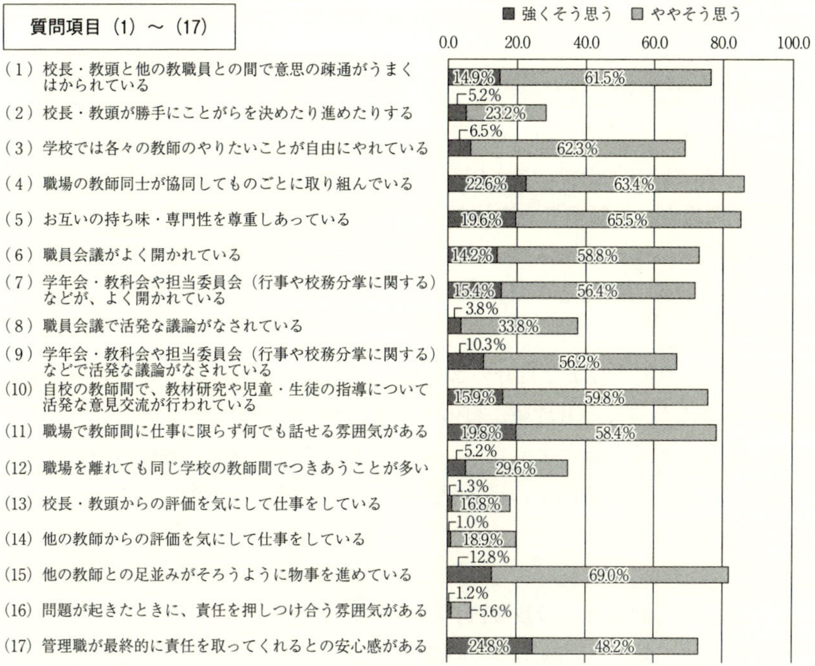
質問項目（1）～（17）
強くそう思う
ややそう思う
0.0
20.0
40.0
60.0
80.0
100.0
（1）校長・教頭と他の教職員との間で意思の疎通がうまくはかられている
14.9%
61.5%
（2）校長・教頭が勝手にことがらを決めたり進めたりする
5.2%
23.2%
（3）学校では各々の教師のやりたいことが自由にやれている
6.5%
62.3%
（4）職場の教師同士が協同してものごとに取り組んでいる
22.6%
63.4%
（5）お互いの持ち味・専門性を尊重しあっている
19.6%
65.5%
（6）職員会議がよく開かれている
14.2%
58.8%
（7）学年会・教科会や担当委員会（行事や校務分掌に関する）などが、よく開かれている
15.4%
56.4%
（8）職員会議で活発な議論がなされている
3.8%
33.8%
（9）学年会・教科会や担当委員会（行事や校務分掌に関する）などで活発な議論がなされている
10.3%
56.2%
（10）自校の教師間で、教材研究や児童・生徒の指導について活発な意見交流が行われている
15.9%
59.8%
（11）職場で教師間に仕事に限らず何でも話せる雰囲気がある
19.8%
58.4%
（12）職場を離れても同じ学校の教師間でつきあうことが多い
5.2%
29.6%
（13）校長・教頭からの評価を気にして仕事をしている
1.3%
16.8%
（14）他の教師からの評価を気にして仕事をしている
1.0%
18.9%
（15）他の教師との足並みがそろうように物事を進めている
12.8%
69.0%
（16）問題が起きたときに、責任を押しつけ合う雰囲気がある
1.2%
5.6%
（17）管理職が最終的に責任を取ってくれるとの安心感がある
24.8%
48.2%

**図 2.5　職場の雰囲気・状況**（17 項目：グラフは肯定側回答のみ表示）

**表 2.7　職場の状況**（小・中別）

（%）

| | 小学校教師 | | 中学校教師 | |
|---|---|---|---|---|
| | 強く感じる | 感じる | 強く感じる | 感じる |
| (1) | 13.9 | 62.8 | 17.2 | 58.9 |
| (2) | 5.0 | 24.8 | 5.6 | 19.9 |
| (3) | 7.0 | 62.9 | 5.5 | 60.9 |
| (4) | 22.9 | 66.0 | 21.7 | 58.5 |
| (5) | 19.0 | 67.4 | 20.5 | 61.6 |
| (6) | 15.3 | 62.2 | 11.7 | 52.2 |
| (7) | 15.6 | 60.6 | 14.6 | 48.3 |
| (8) | 3.3 | 35.1 | 5.0 | 30.8 |
| (9) | 9.3 | 57.9 | 12.2 | 53.0 |
| (10) | 16.1 | 61.4 | 15.8 | 56.5 |
| (11) | 20.0 | 61.0 | 19.1 | 53.6 |
| (12) | 5.8 | 30.9 | 4.1 | 27.1 |
| (13) | 1.4 | 17.3 | 1.0 | 15.7 |
| (14) | 1.2 | 18.4 | 0.7 | 20.2 |
| (15) | 12.0 | 70.3 | 14.6 | 66.2 |
| (16) | 0.5 | 5.3 | 2.6 | 6.2 |
| (17) | 24.5 | 48.5 | 25.4 | 47.6 |

や校務分掌に関する）などが、よく開かれている

② **そこから読み取れるもの**

a) **職場の教職員関係は良好のように**：職場の教職員間の関係は、回答でみる限り全体として悪くない。むしろお互いを尊重し、協力して学校運営に参加しているという様子が、小・中学校ともにうかがえる。

b) **同僚関係が、教師の悩みや困難の支えに**：「Q4（悩みや問題の相談相手）」でも同様だったが、ここでも回答結果で見る限り、同じ職場の同僚関係が、小・中学校とも教師たちの悩みや困難を乗り越えていく支えになっていると思われる。

c) **管理職との関係もまた良好のように**：管理職の「横暴」を訴える声も多くない。また職場での管理職からの「評価」や、同僚からの「評価」を気にする回答もまたそれほど多くない。少なくともここで見る回答傾向の限りでは、職場人間関係は全般的には良好であると、管理職への信頼も含めて言えそうに思える。

### (5) ［Q8］の「教師自身の教職観」に関する13項目について

「教職観」に関する教師たちの回答で4段階の肯定側回答だけを棒グラフで示したのが、図2.6である。またそれを、小・中学校別に肯定側回答だけを示したのが表2.8である。

① **結果に見る特徴的傾向**

a) **小・中とも5割～7割の教師が「強くそう思う」と強い肯定回答をしている3項目**：(3) 精神的に気苦労の多い仕事だ／(4) 子どもに接する喜びのある仕事だ／(5) やりがいのある仕事だ

b) **小・中とも7割前後を超える教師が「強くそう思う」「ややそう思う」の肯定側回答をしている6項目**：(6) 自己犠牲を強いられる仕事だ／(8) 高度の専門的知識・技能が必要な仕事だ／(9) 高い倫理観が強く求められる仕事だ／(10)「自分らしさ」を表現できる仕事だ／(11) はっきりとした成果を問われる仕事だ／(13) 教師以外の人々との関係づくりが欠かせない仕事だ

c) **小・中とも回答が肯定側と否定側とに割れている4項目**：(1) 社会的に尊敬される仕事だ／(2) 経済的に恵まれた仕事だ／(7) 自分の考えにそって自律的にやれる仕事だ／(12) 割り当てられた役割に専心する仕事だ

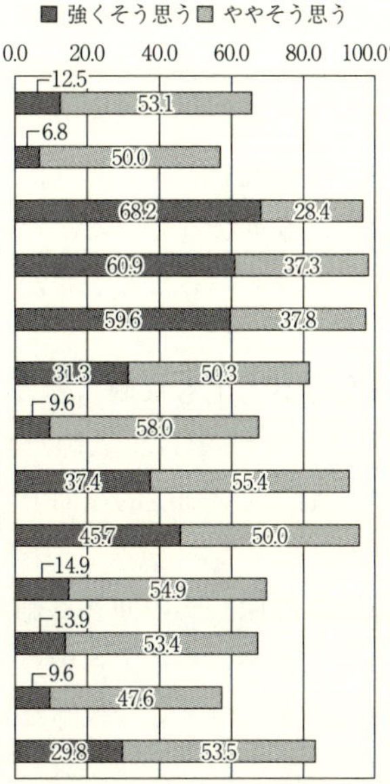


| 質問項目（1）～（13） | 強くそう思う | ややそう思う | あまりそうは思わない | まったくそうは思わない |
|---|---|---|---|---|
| （1）社会的に尊敬される仕事だ | 12.5% | 53.1% | 32.2% | 2.2% |
| （2）経済的に恵まれた仕事だ | 6.8% | 50.0% | 37.6% | 5.6% |
| （3）精神的に気苦労の多い仕事だ | 68.2% | 28.4% | 2.8% | 0.6% |
| （4）子どもに接する喜びのある仕事だ | 60.9% | 37.3% | 1.6% | 0.2% |
| （5）やりがいのある仕事だ | 59.6% | 37.8% | 2.3% | 0.2% |
| （6）自己犠牲を強いられる仕事だ | 31.3% | 50.3% | 16.8% | 1.6% |
| （7）自分の考えにそって自律的にやれる仕事だ | 9.6% | 58.0% | 29.8% | 2.6% |
| （8）高度の専門的知識・技能が必要な仕事だ | 37.4% | 55.4% | 7.2% | 0.0% |
| （9）高い倫理観が強く求められる仕事だ | 45.7% | 50.0% | 4.2% | 0.1% |
| (10)「自分らしさ」を表現できる仕事だ | 14.9% | 54.9% | 28.9% | 1.4% |
| (11) はっきりとした成果を問われる仕事だ | 13.9% | 53.4% | 30.4% | 2.3% |
| (12) 割り当てられた役割に専心する仕事だ | 9.6% | 47.6% | 38.6% | 4.2% |
| (13) 教師以外の人々との関係づくりが欠かせない仕事だ | 29.8% | 53.5% | 16.2% | 0.5% |

**図 2.6　教師の教職観**（13 項目：グラフは肯定側回答のみ表示）

**表 2.8　教師の教職観**（小・中別）

| | 小学校教師 | | 中学校教師 | |
|---|---|---|---|---|
| | 強くそう思う | ややそう思う | 強くそう思う | ややそう思う |
| (1) | 12.2 | 55.2 | 13.5 | 48.0 |
| (2) | 7.1 | 51.9 | 5.9 | 45.8 |
| (3) | 67.2 | 29.1 | 70.5 | 26.9 |
| (4) | 62.5 | 35.5 | 57.5 | 41.3 |
| (5) | 61.0 | 36.6 | 56.6 | 40.5 |
| (6) | 26.4 | 51.9 | 41.5 | 46.7 |
| (7) | 10.5 | 59.4 | 7.6 | 55.2 |
| (8) | 35.9 | 56.8 | 40.8 | 51.9 |
| (9) | 44.4 | 51.1 | 48.2 | 47.7 |
| (10) | 14.9 | 56.6 | 14.5 | 51.4 |
| (11) | 14.1 | 55.7 | 13.3 | 48.5 |
| (12) | 9.6 | 50.4 | 9.7 | 41.8 |
| (13) | 31.3 | 53.6 | 26.8 | 52.8 |

② そこから読み取れるもの

a)**「献身的教師像」が自己意識として健在**：「精神的に気苦労が多い」けれど「子どもと接する喜びのある」「やりがいのある」仕事である、という教職イメージが多数の教師が持つ教職観であり、それは日本の教師たちが長く維持して来た「献身的教師像」にも重なっている。その教師像は現代でも、教師自身の抱くイメージとして生きていることがわかる。その点は小・中学校ともに共通している。

b)**教師存在の社会的・制度的不安定も反映**：ただし、「(1) 社会的尊敬」や「(2) 経済的恵まれ」「(7) 自律的」では、教師たちの回答は小・中学校とも肯定・否定に割れていて、社会的で制度的な面での教師層の今日的社会的不安定性を反映した意識状況に思える。

c)**「教育改革」時代の「推奨教師像」への回答も割れる**：「(11) 成果を問われる」や「(12) 割り当てられた仕事に専心」といった2000年代の「教育改革」を通じて強まった言説の教師像についても教師たちの回答は割れており、不安定な位置を反映した意識状況がある。

d)**関係づくりが欠かせない状況を反映**：「(13) 教師以外の人々との関係づくり」が、小・中学校教師ともに8割前後の肯定回答になっている。これは元来「関係づくり」が教師にとっての「アポリア（難問）」であったが、現代社会ではそれがいっそうの難しさを孕んでいることがここに示されていると考える。

### (6) [Q10] の「バーンアウトに関する尺度」測定についての状況

① 教師の「バーンアウト」の調査結果

ここではA.パインズの「燃え尽き（burnout）」尺度が用いられている。「身体的消耗7項目」「情緒的消耗7項目」「精神的消耗7項目」の21項目で、回答は「まったくない」～「いつもある」の7段階。各項目にはそれぞれ1～7点を与えている。（ただし、「(3) いい一日だったと感じる」「(6) 幸福感」「(19) 楽天的な気分」「(20) 元気いっぱい」の4項目は、1～7点を反転させた点数を与えている。）

個人の合計点数を21で割ったものが尺度としての「バーンアウト指数」になる。それをパインズに従って、以下の4段階に分け、その状態を判断している。

その結果を上の尺度4段階で、小・中合算を棒グラフで示し、その右に小・

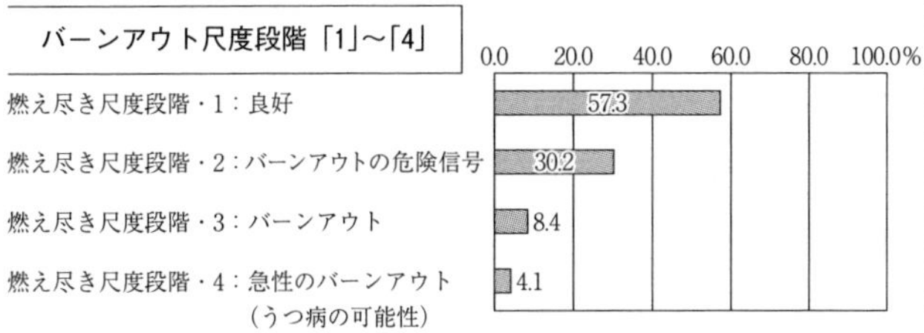


（%）

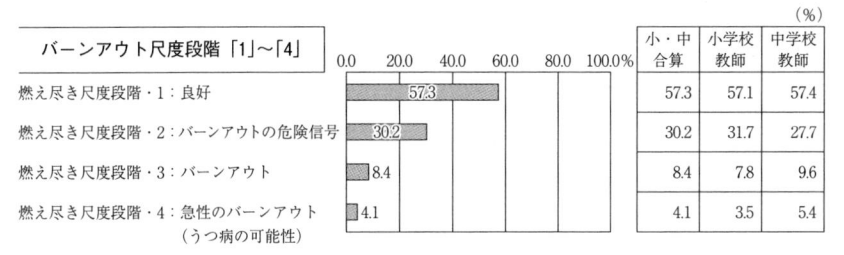

| 小・中合算 | 小学校教師 | 中学校教師 |
|---|---|---|
| 57.3 | 57.1 | 57.4 |
| 30.2 | 31.7 | 27.7 |
| 8.4 | 7.8 | 9.6 |
| 4.1 | 3.5 | 5.4 |

1．0〜3点まで：良好
2．3点より大きく4点まで：バーンアウトの危険信号
3．4点より大きく5点まで：バーンアウト
4．5点より大きい：急性のバーンアウト（うつ病の可能性）

**図 2.7　バーンアウト尺度段階**（小・中合算の棒グラフと、小中別の各段階比率）

中学校別の4段階を示したのが**図 2.7** である。「良好」が小・中とも6割弱に及び、「危険信号」まで合わせると8割台後半となっている。逆に、「バーンアウト」した教師は小・中とも、回答者の限りで、1割台でしかない。

**② そこから読み取れるもの**

a）**12.5%の教師が「バーンアウト状態」に**：尺度「3」と「4」が「バーンアウト」を示しているわけだが、それは小・中合算で12.5%に及んでいる。

b）**中学校のほうが多い**：「3」と「4」のバーンアウト状態が、小学校では11.3%、中学校では15.0%で、中学校のほうが多くなっている。これはおそらく、今日の日本における公立中学校の教育の困難性を反映しているだろう。

c）**危険信号状態も含めると4割台**：「2」小・中学校とも3割前後で、それを合わせると4割台の小・中学校教師たちが、バーンアウトかその危険信号状態にあることになる。教師たちの消耗・疲弊の程度はかなり重いと考えられる。これは［Q3］で見たような「過度の多忙」の状態が日常化していることと深く関係しているに違いないと思われる。

### (7)［Q11］の「近年の教育改革施策の学校現場での実施状況」について

近年、新自由主義的な教育政策と教員制度改革政策が行なわれているが、その状況を示したのが**図 2.8** である。それを小・中別に示したのが**表 2.9** である。

(%)

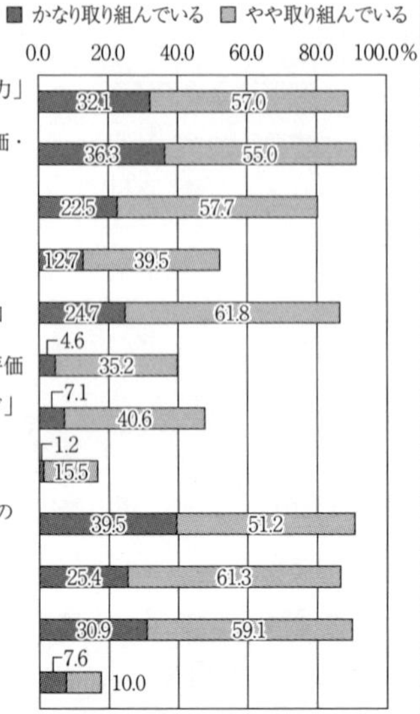


| 質問項目（1）～（12） | かなり取り組んでいる | やや取り組んでいる | あまり取り組んでいない | まったく取り組んでいない |
|---|---|---|---|---|
| （1）「言語活動の充実」や「活用力」の重視 | 32.1 | 57.0 | 10.2 | 0.7 |
| （2）子ども・保護者による学校評価・教員評価 | 36.3 | 55.0 | 8.1 | 0.6 |
| （3）第三者による学校評価 | 22.5 | 57.7 | 16.5 | 3.3 |
| （4）保護者による学校選択 | 12.7 | 39.5 | 30.3 | 17.6 |
| （5）保護者・地域住民の学校参加 | 24.7 | 61.8 | 12.5 | 0.9 |
| （6）人事・給与と連動した教員評価 | 4.6 | 35.2 | 39.7 | 20.4 |
| （7）学校組織体制の「ピラミッド」化 | 7.1 | 40.6 | 41.2 | 11.1 |
| （8）「不適格教員」認定の厳格化 | 1.2 | 15.5 | 52.6 | 30.7 |
| （9）「全国学力・学習状況調査」の結果にもとづく学力向上策 | 39.5 | 51.2 | 8.6 | 0.7 |
| （10）道徳教育の推進 | 25.4 | 61.3 | 12.6 | 0.7 |
| （11）「いじめ防止対策推進法」にもとづく取り組み | 30.9 | 59.1 | 9.5 | 0.5 |
| （12）「土曜日授業」の実施 | 7.6 | 10.0 | 10.7 | 71.7 |

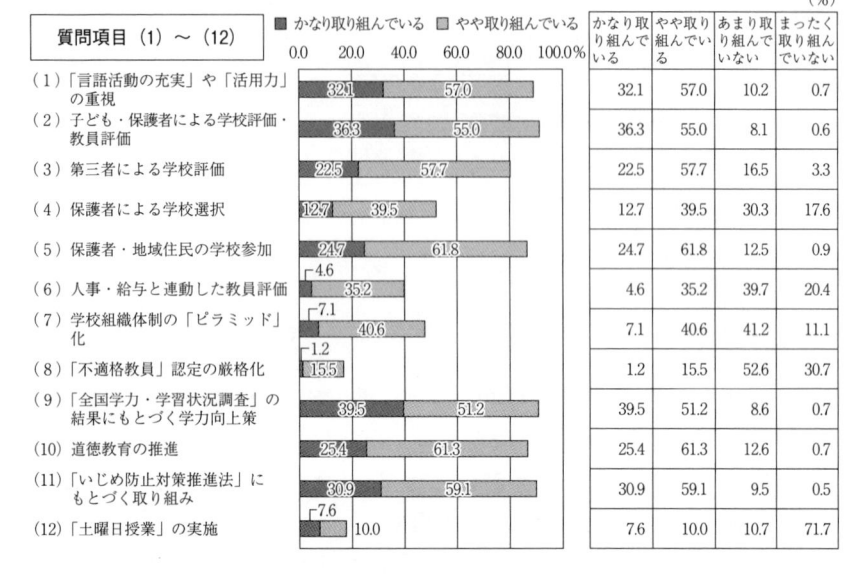

図 2.8　最近の教育改革施策の学校での実施状況（12 項目：グラフは肯定側回答のみ表示）

表 2.9　最近の教育改革施策実施状況（小・中別）

(%)

| | 小学校教師 | | 中学校教師 | |
|---|---|---|---|---|
| | かなり取り組んでいる | やや取り組んでいる | かなり取り組んでいる | やや取り組んでいる |
| (1) | 36.1 | 54.9 | 24.0 | 61.2 |
| (2) | 34.9 | 56.0 | 39.3 | 52.6 |
| (3) | 24.1 | 57.9 | 19.4 | 56.8 |
| (4) | 10.5 | 37.9 | 17.3 | 43.1 |
| (5) | 25.6 | 62.4 | 23.0 | 60.8 |
| (6) | 4.8 | 36.6 | 4.2 | 32.9 |
| (7) | 6.9 | 42.5 | 7.8 | 37.3 |
| (8) | 0.7 | 14.8 | 2.3 | 17.0 |
| (9) | 46.0 | 47.5 | 26.6 | 58.7 |
| (10) | 24.2 | 62.0 | 27.8 | 60.1 |
| (11) | 32.1 | 58.2 | 28.8 | 60.7 |
| (12) | 8.1 | 9.8 | 6.4 | 10.7 |

① 全国的に多くの地域で取り組まれている施策が多い

「(1) 言語活動の充実・活用」「(2) 子ども・保護者による学校・教員評価」「(3) 第三者による学校評価」「(5) 保護者・地域住民の学校参加」「(9) 学力向上策」「(10) 道徳教育の推進」「(11) いじめ防止対策推進法にもとづく取り組み」は、いずれも小・中学校教師とも8割前後～9割台の教師たちが肯定側回答をしており、この回答の限りこれらの7つの施策が今日の学校現場で実際に取り組まれている状況を示している。

② あまり取り組まれていない施策も

逆に、全国的にあまり取り組まれていない施策として、たとえば「(8) 不適格教員認定の厳格化」「(12) 土曜日授業の実施」の2項目は、小・中学校とも1割台の教師しか肯定側回答をしていない（否定側回答が8割台に及ぶ）。

③地域・学校によって状況が分かれる施策

「(4) 保護者による学校選択」「(6) 人事・給与と連動した教員評価」「(7) 学校組織のピラミッド化」の3項目については、小・中学校教師ともに肯定側回答が3～4割台（否定側が若干多く5～6割台ある）になっており、これらの項目は、地域や学校によって取り組みが分かれていると思われる施策である。

### (8) [Q7]の「教師への期待認知、教師の責任意識」に関する17項目について

① 子ども・保護者の「教師への期待」をどう感じるかに関する17項目の結果

a) **「期待を教師がどう認知しているか」についての回答結果**：「教師への期待を教師がどう認知しているか」に関する教師たちの回答で4段階の肯定側回答だけを棒グラフで示したのが、**図2.9**である。小学校・中学校別に肯定側回答だけを示したのが**表2.10**である。

b) **子ども・保護者の「教師への期待」にどう「責任意識」を持っているかの17項目の結果**：「教師への期待を教師がどう認知しているか」に対して、教師はそれにどういう「責任意識」を持っているかに関する教師たちの回答で4段階の肯定側回答だけを棒グラフで示したのが、**図2.10**である。それらを小学校・中学校別に肯定側を示したのが先の**表2.10**である。

② 結果に見る特徴的傾向

a) **「期待」「責任」の両方とも小・中教師の5～9割台が「大いにある」と強く肯定する6項目**：(2) 基礎的な学力を、子どもたちが身につけられるよう

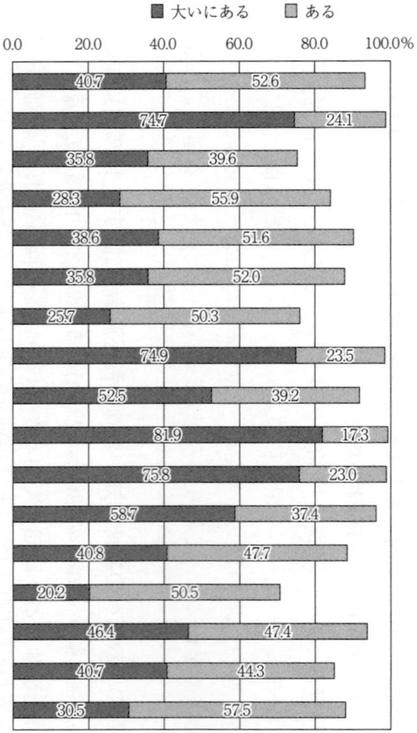


| 質問項目（1）～（17） | 大いにある | ある | あまりない | ほとんど・まったくない |
|---|---|---|---|---|
| （1）基本的な生活習慣を、子どもたちが身につけられるようにする | 40.7 | 52.6 | 6.4 | 0.3 |
| （2）基礎的な学力を、子どもたちが身につけられるようにする | 74.7 | 24.1 | 1.2 | 0.0 |
| （3）受験に対応できる学力を、子どもたちが身につけられるようにする | 35.8 | 39.6 | 22.6 | 2.0 |
| （4）働く上で必要な力を、子どもたちが身につけられるようにする | 28.3 | 55.9 | 15.5 | 0.3 |
| （5）他の人と協同してものごとを行う力を、子どもたちが身につけられるようにする | 38.6 | 51.6 | 9.5 | 0.2 |
| （6）自主的・主体的に考え行動できる力を、子どもたちが身につけられるようにする | 35.8 | 52.0 | 11.7 | 0.4 |
| （7）社会の不正・抑圧・差別などをなくすことに取り組む力を、子どもたちが身につけられるようにする | 25.7 | 50.3 | 22.1 | 1.9 |
| （8）わかりやすい授業を行う | 74.9 | 23.5 | 1.2 | 0.3 |
| （9）授業内容に関する専門的な知識をもつ | 52.5 | 39.2 | 7.8 | 0.5 |
| （10）いじめが起きない学校・学級にする | 81.9 | 17.3 | 0.5 | 0.2 |
| （11）居心地がよく安心できる学校・学級にする | 75.8 | 23.0 | 0.9 | 0.2 |
| （12）子どもの人権や尊厳を尊重した指導を行う | 58.7 | 37.4 | 3.7 | 0.2 |
| （13）発達障害の子どもに対して特別な配慮をする | 40.8 | 47.7 | 10.8 | 0.7 |
| （14）貧困などにより生活上の困難を抱えた子どもに対して特別な配慮をする | 20.2 | 50.5 | 27.2 | 2.1 |
| （15）学校・学級の規律・秩序を保つ | 46.4 | 47.4 | 5.8 | 0.4 |
| （16）学校以外の日常生活でも、教師に対する信用を傷つけないように行動する | 40.7 | 44.3 | 13.5 | 1.4 |
| （17）学校外での子どものトラブルに対しても指導を行う | 30.5 | 57.5 | 11.6 | 0.3 |

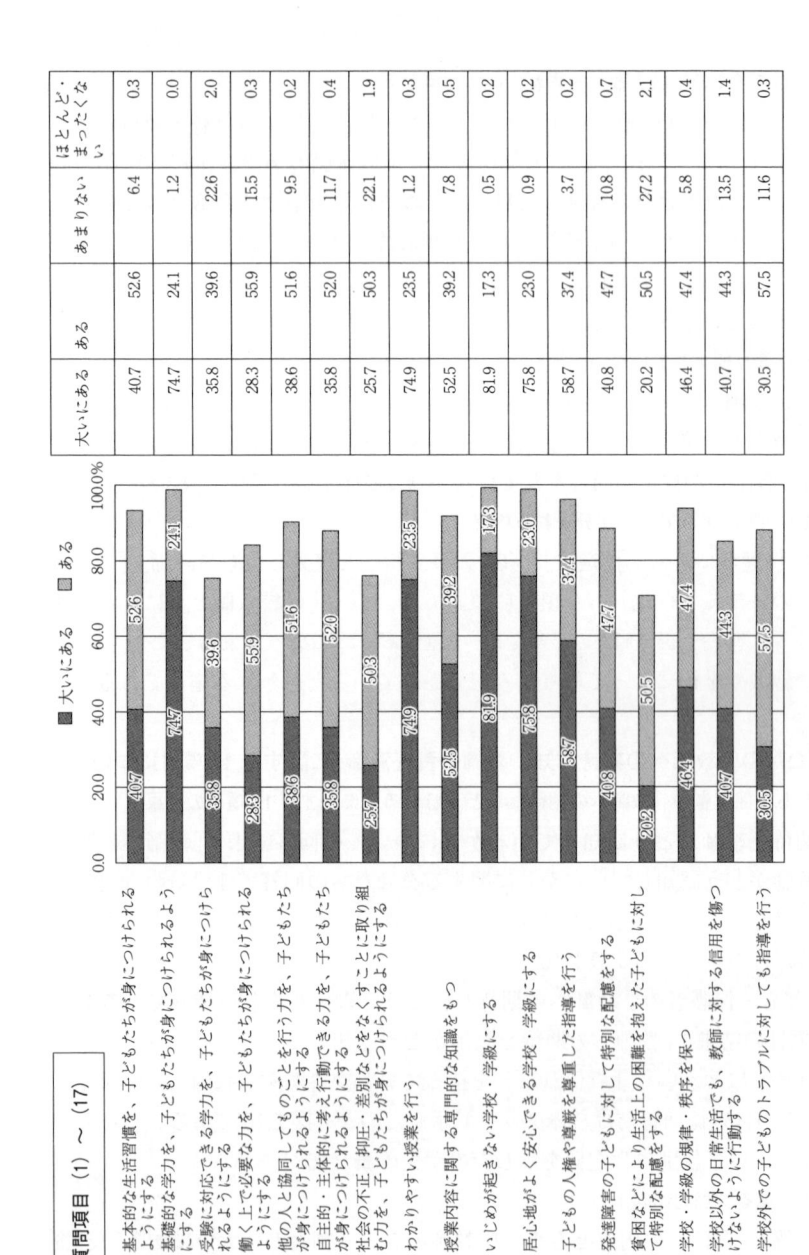

図 2.9　教師への期待の教師による認知（17 項目：グラフは肯定側回答のみ表示）

## 表 2.10　教師への期待認知とそれに対する責任意識の程度
（17 項目：小・中比較、肯定側回答のみ表示）

（%）

| | 教師への「期待」の教師による認知 | | | | 教師への「期待」に対する「責任」意識 | | | |
|---|---|---|---|---|---|---|---|---|
| | 小学校教師 | | 中学校教師 | | 小学校教師 | | 中学校教師 | |
| 質問項目（1）～（17） | 大いにある | ある | 大いにある | ある | 大いにある | ある | 大いにある | ある |
| (1) 基本的な生活習慣を、子どもたちが身につけられるようにする | 41.9 | 51.6 | 38.3 | 54.5 | 22.5 | 59.2 | 26.0 | 58.8 |
| (2) 基礎的な学力を、子どもたちが身につけられるようにする | 75.3 | 23.8 | 73.2 | 24.9 | 83.5 | 16.3 | 79.3 | 20.2 |
| (3) 受験に対応できる学力を、子どもたちが身につけられるようにする | 20.9 | 43.8 | 65.8 | 31.1 | 17.0 | 46.8 | 60.8 | 37.0 |
| (4) 働く上で必要な力を、子どもたちが身につけられるようにする | 28.5 | 55.3 | 27.8 | 56.8 | 47.6 | 48.9 | 45.5 | 53.0 |
| (5) 他の人と協同してものごとを行う力を、子どもたちが身につけられるようにする | 42.3 | 49.3 | 31.0 | 56.2 | 66.5 | 32.9 | 58.3 | 41.0 |
| (6) 自主的・主体的に考え行動できる力を、子どもたちが身につけられるようにする | 37.5 | 51.9 | 32.2 | 52.3 | 63.0 | 36.2 | 58.9 | 40.1 |
| (7) 社会の不正・抑圧・差別などをなくすことに取り組む力を、子どもたちが身につけられるようにする | 25.6 | 50.6 | 26.0 | 49.4 | 47.3 | 49.3 | 48.8 | 48.8 |
| (8) わかりやすい授業を行う | 74.4 | 23.9 | 75.7 | 22.9 | 90.0 | 10.0 | 88.7 | 11.3 |
| (9) 授業内容に関する専門的な知識をもつ | 49.9 | 42.0 | 57.8 | 33.7 | 74.5 | 24.3 | 83.9 | 15.2 |
| (10) いじめが起きない学校・学級にする | 81.5 | 17.9 | 82.8 | 16.0 | 86.0 | 13.7 | 80.7 | 19.1 |
| (11) 居心地がよく安心できる学校・学級にする | 75.5 | 23.6 | 76.4 | 21.9 | 85.9 | 13.9 | 84.8 | 14.9 |
| (12) 子どもの人権や尊厳を尊重した指導を行う | 60.5 | 36.0 | 55.0 | 40.2 | 78.3 | 21.5 | 68.8 | 31.0 |
| (13) 発達障害の子どもに対して特別な配慮をする | 41.1 | 48.1 | 40.7 | 46.2 | 66.3 | 33.0 | 56.4 | 42.4 |
| (14) 貧困などにより生活上の困難を抱えた子どもに対して特別な配慮をする | 19.9 | 50.9 | 21.1 | 49.0 | 36.0 | 53.7 | 30.0 | 55.3 |
| (15) 学校・学級の規律・秩序を保つ | 47.1 | 46.8 | 44.8 | 48.6 | 70.4 | 28.7 | 73.5 | 26.3 |
| (16) 学校以外の日常生活でも、教師に対する信用を傷つけないように行動する | 41.8 | 44.6 | 38.9 | 43.4 | 61.7 | 35.3 | 57.5 | 40.1 |
| (17) 学校外での子どものトラブルに対しても指導を行う | 31.5 | 56.6 | 28.9 | 58.9 | 16.8 | 48.2 | 16.4 | 48.1 |

(%)

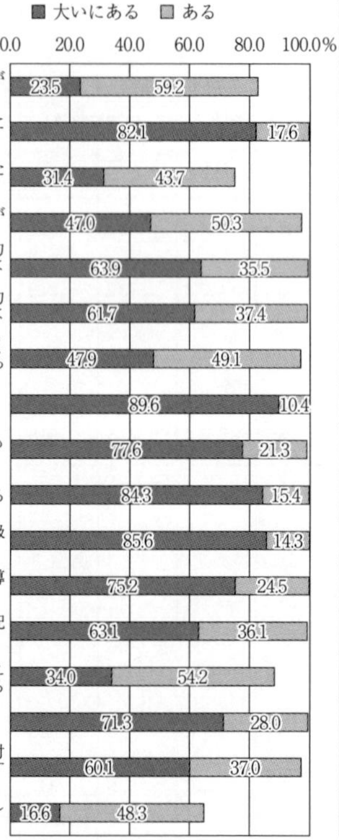


| 質問項目 (1) 〜 (17) | 大いにある | ある | あまりない | ほとんど・まったくない |
|---|---|---|---|---|
| (1) 基本的な生活習慣を、子どもたちが身につけられるようにする | 23.5 | 59.2 | 16.7 | 0.6 |
| (2) 基礎的な学力を、子どもたちが身につけられるようにする | 82.1 | 17.6 | 0.3 | 0.0 |
| (3) 受験に対応できる学力を、子どもたちが身につけられるようにする | 31.4 | 43.7 | 22.0 | 2.9 |
| (4) 働く上で必要な力を、子どもたちが身につけられるようにする | 47.0 | 50.3 | 2.8 | 0.0 |
| (5) 他の人と協同してものごとを行う力を、子どもたちが身につけられるようにする | 63.9 | 35.5 | 0.6 | 0.0 |
| (6) 自主的・主体的に考え行動できる力を、子どもたちが身につけられるようにする | 61.7 | 37.4 | 0.9 | 0.0 |
| (7) 社会の不正・抑圧・差別などをなくすことに取り組む力を、子どもたちが身につけられるようにする | 47.9 | 49.1 | 2.9 | 0.2 |
| (8) わかりやすい授業を行う | 89.6 | 10.4 | 0.0 | 0.0 |
| (9) 授業内容に関する専門的な知識をもつ | 77.6 | 21.3 | 1.1 | 0.0 |
| (10) いじめが起きない学校・学級にする | 84.3 | 15.4 | 0.3 | 0.0 |
| (11) 居心地がよく安心できる学校・学級にする | 85.6 | 14.3 | 0.2 | 0.0 |
| (12) 子どもの人権や尊厳を尊重した指導を行う | 75.2 | 24.5 | 0.2 | 0.0 |
| (13) 発達障害の子どもに対して特別な配慮をする | 63.1 | 36.1 | 0.9 | 0.0 |
| (14) 貧困などにより生活上の困難を抱えた子どもに対して特別な配慮をする | 34.0 | 54.2 | 11.5 | 0.3 |
| (15) 学校・学級の規律・秩序を保つ | 71.3 | 28.0 | 0.6 | 0.0 |
| (16) 学校以外の日常生活でも、教師に対する信用を傷つけないように行動する | 60.1 | 37.0 | 2.7 | 0.2 |
| (17) 学校外での子どものトラブルに対しても指導を行う | 16.6 | 48.3 | 31.6 | 3.6 |

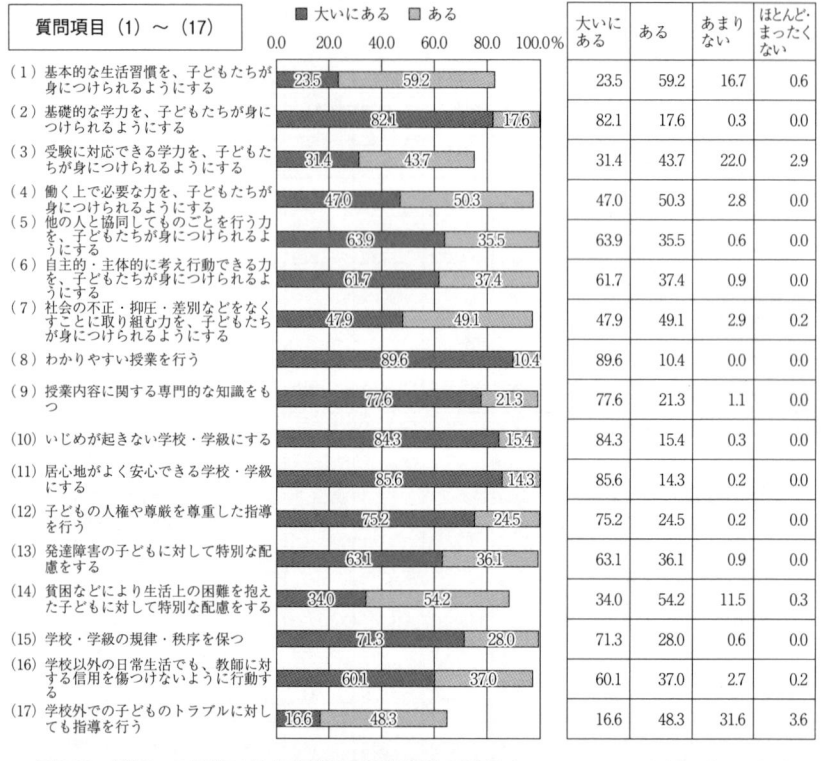

**図 2.10　教師への期待に対する教師の責任意識の程度**（17 項目：グラフは肯定側回答のみ表示）

にする／(8) わかりやすい授業を行う／(9) 授業内容に関する専門的な知識をもつ／(10) いじめが起きない学校・学級にする／(11) 居心地がよく安心できる学校・学級にする／(12) 子どもの人権や尊厳を尊重した指導を行う

**b)「期待」「責任」の両方とも小・中教師の 70 〜 98% が「大いにある」「ある」と肯定側回答している 4 項目**：(1) 基本的な生活習慣を、子どもたちが身につけられるようにする／(4) 働く上で必要な力を子どもたちが身につけられるようにする／(7) 社会の不正・抑圧・差別などをなくすことに取り組む力を子どもたちが身につけられるようにする／(14) 貧困などにより生活上の困難を抱えた子どもに対して特別な配慮をする

**c)「期待」「責任」の両方とも小学校より中学校の教師の肯定回答が多い 1 項**

目：(3) 受験に対応できる学力を子どもたちが身につけられるようにする

**d）小・中教師ともに、「期待」と「責任」との間での差が大きな6項目**：

**d-1)「期待」よりも「責任」のほうが肯定側回答の多い5項目**：(5) 他の人と協同してものごとを行う力を子どもたちが身につけられるようにする／(6) 自主的・主体的に考え行動できる力を子どもたちが身につけられるようにする／(13) 発達障害の子どもに対して特別な配慮をする／(15) 学校・学級の規律・秩序を保つ／(16) 学校以外の日常生活でも教師に対する信用を傷つけないように行動する

**☆　先のa）b）のうちで、「期待」よりも「責任」の肯定回答が相対的に多い5項目**：「(4) 働く力」／「(7) 不正に取り組む力」／「(9) 授業の専門知識」／「(12) 子どもの人権尊重」／「(14) 貧困などへの配慮」

**d-2)「期待」よりも「責任」のほうが肯定側回答の少ない1項目**：(17) 学校外での子どものトラブルに対しても指導を行う

**☆☆　a）b）のうちで、「期待」よりも「責任」が肯定側回答の少ない1項目**：「(1) 基本的生活習慣」である

**③ そこから読み取れるもの**

**a)「期待」認知も、それへの「責任」意識も高い教師たち**：子どもたちの成長・発達と、そこで身につけるべき力の種々の側面について教師たちは子ども・保護者、また周囲からの「期待」を感じ取り、またそれに応える「責任」意識を全体的に強く持っていることがうかがわれる回答結果になっている。それは、17項目の全てについて小・中学校教師ともに6割台半ば～10割の肯定側回答という図と表の結果に示されている。

**b）小・中学校教師ともに「期待」認知より「責任」意識のほうが強い**：「期待」認知よりも「責任」意識の肯定回答の多い項目は17項目中の13項目に及び、d-1)と☆をつけた項目の計10項目ではとりわけそれが顕著である。教師たちの「責任」意識の全般的な強さを示している。

**c）両レベルが変わらない、あるいは「責任」意識が下回る項目も**：しかし「(3) 受験学力」と「(10) いじめのない学校・学級」は、「期待」把握と「責任」意識は同レベルになっている。「いじめのない学校・学級」は今日の日本の国民的課題であり、子ども・保護者の「期待」が高いことを意識し、またそれに「責任」も感じている教師の姿がそこにあるだろう。また逆に、

「(17) 学校外のトラブル指導」と「(1) 基本的生活習慣」の2項目だけは、「期待」認知よりも「責任」意識の肯定側回答が下回っており、通常では家族の責任と考えられることまで、必要以上に引き受けようとしているわけではないことが示されている。

d) **受験学力については小・中学校教師の間の差が大きい**：中学校教師は「期待認知」でも「責任意識」でも「大いにある」だけで6割台前半である。小学校教師は「大いにある」「ある」を合せても6割台前半となっており、中学校に比べて、公立小学校教師の「受験」への「責任意識」はそれほど高くないと思われる。

### (9) [Q9] の「教育信念」に関する7項目について

子どもに対する教育的指導観をめぐる「教育信念」に関して、[A] 側の「子ども中心主義的で支援的指導観」と [B] 側の「到達点達成を目指す厳格な指導観」とを対比させ、自分の指導観がどちらに近いかを、4段階で回答してもらった結果の全体を、[A] 側と [B] 側両方から棒グラフで示したのが図2.11である。またそれを、小・中学校別に、[A] 側に近い回答だけを示したのが表2.11である。

① 結果に見る特徴的傾向

a) **小・中とも7割前後〜9割台前半の教師が「Aに近い」「どちらかといえばAに近い」とA側の回答をしている5項目**：(3) [A] 子どもが自分で答えや解き方を見つけられるように支援する⇔[B] 教師が正しい答えや解き方を示す／(4) [A] 子どもたちの考えを発表したり議論する時間を多くとる⇔[B] 子どもが知識・技能を身に付けるよう反復練習する時間を多くとる／(5) [A] 子どもの長所をほめて伸ばそうとする⇔[B] 子どもの短所を注意して直そうとする／(6) [A] 多少失敗してもできるだけ子どもにやらせる⇔[B] 子どもが失敗しないように細かく注意を与える／(7) [A] 問題をおこした子どもの気持ちによりそった指導を行う⇔[B] 問題をおこした子どもに対しては毅然とした指導を行う

b) **小・中ともやや回答が割れ、A側の回答が多い5〜6割台と多いが、B側の回答も3〜4割台ある2項目**：(1) [A] 子どもの持っている可能性が開花するのを支援する⇔[B] 一人前の大人になるために必要なことを教え、訓練

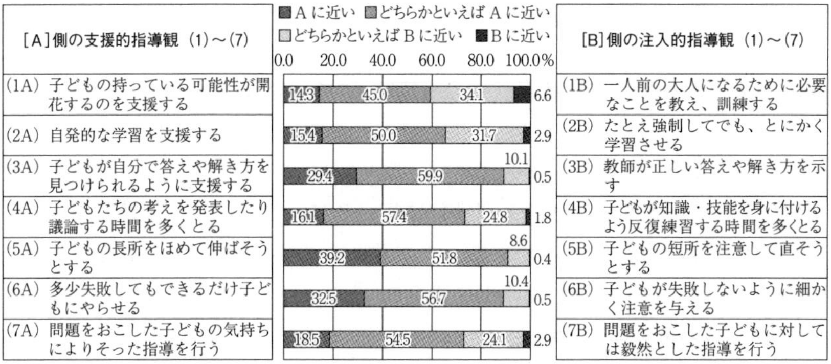


**図 2.11　教育信念の対比的傾向**（7 項目：グラフは［A］［B］の両側を表示）

**表 2.11　教育信念**（小・中別）

（%）

| | 小学校教師 | | 中学校教師 | |
|---|---|---|---|---|
| | Aに近い | どちらかといえばAに近い | Aに近い | どちらかといえばAに近い |
| (1) | 15.5 | 46.2 | 11.7 | 42.5 |
| (2) | 16.2 | 49.5 | 13.8 | 51.2 |
| (3) | 32.6 | 58.8 | 22.7 | 62.2 |
| (4) | 16.5 | 61.1 | 15.0 | 49.8 |
| (5) | 42.0 | 50.8 | 33.3 | 53.8 |
| (6) | 33.9 | 56.5 | 29.5 | 57.2 |
| (7) | 21.0 | 53.5 | 13.6 | 56.1 |

する／(2) [A] 自発的な学習を支援する⇔[B] たとえ強制してでも、とにかく学習させる

**② そこから読み取れるもの**

a) **子ども中心主義的支援的な指導観が多数派**：上で見た a)・b) のように小・中学校教師ともに、[B]＝「到達点へ向けて厳しく導く指導観」より [A]＝「子どものなかにある伸びるものを支援する指導観」のほうが教師たちの回答が多くなっている。子ども中心主義的な柔らかな指導観が主流になっていると思われる。

b) **目標達成的指導観も少なくはない**：ただし到達点を目指す目標達成的指導観も決して少ないわけではなく、質問紙末尾「自由記入欄」には、Q9 について「両方が大事なので答えづらかった」との記入もかなり見られた。

### (10) [Q6] の「特別支援教育」への組織的取り組み状況

近年は、かつて障害児教育と呼ばれていたものが、「特別支援教育」として実施されるようになった。そのことは、概念的には一歩前進であるが、その教育がどこまで組織的・系統的・連携的に行われているのかが、課題となっている。その質問の肯定側回答だけをグラフ化したのが、図 2.12 である。また、その小・中別の結果を示したのが、表 2.12 である。

① 結果に見る特徴的傾向 4 点

a) **小・中とも 6 割半ばから 9 割台後半の教師が「とても／やや当てはまる」と肯定側回答が多い 4 項目**：(2) 専門知識をもった教師が、特別支援教育コーディネーターを担当している／(3) 特別支援教育に対しては、学校が組織的に責任をもって対応している／(6) 発達障害の子どもには、なるべくその特性にあった対応をしている／(7) 保護者の意向をできるだけ尊重して、発達障害児の支援策を考えている

b) **小・中とも回答が肯定側と否定側とに割れている 2 項目**：

b-1) **肯定側が多いが、否定も半分近くある 1 項目**：(1) 発達障害の子どもの対応は基本的に担任に任せられている

b-2) **否定側が多いが、肯定側も 3 割台ある 1 項目**：(4) 対応困難な発達障害児への支援は特別支援教育の専門機関に任せている

c) **小・中とも 7 割前後を超える教師が「まったく／あまり当てはまらない」と否定側回答が多い 1 項目**：(5) 発達障害の子どもに、特別な配慮をせずに他の子と同じように扱っている

② そこから読み取れるもの

a) **特別支援教育に専門のコーディネーターを置く組織性**：前出の [Q1] の「(13) 特別支援教育に力を入れている」という項目に教師たちの 8 割強が肯定側回答をしていた。その点はここでも顕著で、たとえば「(2) 特別支援教育に専門性ある教師がコーディネーターを担当」は小・中学校教師とも 6 ～ 7 割台が肯定側回答しており、「(3) 特別支援教育に学校組織が責任を」には小・中学校教師とも 8 割前後が肯定側回答をしている。今日普通学校での特別支援教育はかなり組織的になされていると言えよう。

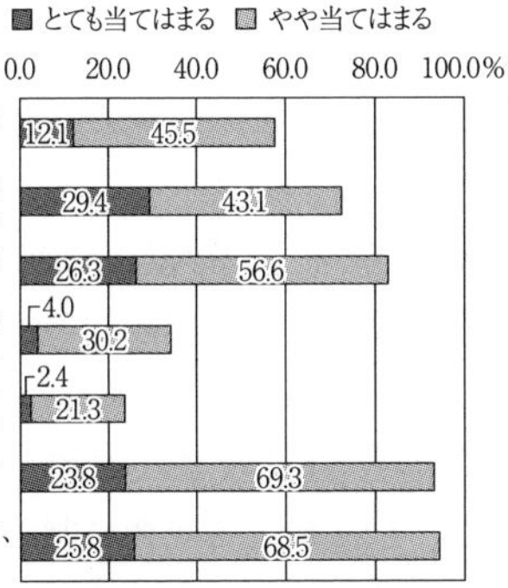


(%)

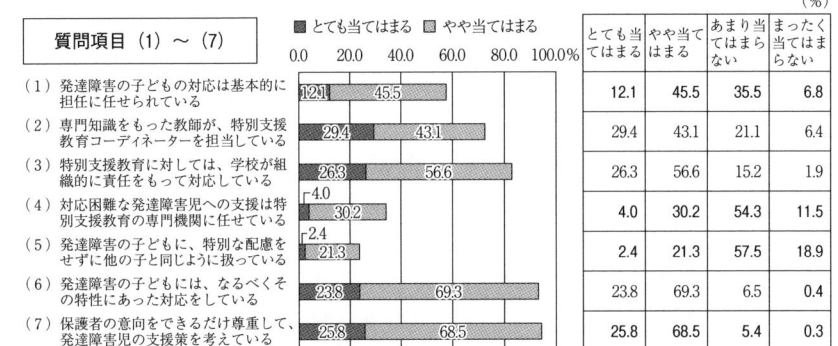

| 質問項目（1）～（7） | とても当てはまる | やや当てはまる | あまり当てはまらない | まったく当てはまらない |
|---|---|---|---|---|
| （1）発達障害の子どもの対応は基本的に担任に任せられている | 12.1 | 45.5 | 35.5 | 6.8 |
| （2）専門知識をもった教師が、特別支援教育コーディネーターを担当している | 29.4 | 43.1 | 21.1 | 6.4 |
| （3）特別支援教育に対しては、学校が組織的に責任をもって対応している | 26.3 | 56.6 | 15.2 | 1.9 |
| （4）対応困難な発達障害児への支援は特別支援教育の専門機関に任せている | 4.0 | 30.2 | 54.3 | 11.5 |
| （5）発達障害の子どもに、特別な配慮をせずに他の子と同じように扱っている | 2.4 | 21.3 | 57.5 | 18.9 |
| （6）発達障害の子どもには、なるべくその特性にあった対応をしている | 23.8 | 69.3 | 6.5 | 0.4 |
| （7）保護者の意向をできるだけ尊重して、発達障害児の支援策を考えている | 25.8 | 68.5 | 5.4 | 0.3 |

**図 2.12　勤務校の特別支援教育への取り組み**（7 項目：グラフは肯定側回答のみ表示）

**表 2.12　特別支援教育の取り組み**（小・中別）

(%)

| | 小学校教師 | | 中学校教師 | |
|---|---|---|---|---|
| | 特に当てはまる | やや当てはまる | 特に当てはまる | やや当てはまる |
| (1) | 13.5 | 47.2 | 9.4 | 42.5 |
| (2) | 32.8 | 43.5 | 22.8 | 42.1 |
| (3) | 29.9 | 54.9 | 18.9 | 60.0 |
| (4) | 3.7 | 31.2 | 4.6 | 28.6 |
| (5) | 2.5 | 17.0 | 2.2 | 30.1 |
| (6) | 26.5 | 68.7 | 18.1 | 70.5 |
| (7) | 28.7 | 67.5 | 19.5 | 70.8 |

b) **その子の特性と保護者の意向とを尊重して**：「(6) その子の特性にあった対応を」や「(7) 保護者の意向を尊重して」の 2 項目では、小学校教師では 95 %前後、中学校教師では 9 割前後が肯定側回答をしており、そのような原則的視点の教師たちへの浸透を感じさせる。

c) **対応が分かれる点も：ただ特別支援の子どもについて**：「(1) 基本的に担任に任せる」と「(4) 外部の専門機関に任せる」との 2 項目は回答が分かれており、特別支援教育を普通学校で進める場合の難しさや悩みが背後にあるのではないかという推測を持つ。

### (11) [Q12] の「自分の生活と社会への意識」について

「自分の生活と社会への意識」に関する教師たちの回答の肯定側回答だけを棒グラフで示したのが図 2.13、その小・中学校別肯定側回答が表 2.13 である。

① 結果に見る特徴的傾向

a) **小・中教師の 7 割前後〜 9 割が「そう思う」「どちらかといえばそう思う」と肯定側回答している 3 項目**：(1) 今の自分の生活全般に満足している／(6) できる限り弱い人の立場によりそって物事を考えていくべきだ／(9) 嫌なことがあっても、明るく前向きな自分でありたい

b) **小・中学校教師の回答が、肯定側と否定側に割れている 5 項目**：

b-1) **肯定側回答が多いが、否定側も 3 割台ある 1 項目**：(10) 科学よりも実感に従って行動する

b-2) **肯定側・否定側がほぼ半々の 1 項目**：(2) 日本社会には希望がある

b-3) **否定側回答が多いが、肯定側も 3 〜 4 割ほどある 3 項目**：(3) 仕事よりも、プライベートな生活を大切にしている／(5) 自分の生活スタイルを崩してまで、困っている人に関わろうとは思わない／(8) 自分は、他の人と比べて「国を愛する」という気持ちが強い方だ

c) **小・中学校教師とも、7 割前後から 8 割台が「まったくそう思わない」「あまりそう思わない」と否定側回答をしている 2 項目**：(4) みんなで協力して社会をよくすることよりも、個人の自由が守られることの方がずっと重要だ／(7) みんなで議論するよりも有能な指導者にまかせたほうが政治はうまくいくものだ

② ここから読み取れること

a) **日本の民主主義と社会の協同性に対する信頼感**：「(6) できる限り弱い人の立場に」への肯定側回答が、小・中学校教師とも 8 割前後あり、また逆に「(4) 協力より個人の自由」「(7) 有能な指導者に任せる」への肯定側回答が 1 割〜 2 割台（否定側回答が 8 〜 9 割前後）である点、また「(5) 生活スタイルを崩してまで困っている人に関わらない」にも、肯定側回答 3 〜 4 割で、6 〜 7 割は否定側回答になっている。教師たちの回答は、日本の民主主義や社会の協同性に関する期待と信頼の高さを示し、また自分がその担い手の一人であるという自覚を感じさせるものとなっており、自分の生活スタイルを守ろうとする個人生活重視の気持ちが示されている。

(%)

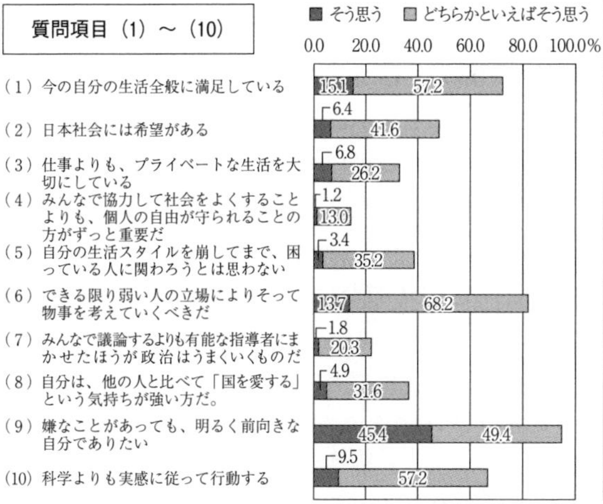

質問項目（1）～（10）
■ そう思う　■ どちらかといえばそう思う
0.0　20.0　40.0　60.0　80.0　100.0%
（1）今の自分の生活全般に満足している
（2）日本社会には希望がある
（3）仕事よりも、プライベートな生活を大切にしている
（4）みんなで協力して社会をよくすることよりも、個人の自由が守られることの方がずっと重要だ
（5）自分の生活スタイルを崩してまで、困っている人に関わろうとは思わない
（6）できる限り弱い人の立場によりそって物事を考えていくべきだ
（7）みんなで議論するよりも有能な指導者にまかせたほうが政治はうまくいくものだ
（8）自分は、他の人と比べて「国を愛する」という気持ちが強い方だ。
（9）嫌なことがあっても、明るく前向きな自分でありたい
（10）科学よりも実感に従って行動する
15.1　57.2
6.4　41.6
6.8　26.2
1.2　13.0
3.4　35.2
13.7　68.2
1.8　20.3
4.9　31.6
45.4　49.4
9.5　57.2

| | そう思う | どちらかといえばそう思う | あまりそう思わない | まったくそう思わない |
|---|---|---|---|---|
| (1) | 15.1 | 57.2 | 25.0 | 2.7 |
| (2) | 6.4 | 41.6 | 46.5 | 5.4 |
| (3) | 6.8 | 26.2 | 55.7 | 11.3 |
| (4) | 1.2 | 13.0 | 72.3 | 13.5 |
| (5) | 3.4 | 35.2 | 53.7 | 7.7 |
| (6) | 13.7 | 68.2 | 17.3 | 0.7 |
| (7) | 1.8 | 20.3 | 58.1 | 19.7 |
| (8) | 4.9 | 31.6 | 56.6 | 6.9 |
| (9) | 45.4 | 49.4 | 4.8 | 0.5 |
| (10) | 9.5 | 57.2 | 30.9 | 2.4 |

**図 2.13　自分の生活と社会への意識**（グラフは肯定側回答のみ表示）

**表 2.13　自分の生活と社会への意識**（小・中別）

(%)

| | 小学校教師 | | 中学校教師 | |
|---|---|---|---|---|
| | そう思う | どちらかといえばそう思う | そう思う | どちらかといえばそう思う |
| (1) | 14.3 | 58.9 | 17.1 | 53.7 |
| (2) | 6.6 | 41.2 | 6.2 | 42.1 |
| (3) | 7.6 | 26.6 | 5.2 | 25.4 |
| (4) | 1.2 | 12.9 | 1.2 | 13.6 |
| (5) | 3.3 | 37.0 | 3.6 | 31.2 |
| (6) | 14.7 | 68.6 | 12.0 | 67.4 |
| (7) | 2.0 | 19.8 | 1.4 | 21.1 |
| (8) | 4.9 | 31.1 | 5.0 | 32.9 |
| (9) | 46.0 | 49.2 | 44.2 | 49.9 |
| (10) | 9.2 | 60.5 | 10.3 | 50.6 |

b) **生活満足も前向きの楽天性も**：「(9) 嫌なことがあっても前向きに」「(1) 自分の生活に満足」も小・中学校教師とも 7 ～ 9 割台の肯定側回答で生活や意識の一定の安定性が示されている。

c) **a), b) から日本の公立小・中学校教師の生活・社会意識を見る**：それは、

総体として健全とみることができると思う。

### (12) [Q13] の「格差是正政策への賛否」について

ここでは、〈「政府は、裕福な家庭と貧しい家庭の収入の差を縮めるために、対策をとるべきだ」という意見に、あなたは賛成ですか、反対ですか。あてはまるもの１つに○をつけてください〉という質問に対して、「賛成」「どちらかといえば賛成」「どちらともいえない」「どちらかといえば反対」「反対」の５段階の選択肢で、回答をお願いした。この質問は、JGSS の質問紙からそのまま使用している。

この質問に対する教師たちの回答を５段階ごとに棒グラフで示し、その右に肯定回答を小・中別に示したのが図 2.14 である。

① **結果から読み取れること**

a) **小・中教師の回答は、賛成側が多数**：中間の「どちらともいえない」の３割台を挟んで「賛成」「どちらかといえば賛成」という賛成側が５割台～６割台と圧倒的で、反対側は５～８%しかない。この回答結果は、教師たちの経済格差問題への敏感さと、その是正への課題意識の存在を示している。

b) **賛成側回答が小学校教師のほうがやや多い**：小学校教師では賛成側が 60.7%、中学校では 52.6%と、小学校のほうがやや多いが、これは調査の対象者が公立小・中学校教師で、私立中学に抜ける階層があることを考えると、小学校のほうに階層格差がより顕在的に現象するという事情があるからとも考えられる。

| 賛否・５段階（「1」～「5」） | 教師全体 | 小学校教師 | 中学校教師 |
|---|---|---|---|
| 1．賛成 | 17.3 | 17.9 | 15.9 |
| 2．どちらかといえば賛成 | 40.7 | 42.7 | 36.9 |
| 3．どちらともいえない | 35.9 | 34.6 | 38.6 |
| 4．どちらかといえば反対 | 5.2 | 4.4 | 7.0 |
| 5．反対 | 0.9 | 0.5 | 1.7 |

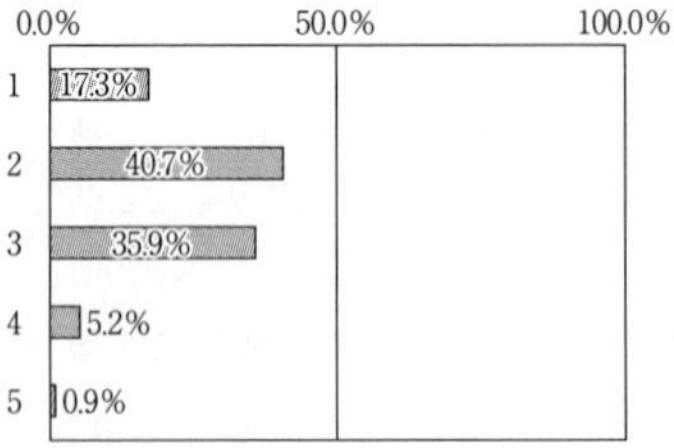


（%）

図 2.14　格差是正政策への賛否５段階（教師全体の棒グラフと、小中別の各段階比率）

c) **国民一般とあまり変わらない**：JGSS-2012の全国一般データの回答結果は中間の「どちらともいえない」35.4％をはさんで、賛成側が54.0％、反対側10.6％で（大阪商業大学JGSS研究センター 2013）、今回の教師調査と特に大きな違いは見られない。その意味では、教師層に特別に「格差是正」政策への賛成が強いということではなく、格差と貧困の拡大が重要な社会問題となっている今日の日本では、かなり一般的な意識状況であるとも言えるのである。

## (13)［Q14］の「国民と政治の関わりに関する意識」について

「国民と政治の関わりに関する意識」についての質問への教師たちの回答の賛成側回答だけを棒グラフで示したのが**図2.15**、その小・中学校別賛成側回答が**表2.14**である。なおこの質問はJGSSの「国民と政治のかかわり」の質問文をそのまま使用している。

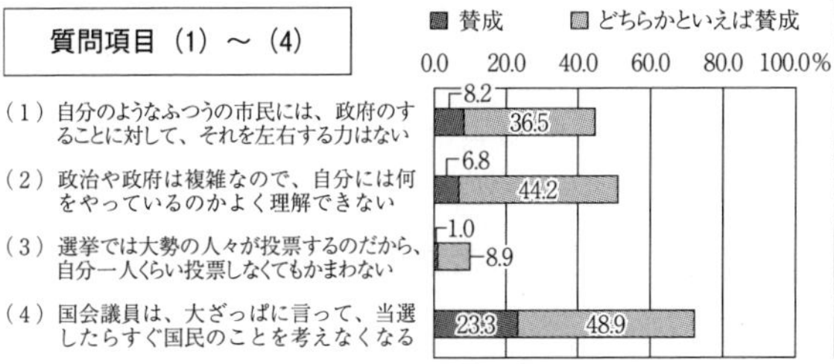
質問項目（1）～（4）
賛成
どちらかといえば賛成
0.0
20.0
40.0
60.0
80.0
100.0%
（1）自分のようなふつうの市民には、政府のすることに対して、それを左右する力はない
8.2
36.5
（2）政治や政府は複雑なので、自分には何をやっているのかよく理解できない
6.8
44.2
（3）選挙では大勢の人々が投票するのだから、自分一人くらい投票しなくてもかまわない
1.0
8.9
（4）国会議員は、大ざっぱに言って、当選したらすぐ国民のことを考えなくなる
23.3
48.9

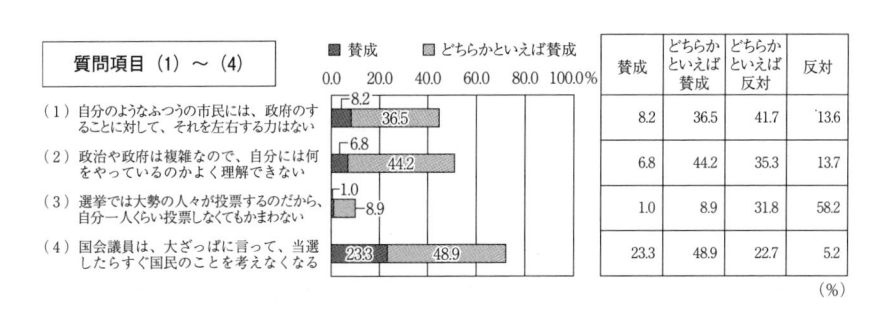

| 賛成 | どちらかといえば賛成 | どちらかといえば反対 | 反対 |
|---|---|---|---|
| 8.2 | 36.5 | 41.7 | 13.6 |
| 6.8 | 44.2 | 35.3 | 13.7 |
| 1.0 | 8.9 | 31.8 | 58.2 |
| 23.3 | 48.9 | 22.7 | 5.2 |

（%）

**図2.15　国民と政治に関する4項目への賛否**（棒グラフは賛成側回答のみ表示）

**表2.14　国民と政治**（小・中別）

（%）

| | 小学校教師 | | 中学校教師 | |
|---|---|---|---|---|
| | 賛成 | どちらかといえば賛成 | 賛成 | どちらかといえば賛成 |
| (1) | 7.8 | 36.8 | 9.2 | 36.0 |
| (2) | 7.9 | 43.7 | 4.8 | 45.5 |
| (3) | 1.3 | 8.2 | 0.5 | 10.6 |
| (4) | 23.4 | 50.7 | 23.2 | 45.7 |

① 結果に見る特徴的傾向

a）**小・中教師ともに、その7割前後以上が「賛成」「どちらかといえば賛成」と賛成側回答をしている1項目**：(4) 国会議員は大ざっぱに言って、当選したらすぐ国民のことを考えなくなる

b）**小・中教師の回答が、賛成側と反対側とに割れている2項目**：(1) 自分のようなふつうの市民には、政府のすることに対して、それを左右する力はない／(2) 政治や政府は複雑なので、自分には何をやっているのかよく理解できない

c）**小・中教師ともに、その9割前後が「反対」「どちらかといえば反対」と反対側回答をしている1項目**：(3) 選挙では大勢の人々が投票するのだから、自分一人くらい投票しなくてもかまわない

② そこから読み取れるもの

a）**政治家不信は強い**：「(4) 国会議員への不信」は、小・中学校教師とも6～7割台に及んでおり、教師の政治家に対する不信は、国民同様に強い傾向がある。

b）**政治的効力感・政治問題への理解程度で賛否は半々**：「(1) 政治的効力感が無い」「(2) 政治問題への理解程度」に関しては、教師たちの回答は小学校・中学校とも割れている。それが何を反映したものか、ここだけではわからないが。

c）**教師たちの投票意欲は強い**：a）b）の傾向にもかかわらず「(3) 選挙投票無意味」には反対が小・中学校教師とも9割前後で、投票意欲がかなり強い。「政治不信が無関心に」という関連とは全く異なる、むしろ「積極的な国民と政治のかかわり」に関する教師たちの意識がうかがわれるような回答結果となっている。

### (14) ボトムシート

ボトムシートは、**表2.15**に示されている。家族構成を見ると、配偶者「有」が、おおむねどの地域でも、6割前後～7割台半ばとなっている。子どもの有無に関しては、首都圏3市区がやや多く、5割近くである。それに対して、他の地域は、3割前後～3割台後半であり、やや少なくなっている。

また、子どもの学校段階に関しては、「小・中学生」は、首都圏3市区と、

表 2.15　家族構成一覧

（%）

| | 1 | 2 | 3 | 4 |
|---|---|---|---|---|
| 家族構成 | 配偶者有 | 子ども有 | 小・中学生有 | 高校生以上有 |
| 首都圏 3 区市 | 59.8 | 49.0 | 11.7 | 28.4 |
| 地域 5 市町 | 69.7 | 32.9 | 23.0 | 40.2 |
| 中部地方の県 | 74.7 | 27.0 | 26.6 | 44.4 |
| 関西地方の県 | 64.7 | 37.3 | 14.9 | 40.3 |
| 合計 | 67.4 | 36.6 | 19.8 | 37.8 |

注：［2］・［3］・［4］は複数回答

関西地方県は 1 割台である。それに対して、地域 5 市町と中部地方県は、2 割台であって、やや多くなっている。

さらにまた、高校生以上は、全体としては 3 割台後半であるが、首都圏 3 市区はやや少なく、2 割台である。それに対して、他の地域はいずれも 4 割台であって、やや多くなっている。これが意味するところは、フェイスシートにもあったが、配偶者のある教師が首都圏 3 市区では若く、他の地域は、やや年齢の高い教師が多いということだろう。

〈注〉

（1） その科研費研究では研究成果報告書（久冨代表 2006）を発行し、それを基に書籍（久冨編 2008）を刊行した。後者が、本書と〈共通点と比較可能性〉を持つという意味で、本書は、後者の「姉妹編」という性格のものである。

（2） 久冨（1994）のその箇所では、「期待と批判の包囲」として教師のこの状況を分析した。

（3） 本文中で下線を付したm）、n）、o）の 15 歳時世帯収入の平均との比較、組織参加の質問文については、JGSS（Japanese General Social Surveys; 日本版総合的社会調査）の質問文（大阪商業大学 JGSS 研究センター 2013）を借用したことを記して謝す。なおそれらの質問への回答を分析した本章 **4**（12）（13）と第 12 章の当該箇所にも、関連事項を記載している。

（4） 公立学校教員における非正規雇用者の近年の増加傾向については、高野（2013 pp. 266-268）で議論されている。

（5）「自信がある」という項目に対して、日本の教師には、たとえば欧米の教師に比べて肯定回答が低く出るという傾向が、13 年前の国際比較調査結果分析（久冨編 2008）で確認されている。「質問紙に回答する場合の文化的傾向」というもので、ここでの解釈には、それが反映している面を若干割り引いて考える必要がある。

〈引用・参考文献〉

久冨善之 1992「日本の教員文化――その実証的研究(1)」『一橋大学研究年報　社会学研究』29巻.

久冨善之 1994「日本の教員と教員文化」同編著『日本の教員文化――その社会学的研究』多賀出版.

久冨善之（代表）2006『教育改革時代における教師の位置と文化――その再編の社会学的・歴史的・比較論的研究　2003-2005年度科学研究費補助金・基盤研究(A)(1)成果報告書』.

久冨善之編 2008『教師の専門性とアイデンティティ――教育改革時代の国際比較調査と国際シンポジウムから』勁草書房.

久冨善之 2017『日本の教師、その12章――困難から希望への途を求めて』新日本出版社.

岡野八代 2012『フェミニズムの政治学――ケアの倫理をグローバル社会へ』みすず書房.

大阪商業大学JGSS研究センター 2013『日本版 General Social Surveys 基礎集計表・コードブック JGSS-2012』.

高野和子 2013「日本の教員の現状を切り拓くために」教育科学研究会編『講座　教育実践と教育学の再生　第2巻　教育実践と教師――その困難と希望』かもがわ出版.

竹内常一 2016『新・生活指導の理論――ケアと自治／学びと参加』高文研.

# 第3章

## 10年前調査からの変化のなかにみえること

福島　裕敏

### 1. 課題・方法・対象者

本章では、本研究グループが2004年に実施した調査（2004年調査）と今回あらためて2014年におこなった調査（2014年調査）とに共通する質問項目の結果比較をもとに、この10年間の教師の生活・意識など教員文化の変容について考察していく。

2004年調査と2014年調査に共通する質問項目は、(a) 勤務校の様子（9項目）、(b) 自信信頼（9項目）、(c) 教職生活（13項目）、(d) バーンアウト尺度（21項目）・バーンアウトスコア、(e) 職場の雰囲気（14項目）、(f) 悩みの相談相手（9項目）、(g) 教職観（13項目）である。うち、(a)～(c)、(e)、(g)は4件法、(d)は7件法で尋ねており、肯定が強いほど点数が高くなるよう集計している。また(f)は2004年調査では4件法、2014年調査では2件法で尋ねているため、後者に合わせる形で、前者の「4よくある」「3ときどきある」を1点、「2あまりない」「1まったくない」を0点として集計した。

2時点間の比較をおこなうにあたって、両調査の対象となっている7地区のデータのみを用いることにした。また、2004年調査に比べて2014年調査では、管理職がやや多く含まれているなど、やや職位の偏りがみられたため、教諭のみのデータを用いることとした。

対象者の属性は**表3.1**に示すとおりである。2014年調査では、10年未満と20年以上（「30年未満」と「30年以上」）の層が厚く、その間の層が薄いという

表 3.1　対象者の属性（調査年・校種・地域・教師経験別）

| 年 | 人数<br>% | 小学校 | | | | | 中学校 | | | | |
|---|---|---|---|---|---|---|---|---|---|---|---|
| | | 教師経験 | | | | 合計 | 教師経験 | | | | 合計 |
| | | 10年<br>未満 | 20年<br>未満 | 30年<br>未満 | 30年<br>以上 | | 10年<br>未満 | 20年<br>未満 | 30年<br>未満 | 30年<br>以上 | |
| 2004 | 人数 | 93 | 101 | 188 | 63 | 445 | 72 | 86 | 93 | 23 | 274 |
| | % | 20.9% | 22.7% | 42.2% | 14.2% | 100.0% | 26.3% | 31.4% | 33.9% | 8.4% | 100.0% |
| 2014 | 人数 | 139 | 67 | 76 | 109 | 391 | 57 | 28 | 49 | 32 | 166 |
| | % | 35.5% | 17.1% | 19.4% | 27.9% | 100.0% | 34.3% | 16.9% | 29.5% | 19.3% | 100.0% |

構成になっており、この10年間の大量退職・大量採用の動向を反映している。

## 2. 各項目の変化

両調査の各回答の平均値を比較するため、校種別に調査年を独立変数としたt検定をおこなった結果が表3.2である。ただし、紙幅の都合上、バーンアウトについては、バーンアウトスコアのみを示した。なお、検定の結果、有意差がみられたものには印を付した（$^{***}p < .001$, $^{**}p < .01$, $^{*}p < .05$）。

表から得られる知見は以下のとおりである。

i）2時点間の回答に有意差がみられた項目は、全68項目中、小学校では46項目、中学校では29項目にのぼり、この10年間に教師の生活・意識などに大きな変化が生じていると推測される。

ii）2時点間の有意差が多くみられるのは、職場の雰囲気と悩みの相談相手とに関する項目と教職観に関する項目とであり、集団的次元における教員文化が大きく変容していると考えられる。それに対して、自信信頼・教職生活に関する項目では、調査年による違いがみられた項目は多くなく、その傾向は中学校に顕著である。

iii）職場の雰囲気については、管理職と円滑なコミュニケーションができており、教員間の自由で協同的で相互承認的な関係性が強まってきていると認識するようになってきている。小学校では職員会議や学年会などの公的コミュニケーションも活性化していると認識するようになっている。一方、中学校では管理職からの評価を気にする傾向が弱まっている。

iv）悩みの相談相手では、「その他」以外のすべての項目において値が下がっている。ただし、同じ職場の管理職・先輩・同輩教員を相談相手として挙げる者の割合は依然高い。また小中双方における各種相談機関・カウンセラー、中学校における職場の先輩の教師と教職員組合については統計的有意差はみられなかった。

v）教職観においては、子どもに接する喜びがあり、高い知識・技能と倫理観を求められる専門職として捉える傾向が強まる一方で、気苦労の多い自己犠牲が求められる献身的教師像が強く意識されるようになってきている。小学校では社会経済的地位や自律性の高さなどの意識の高まりが指摘でき、ほとんどの項目で有意差がみられる。中学校では、小学校で唯一有意差がみられなかった「はっきりとした成果が問われる仕事だ」という認識が強まっている。

vi）この他、勤務校の様子では、学力格差に対する認識が強まる一方で、子どもたちが学校の行事や運営に積極的に関与しているとの認識が強まっている。ただし、小学校では授業が成立しないことが、中学校では保護者からのクレームが、それぞれ多くなっているとの認識も強まっている。

vii）自信信頼・教職生活・バーンアウトについては、教育観や信念をめぐる混乱や辞職願望の弱まりがみられ、教職アイデンティティが安定的なものになっているように思われる。また小学校では、同僚からの信頼の高まりや多忙感・過重感の低下がみられる一方で、同じ職場の教員からの評価を気にする傾向が強まってきている。

この10年間において、職場の雰囲気や人間関係といった教師を取り巻く状況と教職観とを中心として教職生活・意識の変容が生じてきている。その変化は、子どもたちが学校の運営などに積極的に関わるようになり、相談相手は減ってきているものの、管理職との円滑なコミュニケーションや自由で協同的で相互承認的な職場の人間関係が以前に比べみられるようになり、献身性を伴いながらも子どもに接する喜び・やりがいがある専門職であるとの認識が強まり、教職アイデンティティが安定的なものになっているといった、総じてポジティブなもののように思われる。ただし、自信信頼など教職生活に関する項目では変化はあまりみられず、バーンアウトスコアもほとんど変化がみられなかった

# 表 3.2　各項目の調査年間の変化

| | 項目 | 年 | 小 M | 小 SD | 小 検定 | 中 M | 中 SD | 中 検定 |
|---|---|---|---|---|---|---|---|---|
| 勤務校の様子 | 01 子どもたちが授業に熱心に取り組む | 2004 | 3.53 | .559 | | 3.57 | .546 | |
| | | 2014 | 3.54 | .534 | | 3.66 | .499 | |
| | 02 子どもたちが学校行事に熱心に取り組む | 2004 | 3.61 | .55 | ** | 3.70 | .49 | *** |
| | | 2014 | 3.71 | .47 | | 3.89 | .34 | |
| | 04 子どもたちが学校の運営に積極的に参加する | 2004 | 2.63 | .81 | *** | 2.83 | .73 | *** |
| | | 2014 | 3.00 | .70 | | 3.22 | .77 | |
| | 04 子どもたちの間のいじめ | 2004 | 2.23 | .56 | | 2.56 | .60 | |
| | | 2014 | 2.30 | .68 | | 2.48 | .59 | |
| | 05 子どもたちが騒いで授業が成立しない | 2004 | 1.61 | .66 | *** | 1.70 | .80 | |
| | | 2014 | 1.78 | .77 | | 1.73 | .74 | |
| | 06 子どもの不登校 | 2004 | 2.31 | .81 | | 2.90 | .72 | |
| | | 2014 | 2.24 | .94 | | 3.02 | .72 | |
| | 07 子どもたちの学力の格差 | 2004 | 3.26 | .67 | *** | 3.43 | .60 | ** |
| | | 2014 | 3.49 | .61 | | 3.61 | .56 | |
| | 08 親が学校の教育活動に積極的に参加する | 2004 | 3.07 | .64 | | 2.95 | .70 | |
| | | 2014 | 3.07 | .67 | | 3.04 | .68 | |
| | 09 保護者からのクレーム | 2004 | 2.55 | .72 | | 2.63 | .70 | * |
| | | 2014 | 2.64 | .69 | | 2.80 | .67 | |
| 自信信頼 | 01 教材研究が楽しい | 2004 | 2.86 | .59 | ** | 2.79 | .60 | *** |
| | | 2014 | 2.98 | .54 | | 3.03 | .61 | |
| | 02 授業の進め方について自信がある | 2004 | 2.53 | .58 | * | 2.71 | .61 | * |
| | | 2014 | 2.44 | .63 | | 2.59 | .60 | |
| | 03 学級など生徒集団づくりの指導に自信がある | 2004 | 2.60 | .61 | | 2.64 | .63 | |
| | | 2014 | 2.54 | .64 | | 2.55 | .59 | |
| | 04 一人一人の子どもとの関係づくりに自信がある | 2004 | 2.80 | .54 | | 2.81 | .58 | |
| | | 2014 | 2.73 | .58 | | 2.74 | .62 | |
| | 05 校則などの規則を守らせることに自信がある | 2004 | 2.51 | .57 | *** | 2.58 | .60 | |
| | | 2014 | 2.66 | .58 | | 2.67 | .61 | |
| | 06 子どもをひきつける人間的な魅力という点で自信がある | 2004 | 2.48 | .59 | | 2.53 | .62 | |
| | | 2014 | 2.49 | .60 | | 2.46 | .62 | |
| | 07 子どもから信頼されている | 2004 | 2.80 | .46 | | 2.71 | .56 | |
| | | 2014 | 2.84 | .49 | | 2.75 | .47 | |
| | 08 父母から信頼されている | 2004 | 2.69 | .52 | | 2.63 | .57 | |
| | | 2014 | 2.73 | .52 | | 2.62 | .54 | |
| | 09 同僚から信頼されている | 2004 | 2.65 | .51 | *** | 2.68 | .55 | |
| | | 2014 | 2.79 | .50 | | 2.71 | .53 | |

| | 項目 | 年 | 小 M | 小 SD | 小 検定 | 中 M | 中 SD | 中 検定 |
|---|---|---|---|---|---|---|---|---|
| 職場の雰囲気 | 01 校長・教頭と他の教職員との間に意思の疎通がうまくはかられている | 2004 | 2.46 | .60 | *** | 2.52 | .63 | *** |
| | | 2014 | 2.88 | .61 | | 2.96 | .68 | |
| | 02 校長・教頭が勝手にことがらを決めたり、進めたりする | 2004 | 2.34 | .66 | ** | 2.27 | .73 | *** |
| | | 2014 | 2.19 | .72 | | 2.03 | .75 | |
| | 03 学校では各々の教師のやりたいことが自由にやれている | 2004 | 2.53 | .55 | *** | 2.50 | .64 | ** |
| | | 2014 | 2.80 | .60 | | 2.69 | .65 | |
| | 04 職場の教師同士が協同してものごとに取り組んでいる | 2004 | 2.86 | .57 | *** | 2.90 | .56 | * |
| | | 2014 | 3.15 | .57 | | 3.06 | .69 | |
| | 05 お互いの持ち味・専門性を尊重しあっている | 2004 | 2.73 | .52 | *** | 2.80 | .54 | *** |
| | | 2014 | 3.07 | .58 | | 3.08 | .66 | |
| | 06 職員会がよく開かれている | 2004 | 2.60 | .60 | *** | 2.69 | .64 | |
| | | 2014 | 2.98 | .59 | | 2.77 | .69 | |
| | 07 学年会・教科会や担当委員会（行事や校務分掌に関する）などが、よく開かれている | 2004 | 2.64 | .64 | *** | 2.68 | .64 | |
| | | 2014 | 2.90 | .64 | | 2.75 | .75 | |
| | 08 職員会で活発な議論がなされている | 2004 | 2.35 | .62 | | 2.19 | .65 | |
| | | 2014 | 2.33 | .68 | | 2.23 | .74 | |
| | 09 学年会・教科会や担当委員会（行事や校務分掌に関する）などで活発な議論がなされている | 2004 | 2.62 | .60 | * | 2.63 | .63 | |
| | | 2014 | 2.72 | .66 | | 2.72 | .70 | |
| | 10 自校の教師間で、教材研究や児童・生徒の指導について活発な意見交流が行われている | 2004 | 2.64 | .60 | *** | 2.58 | .63 | *** |
| | | 2014 | 2.90 | .65 | | 2.87 | .67 | |
| | 11 職場で教師間に仕事に限らず何でも話せる雰囲気がある | 2004 | 2.69 | .56 | *** | 2.70 | .57 | ** |
| | | 2014 | 3.03 | .70 | | 2.90 | .73 | |
| | 12 職場をはなれても、同じ学校の教師間でつきあうことが多い | 2004 | 2.06 | .58 | *** | 2.15 | .64 | |
| | | 2014 | 2.42 | .79 | | 2.23 | .75 | |
| | 13 校長・教頭からの評価を気にして仕事をしている | 2004 | 1.98 | .59 | | 1.98 | .64 | * |
| | | 2014 | 1.99 | .61 | | 1.84 | .74 | |
| | 14 他の教師からの評価を気にして仕事をしている | 2004 | 1.97 | .55 | | 1.96 | .60 | |
| | | 2014 | 2.05 | .64 | | 1.94 | .72 | |
| 悩みの | 01 職場の校長・副校長 | 2004 | 0.57 | .50 | *** | 0.51 | .50 | ** |
| | | 2014 | 0.38 | .48 | | 0.36 | .48 | |
| | 02 職場の先輩の教師 | 2004 | 0.72 | .45 | *** | 0.70 | .46 | |
| | | 2014 | 0.60 | .49 | | 0.61 | .49 | |
| | 03 職場の同年代の教師 | 2004 | 0.77 | .42 | *** | 0.70 | .46 | ** |
| | | 2014 | 0.56 | .50 | | 0.56 | .50 | |
| | 04 他の職場の教師 | 2004 | 0.60 | .49 | *** | 0.50 | .50 | * |
| | | 2014 | 0.44 | .50 | | 0.40 | .49 | |

| | | | | | | | | |
|---|---|---|---|---|---|---|---|---|
| 教職生活 | 01 教師としての仕事にやりがい、生きがいを感じる | 2004 | 3.07 | .62 | * | 3.03 | .66 | |
| | | 2014 | 3.17 | .60 | | 3.06 | .68 | |
| | 02 自分には教師という職業が合っている | 2004 | 2.84 | .70 | | 2.88 | .74 | |
| | | 2014 | 2.89 | .71 | | 2.88 | .71 | |
| | 03 毎日の仕事が忙しい | 2004 | 3.61 | .54 | ** | 3.63 | .55 | |
| | | 2014 | 3.50 | .59 | | 3.61 | .52 | |
| | 04 現在の仕事の量は過重だ | 2004 | 3.28 | .69 | ** | 3.44 | .67 | |
| | | 2014 | 3.13 | .79 | | 3.33 | .72 | |
| | 05 自分に仕事が集中している | 2004 | 2.34 | .67 | | 2.50 | .65 | |
| | | 2014 | 2.35 | .66 | | 2.56 | .67 | |
| | 06 問題をかかえている子どもに手を焼くことがある | 2004 | 2.87 | .68 | | 2.90 | .72 | |
| | | 2014 | 2.95 | .69 | | 2.94 | .69 | |
| | 07 何を教えれば子どもにとって意義があるのかがあいまいになる | 2004 | 2.41 | .64 | | 2.50 | .67 | |
| | | 2014 | 2.41 | .65 | | 2.45 | .73 | |
| | 08 自分の教育・指導の効果について疑問や無力感を感じる | 2004 | 2.50 | .62 | | 2.54 | .64 | |
| | | 2014 | 2.51 | .65 | | 2.48 | .62 | |
| | 09 自分の持っていた教育観や信念に混乱が生じている | 2004 | 2.36 | .66 | ** | 2.36 | .63 | * |
| | | 2014 | 2.23 | .62 | | 2.22 | .71 | |
| | 10 校長・教頭からの評価が気になる | 2004 | 2.00 | .61 | * | 1.94 | .65 | |
| | | 2014 | 2.10 | .61 | | 1.94 | .75 | |
| | 11 職場の他の教師からの評価が気になる | 2004 | 2.08 | .63 | ** | 2.06 | .64 | |
| | | 2014 | 2.20 | .64 | | 2.11 | .74 | |
| | 12 学校に行くのがおっくうになる | 2004 | 2.24 | .74 | | 2.21 | .76 | |
| | | 2014 | 2.19 | .75 | | 2.08 | .80 | |
| | 13 教職をやめたい | 2004 | 2.01 | .78 | *** | 1.97 | .86 | * |
| | | 2014 | 1.82 | .76 | | 1.80 | .85 | |
| バーンアウトスコア | | 2004 | 3.05 | .95 | | 3.10 | .93 | |
| | | 2014 | 3.04 | .92 | | 3.15 | .97 | |
| 相談相手 | 05 教師以外の友人・知人 | 2004 | 0.39 | .49 | *** | 0.35 | .48 | *** |
| | | 2014 | 0.26 | .44 | | 0.14 | .35 | |
| | 06 各種相談機関・カウンセラー | 2004 | 0.05 | .22 | | 0.07 | .26 | |
| | | 2014 | 0.04 | .19 | | 0.05 | .21 | |
| | 07 教育研究のサークル | 2004 | 0.15 | .36 | *** | 0.13 | .33 | *** |
| | | 2014 | 0.05 | .21 | | 0.02 | .13 | |
| | 08 教職員組合 | 2004 | 0.10 | .30 | ** | 0.04 | .19 | |
| | | 2014 | 0.04 | .20 | | 0.02 | .15 | |
| | 09 その他 | 2004 | 1.79 | .41 | *** | 1.79 | .41 | *** |
| | | 2014 | 1.99 | .10 | | 1.99 | .08 | |
| 教職観 | 01 社会的に尊敬される仕事だ | 2004 | 2.51 | .68 | *** | 2.60 | .64 | |
| | | 2014 | 2.73 | .69 | | 2.68 | .71 | |
| | 02 経済的に恵まれた仕事だ | 2004 | 2.47 | .70 | ** | 2.43 | .70 | |
| | | 2014 | 2.61 | .73 | | 2.51 | .73 | |
| | 03 精神的に気苦労の多い仕事だ | 2004 | 3.55 | .55 | * | 3.51 | .57 | *** |
| | | 2014 | 3.64 | .57 | | 3.71 | .53 | |
| | 04 子どもに接する喜びのある仕事だ | 2004 | 3.41 | .55 | *** | 3.41 | .57 | *** |
| | | 2014 | 3.59 | .55 | | 3.61 | .50 | |
| | 05 やりがいのある仕事だ | 2004 | 3.38 | .59 | *** | 3.36 | .59 | *** |
| | | 2014 | 3.57 | .56 | | 3.57 | .53 | |
| | 06 自己犠牲を強いられる仕事だ | 2004 | 2.87 | .72 | ** | 3.07 | .72 | *** |
| | | 2014 | 3.03 | .71 | | 3.40 | .69 | |
| | 07 自分の考えにそって自律的にやれる仕事だ | 2004 | 2.74 | .62 | * | 2.72 | .59 | |
| | | 2014 | 2.86 | .66 | | 2.70 | .62 | |
| | 08 高度の専門的知識・技能が必要な仕事だ | 2004 | 3.06 | .63 | *** | 3.13 | .60 | *** |
| | | 2014 | 3.31 | .60 | | 3.37 | .59 | |
| | 09 高い倫理観が強く求められる仕事だ | 2004 | 3.13 | .65 | *** | 3.25 | .63 | *** |
| | | 2014 | 3.40 | .58 | | 3.47 | .57 | |
| | 10「自分らしさ」を表現できる仕事だ | 2004 | 2.78 | .60 | ** | 2.76 | .63 | |
| | | 2014 | 2.91 | .69 | | 2.85 | .72 | |
| | 11 はっきりとした成果を問われる仕事だ | 2004 | 2.78 | .66 | | 2.57 | .71 | * |
| | | 2014 | 2.82 | .69 | | 2.71 | .67 | |
| | 12 割り当てられた役割に専心する仕事だ | 2004 | 2.54 | .63 | *** | 2.57 | .69 | |
| | | 2014 | 2.70 | .70 | | 2.57 | .73 | |
| | 13 教師以外の人々との関係づくりが欠かせない仕事だ | 2004 | 3.00 | .67 | *** | 3.03 | .68 | |
| | | 2014 | 3.17 | .696 | | 3.12 | .72 | |

ことも事実であり、このような変化を手放しで肯定的なものとして評価することは早計のように思われる。そこで、次節では因子分析の結果の考察を通して、この10年間の変容をもう少し詳しくみていきたい。

## 3. 教師を取り巻く人間関係の変容

はじめに、調査年間の違いが多くみられた職場の雰囲気と悩みの相談相手との2つの質問について考察する。これらは、教員文化の集団的次元であり、教師が教職アイデンティティを維持する上で重要な意味を有するものといえる。

因子抽出に際しては、(ア)主因子法（プロマックス回転）を用い、(イ)因子数は平行分析により算出された因子数をもとにしながら、(ウ)その因子数で収束すること、妥当と思われる因子の解釈が可能であることを基準に決定した。また、(エ)結果を示す際は、絶対値0.3以上の因子負荷量を示す項目および因子相関を示すものに網掛けを付した。

### (1) 職場の雰囲気

職場の雰囲気に関する項目に対して、小中学校別・調査年別に因子分析をおこなった結果が**表3.3.1**～**表3.3.4**である。

#### ① 小学校

小学校においては、**表3.3.1**・**表3.3.2**の下段に示したように、両調査年ともに5つの因子が析出された。因子は、それぞれ〈公的コミュニケーション〉(04F1、14F1)、〈承認・協同的関係性〉(04F2、14F4)、〈評価的雰囲気〉(04F3、14F2)、〈管理職との関係性〉(04F4、14F3)、〈会議の開催頻度〉(04F5、14F5)と命名可能なものであり、2004年と2014年との間に大きな違いはない。

しかしながら、各因子に対して強く負荷している項目をみた場合、次の3点が指摘できる。

i）職員会議や学年会などといった公的コミュニケーションの活性度が仕事以外の会話やつきあいのあり方とも関わるようになってきている。04F1〈公的コミュニケーション〉において負荷量が大きかった「07学年会等よく開催」の負荷量は、14F1では小さくかつ負の値を示している。一方、04F1では負荷量が小さかった「11何でも話せる雰囲気」「12職場外での

表 3.3.1　職場の雰囲気に関する因子分析結果
（小 2004）

| 項目 | F1 | F2 | F3 | F4 | F5 |
|---|---|---|---|---|---|
| 01 管理職との意思疎通 | .053 | .131 | .018 | .557 | -.055 |
| 02 管理職が勝手に決めたりする | .070 | .133 | .016 | -.807 | -.032 |
| 03 自由にやれている | .084 | .088 | .001 | .420 | .020 |
| 04 教師同士の協同 | -.068 | .808 | .001 | -.074 | .033 |
| 05 お互いに持ち味等尊重 | -.057 | .693 | -.003 | .007 | .141 |
| 06 職員会議よく開催 | -.039 | .065 | .019 | .079 | .885 |
| 07 学年会等よく開催 | .283 | -.033 | -.023 | -.124 | .433 |
| 08 職員会議で活発な議論 | .542 | -.001 | -.019 | .150 | .136 |
| 09 学年会等で活発な議論 | .934 | -.125 | .009 | -.035 | .060 |
| 10 教材研究等の活発な意見交流 | .581 | .277 | .011 | -.056 | -.016 |
| 11 何でも話せる雰囲気 | .203 | .492 | -.024 | .130 | -.174 |
| 12 職場外でのつきあい | .143 | .098 | .064 | .066 | -.162 |
| 13 管理職からの評価 | -.035 | -.016 | .907 | .009 | .044 |
| 14 他の教師からの評価 | .050 | .010 | .826 | -.013 | -.042 |
| F1 公的コミュニケーション | — | .620 | -.039 | .365 | .390 |
| F2 承認・協同的関係性 | .620 | — | -.162 | .462 | .276 |
| F3 評価的雰囲気 | -.039 | -.162 | — | -.240 | -.024 |
| F4 管理職との関係性 | .365 | .462 | -.240 | — | .215 |
| F5 会議の開催頻度 | .390 | .276 | -.024 | .215 | — |

因子抽出法：主因子法（プロマックス回転）

表 3.3.2　職場の雰囲気に関する因子分析結果
（小 2014）

| 項目 | F1 | F2 | F3 | F4 | F5 |
|---|---|---|---|---|---|
| 01 管理職との意思疎通 | -.079 | .065 | .780 | .051 | -.027 |
| 02 管理職が勝手に決めたりする | .072 | .077 | -.690 | .007 | .066 |
| 03 自由にやれている | .082 | -.020 | .309 | .279 | -.025 |
| 04 教師同士の協同 | .162 | -.002 | .022 | .585 | -.009 |
| 05 お互いに持ち味等尊重 | -.058 | .022 | .032 | .839 | .137 |
| 06 職員会議よく開催 | -.023 | .009 | -.131 | .141 | .644 |
| 07 学年会等よく開催 | -.074 | -.014 | .016 | .007 | .709 |
| 08 職員会議で活発な議論 | .503 | .097 | .256 | -.104 | .148 |
| 09 学年会等で活発な議論 | .732 | -.052 | -.025 | -.129 | .198 |
| 10 教材研究等の活発な意見交流 | .619 | .014 | .004 | .035 | .018 |
| 11 何でも話せる雰囲気 | .587 | -.099 | .036 | .250 | -.120 |
| 12 職場外でのつきあい | .548 | .076 | -.199 | .127 | -.193 |
| 13 管理職からの評価 | .033 | .797 | .010 | -.025 | .079 |
| 14 他の教師からの評価 | .014 | .898 | -.016 | .035 | -.080 |
| F1 公的コミュニケーション | — | -.071 | .581 | .521 | .526 |
| F2 評価的雰囲気 | -.071 | — | -.239 | -.191 | .126 |
| F3 管理職との関係性 | .581 | -.239 | — | .495 | .168 |
| F4 承認・協同的関係性 | .521 | -.191 | .495 | — | .162 |
| F5 会議の開催頻度 | .526 | .126 | .168 | .162 | — |

因子抽出法：主因子法（プロマックス回転）

つきあい」の因子負荷量は、14F1 では大きくなっている。

ⅱ）同僚間の協同・承認的な関係性と教師間のインフォーマルなコミュニケーションの活性度との関連が弱まり、またそのような関係性が各教師の自由な活動を左右するものとして考えられるようになってきている。04F2〈承認・協同的関係性〉では、「04 教師同士の協同」「05 お互いに持ち味等尊重」のほかに、「10 教材研究等の活発な意見交流」「11 何でも話せる雰囲気」の負荷量も大きかったが、この 2 項目が F14F4 に対して示す負荷量は小さくなっている反面、「03 自由にやれている」の負荷量が 0.3 に近い値となっている。

ⅲ）管理職とのコミュニケーションが各教師の自由な活動に対する規制力が弱まってきている。14F3〈管理職との関係性〉に対する「03 自由にやれている」の負荷量は、04F4 に比べてやや小さくなっている。

さらに、因子間の相関については大きな変化はみられないが、14F1〈公的コミュニケーション〉と、14F3〈管理職との関係性〉および 14F5〈会議の開催頻度〉との相関がやや強まってきており、職場における教員相互のコミュニケーションの活性度が管理職との関係や会議の開催の頻度といった学校経営の

表 3.3.3　職場の雰囲気に関する因子分析結果
（中 2004）

| 項目 | F1 | F2 | F3 |
|---|---|---|---|
| 01 管理職との意思疎通 | -.015 | .734 | .107 |
| 02 管理職が勝手に決めたりする | .132 | -.561 | .088 |
| 03 自由にやれている | -.069 | .763 | -.022 |
| 04 教師同士の協同 | .369 | .265 | -.034 |
| 05 お互いに持ち味等尊重 | .419 | .324 | .078 |
| 06 職員会議よく開催 | .627 | -.066 | .046 |
| 07 学年会等よく開催 | .689 | -.103 | .023 |
| 08 職員会議で活発な議論 | .546 | .139 | -.052 |
| 09 学年会等で活発な議論 | .718 | -.052 | -.018 |
| 10 教材研究等の活発な意見交流 | .687 | -.026 | -.032 |
| 11 何でも話せる雰囲気 | .450 | .072 | -.116 |
| 12 職場外でのつきあい | .393 | -.129 | .085 |
| 13 管理職からの評価 | .036 | -.020 | .973 |
| 14 他の教師からの評価 | -.015 | .024 | .860 |
| F1 求心的関係性 | － | .559 | -.205 |
| F2 管理職との関係性 | .559 | － | -.263 |
| F3 評価的雰囲気 | -.205 | -.263 | － |

因子抽出法：主因子法（プロマックス回転）

表 3.3.4　職場の雰囲気に関する因子分析結果
（中 2014）

| 項目 | F1 | F2 | F3 | F4 |
|---|---|---|---|---|
| 01 管理職との意思疎通 | .076 | .086 | .649 | -.057 |
| 02 管理職が勝手に決めたりする | .145 | -.049 | -.774 | .115 |
| 03 自由にやれている | .091 | -.148 | .773 | .061 |
| 04 教師同士の協同 | .757 | -.022 | -.006 | -.017 |
| 05 お互いに持ち味等尊重 | .714 | .042 | -.108 | -.076 |
| 06 職員会議よく開催 | -.006 | .549 | -.005 | -.148 |
| 07 学年会等よく開催 | -.077 | .794 | -.127 | -.115 |
| 08 職員会議で活発な議論 | -.041 | .524 | .267 | .192 |
| 09 学年会等で活発な議論 | .161 | .638 | .033 | .142 |
| 10 教材研究等の活発な意見交流 | .376 | .244 | -.008 | .021 |
| 11 何でも話せる雰囲気 | .753 | -.014 | .096 | -.056 |
| 12 職場外でのつきあい | .543 | -.076 | -.001 | .109 |
| 13 管理職からの評価 | -.045 | .071 | -.147 | .853 |
| 14 他の教師からの評価 | .024 | -.132 | .053 | .843 |
| F1 親密な関係性 | － | .430 | .586 | .070 |
| F2 公的コミュニケーション | .430 | － | .334 | -.010 |
| F3 管理職との関係性 | .586 | .334 | － | .035 |
| F4 評価的雰囲気 | .070 | -.010 | .035 | － |

因子抽出法：主因子法（プロマックス回転）

あり方に規定されるようになってきているように思われる。

② 中学校

中学校では、2004 年では 3 因子、2014 年では 4 因子が析出された。〈管理職との関係性〉に関する因子（04F2・14F3）と〈評価的雰囲気〉に関する因子（04F3・14F4）は同じである。ただし、04F1〈求心的関係性〉に対して高い負荷量を示していた項目は、14F1〈親密な関係性〉と 14F2〈公的コミュニケーション〉とに分かれて負荷するようになってきている。

各因子に対する各項目の因子負荷量をみると、管理職とのコミュニケーションが教師間の協同・承認に与える影響力が小さくなり、職員会議の活性度に影響を及ぼすようになってきている。「04 教師同士の協同」「05 互いに持ち味等尊重」は、04F2〈管理職との関係性〉に対して一定の負荷量を示していたが、14F3 におけるこれらの項目の負荷量は小さく、後者は負の負荷量を示している。一方、14F3 では「08 職員会議で活発な議論がなされている」の負荷量がやや高くなっている。

因子間の相関をみた場合、同僚間の評価に対する感受性は、職場における具体的なコミュニケーションとは別のことがらになってきているように思われる。

実際、2004 年では F3〈評価的雰囲気〉と F1〈求心的関係性〉・F2〈管理職との関係性〉との間に弱いながらも一定の相関がみられたが、2014 年では F4〈評価的雰囲気〉はいずれの因子とも相関していない。

③ 考察

教師たちの職場の雰囲気に対する観察におけるこの 10 年間の変容は、職場の同僚関係がもつ求心力の低下の進展というべきものであり、その傾向は中学校に顕著である。中学校では 2004 年では学年会などでの議論の活発さをはじめとする公的コミュニケーションのあり方は、教師間のインフォーマルな関係性や教師間の協同・承認などとも関わっていた。また管理職とのコミュニケーションのあり方は、教師間の協同・承認とも関わっていた。さらに、このような職場のコミュニケーションのあり方は、同僚間の評価に対する感受性にも関係していた。しかしながら、2014 年では依然として職場のコミュニケーションに関する 3 因子間の相関はみられるものの、2004 年のように公的なコミュニケーションのあり方とセミ／インフォーマルな関係のあり方とは別のものとして意識されるようになり、また管理職とのコミュニケーションと教師間の承認・協同関係との関わりも弱くなり、教師相互の評価も別のことがらとして捉えられるようになってきている。

一方、小学校における職場の同僚関係は、2004 年において、中学校ほどの求心力をもっていなかったように思われる。すでに F1〈公的コミュニケーション〉と F2〈承認・協同的関係性〉とは別の因子として分出されており、F5〈会議の開催頻度〉はそこでの議論の活性度とは関わりのないものとして意識されている。また、2014 年になると、教材研究を含めて何でも話せる雰囲気といったインフォーマルなコミュニケーションがもっていた教師間の協同・承認とかかわる特別な意味は弱まり、職員会議・学年会といったフォーマルなコミュニケーションと同じようなコミュニケーション一般の問題として捉えられるようになってきている。一方、このような教師間の具体的なコミュニケーションとの関連が弱い協同・承認関係のもとでは、各人の教育活動の自由を左右するものとしても意識されるようになっている。

このような職場の同僚関係がもつ求心力の弱まりの一方で、学校経営のあり方が職場の人間関係に与える影響は、明確ではないものの、強まってきているように思われる。小学校では、公的コミュニケーションのあり方は、管理職とのコミュニケーションや会議の開催頻度と関わるようになってきており、中学校でも、管理職とのコミュニケーションが職員会議の活性度と関わるようになっている。そのことは校長の権限強化、職員会議の伝達機関化などの組織経営改革動向とも無縁ではないだろう。

したがって、上記2で指摘した職場の人間関係の好転化を一見思わせる状況の背後で、職場の同僚関係がもっていた求心力の弱まり、そして教師同士の協同・承認を支える親密な関係性の後退、あるいは教師間の協同・承認的関係が具体的なコミュニケーションの支えの弱い想像的なものへの転化が生じてきているように思われる。

### (2) 悩みの相談相手の変容

表3.4.1～表3.4.4は悩みの相談相手に関する因子分析結果である。

#### ① 小学校

因子分析の結果、小学校では2004年・2014年ともに4因子が析出された。それぞれの調査年において析出された因子にはそれほど大きな変化はないが、以下のような知見が得られた。

i）管理職は他の同僚とは異なる存在として意識されるようになってきている。04F1〈職場の同僚〉は、14F1〈職場の同僚教師〉と14F4〈職場の管理職〉とに分化している。ただし、この14F1と14F4との間には一定の相関がみられ、完全に分化している訳ではない。しかしながら、14F4〈職場の管理職〉に対しては、2004年ではF4として一つの因子を構成していた「06各種相談機関・カウンセラー」も0.3程度の因子負荷量を示しており、その意味で「01職場の校長・副校長」は、この各種相談機関・カウンセラーといった、職場の同僚とは異なる存在として見なされるようになってきていると推測される。

ii）職場外の友人・知人のもつ独立性が強まってきている。04F3〈職場外の友人・知人〉は、2004年では04F1〈職場の同僚〉に対して一定の相関を示していたが、2014年にはそのような相関はみられない。すなわち、職場の同僚関係は、職場外の友人・知人関係とも繋がっていた（たとえば、元職場の同僚といった形で）と推測されるが、そのような繋がりが弱くなり、文字通りの職場外の友人・知人として意味づけられるようになってきてお

表 3.4.1　悩みの相談相手因子分析結果
（小 2004）

| 項目 | F1 | F2 | F3 | F4 |
|---|---|---|---|---|
| 01 職場の校長・副校長 | .512 | -.108 | -.027 | .152 |
| 02 職場の先輩の教師 | .745 | .011 | -.027 | -.003 |
| 03 職場の同年代の教師 | .431 | .071 | .091 | -.162 |
| 04 他の職場の教師 | .086 | .109 | .428 | -.038 |
| 05 教師以外の友人・知人 | -.054 | -.084 | .670 | .057 |
| 06 各種相談機関・カウンセラー | .025 | .112 | .034 | .408 |
| 07 教育研究のサークル | .028 | .570 | .013 | .122 |
| 08 教職員組合 | -.053 | .729 | -.023 | -.017 |
| F1 職場の同僚 | − | -.026 | .351 | -.051 |
| F2 職場外の教師サークル・団体 | -.026 | − | .214 | .121 |
| F3 職場外の友人・知人 | .351 | .214 | − | -.059 |
| F4 各種相談機関・カウンセラー | -.051 | .121 | -.059 | − |

因子抽出法：主因子法（プロマックス回転）

表 3.4.2　悩みの相談相手因子分析結果
（小 2014）

| 項目 | F1 | F2 | F3 | F4 |
|---|---|---|---|---|
| 01 職場の校長・副校長 | .122 | -.007 | -.071 | .577 |
| 02 職場の先輩の教師 | .413 | -.146 | .092 | .081 |
| 03 職場の同年代の教師 | .705 | .051 | -.050 | -.128 |
| 04 他の職場の教師 | .147 | .207 | .329 | .050 |
| 05 教師以外の友人・知人 | -.025 | -.060 | .568 | -.025 |
| 06 各種相談機関・カウンセラー | -.147 | .081 | .047 | .295 |
| 07 教育研究のサークル | -.083 | .362 | .075 | .081 |
| 08 教職員組合 | -.008 | .573 | -.076 | .004 |
| F1 職場の同僚教師 | − | .100 | -.001 | .352 |
| F2 職場外の教師サークル・団体 | .100 | − | .108 | -.079 |
| F3 職場外の友人・知人 | -.001 | .108 | − | .090 |
| F4 職場の管理職 | .352 | -.079 | .090 | − |

因子抽出法：主因子法（プロマックス回転）

表 3.4.3　悩みの相談相手
因子分析結果（中 2004）

| 項目 | F1 | F2 |
|---|---|---|
| 01 職場の校長・副校長 | .517 | -.024 |
| 02 職場の先輩の教師 | .623 | .004 |
| 03 職場の同年代の教師 | .613 | -.089 |
| 04 他の職場の教師 | .464 | .148 |
| 05 教師以外の友人・知人 | .113 | .380 |
| 06 各種相談機関・カウンセラー | .034 | .474 |
| 07 教育研究のサークル | -.017 | .408 |
| 08 教職員組合 | -.105 | .504 |
| F1 教師仲間 | − | .230 |
| F2 教師仲間以外 | .230 | − |

因子抽出法：主因子法（プロマックス回転）

表 3.4.4　悩みの相談相手因子分析結果（中 2014）

| 項目 | F1 | F2 | F3 | F4 | F5 |
|---|---|---|---|---|---|
| 01 職場の校長・副校長 | -.042 | .555 | .120 | -.046 | .160 |
| 02 職場の先輩の教師 | .004 | .234 | -.169 | .413 | -.066 |
| 03 職場の同年代の教師 | .038 | .594 | .029 | -.265 | -.044 |
| 04 他の職場の教師 | .595 | .078 | -.082 | -.125 | .071 |
| 05 教師以外の友人・知人 | .512 | -.074 | .097 | .187 | -.077 |
| 06 各種相談機関・カウンセラー | -.029 | .202 | -.130 | -.562 | -.178 |
| 07 教育研究のサークル | -.002 | .078 | -.083 | .285 | .512 |
| 08 教職員組合 | .008 | .104 | .744 | .162 | -.068 |
| F1 職場外の友人・知人 | − | -.006 | -.246 | -.030 | -.147 |
| F2 職場の同僚 | -.006 | − | -.480 | .686 | -.449 |
| F3 教職員組合 | -.246 | -.480 | − | -.587 | .520 |
| F4 各種相談機関・カウンセラー（−） | -.030 | .686 | -.587 | − | -.719 |
| F5 教育研究サークル | -.147 | -.449 | .520 | -.719 | − |

因子抽出法：主因子法（プロマックス回転）

り、同僚性の範囲が職場のみへと狭隘化していることが推測される。

② 中学校

中学校では、2004 年では 2 因子、2014 年では 5 因子が析出された。

i ）職場の同僚を中心としつつも職場外にも広がっていた教師の同僚性の衰退が予測される。04F1〈教師仲間〉には職場の同僚に関する項目（01～03）と「04 他の職場の教師」とが強く負荷し、それ以外の項目が一つの因子としてまとまって 04F2〈教師仲間以外〉となっていた。しかしながら、2014 年では 14F2〈職場の同僚〉は職場の同僚のみが負荷する因子となっている。しかも「02 職場の先輩の教師」の因子負荷量は 0.2 台と低く、この項目は、むしろ 14F4〈各種相談機関・カウンセラー（−）〉に強く負荷しており、各種相談機関・カウンセラーとは反対の性格をもった（タテ・地位的な）関係性として意識されていると考える。

ii）職場外の友人・知人関係が強く意識されるようになってきている。すなわち、2014年では職場外の友人・知人関係とそれ以外に分かれており、また「04 他の職場の教師」「05 教師以外の友人・知人」が高い負荷量を示す14F1〈職場外の友人・知人〉が第1因子を構成し、それ以外の因子14F2～14F5が強い相関関係を示すといった因子構造になっている。

iii）職場外の友人・知人関係以外の相談相手は、教師によってまちまちになってきている。2014年では、14F2〈職場の同僚〉、14F3〈教職員組合〉、14F4〈各種相談機関・カウンセラー(－)〉、14F5〈教育研究サークル〉は、別々の因子として析出されており、個々の教師にとってそれらは別個のものとして位置づいているように思われる。

③ 考察

悩みの相談相手についての変容は、先に指摘した職場の同僚関係がもつ求心力の弱まりをより明確に示しているように思われる。因子構造の変化を図式的に示すのであれば、小学校の場合、2004年においては職場の同僚か否かがまず問われ、次に教師のサークル・組合か否か、職場外の友人・知人か否か、各種相談機関・カウンセラーか否かに分かれていたのに対して、2014年ではその構造は基本的に変わらないものの、同僚教師が管理職とそれ以外とに分かれるようになってきている。中学校では、2004年時点では職場のみならず職場外にも広がる求心力をもった同僚関係がみられたが、2014年では職場以外の友人・知人関係か否か、職場の同僚か、それ以外かという形で分化している。このように、職場の同僚関係が悩みの受け皿としても機能していた求心力が弱まり、それに代わって職場あるいは教師以外の関係がその受け皿として重要な役割を果たすようになってきていると考えられる。

その中で、小学校においては、職場の管理職が他の職場の同僚と異なる、各種相談機関・カウンセラーと同じような権威ある存在として意識されている点は、学校組織の変容との関連を推測させるものである。また中学校では、「職場の先輩教師」が各種相談機関・カウンセラーと対極の存在として意識されており、職場の同僚関係がもつ求心性の弱まりにより、「先輩－後輩」関係がもつ権威主義的性格が意識の俎上にのぼるようになったと考える。

## 4. 教職観の変容

教職観は、教師たちが外部社会から要請された役割に応えつつ形成する一つの像であるとともに、教師たちの内面をときに支え、ときに追いつめるものでもある。この教職観について、先と同様に、小中別・調査年別に因子分析をおこなった結果が**表 3.5.1 ～表 3.5.4** である。

**① 小学校**

小学校においては、2004 年では 3 因子、2014 年では 4 因子がそれぞれ析出された。両調査年に共通しているのは、〈自己実現性〉(04F1・14F2)、〈献身性〉(04F3・14F4) の 2 因子である。一方、04F2〈職務遂行的専門職性〉は、14F1〈自我関与的専門職性〉と 14F3〈職務遂行性〉とに分化している。

各因子に対する各項目の因子負荷量を比較した場合、各教職観から自我関与的要素が弱まり、それ自体が一つの教職観となってきている。「07 自律的」「10 自分らしさを表現」といった自我関与性に関する項目は、2004 年ではいずれの因子に対しても 0.2 ～ 0.3 程度の因子負荷量絶対値を示した。しかしながら、2014 年ではこれらの 2 項目は F1〈自我関与的専門職性〉に高い負荷量を示すのみとなっている。

また因子間の相関をみた場合、献身的教職観と自己実現性とのかかわりがなくなってきている。04F3〈献身性〉は 04F2〈職務遂行的専門職性〉だけでなく、04F1〈自己実現性〉との相関が弱いながらもみられたが、2014 年では F2〈自己実現性〉との相関はまったくみられなくなってきている。

**② 中学校**

中学校では、2004 年では 4 因子、2014 年では 5 因子が析出された。04F1・14F1 はともに〈自己実現性〉に関する因子、04F4・14F3 はともに〈献身性〉に関する因子である。一方、04F2〈専門職性〉は社会経済的地位と自我関与性と職務遂行性に関する項目から構成されていたが、そこから 14F5〈社会経済的地位〉と 14F4〈自我関与性〉とが分出し、残る職務遂行性に関する項目は 04F3 を構成していた項目とともに、14F2〈職務遂行的専門性〉を構成するといった、教職観の組み換えが起こっている。

また各因子に対する各項目の因子負荷量を比較した場合、自己実現的教職観

**表 3.5.1　教職観に関する因子分析結果**
（小 2004）

| 項目 | F1 | F2 | F3 |
|---|---|---|---|
| 01 社会的に尊敬 | .188 | .331 | -.122 |
| 02 経済的に恵まれた | .011 | .372 | -.147 |
| 03 精神的気苦労 | -.016 | -.099 | .573 |
| 04 子どもに接する喜び | .901 | -.139 | .115 |
| 05 やりがい | .902 | -.054 | .027 |
| 06 自己犠牲 | -.039 | -.102 | .613 |
| 07 自律的 | .290 | .352 | -.221 |
| 08 高度の専門的知識・技能 | .118 | .394 | .255 |
| 09 高い倫理観 | .198 | .255 | .336 |
| 10 自分らしさを表現 | .347 | .401 | -.242 |
| 11 はっきりとした成果 | -.091 | .649 | .185 |
| 12 割り当てられた役割に専心 | -.194 | .626 | .062 |
| 13 教師以外との関係づくり | .147 | .231 | .281 |
| F1 自己実現性 | ― | .458 | .230 |
| F2 職務遂行的専門職性 | .458 | ― | .407 |
| F3 献身性 | .230 | .407 | ― |

因子抽出法：主因子法（プロマックス回転）

**表 3.5.2　教職観に関する因子分析結果**
（小 2014）

| 項目 | F1 | F2 | F3 | F4 |
|---|---|---|---|---|
| 01 社会的に尊敬 | .320 | .039 | .074 | -.035 |
| 02 経済的に恵まれた | .304 | -.049 | .063 | -.033 |
| 03 精神的気苦労 | .022 | -.011 | -.104 | .666 |
| 04 子どもに接する喜び | -.108 | 1.010 | .010 | .058 |
| 05 やりがい | .190 | .741 | -.006 | -.055 |
| 06 自己犠牲 | -.173 | .042 | .029 | .583 |
| 07 自律的 | .517 | -.021 | .008 | -.180 |
| 08 高度の専門的知識・技能 | .557 | -.078 | .041 | .221 |
| 09 高い倫理観 | .472 | .011 | .093 | .300 |
| 10 自分らしさを表現 | .717 | .074 | -.114 | -.224 |
| 11 はっきりとした成果 | .080 | .017 | .533 | .125 |
| 12 割り当てられた役割に専心 | .015 | -.003 | .845 | -.151 |
| 13 教師以外との関係づくり | .321 | .134 | .025 | .093 |
| F1 自我関与的専門職性 | ― | .568 | .483 | .212 |
| F2 自己実現性 | .568 | ― | .209 | .092 |
| F3 職務遂行性 | .483 | .209 | ― | .293 |
| F4 献身性 | .212 | .092 | .293 | ― |

因子抽出法：主因子法（プロマックス回転）

**表 3.5.3　教職観に関する因子分析結果**
（中 2004）

| 項目 | F1 | F2 | F3 | F4 |
|---|---|---|---|---|
| 01 社会的に尊敬 | .134 | .494 | .026 | .118 |
| 02 経済的に恵まれた | -.006 | .560 | -.135 | .181 |
| 03 精神的気苦労 | .070 | -.008 | .144 | .612 |
| 04 子どもに接する喜び | .899 | -.118 | .059 | -.042 |
| 05 やりがい | .765 | .109 | .049 | .044 |
| 06 自己犠牲 | -.074 | .063 | -.076 | .741 |
| 07 自律的 | .075 | .469 | .000 | -.111 |
| 08 高度の専門的知識・技能 | .011 | -.018 | .734 | -.023 |
| 09 高い倫理観 | .096 | -.042 | .677 | .082 |
| 10 自分らしさを表現 | .278 | .529 | -.105 | -.124 |
| 11 はっきりとした成果 | -.144 | .411 | .268 | -.059 |
| 12 割り当てられた役割に専心 | -.288 | .474 | .193 | -.047 |
| 13 教師以外との関係づくり | .156 | .105 | .347 | -.005 |
| F1 自己実現性 | ― | .366 | .342 | .011 |
| F2 専門職性 | .366 | ― | .484 | -.131 |
| F3 専門性 | .342 | .484 | ― | .214 |
| F4 献身性 | .011 | -.131 | .214 | ― |

因子抽出法：主因子法（プロマックス回転）

**表 3.5.4　教職観に関する因子分析結果**
（中 2014）

| 項目 | F1 | F2 | F3 | F4 | F5 |
|---|---|---|---|---|---|
| 01 社会的に尊敬 | .249 | -.058 | .062 | .082 | .597 |
| 02 経済的に恵まれた | .098 | .052 | .084 | -.019 | .478 |
| 03 精神的気苦労 | -.073 | -.062 | .699 | .046 | .121 |
| 04 子どもに接する喜び | .851 | .035 | -.019 | -.129 | .085 |
| 05 やりがい | .721 | -.030 | -.055 | .060 | .170 |
| 06 自己犠牲 | -.026 | .072 | .684 | -.109 | .010 |
| 07 自律的 | -.165 | .054 | -.064 | .458 | .147 |
| 08 高度の専門的知識・技能 | .124 | .582 | .090 | -.015 | -.087 |
| 09 高い倫理観 | .198 | .352 | .200 | .159 | -.173 |
| 10 自分らしさを表現 | .037 | -.040 | .004 | .811 | -.041 |
| 11 はっきりとした成果 | -.153 | .642 | -.036 | -.062 | .154 |
| 12 割り当てられた役割に専心 | -.167 | .455 | -.050 | .048 | .278 |
| 13 教師以外との関係づくり | .293 | .445 | -.150 | .005 | -.085 |
| F1 自己実現性 | ― | .113 | .046 | .394 | -.008 |
| F2 職務遂行的専門性 | .113 | ― | .266 | .233 | .268 |
| F3 献身性 | .046 | .266 | ― | -.212 | -.028 |
| F4 自我関与性 | .394 | .233 | -.212 | ― | .257 |
| F5 社会経済的地位 | -.008 | .268 | -.028 | .257 | ― |

因子抽出法：主因子法（プロマックス回転）

と自我関与性との関連の弱まりが指摘できる。実際、14F1〈自己実現性〉に対する「07 自律的」「10 自分らしさを表現」の因子負荷量は、それぞれ負の値、0に近い値となっている。

加えて、因子間の相関係数をみた場合には、教職観の相互関連性の弱まりが指摘できる。2004 年では F1 ～ F3 の間で 0.3 以上の相関がみられたが、2014 年では F1 と F4 との間に相関がみられるにとどまっている。

③ 考察

この 10 年間において、教職観の分化／相互関連性の弱まりが進んできたといえる。小学校では 3 因子から 4 因子に、中学校では 4 因子から 5 因子となり、また中学校では因子間の相関がほとんどみられず、教師間において共有される教員像が見出しにくくなってきていると考えられる。また、教師たちの教職観は外部指向的なものに変化してきているように思われる。〈自己実現性〉〈献身性〉という献身的教師像に関わる教職観が依然として意識されているものの、小学校では社会的文脈における教職の位置づけに関する〈自我関与的専門職性〉が第 1 因子となり、また〈職務遂行性〉が新たに因子として析出されている。中学校では〈専門職性〉から、それぞれ対自的、対他的意味合いをもつ〈自我関与性〉と〈社会経済的地位〉とが因子として分出する一方、職務遂行性と高度専門性とに関する項目が前者を軸としながら一つの因子を構成してきている。さらに自己実現的な教職観も、自己との関わりを欠いた理念的・規範的なものになってきていると考えられる。実際〈自己実現性〉に対して自我関与性に関する項目が小学校ではほとんど負荷しなくなってきており、中学校では「自律的」が負の値を示すようになってきている。また〈献身性〉は、2014 年では小学校においては〈職務遂行性〉と、中学校においては〈職務遂行的専門性〉に対して弱い相関を示しており、教職観が外部指向的なものとなってきているといえる。

このような背景には、学力テスト、教員評価、学校評価といった目標管理型の管理統制が学校教育に導入される中で、成果主義への対応としての職務遂行性が強く意識されるようになってきたことがあると考える。このことは、新自由主義的な教育「改革に親和的で、学校組織の目標に積極的に関与する新しいタイプの教員が出現している」（油布・紅林 2011, p. 20）との油布ら（2010・2011）の指摘とも重なるものである。実際、2014 年には小学校では〈職務遂行性〉

が因子として析出されている。また中学校では、「はっきりとした成果」「割り当てられた役割に専心」といった職務遂行性に関する項目は、自律性や社会経済的地位に関する項目に代えて、高度な専門的知識・技能や倫理観に関する項目とともに一つの因子を構成するようになってきており、高度専門性が職務遂行性の手段として意識されているように思われる。

## 5. 教職生活の変容

自信信頼に関する因子と教職生活に関する項目をあわせて、校種・調査年別に因子分析をおこなった結果が、表 3.6.1 ～表 3.6.4 である。

① 小学校

析出された因子は 2004 年・2014 年ともに 6 因子である。析出された因子はほぼ同じ性格で、04F1・14F1 は〈自信〉、04F2・14F2 は教職アイデンティティの〈安定〉、04F3・14F4 は教職アイデンティティの〈攪乱〉、04F4・14F3 は〈信頼〉、04F5・14F6 は同僚からの〈評価〉、04F6・14F5 は〈多忙過重感〉に関する因子である。

各因子に負荷する項目をみた場合にわかることは以下のとおり。

i）人間的な魅力が自信だけでなく、子ども・保護者・同僚からの信頼調達にも関わるものとしてより明確に意識されるようになってきている。「自信信頼 06 人間的な魅力に自信がある」は、2004 年においては F1〈自信〉に対しては 0.5 台、F4〈信頼〉に対しては 0.2 台の因子負荷量を示していた。しかしながら、2014 年では F1〈自信〉・F3〈信頼〉いずれに対しても 0.4 前後の因子負荷量を示している。

ii）仕事の集中が多忙過重感との関わりで意識されるようになってきている。「教職生活 05 自分に仕事が集中」は、14F5〈多忙過重感〉に対して 0.4 を超える負荷量を示すようになっている。

iii）問題を抱える子どもへの対応の成否が教職アイデンティティの攪乱と多忙過重感に加えて、教師としての自信とも関わるようになってきている。「教職生活 06 問題を抱える子どもに手を焼く」は 04F3〈攪乱〉と値は小さいが F6〈多忙過重感〉とに負荷していたが、2014 年では 14F4〈攪乱〉・F5〈多忙過重感〉に加えて F1〈自信〉に対しても絶対値 0.2 台の因

表 3.6.1　教職生活に関する因子分析結果
（小 2004）

| 項目 | | F1 | F2 | F3 | F4 | F5 | F6 |
|---|---|---|---|---|---|---|---|
| 自信信頼 | 自 01 教材研究が楽しい | .136 | .350 | -.055 | -.056 | -.006 | .023 |
| | 自 02 授業の進め方に自信 | .605 | -.146 | -.147 | .065 | -.066 | .098 |
| | 自 03 生徒集団づくりに自信 | .799 | .019 | -.028 | -.087 | -.065 | .022 |
| | 自 04 子どもとの関係づくりに自信 | .517 | .151 | .135 | .161 | -.043 | -.054 |
| | 自 05 規則を守らせることに自信 | .584 | .076 | .044 | .010 | .063 | -.125 |
| | 自 06 人間的な魅力に自信 | .508 | .038 | .010 | .257 | .069 | -.010 |
| | 自 07 子どもから信頼 | .070 | -.023 | -.007 | .754 | .013 | -.031 |
| | 自 08 父母から信頼 | .003 | -.002 | -.007 | .814 | -.055 | .012 |
| | 自 09 同僚から信頼 | .088 | -.044 | -.025 | .583 | .030 | -.007 |
| 教職生活 | 生 01 やりがい、生きがい | .050 | .818 | .085 | -.032 | .041 | .085 |
| | 生 02 教師が合っている | .106 | .781 | .104 | .056 | .040 | .074 |
| | 生 03 仕事が忙しい | .078 | .050 | .035 | -.021 | -.016 | .637 |
| | 生 04 仕事の量は過重 | -.032 | -.010 | -.013 | -.013 | -.036 | .941 |
| | 生 05 自分に仕事が集中 | .299 | .010 | -.172 | -.040 | .104 | .179 |
| | 生 06 問題の子どもに手を焼く | -.169 | .035 | .372 | .126 | .074 | .235 |
| | 生 07 教える意義があいまい | -.041 | .028 | .782 | .072 | -.067 | -.003 |
| | 生 08 教育等の効果に疑問・無力感 | -.114 | -.002 | .766 | -.036 | .001 | -.025 |
| | 生 09 教育観や信念に混乱 | .162 | -.140 | .615 | -.193 | -.005 | -.047 |
| | 生 10 校長・教頭からの評価 | -.064 | -.081 | -.006 | .076 | .869 | -.058 |
| | 生 11 他の教師からの評価 | .053 | .076 | -.030 | -.086 | .884 | .014 |
| | 生 12 学校に行くのがおっくう | .081 | -.495 | .221 | .000 | .100 | .137 |
| | 生 13 教職をやめたい | .128 | -.704 | .160 | .041 | .035 | .070 |
| F1 自信 | | — | .474 | -.327 | .658 | -.015 | .008 |
| F2 安定 | | .474 | — | -.402 | .487 | .009 | -.204 |
| F3 攪乱 | | -.327 | -.402 | — | -.270 | .166 | .274 |
| F4 信頼 | | .658 | .487 | -.270 | — | -.074 | .018 |
| F5 評価 | | -.015 | .009 | .166 | -.074 | — | -.062 |
| F6 多忙過重感 | | .008 | -.204 | .274 | .018 | -.062 | — |

主因子法（プロマックス回転）

表 3.6.2　教職生活に関する因子分析結果
（小 2014）

| 項目 | | F1 | F2 | F3 | F4 | F5 | F6 |
|---|---|---|---|---|---|---|---|
| 自信信頼 | 自 01 教材研究が楽しい | .259 | .423 | -.119 | -.120 | .090 | .158 |
| | 自 02 授業の進め方に自信 | .687 | -.026 | .014 | -.174 | .079 | .015 |
| | 自 03 生徒集団づくりに自信 | .833 | .012 | .000 | .035 | .082 | -.099 |
| | 自 04 子どもとの関係づくりに自信 | .498 | .106 | .299 | .113 | -.038 | -.055 |
| | 自 05 規則を守らせることに自信 | .590 | -.037 | .022 | .021 | -.082 | .072 |
| | 自 06 人間的な魅力に自信 | .425 | .092 | .384 | .094 | -.087 | -.016 |
| | 自 07 子どもから信頼 | .018 | .002 | .787 | -.015 | -.032 | .028 |
| | 自 08 父母から信頼 | .016 | -.076 | .847 | -.036 | .037 | -.003 |
| | 自 09 同僚から信頼 | .085 | -.026 | .578 | -.085 | .034 | .023 |
| 教職生活 | 生 01 やりがい、生きがい | -.059 | .865 | .047 | .067 | .088 | .027 |
| | 生 02 教師が合っている | .244 | .696 | .001 | .011 | .075 | .034 |
| | 生 03 仕事が忙しい | -.314 | .096 | .141 | -.020 | .689 | -.012 |
| | 生 04 仕事の量は過重 | .056 | -.033 | -.045 | -.019 | .894 | -.038 |
| | 生 05 自分に仕事が集中 | .281 | -.079 | -.079 | .022 | .453 | -.039 |
| | 生 06 問題の子どもに手を焼く | -.249 | .063 | .021 | .275 | .235 | .071 |
| | 生 07 教える意義があいまい | -.100 | .013 | -.003 | .767 | -.038 | -.074 |
| | 生 08 教育等の効果に疑問・無力感 | -.041 | .020 | -.027 | .743 | -.010 | -.009 |
| | 生 09 教育観や信念に混乱 | .176 | -.113 | -.075 | .655 | .013 | .105 |
| | 生 10 校長・教頭からの評価 | .054 | .048 | -.055 | -.003 | -.028 | .853 |
| | 生 11 他の教師からの評価 | -.094 | -.027 | .090 | .005 | -.045 | .856 |
| | 生 12 学校に行くのがおっくう | .131 | -.574 | .020 | .113 | .190 | .134 |
| | 生 13 教職をやめたい | .059 | -.685 | .051 | .003 | .119 | .032 |
| F1 自信 | | — | .417 | .601 | -.387 | -.124 | -.152 |
| F2 安定 | | .417 | — | .454 | -.553 | -.218 | -.297 |
| F3 信頼 | | .601 | .454 | — | -.373 | -.046 | -.070 |
| F4 攪乱 | | -.387 | -.553 | -.373 | — | .286 | .410 |
| F5 多忙過重感 | | -.124 | -.218 | -.046 | .286 | — | .165 |
| F6 評価 | | -.152 | -.297 | -.070 | .410 | .165 | — |

主因子法（プロマックス回転）

子負荷量を示している。

因子間の相関をみた場合、同僚からの評価と教職アイデンティティの安定・攪乱との相関が強まっている。〈自信〉〈安定〉〈攪乱〉〈信頼〉相互の相関がみられることは同じだが、14F6〈評価〉と F2〈安定〉・F4〈攪乱〉との間にそれぞれ 0.3、0.4 程度の相関がみられるようになってきている。

② 中学校

2004・2014 年ともに〈信頼〉（04F2・14F3）、〈安定〉（04F1・14F2）、〈攪乱〉（04F4・14F4）、〈自信〉（04F3・14F1）、〈多忙過重感〉（04F5・14F6）、〈評価〉（04F6・14F5）の 6 因子が析出された。ただし、2004 年では第 3 因子であった〈自信〉が第 1 因子となっている。

各項目のそれぞれの因子に対する因子負荷量の変化として以下の 5 点が挙げられる。

表 3.6.3 教職生活に関する因子分析結果
（中 2004）

| 項目 | | F1 | F2 | F3 | F4 | F5 | F6 |
|---|---|---|---|---|---|---|---|
| 自信信頼 | 自 01 教材研究が楽しい | .355 | .093 | .107 | .107 | -.088 | .076 |
| | 自 02 授業の進め方に自信 | .012 | .112 | .619 | .025 | .004 | .123 |
| | 自 03 生徒集団づくりに自信 | -.005 | -.043 | .822 | -.053 | .034 | -.063 |
| | 自 04 子どもとの関係づくりに自信 | -.037 | .173 | .623 | .026 | -.035 | -.071 |
| | 自 05 規則を守らせることに自信 | .006 | .051 | .541 | -.186 | -.042 | .016 |
| | 自 06 人間的な魅力に自信 | .099 | .530 | .270 | .049 | -.067 | -.053 |
| | 自 07 子どもから信頼 | -.048 | .942 | -.016 | -.035 | -.027 | -.065 |
| | 自 08 父母から信頼 | -.062 | .872 | .064 | -.014 | .010 | .014 |
| | 自 09 同僚から信頼 | .129 | .547 | .042 | -.052 | .061 | .050 |
| 教職生活 | 生 01 やりがい、生きがい | .833 | .079 | -.005 | .107 | .067 | .043 |
| | 生 02 教師が合っている | .695 | .082 | .155 | .037 | .084 | .057 |
| | 生 03 仕事が忙しい | -.020 | .018 | -.004 | -.041 | .856 | -.020 |
| | 生 04 仕事の量は過重 | -.029 | -.030 | .004 | .018 | .861 | -.021 |
| | 生 05 自分に仕事が集中 | -.023 | .146 | .245 | .167 | .115 | -.019 |
| | 生 06 問題の子どもに手を焼く | .079 | .054 | -.018 | .542 | .166 | .073 |
| | 生 07 教える意義があいまい | .009 | .074 | -.063 | .736 | -.112 | -.011 |
| | 生 08 教育等の効果に疑問・無力感 | -.041 | -.003 | -.299 | .478 | .002 | -.025 |
| | 生 09 教育観や信念に混乱 | -.041 | -.197 | .154 | .756 | -.015 | -.056 |
| | 生 10 校長・教頭からの評価 | .016 | -.113 | .054 | -.065 | -.009 | .866 |
| | 生 11 他の教師からの評価 | -.041 | .065 | -.073 | .055 | -.032 | .808 |
| | 生 12 学校に行くのがおっくう | -.697 | .218 | -.088 | .068 | .078 | .096 |
| | 生 13 教職をやめたい | -.817 | -.023 | .236 | .113 | .054 | .069 |
| F1 安定 | | — | .505 | .514 | -.458 | -.082 | .022 |
| F2 信頼 | | .505 | — | .694 | -.362 | .196 | -.015 |
| F3 自信 | | .514 | .694 | — | -.499 | .093 | -.068 |
| F4 攪乱 | | -.458 | -.362 | -.499 | — | .327 | .046 |
| F5 多忙過重感 | | -.082 | .196 | .093 | .327 | — | -.079 |
| F6 評価 | | .022 | -.015 | -.068 | .046 | -.079 | — |

主因子法（プロマックス回転）

表 3.6.4 教職生活に関する因子分析結果
（中 2014）

| 項目 | | F1 | F2 | F3 | F4 | F5 | F6 |
|---|---|---|---|---|---|---|---|
| 自信信頼 | 自 01 教材研究が楽しい | .179 | .187 | .117 | .132 | .246 | .000 |
| | 自 02 授業の進め方に自信 | .596 | -.130 | .152 | -.139 | .118 | .006 |
| | 自 03 生徒集団づくりに自信 | .964 | -.045 | -.132 | .013 | -.047 | -.061 |
| | 自 04 子どもとの関係づくりに自信 | .560 | .052 | .241 | .027 | -.018 | .083 |
| | 自 05 規則を守らせることに自信 | .687 | .130 | -.076 | .003 | -.045 | -.018 |
| | 自 06 人間的な魅力に自信 | .450 | .083 | .216 | -.076 | .135 | .113 |
| | 自 07 子どもから信頼 | .109 | -.006 | .811 | .093 | -.061 | -.027 |
| | 自 08 父母から信頼 | .129 | -.020 | .685 | -.089 | -.075 | .031 |
| | 自 09 同僚から信頼 | -.120 | -.022 | .789 | -.045 | -.002 | -.069 |
| 教職生活 | 生 01 やりがい、生きがい | -.099 | .701 | .168 | -.009 | .024 | -.013 |
| | 生 02 教師が合っている | .156 | .748 | .111 | .192 | .027 | .006 |
| | 生 03 仕事が忙しい | -.154 | .007 | .094 | -.025 | .048 | .683 |
| | 生 04 仕事の量は過重 | .046 | .000 | -.156 | .029 | -.064 | .955 |
| | 生 05 自分に仕事が集中 | .237 | -.044 | -.019 | -.078 | -.051 | .423 |
| | 生 06 問題の子どもに手を焼く | -.272 | -.001 | .125 | .322 | .103 | .218 |
| | 生 07 教える意義があいまい | -.057 | .149 | -.030 | .754 | .045 | -.041 |
| | 生 08 教育等の効果に疑問・無力感 | -.100 | -.070 | .054 | .735 | -.044 | -.031 |
| | 生 09 教育観や信念に混乱 | .143 | -.251 | -.127 | .647 | -.081 | -.025 |
| | 生 10 校長・教頭からの評価 | .092 | -.042 | -.072 | -.033 | .917 | -.071 |
| | 生 11 他の教師からの評価 | -.092 | .008 | -.029 | .000 | .838 | .034 |
| | 生 12 学校に行くのがおっくう | .053 | -.560 | -.027 | .182 | .182 | .045 |
| | 生 13 教職をやめたい | -.017 | -.884 | .236 | .072 | -.017 | -.009 |
| F1 自信 | | — | .455 | .596 | -.537 | -.122 | .032 |
| F2 安定 | | .455 | — | .579 | -.503 | -.118 | -.158 |
| F3 信頼 | | .596 | .579 | — | -.420 | -.098 | .165 |
| F4 攪乱 | | -.537 | -.503 | -.420 | — | .358 | .174 |
| F5 評価 | | -.122 | -.118 | -.098 | .358 | — | .044 |
| F6 多忙過重感 | | .032 | -.158 | .165 | .174 | .044 | — |

主因子法（プロマックス回転）

ⅰ）子どもをひきつける人間的な魅力への自信は、信頼よりも自信と強く関連するようになっている。両調査年において、「自信信頼 06 子どもをひきつける人間的な魅力という点で自信がある」は〈信頼〉〈自信〉に対して一定の因子負荷量を示しているが、2004 年では〈信頼〉に対して、2014 年では〈自信〉に対して 0.4 を超える高い因子負荷量を示している。

ⅱ）仕事の集中が多忙過重感との関わりで意識されるようになってきている。「教職生活 05 自分に仕事が集中」は、14F6〈多忙過重感〉に対して 0.4 を超える負荷量を示している。

ⅲ）問題を抱える子どもへの対応の成否が教職アイデンティティの攪乱のみならず、自信と多忙過重感にも関わるようになってきている。「教職生活 06 問題を抱える子どもに手を焼く」は 2004 年では F4〈攪乱〉に対して強く負荷したが、2014 年では F4〈攪乱〉に対する因子負荷量はやや下がり、F1〈自信〉とF6〈多忙過重感〉とに対しても絶対値0.2台の因子負荷量を示すようになっている。

iv）自らの実践的能力に対する自信が指導の効果についての意識と関連をもたなくなってきている。「教職生活08 自分の教育・指導の効果について疑問や無力感を感じる」は04F3〈自信〉に対して一定の負荷量を示していたが、14F1〈自信〉では0に近い値となっている。

v）教職観や信念をめぐる混乱が教職アイデンティティの攪乱のみならず安定とも関わるようになってきている。「教職生活09 自分の持っていた教育観や信念に混乱が生じている」は、2014年ではF4〈攪乱〉だけでなく、F2〈安定〉でも高い負荷量を示すようになっている。

因子間の相関については、同僚からの評価が多忙過重感に代わって、教職アイデンティティの攪乱と関わるようになってきている。2004年ではF4〈攪乱〉とF5〈多忙過重〉との間に0.3台の相関がみられたが、2014年になるとF4〈攪乱〉とF5〈評価〉との間に0.3台の相関がみられるようになる。

③ 考察

教職生活に関する項目における変化として、まず職場の同僚からの評価が教職アイデンティティの攪乱、そして小学校では安定とも関わるようになってきていることが挙げられる。そのことは、求心的関係構造の中で調達されやすかった共通の了解や文脈理解が弱まり、同僚からどのように見られているのかといったことが強く意識されるようになってきていることによると思われる。小学校において〈安定〉との関わりがみられたのも、中学校に比べて求心性がより弱まっていることが一因と考えられる。

また多忙過重感は、「教職生活05 自分に仕事が集中」に対しても一定の負荷量を示すようになっており、職場の同僚関係の求心力が弱まる中で、他の同僚との比較において多忙過重感が意識されるようになってきていると思われる。なお、求心力の弱い小学校では両年ともに、多忙過重感と安定・攪乱との間に弱い相関がみられる。

さらに、教職生活への包括的関与から職務遂行的関与への変容が推測される。2014年では、中学校では〈安定〉に代わって〈自信〉が第1因子となっており、日々の仕事がうまくできているかどうかが教職生活を強く規定するようになってきている。実際、子どもをひきつける魅力についての自信は、〈信頼〉よりも〈自信〉との関わりを強めており、教師の人格的資質は日々の職務遂行を左右するものとして意識されているように思われる。また自らの指導の効果についての反省は〈自信〉とは関わらなくなってきており、自らの実践の意義を問うことなく、ただ職務をつつがなく遂行できたか否かが自信の有無を規定するようになってきていると考える。さらに、小中学校で問題を抱える子どもへの対応の成否が〈自信〉との関わりを強くもつようになってきていることも、このことによると思われる。

## 6. 教職アイデンティティの規定要因の変容

以下では、前節でみた教職生活に関する因子のうち、教職アイデンティティ〈安定〉と〈攪乱〉とに関わる因子をとり上げ、これらの因子と他の因子との相関について考察する。その際、これまで考察した因子に加えて、勤務校の様子に関する因子[(1)]も加えることとする。

**表 3.7.1・表 3.7.2** には、教職生活に関する因子と勤務校の様子・職場の雰囲気・悩みの相談相手・教職観に関する因子との各因子得点の相関係数を校種・調査年別に示した。相関係数絶対値 0.3 以上のものは網掛け、0.2 以上は太字で表示している。

### (1) 教職アイデンティティ〈安定〉

教職アイデンティティ〈安定〉とは、「日々の教育活動がうまくいっていると感じられる時、その成功感覚によってもたらされる、教師としてやっていける、教師としてやっていくことにやりがい・生きがいを感じるというアイデンティティ感覚であることを、その一つの特徴としている」(長谷川 2008, p. 91)。以下では、この〈安定〉因子とその他の因子との相関について、校種別に考察していく。

① 小学校

i ) 勤務校の様子に関する因子との相関をみた場合、勤務校の肯定的状況との相関が強まっている。04 勤 F1・14 勤 F2〈否定的状況〉との相関係数には大きな違いはみられないが、14 勤 F1〈肯定的状況〉の相関係数は 0.3 台となっており、肯定的状況に関する 04 勤 F2・F3 よりも大きくなっ

表 3.7.1　教職アイデンティティ〈安定〉〈攪乱〉と他因子との相関（小）

| 小 | 因子（2004） | 安定 | 攪乱 | 因子（2014） | 安定 | 攪乱 |
|---|---|---|---|---|---|---|
| 勤務校の様子 | 勤 F1 否定的状況 | **-0.213** | **0.264** | 勤 F1 肯定的状況 | **0.333** | **-0.309** |
| | 勤 F2 教育活動への積極的関与 | **0.230** | **-0.230** | 勤 F2 否定的状況 | **-0.256** | **0.324** |
| | 勤 F3 学校運営への積極的 | 0.128 | -0.084 | | | |
| 職場の雰囲気 | 職 F1 公的コミュニケーション | **0.213** | -0.079 | 職 F1 公的コミュニケーション | **0.332** | **-0.230** |
| | 職 F2 承認・協同的関係性 | **0.230** | -0.150 | 職 F2 評価的雰囲気 | **-0.278** | **0.283** |
| | 職 F3 評価的雰囲気 | -0.057 | 0.096 | 職 F3 管理職との関係性 | **0.312** | **-0.293** |
| | 職 F4 管理職との関係性 | **0.250** | -0.198 | 職 F4 承認・協同的関係性 | **0.310** | **-0.207** |
| | 職 F5 会議の開催頻度 | 0.059 | 0.042 | 職 F5 会議の開催頻度 | 0.186 | -0.064 |
| 悩みの相談相手 | 相 F1 職場の同僚 | 0.136 | 0.066 | 相 F1 職場の同僚教師 | 0.196 | -0.092 |
| | 相 F2 職場外の教師サークル・団体 | -0.005 | -0.026 | 相 F2 職場外の教師サークル・団体 | -0.003 | 0.054 |
| | 相 F3 職場外の友人・知人 | 0.082 | 0.103 | 相 F3 職場外の友人・知人 | -0.014 | 0.055 |
| | 相 F4 各種相談機関・カウンセラー | 0.006 | -0.042 | 相 F4 職場の管理職 | 0.170 | -0.102 |
| 教職観 | 観 F1 自己実現性 | **0.519** | -0.153 | 観 F1 自我関与的専門職性 | **0.534** | **-0.256** |
| | 観 F2 職務遂行的専門職性 | **0.277** | -0.049 | 観 F2 自己実現性 | **0.523** | **-0.262** |
| | 観 F3 献身性 | -0.096 | **0.244** | 観 F3 職務遂行性 | **0.214** | -0.063 |
| | | | | 観 F4 献身性 | -0.151 | **0.242** |

ている。

ii）職場の雰囲気に関する因子については、総じて教職アイデンティティの安定に対する影響を強めており、特に同僚間の評価的雰囲気において顕著である。2004 年において 0.2 以上の相関を示していた 04 職 F1・F2・F4 に対応する 14 職 F1・F4・F3 は 0.3 以上の強い相関を示すようになっている。また 04 職 F3〈評価的雰囲気〉との有意な相関はみられなかったが、14 職 F2 とは負の相関がみられるようになっている。

iii）教職観に関する因子のうち、〈自己実現性〉に関する因子 04 観 F1 と 14 観 F2 との相関係数はほぼ同水準であるが、04 観 F2〈職務遂行的専門職性〉から分出した 14 観 F1〈自我関与的専門職性〉・F3〈職務遂行性〉のうち、前者では 0.5 を超える強い相関がみられるほか、後者についても 0.2 以上の相関がみられる。

② **中学校**

i）勤務校の様子に関する因子との相関が強まっている。2014 年では、14 勤 F1〈教育活動への積極的関与〉との相関が強まるとともに、14 勤 F3〈否定的状況〉とも相関がみられるようになってきている。

ii）職場の雰囲気に関する因子については、職場におけるコミュニケーションのあり方が教職アイデンティティの安定と強く関わるようになっている。

表 3.7.2　教職アイデンティティ〈安定〉〈攪乱〉と他因子との相関（中）

| 中 | 因子（2004） | 安定 | 攪乱 | 因子（2014） | 安定 | 攪乱 |
|---|---|---|---|---|---|---|
| 勤務校の様子 | 勤 F1 否定的状況 | −0.145 | **0.282** | 勤 F1 教育活動への積極的関与 | **0.393** | **−0.429** |
| | 勤 F2 教育活動への積極的関与 | **0.227** | **−0.310** | 勤 F2 学校運営への積極的関与 | 0.155 | −0.024 |
| | 勤 F3 学校運営への積極的関与 | 0.076 | −0.093 | 勤 F3 否定的状況 | **−0.254** | **0.383** |
| 職場の雰囲気 | 職 F1 求心的関係性 | **0.260** | −0.039 | 職 F1 親密な関係性 | **0.408** | −0.178 |
| | 職 F2 管理職との関係性 | **0.336** | **−0.229** | 職 F2 公的コミュニケーション | **0.227** | −0.108 |
| | 職 F3 評価的雰囲気 | −0.147 | 0.102 | 職 F3 管理職との関係性 | **0.348** | −0.153 |
| | | | | 職 F4 評価的雰囲気 | −0.155 | **0.256** |
| 悩みの相談相手 | 相 F1 教師仲間 | 0.102 | 0.060 | 相 F1 職場外の友人・知人 | −0.014 | 0.091 |
| | 相 F2 教師仲間以外 | 0.012 | 0.103 | 相 F2 職場の同僚 | **0.234** | −0.052 |
| | | | | 相 F3 教職員組合 | −0.105 | 0.014 |
| | | | | 相 F4 各種相談機関･カウンセラー（−） | 0.129 | 0.019 |
| | | | | 相 F5 教育研究サークル | −0.084 | −0.098 |
| 教職観 | 観 F1 自己実現性 | **0.480** | −0.085 | 観 F1 自己実現性 | **0.477** | −0.188 |
| | 観 F2 専門職性 | **0.308** | −0.002 | 観 F2 職務遂行的専門性 | 0.034 | −0.026 |
| | 観 F3 専門性 | 0.124 | 0.188 | 観 F3 献身性 | **−0.231** | **0.319** |
| | 観 F4 献身性 | **−0.263** | **0.284** | 観 F4 自我関与性 | **0.498** | **−0.235** |
| | | | | 観 F5 社会経済的地位 | 0.033 | −0.100 |

特に 14 職 F1〈親密な関係性〉とは強い相関がみられるようになってきている。一方、14 職 F3〈管理職との関係性〉との相関については大きな変化はみられない。

iii）悩みの相談相手に関する因子については、2014 年では相 F2〈職場の同僚〉との間に相関がみられるようになってきている。

iv）教職観については、自我関与性との相関が強まっている可能性がある。「自律的」「自分らしさを表現」が高い因子負荷量を示す 04 観 F2〈専門職性〉、14 観 F4〈自我関与性〉それぞれの相関係数は 0.3, 0.5 となっている。ただし、14F4 は上記 2 項目のみからなる因子であるため、相関が強くなった可能性も否定できない。

## (2) 教職アイデンティティ〈攪乱〉

教職アイデンティティの〈攪乱〉とは、「自分自身の活動によってはどうにもできないと感じられるような教職にまつわる困難によってもたらされた、教育活動の効果への疑念や自分の教育観・教育信念の揺らぎの感覚という性格を帯びている」（長谷川 2008, p. 92）ものである。

### ① 小学校

i）勤務校の様子に関する因子については、勤務校の様子の良否が教職アイデンティティの攪乱と相関を強めている。2014年では勤F1〈肯定的状況〉・勤F2〈否定的状況〉の相関係数の絶対値は大きくなっている。

ii）職場の雰囲気に関する因子も、教職アイデンティティの攪乱の要因になってきている。実際、〈安定〉に比べれば相関係数の絶対値は小さいものの、14職F5〈会議の開催頻度〉を除く4因子が0.2以上の相関を示している。

iii）教職観に関する因子との相関も強まってきている。2004年時点において相関がみられた〈献身性〉に関する因子については相関係数には変化はみられないものの、14観F1〈自我関与的専門職性〉と14観F2〈自己実現性〉との相関があらたにみられるようになってきている。

② 中学校

i）勤務校の様子に関する因子との相関が強まっている。2004年時点において相関がみられた〈否定的状況〉及び〈教育活動への積極的関与〉との相関が強まってきている。

ii）職場の雰囲気に関する因子では、直接的な評価者との関係ではなく、「評価の眼差し」といった抽象的なものにより攪乱がもたらされるようになってきている。2004年においては職F2〈管理職との関係性〉とのみ相関がみられたが、2014年では職F4〈評価的雰囲気〉とのみ相関がみられ、「管理」というよりも「評価」に関わって〈攪乱〉が左右されるようになってきているといえる。

iii）教職観に関しては、自己との関わりにおいて〈攪乱〉を抱くようになってきているといえる。〈献身性〉との相関はそれほど大きく変化していないが、2014年では観F4〈自我関与性〉と相関がみられるようになってきているほか、観F1〈自己実現性〉も0.2に近い相関を示している。

③ 考察

教職アイデンティティの〈安定〉〈攪乱〉的側面は、小中学校ともに勤務校の様子との相関がやや強まる傾向にある。また、職場の雰囲気についても、〈安定〉〈攪乱〉との関わりが強くなってきている。特に小学校においては〈攪乱〉との相関もみられるようになってきており、そのことは中学校に比べて求心的関係構造が弱かった小学校において、より職場の雰囲気に左右されるようになってきていることを意味しているように思われる。一方、中学校においては、管理職との関係よりも評価的雰囲気の有無が〈攪乱〉の程度に影響を及ぼすようになってきており、教員の統制のあり方の変化をうかがわせる結果となっている。教職観については、2004年時点においては〈攪乱〉と相関を示す因子は小中学校ともに〈献身性〉のみであったが、2014年になると、小学校ではあらたに観F1〈自我関与的専門職性〉と観F2〈自己実現性〉と、中学校でも観F4〈自我関与性〉と相関を示すようになっており、自律性ややりがいといった自己との関わりにおいて教職アイデンティティをめぐる〈攪乱〉を抱くようになってきているといえる。

## 7. まとめ

**2**で考察したこの10年間の教師たちの生活や意識の変化は、一部の項目を除けば、子どもたちが行事や運営に熱心に取り組み、教育観や信念の混乱なく、やりがい・生きがいをもって教職生活を送り、学校職場の雰囲気も活発で協同・承認的もので、気苦労や自己犠牲を強いられるが、喜び・やりがいのある高度専門職であるといった認識の強まりといった、きわめてポジティブなものであった。

しかしながら、因子分析を通じて、職場の求心的関係構造のさらなる弛緩(**3**)、教職観の分化・相互関連性の弱まりと外部志向的教職観の強まり(**4**)、教職アイデンティティの〈安定〉〈攪乱〉に対する同僚からの評価の眼差しや多忙過重感との関連の強まりと教職への職務遂行的関与の強まり(**5**)が、この間の変容として浮かび上がってきた。それらは、教師間の相互作用面・教職観という意識面、双方における集合的性格の弱まり、あるいは個人化の強まりがあることを予想させるものであった。実際、**6**で指摘したとおり、教職アイデンティティの〈安定〉〈攪乱〉が勤務校の様子、職場の雰囲気、教職観との関連を強めるものになっており、教師たちが置かれた状況やそれぞれに抱く教職観に以前よりも教職アイデンティティが影響を受けやすくなってきていることがうかがえる。すでに2008年時点において「職場集団を分断し、学校外の人々との対話でなく、個々の教員による心理主義的な対応による教員世界の自閉——求心的関係構造を欠いたままで、分断化された個々の教員がそれぞれの適応を試みる事態——を招く危険性がある」(山田・長谷川 2010)ことが指摘されていたが、今回の結果はこの指摘すべてを明らかにしている訳ではないものの、このような方向性で変化してきているように思われる。

そうだとすれば、冒頭で述べた教師たちの生活・意識におけるポジティブな変化は、かれらを取り巻く状況の好転の表れというよりは、個々の教師たちが内面的操作によって教職アイデンティティ確保しようとしてきていることの表れとも考えられる。すなわち、自らの教職アイデンティティを左右することがらに対しては「強くそう思う」などの形で自己暗示を与えることによって、苦しい状況の中でも教職アイデンティティを確保しようとする傾向が強まってきているように思われる。実際、調査年間の差が多くみられた職場の雰囲気と教職観に関する項目は、**6**で指摘したように、具体的な相互作用のレベルと理念のレベルそれぞれにおける教職アイデンティティの源泉としての重要なものとして位置づいていた。また、こうした内面的操作による教職アイデンティティの確保へと教員たちを向かわせている背景には、**4**で指摘したように、学校運営への階梯的な組織マネジメントの浸透と同僚間評価の強まり、あるいは教職に対する職務遂行的な圧力の強まりと自律性の後退など、教師たちの職場状況そのものにおける閉塞感の強まりがあるように思われる。

もし、そうだとすれば、少なくとも、指導力不足教員の排除、教員免許更新制の導入、教員評価とそれによる格差的処遇といった教員身分の不安定化、あるいは校長権限の強化、副校長・主幹教諭などの管理職階の増設、学校評価の導入など教員組織・学校運営方式の変容による教師の評価・管理などは、教師たちにとって専門職としての誇りと責任・倫理を高める展望的なものではなかったといえるだろう。また近年いわれている「『学び続ける教師像』の確立」（中央教育審議会 2015）も、教員たちが展望を持ちづらい状況への理解とその改善に向けた取り組みがなされない中で進められるとすれば、職務遂行的な教職観を助長し、自律的主体としての相互に認め支え合うような関係性を衰退させ、『学び続けさせられる教師像』を強いるだけのものになりかねないと考える（福島 2017）。

〈注〉

本章の記述は、拙稿（2016）と一部重なるところがある。

（1） 校種・年別に析出された因子とそれぞれの因子に対して高い因子負荷量絶対値を示

す項目は、**表 3.8** のとおり（項目名は略記。因子負荷量絶対値が高い順）。


**〈引用・参考文献〉**

久冨善之 1998「教師の生活・文化・意識――献身的教師像の組み替えに寄せて」佐伯胖他編『岩波講座 現代の教育 6　教師像の再構築』岩波書店.

久冨善之編 2008『教師の専門性とアイデンティティ――教育改革時代の国際比較調査と国際シンポジウムから』勁草書房.

中央教育審議会 2015「これからの学校教育を担う教員の資質能力の向上について 答申」.

長谷川裕 2008「5ヶ国の教師たち、その教職アイデンティティ確保戦略」久冨善之編 2008 所収.

福島裕敏 2016「教師の生活・意識・変化――調査データが示すこの 10 年間」『日本教師教育学会年報』第 25 号.

福島裕敏 2017「教師教育をとおして育て継承する『教育の良心』」『教育』2017 年 4 月号.

山田哲也・長谷川裕 2010「教員文化とその変容」『教育社会学研究』第 86 集.

油布佐和子・紅林伸幸 2011「教育改革は、教職をどのように変容させるか？」『早稲田大学大学院教職研究科紀要』第 3 号.

油布佐和子・紅林伸幸・川村光・長谷川哲也 2010「教職の変容――『第三の教育改革』を経て」『早稲田大学大学院教職研究科紀要』第 2 号.


**表 3.8　勤務校の様子に関する因子分析結果**

<table>
<tr><th>校種</th><th>年</th><th>因子</th><th>因子負荷量絶対値 0.5 以上の項目（括弧内は 0.4 以上の項目）</th></tr>
<tr><td rowspan="5">小</td><td rowspan="3">2004</td><td>F1 否定的状況</td><td>09 保護者からのクレーム、06 不登校、04 いじめ（05 授業不成立、07 学力格差）</td></tr>
<tr><td>F2 教育活動への積極的関与</td><td>01 子どもが授業に熱心、02 子どもが学校行事に熱心</td></tr>
<tr><td>F3 学校運営への積極的関与</td><td>03 子どもが学校運営に積極的に参加</td></tr>
<tr><td rowspan="2">2014</td><td>F1 肯定的状況</td><td>01 子どもが授業に熱心、02 子どもが学校行事に熱心（08 親の教育活動参加、03 子どもの学校運営参加）</td></tr>
<tr><td>F2 否定的状況</td><td>09 保護者からのクレーム、06 不登校、04 いじめ（05 授業不成立）</td></tr>
<tr><td rowspan="6">中</td><td rowspan="3">2004</td><td>F1 否定的状況</td><td>06 不登校、09 保護者からのクレーム、04 いじめ（07 学力格差）</td></tr>
<tr><td>F2 教育活動への積極的関与</td><td>01 子どもが授業に熱心、02 子どもが学校行事に熱心、05 授業不成立（－）</td></tr>
<tr><td>F3 学校運営への積極的関与</td><td>03 子どもの学校運営参加、（08 親の教育活動参加）</td></tr>
<tr><td rowspan="3">2014</td><td>F1 否定的状況</td><td>09 保護者からのクレーム（04 いじめ、06 不登校、07 学力格差）</td></tr>
<tr><td>F2 学校運営への積極的関与</td><td>03 子どもの学校運営参加</td></tr>
<tr><td>F3 教育活動への積極的関与</td><td>01 子どもが授業に熱心（02 子どもが学校行事熱心、05 授業不成立（－））</td></tr>
</table>

# 第4章

## 教職アイデンティティの変化とその含意

長谷川　裕

第4章は、2014年調査の教職生活及び教職生活にまつわる難しさに関する質問項目（質問紙のQ2及びQ3の質問項目）のうち特に「教職アイデンティティ」（教員が、自分が教員であることをどのように受けとめているかという、教員の自己概念の一側面）に関連する項目を取り上げ、その教職アイデンティティについて2004年調査時に明らかにしたことと比較しつつ分析することを課題とする。

### 1. 分析方法

分析は、次のような方法で行った。

(0) 2004年調査のデータを用いた長谷川（2008）及び山田・長谷川（2010）、2014年調査のデータを用いた長谷川（2015）（本書第8章の元になっているもの）及び福島（2015）（同じく第3章の元になっているもの）では、教職生活及び教職生活にまつわる難しさに関する質問群のすべての質問項目への回答を一括して因子分析し、回答者の教職アイデンティティに関わる2つの因子（後述）を抽出し、その性質について分析した。

(1) 今回は、教職生活及び教職生活にまつわる難しさに関する質問群の質問項目のうち、教職アイデンティティを最も直接的に示していると考えられ、また(0)で触れた2因子のどちらかの負荷が大きい6項目（「教師としての仕事にやりがい、生きがいを感じる」・「自分には教師という職業が合っている」・「教職をやめたい」・「自分の教育・指導の効果について疑問や無力感を感じる」・「何を教えれば子どもにとって意義があるのかがあいまいになる」・「自分の持っていた教育観や信念に混乱が生じている」）のみを取り出し、それらへの回答を因子分析した。すると、やはり(0)と同様の2因子が抽出された。

(2) 本書第3章と同様に2004年調査の結果と2014年調査の結果とを比較することによって、教職アイデンティティの性格やその変化を把握することをねらい、そのために両年の調査から得られたデータ各々について(1)で述べた因子分析を行った。なお、2時点間の比較を可能な限り正確なものにするために、福島（2015）及び第3章に倣い、調査対象7地区の「教諭」の職位の教員のみを分析対象とした（分析対象については、第3章の**表3.1**（p. 96）参照）。

(3) 教職アイデンティティとそれ以外の様々なことがらとの関係やその変化を把握するために、抽出された2因子の因子得点とそれ以外の諸項目への回答との間の相関分析を行った。

## 2. 教職アイデンティティ関連6項目への回答の因子分析と度数分布

まず、**1**の(1)で述べた因子分析の結果について述べる。因子分析は、2004年・2014年各々について、**1**の(2)で記したような限定した分析対象者に関して、小・中全員、小のみ、中のみで行った。つまり、全部で6種類の因子分析ということである。なお、因子抽出は最尤法、因子軸の回転はプロマックス回転、因子数の決定は平行分析によった。

6種類の因子分析の結果は、**表4.1**～**表4.6**に示されている。

抽出されたのは、いずれの因子分析においても、次の2因子である。

第1因子：「教師としての仕事にやりがい、生きがいを感じる」・「自分には教師という職業が合っている」・「教職をやめたい（逆転）」の3つの質問項目の因子負荷が大きく、それらの項目の内容を肯定する程度を、つまり「自分が教師であることをどのように受けとめているか」という文字通り教職アイデンティティが肯定的であり安定的な状態である度合いを意味する因子

第2因子：「自分の教育・指導の効果について疑問や無力感を感じる」・「何を教えれば子どもにとって意義があるのかがあいまいになる」・「自分

### 表 4.1　教職アイデンティティ因子分析・全体（2014）

| | 因子 | |
|---|---|---|
| | 1 | 2 |
| 教師としての仕事にやりがい、生きがいを感じる | .867 | .078 |
| 自分には教師という職業が合っている | .761 | -.048 |
| 教職をやめたい | -.601 | .077 |
| 自分の教育・指導の効果について疑問や無力感を感じる | .053 | .844 |
| 何を教えれば子どもにとって意義があるのかがあいまいになる | .015 | .704 |
| 自分の持っていた教育観や信念に混乱が生じている | -.140 | .624 |
| 因子寄与率（抽出後）（%） | 43.7 | 12.6 |
| 因子間相関 | | |
| 第 1 因子 | | -.532 |
| 第 2 因子 | -.532 | |

### 表 4.2　教職アイデンティティ因子分析・全体（2004）

| | 因子 | |
|---|---|---|
| | 1 | 2 |
| 自分には教師という職業が合っている | .870 | .031 |
| 教師としての仕事にやりがい、生きがいを感じる | .848 | .062 |
| 教職をやめたい | -.553 | .174 |
| 何を教えれば生徒にとって意義があるのかがあいまいになる | .089 | .770 |
| 自分の教育・指導の効果について疑問や無力感を感じる | -.043 | .740 |
| 自分の持っていた教育観や信念に混乱が生じている | -.077 | .684 |
| 因子寄与率（抽出後）（%） | 42.0 | 15.8 |
| 因子間相関 | | |
| 第 1 因子 | | -.461 |
| 第 2 因子 | -.461 | |

### 表 4.3　教職アイデンティティ因子分析・小（2014）

| | 因子 | |
|---|---|---|
| | 1 | 2 |
| 教師としての仕事にやりがい、生きがいを感じる | .900 | .106 |
| 自分には教師という職業が合っている | .712 | -.111 |
| 教職をやめたい | -.563 | .085 |
| 自分の教育・指導の効果について疑問や無力感を感じる | .081 | .867 |
| 何を教えれば子どもにとって意義があるのかがあいまいになる | -.051 | .671 |
| 自分の持っていた教育観や信念に混乱が生じている | -.104 | .631 |
| 因子寄与率（抽出後）（%） | 43.0 | 12.8 |
| 因子間相関 | | |
| 第 1 因子 | | -.516 |
| 第 2 因子 | -.516 | |

### 表 4.4　教職アイデンティティ因子分析・小（2004）

| | 因子 | |
|---|---|---|
| | 1 | 2 |
| 自分には教師という職業が合っている | .879 | .055 |
| 教師としての仕事にやりがい、生きがいを感じる | .819 | .050 |
| 教職をやめたい | -.522 | .208 |
| 自分の教育・指導の効果について疑問や無力感を感じる | -.039 | .793 |
| 何を教えれば生徒にとって意義があるのかがあいまいになる | .113 | .788 |
| 自分の持っていた教育観や信念に混乱が生じている | -.105 | .654 |
| 因子寄与率（抽出後）（%） | 41.3 | 16.9 |
| 因子間相関 | | |
| 第 1 因子 | | -.417 |
| 第 2 因子 | -.417 | |

### 表 4.5　教職アイデンティティ因子分析・中（2014）

| | 因子 | |
|---|---|---|
| | 1 | 2 |
| 自分には教師という職業が合っている | .867 | .083 |
| 教師としての仕事にやりがい、生きがいを感じる | .806 | .007 |
| 教職をやめたい | -.670 | .070 |
| 何を教えれば子どもにとって意義があるのかがあいまいになる | .147 | .794 |
| 自分の教育・指導の効果について疑問や無力感を感じる | -.038 | .779 |
| 自分の持っていた教育観や信念に混乱が生じている | -.238 | .594 |
| 因子寄与率（抽出後）（%） | 45.6 | 13.6 |
| 因子間相関 | | |
| 第 1 因子 | | -.527 |
| 第 2 因子 | -.527 | |

### 表 4.6　教職アイデンティティ因子分析・中（2004）

| | 因子 | |
|---|---|---|
| | 1 | 2 |
| 教師としての仕事にやりがい、生きがいを感じる | .896 | .085 |
| 自分には教師という職業が合っている | .849 | -.023 |
| 教職をやめたい | -.596 | .129 |
| 自分の持っていた教育観や信念に混乱が生じている | -.023 | .750 |
| 何を教えれば生徒にとって意義があるのかがあいまいになる | .054 | .747 |
| 自分の教育・指導の効果について疑問や無力感を感じる | -.073 | .637 |
| 因子寄与率（抽出後）（%） | 43.8 | 14.2 |
| 因子間相関 | | |
| 第 1 因子 | | -.516 |
| 第 2 因子 | -.516 | |

の持っていた教育観や信念に混乱が生じている」の３つの質問項目の因子負荷が大きく、教員としての仕事の自分自身による遂行状況を全体として否定的に評価している程度を意味する因子

両因子の相関係数も**表 4.1**～**表 4.6** に示されている。6 種類の因子分析いずれにおいても、両因子の間には比較的強い負の相関がみられる。したがって第 2 因子は、自分自身の教職の遂行を否定的に評価するという形で、肯定的な教職アイデンティティが揺るがされ攪乱されている状態の強弱を含意していると考えられる。

そこで以下では、第 1 因子を「教職アイデンティティ安定」因子、第 2 因子を「教職アイデンティティ攪乱」因子と呼ぶことにする。なお、1 の(0)に記した諸研究では、教職生活及び教職生活にまつわる難しさに関する質問群のすべての質問項目への回答を一括して因子分析したが、それによって抽出された教職アイデンティティに関する 2 つの因子と、上記の第 1 因子・第 2 因子はほぼ同様のものとなっている。それらの諸研究でも、それら 2 因子の意味するところを解釈した結果として、それぞれを「教職アイデンティティ安定」、「教職アイデンティティ攪乱」と名付けた。

以上より、2 時点いずれでも、また校種別でも一括でも、同様の因子が安定的に抽出されており、教職アイデンティティに「安定」「攪乱」の 2 側面が存在することが再度確認されたと言えるだろう。教職アイデンティティのこれら 2 側面は、比較的強い負の相関を示してはいるが、しかし、2 因子が別個に抽出されているのであるから、別のことがらとして区別もされるのである。

**表 4.7** は、上の 6 種類の因子分析で使用した 6 項目の度数分布等を示したものである。「スコア」は、「まったく感じない」1 点、「あまり感じない」2 点、「感じる」3 点、「強く感じる」4 点として回答を点数化したもので、表中の「スコア」欄の数値は、回答者の間でのその平均値である。また、そのスコアを 2014 年と 2004 年とで比較し分散分析を行い、$p < 0.05$ 水準で統計的に有意であった項目に網掛けがされている。

この分析によれば、2 時点いずれでも、いずれの校種でも、教員の教職アイデンティティの「安定」の度合いは強く「攪乱」の度合いは弱いと言えるであろうし、またその傾向は 2014 年で多少とも強まっている（これは、福島（2015）

表 4.7　教職アイデンティティ関連項目への回答の度数分布等の時系列比較

| | | 教職アイデンティティ安定 | | | | | | 教職アイデンティティ攪乱 | | | | | |
|---|---|---|---|---|---|---|---|---|---|---|---|---|---|
| | | 教師としての仕事にやりがい、生きがいを感じる | | 自分には教師という職業が合っている | | 教職をやめたい | | 自分の教育・指導の効果について疑問や無力感を感じる | | 何を教えれば子どもにとって意義があるのかがあいまいになる | | 自分の持っていた教育観や信念に混乱が生じている | |
| | | 2014 年 | 2004 年 | 2014 年 | 2004 年 | 2014 年 | 2004 年 | 2014 年 | 2004 年 | 2014 年 | 2004 年 | 2014 年 | 2004 年 |
| 全体 | 1 まったく感じない | 0.5% | 1.3% | 1.5% | 2.4% | 39.7% | 29.7% | 2.7% | 2.1% | 5.8% | 3.9% | 8.6% | 4.7% |
| | 2 あまり感じない | 11.9% | 13.8% | 26.8% | 26.5% | 41.6% | 44.7% | 50.0% | 49.2% | 51.5% | 52.2% | 63.6% | 59.7% |
| | 3 感じる | 60.7% | 63.3% | 53.2% | 54.5% | 16.3% | 22.1% | 41.8% | 43.6% | 37.8% | 38.9% | 24.1% | 30.8% |
| | 4 強く感じる | 26.9% | 21.7% | 18.5% | 16.6% | 2.4% | 3.5% | 5.5% | 5.1% | 4.9% | 4.9% | 3.7% | 4.8% |
| | スコア | 3.14 | 3.06 | 2.89 | 2.85 | 1.81 | 1.99 | 2.50 | 2.52 | 2.42 | 2.45 | 2.23 | 2.36 |
| | 2004 を基準とした差 | 0.08 | | 0.03 | | −0.18 | | −0.02 | | −0.03 | | −0.13 | |
| 小 | 1 まったく感じない | 0.5% | 0.9% | 1.3% | 2.1% | 38.4% | 26.9% | 2.6% | 2.3% | 4.9% | 4.3% | 7.6% | 5.0% |
| | 2 あまり感じない | 9.1% | 13.2% | 27.0% | 27.5% | 42.6% | 47.9% | 50.4% | 50.0% | 54.0% | 53.8% | 64.6% | 59.6% |
| | 3 感じる | 63.0% | 64.0% | 52.8% | 55.0% | 17.8% | 22.1% | 40.8% | 43.2% | 36.7% | 38.0% | 25.0% | 30.1% |
| | 4 強く感じる | 27.5% | 21.9% | 18.9% | 15.4% | 1.3% | 3.0% | 6.2% | 4.6% | 4.4% | 3.9% | 2.9% | 5.3% |
| | スコア | 3.18 | 3.07 | 2.89 | 2.84 | 1.82 | 2.01 | 2.51 | 2.50 | 2.41 | 2.42 | 2.23 | 2.36 |
| | 2004 を基準とした差 | 0.11 | | 0.06 | | −0.19 | | 0.00 | | −0.01 | | −0.12 | |
| 中 | 1 まったく感じない | 0.6% | 1.8% | 1.9% | 3.0% | 42.9% | 29.7% | 3.1% | 2.1% | 8.0% | 3.9% | 8.6% | 4.7% |
| | 2 あまり感じない | 18.6% | 14.7% | 26.3% | 24.9% | 39.3% | 44.7% | 49.1% | 49.2% | 45.4% | 52.2% | 63.6% | 59.7% |
| | 3 感じる | 55.3% | 62.1% | 54.4% | 53.5% | 12.9% | 22.1% | 44.2% | 43.6% | 40.5% | 38.9% | 24.1% | 30.8% |
| | 4 強く感じる | 25.5% | 21.3% | 17.5% | 18.6% | 4.9% | 3.5% | 3.7% | 5.1% | 6.1% | 4.9% | 3.7% | 4.8% |
| | スコア | 3.06 | 3.03 | 2.88 | 2.88 | 1.80 | 1.99 | 2.49 | 2.52 | 2.45 | 2.45 | 2.23 | 2.36 |
| | 2004 を基準とした差 | 0.03 | | 0.00 | | −0.20 | | −0.03 | | 0.00 | | −0.13 | |

及び本書第3章でも指摘されている点である）と言えるだろう。

## 3. 教職アイデンティティ2因子と諸質問項目との相関分析

次に、**1**の(3)で述べたように、教職アイデンティティとそれ以外の様々なことがらとの関係やその変化を把握するために、教職アイデンティティ2因子の因子得点と諸質問項目への回答との間の相関分析を行った。

教職アイデンティティ関連質問項目の回答の因子分析は、**2**の冒頭で述べたように2004年・2014年各々について、小・中全員、小のみ、中のみで行った（ただし、**1**の(2)で述べたように調査対象7地区の「教諭」の職位の教員のみが対象）が、いずれにおいてもほぼ同様の結果が出たので、以下の相関分析の際には、2004・2014年各々の小・中全員に対する因子分析により算出された因子得点を用いた。

また、相関係数は、Rのpolycorパッケージのpolyserial関数を用いて算出されたポリシリアル相関係数またはバイシリアル相関係数である。ただし、ポリシリアル相関係数が算出できなかった以下については、スピアマン相関係数となっている。

- ・2004年・2014年の小・中の、教職アイデンティティ「安定」因子×「教師としての仕事にやりがい、生きがいを感じる」
- ・2014年の小・中の、教職アイデンティティ「安定」因子×「自分には教師という職業が合っている」
- ・2014年の小・中の、教職アイデンティティ「攪乱」因子×「自分の教育・指導の効果について疑問や無力感を感じる」

相関分析の結果は、**表4.8**に示されている。この表は、調査年別・校種別に、2種類の教職アイデンティティの各因子得点（全部で8種類の因子得点）と、質問紙に盛り込まれたほとんどの質問項目への回答との間の相関係数を求めた結果を示したものである。ただし、表のサイズをなるべく小さくするために、上記の因子得点との間の相関係数の絶対値がすべて0.25未満である質問項目は、表に挙げていない。また、空白のセルは、そのセルの相関係数の絶対値が0.25未満のものであることを、斜線が引かれているセルは、当該の質問項目がその回の調査（2004年調査あるいは2014年調査）の質問紙に盛り込まれていないこと

## 表 4.8　教職アイデンティティ 2 因子と諸質問項目との相関分析

| | | 2014 年 | | | | 2004 年 | | | |
|---|---|---|---|---|---|---|---|---|---|
| | | 小 | | 中 | | 小 | | 中 | |
| | | 教職アイデンティティ安定 | 教職アイデンティティ攪乱 | 教職アイデンティティ安定 | 教職アイデンティティ攪乱 | 教職アイデンティティ安定 | 教職アイデンティティ攪乱 | 教職アイデンティティ安定 | 教職アイデンティティ攪乱 |
| 教職アイデンティティ | 教師としての仕事にやりがい、生きがいを感じる | 0.836 | −0.447 | 0.886 | −0.521 | 0.819 | −0.380 | 0.843 | −0.456 |
| | 自分には教師という職業が合っている | 0.924 | −0.560 | 0.912 | −0.503 | 0.887 | −0.401 | 0.891 | −0.541 |
| | 教職をやめたい | −0.752 | 0.464 | −0.804 | 0.546 | −0.717 | 0.523 | −0.763 | 0.516 |
| | 何を教えれば子どもにとって意義があるのかがあいまいになる | −0.483 | 0.838 | −0.347 | 0.829 | −0.280 | 0.880 | −0.382 | 0.876 |
| | 自分の教育・指導の効果について疑問や無力感を感じる | −0.475 | 0.878 | −0.519 | 0.889 | −0.453 | 0.945 | −0.489 | 0.885 |
| | 自分の持っていた教育観や信念に混乱が生じている | −0.553 | 0.842 | −0.645 | 0.886 | −0.465 | 0.875 | −0.484 | 0.877 |
| 自信あり信頼されている | 教材研究が楽しい | 0.511 | −0.371 | 0.299 | | 0.445 | −0.270 | 0.412 | |
| | 授業の進め方について自信がある | 0.367 | −0.441 | 0.341 | −0.483 | | −0.301 | 0.431 | −0.454 |
| | 学級など生徒集団づくりの指導に自信がある | 0.359 | −0.344 | 0.379 | −0.522 | 0.406 | −0.337 | 0.487 | −0.513 |
| | 一人ひとりの子どもとの関係づくりに自信がある | 0.425 | −0.328 | 0.459 | −0.481 | 0.497 | −0.289 | 0.463 | −0.439 |
| | 校則などの規則を守らせることに自信がある | 0.269 | | 0.447 | −0.478 | 0.408 | −0.281 | 0.484 | −0.552 |
| | 子どもをひきつける人間的な魅力という点で自信がある | 0.465 | −0.376 | 0.491 | −0.486 | 0.444 | −0.353 | 0.588 | −0.519 |
| | 子どもから信頼されている | 0.432 | −0.383 | 0.580 | −0.472 | 0.479 | −0.362 | 0.505 | −0.460 |
| | 保護者から信頼されている | 0.395 | −0.375 | 0.574 | −0.578 | 0.467 | −0.328 | 0.509 | −0.465 |
| | 生徒はよく授業を聞いてくれる | | | | | 0.292 | | | −0.270 |
| | 授業内容に関する知識について自信がある | | | | | | −0.277 | 0.345 | −0.410 |
| | 部活動など課外活動の指導に自信がある | | | | | 0.252 | | 0.313 | −0.376 |
| 教職生活にまつわる困難 | 現在の仕事の量は過重だ | | | | | | 0.262 | | 0.258 |
| | 子どもと関わる時間が減ってきている | | 0.307 | | | | | | |
| | 問題をかかえている子どもに手を焼くことがある | −0.257 | 0.417 | −0.260 | 0.481 | | 0.449 | | 0.500 |
| | 保護者への対応に手を焼く | −0.366 | 0.412 | −0.314 | 0.471 | | | | |
| | 自分が経験している教育実践上の困難に対して回りが無理解である | −0.394 | 0.308 | −0.383 | | | | | |
| | 学校に行くのがおっくうになる | −0.604 | 0.505 | −0.632 | 0.567 | −0.514 | 0.484 | −0.610 | 0.472 |
| | 児童・生徒が失敗したり問題行動を起こしたりした時など、まず、その原因は自分の指導の不十分さにあると考える | | | | | | 0.274 | | 0.366 |
| | 自分の生活リズムが崩れている | | | | | −0.378 | 0.338 | | |
| バーンアウト・スコア | | −0.542 | 0.565 | −0.526 | 0.544 | −0.484 | 0.564 | −0.653 | 0.502 |

## 表 4.8　教職アイデンティティ 2 因子と諸質問項目との相関分析　つづき

| | | | | | | | | | |
|---|---|---|---|---|---|---|---|---|---|
| 勤務校の様子 | 子どもたちが授業に熱心に取り組む | 0.327 | -0.349 | 0.288 | -0.330 | | | | |
| | 子どもたちが学校行事に熱心に取り組む | | | 0.349 | -0.437 | | | | |
| | 子どもたちが騒いで授業が成立しない | -0.256 | 0.332 | -0.380 | 0.443 | | 0.278 | | |
| | 保護者からクレームを受けることがある | | | | 0.346 | | 0.259 | | |
| | 子ども同士のいじめがある | | | | 0.293 | | | | 0.296 |
| | 学校の設備や備品が壊される | | | | | | | | 0.266 |
| | 生徒が教師を脅したり殴ったりする | | | | | | 0.323 | | |
| | 生徒たちの低学力 | | | | | | 0.250 | | |
| 同僚との関係 | 同僚から信頼されている | 0.410 | -0.360 | 0.516 | -0.401 | 0.351 | | 0.540 | -0.415 |
| | 学校では自分のやりたいことが自由にやれている | 0.526 | -0.369 | 0.494 | -0.345 | | -0.280 | 0.390 | -0.301 |
| | いずれは管理職として、学校経営に関わりたい | 0.257 | | 0.353 | | | | | |
| | 校長・教頭からの評価が気になる | | 0.301 | | 0.256 | | | | |
| | 職場の他の教師からの評価が気になる | -0.264 | 0.352 | | 0.339 | | | | |
| | 職場内での人間関係がしんどいと思うときがある | -0.363 | 0.359 | -0.533 | 0.405 | | | | |
| | 自分は校長・教頭と意思の疎通がうまくとれている | | | | | | | 0.303 | |
| | 自分の教育方針と学校の教育方針との間にずれがある | | | | | | | -0.289 | |
| | 職場の他の教師と協同してものごとに取り組んでいる | | | | | | | 0.321 | |
| | 職場では自分の持ち味・専門性を発揮できている | | | | | 0.344 | − 0.326 | 0.520 | − 0.358 |
| | 自分は職員会で積極的に発言する | | | | | | | 0.263 | − 0.346 |
| | 学年会・教科会や担当委員会などで積極的に発言する | | | | | | | 0.260 | |
| | 自校の教師と、教材研究や児童・生徒の指導について活発な意見交流を行っている | | | | | 0.266 | | 0.261 | |
| | 職場の他の教師と話をする時間もないほど仕事に追われている | | | | | | | | 0.292 |
| | 職場で他の教師とは仕事に限らずよく話をする | | | | | | | 0.297 | |
| | 職場の他の教師と職場以外でもよくつきあう | | | | | | | 0.271 | |
| 教育実践上の悩み・問題の相談相手 | 職場の校長・副校長［教頭］ | | | 0.331 | | | | | |
| | その他 | -0.393 | | | | | | | |

| | | | | | | | | | |
|---|---|---|---|---|---|---|---|---|---|
| 職場の雰囲気 | 校長・教頭と他の教職員との間で意思の疎通がうまくはかられている | | | 0.308 | | | | | |
| | 学校では各々の教師のやりたいことが自由にやれている | | | 0.310 | | | | 0.296 | |
| | 職場の教師同士が協同してものごとに取り組んでいる | | | 0.353 | | | | | |
| | お互いの持ち味・専門性を尊重しあっている | 0.316 | | 0.350 | | | | 0.262 | |
| | 学年会・教科会や担当委員会などで活発な議論がなされている | 0.253 | | | | | | | |
| | 自校の教師間で、教材研究や児童・生徒の指導について活発な意見交流が行われている | 0.296 | | | | | | | |
| | 職場で教師間に仕事に限らず何でも話せる雰囲気がある | 0.355 | | **0.417** | −0.292 | | | 0.327 | |
| | 職場を離れても同じ学校の教師間でつきあうことが多い | | | 0.313 | | 0.289 | | | |
| | 他の教師からの評価を気にして仕事をしている | −0.286 | 0.261 | | 0.284 | | | | |
| | 他の教師との足並みがそろうように物事を進めている | | | 0.310 | | | | | |
| | 問題が起きたときに、責任を押しつけ合う雰囲気がある | | | −0.297 | 0.305 | | | | |
| | 管理職が最終的に責任を取ってくれるとの安心感がある | 0.306 | | | | | | | |
| | 職場の教師たちはお互いに他の教師と話をする時間もないほど仕事に追われている | | | | | | 0.274 | | |
| 教師として、責任をどう感じているか | 基本的な生活習慣を、子どもたちが身につけられるようにする | | | 0.313 | | | | | |
| | 子どもの人権や尊厳を尊重した指導を行う | | | | −0.337 | | | | |
| 教職観 | 社会的に尊敬される仕事だ | 0.376 | | | | 0.362 | | 0.275 | |
| | 精神的に気苦労の多い仕事だ | | | −0.314 | 0.338 | | | | |
| | 子どもに接する喜びのある仕事だ | **0.549** | −0.271 | **0.534** | −0.258 | **0.488** | | **0.453** | |
| | やりがいのある仕事だ | **0.680** | −0.336 | **0.577** | −0.280 | **0.584** | | **0.544** | |
| | 自己犠牲を強いられる仕事だ | | 0.326 | −0.300 | 0.380 | | 0.277 | −0.314 | |
| | 自分の考えにそって自律的にやれる仕事だ | 0.316 | −0.279 | | −0.268 | | | 0.269 | |
| | 高度の専門的知識・技能が必要な仕事だ | 0.266 | | | | | | | |
| | 高い倫理観が強く求められる仕事だ | 0.294 | | | | | | | |
| | 「自分らしさ」を表現できる仕事だ | **0.470** | −0.292 | **0.549** | | 0.389 | −0.259 | **0.438** | |
| | 教師以外の人々との関係づくりが欠かせない仕事だ | 0.251 | | | | | | | |
| | 社会の存続・発展に不可欠の役割を果たす仕事だ | | | | | 0.265 | | | |
| | 人間の心の内奥に触れることができる仕事だ | | | | | | | 0.284 | |
| | モノではなく人を対象とする点で、一般とは異なる特殊な仕事だ | | | | | | | | |
| 私事化意識 | 教師はもっと肩の力を抜いて、ゆったりと教職に取り組んでよい | | | | | | | | 0.273 |
| 教育改革に関する意見 | 学校の施設・設備・建物の「改革」 | | | | | | | 0.256 | |
| 自分の生活や社会のあり方に関する考え | 今の自分の生活全般に満足している | **0.409** | −0.393 | **0.405** | −0.311 | | | | |
| | 日本社会には希望がある | 0.286 | | | | | | | |
| | 嫌なことがあっても、明るく前向きな自分でありたい | 0.253 | | | | | | | |

を表している。網掛けは、相関係数の絶対値0.4以上のセルである。

**表4.8**からわかる知見として、次のようなことが挙げられる。

（i）相関係数の絶対値が最も大きくなっているのは、当然のことながら、教職アイデンティティに関する諸項目であり、「安定」因子では、それの負荷が大きい3項目「自分には教師という職業が合っている」・「教師としての仕事にやりがい、生きがいを感じる」・「教職をやめたい（逆転）」であり、「攪乱」因子では、やはりそれの負荷が大きい3項目「自分の教育・指導の効果について疑問や無力感を感じる」・「何を教えれば子どもにとって意義があるのかがあいまいになる」・「自分の持っていた教育観や信念に混乱が生じている」である。

（ii）それ以外で、教職アイデンティティ因子との間の相関係数の絶対値が特に大きくなっている項目には、次のようなものがある。

（ア）（i）で述べたのとは逆に、教職アイデンティティ「安定」因子では、「攪乱」因子の負荷が大きい3項目が負の値で、「攪乱」因子では、「安定」因子の負荷が大きい3項目が、「自分には教師という職業が合っている」・「教師としての仕事にやりがい、生きがいを感じる」では負の値、「教職をやめたい」では正の値で。

（イ）「自信あり信頼されている」群の諸項目で、教職アイデンティティ「安定」では正の値、「攪乱」では負の値。

（ウ）「バーンアウト・スコア」及び「学校に行くのがおっくうになる」（「教職生活にまつわる困難」群）で、教職アイデンティティ「安定」では負の値、「攪乱」では正の値。

これらより、教職アイデンティティ両因子はいずれも、教員としての日々の仕事を首尾よく遂行できているか否かによって左右されるという点で共通する（首尾よく遂行できていることが「安定」に、できていないことが「攪乱」につながるという形で）、教職アイデンティティに関わる因子であり、バーンアウト状態や勤務への忌避感覚の有無とも共通して関連が深いということが確認できる。

（iii）「問題をかかえている子どもに手を焼くことがある」（「教職生活にまつわる困難」群）は、いずれの調査年・いずれの校種においても、教職アイデンティティ「攪乱」との相関は大きくなっているが、「安定」との相関はそれに比べると小さい（相関係数は、前者では正の値、後者では負の値）。

そのことから推測できるのは、教職アイデンティティ「攪乱」因子は、仕事の上での困難に直面した時まさに攪乱されやすい教職アイデンティティの側面を意味するのに対して、「安定」因子は、そうした困難によって相対的に揺らぎにくい教職アイデンティティのまた別の側面を意味しているということである（長谷川（2008）及び山田・長谷川（2010）で既に論じられている）。

ただし、「問題をかかえている子どもに手を焼くことがある」と教職アイデンティティ「安定」との相関係数の絶対値は、2014年調査では2004年調査に比べて、小・中いずれでも大きくなっており（2004年ではこの項目の数値が表中に表示されないほどに小さいが、2014年では絶対値0.2台後半）、そうした教職アイデンティティの2側面の区別は、2014年調査時では相対的に不分明なものになっている傾向がうかがわれる。

(iv)「勤務校の様子」に関する質問項目には、2004年では、教職アイデンティティ「攪乱」との間に、相関係数の絶対値0.2台の弱い相関を示す項目がいくつか見られるが、しかしそれらの項目の「安定」との間の相関係数は、表中にその数値が出てこないほどにかなり少ない。そのことは、勤務校の状況をどのように認知しているかによって、教職アイデンティティの「安定」の側面はあまり左右されてはいないのに対して、「攪乱」の側面は安定よりは大きく左右されている様子を示しているということになる。これは、(iii)で示唆したのと同様のことであり、教職の日々の遂行状況に規定される程度という点で、教職アイデンティティの二側面の間に違いがあるということである。この点を長谷川（2008）及び山田・長谷川（2010）では、教員による教職アイデンティティ確保の「二元化戦略」の作動を示すものとして解釈した。

しかし2014年では、「勤務校の様子」に関する諸項目は、教職アイデンティティ「攪乱」とも「安定」とも相関が大きい項目が見られるようになっている。そのことから言えるのは、教職アイデンティティは、「攪乱」の側面とともに「安定」の側面も、勤務校の状況によって影響を受ける程度を強めており、「二元化戦略」が作用しなくなる傾向性がうかがわれるということである。これは、福島（2015）及び第3章でも指摘されている点だが、分析方法を多少変えた場合でも確認された。

(v)「教職観」に関する質問項目にも、いずれの調査年・いずれの校種においても、教職アイデンティティ安定との相関が大きいものがいくつかある。それは特に、「やりがいのある仕事だ」・「子どもに接する喜びのある仕事だ」・「「自分らしさ」を表現できる仕事だ」の3項目だが、それ以外にもある。教職アイデンティティ「攪乱」との相関も見られるが、「安定」と比べると小さい。

このことから推測されるのは、教職アイデンティティ「安定」因子は、(ii)で述べたように教職の日々の遂行状況によって左右されるところはもちろんあるにせよ、しかしそれとは相対的に区別される、“教員とはこういうものだ・こうあるべきものだ”という教職についての理念をどうもつかということによって支えられる教職アイデンティティの側面を意味しているということである。

ただし、これは2004年調査時によりよく当てはまることであり、2014年調査時では、「教職観」各項目は、一方で教職アイデンティティ安定との相関がいっそう大きくなるとともに、他方で教職アイデンティティ攪乱との相関係数の値もやや大きくなっている。それは、教職アイデンティティが、(iv)で示唆したように教職の日々の遂行状況いかんによって左右される傾向を強めていると同時に、その教員の（教職観＝教職の理念という）内面のもち方に左右される傾向も強めているということを意味していると推測できる。

(vi)「同僚との関係」・「職場の雰囲気」など教員同士の関係に関する質問項目の中にも、教職アイデンティティ2因子との間の相関係数が大きいものが含まれている（その関係の肯定的な状況を示す項目では、教職アイデンティティ「安定」とは正の相関、「攪乱」とは負の相関であり、否定的な状況を示す項目では、その逆）。小・中いずれの場合も多くの項目で、2004年調査時に比べて2014年調査時のほうが、その相関が大きくなっている傾向がうかがえる。

もう少し細かく項目の内容を見てみると、「同僚との関係」群の「校長・教頭からの評価」・「職場の他の教師からの評価」、「職場の雰囲気」群の「職場の他の教師からの評価」に関する項目が、2004年調査では小中いずれでも、教職アイデンティティ「安定」・「攪乱」どちらの間とも相関係数の絶対値0.25以上を示す項目がみられなかったのに対して、2014年調査では小中いずれでも、そうした項目が見られるようになっている点が、特に注目される（「評価」が気になることが、教職アイデンティティ「安定」とは負の相関を、「攪乱」とは正の相関を示すようになっている。なお、「校長・教頭からの評価」・「職場の他の教師からの評価」への顧慮と教職アイデンティティとの相関の変化については、福島（2015）及び第3章でも指摘されている点である）。

以上より、教職アイデンティティにとっての、職場の管理職・同僚との関係のもつ意味に変化が生じていることが推測される。すなわち、教職アイデンティティのあり方が、職場の管理職・同僚との関係の状況によって影響を受ける度合いを強めているということである。また、教職アイデンティティと「校長・教頭からの評価」・「職場の他の教師からの評価」への顧慮との相関が多少とも大きくなっていることから、教職アイデンティティのもち方が、仕事にまつわる職場の管理職・同僚による評価のまなざしに対して敏感なものに変化している傾向がうかがわれるということである。

## 4. 教職アイデンティティにどのような変化が見られ、それは何を含意しているか

ここまで本章で示してきた知見についてその要点を確認し、そこから引き出せるインプリケーションがどのようなものであるかを検討していく。

### (1) 要約

ここまでに示してきた知見は、次のようにまとめられる。

#### (a) 教職アイデンティティの二元性

教員の、「自分が教員であることをどのように受けとめているか」という教職アイデンティティには、その肯定的受けとめの安定度合いの強弱として表れる側面（教職アイデンティティ「安定」の側面）と、肯定的な教職アイデンティティが揺るがされ攪乱されている状態の強弱として表れる側面（教職アイデンティティ「攪乱」の側面）という、相関はするが区別もされる2側面が見られる。これは2004年調査時にも見出されたことであり、教員の教職アイデンティティに2側面が存在するという点での変化は基本的にはない（2）。

(b) 肯定的な教職アイデンティティの強まり

教員の、自分が教員であることの受けとめ（＝教職アイデンティティ）は、全体的にはその肯定度が高いものとなっている。2004年と2014年の2回の調査の結果を比較してみると、その度合いは若干強まっていると見られる（2）。

(c) 教職アイデンティティの二側面の共通点

教職アイデンティティの「安定」・「攪乱」の両側面はいずれも、教員としての日々の仕事を首尾よく遂行できているか否かによって左右されるという点で共通し、バーンアウト状態や勤務への忌避感覚とも共通して関連が深い（3の（ⅱ））。

(d) 教職アイデンティティの二側面の相違点と、教職アイデンティティ確保の「二元化戦略」

他方、教職アイデンティティの両側面は、「攪乱」が教職遂行の上での困難状況に見舞われた時まさに攪乱されやすい教職アイデンティティの側面であるのに対して、「安定」はそうした困難によって相対的には揺らぎにくい教職アイデンティティのまた別の側面であるという点で、両者の間に違いもある（3の（ⅲ）、（ⅳ））。教職アイデンティティがこのように二元性を示すのは、2004年調査時にも見られたことであり、その時、その二元性を、教員が、教職遂行の上で困難に直面しても教職アイデンティティを過剰に揺るがされないようにするために採っている、教職アイデンティティ確保の上での戦略的な方法（「二元化戦略」と名づけた）を表すものとして解釈した。

(e) 教職アイデンティティの変化(1) 二元性の弱化

だが、2014年調査の結果では、2004年調査時と比べ、教職アイデンティティの両側面のいずれもが、教職遂行の上での状況のいかんに左右されやすくなっており、教職アイデンティティの二元性は、(a) で述べたように今なお存在しているとはいえ、以前に比べ相対的に不分明なものへと変化している傾向がうかがえる（3の（ⅲ）、（ⅳ））。

(f) 教職アイデンティティの変化(2) 教職観＝教職の理念との関係の変化と二元性の弱化

教職アイデンティティの特に「安定」の側面は、その教員当人の（教職観＝教職の理念という）内面のもち方に依拠するという性質を帯びている。かつ、その性質は2004年に比べ2014年ではより強まっているという傾向がうかがわれる。ただし、その一方で、教職観と教職アイデンティティ「攪乱」の側面との相関も強まっており、この点でも教職アイデンティティの二元性の弱まりの傾向を見てとれる（3の（v））。

(g) 教職アイデンティティの変化(3) 職場の管理職・同僚との関係状況との関連に見られる変化

2004年から2014年にかけて、特に小学校を中心に、教職アイデンティティが、職場の管理職・同僚との関係の状況によって影響を受ける度合いを強めている傾向もうかがえる。特に、教職アイデンティティのもち方が、仕事を行うに当たっての職場の管理職・同僚による評価のまなざしに対してより敏感なものになっている様子がうかがえる（3の（vi））。

以上をさらに凝縮すると、教職アイデンティティの二元性と、2004年・2014年の2時点間でのその二元性の弱まりとが見て取れる、ということになるだろう。

では、それらがさらに何を意味していると言えるか、もう一歩立ち入って考察してみたい。

## (2) 教職アイデンティティの二元性とは何を意味するか

まず、教員の教職アイデンティティが二元性を示すということについてだが、それは、調査から得られたデータに直接依拠した推論とは言えないのだが、次のような理由によると思われる。

教員の仕事は、そのことに意識的であってもなくても、働きかけの対象となる多数の生徒たち各々やかれらの関係性の個別具体的な状況に応じた形でどういう効果をもたらすかが大きく左右され、その成否はそもそも「不確定」であるという性質を帯びている。もちろん、どんな仕事の場合でもその成否の不確定性がつきまとうことに変わりないが、教職は、その仕事の中心である〈教育〉の根源的不確定性（「序」1(3)参照）が特にその要因となって、不確定性の程度が強い仕事の代表的な1つとなっていると言っていいだろう。

したがって、教員はその仕事の上で、思う通りにいかず困難に突き当たるという局面を繰り返し経験せざるをえないということになる。ゆえにそのように困難に直面しがちな教員の教職アイデンティティも、本質的に揺るがされやすいものであると考えられる。教職アイデンティティ「攪乱」とは、教員の仕事の常態的特質とその職業的アイデンティティのこうした側面を表すものと見ることができる。

しかし、そのように困難への絶えざる直面が教職の常態であるとして、それによって教職アイデンティティが揺らぐばかりであると、教員にとって教職の持続的遂行はきわめて過酷か不可能なものになってしまう。そこで、教員の仕事のそうした困難な常態がその破綻へと直結しないように、種々の装置・条件が形成されてきた（「序」1(1)参照）。教員たち自身もまた、その難しい仕事の特徴に対応すべく様々なやり方を考案し継承してきたが、その1つに、仕事の遂行を取り巻く状況のいかんに大きくは左右され揺るがされない領域を、教職アイデンティティにおいて確保するという、教職アイデンティティ確保の上での戦略がある。教職アイデンティティ「安定」とは、そのようにして確保される領域である。もちろんそれもまた、仕事の遂行にまつわる状況によって左右され揺るがされるところもあるが、例えば教職観といった教職遂行に関わる理念的なものに依拠することにより、その揺らぎの幅が抑えられてもいる。教職は意味のある良き仕事であるという信念を抱き、困難な状況に直面してもそれによる動揺を抑制し、その仕事の持続的遂行を可能にする、そうした職業的アイデンティティの確保の戦略、教員にとってそれは確かに必要なものであるだろう（久冨（2009）など、久冨の一連の論考を参照）。

教職アイデンティティの安定状態を支える理念には、様々なものがありうる。かつては、教職にまつわる諸困難に対して自己犠牲的・献身的に努力することによって対処する「献身的教師像」が、その理念として日本の教員の間で一般性をもっていたが、そうした理念による困難への対処は今日では既に無効化しているとの指摘がある（久冨 1998）。この指摘を受けて長谷川（2008）及び山田・長谷川（2010）では、上記のような教職アイデンティティを二元化するというやり方を、献身的教師像に代わる、教職アイデンティティ確保の新たな方法として位置づけた。が、上記の推論に基づけば、教職アイデンティティの二元化自体は、学校教員の間で、近年に限らずいつの時点でも広く見られるものである（したがって、献身的教師像の理念に基づく対処も、教職アイデンティティの二元化がその前提にある）ということになる。変化するのは、二元化したうちの一側面を支える理念の内容である。今日的なその理念とは、教員たちの間に広範に見られるものとしては、どのようなものなのか。

### (3) 教職アイデンティティの二元性の弱化とは何を意味するか

その点と関わり改めて確認しておくべきは、前述のように、2004年から2014年にかけて、教職アイデンティティのこうした二元性が弱化する趨勢がうかがえるということである。この点を前提に考えると、二元性は弱化させつつも、全体としては教職アイデンティティの安定性を維持するというのが、日本の教員の教職アイデンティティの確保戦略の今日的な機能の仕方であるということになる。そして、そこにはそれ独特の教職理念が伴っているはずである。これらは具体的にどのようなものなのか。この点についての推論は「結び」で行うことにして、それとも関連する、2004年調査時に実施された国際比較教員調査（日本・韓国・スウェーデン・英国・米国の公立小中学校教員対象の国際比較質問紙調査）の中で明らかとなったある事実を示すことで、本章を閉じることとしたい。

その国際比較調査の結果（長谷川 2008）によれば、上記5カ国のうち特に英国の教員の間で、教職アイデンティティの二元性が相対的に弱い様子がうかがえた（ただし、教職アイデンティティに「安定」「攪乱」の二次元があること自体は、5カ国いずれでも見られた。その二元性の相対的強弱に違いがあり、英国は相対的に弱く、日本は相対的に強いというのが、その調査から得られた知見であった）。すなわち、英国の教員は、教職アイデンティティの安定と攪乱の間の相関係数の値が他国の教員と比べて顕著に大きく、教職アイデンティティ攪乱の側面のみならず安定の側面も勤務校の状況の認知によって左右される程度が相対的に強くなっていた。またかれらの間では、同僚間の関係のあり方が教職アイデンティティを左右する程度が他国に比べて強く見られた。その中でも特に、職場の同僚や管理職からの評価への敏感さが教職アイデンティティの安定性を揺るがす傾向が相対的に強いことが注目される点であった。さらにかれらの間では、教職アイデンティティという自己意識のもち方が、教職観という同じく意識の別の要素によって規定される（したがって、意識の内部で自己準拠している）程度が相対的に強いという傾向も見られた。もう1つ、教職アイデンティティが全体的には肯定的な状態で保たれているというのも、英国の教員の特徴であった。

これら2004年の国際比較調査によって明らかとなった英国の教員の教職アイデンティティに関する諸特徴は、前述した2004年調査時から2014年調査時への日本の教員の変化が向かっている方向とおおよそ一致している。2014年の日本の教員の教職アイデンティティのもち方は、2004年の英国の教員のそれに類似したものとなりつつあるのではないかというのが、本章での検討から導き出される仮説である。

ただし、2004年の英国の教員は、上記に加えて、バーンアウトの程度が他国の教員に比べて有意に高いという特徴ももっていたのに対して、2014年の日本の教員の場合2004年に比べてバーンアウトの程度は特に高くはなっていない（第7章参照）。そのような違いを伴いながらも、日本の教員がなぜ2004年時の英国の教員に類似していくという方向で変化しつつあるのか。その点が、先に「結び」での議論を期した論点とも関連してくる。この論点についての議論をきちんと行うことによって、上で「仮説」としているものが、単に表面的に類似してきたように見えることを取り上げているというだけのものではなく、まさに仮説の名に値する推察であることも示せるだろう。

〈引用・参考文献〉


久冨善之 1998「教師の生活・文化・意識——献身的教師像の組み替えに寄せて」佐伯胖他編『岩波講座 現代の教育6 教師像の再構築』岩波書店.

久冨善之編著 2008『教師の専門性とアイデンティティ——教育改革時代の国際比較調査と国際シンポジウムから』勁草書房.

久冨善之 2009「教師が成長する学校職場の文化的性格——Professional Development of Teachersを支える基盤を考える」『学校運営』No. 570.

長谷川裕 2008「5カ国の教師たち、その教職アイデンティティ確保戦略」久冨善之編著2008所収.

長谷川裕 2015「教師の期待認知・責任意識とその性格」（久冨善之他「教員文化の変容と教師の責任意識」日本教育社会学会第67回大会・Ⅰ-2部会・教師(1)での発表の当日配付資料、第3節）.

福島裕敏 2015「教員文化の変容——2004調査と2014調査との比較から」（久冨善之他「教員文化の変容と教師の責任意識」日本教育社会学会第67回大会・Ⅰ-2部会・教師(1)での発表の当日配付資料、第2節）.

山田哲也・長谷川裕 2010「教員文化とその変容」『教育社会学研究』第86集.

# 第5章

## 学校職場と教師の意識・生活

福島　裕敏

### 1. 課題・方法・対象者

本章では、学校職場の雰囲気が教師たちの意識・生活に与える影響について考察する。学校職場は、教師たちがそこに集い、その学校制度の担い手としてその職務を遂行する場であり、「そこに個性的ないし類型的な教員集団・教員文化が展開する場」（久冨 1992, p. 12）である。学校職場の雰囲気は、この学校職場における個々の教師の意識や行動の総和ではなく、教師間の相互作用を通じて形成され、その学校職場の人々の意識や行動を規定するそれ自体独自の文脈性を有している。実際、それぞれの学校職場における教師間の相互作用のあり方には違いがあり、その違いが日々の教職生活に対する意識や教職観・学校観など様々な面での違いをもたらしていた（福島 2003）。また教師たちの意識や行動を学校職場内部の価値や規範に指向させる「求心的な関係構造」のあり方は、様々な困難に直面しつつも教職アイデンティティの揺らぎを抱かずに日々の教育活動を展開することを可能にする一方で、外部の変化や要求に対する応答性を欠きそこへの安住を許すものとして批判され（久冨編著 2003、吉田 2005）、そうした教師・学校職場のあり方をターゲットとした教育改革がおこなわれた（久冨編著 2008）。

以下では、まず学校ごとの集計が可能な A 調査（第2章 p. 60 参照）の結果をもとに、学校職場の雰囲気に関する 17 項目に対する回答について因子分析をおこない、校種・職務・学校規模によるその因子得点の違いを考察する。次に、上記の因子得点を学校別に集計し、学校職場ごとの雰囲気の違いについて考察する。続いて、教職生活に関する意識、教職観、教師・学校に対する期待認知と責任意識等に対して、学校職場の雰囲気が及ぼす影響を、教師一人ひとりのそれらについての観察（個人レベル）と学校職場全体の雰囲気（集団レベル）との両面から考察する。さらに、2004年調査と2014年調査の結果をもとに、学校職場の雰囲気が教師一人ひとりの教職生活・意識に対する影響が、個人レベルと集団レベルでどのように変化してきているのかについてみていくこととする。

## 2. 学校職場の雰囲気把握の分化と属性による違い

### (1) 学校職場の雰囲気把握の分化

第2章で考察されていたとおり、職場の教職員間の関係は集計結果でみる限り、全体として悪くなく、お互いを尊重し協力して学校運営に参加しており、同じ職場の同僚関係が教師たちの悩みや困難を乗り越えていく支えとなり、管理職との関係も悪くなく、管理職や同僚からの評価を気にする回答も多くなかった。ただし、例えば会議の活性度や職場を離れてのつきあいなど、回答が肯定／否定に分かれているものもみられた。

そこで、はじめに、学校職場の雰囲気に対する一人ひとりの教師による捉え方の分化をみておくこととする。**表5.1**は、職場の雰囲気に関する17項目について因子分析（最尤法、プロマックス回転）をおこなった結果である。析出された4つの因子は、《F1 管理職との良好な関係性》、《F2 公的コミュニケーションの活発さ》、《F3 承認・協同的な関係性》、《F4 評価的雰囲気》と命名した。うち、F1～3については管理／公的／私的といったコミュニケーションの異なる位相を示しており、因子間の相関をみても、これら3因子は強い相関を示している。残るF4については、F1との間に0.2程度の弱い負の相関を示すにとどまっている。

### (2) 属性による違い

学校職場の雰囲気に対する把握は、一人ひとりの教師の属性による違いにもよるところも少なくないように思われる。**表5.2**は、先の因子分析にもとづく各回答者の因子得点を属性別にその平均値を示したものである。また校種に関

表 5.1　学校職場の雰囲気に関する項目に対する因子分析結果

| 項目 | F1 | F2 | F3 | F4 |
|---|---|---|---|---|
| (1) 校長・教頭と他の教職員との間で意思の疎通がうまくはかられている | 0.803 | 0.013 | -0.057 | 0.032 |
| (2) 校長・教頭が勝手にことがらを決めたり進めたりする | -0.738 | 0.113 | 0.045 | 0.052 |
| (3) 学校では各々の教師のやりたいことが自由にやれている | 0.466 | -0.032 | 0.223 | 0.015 |
| (4) 職場の教師同士が協同してものごとに取り組んでいる | 0.005 | -0.048 | 0.836 | 0.045 |
| (5) お互いの持ち味・専門性を尊重しあっている | -0.043 | -0.020 | 0.823 | 0.020 |
| (6) 職員会議がよく開かれている | -0.207 | 0.571 | 0.019 | -0.023 |
| (7) 学年会・教科会や担当委員会（行事や校務分掌に関する）などが、よく開かれている | -0.147 | 0.619 | -0.003 | -0.031 |
| (8) 職員会議で活発な議論がなされている | 0.316 | 0.551 | -0.114 | 0.057 |
| (9) 学年会・教科会や担当委員会（行事や校務分掌に関する）などで活発な議論がなされている | 0.038 | 0.767 | 0.011 | -0.002 |
| (10) 自校の教師間で、教材研究や児童・生徒の指導について活発な意見交流が行われている | 0.095 | 0.465 | 0.182 | 0.009 |
| (11) 職場で教師間に仕事に限らず何でも話せる雰囲気がある | 0.173 | 0.191 | 0.444 | -0.086 |
| (12) 職場を離れても同じ学校の教師間でつきあうことが多い | 0.070 | 0.127 | 0.218 | 0.090 |
| (13) 校長・教頭からの評価を気にして仕事をしている | -0.088 | 0.075 | 0.025 | 0.764 |
| (14) 他の教師からの評価を気にして仕事をしている | 0.075 | -0.079 | 0.049 | 0.983 |
| (15) 他の教師との足並みがそろうように物事を進めている | -0.066 | 0.135 | 0.214 | 0.063 |
| (16) 問題が起きたときに、責任を押しつけ合う雰囲気がある | -0.215 | 0.027 | -0.278 | 0.239 |
| (17) 管理職が最終的に責任を取ってくれるとの安心感がある | 0.693 | -0.100 | -0.005 | 0.019 |
| F1 管理職との良好な関係性 | − | 0.490 | 0.660 | -0.201 |
| F2 公的コミュニケーションの活発さ | 0.490 | − | 0.556 | -0.009 |
| F3 承認・協同的な関係性 | 0.660 | 0.556 | − | -0.152 |
| F4 評価的雰囲気 | -0.201 | -0.009 | -0.152 | − |

因子抽出法: 最尤法（プロマックス回転）
網掛け：因子負荷量絶対値・因子間相関絶対値　0.3 以上

してはｔ検定、職務・教職経験・教員規模については一元配置分散分析をおこない、後者については多重比較の結果も示した。なお、教員規模は各学校の教員数をもとに小／中／大規模の３つに分類した(1)。

ｉ）校種については、F2・F3・F4 とも小学校の方が中学校に比べて有意に高く、学年会や職員会議などの公的コミュニケーションが活発であり、承認・協同的な関係性が成り立っていると認識している者が多い一方で、管理職・同じ職場の教師の評価を気にする雰囲気が強いとする者も多い傾向にある。

ii）職務については、有意差がみられた因子はない。ただし、《F1 管理職との良好な関係性》と《F3 承認・協同的な関係性》では、管理職的立場にある校長・教頭・主幹教諭の方が平均値が高い傾向にある（当然ともいえるかも知れないが）。

表 5.2　学校職場に関する因子得点の属性による違い

| 属性 | 分類 | N | F1 管理職との良好な関係性 | F2 公的コミュニケーションの活発さ | F3 承認・協同的な関係性 | F4 評価的雰囲気 |
|---|---|---|---|---|---|---|
| 校種 | 小 | 570 | −0.016 | 0.048 | 0.041 | 0.047 |
| | 中 | 274 | 0.032 | −0.102 | −0.086 | −0.098 |
| | 検定 | | | * | + | + |
| 職務 | 校長 | 21 | 0.202 | −0.047 | 0.213 | 0.140 |
| | 副校長・教頭 | 37 | 0.275 | −0.053 | 0.296 | −0.039 |
| | 主幹教諭 | 24 | 0.167 | 0.107 | 0.105 | 0.070 |
| | 教諭（正規採用） | 610 | −0.033 | −0.032 | −0.032 | −0.031 |
| | 養護教諭 | 31 | 0.025 | −0.088 | −0.088 | 0.293 |
| | 臨時採用常勤講師 | 86 | −0.121 | 0.066 | −0.053 | 0.084 |
| | 臨時採用非常勤講師 | 18 | 0.104 | 0.350 | 0.131 | 0.119 |
| | その他 | 6 | 0.513 | 0.479 | 0.535 | −0.057 |
| | 検定 | | | | | |
| | 多重比較 | | | | | |
| 教職経験 | 新任（0 〜 1 年） | 45 | 0.126 | 0.260 | 0.124 | 0.265 |
| | 2 〜 9 年 | 235 | 0.012 | 0.047 | 0.058 | 0.120 |
| | 10 〜 19 年 | 150 | −0.127 | −0.060 | −0.105 | 0.036 |
| | 20 〜 29 年 | 192 | 0.023 | −0.102 | −0.046 | −0.054 |
| | 30 年以上 | 223 | 0.028 | 0.026 | 0.024 | −0.157 |
| | 検定 | | | | | ** |
| | 多重比較 | | | | | 新任 (+), 2-9 年 ＜ 30 年以上 |
| 教員規模 | 小規模（〜 23） | 213 | −0.021 | −0.129 | 0.061 | 0.080 |
| | 中規模（〜 34） | 364 | −0.073 | 0.051 | −0.018 | −0.063 |
| | 大規模（35 〜） | 268 | 0.116 | 0.033 | −0.025 | 0.023 |
| | 検定 | | * | + | | |
| | 多重比較 | | 小＜大 | 小 (+) ＜中 | | |

***p<.0001, **p<0.01, *p<0.05, +p<0.10

iii）教職経験別では、《F4 評価的雰囲気》において有意差がみられ、新任者を含む 10 年未満の者がそのような雰囲気があると考える傾向にある。この違いが教師経験によるものなのか、時代的状況によるものなのかは定かではないが、少なくとも経験年数が長いほど、因子得点は低くなる傾向にある。

iv）教員規模別では、《F1 管理職との良好な関係性》においては、大規模の方が小規模よりも良好と答える傾向にあり、《F2 公的コミュニケーションの活発さ》では小規模よりも中規模の方が活発と答える傾向にある。この他、有意差はみられないものの、《F3 承認・協同的な関係性》と《F4 評価的雰囲気》とについては、少なくとも小規模の方がそのような雰囲気があると答える傾向にある。

表 5.3　学校職場の雰囲気に関する因子に対する諸属性の規定性

| | F1 管理職との関係性の良好さ | | | F2 公的コミュニケーションの活発さ | | | F3 承認・協同的関係性 | | | F4 評価的雰囲気 | | |
|---|---|---|---|---|---|---|---|---|---|---|---|---|
| | B | ベータ | 検定 | B | ベータ | 検定 | B | ベータ | 検定 | B | ベータ | 検定 |
| （定数） | 0.123 | | | −0.03 | | | −0.19 | | | −0.147 | | |
| 小ダミー | −0.101 | −0.052 | | 0.140 | 0.073 | * | 0.122 | 0.063 | + | 0.145 | 0.070 | * |
| 管理職ダミー | 0.054 | 0.02 | | −0.114 | −0.043 | | 0.027 | 0.010 | | −0.019 | −0.007 | |
| 初任ダミー | 0.056 | 0.029 | | 0.102 | 0.053 | | 0.113 | 0.058 | | 0.211 | 0.102 | ** |
| 小規模ダミー | −0.145 | −0.069 | + | −0.125 | −0.061 | | 0.110 | 0.052 | | 0.082 | 0.037 | |
| 中規模ダミー | −0.212 | −0.115 | * | 0.054 | 0.030 | | 0.033 | 0.018 | | −0.052 | −0.026 | |
| 調整済 R2 | .006 | | + | .012 | | * | .003 | | | .013 | | ** |

***$p<.0001$, **$p<0.01$, *$p<0.05$, +$p<0.10$

**表 5.3** は、上記の属性のいくつかをダミー変数として説明変数、各因子得点を従属変数として重回帰分析をおこなった結果である。うち、管理職は校長・教頭・主幹を、若手は新任と２～９年目をあわせたものでる。いずれの因子においても調整済Ｒ二乗値は高くないが、上記(ｉ)～(iv)の指摘と大きく異なっておらず、また「ベータ」（標準化回帰係数）の値をみても、各因子に対して統計的有意差を示す属性間にそれほど大きな違いはない。

## 3. 学校による雰囲気の違い

冒頭で述べたように、学校職場による雰囲気は教員文化を基礎づける集団過程といえる。そこで、先の因子分析にもとづく因子得点を学校ごとにその平均値を算出し、その因子得点の平均が高い学校を、それぞれの因子が示す雰囲気が「濃い」学校、低い学校を「淡い」学校として考え、学校職場の雰囲気の違いを把握しようとした。その学校ごとの各因子得点平均値の分布を示したのが**表 5.4** である(2)。表は、因子得点平均値にもとづき 0.2 ごとに 10 階層に区分し、それぞれの階層に属する学校の数を●は小学校１校、○は中学校１校として示した。表から読み取れることは以下のとおりである。

ｉ）学校ごとのばらつきが大きいのは、《F1 管理職との良好な関係性》で、「学校職場の雰囲気は管理職次第」といったよく耳にする言葉を現実的に示す結果ともいえる。ただし、小中間による分布の明確な違いはみられない。

ii）続いてばらつきが大きいのは《F3 承認・協同的な関係性》で、教員相

表 5.4　学校職場ごとの各因子得点平均値の分布

| 因子得点平均値<br>(10 階層) | F1 管理職との<br>関係性の良好さ | F2 公的コミュニケー<br>ションの活発さ | F3 承認・協同的な<br>関係性 | F4 評価的雰囲気 |
|---|---|---|---|---|
| -0.8 未満 | ●<br>○ | | ○ | |
| -0.6 未満 | ●● | ●<br>○ | ●<br>○ | |
| -0.4 未満 | ●●●<br>○○○ | ●●<br>○○○○ | ●●<br>○○○ | ●●<br>○ |
| -0.2 未満 | ●●●●●<br>○ | ●●●●●●●<br>○○○ | ●●●●● | ●●●●<br>○○○ |
| 0 未満 | ●●●●●<br>○○○○ | ●●●●●●<br>○○ | ●●●●●<br>○○○○○ | ●●●●●●●●●●<br>○○○○ ●●●● |
| 0.2 未満 | ●●●●●<br>○○ | ●●●●<br>○○○○ | ●●●●●●<br>○○ | ●●●●●<br>○○○○○ |
| 0.4 未満 | ●●●●●<br>○○○ | ●●●●●●●●<br>○○ | ●●●●●●<br>○ | ●●●●●<br>○○○○ |
| 0.6 未満 | ●●<br>○ | ○○ | ●●●●●<br>○○○ | ●<br>○ |
| 0.8 未満 | ●●<br>○○ | ●●● | ●<br>○○ | |
| 0.8 以上 | ●●<br>○ | ● | ● | ● |

●＝小学校　○＝中学校

互が持ち味を尊重したり、何でも話したりといった親密な関係性の濃淡も学校によって異なっているといえる。小学校ではやや「濃い」側による傾向にある一方、中学校ではやや「濃い」と「淡い」とに分化する傾向にある。

iii)《F2 公的コミュニケーションの活発さ》については、前二者に比べるとばらつきは小さいが、小学校ではかなり「濃い」学校が 4 校みられるほか、それなりに「濃い」学校も 8 校みられる。

iv)《F4 評価的雰囲気》に関しては、小学校では中央周辺に分布する傾向にあるのに対して、中学校では「濃い」方にやや偏っている。

このような学校職場ごとの雰囲気の違いは、そこに属する教師一人ひとりの意識や生活にも影響を及ぼしていると思われる。そこで次節では、学校職場の雰囲気に関する教師一人ひとりの認知とあわせて、教師の生活・意識に対するそれらの影響について考察していくことにする。

## 4. 学校職場の雰囲気の規定性

これまでみてきた学校職場の雰囲気に対する教師・学校レベルの把握が、教師の意識や生活をどのように規定しているのかについて考察するため、まず教職生活（Q2、Q3）、教職観（Q8）、教師・学校に対する期待認知および責任意識（ともにQ7）に関する回答について因子分析（最尤法、プロマックス回転）(3)をおこない、次にそこで算出された教師一人ひとりの各因子得点およびバーンアウト尺度得点を従属変数とし、学校職場に関する4因子の因子得点、各得点の学校別平均値、および小学校ダミーを説明変数として、マルチレベル分析をおこなった。分析に際しては、清水（2016）が開発したソフトHADを用いた。

分析結果は**表5.5**に示す通りである。表中の「近似標準化係数」は、各項目に対する学校職場の雰囲気に関する因子の規定力を示しており、絶対値が大きいほど規定力が大きい。うち、表頭の「教師レベル」は教師一人ひとりの学校職場に関する各因子の因子得点の規定力、また「学校職場レベル」はそれらを学校ごとに集計した結果の規定力を示している。また「調整済R２乗」はモデル全体の当てはまりを示しており、値が大きいほど当てはまりがよいとされる。さらに「級内相関係数」は、学校職場内の教師の回答の類似性を示しており、値が大きいほど類似性が高いことを意味している。

**表5.5**から読み取れることは、以下の通りである。

ⅰ）教職生活に関する意識全般、精神的身体的自由に関する教職観、受験学力育成についての期待認知、通常の教育活動以外の責任意識は、学校職場の状況に相対的に強く規定されている。右端の「級内相関係数」の列をみた場合、統計的有意差がみられたものは12因子と約半数にとどまり、その値はいずれも0.1以下と低い。ただし、項目群別にみた場合、「教職生活」では〈F5攪乱〉以外のすべての因子で有意となっており、なかでも〈F2安定（－）〉〈バーンアウト〉といった教職アイデンティティの安定や確保に関する項目において級内相関係数の値が相対的に高くなっている。また「教職観」では、〈F2献身性〉〈F4自律性〉〈F5職務遂行性〉の3因子で有意となっている。「責任意識」では、〈F3特別な配慮指向〉〈F4校外指向〉といった、どちらかといえば通常の教育活動以外の側面に関わる

表 5.5　各因子等に対する職場の雰囲気に関する因子の教師・学校職場レベルの規定性

| 項目群 | 因子 | レベル | 教師レベル | | | | 学校職場レベル | | | | | 調整済R2乗 | 級内相関係数 |
|---|---|---|---|---|---|---|---|---|---|---|---|---|---|
| | | 職場の雰囲気に関する因子 | F1 管理職との良好な関係性 | F2 公的コミュニケーションの活発さ | F3 承認・協同的な関係性 | F4 評価的雰囲気 | F1 管理職との良好な関係性 | F2 公的コミュニケーションの活発さ | F3 承認・協同的な関係性 | F4 評価的雰囲気 | 小ダミー | | |
| 教職生活 | F1 自信 | 近似標準化係数 | .074 | .112 | .001 | -.090 | .038 | -.023 | .042 | .006 | -.038 | .039 | 0.019 |
| | | 検定 | | * | | * | | | | | | *** | + |
| | F2 安定(-) | 近似標準化係数 | -.225 | -.081 | -.167 | .162 | -.093 | .087 | -.145 | .063 | -.058 | .274 | 0.052 |
| | | 検定 | ** | + | ** | ** | | + | * | | | *** | ** |
| | F3 信頼 | 近似標準化係数 | .082 | .066 | .094 | -.077 | .066 | -.022 | .089 | .052 | .041 | .072 | 0.027 |
| | | 検定 | | | + | * | | | | | | *** | * |
| | F4 過重多忙 | 近似標準化係数 | -.198 | .003 | .005 | .034 | -.106 | .031 | .014 | .027 | -.051 | .045 | 0.033 |
| | | 検定 | ** | | | | | | | | | *** | * |
| | F5 攪乱 | 近似標準化係数 | -.025 | -.027 | .002 | .640 | -.032 | .018 | .068 | .200 | -.013 | .453 | 0.001 |
| | | 検定 | | | | ** | | | | ** | | *** | |
| | F6 評価の眼差し | 近似標準化係数 | -.107 | -.102 | -.012 | .254 | -.022 | .065 | -.082 | .074 | .010 | .124 | 0.026 |
| | | 検定 | * | * | | ** | | | | + | | *** | * |
| | バーンアウト | 近似標準化係数 | -.190 | .015 | -.111 | .217 | -.132 | .054 | -.049 | .075 | -.069 | .177 | 0.045 |
| | | 検定 | ** | | * | ** | * | | | + | + | *** | ** |
| 教職観 | F1 自己実現性 | 近似標準化係数 | .024 | .063 | .142 | -.043 | .140 | .002 | -.033 | .049 | -.005 | .054 | 0.014 |
| | | 検定 | | | ** | | * | | | | | *** | |
| | F2 献身性 | 近似標準化係数 | -.152 | .040 | .010 | .099 | -.041 | .097 | -.019 | .057 | -.096 | .039 | 0.028 |
| | | 検定 | ** | | | ** | | + | | | * | *** | * |
| | F3 専門性 | 近似標準化係数 | .036 | .087 | .113 | .030 | -.053 | .069 | .044 | .018 | -.102 | .050 | -0.011 |
| | | 検定 | | + | * | | | + | | | ** | *** | |
| | F4 職務遂行性 | 近似標準化係数 | .084 | .054 | .049 | .077 | -.043 | .192 | -.104 | .055 | -.004 | .050 | 0.031 |
| | | 検定 | | | | * | | ** | | | | *** | ** |
| | F5 自律性 | 近似標準化係数 | .142 | .036 | .148 | -.052 | .140 | -.020 | .012 | -.018 | .086 | .117 | 0.048 |
| | | 検定 | ** | | ** | | * | | | | * | *** | ** |
| 期待認知 | F1 社会的能力育成 | 近似標準化係数 | -.106 | .141 | .196 | -.027 | .035 | .059 | -.070 | -.001 | .020 | .057 | -0.016 |
| | | 検定 | * | ** | ** | | | | | | | *** | |
| | F2 学校空間内指向 | 近似標準化係数 | -.119 | .054 | .259 | .002 | .072 | -.029 | .024 | .043 | -.012 | .050 | 0.006 |
| | | 検定 | * | | ** | | | | | | | *** | |
| | F3 学校制度外指向 | 近似標準化係数 | -.052 | .150 | .129 | -.031 | -.007 | .056 | -.035 | .026 | -.023 | .047 | 0.004 |
| | | 検定 | | ** | * | | | | | | | *** | |
| | F4 学習指導指向 | 近似標準化係数 | -.129 | .040 | .225 | .031 | .093 | -.043 | .013 | .004 | -.020 | .035 | 0.003 |
| | | 検定 | * | | ** | | | | | | | *** | |
| | F5 受験学力指向 | 近似標準化係数 | -.059 | .057 | .140 | .024 | -.016 | .029 | .016 | -.025 | -.343 | .135 | 0.154 |
| | | 検定 | | | ** | | | | | | ** | *** | *** |
| 責任意識 | F1 学校空間内指向 | 近似標準化係数 | -.066 | -.028 | .212 | -.045 | .059 | .058 | .002 | .021 | -.001 | .032 | 0.000 |
| | | 検定 | | | ** | | | | | | | ** | |
| | F2 社会的能力育成 | 近似標準化係数 | -.074 | .031 | .174 | -.027 | .117 | .059 | -.079 | .080 | -.011 | .029 | -0.017 |
| | | 検定 | | | ** | | * | | | * | | *** | |
| | F3 特別な配慮指向 | 近似標準化係数 | -.031 | .046 | .141 | -.034 | .000 | .098 | -.015 | -.010 | .011 | .030 | 0.025 |
| | | 検定 | | | * | | | + | | | | ** | * |
| | F4 校外指向 | 近似標準化係数 | .070 | .070 | .006 | -.021 | -.064 | .094 | -.008 | .008 | -.084 | .022 | 0.035 |
| | | 検定 | | | | | | | | | + | * | ** |
| | F5 学力指向 | 近似標準化係数 | -.014 | .020 | .127 | -.036 | .014 | .084 | -.011 | -.026 | -.112 | .035 | 0.012 |
| | | 検定 | | | * | | | * | | | ** | *** | |

*** $p<.0001$, ** $p<.001$, * $p<.05$, + $p<.10$

因子で有意となっている。一方、「期待認知」において有意であったのは〈F5受験学力指向〉の1因子にとどまっている。

ii）学校職場の雰囲気は、教職アイデンティティを一定程度規定するものとなっている。右から2列目の「調整済R2乗」をみると、いずれの因子においても調整済R2乗は統計的には有意となっているが、そのほとんどは0.1以下と低い。ただし、「教職生活」において、その値が相対的に高い項目が多く、同じような内容の因子《F4評価的雰囲気》が説明変数に含まれている教職生活〈F6評価の眼差し〉はともかく、〈F2安定（－）〉〈F5攪乱〉〈バーンアウト〉といった因子においても相対的に高い値となっている。

iii）全体として、一人ひとりの教師による学校職場の雰囲気についての観察によるところが多く、特に教職生活に関する意識や教師・学校に対する期待認知において顕著である。学校職場の雰囲気に関する各因子が有意となっている因子は、教師レベルでは38因子、学校職場レベルでは15因子（小ダミーを除く）となっている。また因子群ごとにみた場合、「教職生活」ではそれぞれ16因子と6因子、「教職観」では8因子と5因子、「期待認知」では10因子と0因子、「責任意識」では4因子と4因子となっている。

iv）① 教師レベルでは、教職生活をはじめとする教師の意識は、承認・協同的な関係性についての観察に強く規定されているのに対して、会議などの公的コミュニケーションの活発さについてのそれにはあまり規定されていない。教師レベルでは、統計的に有意な規定力を示している因子は、《F3承認・協同的関係性》が22因子中15因子と最も多く、逆に《F2公的コミュニケーションの活発さ》が6因子と最も少ない。また《F1管理職との良好な関係性》《F4評価的雰囲気》についてはそれぞれ9因子と8因子となっている。

② 教師間に承認・協同的な関係性があるとする者ほど、教師・学校に対する期待とそれに対する責任を強く意識する傾向にあるとともに、ポジティブな教職観をもち、安定的な教職アイデンティティをもつ傾向にある。教師レベル《F3承認・協同的関係性》は、「期待認知」の全因子と「責任意識」の〈F4校外指向〉以外のすべての因子、「教職観」の〈F1自己実現性〉・〈F3専門性〉・〈F5自律性〉、さらに「教職生活」では〈F2安定

(－)〉〈バーンアウト〉(〈　〉の下線は近似標準化係数が負の値であることを意味する。以下、同様）や〈F3 信頼〉において有意となっている。

③ 管理職と良好な関係にあるとする者ほど、教職アイデンティティが安定的で、過重多忙感が低く、献身的ではなく自律的な仕事と捉える傾向にある。ただし、学校における日常的教育活動に関する期待認知は低い。教師レベル《F1 管理職との良好な関係性》は、「教職生活」では〈F2 安定（－)〉〈F4 過重多忙〉〈バーンアウトスコア〉において、また「教職観」では〈F2 献身性〉〈F4 自律性〉において、さらに「期待認知」では〈F1 社会的能力育成〉〈F2 学校空間内指向〉〈F4 学習指導指向〉において、それぞれ有意となっている。

④ 管理職や他の教師からの評価を気にしながら仕事をしていると思っている者ほど、教職アイデンティティの揺らぎを抱く傾向にあり、またネガティブな教職観を抱く傾向にある。教師レベル《F4 評価的雰囲気》は、教職生活〈F4 多忙過重〉以外の因子に対して有意であり、とくに〈F3 攪乱〉についてはかなり値が高い。また教職観では〈F2 献身性〉〈F4 職務遂行性〉に対して有意となっている。

⑤ 会議などの公的コミュニケーションが活発だと思っている者ほど、他からの評価を意識せず自信をもって安定的に教職に関わっており、高度な専門性が必要な仕事と捉え、貧困や障害をもつ子どもへの配慮などの社会的要求に対する期待を強く意識している。教師レベル《F2 公的コミュニケーションの活発さ》は、教職生活〈F1 自信〉〈F2 安定（－)〉〈F6 評価の眼差し〉、教職観〈F3 専門性〉、期待認知〈F1 社会的能力育成〉〈F3 学校制度外指向〉に対して有意であった。

v）① 学校職場レベルでは、教師間の公的コミュニケーションの活発さが、学校職場の雰囲気に関する他の側面に比べて、教師の意識の諸側面をやや多く規定している。《F2 公的コミュニケーションの活発さ》は 6 因子において有意であるが、《F1 管理職との良好な関係性》《F4 評価的雰囲気》では 4 因子、《F3 承認・協同的な関係性》では 1 因子にとどまっている。

② 公的コミュニケーションが活発な雰囲気が濃い学校職場ほど、高度専門職観をもち、個々の子どもの能力の違いへの対応を責任として意識する一方で、献身的で職務遂行的な教職観を抱き、教職アイデンティティの

安定をやや得にくい傾向にある。学校職場レベル《F2 公的コミュニケーションの活発さ》は、教職生活〈F2 安定（－）〉、教職観〈F2 献身性〉〈F3 専門性〉〈F4 職務遂行性〉、および責任意識〈F3 特別な配慮指向〉〈F5 学力指向〉において有意となっている。

③ 管理職との関係が良好な雰囲気が濃い学校では、やりがい・喜びや自律性のある仕事として教職を捉え、社会的能力の育成といった責任を強く意識する傾向にあり、バーンアウト度も低い。学校職場レベル《F1 管理職との良好な関係性》は、《F2 公的コミュニケーションの活発さ》では有意でなかった教職観〈F1 自己実現性〉〈F4 自律性〉に加えて、教職生活〈バーンアウト〉や責任意識〈F2 社会的能力育成指向〉に対して有意である。

④ 教師間で評価し合う雰囲気の濃い学校では、当然ながら他の教師からの評価を気にし、教職アイデンティティの攪乱を抱きやすく、バーンアウト度も高い傾向にある。また社会的能力育成面での責任を強く意識する傾向にある。学校職場レベル《F4 評価的雰囲気》が有意差を示す因子として、教職生活〈F5 攪乱〉〈F6 評価の眼差し〉〈バーンアウト〉に加えて、責任意識〈F2 社会的能力育成指向〉が挙げられる。

⑤ 教師間の承認・協同的な雰囲気が濃い学校ほど、安定的な教職アイデンティティを抱く傾向にある。学校職場レベル《F3 承認・協同的な関係性》は、教職生活〈F2 安定（－）〉に対してのみ有意な値を示すにとどまる。

vi）中学校では、高度専門職観が強い一方で、自律性が低く献身的な職業と考える傾向にあり、バーンアウト度も高い傾向にある。また、ある意味当然ながら、受験学力の育成についての期待や学力育成の責任に関する意識が強く、校外生活についての責任意識も強い。「小ダミー」は、教職生活〈バーンアウト〉、教職観〈F2 献身性〉〈F3 専門性〉、期待認知〈F5 受験学力指向〉、責任意識〈F4 校外指向〉〈F5 学力指向〉で有意となっている。

vii）教職生活をはじめとする教師の意識は、総じて個々の教師による学校職場の雰囲気についての観察に規定されるところが多い。なかでも同僚との承認・協同的関係性を意識している者ほど、ポジティブな教職観をもち、教師・学校に対する期待認知・責任意識全般を強く意識している。逆に評価的雰囲気を強く意識している者ほど教職アイデンティティの確保が困難で、ネガティブな教職観を抱く傾向にある。また管理職との関係性との良好な関係性を築けていると思っている者ほど教職アイデンティティは安定的で、自己犠牲的な献身的教師像が後景に退く傾向がある。さらに公的コミュニケーションが活発だと意識している者は、自信をもち、社会との関わりを意識した教育活動についての期待を強く意識する傾向がある。一方、学校職場全体の雰囲気では、公的コミュニケーションの活発なところほど、子どもの能力の違いへの対応を責任として意識する能力主義的傾向がみられ、自己犠牲的で職務遂行的な教職観をもつ傾向にある。それは近年の目標管理型教育改革下における「遂行性のパラドックス」(小玉 2013) に苛まれる学校職場の姿を表しているようにも思われる。また、評価的雰囲気が濃い学校ほど教職アイデンティティの攪乱を抱きやすいのに対して、管理職との良好な関係性や承認・協同的な関係性がみられるところほど、教職アイデンティティが安定的な傾向にある。加えて、管理職との関係が良好なところほど、ポジティブな教職観を抱く傾向にある。

## 5. 学校職場の雰囲気の規定性の時系列比較

以下では、2004 年調査と 2014 年調査の結果をもとに、**4** と同様に、教師レベルと学校レベルの学校職場の雰囲気が教職生活などに及ぼす影響について考察していく。分析に際しては、第 3 章と同じく、両時点の調査に協力いただいた 7 地区の「教諭」のみを対象としている。分析に際しては、まず両時点の調査に共通している学校職場の雰囲気・教職生活・教職観に関する項目について、2014 年のデータをもとに因子分析（最尤法、プロマックス回転）をおこない、その結果をもとに 2004 年の各教師の因子得点も算出した(4)。次に、教職生活に関する因子得点・バーンアウトスコア・教職観に関する因子得点を従属変数、教師レベル・学校レベルの学校職場の雰囲気に関する因子得点と小学校ダミーとを説明変数としたマルチレベル分析をおこなった。なお、2014 年教職観〈F4 専門性〉については規定の処理内で収束しなかったため、結果が不正確な可能性があるが、参考としてその結果を掲載しておいた。

**表 5.6** から読み取れる結果は下記の通りである。

## 表 5.6　学校職場の雰囲気の規定性の時系列比較（2004 ／ 2014 年）

| 項目群 | 因子 | 年 | レベル | 教師レベル | | | | 学校職場レベル | | | | | R2 乗調整済 | 級内相関係数 |
|---|---|---|---|---|---|---|---|---|---|---|---|---|---|---|
| | | | 職場の雰囲気に関する因子 | F1 承認・協同的な関係性 | F2 公的コミュニケーションの活発さ | F3 管理職との良好な関係性 | F4 評価的雰囲気 | F1 承認・協同的な関係性 | F2 公的コミュニケーションの活発さ | F3 管理職との良好な関係性 | F4 評価的雰囲気 | 小ダミー | | |
| 教職生活 | F1 自信 | 2004 | 近似標準化係数 | .027 | .067 | .052 | .009 | .091 | −.056 | .027 | .030 | .085 | .022 | .002 |
| | | | 検定 | | | | | * | | | | * | ** | |
| | | 2014 | 近似標準化係数 | .017 | .143 | −.029 | −.163 | −.003 | −.026 | .120 | .051 | −.042 | .044 | .017 |
| | | | 検定 | | ** | | ** | | | | | | ** | |
| | F2 安定 | 2004 | 近似標準化係数 | .102 | .036 | .184 | −.005 | .066 | −.028 | .084 | −.012 | −.007 | .091 | .004 |
| | | | 検定 | | | *** | | | | + | | | *** | |
| | | 2014 | 近似標準化係数 | .189 | .122 | .046 | −.186 | .112 | −.036 | .091 | −.067 | .057 | .168 | .041 |
| | | | 検定 | ** | * | | ** | | | | * | | *** | * |
| | F3 信頼 | 2004 | 近似標準化係数 | .130 | .036 | .004 | −.009 | .037 | .024 | −.005 | −.049 | −.027 | .024 | .004 |
| | | | 検定 | | | | | | | | + | | * | |
| | | 2014 | 近似標準化係数 | .108 | .083 | .024 | −.079 | .074 | −.042 | .086 | .043 | .053 | .054 | .030 |
| | | | 検定 | | | | | | | | | | ** | + |
| | F4 攪乱 | 2004 | 近似標準化係数 | −.040 | .104 | −.241 | .083 | .063 | .038 | −.139 | −.064 | .004 | .072 | −.009 |
| | | | 検定 | | | ** | + | | | ** | * | | *** | |
| | | 2014 | 近似標準化係数 | .012 | −.079 | −.130 | .267 | −.085 | .026 | −.087 | .061 | −.009 | .127 | .051 |
| | | | 検定 | | | * | ** | | | | | | *** | ** |
| | F5 過重多忙 | 2004 | 近似標準化係数 | .076 | .145 | −.321 | −.052 | −.018 | .061 | −.115 | −.098 | .085 | .068 | .057 |
| | | | 検定 | | * | ** | | | | * | + | + | *** | ** |
| | | 2014 | 近似標準化係数 | −.012 | .050 | −.214 | .055 | −.091 | .085 | −.029 | .012 | −.123 | .059 | .108 |
| | | | 検定 | | | ** | | | | | | * | *** | *** |
| | F6 評価の眼差し | 2004 | 近似標準化係数 | .009 | −.031 | .091 | .427 | .209 | −.121 | −.088 | .157 | −.038 | .202 | .025 |
| | | | 検定 | | | + | ** | ** | * | * | ** | | *** | + |
| | | 2014 | 近似標準化係数 | .009 | .021 | −.036 | .651 | .069 | −.030 | −.088 | .242 | .003 | .496 | .016 |
| | | | 検定 | | | | ** | + | | + | ** | | *** | |
| | バーンアウト | 2004 | 近似標準化係数 | −.122 | .110 | −.234 | .043 | −.090 | .022 | −.083 | .024 | .028 | .098 | .026 |
| | | | 検定 | + | | ** | | + | | + | | | *** | + |
| | | 2014 | 近似標準化係数 | −.124 | .008 | −.134 | .253 | −.077 | .022 | −.090 | .093 | −.057 | .158 | .088 |
| | | | 検定 | + | | + | ** | | | | + | | *** | *** |
| 教職観 | F1 自己実現性 | 2004 | 近似標準化係数 | .138 | .083 | .026 | −.013 | .089 | −.039 | .041 | −.038 | .010 | .055 | .032 |
| | | | 検定 | * | | | | | | | | | ** | * |
| | | 2014 | 近似標準化係数 | .133 | .114 | −.016 | −.092 | .014 | .053 | .016 | .011 | −.012 | .050 | −.001 |
| | | | 検定 | * | + | | + | | | | | | *** | |
| | F2 献身性 | 2004 | 近似標準化係数 | .166 | .094 | −.251 | .028 | −.002 | .032 | .020 | .007 | −.032 | .033 | −.002 |
| | | | 検定 | * | + | ** | | | | | | | ** | |
| | | 2014 | 近似標準化係数 | .115 | .040 | −.209 | .124 | −.068 | .168 | −.006 | .033 | −.119 | .060 | .074 |
| | | | 検定 | + | | ** | * | | * | | | * | ** | *** |
| | F3 自律性 | 2004 | 近似標準化係数 | .300 | .040 | .069 | .015 | .014 | .004 | .088 | −.041 | −.047 | .150 | .041 |
| | | | 検定 | ** | | | | | | | | | *** | ** |
| | | 2014 | 近似標準化係数 | .168 | .084 | .064 | −.038 | .058 | −.036 | .084 | −.025 | .089 | .094 | .047 |
| | | | 検定 | * | | | | | | | | | *** | ** |
| | F4 専門性 | 2004 | 近似標準化係数 | .169 | .129 | −.051 | .069 | .050 | .084 | −.007 | −.074 | .040 | .076 | .056 |
| | | | 検定 | * | + | | | | | | | | *** | ** |
| | | 2014 | 近似標準化係数 | .138 | .194 | −.071 | −.011 | −.006 | .096 | −.112 | −.032 | −.119 | .079 | −.012 |
| | | | 検定 | + | ** | | | | | | | + | *** | |
| | F5 職務遂行性 | 2004 | 近似標準化係数 | .187 | .040 | −.013 | .130 | .082 | −.020 | .062 | −.008 | −.033 | .059 | .066 |
| | | | 検定 | ** | | | ** | | | | | | *** | *** |
| | | 2014 | 近似標準化係数 | −.038 | .065 | .059 | .088 | −.055 | .213 | −.100 | .004 | .035 | .040 | .055 |
| | | | 検定 | | | | + | | ** | | | | *** | ** |

$^{***}p<.0001$, $^{**}p<.001$, $^{*}p<.05$, $^{+}p<.10$

i）2004年から2014年にかけて、教職アイデンティティなど教職生活に関する意識は学校職場の状況に規定されるようになってきているのに対して、ポジティブな教職観については学校職場の状況に左右されないようになってきている。もちろん、右端の級内相関係数の値をみると、両年度とも0.1以下と低い値となっており、それほど同じ学校職場にいる者同士の回答が似通っている訳ではない。しかしながら、年度間の変化をいま仮に0.02ポイントを基準としてみた場合、値が大きくなった因子は6因子、値が小さくなった因子は2因子にとどまっている。前者には教職生活〈F2安定〉〈F3信頼〉〈F4攪乱〉〈F5過重多忙〉〈バーンアウト〉・教職観〈F2献身性〉が、後者には教職観〈F1自己実現性〉〈F4専門性〉がそれぞれ含まれる。すなわち、以前に比べて、教職アイデンティティや過重多忙感などは同じ学校職場の成員間で類似するようになってきており、逆にやりがいや専門性が求められるといったポジティブな教職観については同じ学校職場であっても個人による違いが大きくなっているように思われる。

ii）教師レベル、学校職場レベルはともかくとして、学校職場の雰囲気についての観察が教職生活に関する意識をより規定するようになってきている。右端から2列目の調整済R 2乗の値はほとんどの因子において0.1以下と低いものの、いま仮に0.05ポイントを基準に調整済R 2乗値の年度間の変化をみてみると、教職生活〈F2安定〉〈F4攪乱〉〈F6評価の眼差し〉〈バーンアウト〉の4因子でその値が大きくなっており、逆に値が小さくなった因子は教職観〈F3自律性〉の1因子にとどまる。またそれ以外の因子を含めてみても、教職生活に関する因子では値が大きくなる傾向にあるのに対して、教職観ではあまり変化がみられない。ただし、2014年度をもとに因子得点を計算しているため、モデルのあてはまりの程度を示す調整済R 2乗値が2014年の方が2004年よりも高くなっている可能性も否定できない。

iii）① 教職生活に関する意識は、学校職場全体の雰囲気よりも、教師一人ひとりが学校職場の雰囲気をどのように捉えているかに、より規定されるようになってきている。教職生活に関する因子において、統計的有意差がみられた因子は、教師レベルでは2004年の9因子から2014年の12因子に増えているのに対して、学校職場レベルでは13因子から5因子に減少している。また有意水準の変化をみても、教師レベルでは有意水準が下がった（すなわち有意でない確率が上がった）ものが5因子、有意水準が上がった因子（すなわち有意でない確率が下がった）が7因子みられるのに対して、学校職場レベルでは前者は12因子、後者は2因子となっている。

② 学校職場レベルの規定力の低下は、管理職との関係において顕著である。また学校職場全体の評価的雰囲気が教職アイデンティティの安定を規定するようになってきている。《F3管理職との良好な関係性》は、2004年では〈F1自信〉〈F3信頼〉以外の5因子に対して有意であったが、2014年になるといずれも有意でなくなる／あるいは有意水準の低下がみられた。同様の傾向は、《F1承認・協同的な関係性》と《F2公的コミュニケーションの活発さ》においてもみられる。一方、《F4評価的雰囲気》については、両年とも〈F6評価の眼差し〉では同水準で有意だが、2004年で有意であった〈F3信頼〉〈F4攪乱〉〈F5過重多忙〉では2014年には有意でなくなり、代わって〈F2安定〉〈バーンアウト〉の2因子で有意となっている。なお、2004年では評価的雰囲気が強い学校ほど教職アイデンティティの攪乱が低く、過重多忙感が低くなっており、求心的関係構造の強さが攪乱や過重感を抑制していたと思われる。

③ 教師レベルでも、管理職との関係の規定力の低下がみられるが、一方で評価的雰囲気の規定力が強まるとともに、公的・私的な同僚関係が教職アイデンティティの安定的側面などを規定するようになってきている。2004年に《F3管理職との良好な関係性》において有意であった5因子のうち、〈F2安定〉〈F4攪乱〉〈F6評価の眼差し〉〈バーンアウト〉が、有意でなくなる／有意水準が低下している。それ以外では《F2公的コミュニケーションの活発さ》の〈F5過重多忙〉でそのような低下がみられるにとどまる。一方、《F4評価的雰囲気》では〈F1自信〉〈F2安定〉〈F4攪乱〉〈バーンアウト〉において、あらたに有意となる／有意水準の上昇がみられる。この他、《F2公的コミュニケーションの活発さ》では〈F1自信〉〈F2安定〉において、《F1承認・協同的な関係性》では〈F2安定〉の1因子において、そのような変化がみられる。

iv）① 教職観では、学校職場レベルの影響力がやや強まってきており、逆に教師レベルの影響力はやや弱まる傾向にある。教職観に関する因子に対して、学校職場に関する因子が統計的に有意な規定力を示す因子は、教師レベルでは2004年は9因子、2014年は10因子とあまり変わらないのに対して、学校職場レベルでは2004年にはそのような因子がまったくみられなかったが、2014年では2因子みられるようになっている。また有意水準の変化についてみた場合には、教師レベルでは6因子でその水準の低下がみられたのに対して、3因子で水準の上昇がみられた。

② 学校職場レベルでは、教師間の公的コミュニケーションの規定力が強まってきており、より与えられた職務遂行的に献身的にかかわる教職観を強めている。このことは前節ⅴ)②での指摘と重なるが、この10年間に新たにみられるようになった現象であることを意味している。学校職場レベル《F2公的コミュニケーションの活発さ》は、2014年になると〈F2献身性〉〈F5職務遂行性〉に対して有意となっている。このように、公的コミュニケーションが活発な学校ほど、より献身的で職務遂行的な教職観をもつようになってきているが、この間の目標管理型教育改革のもとで、その目標達成に向けて、これまで以上に学校が組織として教育活動をおこなうことが求められるようになってきていることと無縁ではないように思われる。

③ 教師レベルでは、承認・協同的な関係の教職観に対する規定力が弱まってきている。一方、評価的雰囲気を強く感じる者ほど、献身的で職務遂行的な教職観をもち、やりがいなどを見いだしづらくなってきている。また、公的なコミュニケーションが活発と思っている者ほど、専門性が必要なやりがいのある仕事だと感じるようになってきている。《F1承認・協同的な関係性》は2004年ではすべての教職観に関する因子に対して有意であったが、2014年では〈F5職務遂行性〉において有意でなくなり、また〈F2献身性〉〈F3自律性〉〈F4専門性〉の3因子では有意水準が下がっている。《F4評価の眼差し》では〈F5職務遂行性〉の有意水準はやや下がっているものの、あらたに〈F1自己実現性〉〈F2献身性〉に対して有意となっている。この他、《F2公的コミュニケーションの活発さ》の〈F4専門性〉に対する有意水準が上がり、また〈F1自己実現性〉に対しても有意となる一方、〈F2献身性〉に対しては有意でなくなってきている。

ⅴ）小中の違いについては、中学校の方が過重多忙感を強く抱き、また献身的で専門性が必要な仕事と教職を捉える傾向が強くなっている。教職生活〈F5過重多忙〉において「小ダミー」の有意水準が上昇しており、また教職観〈F2献身性〉〈F4専門性〉ではあらたに有意となっている。

vi）この10年間で、教職生活に関する教師の意識は、学校職場全体の雰囲気よりも、個々の教師が学校職場の雰囲気をどのように捉えているのかに強く規定されるようになっており、求心的関係構造が弱まってきているように思われる。また、教職アイデンティティは、個々の教師が管理職と良好な関係性を意識しているか否かではなく、評価的雰囲気が強いか否かといった、顔の見えづらいシステム的次元で意識されるようになっている。同様に、教職観全般は個々の教師による承認・協同的な関係性の意識に規定されていたが、評価的雰囲気に関する意識により規定されるようになってきている。また公的コミュニケーションが活発な学校職場ほど、献身的で職務遂行的な仕事として捉える傾向にあるが、このことは、この間進められてきた目標管理型教育改革が学校職場レベルに浸透してきていることを示しているように思われる。

## 6. まとめ

本章では、学校職場の雰囲気について考察してきた。その知見をまとめると以下の通りである。

i）学校職場の雰囲気は、管理職との関係性、公的な場面での関係性、私的な関係性、評価的雰囲気の四つに分けることができ、前三者の間には相関がみられる一方、後者については、それらとは異なる、それこそ「雰囲気」として独自の位相となっている。

ii）学校職場の雰囲気に対する教師一人ひとりの観察は、校種、職務、教職経験、職場の規模などによっても異なっていた。小学校ほど、教師間の公的・私的関係が密である一方、相互に評価し合う雰囲気が強かった。また管理職は、教師との関係はうまくいっており、教師同士の私的な関係も良好と捉える傾向にあった。さらに初任者を含む教職経験10年未満の者ほど、評価的雰囲気を強く感じていた。加えて職場の規模によって管理職との関係や公的関係性のあり方も異なっていた。

iii）学校ごとの雰囲気の違いについては、管理職との関係性と教師間の私的関係性とにおいて学校間の差が相対的に大きい。それに対して、公的関係性や評価的雰囲気については、全体としての散らばりはそれほど大きくないものの、前者では小学校において際だった特徴を示す学校がみられた。

iv）教職生活をはじめとする教師の意識は、総じて個々の教師による学校職場の雰囲気についての観察に規定されるところが多い。特に、同僚との承認・協同的関係性を意識できるか否かは、安定した教職アイデンティティとポジティブな教職観とをもちながら、教師・学校に対する全般的な期待認知とそれに応じる責任意識を左右するものとなっている。一方、学校職場全体の雰囲気については、公的コミュニケーションが活発な雰囲気が濃い学校職場ほど、能力主義的な責任意識をもち、自己犠牲的に職務を遂行していく傾向にあり、また評価的雰囲気が濃いところほど、教職アイデンティティの撹乱を抱き、バーンアウト度が高い傾向にある。このような傾向は、近年の目標管理型教育改革と無縁ではないと思われる。

v）この10年間に、教職生活に関する意識は、学校職場全体の雰囲気よりも、個々の教師の学校職場の雰囲気に対する観察に規定されるようになってきている。特に管理職との関係性の良否よりも評価的雰囲気を強く意識するかに左右されるようになってきている。また、学校職場レベルにおいては、公的コミュニケーションが活発な雰囲気が強い学校職場ほど職務遂行的で献身的な教職観を抱きやすくなっている。このように、学校職場の求心的関係構造のさらなる弱まりと目標管理型教育改革の学校職場への浸透とが、この10年間の変化として指摘できる。

vi）少なくとも今回得られた結果をもとに今後の学校職場のあり方を考えるならば、教師間の承認・協同的関係性を軸としながら学校職場づくりをおこなっていくことが重要と考える。ただし、現時点ではこのような教師間の承認・協同的関係性は、学校職場レベルでは教職アイデンティティを支える弱い文脈となっているに過ぎない。一方で、学校職場レベルにおける管理職との良好な関係は、自律的でやりがい・喜びのある仕事としての教職観を強く意識させるものとなっているが、その影響はこの10年間で教師レベル・学校職場レベル双方において弱まっている。ただし、これらは学校職場において「良い」同僚教師、「良い」管理職と出会えるかといういわば偶然性に期待するものにもなりかねず、その意味では目標管理型教育改革の影響を色濃くもつ、学校職場における公的コミュニケーションそのものをいかに組み替えていくのかが焦点になると考えるが、この点は今後の課題としたい。

〈注〉

（1） 教員規模の分類に際しては、各校から報告された教職員数をもとにした。なお、小中合計の教職員数が報告されたところがあったが、便宜的に小中半数ずつとして扱った。

（2） 今回は平均値のみを指標として用いたが、学校による平均値の高低だけでなく、それぞれの学校内部での因子得点のばらつきも少なくないが、それを考慮にいれた学校ごとの違いの考察については他日を期したい。

（3） 析出された因子とそれぞれの因子に高い因子負荷量（0.5 以上）の項目は末尾の**表 5.7** のとおりである。（項目名は略記。下線は因子負荷量が負の場合。因子負荷量絶対値が高い順。0.5 以上の項目が一つの場合には、次に因子負荷量が高い項目を括弧内に示した）。

（4） 析出された因子とそれぞれの因子に高い因子負荷量（0.5 以上）の項目を、**表 5.7** に準じる形で**表 5.8** に示した。

〈引用・参考文献〉

久冨善之 1992「日本の教員文化——その実証的研究(1)」『一橋大学研究年報　社会学研究』29.

久冨善之編著 2003『教員文化の日本的特性——歴史、実践、実態の探求を通じてその変化と今日的課題をさぐる』多賀出版.

久冨善之編著 2008『教師の専門性とアイデンティティ——教育改革時代の国際比較調査と国際シンポジウムから』勁草書房.

小玉重夫 2013『学力幻想』ちくま新書.

清水裕士 2016「フリーの統計分析ソフト HAD——機能の紹介と統計学習・教育、研究実践における利用方法の提案」『メディア・情報・コミュニケーション研究』第 1 巻.

福島裕敏 2003「教師たちがつくり出す学校職場——学校別集積データの分析をつうじて」久冨善之編著 2008 所収.

吉田美穂 2005「教員文化の内部構造の分析——「生徒による授業評価」に対する教員の意識調査から」『教育社会学研究』第 77 集.

表 5.7　教職生活、教職観、期待認知と責任意識に関する因子分析結果

| 設問 | 因子 | 因子負荷量絶対値 0.5 以上の項目（括弧内は 0.5 未満の項目） |
|---|---|---|
| 教職生活（Q2・Q3） | F1 自信 | Q2（3）生徒集団づくりの指導に自信、Q2（2）授業の進め方に自信、Q3（5）規則を守らせることに自信、Q2（4）一人ひとりの子どもの関係づくりに自信、Q2（6）人間的な魅力という点で自信 |
| | F2 安定（−） | Q2（11）やりがい生きがい(−)、Q3（15）教職をやめたい、Q3（14）学校に行くのがおっくう、Q3（12）教師という職業が合っている(−)、Q3（13）実践上の困難に回りが無理解、Q3（12）職場の人間関係がしんどい |
| | F3 信頼 | Q2（6）子どもから信頼、Q2（7）保護者から信頼、Q2（9）同僚から信頼 |
| | F4 多忙過重 | Q3（2）現在の仕事の量は過重だ、Q3（1）毎日の仕事が忙しい |
| | F5 評価の眼差し | Q3（11）職場の他の教師からの評価が気になる、Q3（10）校長・教頭からの評価が気になる |
| | F6 攪乱 | Q3（6）何を教えれば意義があるのかあいまい、Q3（7）教育・指導の効果について疑問や無力感を感じる、Q3（8）教育観や信念に混乱が生じている |
| 教職観（Q8） | F1 自己実現性 | (5) やりがいのある仕事だ、(4) 子どもに接するやりがいのある仕事だ |
| | F2 献身性 | (3) 精神的に気苦労の多い仕事だ、((6) 自己犠牲が強いられる仕事だ) |
| | F3 専門性 | (10) 高い倫理観が強く求められる仕事だ、(9) 高度な知識・技能が強く求められる仕事だ |
| | F4 職務遂行性 | (11) はっきりとした成果を問われる仕事だ、(12) 割り当てられた役割に専心する仕事だ |
| | F5 自律性 | (7) 自律的にやれる仕事だ、(10) 自分らしさが表現できる仕事だ |
| 期待（Q7） | F1 社会的能力育成 | (5) 協同してものごとを行う力、(6) 自主的・主体的に考え行動できる力、(7) 社会の不正・抑圧・差別にとりくむ力、(4) 働く上で必要な力 |
| | F2 学校空間内指向 | (11) 安心できる学校・学級、(10) いじめが起きない学校・学級、(10) わかりやすい授業をおこなう、(12) 子どもの人権や尊厳を尊重した指導をおこなう |
| | F3 学校制度外指向 | (14) 貧困など生活上の困難を抱えた子どもに配慮、(13) 発達障害の子どもに配慮 |
| | F4 学習指導指向 | (8) わかりやすい授業を行う、((9) 授業内容に関する専門的な知識をもつ) |
| | F5 受験学力指向 | (3) 受験に対応できる学力、((4) 働く上で必要な力) |
| 責任（Q8） | F1 学校空間内指向 | (11) 安心できる学校・学級、(10) いじめが起きない学校・学級、(9) わかりやすい授業をおこなう |
| | F2 社会的能力育成 | (5) 協同してものごとを行う力、(6) 自主的・主体的に考え行動できる力、(4) 働く上で必要な力、(7) 社会の不正・抑圧・差別にとりくむ力 |
| | F3 特別な配慮指向 | (14) 貧困など生活上の困難を抱えた子どもに配慮、(13) 発達障害の子どもに配慮 |
| | F4 校外指向 | (17) 学校外での子どものトラブルに対しても指導、(1) 基本的生活習慣 |
| | F5 学力指向 | (9) 授業内容に関する専門的な知識をもつ、((1) 基礎的な学力) |

表 5.8　職場の雰囲気、自信信頼、教職生活、教職観に関する因子分析結果

| 設問 | 因子 | 因子負荷量絶対値 0.5 以上の項目（括弧内は 0.5 未満の項目） |
|---|---|---|
| 職場の雰囲気 | F1 承認・協同的な関係性 | 04 職場の教師同士が協同、05 お互いの持ち味・専門性を尊重、11 何でも話せる雰囲気がある |
| | F2 公的コミュニケーションの活発さ | 09 学年会などで活発な議論、07 学年会などがよく開かれている、08 職員会議で活発な議論、06 職員会議などがよく開かれている |
| | F3 管理職との良好な関係性 | 02 校長・教頭が勝手にことがらを決めたりする、01 校長・教頭と他の教職員との間に意思の疎通 |
| | F4 評価的雰囲気 | 14 他の教師からの評価を気にして仕事、13 校長・教頭からの評価を気にして仕事 |
| 教職生活 | F1 自信 | 自信 03 生徒集団づくりの指導に自信、自信 02 授業の進め方に自信 05 規則を守らせることに自信、自信 04 一人ひとりの子どもの関係づくりに自信 |
| | F2 安定 | 生活 01 やりがい生きがい、生活 02 教師という職業が合っている、生活 13 教職をやめたい |
| | F3 信頼 | 自信 08 父母から信頼、自信 07 子どもから信頼、自信 09 同僚から信頼 |
| | F4 攪乱 | 生活 08 教育・指導の効果について疑問や無力感を感じる、生活 07 何を教えれば意義があるのかあいまい、生活 09 教育観や信念に混乱が生じている |
| | F4 多忙過重 | 04 現在の仕事の量は過重だ、05 毎日の仕事が忙しい |
| | F6 評価の眼差し | 生活 11 職場の他の教師からの評価が気になる、生活 10 校長・教頭からの評価が気になる |
| 教職観 | F1 自己実現性 | 05 やりがいのある仕事だ、04 子どもに接するやりがいのある仕事だ |
| | F2 献身性 | 03 精神的に気苦労の多い仕事だ、(06 自己犠牲が強いられる仕事だ) |
| | F3 自律性 | 10 自分らしさが表現できる仕事だ、07 自律的にやれる仕事だ |
| | F4 専門性 | 08 高度の専門的知識・技能が強く求められる仕事だ、09 高い倫理観が強く求められる仕事だ |
| | F5 職務遂行性 | 12 割り当てられた役割に専心する仕事だ、(11 はっきりとした成果を問われる仕事だ) |

# 第6章

# 教職観をめぐる時代的変化と、その今日的動向

久冨　善之

教師たち自身の持つ教職観は、教師を目指した初心を基にしながら、実際に教師の仕事を続けていきながら形成されるものだろう。その際に、日本の教員社会・教員文化が持ってきた教師像がそこに介在（ある意味で「形成を支える資源となり」、別の意味では「その形成を拘束する」）に違いない。とりわけ、「献身的教師像」の形成と継承は「日本の教員文化」の重要な特徴であった。本章では、第一に1990年代半ば以降の「教育改革」時代を通じ、また2000年代に入って「教師受難時代」を経験して、どのように変化しているかいないのかを、筆者たちがこの20余年間に行った3つの教師調査データの7共通項目の変化を比較的に検討し、第二にそれらの教職観データがどういう因子によって規定されてきたか、それに変化があるかないかを検討したい。そして第三に、今回調査でどのような新たな教師像の形成が見られるのかどうかを他の質問項目との関連も含めて今日的動向を確認したい。

## 1. 教師自身の教職観のこの20余年間の変化

筆者らは、1980年代から何度も教師対象質問紙調査を実施してきたが、ここでは教職観に関して利用と比較とが可能な、1991年実施の首都圏F市調査、2004年実施の全国9地域調査、そして今回 2014年の全国10地域調査での、教職観共通7項目の結果をまず見てみたい。

| 3調査共通質問 | 1991年首都圏F市調査 | | 2004年全国9地域調査 | | 2014年全国10地域調査 | |
|---|---|---|---|---|---|---|
| 質問項目(1)〜(7) | 強くそう思う | ややそう思う | 強くそう思う | ややそう思う | 強くそう思う | ややそう思う |
| (1)社会的に尊敬される仕事だ | 7.2% | 36.6% | 8.0% | 46.2% | 12.5% | 53.1% |
| (2)経済的に恵まれた仕事だ | 0.8% | 9.6% | 4.9% | 48.2% | 6.8% | 50.0% |
| (3)精神的に気苦労の多い仕事だ | 67.5% | 29.8% | 53.8% | 43.0% | 68.2% | 28.4% |
| (4)子どもに接する喜びのある仕事だ | 39.7% | 53.2% | 44.6% | 52.2% | 60.9% | 37.3% |
| (5)やりがいのある仕事だ | 39.1% | 50.4% | 42.9% | 52.3% | 59.6% | 37.8% |
| (6)自己犠牲を強いられる仕事だ | 31.9% | 49.9% | 22.0% | 50.9% | 31.3% | 50.3% |
| (7)自分の考えにそって自律的にやれる仕事だ | 11.3% | 51.4% | 8.1% | 61.1% | 9.6% | 58.0% |

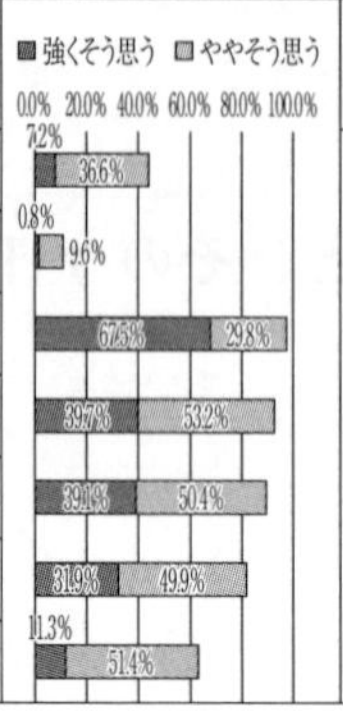


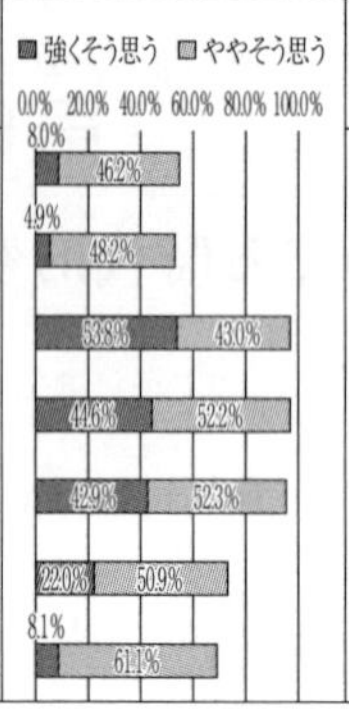


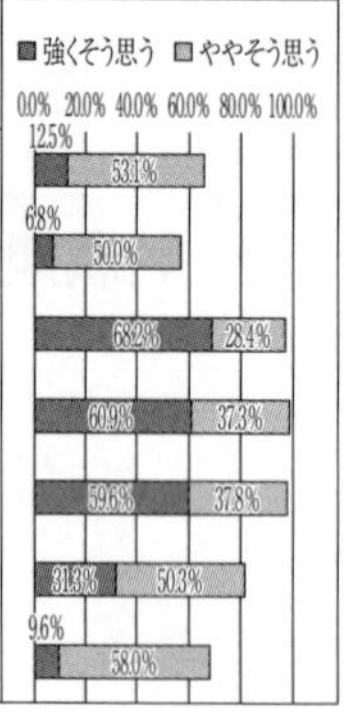

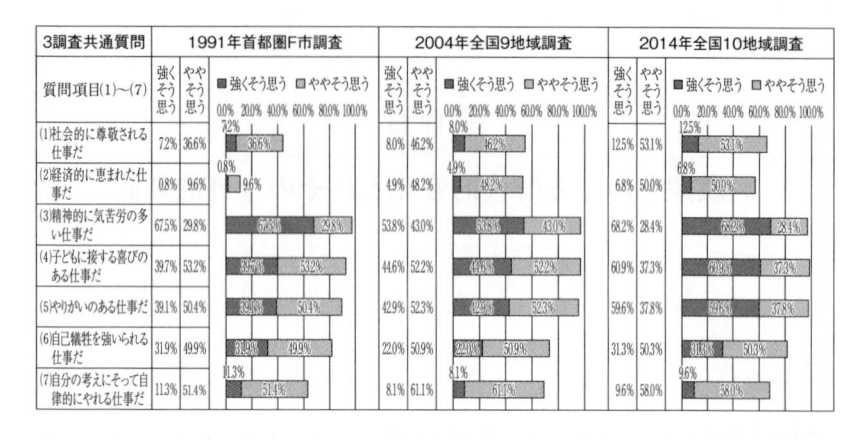

**図 6.1　教師自身の教職観への 4 段階回答の時期的変化**（7 項目：表とグラフは肯定側回答のみ表示）

### (1) 教師たちの自己意識としての「献身的教師像」は根強い

3つの時期の調査における教職観共通7項目について、公立小・中学校教師全体の動向を棒グラフにして比較したのが、**図 6.1** であり、それを小・中学校別に示したのが、**表 6.1** である。

これを見るといくつかの点が明確になってくる。まず3つの時期で変化が少ない項目が多い。7項目中の5項目は、「強く」と「やや」とに若干の配分の変化があるが「強く／ややそう思う」の累積比率では、**図 6.1** の棒グラフでも、また**表 6.1** で小・中学校教師別に見ても、ほとんど変化が見られない。中でもとりわけ、「(3) 精神的な気苦労」「(4) 子どもと接する喜び」「(5) やりがいのある仕事」の3項目はいずれも3つの時期とも、小中合算で9割以上の肯定回答で圧倒的な多数派の教師の教職観となっている。

また、「(6) 自己犠牲を強いられる仕事」も3つの時期ともに8割前後の肯定回答でこの点でも変化が少ない。さらに「(7) 自分の考えで自律的に」は、上の4項目に比較すると、回答の肯定・否定がやや割れている項目であるが、6〜7割という肯定回答傾向に変化は少ない。

### (2) 根強さの中にも変化が生じている

ただ確実な変化も生じている。たとえば項目(2)の「経済的に恵まれた仕事」

表 6.1　教職観／肯定側回答累積（小・中別）

| 質問項目 (1)～(7) | 小・中別 | 1991 年調査 | 2004 年調査 | 2014 年調査 |
|---|---|---|---|---|
| (1) 社会的に尊敬される仕事だ | 小学校 | 47.3% | 52.1% | 67.3% |
| | 中学校 | 38.3% | 57.1% | 61.5% |
| (2) 経済的に恵まれた仕事だ | 小学校 | 12.5% | 53.8% | 59.1% |
| | 中学校 | 7.2% | 52.3% | 51.8% |
| (3) 精神的に気苦労の多い仕事だ | 小学校 | 97.8% | 97.5% | 96.3% |
| | 中学校 | 96.6% | 98.0% | 97.4% |
| (4) 子どもに接する喜びのある仕事だ | 小学校 | 95.0% | 96.8% | 97.9% |
| | 中学校 | 89.9% | 96.7% | 98.8% |
| (5) やりがいのある仕事だ | 小学校 | 92.0% | 94.8% | 97.6% |
| | 中学校 | 85.6% | 95.7% | 97.2% |
| (6) 自己犠牲を強いられる仕事だ | 小学校 | 79.3% | 68.0% | 78.4% |
| | 中学校 | 85.6% | 79.3% | 88.2% |
| (7) 自分の考えにそって自律的にやれる仕事だ | 小学校 | 63.7% | 69.4% | 69.9% |
| | 中学校 | 61.4% | 70.7% | 62.8% |

は、1900 年代初頭と、2000 年代とでは大きな変化が生じている。1991 年調査で 1 割程度であった肯定回答が、2004 年調査では 5 割台、2014 年調査では 6 割台にまで増加する傾向が顕著である。これはこの間に教職の経済的条件が改善したというよりは、むしろバブル経済崩壊後にもう 20 数年続く長期不況の中で「ワーキングプア」とも呼ばれる非正規雇用者などが増加し、格差と貧困の拡大が進む中で、教職が比較的安定した経済的条件が、教師たちの意識に反映されたものであろう[(1)]。

また「(1) 社会的に尊敬される仕事」も、回答が 3 時期を通じて肯定／否定回答が、4 ～ 6 割台に割れる項目であるが、時期的に見ると、1991 年の 4 割台から、2004 年の 5 割台、2014 年の 6 割台と、系統的な増加傾向にあると言えよう。この間には、学校・教師に対する社会・マスコミのバッシングもあったわけだが、それでも教師たちの自己意識としては、他の仕事と比較して「尊敬」を感じさせるものが、上の経済的安定も含めてあったと見ることができるだろう。

以上から言えることは、日本に伝統的な（第 1 章で詳しく述べた）「献身的教師像」が極めて根強いという点である。「気苦労も多く、自己犠牲もあるが、子どもと接する喜びのある、やりがいのある仕事である」という教職イメージは、今日も強く、**表 6.1** で 3 時期の小・中学校教師の比較を見ても、(1) で取り上げた 5 項目で肯定側回答の累計が 10 ポイント以上の差があるものは、ほとんどなく（1ヵ所だけ）、他はほぼ差がないか、あっても数ポイントである。しかし1990年代初頭までは、上に波線を引いた「イメージ」の前に「経済的には恵まれず」がついていたのが「献身的教師像」イメージだったのが、その点だけは取れ、いまではむしろ「経済的には安定して、相対的に恵まれているが」をつけたほうがよさそうな状況にあると言っても過言ではない。なお、(2)で見た変化項目「(1) 社会的尊敬」「(2) 経済的恵まれ」は表6.1で見ると、肯定側回答累積に3時期とも小・中学校教師間に数ポイントの差しかなく、この点もまた公立小・中学校教師の教職像の変化に関して共通するところである。

## 2. 教師自身の教職観のこの10年間の変化を、6項目で見る

筆者らは2004年に5ヵ国教師比較調査を実施したが、その際に日本で実施した全国9地域調査と2014年の全国10地域調査では、上の教職観共通7項目と別に、新しく共通の教職観6項目を尋ねている。その6項目中の3項目は、「(8) 高度の専門的知識･技能が必要」「(9) 高い倫理観が求められる」「(13) 教師以外の人々との関係づくりが欠かせない」で、これらは「望ましい教師像」とでも言うべきものである。また「(10) 自分らしさを表現できる」は、前出共通7項目の「自分の考えにそって自律的に」のイメージに重なりながらそれを制度との関係から、自己表現との関係に置き直している。さらに、「(11) はっきりとした成果を問われる」「(12) 割り当てられた役割に専心する」の2項目は、2000年代に進んだ「教員人事考課」などの「教育改革」も反映した「教師に対する制度的・社会的な評価の視線」を意識した教師像の新しい姿であると考えた。その結果を見てみたい。2004年と2014年の2調査の肯定回答だけを示したのが、図6.2であり、また肯定側回答の小・中学校教師比較を示したのが表6.2である。

### (1) 強い肯定回答が10年の間に増えている：

まず6つのどの項目でも、「強く／ややそう思う」の肯定側回答全体は、6項目ともに2004年と2014年とで、ほとんど変わらないか、変わっても数ポイントに過ぎない。だが「強くそう思う」という強い肯定回答に注目すると、6項目ともに10年後には増加しており、それは数ポイントから10数ポイントに

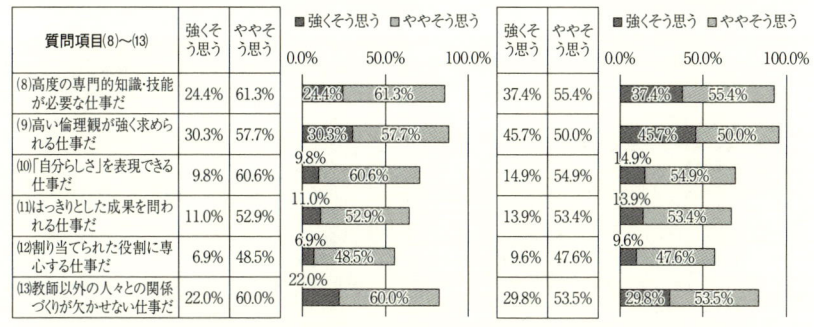

| 質問項目(8)〜(13) | 2004年全国9地域調査 強くそう思う | 2004年全国9地域調査 ややそう思う | 2014年全国10地域調査 強くそう思う | 2014年全国10地域調査 ややそう思う |
|---|---|---|---|---|
| (8)高度の専門的知識・技能が必要な仕事だ | 24.4% | 61.3% | 37.4% | 55.4% |
| (9)高い倫理観が強く求められる仕事だ | 30.3% | 57.7% | 45.7% | 50.0% |
| (10)「自分らしさ」を表現できる仕事だ | 9.8% | 60.6% | 14.9% | 54.9% |
| (11)はっきりとした成果を問われる仕事だ | 11.0% | 52.9% | 13.9% | 53.4% |
| (12)割り当てられた役割に専心する仕事だ | 6.9% | 48.5% | 9.6% | 47.6% |
| (13)教師以外の人々との関係づくりが欠かせない仕事だ | 22.0% | 60.0% | 29.8% | 53.5% |

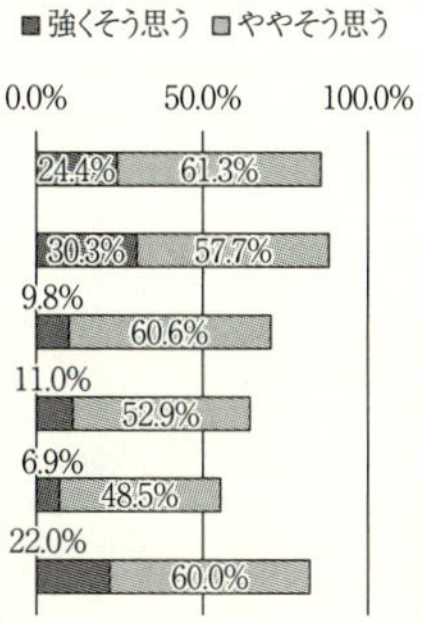


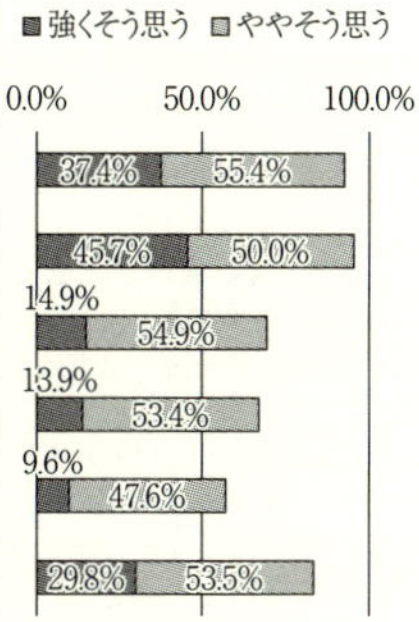


**図 6.2 2004 年調査と 2014 年調査の教職観 6 項目について**（グラフは肯定側回答のみ表示）

まで及んでいる。その傾向は、小・中学校教師ともに共通である。これが意味するところは、おそらく前述の「教師に対する制度的・社会的な評価の視線」の改革時代を通じての強まりを反映して「望ましい教師像」や「改革推奨型の教師像」が、公立小・中学校の教師たちに、より強く意識されるように 10 年間の間に変化した結果と考えることができるだろう。

### (2) 「教育改革」が推奨する教師イメージは肯定／否定が割れているものが多い

以上のような 6 項目全体での強い肯定回答の増加の中でも、項目によってその肯定比率には、かなりの差が見られる。

**a)「知識・技能」「倫理観」「関係づくり」は圧倒的多数派**：「(8) 高度の専門的知識・技能が必要」「(9) 高い倫理観が求められる」「(13) 教師以外の人々との関係づくりが欠かせない」の 3 項目は、小・中学校教師とも、またその合算でも、いずれも 8 〜 9 割台の肯定側回答となっている。それらは教師という仕事に欠かせない「望ましい」資質とも言うべきもので、「高い倫理観」が「献身的教師像」に重なる点はあるが、3 項目とも教師には「欠かせない」「望ましい」と一般に考えられる教職の性格である。

**b)「教育改革」が推奨するイメージは必ずしも浸透していない**：1990 年代半ば以降、とりわけ 2000 年代に入って以降の「教育改革」とその一環としての「教員制度改革」において、教師に関する言説として盛んに政策的にも言われてきた教

表 6.2 教職観 2004/2014 比較（小・中別）

| 質問項目（8）〜（13） | 小・中別 | 2004 年調査 | | 2014 年調査 | |
|---|---|---|---|---|---|
| | | 強くそう思う | ややそう思う | 強くそう思う | ややそう思う |
| （8）高度の専門的知識・技能が必要な仕事だ | 小学校 | 23.5% | 60.8% | 35.9% | 56.8% |
| | 中学校 | 25.5% | 62.0% | 40.6% | 51.9% |
| （9）高い倫理観が強く求められる仕事だ | 小学校 | 27.0% | 59.6% | 44.6% | 51.1% |
| | 中学校 | 34.8% | 55.1% | 48.1% | 47.7% |
| （10）「自分らしさ」を表現できる仕事だ | 小学校 | 9.1% | 61.4% | 14.9% | 56.6% |
| | 中学校 | 10.7% | 59.5% | 14.5% | 51.4% |
| （11）はっきりとした成果を問われる仕事だ | 小学校 | 11.9% | 56.8% | 14.0% | 55.7% |
| | 中学校 | 9.9% | 47.8% | 13.3% | 48.5% |
| （12）割り当てられた役割に専心する仕事だ | 小学校 | 6.7% | 47.7% | 9.6% | 50.4% |
| | 中学校 | 7.1% | 49.4% | 9.7% | 41.8% |
| （13）教師以外の人々との関係づくりが欠かせない仕事だ | 小学校 | 21.1% | 61.1% | 31.3% | 53.6% |
| | 中学校 | 23.2% | 58.6% | 26.8% | 52.8% |

師像としての「(11) はっきりとした成果を問われる」「(12) 割り当てられた役割に専心する」の 2 項目は強い肯定が 1 割前後でしかなく、それは前項の 3 時期共通 7 項目とここでの 6 項目全ての中で、2000 年代の 2 つの調査で言うと最も「強い肯定回答が少ない」2 項目になっている。「やや」も含む肯定側回答全体でも 5 〜 6 割台に留まっており、それは小・中学校教師とも同様な回答状況にある。その意味では、「改革言説推奨型の教師像」は、日本の教員文化の継承的財産である「献身的教師像」とも対立する面もあり、必ずしも十分に公立小・中学校教師に浸透しているとは言えない。

そこではまた、教師像の新動向をめぐって、伝統と改革とがせめぎ合っていて、なお教員文化の伝統的財産のほうが現在は強いという言い方もできるだろう。

## 3. 教職観共通 7 項目の因子分析を通じてこの 20 余年間の変化を見る

既に述べたように筆者らは 1991 年に首都圏 F 市で、2004 年に 5 ヵ国教師比較の一貫として全国 9 地域で、そして今回 2014 年全国 10 地域で調査を実施した。ここでは、本章 **1** で検討した教職観共通 7 項目について、3 時期それぞれ因子分析を行い、教師自身の教職観を規定する因子を抽出し、その構成の共通性と変化を見てみたい。**表 6.3** は、3 つの時期の調査における公立小・中学校教師だけを選んで[(2)]、そのデータで因子分析（最尤法、プロマックス回転）を行

表 6.3　教職観の因子分析（1991, 2004, 2014 の 3 時期比較）

1991 年首都圏 F 市調査
パターン行列[a]

| 質問項目（1）〜（7） | 因子 1 | 因子 2 |
|---|---|---|
| (5) やりがいのある仕事だ | .879 | .054 |
| (4) 子どもに接する喜びのある仕事だ | .794 | .099 |
| (1) 社会的に尊敬される仕事だ | .447 | -.148 |
| (7) 自分の考えにそって自律的にやれる仕事だ | .399 | -.180 |
| (6) 自己犠牲を強いられる仕事だ | -.029 | .617 |
| (3) 精神的に気苦労の多い仕事だ | .018 | .480 |
| (2) 経済的に恵まれた仕事だ | .196 | -.305 |
| 分散説明率 | 25.9% | 11.0% |

2004 年全国 9 地域調査
パターン行列[a]

| 質問項目（1）〜（7） | 因子 1 | 因子 2 | 因子 3 |
|---|---|---|---|
| (4) 子どもに接する喜びのある仕事だ | .955 | .034 | -.069 |
| (5) やりがいのある仕事だ | .819 | .032 | .082 |
| (6) 自己犠牲を強いられる仕事だ | -.042 | 1.000 | .025 |
| (3) 精神的に気苦労の多い仕事だ | .113 | .420 | -.071 |
| (1) 社会的に尊敬される仕事だ | .017 | .007 | .695 |
| (2) 経済的に恵まれた仕事だ | -.045 | -.027 | .451 |
| (7) 自分の考えにそって自律的にやれる仕事だ | .179 | -.075 | .297 |
| 分散説明率 | 16.9% | 26.2% | 9.0% |

2014 年全国 10 地域調査
パターン行列[a]

| 質問項目（1）〜（7） | 因子 1 | 因子 2 | 因子 3 |
|---|---|---|---|
| (4) 子どもに接する喜びのある仕事だ | .872 | .017 | -.064 |
| (5) やりがいのある仕事だ | .829 | -.007 | .066 |
| (6) 自己犠牲を強いられる仕事だ | .010 | .785 | -.045 |
| (3) 精神的に気苦労の多い仕事だ | .002 | .568 | .067 |
| (2) 経済的に恵まれた仕事だ | -.088 | .040 | .513 |
| (1) 社会的に尊敬される仕事だ | .039 | .044 | .506 |
| (7) 自分の考えにそって自律的にやれる仕事だ | .097 | -.080 | .355 |
| 分散説明率 | 23.3% | 13.5% | 7.1% |

因子相関行列（1991）

| 因子 | 1 | 2 |
|---|---|---|
| 1、教職やりがい観因子 | 1.000 | -.083 |
| 2、教職苦労観因子 | -.083 | 1.000 |

因子相関行列（2004）

| 因子 | 1 | 2 | 3 |
|---|---|---|---|
| 1、教職やりがい観因子 | 1.000 | .030 | .422 |
| 2、教職苦労観因子 | .030 | 1.000 | .000 |
| 3、教職恵まれ観因子 | .422 | .000 | 1.000 |

因子相関行列（2014）

| 因子 | 1 | 2 | 3 |
|---|---|---|---|
| 1、教職やりがい観因子 | 1.000 | -.030 | .437 |
| 2、教職苦労観因子 | -.030 | 1.000 | -.059 |
| 3、教職恵まれ観因子 | .437 | -.059 | 1.000 |

った結果を示している。

### (1) 因子の数と構造：1991 年調査の場合

3つの時期で、因子の数や構造に、かなりの変化が見られる。まず 1991 年首都圏Ｆ市調査データでは、固有値 1 以上の因子は 2 つである（分散説明率は、パターン行列表の下に示したが、2 因子累計 36.9%）。表の左端で見るように、「やりがい」「子どもと接する喜び」「社会的尊敬」「自分の考えで自律的に」の 4 変数によって第 1 因子を構成しており、いずれも 0.4 から 0.9 に近い高い因子負荷量になっている。そこからこれを「**教職やりがい観因子**」と命名した。

第 2 因子のほうは、「自己犠牲を強いられる」「精神的に気苦労が多い」「経済的に恵まれない（「経済的に恵まれた」にマイナスの負荷なので）」の 3 変数がそれを構成し、いずれも絶対値で 0.3 から 0.6 を超えるかなり高い因子負荷量になっている。これを「**教職苦労観因子**」と命名した。表の左下にあるように、

2つの因子の間には、斜交回転を採用したのにもかかわらず、相関係数は−0.083と絶対値が極めて小さくほとんど相関がない状態である。1991年調査の結果は典型的に「献身的教師像」の伝統的姿を示しており、「教職とは苦労が多いが、やりがいのある仕事である」との2つの側面を受容した形の、教師たちの教職観の意識構図が見えている。

### (2) 因子の数と構造の変化：2004年調査と2014年調査の場合

それに対して、2004年調査と2014年調査との因子分析の結果は（その2つは非常に似ているわけだが）、1991年調査とはかなり違った結果になっている。第1因子を前と同様「**教職やりがい観因子**」と名づけたが、それを構成する変数は「子どもと接する喜び」と「やりがい」の2変数だけで、その因子負荷量は0.8か0.9と高くなっている。第2因子も前と同様の命名で「**教職苦労観因子**」とした。「自己犠牲を強いられる」「精神的に気苦労が多い」の2変数で、いずれも高い因子負荷量になっていたからである。1991年調査でここに含まれていた「経済的に恵まれない」はそこから外れて、逆に（本章1で見たように「経済的安定性に恵まれ」へと単純集計でも変化していた）次の第3因子の構成変数となっている。第3因子は、「社会的尊敬」「経済的な恵まれ」「自分の考えで自律的に」の3変数で構成されており、それらがいずれも0.3弱から0.7近い正の因子負荷量となっている。そこで、「**教職恵まれ観因子**」と命名した。「社会的尊敬」と「自分の考えで自律的に」の2変数も、1991年調査の第1因子構成変数から、この第3変数構成変数に移行している（その分散説明率は、パターン行列表の下で見ると、3因子累計で、2004年調査が52.0%、2014年調査が44.0%となっている）。この3つの因子の7変数は、2004年と2014年の2つの調査結果において（因子負荷量の順序や値に若干の違いはあるが）3因子を7変数が構成する構造はまったく同様で、1991年調査との著しい違いとなっている。このように2因子構造から3因子構造への変化は、2004年・2014年両調査とも共通である。

また、2004年・2014年調査ともに、表の下で因子間相関係数を見ると、「**教職苦労観因子**」（第2因子）は独立であるが、「**教職やりがい観因子**」（第1因子）と「**教職恵まれ観因子**」（第3因子）の間には、両調査とも0.4 台というかなりの正の相関がある。その点では、新しい因子構造自体が、ある程度はなお

1991年調査の教職観構図を引き継いでいる面もあると言える。

### (3) 因子構造変化の意味を考える

1991年調査と、2004年・2014年調査との実施時期を考えると、前者はバブル経済の最高潮から崩壊へ至るちょうどその時期であり、まだ1980年代までの教職観が健在であった時代の教師たちの意識を反映したものであろう。その後、バブル経済崩壊、金融危機を経て、日本社会と教育とは、本格的な「新自由主義(3)改革」実施の時期に入った。それは長期不況下の格差と貧困の拡大の時期であるとともに、教育制度をめぐっても、学校教員制度に関しても次々と「改革」が進行した時代である。

そのことが、一方では「経済的な安定と恵まれ」意識を教師たちの間に広げただろうと考える。もう一方ではあの典型的な「教職とは苦労が多いが、やりがいのある仕事である」という教職観にも根強さとともに、「苦労とやりがいを両立させる」というのではない、少し異なる面を持った教職観への移行が起こっているのではないかと考える。

## 4. 2014年調査の教職観13項目の因子分析を通じて

既に述べたように、今回2014年全国10地域調査では教職観について**1**で検討した共通7項目と、**2**で検討した新しい6項目とを尋ねている。その13変数を使って因子分析を行い、今日の教師自身の教職観を規定する因子を抽出した。**表6.4** は、今回調査データで因子分析（最尤法、プロマックス回転）を行った結果を示している。

### (1) 因子の数と構造：2014年調査の13項目を変数とした場合

固有値1以上を条件として因子を抽出すると、表に見るように4つの因子が抽出された。前項で見た「**教職やりがい観因子**」がここでも第1因子として「子どもと接する喜び」と「やりがい」との2変数だけで、その因子負荷量は0.8～0.9と高くなっている。第2因子は、新しく採用した質問項目の「割り当てられた仕事に専心」「成果を問われる」の2変数の因子負荷量が0.6台ととりわけ高く、負荷量は0.2～0.3台とあまり高くはないが「経済的に恵まれ

表 6.4　教職観の因子分析：2014 年調査の 13 項目

パターン行列[a]

| 教職観 13 項目 | 因子 | | | |
|---|---|---|---|---|
| | 1 | 2 | 3 | 4 |
| Q8(5)　やりがいのある仕事だ | .961 | .003 | -.060 | .057 |
| Q8(4)　子どもに接する喜びのある仕事だ | .795 | -.050 | .023 | .060 |
| Q8(12) 割り当てられた役割に専心する仕事だ | -.106 | .674 | -.016 | .044 |
| Q8(11) はっきりとした成果を問われる仕事だ | -.077 | .663 | -.002 | .130 |
| Q8(2)　経済的に恵まれた仕事だ | .088 | .359 | -.109 | .023 |
| Q8(7)　自分の考えにそって自律的にやれる仕事だ | .101 | .279 | .097 | -.209 |
| Q8(1)　社会的に尊敬される仕事だ | .173 | .267 | .030 | -.021 |
| Q8(9)　高い倫理観が強く求められる仕事だ | -.033 | -.114 | .869 | .040 |
| Q8(8)　高度の専門的知識・技能が必要な仕事だ | -.013 | .043 | .599 | .069 |
| Q8(13) 教師以外の人々との関係づくりが欠かせない仕事だ | .120 | .162 | .213 | -.003 |
| Q8(6)　自己犠牲を強いられる仕事だ | .034 | .057 | .048 | .666 |
| Q8(3)　精神的に気苦労の多い仕事だ | .079 | .046 | .053 | .620 |
| Q8(10)「自分らしさ」を表現できる仕事だ | .229 | .230 | .169 | -.261 |
| 分散説明率 | 18.5% | 10.4% | 7.3% | 3.3% |

〈注〉因子負荷量の絶対値が 0.2 以上に網掛けをし、0.5 以上により濃い網掛けをした。

因子相関行列

| 因子 | 1 | 2 | 3 | 4 |
|---|---|---|---|---|
| 1、教職やりがい観因子 | 1.000 | .349 | .465 | -.212 |
| 2、教職成果主義観因子 | .349 | 1.000 | .592 | -.102 |
| 3、教職望ましい像因子 | .465 | .592 | 1.000 | .117 |
| 4、教職苦労観因子 | -.212 | -.102 | .117 | 1.000 |

た」「自分の考えで自律的に」「社会的に尊敬」の 3 変数も一応この因子を構成している。ただし、負荷量の高い前の 2 つがイメージさせる「割り当てられた仕事で成果を問われる」という像が強い因子と考えられるので、ここでは「**教職成果主義観因子**」と解釈して命名した。第 3 因子は、「高い倫理観」「高度の専門的知識・技能」「関係づくりが欠かせない」という 3 つの変数、特に前 2 つが負荷量 0.6 ～ 0.8 台と高いので、「2」でも議論したように「**教職望ましい像因子**」と解釈し命名した。

第 4 因子は「自己犠牲を強いられる」「精神的に気苦労が多い」の 2 変数の負荷量が 0.6 台と高いので、前と同様の命名で「**教職苦労観因子**」とした。4 つの因子で、全体の分散に対して、39.5%の説明力になっている。表の下のほうで因子間の相関係数をみると、第1因子（**教職やりがい観因子**）は、第2因子（**教職成果主義観因子**）と第3因子（**教職望ましい像因子**）とに対して正の相関がある。今日の教職のやりがいは、一般的な「望ましい教師」という期待に応えることや「改革」が求める成果を挙げることと背反しているわけではないと思われる。

また、その第2因子と第3因子の間にも同様に正の相関がある。これは、そもそもの「学校教員制度改革」の議論が2000年代初めに、子どもや保護者・国民に不信・不満を抱かせる「ダメ教師」を標的として、それに対する逆に信頼される「望ましい教師像」を「（改革者側が）作り出すようにします」という形で進んだ(4)ので、第2因子（**教職成果主義観因子**）と第3因子（**教職望ましい像因子**）とには、その登場をめぐる相互関係が元来からあったと言うべきであろう。

第4因子である「**教職苦労観因子**」は、第1因子（**教職やりがい観因子**）と弱い負の相関がある以外には相関関係がない。「気苦労も自己犠牲も多い」というような教職像は、今日もかつてより弱いとはいえ、なお他の3因子とは、相対的に独立の一つの因子をなしており、それなりに日本の教師たちの、「今日的な教職観」を構成していると考えられるだろう。

### (2) 教職観4因子と他の項目との関係を考察する

さて、これら4因子は今回調査での他の項目、とりわけ属性項目（小・中別、男女別、年齢段階別、職務別）や、バーンアウト段階とどのような関係にあるかを考えてみよう。**表6.5**は、上で抽出された4因子の因子得点について、属性項目4つとバーンアウト段階で、その平均値がどのようであるかを見たものである。

表で見ると、小・中別では中学校教師たちの第4因子（教職苦労観因子）の平均得点がやや高い。小・中教師間では、やはり中学校のほうにより困難が多いかと思われる。

男女別では、若干の差はあるが目立った違いは見られない。

職務別では、差のある箇所が多く「校長や副校長・教頭」の管理層では、第1・第2・第3因子の平均得点がかなり高く、逆に第4因子の平均得点はむしろ若干低くなっている。管理層には第1・2・3因子のような積極的教師像が強

表 6.5　2014 年調査の教職観 13 項目 4 因子の平均得点比較

| 属性他 | 各区分 | 第 1 因子（教職やりがい観因子） | 第 2 因子（教職成果主義観因子） | 第 3 因子（教職あるべき観因子） | 第 4 因子（教職苦労観因子） |
|---|---|---|---|---|---|
| 小中 | 小 | 0.031 | 0.055 | 0.001 | −0.069 |
| | 中 | −0.064 | −0.116 | 0.009 | 0.155 |
| 性別 | 男 | −0.001 | −0.040 | 0.054 | −0.063 |
| | 女 | 0.001 | 0.030 | −0.030 | 0.046 |
| 職務別 | 校長 | 0.379 | 0.329 | 0.306 | −0.170 |
| | 副校長・教頭 | 0.225 | 0.106 | 0.189 | −0.111 |
| | 主幹教諭 | −0.199 | 0.034 | −0.075 | 0.000 |
| | 教諭（正規採用） | −0.037 | −0.038 | −0.035 | 0.046 |
| | 養護教諭 | −0.345 | −0.101 | −0.149 | −0.045 |
| | 臨時採用常勤講師 | 0.247 | 0.175 | 0.151 | −0.191 |
| | 臨時採用非常勤講師 | 0.055 | −0.012 | 0.150 | −0.094 |
| 年齢段階別 | 20 代 | 0.187 | −0.086 | 0.006 | −0.115 |
| | 30 代 | 0.042 | −0.121 | −0.019 | 0.011 |
| | 40 代 | −0.010 | 0.026 | 0.070 | 0.123 |
| | 50 代 | −0.098 | 0.074 | −0.033 | −0.033 |
| | 60 代（除く 60 歳非定年者） | 0.162 | 0.164 | 0.168 | −0.113 |
| バーンアウト段階別 | 3 点未満（良好） | 0.223 | 0.089 | 0.048 | −0.277 |
| | 3 点台（burnout の危険域） | −0.146 | −0.111 | −0.066 | 0.256 |
| | 4 点台（バーンアウト） | −0.560 | −0.113 | −0.066 | 0.562 |
| | 5 点以上（急性の burnout） | −0.816 | −0.111 | 0.044 | 0.767 |

〈注〉平均得点の絶対値が 0.15 以上の箇所に網掛けをした。

く意識され、逆に第 4 因子のような「苦労・犠牲」をイメージするものは意識的に排除されているように思われる。「養護教諭」では管理層とは逆に、第 1・第 2・第 3 因子で平均値がむしろ低くなっている。それは、保健室での子どもとの個人的接触・交流・支援がそのような管理層との逆傾向を示しているとも考えられる。「常勤講師」ではなぜか管理層と似た傾向がみられる。それを敢えて解釈すれば、常勤講師としての位置が本採用になるまでは学校管理層に教職観を同一化させるためかも知れない。

年齢段階別では、第 1 因子は 20 代と 60 代で平均得点やや高く、60 代では第 2・第 3 因子においてもやや高くなっている。管理層ほどの強い傾向ではないが、30 代～ 50 代とはやや異なる傾向がそこに見られている。

バーンアウト 4 段階別では、予測された通り、「3 点未満（良好）」の人は、第一因子（**教職やりがい観因子**）がやや高く、第 4 因子（**教職苦労観因子**）がやや低くなっている。それに対して「3 点台（バーンアウトの危険域）」から「4 点台（バーンアウト）「5 点以上（急性のバーンアウト）」と燃え尽き状況が深まるにつれて、第一因子（**教職やりがい観因子**）の平均点の負の絶対値が大きくなっていき、教師たちがその状態に陥った場合、教職に「やりがい」や「よろこび」を感じることが難しいことが示されている。それと意味的には同じになるが（平均値としては逆の傾向になるのが）、第4因子（**教職苦労観因子**）である。つまり、「3点未満（良好）」の人は、既に述べたように、第4因子（**教職苦労観因子**）がやや低くなっているが、それに対して「3点台（バーンアウトの危険域）」から「4点台（バーンアウト）」「5点以上（急性のバーンアウト）」と燃え尽き状況が深まるにつれて、第4因子（**教職苦労観因子**）の平均点の正の絶対値が大きくなっていき、教師たちがその状態に陥った場合、教職に「苦労・犠牲」をより強く感じることが示されている。この傾向は、たとえば「4点台（バーンアウト）」「5点以上（急性のバーンアウト）」の2つの段階では、表で見るように、因子得点平均がいずれの場合も、絶対値 0.5 ～ 0.8 と非常に大きく、その傾向の強さを示していると言えよう。

## 5. 教師自身の教職観をめぐる分析の残された課題

以上**1**～**4**で、3時期の調査結果に基づいていくつかの点、とりわけ「献身的教師像」の根強さ、それにもかかわらず生じている変化の傾向、また教師たちの教職観を規定する因子構造の変化しない面と変化が進む面などについて、一部は属性別・バーンアウト段階別に因子の平均得点を比較することも含んで分析してきた。

しかし、教師たちの教職観と、その20余年間の変化については、わかっていないことがかなり多い。そのいくつかを考えると、

**①「献身的教師像」の根強さと変化について、その理由追究が不十分**：本章の**2**と**3**とで、一応その点に触れ、その変化の意味も考えたが、統計調査分析だけでももっと明確な系統的変化を見出し、その理由に関しても、同じ質問紙調査で尋ねた他の諸項目との関係を追究することが可能な筈である。ここでは、その点をこれ以上追究していく余裕がなかった。

**②新しく生じている教職観の4因子構造は、どういう変化を表現しているか**：この点でも**4**で行ったグループ別の因子得点平均値比較に留まらずに、もっと多数の調査変数との相関関係などを検討すれば、2014年調査で示された教師たちの「教職観構図」（それ自体も本章の記述では不十分だった）が、社会や教職の諸側面

のどのような変化とつながりながら生じている現象であるのか、その今後の見通しはどうであるかなど、統計調査データだけでも、追究し得るテーマがたくさんあった。それらもまたここでは余裕がなかったので、今後の課題としたい。

以上の他にも、面接調査での照合や検証、地域ごとの状況の違いなど、教職観だけでも追究すべき課題は多いが、それらについては諦めることなく、別稿を期したい。

〈注〉

（1） 2004年実施の5ヵ国比較調査でも、この「経済的に恵まれた」は各国とも肯定回答が少なく、それが半数を超えたのは日本だけであった（久冨編 2008）。

（2） 1991年F市調査では、F市立学校全体の教師を対象としたので、幼稚園教教諭、市立高等学校教師も回答者に含まれている（久冨編著 1994）ので、ここでの因子分析には、小・中学校教師のみのデータを使用した。

（3） 新自由主義とその「改革」の性格については、『新自由主義』（ハーヴェイ 2007）を参照。

（4） この時期の「学校教員制度改革」における教師像のこうした特徴については、久冨編（2008）の「序」で展開した。

〈引用・参考文献〉

ハーヴェイ, D. 2007『新自由主義――その歴史的展開と現在』作品社.

久冨善之編著 1994『日本の教員文化――その社会学的研究』多賀出版.

久冨善之（代表）2006『教育改革時代における教師の位置と文化――その再編の社会学的・歴史的・比較論的研究　2003-2005年度科学研究費補助金・基盤研究(A)(I)成果報告書』.

久冨善之編著 2008『教師の専門性とアイデンティティ――教育改革時代の国際比較調査と国際シンポジウムから』勁草書房.

# 第7章

## 教師のバーンアウトの変化と現代的要因連関

山田　哲也

本章では教師たちのバーンアウト（燃え尽き）をめぐる状況に着目し、過去の調査と比較した際の変化を確認したうえで、何がかれらの燃え尽き状況を規定しているのかについて分析を行う。

バーンアウトとは、教育、医療、福祉などの領域で対人サービスを提供する専門職にみられる独特のストレスやその蓄積に伴う諸症状のことである。

一般的に、対人サービスにおいては、仕事の成果がサービスを提供する相手の反応によって左右される。たとえ同一のサービスを提供した場合でも、あるクライエントからは感謝され、別な者からは否定的に評価されるかもしれない。仕事の成果がサービス利用者の意向によって決まってしまう「不確定性」は、対人サービスに固有の困難といえよう。

この点とも関わるが、人を相手にサービスを提供する仕事には「感情労働」（Hochschild 1983）が付随する。サービスの利用者を満足させるためには、適切に感情を統制し、人格的な信頼を確立する必要があるからである。例えば教師たちは明るく笑顔で接し子どもに安心感を与える一方で、かれらが不適切に振る舞った場合には厳しく叱るなど、通常の場合は相反する感情を状況に応じて切り替えながら職務を遂行している（伊佐 2009）。共感的な姿勢を示しつつ専門家としての冷静な態度を保持するなど、感情を適切に切り替えるだけではなく、相反する感情を同時に保持することが求められる場面もあるだろう。

対人サービスに付随する成果の不確定性と感情労働は、独特なストレスをその従事者にもたらす。このストレスが蓄積され、消耗感・消極的な見方・固執的態度・個人的達成感の減退が生じた状態が、いわゆるバーンアウト（燃え尽き）である。バーンアウトを放置し、これらの症状が昂進してしまうと、鬱状態や行動異常に至ることもある（土井監修 1988、田尾・久保 1996、岡東・鈴木 1997 など）。

バーンアウト現象に着目することによって、教師たちが日々の困難にどのように対処し、乗り切っているのか（あるいは乗り切れずに「燃え尽き」てしまうのか）を探ることが可能になる。以下ではこうした観点から、教師たちのバーンアウトをめぐる状況を検討してみたい。

## 1. 教師たちのバーンアウトをめぐる状況—過去の調査との比較—

質問紙の Q10 では、パインズらが考案したバーンアウト尺度（the Burnout Measure: BM。21 項目の質問から構成されている）で教師たちの燃え尽き状況を把握している（Pines & Aronson 1988）。

バーンアウトの度合いを測定する尺度としては、BM の他に Maslach Burnout Inventory（MBI）や、これをもとに久保・田尾が作成した「日本版バーンアウト尺度」がある。パインズらの尺度ではバーンアウトを把握する際に「消耗感」（exhaustion）に着目し、肉体的消耗感・情緒的消耗感・精神的消耗感の三つの側面からこれを把握することを試みている。

これに対してマスラックの尺度（MBI）では、同じく消耗感に着目しつつも、情緒的消耗感（emotional exhaustion）がバーンアウトの中核にあり、それに付随して脱人格化（depersonalization）と個人的達成感（personal accomplishment）の低下が生じると考え、これらの三つを測定するための質問項目群が設定されている点に特徴がある。消耗感に着目する点は二つの尺度に共通するものの、BM では消耗感を多面的に把握することが重視されているのに対し、MBI では情緒的消耗感に特に着目しつつ、消耗感によって引き起こされる現象をあわせて把握することで、バーンアウトの度合いを捉える点に違いがある。なお、私たちがこれまで実施した教員調査では BM を利用してきた。

今回の調査結果についてはすでに第 2 章で概要を示しているが、ここでは同じ尺度を用いて実施された過去の調査結果と今回の結果を対比してみたい。

**表 7.1** はバーンアウト・スコアの平均と分布を調査ごとに整理したもので、

**表 7.1　諸調査にみられる教師のバーンアウト状況**（パインズ尺度を使用した調査）

| 教師のバーンアウト調査と実施年 | | 1991-92 首都圏・調査 A | 1994 大阪・調査 B | 1997 東京・調査 C | 1999 東京・調査 D | 1999-2000 沖縄・調査 E | 2000 全国 5 地域・調査 F | 2005 全国 9 地域・調査 G | 2014-2015 全国 10 地域（今回調査） |
|---|---|---|---|---|---|---|---|---|---|
| バーンアウト・スコア（S）の平均 | | 3.26 | 3.37 | – | – | 3.15 | 2.94 | 3.01 | 2.97 |
| スコアの分布 | 良好（S≦3） | 45.9% | 41.8% | 41.8% | 63.1% | 51.0% | 57.0% | 56.1% | 57.3% |
| | 危険域（3<S≦4） | 34.1% | 34.4% | 37.9% | 28.3% | 31.0% | 26.5% | 29.7% | 30.2% |
| | バーンアウト（4<s） | 20.0% | 23.8% | 20.4% | 8.6% | 18.0% | 11.7% | 14.2% | 12.5% |

調査 A：首都圏 F 市公立小・中学校教師 1285 名（久冨善之「教師のバーンアウト（燃え尽き）と『自己犠牲』的教師像の今日的転換」、一橋大学研究年報編集委員会『一橋大学研究年報　社会学研究』34、1995、p. 21
調査 B：大阪府内公立小・中学校教師 2172 名（大阪教育文化センター『教師の多忙化とバーンアウト』、法政出版、1996 年）
調査 C：東京都足立区公立小学校教師 105 名（木村浩則「教師調査の結果と分析」、民主教育研究所年報 2000、『「学校選択」の検証』、民主教育研究所、2000 年）
調査 D：東京都公立小中学校教師 198 名（久冨善之他「〈実態調査班・中間報告〉今日の教職生活と教師たちの意見」［未公刊］、2000 年）
調査 E：沖縄県那覇市・浦添市公立小・中学校教師 2059 名（沖縄教師の仕事と多忙化・バーンアウト調査研究会『教師の仕事と多忙化・バーンアウト（燃え尽き）』、2000 年）
調査 F：北関東 A 市、B 町、首都圏 C 市、中部地方 D 町、北関東 E 地域、公立小中学校教師 718 名（久冨善之他『教員文化の日本的特性』、1998-2000 年度科学研究費補助金・基盤研究（B）（1）成果報告書［課題番号：10410068］、2000 年）
調査 G：首都圏 3 地域、地方都市 3 地域、地方町村部 3 地域、（久冨善之他『教育改革と教師』［国際シンポジウム・日本側グループ資料（詳細版）］2003-2005 年度科学研究費補助金・基盤研究（A）（1）［課題番号：15203032］、2005 年 11 月 12~13 日・一橋大学にて開催）

そのうち「良好」群と「バーンアウト」群の占める割合の変化を図 7.1 に示している。若干の振れ幅はあるものの、1999 年に東京で実施された調査を分岐点に、それ以前と以後で、①バーンアウト・スコア平均値が減少し、②分布においても「良好」の占める割合が高くなる傾向がみてとれる。

「危険域」と「バーンアウト」群を含めた割合は直近の調査でも 4 割を超えており、教師たちが厳しい状況に置かれていることに変わりはない。精神疾患を理由とする休職率についても近年は高止まりしているものの 2000 年代以降に一貫して上昇傾向にあり、教師たちのメンタルヘルスは楽観視できない状況にある。

しかしながら、先ほどの図表をみる限りでは 90 年代と比較して 2000 年代以降は教師たちの燃え尽き状況はやや改善されている。対象者が異なる調査を比べた結果であるため、その解釈には慎重になる必要があるが、ここでみられる変化は、日々直面する困難をなんとか乗り切るという課題に対して、教師たちがこれまでよりも適応的に振る舞っていることを窺わせるものになっている。

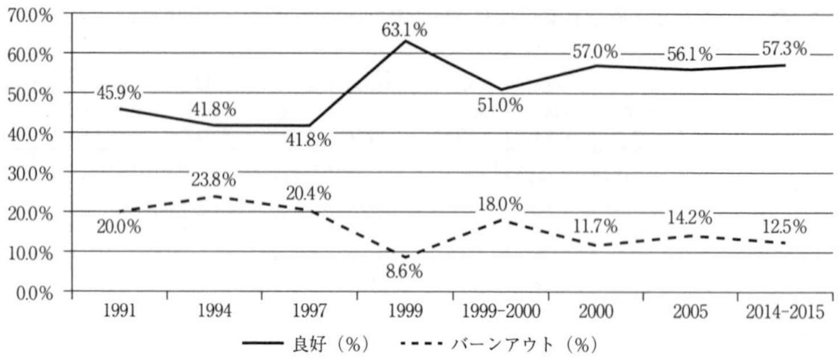


**図 7.1 「良好」群と「バーンアウト」群の割合の変化**（左記の表を元に作成）

## 2. 属性別にみたバーンアウトをめぐる状況

全体の傾向を確認したうえで、続いて属性別にバーンアウト尺度を検討してみよう。

### (1) 学校種別による比較

**表 7.2** は学校種別でバーンアウト・スコア平均と分布を比較したものである。小学校と比べると、中学校で平均値が高く、「バーンアウト」に区分される割合も多い。中学校に勤務する教員のほうがより困難な状況にあることを窺わせる結果だが（例えば部活動に起因する多忙化の進展が中学校では指摘されている）、統計的な有意差は認められない。

### (2) 教員の属性別の比較

**表 7.3** は男女別に同様の比較を行った結果である。女性教員のほうがスコアの平均が高く、t 検定で 10%水準の有意差が認められる。分布についても、有意差はみられないもののやはり女性教員のほうが「良好」の割合が少なく、「バーンアウト」に区分される者の比率が高い傾向がある。図表は省略するが、学校種別を統制した場合も同様の結果が出ている。この結果は、女性教員のほうが仕事と家事・育児の両立にかかる負担が高いという状況を表しているのかもしれない。あるいは、ホックシールドが指摘するように、「伝統的に男性よ

表 7.2　バーンアウト・スコアの平均と分布（小・中学校別）

| 学校種別 | | 小学校 | 中学校 | |
|---|---|---|---|---|
| バーンアウト・スコア（S）の平均 | | 2.96 | 3.02 | n.s. |
| スコアの分布 | 良好（S≦3） | 57.1% | 57.4% | |
| | 危険域（3<S≦4） | 31.7% | 27.7% | |
| | バーンアウト（4<s） | 11.2% | 15.0% | n.s. |

表 7.3　バーンアウト・スコアの平均と分布（男女別）

| 教員の性別 | | 男性教員 | 女性教員 | |
|---|---|---|---|---|
| バーンアウト・スコア（S）の平均 | | 2.89 | 3.03 | p.<0.1 |
| スコアの分布 | 良好（S≦3） | 60.4% | 55.1% | |
| | 危険域（3<S≦4） | 28.1% | 31.7% | |
| | バーンアウト（4<s） | 11.5% | 13.2% | n.s. |

表 7.4　バーンアウト・スコアの平均と分布（経験年数別）

| 教職経験年数 | | 10 年以下 | 11 年〜20 年目 | 21 年〜30 年目 | 31 年以上 | |
|---|---|---|---|---|---|---|
| バーンアウト・スコア（S）の平均 | | 3.05 | 3.05 | 2.97 | 2.84 | p.<0.05 |
| スコアの分布 | 良好（S≦3） | 55.7% | 49.0% | 59.8% | 62.0% | |
| | 危険域（3<S≦4） | 30.7% | 36.8% | 29.9% | 25.9% | |
| | バーンアウト（4<s） | 13.6% | 14.2% | 10.3% | 12.0% | p.<0.1 |

りも女性の方が私的生活において感情を管理することに長けているため、女性のほうがよりおおく市場で感情労働を提供している」(Hochschild 前掲訳書, p. 12) 状況は教師の世界においても同様であり、そのために女性ほど燃え尽きの度合いが高いという解釈もなりたつだろう。

次に、経験年数別にバーンアウト・スコア平均と分布を比較してみよう（表 7.4)。

経験年数が 20 年を越えたあたりでバーンアウト・スコアの平均が低くなり、「良好」の割合が高くなる傾向が認められる。

なお、この傾向は、2000 年以降に実施された他の調査結果とおおむね共通している。例えば 2000 年に実施された「調査 F」のデータを用いた分析では、教職経験年数ではなく教師の年齢ごとにバーンアウト・スコアの平均を比較しているが、そこでも 20 代の若手教師の平均値が高い（詳細は久冨編 2003, p. 111

を参照)。さらに、2005年実施の「調査G」データを再集計して経験年数別に平均値を出すと経験年数「10年以下」の教員のスコアは3.02、「11年～20年目」で3.05、「21年～30年目」で3.00、「31年以上」では2.85で、表に示した結果と同様の結果が認められる(ただし経験年数による統計的な有意差は認められなかった)。

上記の結果を踏まえつつ、近年ほど教員の年齢構成に占める若手の比重が高くなるトレンドを考慮すると、1でみた教師たちのバーンアウトをめぐる状況の「改善」と思える中長期的な推移は、教員の年齢構成の変化(すなわち若手の増加)によって生じているわけでないことが分かる。教職経験が少ない若手・中堅のほうがベテラン層よりも燃え尽きの度合いが高い傾向があるならば、若手教員の増加はバーンアウト・スコアを押し上げる影響があると予想できる。そうであるにもかかわらず、先にみたように、実際のデータでは90年代と比べ、2000年代以降のほうが教師たちの燃え尽きをめぐる状況が「改善」している傾向が窺えるからである。それではなぜ、こうした変化が生じているのだろうか？　この点については本章の末尾で、いくつかの仮説を提示する。

続いてスコアの分布に着目すると、経験年数が「11年～20年目」の教員は「バーンアウト」に区分される教員の割合が最も高く、厳しい状況にあることが窺える。一元配置分散分析と$\chi^2$検定を行った結果、平均値・分布の両方とも統計的に有意な差が認められ、多重比較(Tukey HSD)では「10年以下」と「31年以上」のグループの間で平均値に有意な違いがあった。この結果は、経験を蓄積することが、燃え尽きに対処するためのなんらかの手立てを身につけることにつながっていること、他方で、若手とベテランをつなぐ役割が期待される中堅層(11年～20年目)に負担がかかっている状況を窺わせるものである。

職階による違いはどうだろうか。**表7.5**は職階別にバーンアウト・スコアの平均と分布を比較したものである。管理職、特に校長はバーンアウト・スコアの平均値が小さく、「良好」の割合が高い。多重比較の結果、校長と教諭・養護教諭・臨時採用常勤講師との間、副校長・教頭と教諭の間に有意な差が認められた。

子どもと普段接触する機会が相対的に少ない管理職が良好な状態にあることは、逆に言えばバーンアウトが児童生徒との関係のなかで生じる対人サービス固有のストレスに対する反応であることを物語っている。

表 7.5　バーンアウト・スコアの平均と分布（職階別）

| 教職経験年数 | | 校長 | 副校長・教頭 | 主幹教諭 | 教諭（正規採用） | 養護教諭 | 臨時採用常勤講師 | 臨時採用非常勤講師 | |
|---|---|---|---|---|---|---|---|---|---|
| バーンアウト・スコア（S）の平均 | | 2.32 | 2.67 | 2.74 | 3.06 | 3.08 | 2.86 | 3.00 | p.<0.01 |
| スコアの分布 | 良好（S≦3) | 84.2% | 70.8% | 55.9% | 54.4% | 56.5% | 57.0% | 60.0% | |
| | 危険域（3<S≦4) | 12.3% | 16.7% | 38.2% | 32.2% | 28.3% | 32.7% | 20.0% | |
| | バーンアウト（4<s) | 3.5% | 12.5% | 5.9% | 13.4% | 15.2% | 10.3% | 20.0% | p.<0.01 |

経験年数別に比較した時に示唆された「中堅層」の負担は、職階別の比較からは明瞭には認められなかった。ミドルリーダーとしての役割が期待される「主幹教諭」のバーンアウト・スコア平均はむしろ教諭よりも少なく、スコアの分布も良好な状況にある。バーンアウト現象に着目して教師達のおかれた状況を検討すると、職階をめぐる負担の度合いには管理職／それ以外の職階との間でかなりの違いが認められた。さきほどの検討で示唆された「中堅層の困難」はあくまでも経験年数の違いに起因するもので、ミドルリーダーとしての役割を制度的に付与された主幹教諭のポジションにあるかどうかということと直接的には結びついていないようである。学校教育法の改正によって主幹教諭が配置できるようになったのは2008年度からで、このポストが導入されてそれほど時間が経っていないことも、こうした結果の背景にあるのかもしれない。職階と経験年数では「中堅層」のポジションにあることがもたらす影響が異なる結果は興味深く、さらなる検討が求められるが、この点の探究は他日を期すことにしたい。

なお、回答者が20名と少ないために分布をみる際に留意しなければならないが、臨時採用非常勤講師で「バーンアウト」状態にある者が2割存在する事実も、重く受けとめなければならないだろう（ただし数が少ないこともあり、有意な差は認められなかった）。図表は省略するが、小学校・中学校別に同様の分析を行った結果もおおむね上記の通りであった。

表 7.6　バーンアウト・スコアとの相関が強い質問項目リスト

| バーンアウトスコアとの相関が強い（係数の絶対値が 0.3 以上の）項目 | 相関係数（Peason） |
|---|---|
| Q3：教職生活にまつわる厳しさや悩み（14）学校に行くのがおっくうになる | 0.62 |
| Q3：教職生活にまつわる厳しさや悩み（15）教職をやめたい | 0.51 |
| Q3：教職生活にまつわる厳しさや悩み（8）自分の持っていた教育観や信念に混乱が生じている | 0.47 |
| Q3：教職生活にまつわる厳しさや悩み（7）自分の教育・指導の効果について疑問や無力感を感じる | 0.46 |
| Q3：教職生活にまつわる厳しさや悩み（12）職場内での人間関係がしんどいと思うときがある | 0.43 |
| Q8：教職観（6）自己犠牲を強いられる仕事だ | 0.37 |
| Q3：教職生活にまつわる厳しさや悩み（6）何を教えれば子どもにとって意義があるのかがあいまいになる | 0.35 |
| Q3：教職生活にまつわる厳しさや悩み（5）問題をかかえている子どもに手を焼くことがある | 0.32 |
| Q3：教職生活にまつわる厳しさや悩み（13）自分が経験している教育実践上の困難に対して回りが無理解である | 0.32 |
| Q3：教職生活にまつわる厳しさや悩み（2）現在の仕事の量は過重だ | 0.31 |
| Q3：教職生活にまつわる厳しさや悩み（11）保護者への対応に手を焼く | 0.30 |
| Q5：職場の雰囲気や状況（11）職場で教師間に仕事に限らず何でも話せる雰囲気がある | -0.31 |
| Q2：毎日の教職生活で感じること（3）学級など生徒集団づくりの指導に自信がある | -0.32 |
| Q12：生活や社会のあり方についての考え（2）日本社会には希望がある | -0.33 |
| Q2：毎日の教職生活で感じること（10）学校では自分のやりたいことが自由にやれている | -0.34 |
| Q2：毎日の教職生活で感じること（6）子どもをひきつける人間的な魅力という点で自信がある | -0.34 |
| Q2：毎日の教職生活で感じること（12）自分には教師という職業が合っている | -0.43 |
| Q2：毎日の教職生活で感じること（11）教師としての仕事にやりがい、生きがいを感じる | -0.44 |
| Q12：生活や社会のあり方についての考え（1）今の自分の生活全般に満足している | -0.54 |

全ての項目で $p.<0.01$

## 3. 何がバーンアウトを生み出すのか

### (1) 相関係数から解釈できるバーンアウトを促進・抑制する要因

バーンアウト・スコアは他のどのような回答項目と特に関連しているのだろうか。**表 7.6** は他の変数との相関係数を算出し、その絶対値が 0.3 以上の項目をリストアップし、係数が大きい順に並び変えたものである。

相関係数を出す際には、「よくある」（強く感じる・強くそう思う、等々）などの選択肢を選んだ場合に数値が大きくなるように項目を逆転しており、正の相関は質問を肯定するほどバーンアウトの度合いが深刻になることを、負の相関は逆の関係があることを意味している。なお、頻出する項目（Q3：教職生活にまつわる厳しさや悩み／ Q2：毎日の教職生活で感じること）については、他の項目と区別しやすいように網掛けをしている。

当然のことではあるが、教職生活に厳しさや悩みを感じていると回答した者ほど、バーンアウト・スコアが高い傾向がある。「学校に行くのがおっくうになる」「教職をやめたい」という感情は、燃え尽き現象を構成する「消耗感」とそれに伴う職務へのコミットメントの減退として解釈することができる項目のため、スコアとの相関が高いのはある意味で当然である。生活全般に満足している［Q12(1)］、仕事にやりがいや生きがいを感じる［Q2(11)］が強い負の相関にあることも同様に解釈できる。

これらに次いで相関係数の値が高い項目は「教育観や信念に混乱が生じている」［Q3(8)］、「教育・指導の効果について疑問や無力感を感じる」［Q3(7)］である。子どもに対する指導が思うようにゆかず、教職アイデンティティに混乱が生じている状態とバーンアウトが密接に関連していることが分かる。教職観では献身的な教師像に関わる項目（自己犠牲を強いられる仕事だ［Q3(8)］）との相関が強く、日本の教員文化の特徴をなしていた献身性が教師たちをかえって追い詰めかねない状況のあることが、これまでの調査に引き続き今回も確認することができた。

職場での人間関係の困難［Q3(12)］や保護者への対応の難しさ［Q3(11)］との相関も高いが、同僚や保護者との関係に関する質問と比べると、子どもとの関わりに関する項目のほうが数が多い。このことは、バーンアウト現象が〈**生徒に対して教育活動を遂行し、そこで手応えや自信を感じることができるかどうか**〉ということ、すなわち教師－生徒関係のあり方に強く規定されていることを意味するとみてよい。

バーンアウト・スコアと負の相関がある項目、すなわち燃え尽きの度合いを軽減させる項目をみると、①教職が自分にあっていてやりがいや自信を感じられる状況にあること［Q2(11)］［Q2(12)］［Q2(6)］［Q2(3)］、②職場で気軽に相談できる環境があること［Q5(11)］が、燃え尽きを抑制する要因となっているようである。①は、先にのべた教職アイデンティティの混乱の裏返し（アイデンティティが安定していることが燃え尽きを抑制する）として解釈するのが妥当である。

なお、②については、自分の抱える「困難に対して周りが無理解である」［Q2(13)］と答える教師ほどスコアが高い（正の相関がある）こととあわせて考えると、周囲に相談できるだけでなく、自分の困難を理解してくれるかどうかが、バーンアウト状態に陥るかどうかを左右する鍵であることが分かる。

表 7.7　バーンアウト・スコアの規定要因（重回帰分析）　従属変数はバーンアウト・スコア

| | 非標準化係数 | 標準化係数（β） | |
|---|---|---|---|
| 性別ダミー（女性＝1） | -0.012 | -0.006 | |
| 教職経験年数（年数をそのまま投入） | -0.010 | -0.005 | |
| 学校種別ダミー（中学校＝1） | -0.001 | -0.027 | |
| 管理職ダミー（校長・副校長［教頭］＝1） | -0.296 | -0.093 | *** |
| 生徒との関係：問題をかかえている子どもに手を焼くことがある［Q3(5)］ | 0.143 | 0.107 | *** |
| 保護者との関係：保護者への対応に手を焼く［Q3(11)］ | 0.151 | 0.107 | *** |
| 教職アイデンティティ：自分の持っていた教育観や信念に混乱が生じている［Q3(8)］ | 0.420 | 0.281 | *** |
| 教職観：自己犠牲を強いられる仕事だ［Q8(6)］ | 0.310 | 0.236 | *** |
| 職場同僚関係：職場で教師間に仕事に限らず何でも話せる雰囲気がある［Q5(11)］ | -0.185 | -0.136 | *** |
| 職務の自律性：学校では自分のやりたいことが自由にやれている［Q2(10)］ | -0.209 | -0.146 | *** |

F=76.550***　調整済み $R^2$=0.389　*p.<0.1　**p.<0.05　***p.<0.01

### (2) 多変量解析を用いた規定要因分析

相関係数を検討するなかで把握したバーンアウトの促進・抑制要因は、他の変数を統制しても認められるだろうか。この点を確認するために、**表 7.6** に整理した変数のうち、①バーンアウト状態の代理指標としても解釈できる減退感や職務へのデタッチメントに関する指標を除外し、②先ほどの検討でバーンアウトとの関連性が特に強い変数を相関係数の絶対値を基準にいくつか選択し（その際には多重共線性が発生しないように配慮した）、③そのうえで **2** で検討した本人の属性に関わる変数を追加したモデルを用いて重回帰分析を行ってみた。その結果は**表 7.7** に示す通りである。

属性に関する変数は管理職ダミーを除き、有意な影響力は認められない。**2** で検討した通り、管理職はその他の教員と比べるとバーンアウト・スコアが有意に低くなる傾向がある。

先ほど確認した傾向は、他の変数を統制したうえでも確認できた。生徒との関係・保護者との関係で「手を焼くことがある」と答える者ほどバーンアウト・スコアが高くなる傾向がある。教職アイデンティティの揺らぎがバーンアウトを促進する傾向がある点、献身的教師像を抱く者ほど燃え尽きの度合いが高くなる傾向も先ほどと同様であった。ただし、これらの意識のあり方とバーンアウト・スコアとの関係はどちらが原因・結果なのかを区別することはできない点に留意する必要がある。

表 7.8　学校職場ごとのバーンアウト・スコア平均値の分布

| | |
|---|---|
| 2.31 ～ 2.50 | ●●●● |
| 2.51 ～ 2.70 | ●●<br>○○ |
| 2.71 ～ 2.90 | ●●●●●●<br>○ |
| 2.91 ～ 3.10 | ●●●●●●●●<br>○○○○○○○ |
| 3.11 ～ 3.30 | ●●●●●●●●<br>○○○○ |
| 3.31 ～ 3.50 | ●●●<br>○○○ |
| 3.51 ～ | ●<br>○ |

●＝小（32 校）　○＝中（18 校）最小値 2.32、最大値 3.72、平均 3.02

さらに、職場の同僚関係が許容的であるほど、また、自分のやりたいことが自由にやれているという自律性の感覚を抱く教師ほど、バーンアウトの度合いが低くなる傾向も、先ほど相関係数を検討した際と同様である。教師のバーンアウトは、子ども・保護者・同僚との関係が悪化し、教職アイデンティティが動揺するなかで生じる現象（とりわけ子どもとの関係がうまくいくかどうかという事に関わる現象）だということ、また、「学校では自分のやりたいことが自由にやれている」という職務の自律性も燃え尽きの度合いと密接に関わっていることが、分析を通じて改めて確認された。

### (3)「燃え尽き」の度合いが高い学校にみられる特徴

これまでは個々の教員のバーンアウト・スコアに着目してきたが、以下では学校を単位にバーンアウトの状況を検討してみたい。**表 7.8** は、学校別のバーンアウト・スコア平均の分布を整理したものである。今回の調査では小学校 32 校、中学校 18 校分の学校別集計が可能なデータが得られている。

小中別に平均値を比較すると中学校のバーンアウト・スコアが高い結果はすでに確認したが、学校を単位に分布をみても中学校（表中で白丸で表記）のほうが燃え尽きの度合いが高い状況が窺える。

分布の状況を確認したうえで、燃え尽きの度合いを基準に学校の類型化を試みた。具体的には学校別バーンアウト・スコア平均値をもとに、小・中をあわ

表 7.9　勤務校の様子を尋ねた質問への回答傾向（学校群別平均値）

| | 「低位」校群（17 校） | 「中位」校群（16 校） | 「高位」校群（17 校） | 全体（50 校） | |
|---|---|---|---|---|---|
| Q1（1） 子どもたちが熱心に授業に取り組む* | 3.71 | 3.63 | 3.53 | 3.62 | 低位＞高位 |
| Q1（2） 子どもたちが学校行事に熱心に取り組む | 3.81 | 3.82 | 3.75 | 3.79 | |
| Q1（3） 子どもたちが学校の運営に積極的に参加する* | 3.22 | 3.09 | 3.01 | 3.11 | 低位＞高位 |
| Q1（4） 保護者が学校の教育活動に熱心に参加する+ | 3.24 | 3.07 | 2.98 | 3.10 | 低位＞高位 |
| Q1（6） 保護者同士の交流が活発である | 2.97 | 2.93 | 2.81 | 2.90 | |
| Q1（7） 子どもたちが騒いで授業が成立しない* | 1.57 | 1.66 | 1.88 | 1.71 | 低位＜高位 |
| Q1（8） 不登校の子どもがいる | 2.32 | 2.44 | 2.67 | 2.48 | |
| Q1（9） 子どもたちの学力に格差がある* | 3.36 | 3.51 | 3.61 | 3.49 | 低位＜高位 |
| Q1（10） 経済的に困難を抱える子どもがいる | 3.01 | 3.02 | 3.23 | 3.09 | |
| Q1（11） 保護者からクレームを受けることがある+ | 2.65 | 2.70 | 2.83 | 2.73 | 低位＜高位 |
| Q1（12） 子ども同士のいじめがある | 2.23 | 2.31 | 2.40 | 2.31 | |
| Q1（13） 特別支援教育に力をいれている* | 3.35 | 3.26 | 3.08 | 3.23 | 低位＞高位 |

***p.<0.001　**p.<0.01　*p. 0.05　+p.<0.1
右端は多重比較（Turky の HSD）を行った結果、学校群間に 5％水準で有意な差が認められたものを記載している

せた 50 校がなるべく同数になるように 3 つに区分した。この作業を経て抽出された、「バーンアウト低位校」（バーンアウト・スコア学校平均値 2.32 ～ 2.92：17 校［小 12 校・中 5 校］)、「バーンアウト中位校」（2.93 ～ 3.16：16 校［小 11 校・中 5 校］)、「バーンアウト高位校」（3.17 ～ 3.72：17 校［小 9 校・中 8 校］）という 3 つの学校群で(a) 生徒との関係、(b) 保護者との関係、(c) 職場の同僚関係に関する質問の平均値を比較したものが次に示す**表 7.9 ～表 7.11** である。

小中別に学校群を区分すると学校レベルのサンプルサイズが小さくなるため、今回は小中を合算して分析を行ったが、いずれの類型においても小学校の数が多いため、結果を見る際にはこの点に留意する必要がある（ただし、結果は省略するが、小中別に平均値を比較し以下に示す表とおおむね同様の傾向が認められたことを確認している)。

**表 7.9** は、勤務校の様子を尋ねた質問（Q1）の回答結果の平均値を、バーンアウト・スコア学校平均に着目してグループ化した学校群ごとに比較したものである。一元配置分散分析でグループ間に有意な差が認められた項目には網掛けをし、多重比較の結果を右端に示している。

表に整理した平均値は 1 ～ 4 までの値を取り、4 に近づくほどその質問に対して肯定的に（具体的には「よくある」「強く感じる」「強くそう思う」と）回答する傾向が強いことを表す。**表 7.10、表 7.11** も同様の形式で分析結果を整理して

表 7.10　子ども・保護者との関係、職場同僚関係に関する質問への回答傾向（学校群別平均値）

| | 「低位」校群（17 校） | 「中位」校群（16 校） | 「高位」校群（17 校） | 全体（50 校） | |
|---|---|---|---|---|---|
| Q2 (7) 子どもから信頼されている** | 2.91 | 2.87 | 2.77 | 2.85 | 低位＞高位 |
| Q2 (8) 保護者から信頼されている** | 2.80 | 2.80 | 2.65 | 2.75 | 低位＞中位・高位 |
| Q2 (9) 同僚から信頼されている* | 2.84 | 2.80 | 2.72 | 2.78 | 低位＞高位 |
| Q2 (10) 学校では自分のやりたいことが自由にやれている** | 2.91 | 2.77 | 2.65 | 2.78 | 低位＞高位 |
| Q3 (1) 毎日の仕事が忙しい | 3.37 | 3.48 | 3.46 | 3.43 | |
| Q3 (2) 現在の仕事の量は過重だ* | 2.97 | 3.14 | 3.18 | 3.10 | 低位＜高位 |
| Q3 (3) 自分に仕事が集中している | 2.39 | 2.40 | 2.50 | 2.43 | |
| Q3 (9) 校長・教頭からの評価が気になる+ | 1.98 | 2.07 | 2.12 | 2.06 | |
| Q3 (10) 職場の他の教師からの評価が気になる* | 2.08 | 2.21 | 2.21 | 2.17 | 低位＜高位 |
| Q3 (11) 保護者への対応に手を焼く* | 2.15 | 2.27 | 2.35 | 2.26 | 低位＜高位 |
| Q3 (12) 職場内での人間関係がしんどいと思う時がある | 2.01 | 2.11 | 2.18 | 2.10 | |
| Q3 (13) 自分が経験している教育実践上の困難に対して周りが無理解である** | 1.80 | 1.85 | 1.98 | 1.87 | 低位・中位＜高位 |

***p.<0.001　**p.<0.01　*p. 0.05　+p.<0.1
右端は多重比較（Turky の HSD）を行った結果、学校群間に 5％水準で有意な差が認められたものを記載している

いる。バーンアウト「高位」校には、「低位」校と比べて、子どもたちが積極性に乏しく問題行動を起こす傾向が認められる。「高位」校群では学校に対する保護者のコミットメントの度合いも低く、保護者からクレームを受ける頻度も高い。

統計的な有意差が認められた網掛けの項目の多くは、子ども－教師間・保護者－教師間の関係に関わる項目である。子ども同士の関係に関わる項目（行事への取り組みの熱心さ／いじめの頻度）、保護者同士の交流の活発さを尋ねた項目ではおおむね系統的な差が認められるものの、統計的に有意な差とまではいえない。これはバーンアウト現象が、主に教師と子ども、教師と保護者との関係のなかで生起する困難と密接に関わるためであろう。

**表 7.10** は、毎日の教職生活で感じること（Q2）・教職生活に関する厳しさや悩み（Q3）に関する設問から、子どもや保護者との関係、さらには職場の同僚関係に関する項目を取りあげて整理したものである。バーンアウト・スコアの平均値が「低位」の学校はその他のカテゴリ（主に「高位」校群）と比べ、教師たちが子ども・保護者と良好な関係を構築している。この点は先の表と符合しているが、それらに加えて、職場のあり方がバーンアウトの程度を左右する要

表 7.11　子ども・保護者との関係、職場同僚関係に関する質問への回答傾向（学校群別平均値）

| | 「低位」校群（17 校） | 「中位」校群（16 校） | 「高位」校群（17 校） | 全体（50 校） | |
|---|---|---|---|---|---|
| Q5（1）校長・教頭と他の教職員の間で意思の疎通がうまくはかられている* | 3.01 | 2.95 | 2.74 | 2.90 | 低位＞高位 |
| Q5（2）校長・教頭が勝手にことがらを決めたり進めたりする* | 2.07 | 2.05 | 2.34 | 2.15 | 中位＞高位 |
| Q4（3）学校では各々の教師のやりたいことが自由にやれている+ | 2.83 | 2.78 | 2.63 | 2.75 | |
| Q5（4）職場の教員同士が協同してものごとに取り組んでいる+ | 3.23 | 3.06 | 3.04 | 3.11 | |
| Q5（5）お互いの持ち味・専門性を尊重しあっている | 3.18 | 3.07 | 2.98 | 3.08 | |
| Q5（6）職員会がよく開かれている | 2.88 | 2.93 | 2.88 | 2.90 | |
| Q5（7）学年会・教科会や担当委員会（行事や校務分掌に関する）がよく開かれている | 2.83 | 2.81 | 2.81 | 2.82 | |
| Q5（8）職員会で活発な議論がなされている | 2.33 | 2.34 | 2.22 | 2.30 | |
| Q5（9）学年会・教科会などで活発な議論がなされている | 2.78 | 2.67 | 2.70 | 2.72 | |
| Q5（10）自校の教師間で活発な意見交流が行われている+ | 2.97 | 2.88 | 2.77 | 2.87 | |
| Q5（11）職場で教師間に何でも話せる雰囲気がある | 3.02 | 2.99 | 2.93 | 2.98 | |
| Q5（12）職場を離れても同じ学校の教師間でつきあうことが多い | 2.35 | 2.32 | 2.33 | 2.33 | |
| Q5（13）校長・教頭からの評価を気にして仕事をしている | 1.91 | 2.03 | 2.01 | 1.98 | |
| Q5（14）他の教師からの評価を気にして仕事をしている* | 1.95 | 2.09 | 2.05 | 2.03 | 低位＞中位 |
| Q5（15）他の教師との足並みがそろうように物事を進めている | 2.94 | 2.94 | 2.96 | 2.95 | |
| Q5（16）問題が起きたときに、責任を押しつけ合う雰囲気がある+ | 1.60 | 1.64 | 1.77 | 1.68 | |
| Q5（17）管理職が最終的に責任を取ってくれるとの安心感がある | 3.01 | 2.94 | 2.82 | 2.92 | |

***p.<0.001　**p.<0.01　*p. 0.05　+p.<0.1
右端は多重比較（Turky の HSD）を行った結果、学校群間に 5%水準で有意な差が認められたものを記載している

因になっている点が興味深い。

網掛けの有無に着目すると、仕事の負担に関しては、多忙さをどの程度感じるかということよりも、仕事の量を「過重」と感じるかどうかが、バーンアウト・スコアの学校平均値と密接に関わっているようである。同様に、職場の人間関係については、管理職や同僚からの評価を気にせずに自分のやりたいことを自由にやれているかどうか、また、実践上の困難が生じた時に、周囲がそれをどれくらい理解してくれるかどうかについて学校群間で有意な差が見られた。職場の同僚関係が支援的なのかどうかが、バーンアウトの抑制・促進に関わっていることを窺わせる結果である。

そこで、職場の雰囲気や状況についてさらに細かく尋ねた設問（Q5）の結果

を学校群別に比較してみよう（表7.11）

表に整理した結果を見る限りでは、職員会などのフォーマルな会議が開かれる頻度やそこでの議論の活発さよりも、日常的な場面における職場同僚関係のあり方（具体的には、管理職や同僚間で意思の疎通や意見交換がうまくなされているかどうか、評価の眼差しを気にせず、協働的な関わりのなかで各々の教師が自由にやりたいことができる関係が構築できているかどうか）の違いのほうが大きいように思われる。

## 4. まとめと今後の課題

これまでの検討を通じて明らかになったことは、以下の5点にまとめられる。

① 同一の尺度（パインズ尺度）を用いて複数時点で実施された調査の結果を時系列的に比較すると、1990年代と2000年代以降ではトレンドが変化し、バーンアウト・スコア平均値が減少し、分布においても「良好」な教師の占める割合が高くなる傾向がみられた。

② 直近の調査（2014-15年実施の全国調査）で得られたデータを分析した結果、バーンアウトをめぐる状況を属性別に比較すると、a）男性よりも女性教員が、b）ベテランよりも若手・中堅が、c）管理職・主幹教諭よりもそれ以外の職階にある教員のほうが、深刻な状況にあることが明らかになった。

③ 個人を単位にバーンアウト・スコアとの相関が強い質問項目を検討したところ、a）教職生活に厳しさ・悩みを感じる者ほどスコアが高くなる、b）職場・保護者・子どもとの関係をめぐる悩みとバーンアウトは密接な関係にある、c）教職アイデンティティの揺らぎはバーンアウトの度合いを高める傾向にある、d）単なる困難の有無だけでなく、それを周囲がどの程度理解してくれると思えるかどうかが重要である、ことが明らかになった。

④ 多変量解析（ここでは重回帰分析）によってバーンアウト・スコアを規定する要因を検討したところ、③で認められた傾向は、他の変数を統制したうえでも確認することができた。教師のバーンアウトは、子ども・保護

者・同僚との関係が悪化し、教職アイデンティティが動揺するなかで生じる現象だということ、また、職務の自律性も燃え尽きの度合いと密接に関わっていることが明らかになった。標準化回帰係数が最も高かったのは教職アイデンティティの混乱、その次が献身的教師像について尋ねた項目の変数であり、教師がおかれた客観的な状況よりも、それをどのように受けとめるのかによる影響が強いことが示唆された。

⑤「燃え尽き」の度合いが高い学校（バーンアウト・スコアの学校平均が高く、多くの教師が燃え尽き状態にある学校）の特徴を検討した結果、燃え尽き「高位」校群は、子ども－教師間、保護者－教師間の関係に困難を抱えており、職場の同僚関係も支援的なものではなく、他者からの評価が気になり、自分のやりたいことを自由にやりづらい状況にあることが明らかになった。

これらのうち、②〜⑤はこれまでの調査においてもおおむね同様の結果が確認でき、私たちの素朴な実感に照らしても違和感はない。教師が子どもや保護者と取り結ぶ関係のなかで生じる様々な困難はバーンアウトを誘発する要因になっているが、困難に直面した教師が燃え尽きに至るまでのプロセスには、個々の教師が抱く教職観やそれを構成要素の一つとする教職アイデンティティのあり方、さらには職場の同僚関係の特質が強い影響を与えている。そこに、学校の日常のなかで直面する様々な困難を乗り切る、教員文化の防御メカニズムをみることができる。

他方で、①については、精神疾患を理由に休職する教員が2000年代以降も一貫して増加していった動向と相反する結果となっており、両者の齟齬をどのように理解するのかが問われている。今回のデータだけでは十分な検討ができないが、精神疾患による休職者数・それが病気休職者に占める割合とバーンアウト・スコアの推移にみられる乖離を説明する仮説として、次に示すものが想定できる。

第一の仮説は、「休職仮説」である。燃え尽きの度合いが高い教師たちはそもそも休職しているため、質問紙には回答していない可能性がある（あるいは質問紙が送付されても回答を拒否しているのかもしれない）。近年になるほど、燃え尽き度合いの高い教員が質問紙調査に回答しなくなり、そのことによって、BMの見かけ上の「改善」と実態との乖離が進行している、そのような仮説である。

第二の仮説は「ストレスの性格変化仮説」である。ある時期（本章で検討したデータによれば2000年代以降）から教師たちの抱えるストレスのあり方が変化し、BMではうまく測定することができなくなっているという仮説である。BMの尺度としての妥当性が減じたために、BMの見かけ上の「改善」と実態との乖離が進行しているという仮説である。

そもそも「休職」中の教師は質問紙に回答していないため、第一の仮説を直接検証することはできない。そこで、次善の策として欠損値データの分析が有力な手段となる。どのようなタイプの教師がBM関連質問に答えないのかという観点から質問紙データを再集計し、BMを構成する質問に回答していない教師（BM欠損ケース）とそれ以外の教師とで、他の項目の回答傾向にみられる違いを検討することで、BMを回避する傾向性の規定要因を捉えることが可能になる。

この点について、本章の**表7.6**に示した「バーンアウト・スコアとの相関が強い質問項目リスト」と同じ項目で、バーンアウト「良好」群、「危険域」群、「バーンアウト」群とBM欠損ケースの平均値を**表7.12**に整理した。

表に整理した平均値は1～4までの値を取り、4に近づくほどその質問に対して肯定的に回答する傾向が強いことを表す。多重比較の結果を踏まえ「BM欠損」ケースが他のカテゴリのどれに近い値を示しているのか（有意差が認められない値を示しているか）を表の右端に記載している。「危険域群」との有意差がみられない一方で、他のカテゴリとは有意な差があることを意味する「危険域と類似」に該当する項目が多い。確かにBM欠損群は良好群と比べると深刻な状況にはあるものの、「休職仮説」が妥当するならば「燃え尽きと類似」する項目が多くなるはずなのに、そのような結果にはなっていない（表中の空欄の項目も、「燃え尽き群」とBM欠損ケースの間に有意差があり、その他のカテゴリとは差がない、すなわち良好あるいは危険域のほうに類似している項目がほとんどであった）。

ただしこの結果は、今回のBM欠損群・55ケースのほとんど（41ケース）が、BM 21項目のうち1項目のみが欠損のためにBMが算出できないことによるもので、複数項目が欠損しているケースは14項目、21項目のうち半数を超えて無回答のケースがわずか6ケースしかないことに起因している可能性がある。

### 表 7.12　バーンアウト・スコアとの相関が強い質問項目の平均値
（バーンアウト類型と BM 欠損ケースの比較）

| バーンアウトスコアとの相関が強い（係数の絶対値が 0.3 以上の）項目 | 良好群（BM3 点以下） | 危険域群（3 点より上～4 点以下） | 燃え尽き群（BM4 点より上） | BM 欠損群（55 ケース） | 全体 | |
|---|---|---|---|---|---|---|
| Q3：教職生活にまつわる厳しさや悩み（14）学校に行くのがおっくうになる | 1.74 | 2.39 | 2.94 | 2.08 | 2.08 | 独立 |
| Q3：教職生活にまつわる厳しさや悩み（15）教職をやめたい | 1.51 | 2.02 | 2.51 | 1.90 | 1.80 | 危険域と類似 |
| Q3：教職生活にまつわる厳しさや悩み（8）自分の持っていた教育観や信念に混乱が生じている | 1.97 | 2.34 | 2.75 | 2.33 | 2.19 | 危険域と類似 |
| Q3：教職生活にまつわる厳しさや悩み（7）自分の教育・指導の効果について疑問や無力感を感じる | 2.21 | 2.59 | 2.92 | 2.52 | 2.42 | 危険域と類似 |
| Q3：教職生活にまつわる厳しさや悩み（12）職場内での人間関係がしんどいと思うときがある | 1.90 | 2.26 | 2.73 | 2.25 | 2.12 | 危険域と類似 |
| Q8：教職観（6）自己犠牲を強いられる仕事だ | 2.91 | 3.30 | 3.58 | 3.09 | 3.11 | |
| Q3：教職生活にまつわる厳しさや悩み（6）何を教えれば子どもにとって意義があるのかがあいまいになる | 2.20 | 2.53 | 2.79 | 2.40 | 2.38 | |
| Q3：教職生活にまつわる厳しさや悩み（5）問題をかかえている子どもに手を焼くことがある | 2.73 | 3.05 | 3.23 | 2.87 | 2.89 | |
| Q3：教職生活にまつわる厳しさや悩み（13）自分が経験している教育実践上の困難に対して回りが無理解である | 1.74 | 1.96 | 2.17 | 1.84 | 1.86 | |
| Q3：教職生活にまつわる厳しさや悩み（2）現在の仕事の量は過重だ | 2.93 | 3.34 | 3.47 | 3.11 | 3.12 | |
| Q3：教職生活にまつわる厳しさや悩み（11）保護者への対応に手を焼く | 2.10 | 2.38 | 2.58 | 2.24 | 2.25 | |
| Q5：職場の雰囲気や状況（11）職場で教師間に仕事に限らず何でも話せる雰囲気がある | 3.08 | 2.87 | 2.55 | 2.84 | 2.95 | |
| Q2：毎日の教職生活で感じること（3）学級など生徒集団づくりの指導に自信がある | 2.74 | 2.43 | 2.33 | 2.49 | 2.59 | |
| Q12：生活や社会のあり方についての考え（2）日本社会には希望がある | 2.66 | 2.31 | 2.18 | 2.41 | 2.49 | |
| Q2：毎日の教職生活で感じること（10）学校では自分のやりたいことが自由にやれている | 2.92 | 2.66 | 2.30 | 2.63 | 2.76 | 危険域と類似 |
| Q2：毎日の教職生活で感じること（6）子どもをひきつける人間的な魅力という点で自信がある | 2.71 | 2.42 | 2.18 | 2.50 | 2.55 | |
| Q2：毎日の教職生活で感じること（12）自分には教師という職業が合っている | 3.13 | 2.73 | 2.44 | 2.68 | 2.91 | |
| Q2：毎日の教職生活で感じること（11）教師としての仕事にやりがい、生きがいを感じる | 3.33 | 3.01 | 2.64 | 3.10 | 3.15 | 危険域と類似 |
| Q12：生活や社会のあり方についての考え（1）今の自分の生活全般に満足している | 3.11 | 2.64 | 2.18 | 2.67 | 2.85 | 危険域と類似 |

上記すべての項目で p.<001　右端は多重比較（Turky の HSD）を行った結果、BM 欠損群と他のカテゴリの間で 5%水準で有意な差が認められた結果を、以下の 4 つの類型で示している（それ以外の場合は記載なし）
①独立：BM 欠損群の平均値が、他のすべてのグループと有意差がある場合　②危険域と類似：危険域群との間の有意差がなく、他のカテゴリとの間に差がある場合　③燃え尽きと類似：燃え尽きとの間の有意差がなく、他のカテゴリとの間に差がある場合　④良好と類似：良好群との間に有意差がなく、他のカテゴリとの間に差がある場合

今回のBM欠損群は、21項目からなる尺度の大半ないしすべての項目の回答を拒否したわけではない層が多く含まれており、そのことが「危険域」との類似をもたらしているのかもしれない。

第二の仮説、すなわち「ストレスの性格変化仮説」を検討するためには、BMとそれ以外の尺度、例えば先に述べたMBIやストレスを測定する他の尺度を組み合わせた質問紙調査を実施し、尺度の妥当性を再検討する必要があり、今回の調査データを用いた検討は不可能である。そのため、この仮説の検証は、今後の課題としたい。

教員文化の今日的な変容とその帰趨を読み解くために、バーンアウトをめぐる状況の中長期的な変化についてのさらなる検討が求められている。

〈引用・参考文献〉


土井健郎監修、宗像恒次ほか 1988『燃えつき症候群』金剛出版.

Hochschild A. R. 1983, *The Managed Heart: Commercialization of Human Feeling*, the University of California Press, (=2000 石川准・室伏亜希訳『管理される心　感情が商品になるとき』世界思想社).

伊佐夏実 2009「教師ストラテジーとしての感情労働」『教育社会学研究』第84集.

木村浩則 2000「教師調査の結果と分析」『民主教育研究所年報2000（創刊号）「学校選択」の検証』民主教育研究所.

久冨善之 1995「教師のバーンアウト（燃え尽き）と『自己犠牲』的教師像の今日的転換——日本の教員文化・その実証的研究(5)」『一橋大学研究年報　社会学研究』34巻.

久冨善之編 2003『教員文化の日本的特性——歴史、実践、実態の探究を通じてその変化と今日的課題をさぐる』多賀出版.

眞原里美 2005「バーンアウト状況にみる教員文化——各国におけるその特色」長谷川裕編「5カ国教師対象の質問紙調査の報告」『国際シンポジウム　教育改革と教師・日本側グループ（ABC）詳細版資料』（シンポジウム配付資料）.

沖縄教師の仕事と多忙化・バーンアウト研究会編 2000『教師の仕事と多忙化・バーンアウト（燃え尽き）』（研究報告書）.

大阪教育文化センター 教師の多忙化調査研究会編 1996『教師の多忙化とバーンアウト—— 子ども・親との新しい関係づくりをめざして』法政出版.

岡東壽隆・鈴木邦治 1997『教師の勤務構造とメンタル・ヘルス』多賀出版.

Pines. A. & Aronson E. 1988, *Career burnout: Causes and cures*. New York: Free Press.

田尾雅夫・久保真人 1996『バーンアウトの理論と実際——心理学的アプローチ』誠信書房.

# 第 8 章

## 教員の期待認知・責任意識とその性格

長谷川　裕

第 8 章の課題は、教員は、子ども・保護者をはじめ自分たちが行う仕事に対して直接・間接に関わりをもつ人々から、どのような「期待」を寄せられていると認知し、それらのうち何を自分たちが「応える責任がある」ものとして受けとめているかを、またそれら期待認知・責任意識はどのような性格を帯びたものであるのかを把握することである。

### 1. 期待認知と責任意識の関係 (1)

こうした課題を追究すべく、本調査の質問紙には、**表 8.1**、**表 8.2** にある 17 項目各々について、「子ども・保護者など周囲の人たちから寄せられている期待がどのくらいあると思うか」を、また「教師にそれらを果たすべき責任がどのくらいあると思うか」を尋ねる質問群を設けた。

**表 8.1**、**表 8.2** は、それら 2 つの質問への回答の度数分布、期待認知・責任意識各々の得点（「ほとんど・まったくない」1 点、「あまりない」2 点、「ある」3 点、「大いにある」4 点とする）の平均値、各回答者の両得点の差の平均値を示したものである（学校段階ごとに集計。**表 8.1** は小学校、**表 8.2** は中学校。いずれの表でも、責任意識の得点の平均値を基準に降順にソートしてある）。

**表 8.1**、**表 8.2** が示す知見として、次のような点を読み取ることができる。

#### ① 期待認知、責任意識の広範さ

小学校・中学校いずれの場合も、回答者は表にあるほとんどの項目に関して

も、期待を認知し責任の対象とも考えている（責任意識について言えば、小学校では「(17) 学校外での子どものトラブルに対しても指導を行う」「(03) 受験に対応できる学力を、子どもたちが身につけられるようにする」を除く、中学校では「(17) 学校外での子どものトラブルに対しても指導を行う」を除くそれ以外のすべての項目について、回答者の7割以上が、責任が「ある」または「大いにある」と回答している）。

**② 期待認知に対する責任意識の相対的強さ**

小学校では**表 8.1** の責任意識欄の下のほうの3項目「(01) 基本的な生活習慣を、子どもたちが身につけられるようにする」「(17) 学校外での子どものトラブルに対しても指導を行う」「(03) 受験に対応できる学力を、子どもたちが身につけられるようにする」以外のすべての諸項目で、中学校では同じく表の責任意識欄の下のほうの2項目「(01) 基本的な生活習慣を、子どもたちが身につけられるようにする」「(17) 学校外での子どものトラブルに対しても指導を行う」及び上のほうの2項目「(10) いじめが起きない学校・学級にする」「(03) 受験に対応できる学力を、子どもたちが身につけられるようにする」以外のすべての諸項目で、期待を認知する程度よりも責任と見なす程度がより強くなっている。つまり、教員は多くのことがらに対して、それを周囲の人たちから期待されていると認知する以上に、それらを自分たちの責任管轄事項として受けとめる傾向がある。

なお、「(1) 基本的な生活習慣を、子どもたちが身につけられるようにする」「(17) 学校外での子どものトラブルに対しても指導を行う」に関しては、小学校でも中学校でも、（責任意識得点－期待認知得点の）値の差はやや大きくマイナスの値となっているが、そのことからは、これらの事項については自分たちの責任管轄外とする（あるいはそう位置づけたいという）教員の考えがうかがえる。

**③ 期待認知と責任意識の対応関係**

2つの表を見ると、小学校・中学校いずれの場合も、項目ごとの期待認知の大小と責任意識の大小はおおよそ対応している様子がうかがわれる。この点をより明瞭にするために、これらの表に記されている期待認知得点と責任意識得点の相関分析を行ってみると、小学校では相関係数 0.749（散布図を描いた時にやや外れた位置にマークされる、（責任意識得点－期待認知得点）の値がマイナスとなる3項目「(01) 基本的な生活習慣を、子どもたちが身につけられるようにする」「(17) 学校外での子どものトラブルに対しても指導を行う」「(03) 受験に対応できる学力を、

表 8.1 期待認知と責任意識（小学校）

| | 期待認知 | | | | | 責任意識 | | | | | 個人ごとの（責任意識得点-期待認知得点）の差 |
|---|---|---|---|---|---|---|---|---|---|---|---|
| | (%) | | | | 期待認知得点 | (%) | | | | 責任意識得点 | |
| | ほとんど・まったくない | あまりない | ある | 大いにある | | ほとんど・まったくない | あまりない | ある | 大いにある | | |
| (08) わかりやすい授業を行う | .3 | 1.3 | 23.9 | 74.4 | 3.72 | .0 | .0 | 10.0 | 90.0 | 3.90 | 0.17 |
| (11) 居心地がよく安心できる学校・学級にする | .2 | .7 | 23.6 | 75.5 | 3.74 | .0 | .1 | 13.9 | 85.9 | 3.86 | 0.11 |
| (10) いじめが起きない学校・学級にする | .2 | .3 | 17.9 | 81.5 | 3.81 | .0 | .2 | 13.7 | 86.0 | 3.86 | 0.05 |
| (02) 基礎的な学力を、子どもたちが身につけられるようにする | .0 | .9 | 23.8 | 75.3 | 3.74 | .0 | .2 | 16.3 | 83.5 | 3.83 | 0.09 |
| (12) 子どもの人権や尊厳を尊重した指導を行う | .0 | 3.5 | 36.0 | 60.5 | 3.57 | .0 | .2 | 21.5 | 78.3 | 3.78 | 0.21 |
| (09) 授業内容に関する専門的な知識をもつ | .5 | 7.7 | 42.0 | 49.9 | 3.41 | .0 | 1.2 | 24.3 | 74.5 | 3.73 | 0.32 |
| (15) 学校・学級の規律・秩序を保つ | .2 | 5.8 | 46.8 | 47.1 | 3.41 | .0 | .8 | 28.7 | 70.4 | 3.70 | 0.28 |
| (05) 他の人と協同してものごとを行う力を、子どもたちが身につけられるようにする | .1 | 8.2 | 49.3 | 42.3 | 3.34 | .0 | .6 | 32.9 | 66.5 | 3.66 | 0.32 |
| (13) 発達障害の子どもに対して特別な配慮をする | .7 | 10.1 | 48.1 | 41.1 | 3.30 | .0 | .7 | 33.0 | 66.3 | 3.66 | 0.36 |
| (06) 自主的・主体的に考え行動できる力を、子どもたちが身につけられるようにする | .3 | 10.2 | 51.9 | 37.5 | 3.27 | .0 | .8 | 36.2 | 63.0 | 3.62 | 0.35 |
| (16) 学校以外の日常生活でも、教師に対する信用を傷つけないように行動する | 1.2 | 12.4 | 44.6 | 41.8 | 3.27 | .0 | 3.0 | 35.3 | 61.7 | 3.59 | 0.31 |
| (04) 働く上で必要な力を、子どもたちが身につけられるようにする | .3 | 15.8 | 55.3 | 28.5 | 3.12 | .0 | 3.4 | 48.9 | 47.6 | 3.44 | 0.32 |
| (07) 社会の不正・抑圧・差別などをなくすことに取り組む力を、子どもたちが身につけられるようにする | 2.0 | 21.8 | 50.6 | 25.6 | 3.00 | .2 | 3.2 | 49.3 | 47.3 | 3.44 | 0.44 |
| (14) 貧困などにより生活上の困難を抱えた子どもに対して特別な配慮をする | 2.0 | 27.2 | 50.9 | 19.9 | 2.89 | .4 | 10.0 | 53.7 | 36.0 | 3.25 | 0.37 |
| (01) 基本的な生活習慣を、子どもたちが身につけられるようにする | .3 | 6.1 | 51.6 | 41.9 | 3.35 | .5 | 17.9 | 59.2 | 22.5 | 3.04 | −0.31 |
| (17) 学校外での子どものトラブルに対しても指導を行う | .4 | 11.6 | 56.6 | 31.5 | 3.19 | 3.3 | 31.7 | 48.2 | 16.8 | 2.78 | −0.41 |
| (03) 受験に対応できる学力を、子どもたちが身につけられるようにする | 2.8 | 32.6 | 43.8 | 20.9 | 2.83 | 4.2 | 31.9 | 46.8 | 17.0 | 2.77 | −0.06 |

表 8.2　期待認知と責任意識（中学校）

| | 期待認知 | | | | | 責任意識 | | | | | 個人ごとの（責任意識得点-期待認知得点）の差 |
|---|---|---|---|---|---|---|---|---|---|---|---|
| | （%） | | | | | （%） | | | | | |
| | ほとんど・まったくない | あまりない | ある | 大いにある | 期待認知得点 | ほとんど・まったくない | あまりない | ある | 大いにある | 責任意識得点 | |
| (08) わかりやすい授業を行う | .2 | 1.2 | 22.9 | 75.7 | 3.74 | .0 | .0 | 11.3 | 88.7 | 3.89 | 0.14 |
| (11) 居心地がよく安心できる学校・学級にする | .2 | 1.4 | 21.9 | 76.4 | 3.75 | .0 | .2 | 14.9 | 84.8 | 3.85 | 0.10 |
| (09) 授業内容に関する専門的な知識をもつ | .5 | 8.1 | 33.7 | 57.8 | 3.49 | .0 | 1.0 | 15.2 | 83.9 | 3.83 | 0.34 |
| (10) いじめが起きない学校・学級にする | .2 | 1.0 | 16.0 | 82.8 | 3.81 | .0 | .2 | 19.1 | 80.7 | 3.80 | -0.02 |
| (02) 基礎的な学力を、子どもたちが身につけられるようにする | .0 | 1.9 | 24.9 | 73.2 | 3.71 | .0 | .5 | 20.2 | 79.3 | 3.79 | 0.07 |
| (15) 学校・学級の規律・秩序を保つ | .7 | 6.0 | 48.6 | 44.8 | 3.38 | .0 | .2 | 26.3 | 73.5 | 3.73 | 0.36 |
| (12) 子どもの人権や尊厳を尊重した指導を行う | .5 | 4.3 | 40.2 | 55.0 | 3.50 | .0 | .2 | 31.0 | 68.8 | 3.69 | 0.18 |
| (03) 受験に対応できる学力を、子どもたちが身につけられるようにする | .5 | 2.6 | 31.1 | 65.8 | 3.62 | .2 | 1.9 | 37.0 | 60.8 | 3.58 | -0.04 |
| (06) 自主的・主体的に考え行動できる力を、子どもたちが身につけられるようにする | .5 | 15.0 | 52.3 | 32.2 | 3.16 | .0 | 1.0 | 40.1 | 58.9 | 3.58 | 0.42 |
| (05) 他の人と協同してものごとを行う力を、子どもたちが身につけられるようにする | .5 | 12.4 | 56.2 | 31.0 | 3.18 | .0 | .7 | 41.0 | 58.3 | 3.58 | 0.40 |
| (13) 発達障害の子どもに対して特別な配慮をする | .7 | 12.4 | 46.2 | 40.7 | 3.27 | .0 | 1.2 | 42.4 | 56.4 | 3.55 | 0.28 |
| (16) 学校以外の日常生活でも、教師に対する信用を傷つけないように行動する | 1.9 | 15.8 | 43.4 | 38.9 | 3.19 | .5 | 1.9 | 40.1 | 57.5 | 3.55 | 0.35 |
| (07) 社会の不正・抑圧・差別などをなくすことに取り組む力を、子どもたちが身につけられるようにする | 1.7 | 22.9 | 49.4 | 26.0 | 3.00 | .0 | 2.4 | 48.8 | 48.8 | 3.46 | 0.47 |
| (04) 働く上で必要な力を、子どもたちが身につけられるようにする | .2 | 15.2 | 56.8 | 27.8 | 3.12 | .0 | 1.4 | 53.0 | 45.5 | 3.44 | 0.32 |
| (14) 貧困などにより生活上の困難を抱えた子どもに対して特別な配慮をする | 2.4 | 27.5 | 49.0 | 21.1 | 2.89 | .2 | 14.5 | 55.3 | 30.0 | 3.15 | 0.26 |
| (01) 基本的な生活習慣を、子どもたちが身につけられるようにする | .2 | 6.9 | 54.5 | 38.3 | 3.31 | .7 | 14.5 | 58.8 | 26.0 | 3.10 | -0.20 |
| (17) 学校外での子どものトラブルに対しても指導を行う | .2 | 11.9 | 58.9 | 28.9 | 3.16 | 3.9 | 31.6 | 48.1 | 16.4 | 2.77 | -0.40 |

子どもたちが身につけられるようにする」を除くと0.968)、中学校では相関係数0.674（同じく外れ値を示す「(01) 基本的な生活習慣を、子どもたちが身につけられるようにする」「(17) 学校外での子どものトラブルに対しても指導を行う」の2項目を除くと0.875）となり、期待認知の大小と責任意識の大小との間にはかなりの対応関係が存在すると見られる。

## 2. 期待認知と責任意識の構造

次に、期待認知・責任意識それぞれが全体としてどのような構造を帯びたものとなっているかを検討すべく、前述の17項目の質問への回答に対して因子分析を行った。**表8.3.1**、**表8.3.2**、**表8.4.1**、**表8.4.2**は、その結果を示したものである（**表8.3.1**は小学校の期待認知、**表8.3.2**は中学校の期待認知、**表8.4.1**は小学校の責任意識、**表8.4.2**は中学校の責任意識）。そこから得られる知見は、下記のようになる。

＊本章の以下での因子分析はすべて、次のような要領で行った。

(a) 小学校・中学校別に行う。

(b) 因子抽出の方法としては、まず最尤法を用いるが、不適解が出ることなく妥当と思われる因子の解釈を行うことができない場合には主因子法に切り替える。

(c) 因子数は、平行分析により算出された数を基にしつつ、(b)と同様に不適解が出ないこと、妥当と思われる因子の解釈が可能であることを基準に決める。

(d) 因子軸の回転方法としては、プロマックス回転を用いる。

(e) 因子抽出後の共通性が小さい項目が出た場合は、それを分析対象から外し、再度同じ要領で因子分析を行う。

(f) 結果を表示する表において、絶対値0.3以上の因子負荷量の数値を太字・網掛けにする。

④ **責任意識の4側面とそれらの関係**

まず、責任意識に関する回答の因子分析の結果（**表8.4.1**、**表8.4.2**）から見ていく。

（i）小学校・中学校いずれも、ほぼ同一の4因子が抽出された。因子が意味するところを解釈すると、それは次のようになる。

（ア）学校空間内指向責任意識因子（小学校第1因子、中学校第2因子）

学校空間内を子どもにとって良好であり秩序だった状態に保っていくことに責任があるとする意識の程度を規定する因子

（イ）学力指向責任意識因子（小学校第4因子、中学校第3因子）

学力獲得の保障（特に中学校の場合は受験への対応も含む）や、その前提条件となる授業のあり方を良きものにしていくことに責任があるとする意識の程度を規定する因子

（ウ）社会的能力育成責任意識因子（小学校第2因子、中学校第1因子）

学校空間内にとどまらず、生徒の現在及び将来の社会生活の中で必要とされることが推測されるような諸能力の育成に責任があるとする意識の程度を規定する因子

（エ）学校制度外指向責任意識因子（小学校第3因子、中学校第4因子）

**表8.1**、**表8.2**から、これらの因子への負荷量の大きい項目に対して責任ありと見る程度が相対的に小さくなっていることがわかる。それらのこと及び、上の負荷量を大きい項目の意味内容から解釈すると、目下の制度のもとでの基準に照らして教員がなすべきこととして最重要であると見なされるもの以外のことがらに対して責任があるとする意識の程度を規定する因子

（ii）小学校・中学校いずれも、（ア）学校空間内指向責任意識因子と（イ）学力指向責任意識因子の相関が大きく、また**表8.1**、**表8.2**に示されているようにそれらへの負荷量の大きい項目に対して責任ありと見る程度が大きくなっている。したがって、教員はこれらの因子が意味するところを自分たちの責任範囲の中心と見なしていると考えられる。そのことは裏を返せば、（ウ）社会的能力育成責任意識因子、（エ）学校制度外指向責任意識因子の意味するところは、責任範囲の周辺部分に位置することがらと見なしているということである。

### 表 8.3.1　期待認知因子分析（小学校）

| | 因子 | | | |
|---|---|---|---|---|
| | 1 学校空間内指向 | 2 社会的能力育成 | 3 学校制度外指向 | 4 学力指向 |
| (11) 居心地がよく安心できる学校・学級にする | .881 | .003 | .014 | -.033 |
| (10) いじめが起きない学校・学級にする | .851 | -.036 | -.050 | .026 |
| (2) 基礎的な学力を、子どもたちが身につけられるようにする | .452 | .128 | -.130 | .216 |
| (12) 子どもの人権や尊厳を尊重した指導を行う | .449 | .038 | .427 | -.067 |
| (5) 他の人と協同してものごとを行う力を、子どもたちが身につけられるようにする | .102 | .896 | -.147 | -.025 |
| (6) 自主的・主体的に考え行動できる力を、子どもたちが身につけられるようにする | .029 | .813 | -.037 | .047 |
| (7) 社会の不正・抑圧・差別などをなくすことに取り組む力を、子どもたちが身につけられるようにする | -.122 | .645 | .233 | -.078 |
| (4) 働く上で必要な力を、子どもたちが身につけられるようにする | -.082 | .540 | .205 | -.015 |
| (1) 基本的な生活習慣を、子どもたちが身につけられるようにする | .098 | .396 | .025 | .002 |
| (14) 貧困などにより生活上の困難を抱えた子どもに対して特別な配慮をする | -.187 | .023 | .813 | .013 |
| (13) 発達障害の子どもに対して特別な配慮をする | .067 | -.019 | .761 | -.044 |
| (16) 学校以外の日常生活でも、教師に対する信用を傷つけないように行動する | -.002 | .048 | .538 | .123 |
| (15) 学校・学級の規律・秩序を保つ | .142 | .141 | .379 | .121 |
| (8) わかりやすい授業を行う | .463 | -.074 | -.046 | .617 |
| (9) 授業内容に関する専門的な知識をもつ | .198 | .033 | .268 | .437 |
| 因子寄与率（抽出後）(%) | 37.6 | 10.6 | 4.4 | 2.2 |
| 因子間相関 | | | | |
| 1 学校空間内指向 | | .434 | .495 | .474 |
| 2 社会的能力育成 | .434 | | .665 | .337 |
| 3 学校制度外指向 | .495 | .665 | | .328 |
| 4 学力指向 | .474 | .337 | .328 | |

### 表 8.3.2　期待認知因子分析（中学校）

| | 因子 | | | |
|---|---|---|---|---|
| | 1 社会的能力育成 | 2 学校空間内指向 | 3 学力指向 | 4 学校制度外指向 |
| (6) 自主的・主体的に考え行動できる力を、子どもたちが身につけられるようにする | .911 | -.013 | -.029 | -.058 |
| (5) 他の人と協同してものごとを行う力を、子どもたちが身につけられるようにする | .879 | .098 | -.025 | -.120 |
| (7) 社会の不正・抑圧・差別などをなくすことに取り組む力を、子どもたちが身につけられるようにする | .672 | -.027 | -.085 | .156 |
| (4) 働く上で必要な力を、子どもたちが身につけられるようにする | .651 | -.139 | .240 | .046 |
| (11) 居心地がよく安心できる学校・学級にする | .010 | .978 | -.071 | -.079 |
| (10) いじめが起きない学校・学級にする | -.054 | .854 | .084 | -.097 |
| (8) わかりやすい授業を行う | -.102 | .445 | .419 | .001 |
| (12) 子どもの人権や尊厳を尊重した指導を行う | .026 | .432 | -.007 | .350 |
| (15) 学校・学級の規律・秩序を保つ | .236 | .380 | -.092 | .223 |
| (9) 授業内容に関する専門的な知識をもつ | .029 | .285 | .208 | .232 |
| (2) 基礎的な学力を、子どもたちが身につけられるようにする | .045 | .004 | .846 | -.083 |
| (3) 受験に対応できる学力を、子どもたちが身につけられるようにする | .003 | .031 | .709 | .051 |
| (1) 基本的な生活習慣を、子どもたちが身につけられるようにする | .263 | -.073 | .285 | .082 |
| (14) 貧困などにより生活上の困難を抱えた子どもに対して特別な配慮をする | -.080 | -.169 | .000 | .953 |
| (13) 発達障害の子どもに対して特別な配慮をする | .112 | .111 | -.058 | .616 |
| (16) 学校以外の日常生活でも、教師に対する信用を傷つけないように行動する | .064 | .100 | .060 | .410 |
| 因子寄与率（抽出後）(%) | 37.0 | 9.7 | 5.5 | 3.4 |
| 因子間相関 | | | | |
| 1 社会的能力育成 | | .456 | .409 | .662 |
| 2 学校空間内指向 | .456 | | .581 | .578 |
| 3 学力指向 | .409 | .581 | | .379 |
| 4 学校制度外指向 | .662 | .578 | .379 | |

表 8.4.1　責任意識因子分析（小学校）

| | 因子 | | | |
|---|---|---|---|---|
| | 1 学校空間内指向 | 2 社会的能力育成 | 3 学校制度外指向 | 4 学力指向 |
| (11) 居心地がよく安心できる学校・学級にする | 1.044 | -.032 | -.038 | -.163 |
| (10) いじめが起きない学校・学級にする | .838 | -.006 | -.012 | -.050 |
| (12) 子どもの人権や尊厳を尊重した指導を行う | .693 | .024 | .137 | -.009 |
| (8) わかりやすい授業を行う | .568 | .027 | -.242 | .341 |
| (15) 学校・学級の規律・秩序を保つ | .322 | .097 | .156 | .236 |
| (5) 他の人と協同してものごとを行う力を、子どもたちが身につけられるようにする | .074 | .836 | -.083 | -.018 |
| (6) 自主的・主体的に考え行動できる力を、子どもたちが身につけられるようにする | .009 | .831 | .001 | -.029 |
| (7) 社会の不正・抑圧・差別などをなくすことに取り組む力を、子どもたちが身につけられるようにする | .017 | .572 | .211 | -.087 |
| (4) 働く上で必要な力を、子どもたちが身につけられるようにする | -.090 | .461 | .166 | .144 |
| (14) 貧困などにより生活上の困難を抱えた子どもに対して特別な配慮をする | -.017 | -.016 | .644 | .121 |
| (17) 学校外での子どものトラブルに対しても指導を行う | -.070 | -.007 | .628 | -.096 |
| (1) 基本的な生活習慣を、子どもたちが身につけられるようにする | -.013 | .134 | .439 | -.165 |
| (16) 学校以外の日常生活でも、教師に対する信用を傷つけないように行動する | .214 | -.056 | .337 | .230 |
| (13) 発達障害の子どもに対して特別な配慮をする | .310 | .012 | .335 | .163 |
| (9) 授業内容に関する専門的な知識をもつ | .066 | -.047 | -.058 | .715 |
| (2) 基礎的な学力を、子どもたちが身につけられるようにする | .238 | .214 | -.191 | .312 |
| 因子寄与率（抽出後）（%） | 36.0 | 6.7 | 4.8 | 2.3 |
| 因子間相関 | | | | |
| 1 学校空間内指向 | | .622 | .471 | .721 |
| 2 社会的能力育成 | .622 | | .532 | .566 |
| 3 学校制度外指向 | .471 | .532 | | .475 |
| 4 学力指向 | .721 | .566 | .475 | |

表 8.4.2　責任意識因子分析（中学校）

| | 因子 | | | |
|---|---|---|---|---|
| | 1 社会的能力育成 | 2 学校空間内指向 | 3 学力指向 | 4 学校制度外指向 |
| (5) 他の人と協同してものごとを行う力を、子どもたちが身につけられるようにする | .974 | .036 | -.034 | -.150 |
| (6) 自主的・主体的に考え行動できる力を、子どもたちが身につけられるようにする | .755 | .093 | -.032 | -.041 |
| (4) 働く上で必要な力を、子どもたちが身につけられるようにする | .712 | -.159 | .127 | .063 |
| (7) 社会の不正・抑圧・差別などをなくすことに取り組む力を、子どもたちが身につけられるようにする | .532 | .054 | -.072 | .215 |
| (11) 居心地がよく安心できる学校・学級にする | -.015 | .987 | -.028 | -.096 |
| (10) いじめが起きない学校・学級にする | .004 | .761 | .014 | .064 |
| (12) 子どもの人権や尊厳を尊重した指導を行う | .126 | .474 | .009 | .218 |
| (15) 学校・学級の規律・秩序を保つ | .174 | .290 | .190 | .131 |
| (2) 基礎的な学力を、子どもたちが身につけられるようにする | .112 | -.147 | .877 | -.064 |
| (9) 授業内容に関する専門的な知識をもつ | -.123 | .243 | .554 | .000 |
| (8) わかりやすい授業を行う | -.058 | .432 | .526 | -.115 |
| (3) 受験に対応できる学力を、子どもたちが身につけられるようにする | .005 | -.046 | .522 | .146 |
| (14) 貧困などにより生活上の困難を抱えた子どもに対して特別な配慮をする | .004 | -.110 | .038 | .722 |
| (17) 学校外での子どものトラブルに対しても指導を行う | -.068 | -.029 | -.073 | .605 |
| (13) 発達障害の子どもに対して特別な配慮をする | .048 | .096 | .041 | .583 |
| (16) 学校以外の日常生活でも、教師に対する信用を傷つけないように行動する | -.030 | .121 | .036 | .421 |
| 因子寄与率（抽出後）（%） | 35.8 | 7.4 | 5.7 | 3.5 |
| 因子間相関 | | | | |
| 1 社会的能力育成 | | .537 | .532 | .581 |
| 2 学校空間内指向 | .537 | | .676 | .549 |
| 3 学力指向 | .532 | .676 | | .376 |
| 4 学校制度外指向 | .581 | .549 | .376 | |

(iii) これら４因子によって表される責任意識の４側面は、以上のように互いに区別される性質をもつものとなっているのだが、その一方で相互に正の相関関係をもってもいる。

⑤ 期待認知の４側面とそれらの関係

次に、期待認知に関する回答の因子分析の結果（表8.3.1、表8.3.2）である。

(i)′ 小学校・中学校いずれも、責任意識の場合とほぼ同様の次の４因子が抽出された。

(ア)′ 学校空間内指向期待認知因子（小学校第１因子、中学校第２因子）

(イ)′ 学力指向期待認知因子（小学校第４因子、中学校第３因子）

(ウ)′ 社会的能力育成期待認知因子（小学校第２因子、中学校第１因子）

(エ)′ 学校制度外指向期待認知因子（小学校第３因子、中学校第４因子）

(ii)′ 責任意識の場合と同様に、(ア)′ 学校空間内指向期待認知因子と (イ)′ 学力指向期待認知因子が意味するところを自分たちに期待されている事項の中心と見なし、(ウ)′ 社会的能力育成期待認知因子、(エ)′ 学校制度外指向期待認知因子の意味するところは期待されている事項の周辺部分にあると見なしていると考えられる。

(iii)′ 責任意識の場合と同様に、期待認知の４側面は、互いに区別される性質をもちつつ、相互に正の相関関係をもってもいる。

## 3. 期待認知と責任意識の関係 (2)

⑥ 期待を認知する際の認識枠組みと責任を意識する際のそれとの間の対応関係を再度確認

④・⑤で見たように責任意識の因子分析と期待認知のそれとがおおよそ類似した結果となっていることから、③で言及した、期待を認知する際の認識枠組みと責任を意識する際のそれとの間に対応関係があることが再度確認された。

## 4. 期待認知・責任意識と諸変数との関係

期待認知・責任意識がそれら以外のことがらとどのように関連があるかを掴む。そのために、因子分析により算出された期待認知・責任意識に関するそれぞれ４因子の因子得点と、表8.5に示されている、因子分析によって算出され

### 表 8.5　相関分析に使用する変数一覧

| 変数についての説明 | 小学校 | 中学校 |
|---|---|---|
| 期待認知因子得点<br>本章の本文の 1、2、表 8.3.1、8.3.2 参照 | 第 1 因子（学校空間内指向期待認知）因子得点 | 第 1 因子（社会的能力育成期待認知）因子得点 |
| | 第 2 因子（社会的能力育成期待認知）因子得点 | 第 2 因子（学校空間内指向期待認知）因子得点 |
| | 第 3 因子（学校制度外指向期待認知）因子得点 | 第 3 因子（学力指向期待認知）因子得点 |
| | 第 4 因子（学力指向期待認知）因子得点 | 第 4 因子（学校制度外指向期待認知）因子得点 |
| 責任意識因子得点<br>本章の本文の 1、2、表 8.4.1、8.4.2 参照 | 第 1 因子（学校空間内指向責任意識）因子得点 | 第 1 因子（社会的能力育成責任意識）因子得点 |
| | 第 2 因子（社会的能力育成責任意識）因子得点 | 第 2 因子（学校空間内指向責任意識）因子得点 |
| | 第 3 因子（学校制度外指向責任意識）因子得点 | 第 3 因子（学力指向責任意識）因子得点 |
| | 第 4 因子（学力指向責任意識）因子得点 | 第 4 因子（学校制度外指向責任意識）因子得点 |
| 勤務校の状況認識因子得点<br>「あなたの現在の勤務校では、次のようなことはどのくらいありますか」と尋ね、「よくある」「時々ある」「あまりない」「まったくない」のいずれかを回答してもらう、13 の項目からなる勤務校の状況認識に関する質問群への回答を因子分析し（上記各回答それぞれを 4 点、3 点、2 点、1 点とする）算出した因子得点。 | 第 1 因子（子どもの状況良好）因子得点<br>勤務校の子どもの状況が良好であると認識する程度を規定する因子 | 第 1 因子（子どもの諸問題あり）因子得点<br>小学校の第 2 及び第 4 因子が統合された因子 |
| | 第 2 因子（子どもの諸問題あり）因子得点<br>勤務校の子どもの状況に種々の問題があると認識する程度を規定する因子 | 第 2 因子（対保護者・保護者間関係良好）因子得点<br>小学校第 3 因子と同様 |
| | 第 3 因子（対保護者・保護者間関係良好）因子得点<br>勤務校の教師・保護者関係及び保護者間関係が良好であると認識する程度を規定する因子 | 第 3 因子（子どもの状況良好）因子得点<br>小学校第 1 因子と同様 |
| | 第 4 因子（経済的・学力的格差問題あり）因子得点<br>勤務校の子どもの諸問題のうち特に経済的及び学力的な格差の問題があると認識する程度を規定する因子 | |
| 教職生活因子得点<br>「あなたは、毎日の教職生活の中で、次のようなことをどのくらい感じていますか」及び「あなたは、次のような教職生活にまつわる厳しさや悩みをどのくらい感じていますか」と尋ね、「強く感じる」「感じる」「あまり感じない」「まったく感じない」のいずれかを回答してもらう、13 及び 16 の項目からなる教職生活に関する 2 つの質問群への回答を因子分析し（上記各回答それぞれを 4 点、3 点、2 点、1 点とする）算出した因子得点。 | 第 1 因子（教育活動に関わる自信）因子得点<br>教育活動に関わる諸々のことがらについて自信があると感じる程度を規定する因子 | 第 1 因子（教育活動に関わる自信）因子得点<br>小学校第 1 因子と同様 |
| | 第 2 因子（教職アイデンティティ安定）因子得点<br>教師という仕事に就いていることを肯定的に受けとめ教師としてのアイデンティティが安定している程度を規定する因子 | 第 2 因子（教職アイデンティティ安定（逆転））因子得点<br>小学校第 2 因子と同様、ただし正負逆転 |
| | 第 3 因子（人間関係良好）因子得点<br>子ども・保護者・同僚に信頼されかれらとの関係が良好であると感じる程度を規定する因子 | 第 3 因子（教職アイデンティティ攪乱）因子得点<br>小学校第 5 因子と同様 |
| | 第 4 因子（多忙・疲弊）因子得点<br>仕事量が過重で多忙であると感じる程度を規定する因子 | 第 4 因子（人間関係良好）因子得点<br>小学校第 3 因子と同様 |

## 表 8.5　相関分析に使用する変数一覧（つづき）

| 変数についての説明 | 小学校 | 中学校 |
|---|---|---|
| | 第 5 因子（教職アイデンティティ攪乱）因子得点<br>教育活動に行き詰まりを感じ教師としてのアイデンティティが揺らいでいる程度を規定する因子 | 第 5 因子（多忙・疲弊）因子得点<br>小学校第 4 因子と同様 |
| | 第 6 因子（評価への気遣い）因子得点<br>周囲の教師からの評価が気になる程度を規定する因子 | 第 6 因子（評価への気遣い）因子得点<br>小学校第 6 因子と同様 |
| 職場の雰囲気因子得点<br>「あなたの現在の学校には、職場の雰囲気や状況として次の（1）～（17）のようなことがあると思いますか」と尋ね、「強くそう思う」「ややそう思う」「あまりそう思わない」「まったくそう思わない」のいずれかを回答してもらう、17 の項目からなる職場の雰囲気に関する質問群への回答を因子分析し（上記各回答それぞれを 4 点、3 点、2 点、1 点とする）算出した因子得点。 | 第 1 因子（管理職・非管理職関係良好）因子得点<br>職場における管理職・非管理職関係が良好であり各教師が自由に教育活動に取り組むことができていると思う程度を規定する因子 | 第 1 因子（相互尊重・協同）因子得点<br>小学校第 2 因子と同様 |
| | 第 2 因子（相互尊重・協同）因子得点<br>職場で教師同士が相互に尊重し合いながら協同して仕事に取り組んでいると思う程度を規定する因子 | 第 2 因子（管理職・非管理職関係良好）因子得点<br>小学校第 1 因子と同様 |
| | 第 3 因子（評価への気遣い）因子得点<br>職場で周囲の教師からの評価を気しながら仕事をする雰囲気があると思う程度を規定する因子 | 第 3 因子（同僚間の活発な討議）因子得点<br>小学校第 4 因子と同様 |
| | 第 4 因子（同僚間の活発な討議）因子得点<br>職場の同僚間で仕事をめぐって活発な討議が行われていると思う程度を規定する因子 | 第 4 因子（評価への気遣い）因子得点<br>小学校第 3 因子と同様 |
| 教職観因子得点<br>「あなたは教師という仕事をどのようなものだとお考えですか」と、13 の項目について尋ね、それぞれ「強くそう思う」「ややそう思う」「あまりそう思わない」「まったくそう思わない」のいずれかを回答してもらう教職観に関する質問群への回答を因子分析し（上記各回答それぞれを 4 点、3 点、2 点、1 点とする）算出した因子得点。 | 第 1 因子（やりがい・喜び）因子得点<br>教職を、子どもと接する喜び・やりがいのある仕事であると思う程度を規定する因子 | 第 1 因子（やりがい・喜び・自己実現）因子得点<br>おおよそ小学校の第 1 及び第 2 因子が統合された因子 |
| | 第 2 因子（自己実現）因子得点<br>教職を、自分の考えにそって行えて「自分らしさ」が表すことのできる仕事であると思う程度を規定する因子 | 第 2 因子（経営組織性・専門性）因子得点<br>おおよそ小学校の第 3 及び第 4 因子が統合された因子 |
| | 第 3 因子（経営組織性）因子得点<br>教職を、与えられた任務を遂行しその成果が問われるという、経営組織のおける仕事のように思う程度を規定する因子 | 第 3 因子（気苦労・自己犠牲）因子得点<br>小学校第 5 因子と同様 |
| | 第 4 因子（専門性）因子得点<br>教職を、専門性を要求される仕事であると思う程度を規定する因子 | |
| | 第 5 因子（気苦労・自己犠牲）因子得点<br>教職を、気苦労が多く自己犠牲を要求される仕事であると思う程度を規定する因子 | |
| 指導観因子得点<br>「次のような、子どもたちへの指導についての対照的な考え方があります」として、A・B7 組を示し、各組について「A に近い」「どちらかといえば A に近い」「どちらかといえば B に近い」「B に近い」のいずれかを回答してもらう指導観に関する質問群への回答を因子分析し（上記各回答それぞれを 4 点、3 点、2 点、1 点とする）算出した因子得点。 | 第 1 因子（子どもの自発性・主体性尊重）因子得点<br>子どもの自発性・主体性を尊重した形の指導をよしとする考え方に賛成する程度を規定する因子 | 第 1 因子（子どもの自発性・主体性尊重）因子得点<br>小学校第 1 因子と同様 |

| 変数についての説明 | 小学校 | 中学校 |
|---|---|---|
| 改革施策推進認知因子得点<br>「あなたの学校では、次の施策に、どの程度力を入れて取り組んでいますか」と、12 の項目について尋ね、それぞれ「かなり取り組んでいる」「やや取り組んでいる」「あまり取り組んでいない」「まったく取り組んでいない」のいずれかを回答してもらう改革施策推進状況の認知に関する質問群への回答を因子分析し（上記各回答それぞれを 4 点、3 点、2 点、1 点とする）算出した因子得点。 | 第 1 因子（制度レベル）因子得点<br>勤務校において、制度レベルの改革施策が推進されていると認知する程度を規定する因子 | 第 1 因子（制度レベル）因子得点<br>小学校第 1 因子と同様 |
| | 第 2 因子（教員以外のコミットメント）因子得点<br>勤務校において、教員以外の人々が教育活動にコミットするような改革施策が推進されていると認知する程度を規定する因子 | 第 2 因子（教科外の教育過程レベル）因子得点<br>小学校第 3 因子と同様 |
| | 第 3 因子（教科外の教育過程レベル）因子得点<br>勤務校において、教科外の教育過程レベルの改革施策が推進されていると認知する程度を規定する因子 | 第 3 因子（教員以外のコミットメント）因子得点<br>小学校第 2 因子と同様 |
| | 第 4 因子（学力関連の教育過程レベル）因子得点<br>勤務校において、学力関連の教育過程レベルの改革施策が推進されていると認知する程度を規定する因子 | 第 4 因子（学力関連の教育過程レベル）因子得点<br>小学校第 4 因子と同様 |
| 政治的効力感因子得点<br>「国民と政治とのかかわりについての意見」を 4 つ示し、それぞれについて「賛成」「どちらかといえば賛成」「どちらかといえば反対」「反対」のいずれかを回答してもらう質問群への回答を因子分析し（上記各回答それぞれを 4 点、3 点、2 点、1 点とする）算出した因子得点。 | 第 1 因子（政治的無効感）因子得点<br>自分が政治に関与することについて無効感を感じる程度を規定する因子 | 第 1 因子（政治的無効感）因子得点<br>小学校第 1 因子と同様 |
| バーンアウトスコア<br>「疲れる」「ゆううつ」など 21 個の項目それぞれに対して、「まったくない」から「いつもある」までその頻度を答える 7 つの選択肢から 1 つ選択してもらい、その結果から回答者各人のバーンアウトの度合いを示す数値。1 以上 7 以下で変化し、その値が大きいほどバーンアウト状態が深刻であることを示す。 | バーンアウトスコア<br>左欄参照。 | バーンアウトスコア<br>左欄参照。 |
| 自己・生活・社会観質問群への回答得点<br>自己・生活・社会に関わる 10 の項目を示し、それぞれ「そう思う」「どちらかといえばそう思う」「あまりそう思わない」「まったくそう思わない」のいずれかを回答してもらう質問群への回答（上記各回答それぞれを 4 点、3 点、2 点、1 点とする）。 | 「(1) 今の自分の生活全般に満足している」への回答得点 | 「(1) 今の自分の生活全般に満足している」への回答得点 |
| | 「(2) 日本社会には希望がある」への回答得点 | 「(2) 日本社会には希望がある」への回答得点 |
| | 「(3) 仕事よりも、プライベートな生活を大切にしている」への回答得点 | 「(3) 仕事よりも、プライベートな生活を大切にしている」への回答得点 |
| | 「(4) みんなで協力して社会をよくすることよりも、個人の自由が守られることの方がずっと重要だ」への回答得点 | 「(4) みんなで協力して社会をよくすることよりも、個人の自由が守られることの方がずっと重要だ」への回答得点 |
| | 「(5) 自分の生活スタイルを崩してまで、困っている人に関わろうとは思わない」への回答得点 | 「(5) 自分の生活スタイルを崩してまで、困っている人に関わろうとは思わない」への回答得点 |
| | 「(6) できる限り弱い人の立場によりそって物事を考えていくべきだ」への回答得点 | 「(6) できる限り弱い人の立場によりそって物事を考えていくべきだ」への回答得点 |
| | 「(7) みんなで議論するよりも有能な指導者にまかせたほうが政治はうまくいくものだ」への回答得点 | 「(7) みんなで議論するよりも有能な指導者にまかせたほうが政治はうまくいくものだ」への回答得点 |
| | 「(8) 自分は、他の人と比べて「国を愛する」という気持ちが強い方だ」への回答得点 | 「(8) 自分は、他の人と比べて「国を愛する」という気持ちが強い方だ」への回答得点 |

表 8.5　相関分析に使用する変数一覧（つづき）

| 変数についての説明 | 小学校 | 中学校 |
|---|---|---|
| | 「(9) 嫌なことがあっても、明るく前向きな自分でありたい」への回答得点<br>「(10)科学よりも実感に従って行動する」への回答得点 | 「(9) 嫌なことがあっても、明るく前向きな自分でありたい」への回答得点<br>「(10)科学よりも実感に従って行動する」への回答得点 |
| 経済的格差是正策に対する賛否の回答得点<br>「政府は、裕福な家庭と貧しい家庭の収入の差を縮めるために、対策をとるべきだ」という意見について、「賛成」「どちらかといえば賛成」「どちらともいえない」「どちらかといえば反対」「反対」のいずれかを回答してもらう質問への回答（上記各回答それぞれを 5 点、4 点、3 点、2 点、1 点とする）。 | 経済的格差是正策に対する賛否の回答得点<br>左欄参照。 | 経済的格差是正策に対する賛否の回答得点<br>左欄参照。 |
| 15 歳時経済状況の回答得点<br>「あなたが 15 歳の頃の世帯収入は、当時の平均的な世帯と比べて、どうでしたか」と尋ね、「平均よりかなり少ない」「平均より少ない」「ほぼ平均」「平均より多い」「平均よりかなり多い」のいずれかを回答してもらう質問への回答（上記各回答それぞれを 1 点、2 点、3 点、4 点、5 点とする）。 | 15 歳時経済状況の回答得点<br>左欄参照。 | 15 歳時経済状況の回答得点<br>左欄参照。 |

た因子得点及びその他の諸変数との相関分析を行う。

相関分析の結果は、**表 8.6.1**、**表 8.6.2**、**表 8.7.1**、**表 8.7.2** に示されている。これらの表は、小・中別に、期待認知・責任意識に関するそれぞれ 4 因子の因子得点と諸変数との間の相関係数を表示している。ただし、表のサイズをなるべく小さくするために、上記の因子得点との間の相関係数の絶対値がすべて 0.2 未満である変数は、表に挙げていない。また、空白のセルは、そのセルの相関係数の絶対値が 0.2 未満のものであることを表している。また、絶対値が 0.4 より大きい値にはさらに網掛けを施している。

これらの表からわかるのは、下記のようなことである。

**⑦ 期待認知・責任意識と諸変数との関係**

（ i ）**期待認知と最も相関の大きい変数**：期待認知の 4 因子いずれもが、そこに示されている諸変数の中では、期待認知の他の因子との相関が最も強く、次いで責任意識の諸因子との相関が強い（その期待認知と同一のことがらに関する責任意識との相関が最も強い場合が多いが、そうでない場合もある）。

（ ii ）**責任意識と最も相関の大きい変数**：責任意識についても、ほぼ同様のことが言える。つまり、責任意識の 4 因子いずれもが、そこに示されている諸変数の中では、責任意識の他の因子との相関が最も強く、次いで期待認知の諸因子との相関が強い（半数は、その責任意識と同一のことがらに関する期待認知との相関が最も強い）。

(iii) **期待認知と教職観の相関**：期待認知に関して（ⅰ）で述べた点以外のこととしては、小学校・中学校いずれにおいても、教職観に関する諸因子との間に相関が見られる点が挙げられる。より詳細に見ると、「学校空間内指向」の期待認知との相関が最も大きいのは「やりがい・喜び」の教職観であり、「社会的能力育成」及び「学校制度外指向」の期待認知との相関が最も大きいのは「専門性」（中学校では「経営組織性・専門性」）の教職観である点などがわかる。

(iv) **責任意識と教職観の相関**：責任意識は、期待認知の場合よりもやや強く、小学校・中学校いずれにおいても、教職観に関する諸因子との間の相関が見られる。より詳細には、「やりがい・喜び」や「専門性」（中学校では「経営組織性・専門性」）の教職観は責任意識のほとんどすべての因子との間に相関が見られ、「気苦労・自己犠牲」の教職観は責任意識のいずれの因子とも相関が見られず、「学校制度外指向」の責任意識との相関が最も大きいのは「専門性」の教職観である点などがわかる。

(v) **期待認知と改革施策推進認知の相関**：期待認知は、その「学校空間内指向」以外の因子については、中学校において、「改革施策推進認知」諸因子のうち学力関連の教育過程レベル因子または教科外の教育過程レベル因子との相関が見られ、勤務校においてそれらの改革施策が推進されているとの認知が強まるとともに強くなる傾向がうかがわれる。

(vi) **責任意識と改革施策推進認知の相関**：責任意識の、特に「学力指向」のそれは、小・中いずれも「改革施策推進認知」の学力関連の教育過程レベル因子及び教科外の教育過程レベル因子との相関が見られる。

(vii) **責任意識と指導観の相関**：責任意識では、「子どもの自発性・主体性尊重」の指導観との間に相関が見られる（中学校では責任意識のすべての因子において、小学校では「社会的能力育成」「学校制度外指向」の因子において。小中学校いずれにおいても、「社会的能力育成」との相関が最も大きい）。

(viii) **期待認知と勤務校の状況把握**：期待認知は、中学校においてのみ、勤務校の状況認識諸因子及び職場の雰囲気諸因子との間で、多少の相関が見られる。総じて、勤務校の子ども・保護者・職場同僚の状況が良好と感じ

### 表 8.6.1　期待認知因子得点と諸変数の相関（小学校）

| | 期待認知第1因子（小・学校空間内指向） | 期待認知第2因子（小・社会的能力育成） | 期待認知第3因子（小・学校制度外指向） | 期待認知第4因子（小・学力指向） |
|---|---|---|---|---|
| 期待認知第1因子（小・学校空間内指向） | — | .498 | .567 | .633 |
| 期待認知第2因子（小・社会的能力育成） | .498 | — | .756 | .411 |
| 期待認知第3因子（小・学校制度外指向） | .567 | .756 | — | .425 |
| 期待認知第4因子（小・学力指向） | .633 | .411 | .425 | — |
| 責任意識第1因子（小・学校空間内指向） | .523 | .296 | .330 | .240 |
| 責任意識第2因子（小・社会的能力育成） | .358 | .338 | .276 | |
| 責任意識第3因子（小・学校制度外指向） | .246 | .370 | .455 | |
| 責任意識第4因子（小・学力指向） | .457 | .327 | .366 | .332 |
| 教職観第1因子（小・やりがい・喜び） | .264 | | | |
| 教職観第3因子（小・経営組織性） | | .219 | .235 | |
| 教職観第4因子（小・専門性） | .206 | .249 | .250 | |

### 表 8.6.2　期待認知因子得点と諸変数の相関（中学校）

| | 期待認知第1因子（中・社会的能力育成） | 期待認知第2因子（中・学校空間内指向） | 期待認知第3因子（中・学力指向） | 期待認知第4因子（中・学校制度外指向） |
|---|---|---|---|---|
| 期待認知第1因子（中・社会的能力育成） | — | .509 | .482 | .741 |
| 期待認知第2因子（中・学校空間内指向） | .509 | — | .668 | .646 |
| 期待認知第3因子（中・学力指向） | .482 | .668 | — | .457 |
| 期待認知第4因子（中・学校制度外指向） | .741 | .646 | .457 | — |
| 責任意識第1因子（中・社会的能力育成） | .328 | .403 | .362 | .318 |
| 責任意識第2因子（中・学校空間内指向） | .270 | .511 | .347 | .338 |
| 責任意識第3因子（中・学力指向） | .282 | .492 | .486 | .274 |
| 責任意識第4因子（中・学校制度外指向） | .398 | .394 | .293 | .520 |
| 勤務校の状況認識第2因子（中・対保護者・保護者間関係良好） | .258 | | .215 | .264 |
| 勤務校の状況認識第3因子（中・子どもの状況良好） | .204 | .214 | .244 | .243 |
| 職場の雰囲気第1因子（中・相互尊重・協同） | .208 | | .211 | |
| 職場の雰囲気第3因子（中・同僚間の活発な討議） | .267 | .212 | | .231 |
| 教職観第1因子（中・やりがい・喜び・自己実現） | .253 | .262 | .223 | .231 |
| 教職観第2因子（中・経営組織性・専門性） | .323 | | | .342 |
| 改革施策推進認知第2因子（中・教科外の教育過程レベル） | .202 | | .209 | .228 |
| 改革施策推進認知第4因子（中・学力関連の教育過程レベル） | .242 | | | .241 |

### 表 8.7.1　責任意識因子得点と諸変数の相関（小学校）

| | 責任意識第 1 因子（小・学校空間内指向） | 責任意識第 2 因子（小・社会的能力育成） | 責任意識第 3 因子（小・学校制度外指向） | 責任意識第 4 因子（小・学力指向） |
|---|---|---|---|---|
| 期待認知第 1 因子（小・学校空間内指向） | .523 | .358 | .246 | .457 |
| 期待認知第 2 因子（小・社会的能力育成） | .296 | .338 | .370 | .327 |
| 期待認知第 3 因子（小・学校制度外指向） | .330 | .276 | .455 | .366 |
| 期待認知第 4 因子（小・学力指向） | .240 | | | .332 |
| 責任意識第 1 因子（小・学校空間内指向） | | .698 | .564 | .838 |
| 責任意識第 2 因子（小・社会的能力育成） | .698 | | .647 | .692 |
| 責任意識第 3 因子（小・学校制度外指向） | .564 | .647 | | .605 |
| 責任意識第 4 因子（小・学力指向） | .838 | .692 | .605 | |
| 教職観第 1 因子（小・やりがい・喜び） | .279 | .278 | .226 | .255 |
| 教職観第 2 因子（小・自己実現） | | .238 | .264 | |
| 教職観第 3 因子（小・経営組織性） | | | .236 | |
| 教職観第 4 因子（小・専門性） | .257 | .240 | .291 | .320 |
| 指導観因子（小・子どもの自発性・主体性尊重） | | .240 | .204 | |
| 改革施策推進認知第 3 因子（小・教科外の教育過程レベル） | | | | .211 |
| 改革施策推進認知第 4 因子（小・学力関連の教育過程レベル） | | | | .208 |
| 自己･生活･社会観（5）自分の生活スタイルを崩してまで、困っている人に関わろうとは思わない | | | −.212 | |
| 自己･生活･社会観（9）嫌なことがあっても、明るく前向きな自分でありたい | .226 | .256 | .221 | |

### 表 8.7.2　責任意識因子得点と諸変数の相関（中学校）

| | 責任意識第 1 因子（中・社会的能力育成） | 責任意識第 2 因子（中・学校空間内指向） | 責任意識第 3 因子（中・学力指向） | 責任意識第 4 因子（中・学校制度外指向） |
|---|---|---|---|---|
| 期待認知第 1 因子（中・社会的能力育成） | .328 | .270 | .282 | .398 |
| 期待認知第 2 因子（中・学校空間内指向） | .403 | .511 | .492 | .394 |
| 期待認知第 3 因子（中・学力指向） | .362 | .347 | .486 | .293 |
| 期待認知第 4 因子（中・学校制度外指向） | .318 | .338 | .274 | .520 |
| 責任意識第 1 因子（中・社会的能力育成） | | .597 | .616 | .670 |
| 責任意識第 2 因子（中・学校空間内指向） | .597 | | .762 | .636 |
| 責任意識第 3 因子（中・学力指向） | .616 | .762 | | .468 |
| 責任意識第 4 因子（中・学校制度外指向） | .670 | .636 | .468 | |
| 勤務校の状況認識第 3 因子（中・子どもの状況良好） | | .215 | .225 | |
| 教職生活第 2 因子（中・教職アイデンティティ安定（逆転）） | | −.207 | −.219 | |
| 教職観第 1 因子（中・やりがい・喜び・自己実現） | .351 | .294 | .260 | .328 |
| 教職観第 2 因子（中・経営組織性・専門性） | .255 | .208 | | .357 |
| 指導観因子（中・子どもの自発性・主体性尊重） | .273 | .217 | .230 | .227 |
| 改革施策推進認知第 2 因子（中・教科外の教育過程レベル） | | | .217 | |
| 改革施策推進認知第 4 因子（中・学力関連の教育過程レベル） | | | .243 | .210 |

られる時に種々の期待が認知されやすいという傾向がうかがわれる。

(ix) **責任意識と勤務校の状況把握**：責任意識では、中学校においてのみ、勤務校の状況認識因子との間で、多少の相関が見られる。相関の特徴は期待認知の場合と同様であり、勤務校の子ども・保護者の状況が良好と感じられる時に種々の責任が意識されやすくなっている。

(x) **責任意識と「前向き」な姿勢**：責任意識では、小学校においてのみ、「学校空間内指向」・「社会的能力育成」・「学校制度外指向」因子が、自己・生活・社会観質問群の「(9) 嫌なことがあっても、明るく前向きな自分でありたい」との間に相関を示している。「前向き」な姿勢と責任意識との間に正の相関が見られるということを意味していると言えるだろう。

(xi) **責任意識と「弱者」支援のスタンス**：責任意識では、小学校においてのみ、「学校制度外指向」因子が、自己・生活・社会観質問群の「(5) 自分の生活スタイルを崩してまで、困っている人に関わろうとは思わない」との間に負の相関を示している。この因子が「弱者」支援のスタンスとの間に正の相関が見られるということを意味していると言えるだろう（ただし、「(6) できる限り弱い人の立場によりそって物事を考えていくべきだ」等との間には相関が見られないので、ごく弱い相関ではあるだろうが）。

(xii) **責任意識と教職アイデンティティ**：責任意識では、中学校においてのみ、「学校空間内指向」・「学力指向」因子が、教職生活の「教職アイデンティティ安定（逆転）」因子との間に負の相関を示している。教職アイデンティティが安定していることと責任意識との間に正の相関が見られるということを意味していると言えるだろう。

## 5. 教員の期待認知・責任意識はどのような性格を帯びているか

ここまで本章で明らかにしてきた知見についてその要点を確認しつつ、そこから引き出せるインプリケーションより、冒頭で設定した本章の課題についてどのようなことが言えるかをまとめておきたい。

### ① 広範なことがらに関する期待認知と責任意識

教員は、広範なことがらに対して、期待を認知し、またそれらを果たすべき責任があることとして意識している（①）。

### 2 期待認知の認識枠組みと責任意識のそれとの対応関係

期待を認知する際の認識枠組みと責任を意識する際のそれとの間に対応関係が存在している。すなわち、前者の認識枠組みを通じて認知した期待を、基本的にそのまま応えるべき責任のあるものとして捉える認識枠組みが存在しているということである。ただし、期待されていると認知する以上に、それらを自分たちの責任事項として受けとめる傾向も見られる（②、③、⑥）。

### 3 期待認知及び責任意識の枠組みの、両者ほぼ同様の4側面

それら期待認知の枠組みにも責任意識の枠組みにも、それぞれの因子分析によって浮かび上がった、ほぼ同様の4側面が存在している。それらは相互に、区別はされるが背反するものではない（④（ⅰ）、④（ⅲ）、⑤（ⅰ）′、⑤（ⅲ）′）。

### 4 期待認知及び責任意識における第一義的なことがらと二次的なそれ

だが、期待認知及び責任意識の枠組みのそれら4側面のうちには、より多くの回答者に対して同程度に、それに関連することがらに対して期待を認知し責任を意識するように方向づけるものとそうでないものとがある。その結果総じて、今ある学校制度において妥当・自明と見なされるような基準に照らして首尾よく対処することに関する期待認知や責任意識（「学校空間内指向」及び「学力指向」の期待認知・責任意識）が強くなり、「(13) 発達障害の子どもに対して特別な配慮をする」「(14) 貧困などにより生活上の困難を抱えた子どもに対して特別な配慮をする」など、ことの性質上予め設定された基準を超えて個別的・具体的に相手の目下の状況を配慮しそれに応じることを通常以上に必要とすることがらなどは、応えるべき期待・責任としては二次的なものとして位置づけられる傾向がある（④(ⅱ)、⑤(ⅱ)′）。

### 5 期待認知・責任意識の理念性・規範性と閉じた構造

期待認知・責任意識に関連する変数、及びそれ以外の様々な変数の相関を見てみると、期待認知・責任意識は、他のことがらに対する相関よりもそれら自身の間の相関が最も強い、相対的に閉じた意識構造をつくっていることが浮かび上がった。そしてその意識構造は、教職の実際の遂行の中で感じることやそれにまつわる状況の把握から相対的に切れた、理念的・規範的性格を帯びているものと見ることができる（⑦(ⅰ)、⑦(ⅱ)）。

もっとも⑦の（ⅲ）以降ではむしろ、期待認知・責任意識と様々な変数との

表 8.8.1　教職観因子得点と諸変数の相関（小学校）

| | 教職観第 1 因子（小・やりがい・喜び） | 教職観第 2 因子（小・自己実現） | 教職観第 3 因子（小・経営組織性） | 教職観第 4 因子（小・専門性） | 教職観第 5 因子（小・気苦労・自己犠牲） |
|---|---|---|---|---|---|
| 期待認知第 1 因子（小・学校空間内指向） | .264 | | | .206 | |
| 期待認知第 2 因子（小・社会的能力育成） | | | .219 | .249 | |
| 期待認知第 3 因子（小・学校制度外指向） | | | .235 | .250 | |
| 責任意識第 1 因子（小・学校空間内指向） | .279 | | | .257 | |
| 責任意識第 2 因子（小・社会的能力育成） | .278 | .238 | | .240 | |
| 責任意識第 3 因子（小・学校制度外指向） | .226 | .264 | .236 | .291 | |
| 責任意識第 4 因子（小・学力指向） | .255 | | | .320 | |
| 教職生活第 1 因子（小・教育活動に関わる自信） | | .256 | | | |
| 教職生活第 2 因子（小・教職アイデンティティ安定） | .509 | .479 | | .218 | -.221 |
| 教職生活第 3 因子（小・人間関係良好） | .275 | .281 | | | |
| 教職生活第 4 因子（小・多忙・疲弊） | | | | | .461 |
| 教職生活第 5 因子（小・教職アイデンティティ攪乱） | | -.226 | | | .275 |
| 職場の雰囲気第 1 因子（小・管理職・非管理職関係良好） | | .266 | | | |
| 職場の雰囲気第 2 因子（小・相互尊重・協同） | | .256 | | | |
| 教職観第 1 因子（小・やりがい・喜び） | | .522 | .212 | .417 | |
| 教職観第 2 因子（小・自己実現） | .522 | | .361 | .430 | |
| 教職観第 3 因子（小・経営組織性） | .212 | .361 | | .473 | .275 |
| 教職観第 4 因子（小・専門性） | .417 | .430 | .473 | | .431 |
| 教職観第 5 因子（小・気苦労・自己犠牲） | | | .275 | .431 | |
| 指導観因子（小・子どもの自発性・主体性尊重） | .261 | .230 | | | |
| バーンアウトスコア | -.310 | -.293 | | | .374 |
| 自己・生活・社会観（1）今の自分の生活全般に満足している | .229 | .263 | | | -.201 |
| 自己・生活・社会観（2）日本社会には希望がある | .211 | .267 | | | -.215 |
| 自己・生活・社会観（9）嫌なことがあっても、明るく前向きな自分でありたい | .238 | .204 | | | |

間の相関を確認してきたわけで、したがってそれらが完全に閉じた性質を帯びているということでは決してない。ただ、教職観についての同様の分析と比較してみると、期待認知・責任意識が理念的・規範的で相対的に閉じた構造をなしていることがより明瞭になる。

**表 8.8.1**、**表 8.8.2** は、教職観の諸因子について、期待認知・責任意識に関する**表 8.6.1**、**表 8.6.2**、**表 8.7.1**、**表 8.7.2** の場合と同様の方法で作表し、諸変数との相関を示したものである。これらを比較してみると、教職観は、期待認知・責任意識同様に理念的・規範的性格を帯びたところもあると思われるが、

表 8.8.2　教職観因子得点と諸変数の相関（中学校）

| | 教職観第 1 因子（中・やりがい・喜び・自己実現） | 教職観第 2 因子（中・経営組織性・専門性） | 教職観第 3 因子（中・気苦労・自己犠牲） |
|---|---|---|---|
| 期待認知第 1 因子（中・社会的能力育成） | .253 | .323 | |
| 期待認知第 2 因子（中・学校空間内指向） | .262 | | |
| 期待認知第 3 因子（中・学力指向） | .223 | | |
| 期待認知第 4 因子（中・学校制度外指向） | .231 | .342 | |
| 責任意識第 1 因子（中・社会的能力育成） | .351 | .255 | |
| 責任意識第 2 因子（中・学校空間内指向） | .294 | .208 | |
| 責任意識第 3 因子（中・学力指向） | .260 | | |
| 責任意識第 4 因子（中・学校制度外指向） | .328 | .357 | |
| 勤務校の状況認識第 2 因子（中・対保護者・保護者間関係良好） | .247 | .262 | |
| 勤務校の状況認識第 3 因子（中・子どもの状況良好） | .275 | .229 | |
| 教職生活第 1 因子（中・教育活動に関わる自信） | .304 | | |
| 教職生活第 2 因子（中・教職アイデンティティ安定（逆転）） | -.462 | | .378 |
| 教職生活第 3 因子（中・教職アイデンティティ攪乱） | -.295 | | .387 |
| 教職生活第 4 因子（中・人間関係良好） | .317 | | |
| 教職生活第 5 因子（中・多忙・疲弊） | | | .326 |
| 職場の雰囲気第 1 因子（中・相互尊重・協同） | .294 | .294 | |
| 職場の雰囲気第 2 因子（中・管理職・非管理職関係良好） | .321 | .302 | |
| 職場の雰囲気第 3 因子（中・同僚間の活発な討議） | .218 | .284 | |
| 教職観第 1 因子（中・やりがい・喜び・自己実現） | | .445 | |
| 教職観第 2 因子（中・経営組織性・専門性） | .445 | | |
| 指導観因子（中・子どもの自発性・主体性尊重） | .269 | | |
| 改革施策推進認知第 1 因子（中・制度レベル） | | .249 | |
| 改革施策推進認知第 2 因子（中・教科外の教育過程レベル） | | .232 | |
| バーンアウトスコア | -.317 | | .457 |
| 自己・生活・社会観（1）今の自分の生活全般に満足している | .319 | | -.347 |
| 自己・生活・社会観（2）日本社会には希望がある | .279 | | |
| 自己・生活・社会観（5）自分の生活スタイルを崩してまで、困っている人に関わろうとは思わない | -.215 | | |
| 自己・生活・社会観（9）嫌なことがあっても、明るく前向きな自分でありたい | .414 | | |

教職生活、職場の雰囲気、バーンアウト・スコアなどの変数との相関が期待認知・責任意識の場合よりも強く見られ、教職の実際の遂行の中で感じることやそれにまつわる状況の把握との関連がより強いものであることがわかる。それは逆に言えば、期待認知・責任意識のほうは上記のように理念的・規範的な性格を相対的により強く帯びたものであることを意味している。

**6 期待認知・責任意識の閉じられた理念性・規範性が含意するところ**

以上の1〜5を小括すると、教員の期待認知・責任意識はどのような性格を帯びたものとなっていると言えるだろうか。調査のデータにぴったりと沿う推論にはならないが、次のような解釈を示しておきたい。

教員は、教職の実際の遂行の中での経験に基づき、その際に出会う他者の声を受けとめて、期待を認知し責任を引き受けるという、「序」の**1** (3) で見た「責任」なるものの原義的な回路を通じてというよりも、そうした具体的・実際的な経験や出会いとは別の回路を通じて、“教員にはこのようなことが期待されているはずだ、そして教員はそれらを果たすことを、自分たちに課せられている責任として引き受けるべきものなのだ”という期待認知・責任意識の枠組みをそれとして独立した形で形成している。かつ、そこで認知され意識される期待や責任の中身は、例えば生活上・発達上特別な困難を抱えた子どもたちの特別なニーズに配慮すべくかれらがおかれている個別具体的な状況にまで視野を行き届かせ、それに応じて何を期待され何をなすべきかをその都度判断していくというようなものである以上に、学校の既定の制度的基準に照らして応えるべき期待や責任の範囲を予め設定しその範囲内のことを着実にこなしていくことに重きをおくものとなっている。――とりわけ④、⑤で示したことの趣旨を、言葉を替えて繰り返すとこのようになり、それが本章で明らかにしてきた知見のインプリケーションとして、最も強調しておきたい点である。

こうした性格を帯びた期待認知・責任意識を形成する、上記の「具体的・実際的な経験や出会いとは別の回路」とは、教員に多くを期待し責任を負わせようとする言説に、マスメディア、種々の研修等の機会にかれらが接するということであろう。しかし、そのような言説は、確かに教員に期待を認知させ責任を意識させることになるかもしれないが、それらはそれのみで閉じた、“教員への期待なるもの”、“教員の責任なるもの”にとどまるような性質のものになる危険性があることが推測される。

ただし、期待認知・責任意識が、述べてきたように理念的・規範的で相対的に閉じた性格を帯びたものとして浮かび上がってきたのは、用いた質問紙での期待認知・責任意識についての問い方（本章**1**の冒頭参照）が、回答者にこれらをそのような性格のものとして回答させてしまう問い方になっていたゆえのことであるという可能性も考えられる。問い方が妥当であったか、その点の点検も必要である。

# 第9章

# 教育改革施策の全国・各調査地域における取組み状況

本田　伊克

本章では、全国と調査対象である10地域それぞれにおいて、様々な教育施策に関わる取組みがどの程度進行しているのか、また、地域ごとに、教育施策に関する取組みにどのような特徴がみられるかを検討していく。

## 1. 全国での教育改革施策取組み状況

### (1) 2004年調査時の改革施策受け止め

#### 1) 全国の教育改革諸施策取組み状況とその賛否

2004年調査では、2014年調査でも対象となった7地域を含む9つの地域に対して、国家・地域レベルの学校教育改革施策15項目のそれぞれが行われているか否か、行われている場合、それに対する賛否を尋ねている。

その結果を示したものが、**表9.1**である。

この表によれば、15の教育改革施策はみな8割から9割方実施されていることがわかる。「学校の施設・設備・建物（の改善）」を除いて、どの項目も「どちらとも言えない」と回答した割合が4割強から5割弱と、最も割合が高い。

そのうえで、賛成・反対の回答分布をみると、「賛成」が「反対」をはっきりと上回っているのは「教師の労働時間の制度運用」、「学校の自己裁量の拡大」、「教育の地方分権化」、「子ども・父母・住民の学校参加」、「『不適格教員』の認定とその教職はずし」、「教員養成制度の『改革』」、「現職教員の研修体制の『改革』」、「学校の施設・設備・建物」、「成績評価のやり方の『改革』」とな

表 9.1　全国の教育改革諸施策取組み状況と賛否（2004 年調査）

（%）

| 因子 | 改革施策項目 | 近年、そういう「改革」は行われていない | 「改革」は行われている 賛成 | どちらとも言えない | 反対 |
|---|---|---|---|---|---|
| 第 1 因子 | 教師の労働時間の制度運用 | 10.3 | 29.3 | 43.5 | 17.0 |
| | 教師の仕事に対する管理方式 | 5.8 | 15.4 | 46.6 | 32.2 |
| | 教師の人事考課制度の「改革」 | 6.2 | 15.7 | 48.2 | 30.0 |
| | 教員の昇進制度の「改革」 | 7.1 | 17.6 | 50.4 | 25.0 |
| 第 2 因子 | 学校の自己裁量の拡大 | 6.7 | 43.7 | 45.0 | 4.6 |
| | 学校への外部評価 | 3.4 | 23.6 | 49.6 | 23.3 |
| | 教育の地方分権化 | 5.6 | 30.6 | 49.9 | 13.9 |
| | 父母の学校選択制 | 3.5 | 23.8 | 51.9 | 20.7 |
| | 子ども・父母・住民の学校参加 | 3.3 | 39.2 | 49.9 | 7.5 |
| | 「不適格教員」の認定とその教職はずし | 2.7 | 31.1 | 47.1 | 19.1 |
| 第 3 因子 | 教員養成制度の「改革」 | 5.2 | 34.8 | 50.2 | 9.8 |
| | 現職教員の研修体制の「改革」 | 3.2 | 31.7 | 46.6 | 18.5 |
| | 学校の施設・設備・建物（の改善） | 17.5 | 46.5 | 33.4 | 2.7 |
| 第 4 因子 | 指導要領改訂に伴う国家的カリキュラム基準の「改革」 | 2.1 | 24.4 | 51.0 | 22.5 |
| | 成績評価のやり方の「改革」 | 1.6 | 33.3 | 46.3 | 18.9 |

※数値は小数第 2 位以下を四捨五入。

っている。

いっぽう、「反対」が「賛成」をはっきり上回っているのは、「教師の仕事に対する管理方式」、「教師の人事考課制度の『改革』」、「教員の昇進制度の『改革』」である。

「賛成」と「反対」がほぼ拮抗しているのは、「学校への外部評価」、「父母の学校選択制」、「指導要領改訂に伴う国家的カリキュラム基準の『改革』」である。

なお、15 の改革施策すべてが行われていると回答したケースについて、因子分析（因子抽出法は最尤法、因子軸回転法はバリマックス回転）を実施したところ、4 つの因子が抽出された。**表 9.1** では左端の欄に抽出された因子を示し、どの項目が寄与しているかを示している。

第 1 因子は、教員の人事・労務管理の「上からの」競争・成果主義的改革に関わるものである。「教師の労働時間の制度運用」を除いて、この因子に関与する項目に対しては「反対」回答の割合が比較的高くなっている。教員の人事や給与に関して成果を競わせる仕組みに対して、少なくない教師が否定的な見解をもっていることがわかる。

第2因子は、学校現場の裁量を拡大し、保護者・地域に開くことに関わるものである。「『不適格教員』の認定とその教職はずし」は、学校現場の公開性や公平性を、保護者・地域に対して保証するものとして捉えられているようだ。この因子に関与する項目に対しては、概して、「賛成」回答の割合が高いようである。

第3因子は、教員養成・研修と学校施設・設備という、学校教育の条件整備に関わるものであり、各項目に対しては「賛成」回答の割合が高めである。

第4因子は、カリキュラム・成績に関わるもので、「成績評価のやり方の『改革』」への「賛成」回答がやや高く、いわゆる「目標に準拠した評価」導入に期待する教師が一定の割合で存在することがわかる。

### 2) 属性別にみた教育改革諸施策への賛否

**表9.2**は、学校種、性別、職務、年齢、バーンアウト段階の各属性で、教育改革施策各項目への賛否を示している。

学校種では、教員の人事・労務管理の競争・成果主義化に関わる（第1因子関与）項目について、小学校よりも中学校でやや「賛成」回答の割合が高い。

性別では、15項目すべてにおいて男性の「賛成」回答比率が女性よりも高め（「反対」回答は女性が男性よりも高め）である。特に、第1因子に関与する項目では、その傾向がかなり明確に表れている。

職務別では、15項目すべてについて、管理職、教諭、その他教員との間で、「賛成」「反対」回答割合に明確な違いがみられる。管理職ほど諸改革に「賛成」の割合が高く、教諭になるとその割合はかなり下がり、その他教員ではさらに低くなっている。諸改革に対して、学校の中でも職位によって受け止めの温度差があることがわかる。

年齢別では、おおよそ20代ほど諸改革への「賛成」割合が高めで、30代ではその割合が少し低くなり、40代、50代層ではさらに低くなる。若い世代の教員ほど、諸改革をどちらかといえば肯定的に受け止めていることになるだろう。

バーンアウト段階別では、回答傾向にほとんど差がみられなかった。

## 表 9.2　属性別にみる改革への賛否（2004 年）

（%）

| | 学校種 | | | | | | 性別 | | | | | | 職務 | | | | | | | | | | | |
|---|---|---|---|---|---|---|---|---|---|---|---|---|---|---|---|---|---|---|---|---|---|---|---|---|
| | 小学校 | | | 中学校 | | | 男 | | | 女 | | | 管理職 | | | 教諭（学級担任） | | | 教諭（担任もたない） | | | その他 | | |
| 改革施策項目 | 賛成 | どちらとも | 反対 | 賛成 | どちらとも | 反対 | 賛成 | どちらとも | 反対 | 賛成 | どちらとも | 反対 | 賛成 | どちらとも | 反対 | 賛成 | どちらとも | 反対 | 賛成 | どちらとも | 反対 | 賛成 | どちらとも | 反対 |
| 教師の労働時間の制度運用 | 25.8 | 47.0 | 18.4 | 33.7 | 39.0 | 15.0 | 34.3 | 40.2 | 15.3 | 25.9 | 45.6 | 18.1 | 39.4 | 33.3 | 3.0 | 26.7 | 46.8 | 17.2 | 34.5 | 36.4 | 18.4 | 8.3 | 58.3 | 16.7 |
| 教師の仕事に対する管理方式 | 12.7 | 47.5 | 34.8 | 19.0 | 45.5 | 28.8 | 21.0 | 49.2 | 24.5 | 12.0 | 44.9 | 37.0 | 39.4 | 48.5 | 0.0 | 13.5 | 47.7 | 34.2 | 17.7 | 42.9 | 31.0 | 0.0 | 53.8 | 46.2 |
| 教師の人事考課制度の「改革」 | 12.2 | 50.9 | 32.2 | 20.1 | 44.9 | 27.0 | 20.8 | 43.8 | 28.0 | 12.5 | 51.1 | 31.0 | 48.5 | 39.4 | 6.1 | 13.9 | 49.8 | 30.4 | 16.8 | 43.8 | 31.7 | 0.0 | 61.5 | 38.5 |
| 教員の昇進制度の「改革」 | 15.5 | 51.1 | 27.7 | 20.3 | 49.6 | 21.4 | 23.8 | 49.7 | 19.4 | 13.6 | 50.8 | 28.7 | 42.4 | 45.5 | 0.0 | 16.2 | 52.2 | 25.1 | 18.1 | 46.2 | 27.6 | 7.7 | 53.8 | 38.5 |
| 学校の自己裁量の拡大 | 43.4 | 46.1 | 3.9 | 44.1 | 43.5 | 5.5 | 53.1 | 35.3 | 4.1 | 37.6 | 51.3 | 5.0 | 78.1 | 18.8 | 0.0 | 40.9 | 46.6 | 5.1 | 47.1 | 43.3 | 4.3 | 23.1 | 69.2 | 0.0 |
| 学校への外部評価 | 30.6 | 50.4 | 14.2 | 30.6 | 49.5 | 13.2 | 40.7 | 42.2 | 10.6 | 24.1 | 54.7 | 16.1 | 54.5 | 33.3 | 12.0 | 27.9 | 53.2 | 12.7 | 35.5 | 42.5 | 16.8 | 15.4 | 61.5 | 23.1 |
| 教育の地方分権化 | 22.9 | 50.6 | 25.0 | 24.5 | 48.5 | 21.0 | 36.5 | 41.2 | 18.9 | 15.8 | 54.8 | 26.2 | 72.7 | 18.2 | 6.1 | 18.7 | 53.1 | 24.3 | 30.1 | 44.9 | 22.7 | 14.3 | 71.4 | 14.3 |
| 父母の学校選択制 | 20.8 | 53.4 | 22.5 | 27.7 | 50.3 | 18.3 | 34.8 | 41.2 | 20.3 | 17.2 | 58.9 | 20.7 | 48.5 | 42.4 | 9.1 | 22.4 | 53.2 | 20.7 | 24.5 | 50.5 | 21.3 | 14.3 | 71.4 | 14.3 |
| 子ども・父母・住民の学校参加 | 38.4 | 51.6 | 7.6 | 40.3 | 48.0 | 7.1 | 42.4 | 44.3 | 9.3 | 37.5 | 53.5 | 6.3 | 45.5 | 48.5 | 6.1 | 39.4 | 49.4 | 7.1 | 38.9 | 50.7 | 8.5 | 15.4 | 84.6 | 0.0 |
| 「不適格教員」の認定とその教職はずし | 26.4 | 51.3 | 20.2 | 37.2 | 42.0 | 17.4 | 40.9 | 39.7 | 16.6 | 24.9 | 51.8 | 20.6 | 78.8 | 15.2 | 6.1 | 27.4 | 50.5 | 19.6 | 34.6 | 41.1 | 20.6 | 7.1 | 78.6 | 14.3 |
| 教員養成制度の改革 | 30.8 | 53.8 | 10.8 | 40.1 | 45.9 | 8.2 | 43.6 | 41.7 | 9.3 | 29.2 | 55.6 | 10.1 | 66.7 | 21.2 | 6.1 | 30.4 | 54.0 | 10.1 | 41.4 | 44.3 | 10.0 | 30.8 | 61.5 | 0.0 |
| 現職教員の研修体制の「改革」 | 30.9 | 48.7 | 18.2 | 32.8 | 44.0 | 18.6 | 38.9 | 40.4 | 18.2 | 27.1 | 50.6 | 18.6 | 69.7 | 21.2 | 6.1 | 28.3 | 50.4 | 17.3 | 35.0 | 39.7 | 23.4 | 21.4 | 57.1 | 21.4 |
| 学校の施設・設備・建物（の改善） | 46.4 | 35.0 | 2.2 | 46.4 | 31.4 | 3.3 | 49.5 | 31.7 | 2.8 | 44.6 | 34.4 | 2.6 | 66.7 | 21.2 | 0.0 | 44.6 | 34.8 | 2.5 | 47.4 | 31.3 | 3.8 | 38.5 | 53.8 | 0.0 |
| 指導要領改訂に伴う国家的カリキュラム基準の「改革」 | 25.3 | 53.8 | 19.4 | 23.4 | 47.7 | 26.2 | 31.4 | 44.6 | 21.8 | 20.1 | 55.3 | 22.5 | 53.1 | 37.5 | 6.3 | 22.5 | 53.2 | 22.0 | 27.2 | 46.5 | 24.9 | 0.0 | 58.3 | 41.7 |
| 成績評価のやり方の「改革」 | 30.3 | 53.4 | 14.4 | 37.0 | 37.6 | 24.3 | 41.7 | 36.4 | 20.7 | 28.3 | 52.6 | 17.4 | 62.5 | 28.1 | 6.3 | 30.6 | 49.5 | 18.0 | 38.9 | 37.4 | 23.2 | 0.0 | 92.3 | 7.7 |

| | 年齢 | | | | | | | | | | | | バーンアウト段階 | | | | | | | | | | | |
|---|---|---|---|---|---|---|---|---|---|---|---|---|---|---|---|---|---|---|---|---|---|---|---|---|
| | 20 代 | | | 30 代 | | | 40 代 | | | 50 代 | | | 3 点以下 | | | 3 点台 | | | 4 点台 | | | 5 点以上 | | |
| 改革施策項目 | 賛成 | どちらとも | 反対 | 賛成 | どちらとも | 反対 | 賛成 | どちらとも | 反対 | 賛成 | どちらとも | 反対 | 賛成 | どちらとも | 反対 | 賛成 | どちらとも | 反対 | 賛成 | どちらとも | 反対 | 賛成 | どちらとも | 反対 |
| 教師の労働時間の制度運用 | 40.2 | 45.1 | 4.9 | 30.5 | 46.5 | 13.5 | 25.5 | 42.2 | 21.2 | 27.2 | 36.7 | 24.7 | 30.6 | 44.6 | 14.3 | 29.6 | 41.2 | 19.9 | 24.7 | 42.4 | 22.4 | 26.9 | 26.9 | 30.8 |
| 教師の仕事に対する管理方式 | 20.2 | 58.0 | 13.4 | 18.4 | 54.7 | 23.4 | 14.1 | 42.0 | 38.4 | 11.9 | 34.6 | 45.3 | 14.9 | 47.3 | 32.9 | 15.5 | 45.6 | 33.6 | 16.7 | 44.0 | 32.1 | 15.4 | 38.5 | 30.8 |
| 教師の人事考課制度の「改革」 | 21.0 | 62.2 | 10.9 | 18.3 | 52.5 | 22.8 | 13.5 | 45.2 | 34.8 | 14.4 | 35.6 | 43.8 | 16.5 | 51.3 | 27.1 | 12.8 | 45.8 | 34.8 | 12.8 | 44.2 | 34.9 | 23.1 | 34.6 | 34.6 |
| 教員の昇進制度の「改革」 | 24.8 | 54.5 | 13.2 | 16.7 | 59.3 | 17.6 | 16.5 | 48.1 | 28.5 | 16.7 | 37.7 | 38.3 | 19.4 | 52.5 | 21.7 | 15.8 | 50.0 | 28.5 | 11.4 | 46.6 | 31.8 | 25.9 | 18.5 | 44.4 |
| 学校の自己裁量の拡大 | 34.7 | 57.0 | 5.0 | 36.1 | 52.0 | 5.0 | 48.7 | 37.6 | 5.1 | 49.7 | 40.0 | 3.9 | 46.2 | 41.6 | 4.8 | 41.1 | 51.3 | 1.8 | 40.7 | 46.5 | 8.1 | 30.8 | 42.3 | 19.2 |
| 学校への外部評価 | 23.8 | 58.2 | 12.3 | 27.7 | 54.9 | 13.1 | 33.2 | 45.3 | 15.2 | 35.0 | 45.0 | 13.8 | 31.5 | 48.8 | 13.5 | 30.0 | 53.3 | 12.3 | 29.9 | 48.3 | 19.5 | 28.0 | 32.0 | 24.0 |
| 教育の地方分権化 | 24.2 | 55.6 | 15.3 | 21.7 | 54.6 | 19.8 | 24.3 | 50.8 | 21.8 | 26.5 | 36.4 | 35.2 | 26.5 | 49.9 | 19.2 | 23.5 | 49.6 | 25.7 | 13.8 | 52.9 | 32.2 | 15.4 | 50.0 | 30.8 |
| 父母の学校選択制 | 21.3 | 56.7 | 18.9 | 24.3 | 54.4 | 17.5 | 26.9 | 51.3 | 17.5 | 21.7 | 45.3 | 31.7 | 24.9 | 54.1 | 17.1 | 23.3 | 49.8 | 23.8 | 21.3 | 52.8 | 23.6 | 22.2 | 33.3 | 37.0 |
| 子ども・父母・住民の学校参加 | 56.9 | 37.4 | 2.4 | 39.7 | 49.5 | 6.4 | 38.4 | 50.6 | 8.1 | 28.9 | 58.5 | 10.1 | 42.5 | 47.3 | 6.6 | 36.7 | 54.1 | 7.4 | 30.6 | 55.3 | 10.6 | 37.0 | 37.0 | 14.8 |
| 「不適格教員」の認定とその教職はずし | 42.1 | 48.8 | 5.8 | 31.9 | 48.8 | 15.0 | 28.7 | 50.2 | 19.3 | 30.2 | 34.0 | 33.3 | 35.5 | 46.1 | 15.7 | 26.8 | 51.9 | 19.5 | 24.1 | 41.4 | 29.9 | 31.5 | 46.8 | 18.7 |
| 教員養成制度の改革 | 44.3 | 45.1 | 4.1 | 39.4 | 45.8 | 8.4 | 31.2 | 55.4 | 8.9 | 31.4 | 47.2 | 17.6 | 39.2 | 47.9 | 7.1 | 31.0 | 52.8 | 11.8 | 29.9 | 52.9 | 13.8 | 28.0 | 44.0 | 12.0 |
| 現職教員の研修体制の「改革」 | 39.3 | 49.2 | 7.4 | 32.7 | 45.9 | 18.0 | 30.8 | 46.5 | 20.1 | 28.8 | 43.1 | 24.4 | 33.6 | 45.7 | 17.5 | 29.1 | 49.1 | 19.6 | 31.0 | 46.0 | 18.4 | 19.2 | 42.3 | 30.8 |
| 学校の施設・設備・建物（の改善） | 50.8 | 31.1 | 1.6 | 43.9 | 36.6 | 2.0 | 46.2 | 33.3 | 2.6 | 48.4 | 28.3 | 5.0 | 47.7 | 33.5 | 1.8 | 45.6 | 33.3 | 3.5 | 40.7 | 34.9 | 4.7 | 42.3 | 26.9 | 3.8 |
| 指導要領改訂に伴う国家的カリキュラム基準の「改革」 | 26.4 | 60.8 | 11.2 | 19.7 | 57.1 | 20.7 | 27.7 | 45.2 | 24.8 | 22.6 | 47.1 | 29.0 | 25.9 | 51.0 | 21.7 | 23.6 | 55.0 | 19.2 | 18.6 | 43.0 | 33.7 | 16.0 | 60.0 | 20.0 |
| 成績評価のやり方の「改革」 | 39.0 | 48.8 | 10.6 | 29.6 | 49.8 | 19.2 | 34.6 | 43.9 | 19.6 | 33.1 | 43.8 | 21.9 | 36.5 | 44.9 | 17.0 | 28.8 | 50.7 | 19.7 | 24.1 | 45.8 | 28.9 | 26.9 | 46.2 | 23.1 |

※数値は小数第 2 位以下を四捨五入。

### (2) 2014年調査時における教育改革施策の推進状況

#### 1) 12の教育改革施策に対する小・中学校全体の取組み状況

2014年調査では、質問紙第11問（Q11）で、カリキュラムや学校での活動、学校の組織・制度に関する改革がどの程度進んでいるかについて質問している。

**表9.3**は、全国の小・中学校および、学校種（小・中）、性別、職務別、年齢、バーンアウト段階別に、12の改革施策それぞれに対する取組み状況について尋ねた結果である。

12の改革施策とは、「(1)『言語活動の充実』や『活用力の重視』」（以下「言語活動・活用力」）、「(2) 子ども・保護者による学校評価・教員評価」、「(3) 第三者による学校評価」、「(4) 保護者による学校選択」、「(5) 保護者・地域住民の学校参加」、「(6) 人事評価と連動した教員評価」、「(7) 学校組織体制の『ピラミッド』化」、「(8)『不適格教員』認定の厳格化」、「(9)『全国学力・学習状況調査』の結果にもとづく学力向上策」（以下「学力向上策」）、「(10) 道徳教育の推進」、「(11)『いじめ防止対策推進法』にもとづく取り組み」（以下「いじめ防止対策」）、「(12)『土曜日授業』の実施」（以下「土曜日授業」）である。

はじめに、調査対象となった学校（小・中学校）全体の動向を概観する。「1」=「かなり取り組んでいる」および「2」=「やや取り組んでいる」の回答割合が比較的高い項目について、取組みの状況が進んでいると考え、「3」=「あまり取り組んでいない」、「4」=「まったく取り組んでいない」の回答割合が比較的高い項目については、取組みが進んでいないと考える。

全国的に取組みが進んでいるのは、「(9) 学力向上策」（「1」と「2」の回答割合90.7%）、「(2) 子ども・保護者による学校評価・教員評価」（同91.3%）、「(11) いじめ防止対策」（90.0%）、「(1) 言語活動・活用力」（89.1%）、「(10) 道徳教育の推進」（86.7%）、「(5) 保護者・地域住民の学校参加」（86.5%）、「(3) 第三者による学校評価」（80.2%）の7項目である。

これに対して、取組みが進んでいないのは、「(8)『不適格教員』認定の厳格化」（「3」と「4」の回答割合83.3%）と、「(12) 土曜日授業」（82.4%）、および「(6) 人事評価と連動した教員評価」（60.1%）の3項目である。

取組みの進行状況について、肯定的な回答（「1」「2」）と否定的な回答（「3」「4」）が割れていると思われるのは2項目ある。

「(4) 保護者による学校選択」（肯定52.2%、否定47.8%）、「(7) 学校組織体制

表 9.3　全国および属性別

| | | 取り組み状況 | (1) 言語活動・活用力 | (2) 子ども・保護者による学校評価・教員評価 | (3) 第三者による学校評価 | (4) 保護者による学校選択 |
|---|---|---|---|---|---|---|
| 全国 | 小・中学校 | 「かなり」+「やや」(「かなり」) | 89.1 (32.1) | 91.3 (36.3) | 80.2 (22.5) | 52.2 (12.7) |
| | | 「あまり」+「まったく」(「まったく」) | 10.9 (0.7) | 8.7 (0.6) | 19.8 (3.3) | 47.9 (17.6) |
| 小中 | 小学校 | 「かなり」+「やや」(「かなり」) | 91.0 (36.1) | 90.9 (34.9) | 82.0 (24.1) | 48.4 (10.5) |
| | | 「あまり」+「まったく」(「まったく」) | 9.0 (0.3) | 9.1 (0.7) | 18.0 (2.5) | 51.7 (19.8) |
| | 中学校 | 「かなり」+「やや」(「かなり」) | 85.2 (24.0) | 91.9 (39.3) | 76.2 (19.4) | 60.4 (17.3) |
| | | 「あまり」+「まったく」(「まったく」) | 14.8 (1.4) | 8.1 (0.5) | 23.8 (5.1) | 39.6 (12.9) |
| 性別 | 男性 | 「かなり」+「やや」(「かなり」) | 91.4 (30.7) | 91.1 (35.4) | 77.4 (21.3) | 49.4 (13.6) |
| | | 「あまり」+「まったく」(「まったく」) | 8.6 (0.4) | 9.0 (0.6) | 22.5 (5.1) | 50.5 (20.9) |
| | 女性 | 「かなり」+「やや」(「かなり」) | 87.4 (33.1) | 91.6 (37.0) | 82.2 (23.3) | 54.2 (12.0) |
| | | 「あまり」+「まったく」(「まったく」) | 12.6 (0.9) | 8.4 (0.6) | 17.8 (2.1) | 45.8 (17.6) |
| 職務別 | 管理職 | 「かなり」+「やや」(「かなり」) | 93.3 (39.4) | 92.2 (46.1) | 73.0 (23.3) | 41.4 (17.9) |
| | | 「あまり」+「まったく」(「まったく」) | 6.7 (0.6) | 7.9 (1.2) | 27.0 (9.8) | 58.6 (30.2) |
| | 教諭（正規採用） | 「かなり」+「やや」(「かなり」) | 88.3 (31.1) | 91.3 (35.5) | 81.4 (22.6) | 51.0 (11.3) |
| | | 「あまり」+「まったく」(「まったく」) | 11.7 (0.5) | 8.6 (0.5) | 18.6 (2.2) | 48.9 (16.8) |
| | 養護教諭 | 「かなり」+「やや」(「かなり」) | 91.3 (43.5) | 93.7 (33.3) | 89.4 (23.4) | 55.3 (19.1) |
| | | 「あまり」+「まったく」(「まったく」) | 8.6 (4.3) | 6.3 (2.1) | 10.7 (4.3) | 44.7 (14.9 |
| | 非正規講師 | 「かなり」+「やや」(「かなり」) | 90.4 (25.8) | 91.2 (31.7) | 81.1 (18.9) | 75.2 (14.4) |
| | | 「あまり」+「まったく」(「まったく」) | 9.9 (0.8) | 8.7 (0.0) | 18.9 (2.4) | 24.8 (5.6) |
| | その他 | 「かなり」+「やや」(「かなり」) | 75.0 (37.5) | 77.7 (44.4) | 75.0 (37.5) | 50.0 (12.5) |
| | | 「あまり」+「まったく」(「まったく」) | 25.0 (0.0) | 22.2 (0.0) | 25.0 (0.0) | 50.0 (12.5 |
| 年齢 | 20 代 | 「かなり」+「やや」(「かなり」) | 83.6 (21.8) | 84.9 (24.8) | 75.4 (15.2) | 68.3 (13.2 |
| | | 「あまり」+「まったく」(「まったく」) | 16.4 (0.5) | 15.2 (0.5) | 24.6 (2.8) | 31.7 (8.8) |
| | 30 代 | 「かなり」+「やや」(「かなり」) | 89.7 (24.1) | 93.6 (32.0) | 81.7 (19.5) | 58.5 (8.5) |
| | | 「あまり」+「まったく」(「まったく」) | 10.3 (0.4) | 6.4 (0.0) | 18.3 (0.4) | 41.5 (13.0 |
| | 40 代 | 「かなり」+「やや」(「かなり」) | 88.9 (38.9) | 90.4 (43.0) | 82.8 (28.5) | 47.0 (13.6 |
| | | 「あまり」+「まったく」(「まったく」) | 10.9 (0.3) | 9.5 (1.0) | 17.1 (2.7) | 52.9 (19.5 |
| | 50 代 | 「かなり」+「やや」(「かなり」) | 91.6 (36.7) | 93.0 (38.5) | 79.5 (22.1) | 42.5 (12.5 |
| | | 「あまり」+「まったく」(「まったく」) | 8.5 (1.1) | 6.9 (0.8) | 20.4 (5.5) | 57.6 (23.1 |
| | 60 代（除く 60 代非定年者） | 「かなり」+「やや」(「かなり」) | 80.9 (19.0) | 90.0 (40.0) | 76.2 (23.8) | 76.2 (23.8 |
| | | 「あまり」+「まったく」(「まったく」) | 19.0 (0.0) | 10.0 (0.0) | 23.8 (4.8) | 23.8 (14.3 |
| バーンアウト段階別 | 3 点未満（良好） | 「かなり」+「やや」(「かなり」) | 91.0 (36.6) | 92.1 (38.0) | 80.7 (23.4) | 49.8 (14.1 |
| | | 「あまり」+「まったく」(「まったく」) | 9.0 (0.6) | 7.9 (0.4) | 19.3 (3.3) | 50.3 (20.3 |
| | 3 点台（burn-out の危険域） | 「かなり」+「やや」(「かなり」) | 85.8 (26.1) | 91.9 (34.3) | 77.6 (20.3) | 52.3 (9.9) |
| | | 「あまり」+「まったく」(「まったく」) | 14.1 (0.8) | 8.0 (0.8) | 22.5 (4.1) | 47.7 (14.6 |
| | 4 点台（バーンアウト） | 「かなり」+「やや」(「かなり」) | 89.4 (27.9) | 87.5 (33.7) | 83.5 (22.3) | 62.1 (13.6 |
| | | 「あまり」+「まったく」(「まったく」) | 10.6 (1.0) | 12.5 (1.0) | 16.5 (1.9) | 37.9 (14.6 |
| | 5 点台（急性の burnout） | 「かなり」+「やや」(「かなり」) | 87.7 (22.4) | 87.8 (49.0) | 79.1 (33.3) | 59.2 (14.3 |
| | | 「あまり」+「まったく」(「まったく」) | 12.2 (2.0) | 12.2 (0.0) | 20.9 (2.1) | 40.8 (14.3 |

## 革施策取組み状況

(%)　数値は小数第２位以下を四捨五入。

| (5) 保護者・地域住民の学校参加 | (6) 人事評価と連動した教員評価 | (7) 学校組織体制の「ピラミッド」化 | (8)「不適格教員」認定の厳格化 | (9) 学力向上策 | (10) 道徳教育の推進 | (11) いじめ防止対策 | (12)「土曜日授業」 |
|---|---|---|---|---|---|---|---|
| 86.5 (24.7) | 39.8 (4.6) | 47.7 (7.1) | 16.7 (1.2) | 90.7 (39.5) | 86.7 (25.4) | 90.0 (30.9) | 17.6 (7.6) |
| 13.4 (0.9) | 60.1 (20.4) | 52.3 (11.1) | 83.3 (30.7) | 9.3 (0.7) | 13.3 (0.7) | 10.0 (0.5) | 82.4 (71.7) |
| 88.0 (25.6) | 41.4 (4.8) | 49.4 (6.9) | 15.5 (0.7) | 93.5 (46.0) | 86.2 (24.2) | 90.3 (32.1) | 17.9 (8.1) |
| 12.0 (0.9) | 58.6 (19.8) | 50.6 (11.0) | 84.4 (31.2) | 6.5 (0.7) | 13.8 (0.6) | 9.8 (0.5) | 82.2 (71.3) |
| 83.8 (23.0) | 37.1 (4.8) | 45.1 (7.8) | 19.3 (2.3) | 85.3 (26.6) | 87.9 (27.8) | 89.5 (28.8) | 17.1 (6.4) |
| 16.3 (1.0) | 62.8 (21.7) | 55.0 (11.0) | 80.8 (29.8) | 14.7 (0.7) | 12.2 (1.2) | 10.5 (0.5) | 82.9 (72.4) |
| 85.5 (22.9) | 36.9 (4.6) | 47.5 (6.8) | 19.7 (2.0) | 90.8 (36.6) | 86.9 (23.7) | 88.3 (28.7) | 17.7 (7.0) |
| 14.5 (0.8) | 63.1 (24.6) | 52.5 (11.8) | 80.3 (29.5) | 9.2 (0.6) | 13.1 (1.2) | 11.7 (0.6) | 82.3 (70.6) |
| 87.6 (26.1) | 42.0 (4.6) | 48.0 (7.4) | 14.7 (0.7) | 90.7 (41.5) | 86.4 (26.4) | 91.3 (32.5) | 17.5 (7.9) |
| 12.3 (1.0) | 58.0 (17.5) | 52.0 (10.5) | 85.3 (31.7) | 9.3 (0.8) | 13.6 (0.4) | 8.8 (0.4) | 82.4 (72.4) |
| 86.6 (29.9) | 39.1 (8.7) | 46.9 (8.1) | 19.4 (2.5) | 93.9 (44.2) | 90.3 (28.5) | 93.4 (38.2) | 19.5 (7.9) |
| 13.4 (0.6) | 60.9 (31.7) | 53.1 (10.6) | 80.6 (27.5) | 6.0 (1.8) | 9.7 (0.6) | 6.7 (0.0) | 80.5 (66.5) |
| 86.7 (23.9) | 38.3 (3.1) | 46.8 (5.8) | 13.9 (0.7) | 90.3 (38.7) | 85.9 (23.6) | 89.1 (28.3) | 16.4 (7.1) |
| 13.3 (1.1) | 61.7 (18.9) | 53.2 (11.4) | 86.1 (32.6) | 9.7 (0.3) | 14.2 (0.8) | 10.9 (0.5) | 83.6 (73.6) |
| 91.5 (27.7) | 44.4 (13.3) | 40.0 (8.9) | 21.7 (0.0) | 91.3 (41.3) | 89.4 (29.8) | 95.7 (31.9) | 18.8 (6.3) |
| 8.5 (2.1) | 55.6 (28.9) | 60.0 (13.3) | 78.3 (41.3) | 8.7 (2.2) | 10.6 (2.1) | 4.3 (0.0) | 81.3 (64.6) |
| 87.4 (26.0) | 52.5 (6.7) | 61.9 (15.3) | 34.2 (4.3) | 92.2 (40.3) | 87.5 (32.0) | 90.6 (38.6) | 24.0 (11.6) |
| 12.6 (0.0) | 47.5 (11.7) | 38.1 (5.9) | 65.8 (17.9) | 7.8 (0.8) | 12.5 (0.0) | 9.5 (0.8) | 76.0 (66.7) |
| 55.6 (0.0) | 37.5 (12.5) | 37.5 (12.5) | 14.3 (0.0) | 55.5 (33.3) | 77.8 (11.1) | 77.8 (11.1) | 11.1 (0.0) |
| 44.4 (0.0) | 62.5 (0.0) | 62.5 (0.0) | 85.7 (28.6) | 44.4 (11.1) | 22.2 (0.0) | 22.2 (0.0) | 88.9 (55.6) |
| 86.2 (25.8) | 43.1 (4.5) | 52.2 (7.4) | 21.6 (1.5) | 89.0 (37.9) | 83.6 (27.9) | 90.4 (35.6) | 21.7 (12.9) |
| 13.8 (0.0) | 56.9 (15.3) | 47.8 (5.9) | 78.5 (26.5) | 10.9 (0.9) | 16.4 (1.8) | 9.6 (0.0) | 78.3 (70.0) |
| 88.4 (19.2) | 39.7 (2.1) | 50.7 (7.1) | 19.1 (0.8) | 90.4 (34.8) | 84.9 (25.8) | 88.8 (28.0) | 26.5 (11.5) |
| 11.6 (0.8) | 60.4 (17.4) | 49.4 (11.2) | 80.9 (27.4) | 9.6 (0.0) | 15.1 (1.2) | 11.2 (0.8) | 73.5 (63.6) |
| 85.6 (26.0) | 37.3 (5.0) | 46.6 (5.7) | 10.7 (1.4) | 91.1 (44.0) | 89.0 (24.6) | 89.0 (30.7) | 14.6 (6.1) |
| 14.4 (1.4) | 62.8 (24.5) | 53.4 (13.5) | 89.2 (33.3) | 8.8 (1.0) | 11.0 (0.3) | 11.0 (1.0) | 85.4 (76.5) |
| 87.1 (26.2) | 38.7 (5.1) | 43.6 (6.9) | 15.3 (0.9) | 92.4 (39.1) | 87.6 (24.0) | 90.7 (29.6) | 11.3 (3.0) |
| 12.9 (1.1) | 61.3 (22.1) | 56.5 (11.8) | 84.7 (33.1) | 7.6 (0.4) | 12.4 (0.2) | 9.3 (0.2) | 88.7 (76.2) |
| 76.2 (14.3) | 60.0 (15.0) | 52.4 (23.8) | 38.1 (9.5) | 85.7 (33.3) | 90.5 (23.8) | 90.5 (23.8) | 42.8 (23.8) |
| 23.8 (0.0) | 40.0 (15.0) | 47.6 (14.3) | 61.9 (28.6) | 14.3 (4.8) | 9.5 (0.0) | 9.5 (0.0) | 57.2 (42.9) |
| 87.1 (25.0) | 42.5 (5.2) | 49.4 (8.1) | 16.6 (1.3) | 91.5 (40.2) | 88.1 (27.6) | 91.9 (34.8) | 16.9 (6.5) |
| 12.8 (0.8) | 57.6 (20.8) | 50.5 (10.4) | 83.3 (29.7) | 8.5 (1.0) | 12.0 (0.7) | 8.1 (0.3) | 83.1 (72.5) |
| 86.6 (23.4) | 35.2 (2.8) | 41.3 (5.3) | 15.4 (0.9) | 89.4 (37.1) | 85.1 (19.7) | 89.0 (23.6) | 18.0 (8.3) |
| 13.4 (0.5) | 64.8 (19.0) | 58.7 (11.8) | 84.6 (28.1) | 10.7 (0.3) | 14.9 (0.5) | 11.0 (0.3) | 82.0 (70.2) |
| 84.5 (24.3) | 42.4 (4.0) | 57.1 (6.1) | 21.2 (2.0) | 92.1 (44.1) | 84.1 (28.7) | 88.1 (31.7) | 24.0 (11.5) |
| 15.5 (1.9) | 57.6 (17.2) | 42.8 (12.2) | 78.8 (38.4) | 7.9 (1.0) | 15.8 (0.0) | 11.9 (1.0) | 75.9 (66.3) |
| 87.8 (32.7) | 39.6 (10.4) | 55.4 (12.8) | 20.9 (2.1) | 91.7 (37.5) | 89.8 (34.7) | 85.7 (31.7) | 18.4 (10.2) |
| 12.2 (0.0) | 60.4 (27.1) | 44.7 (12.8) | 79.2 (37.5) | 8.3 (0.0) | 10.2 (2.0) | 14.3 (4.1) | 81.6 (69.4) |

の『ピラミッド』化」（肯定47.7%、否定52.3%）である。

### (3) 属性ごとにみた改革施策取組み状況

属性ごとの回答結果はどうなっているだろうか。

1）学校種（小学校・中学校）

小・中学校別にみても、学校全体の傾向と基本的には同じ回答傾向となっている。ただし、全体では肯定・否定の回答が割れていた「(4) 保護者による学校選択」（肯定52.2%、否定47.9%）について、小学校では肯定48.4%、否定51.7%とわずかながら比率が逆転し、中学校では肯定60.4%、否定39.6%と、肯定的な回答の割合がより大きくなっている。

性別については、およそ全体と同じ傾向である。

2）職務別

職務別にみると、管理職が、教諭（正規採用）、養護教諭、非正規講師に比べて肯定的な回答の割合が小さい項目がある。つまり、「(4) 保護者による学校選択」について、全体の割合（肯定52.2%、否定47.8%）に対して管理職は肯定41.4%、否定58.6%であり、他の教員層に比べて取組みが進んでいないと回答している。また、「(3) 第三者による学校評価」についても全体で肯定80.2%に対して、管理職は肯定73.0%と、やや肯定的な回答の割合が小さい。

また、養護教諭が他の教員層よりも取組みが進んでいると回答している項目がある。「(3) 第三者による学校評価」について、養護教諭は肯定89.4%（全体80.2%）である。また、「(5) 保護者・地域住民の学校参加」についても養護教諭は肯定91.5%（全体86.5%）と他の教員層よりやや肯定的回答の割合が高い。

さらに、非正規講師が全体に比べて進んでいると回答した割合の大きい項目がある。非正規講師の肯定的回答割合は、「(4) 保護者による学校選択」75.2%（全体52.2%）、「(6) 人事評価と連動した教員評価」52.5%（全体39.8%）、「(7) 学校組織体制の『ピラミッド』化」61.9%（全体47.7%）、「(8)『不適格教員』認定の厳格化」34.2%（全体16.7%）、「(12) 土曜日授業」24.0%（全体17.6%）である。

3）年齢別

「(8)『不適格教員』認定の厳格化」の進行については、肯定的回答が全体の16.7%に対して60代（60代非定年者を除く）が38.1%と大きく上回り、20代で

21.6%、30代で19.1%とやや高い。これに対して40代では10.7%とやや低く、50代は大体同じ割合（15.3%）である。

これと同様の傾向は、「(4) 保護者による学校選択」についてもみられる。学校選択の進行について肯定的回答が全体52.2%に対して、60代が76.2%、20代68.3%、30代58.5%と高いのに対して、40代47.0%、50代42.5%とやや低い。

また、「(6) 人事評価と連動した教員評価」については、肯定的回答が全体39.8%に対して、60代が60.0%とかなり高い割合を示している。

#### 4）バーンアウト段階別

全体と比べ、バーンアウト（4点台）、急性のバーンアウト（5点台）層が進行していると回答した割合の高い項目がある。「(4) 保護者による学校選択」の進行について肯定的回答の割合は全体52.2%に対して、4点台が62.1%、5点台が59.2%である。また、「(7) 学校組織体制の『ピラミッド』化」については、肯定的回答が全体47.7%に対して、4点台が57.1%、5点台が55.4%である。さらに、「(8)『不適格教員』認定の厳格化」については、肯定的回答が全体16.7%に対して、4点台21.2%、5点台20.9%とやや高い割合である。

### (4) 全国の改革推進状況に関する3因子

次に、教育改革施策の取組み状況に関して、項目間の関連をみるために、Q11の各項目について因子分析を行った。12の項目のうちいずれかが無回答であるケースを除外した1158件を対象とした。因子抽出法は最尤法を用い、回転法はバリマックス法（直交回転）を用いた（5回の反復で回転が収束）。

因子分析の結果、3つの因子が抽出された。**表9.4**はその結果を示したものである。第1因子は、「(6) 人事評価と連動した教員評価」（因子負荷量0.671）、「(7) 学校組織体制の『ピラミッド』化」（0.621）、「(8)『不適格教員』認定の厳格化」（0.662）、「(4) 保護者による学校選択」（0.517）、「(12) 土曜日授業」（0.425）の5変数で構成されている。いずれも0.4～0.7の範囲にあり、中程度の相関がみられる。

この因子は主として、学校組織体制においてより序列をもった組織づくりをすること、教員に対する人事面での処遇の仕組みをより体系化・明確化することに関わっている。そこで、これを「①『上からの学校組織改革』因子」（第1

表 9.4　改革推進状況に関する因子パターン行列

| パターン行列 | 第1因子＝①「上からの学校組織改革」因子 | 第2因子＝②「日常化した取組み」因子 | 第3因子＝③「関係者等の学校寄与」因子 |
|---|---|---|---|
| (6) 人事評価と連動した教員評価 | 0.671 | 0.122 | 0.052 |
| (8)「不適格教員」認定の厳格化 | 0.662 | -0.184 | 0.256 |
| (7) 学校組織体制の「ピラミッド」化 | 0.621 | 0.152 | 0.037 |
| (4) 保護者による学校選択 | 0.517 | 0.090 | -0.158 |
| (12) 土曜日授業 | 0.425 | -0.085 | -0.081 |
| (10) 道徳教育 | 0.054 | 0.736 | -0.075 |
| (11) いじめ防止対策 | 0.093 | 0.666 | -0.024 |
| (9) 学力向上策 | -0.070 | 0.512 | 0.071 |
| (1) 言語活動・活用力 | -0.118 | 0.408 | 0.132 |
| (3) 第三者による学校評価 | 0.006 | -0.084 | 0.684 |
| (2) 子ども・保護者による学校評価・教員評価 | -0.097 | 0.098 | 0.670 |
| (5) 保護者・地域住民の学校参加 | 0.124 | 0.122 | 0.385 |
| 分散説明率 | 28.2% | 16.2% | 9.3% |

因子相関

| | ①「上からの学校組織改革」因子 | ②「日常化した取組み」因子 | ③「関係者等の学校寄与」因子 |
|---|---|---|---|
| ①「上からの学校組織改革」因子 | 1 | 0.049 | 0.086** |
| ②「日常化した取組み」因子 | 0.049 | 1 | 0.168** |
| ③「関係者等の学校寄与」因子 | 0.086** | 0.168** | 1 |

** 相関係数は１％水準で有意

因子）と名付ける。

保護者による学校選択もこの因子に寄与していることから、学校選択制や通学区の柔軟な運用などによる保護者の学校選択は、保護者による学校参加よりも、むしろ「選ばれる」側の学校や教員の評価や処遇の仕組みづくりと連動して進んでいるといえるかもしれない。土曜日授業については解釈をしにくいが、まだ全国的には広がっていない土曜日授業を学校が導入することが、保護者・地域などが学校を選ぶ際の特色の一つとして意識され、学校評価でも意識されているということかもしれない。

第２因子は、「(10) 道徳教育の推進」(0.736)、「(11) いじめ防止対策」(0.666)、「(9) 学力向上策」(0.512)、「(1) 言語活動・活用力」(0.408) の４変数で構成され、やはりいずれも因子負荷量が 0.4 ～ 0.8 と、強いないし中程度の相関がある。

この因子は、全国の学校が授業等で一律に取り組むことを求められている項目と関わっている。すなわち、学習指導要領が示す学力や道徳性の育成と学習活動の推進や、全国学力・学習状況調査など一連の学力テスト対応のほか、いじめ防止対策推進法によって求められているいじめ防止の取組みに関する項目から構成されている。これらの項目は現在各学校の教育計画に必須のものとして位置づけられ、授業等において日常的に取り組まれているだろうから、この因子を「②『日常化した取組み』因子」(第2因子) と呼ぶことにする。

第3因子は、「(3) 第三者による学校評価」(0.684)、「(2) 子ども・保護者による学校評価・教員評価」(0.670)、「(5) 保護者・地域住民の学校参加」(0.385) の3変数から構成され、因子負荷量はおよそ中程度の相関になっている。これは、子ども・保護者・地域住民による学校への関与や評価活動と関わるものであることから、「③『関係者等の学校寄与』因子」(第3因子) と名付ける。

なお、①「上からの学校組織改革」因子と③「関係者等の学校寄与」因子間、および②「日常化した取組み」因子と③「関係者等の学校寄与」因子間には、1%水準で有意な相関がみられる。

因子①と因子③の相関については、「**3**」以降で述べるように、全国データでは①「上からの学校組織改革」因子に寄与している「(4) 保護者による学校選択」が、地域ごとの因子分析結果では③「関係者等の学校寄与」因子に寄与しているところがみられ、主にそのことが要因であると考えられる。

また、因子②と③の相関については、全国データで②「日常化した取組み」因子に寄与している項目が、地域別因子分析結果では「(5) 保護者・地域住民の学校参加」など、全国では③「関係者等の学校寄与」因子に寄与している項目と結びついて同一因子を構成していることが主要因と考えられる。

さて、改革施策取組み状況に因子分析の結果を、(1) にみた、調査対象の小・中学校全体の改革施策項目ごとの取り組み状況と照らしてみる。

②「日常化した取組み」因子に寄与している4項目のそれぞれについて、「かなり取り組んでいる」を4点、「やや取り組んでいる」を3点、「あまり取り組んでいない」を2点、「まったく取り組んでいない」を1点として、第2因子得点 (4～16点の範囲) を求め、その平均をみると12.8点である。いずれの項目についても取組みが進んでいることがわかる。学力向上策については全国学力・学習状況調査実施と対応策が毎年のように求められ、言語活動・活用力、道徳教育の教科化については学習指導要領に示され、いじめ防止対策推進

法に関わる対応についても全国的に求められており、およそ全国どの学校でも、学校教育計画の明確な柱の中に位置づけられ、取組み実施とその評価が行われていると考えられる。

③「関係者等の学校寄与」因子に寄与している3つの項目についても、同じく（第3）因子得点（3～12点の範囲）の平均をみると9.3点であり、やはり取組み状況は良好といえる。2007年に改正された学校教育法のなかで、子ども・保護者や第三者による学校評価が努力義務化され、学校運営のなかに制度化されていることがもちろん大きいだろう。学校評議員制度も各学校で導入されており、この仕組みが定着していることもあるだろう。

②「日常化した取組み」因子と③「関係者等の学校寄与」因子に有意な相関がみられることから、両者はそれぞれに関与する施策が制度化された状況で、各学校において取り組むべき必然性のあることがらのなかに組み込まれているということかもしれない。

①「上からの学校組織改革」因子に寄与している5項目については、（第1）因子得点（5～20点の範囲）の平均が10.5点であり、全体として取り組みがやや進んでいない状況である。特に、「(8)『不適格教員』認定の厳格化」と「(12) 土曜日授業」の2項目で取り組みが進んでいない。そして、「(4) 保護者による学校選択」、「(6) 人事評価と連動した教員評価」、「(7) 学校組織体制の『ピラミッド』化」の3項目については、「かなり＋やや取り組んでいる」という回答と、「あまり＋まったく取り組んでいない」という回答が割れている傾向にある。

学校組織体制のヒエラルキー化や教員処遇の仕組みの体系化・明確化の動きと、「関係者等の学校寄与」の動きは、基本的には前者がやや鈍く、後者が進んでいると考えられる。

ところで、①「上からの学校組織改革」因子と③「関係者等の学校寄与」因子間には有意な相関がみられた。「上からの学校組織改革」が「関係者等の学校寄与」とセットで進行しているとも考えられる。ただし、後述のように、地域によっては「上からの学校組織改革」の方がやや突出しているケースや、「関係者等の学校寄与」がこれを一定程度抑制しているようにみえるケースもある。

最後に、回答者の属性ごとに、教育改革施策の取組みに関する3因子の平均

表 9.5　改革施策取組み状況 3 因子の平均得点比較

| 属性他 | 各区分 | 第 1（上からの学校組織改革）因子 | 第 2（日常化した取組み）因子 | 第 3（関係者等の学校寄与）因子 |
|---|---|---|---|---|
| | 全体 | 10.5 | 12.8 | 9.3 |
| 小中 | 小学校 | 10.5 | 13.0 | 9.4 |
| | 中学校 | 10.7 | 12.5 | 9.2 |
| 性別 | 男性 | 10.5 | 12.7 | 9.3 |
| | 女性 | 10.6 | 12.9 | 9.4 |
| 職務別 | 管理職 | 10.4 | 13.1 | 9.4 |
| | 教諭 | 10.4 | 12.7 | 9.3 |
| | 養護教諭 | 10.9 | 13.1 | 9.6 |
| | 非正規講師 | 11.9 | 12.9 | 9.3 |
| | その他 | 10.8 | 12.2 | 8.7 |
| 年齢 | 20 代 | 11.3 | 12.6 | 9.0 |
| | 30 代 | 10.9 | 12.6 | 9.3 |
| | 40 代 | 10.2 | 12.9 | 9.5 |
| | 50 代 | 10.1 | 12.9 | 9.3 |
| | 60 代（除く 60 代非定年者） | 12.3 | 12.5 | 9.0 |
| バーンアウト段階別 | 3 点未満（良好） | 10.6 | 13.0 | 9.4 |
| | 3 点台（burnout の危険域） | 10.4 | 12.5 | 9.2 |
| | 4 点台（バーンアウト） | 10.9 | 12.8 | 9.3 |
| | 5 点台（急性の burnout） | 10.8 | 12.8 | 9.8 |

全体の平均点との差の絶対値が 0.5 以上のものに薄いグレーの網掛け、0.1 以上のものに濃いグレーの網掛け

得点を比較した。**表 9.5** はその結果を示したものである。

一連の学校組織改革は、職務別では「非正規講師」にとって、より進行していると感じられているようだ。また、年齢別では 20 代および 60 代で、上からの学校組織改革がより進行していると感じられているようだ。

講師や新規採用から間もない教員層に、そして、再雇用で勤務する教員層にとって、学校組織体制における序列化、教員に対する人事面での処遇の仕組みをより体系化・明確化の動きは、雇用の継続と職務の安定性を脅かすものと感じられているかもしれない。

授業等の取組みについては、「その他」教員層でやや進んでいると感じられているが、全体としてはほとんど差がみられない。

関係者等の学校寄与に関しては、「その他」教員層であまり進んでいないと感じられている。また、急性のバーンアウト層で、関係者の学校関与が進んでいると感じられている。この層では、保護者等による学校評価や、学校参加の

取組みの進行がストレス要因になっていることも考えられる。

## 2. 10地域における改革施策への取組み傾向

2014年調査対象10地域ごとの、教育改革施策に対する取組み状況はどのようになっているだろうか。

### (1) 各改革施策への取組み状況（Q11）関連項目の回答結果より

**表9.6** は、Q11の12項目に対する全国および10地域ごとの回答結果を示したものである。

概観すると、まず「(1) 言語活動・活用力」、「(2) 子ども・保護者による学校評価・教員評価」、「(3) 第三者による学校評価」、「(5) 保護者・地域住民の学校参加」、「(9) 学力向上策」、「(10) 道徳教育の推進」、「(11) いじめ防止対策」の7項目については、全体の場合と同様に、どの地域でも取組みが進んでいる。

「(6) 人事評価と連動した教員評価」、「(8)『不適格教員』認定の厳格化」、「(12) 土曜日授業」の3項目については、多くの地域で全国と同様に、取組みがあまり進んでいない。ただし、(6) については、地域4、地域5、地域8で「かなり取り組んでいる」+「やや取り組んでいる」の割合がそれぞれ69.5%、56.9%、75.7%と、肯定的な回答の割合が他の地域と異なり、高くなっている。同様に、(8) については「かなり」+「やや」の肯定的回答割合が地域1で76.3%、地域2で75.3%、(12) については、地域5で67.3%、地域8で58.4%と、他地域よりも高くなっている。

全国で、肯定・否定の回答が割れていた「(4) 保護者による学校選択」（肯定52.2%、否定47.8%）、「(7) 学校組織体制の『ピラミッド』化」（肯定47.7%、否定52.3%）については、どうだろうか。

(4) については、地域1、地域3、地域5、地域8で肯定的回答が優勢であるいっぽう、地域9、地域10でかなり、地域4、地域7でやや否定的回答が優勢であり、地域2、地域6では両者の割合はおよそ拮抗している。

(7) については、地域5、地域8でかなり、地域2、地域4でやや肯定的回答が優勢であるいっぽう、地域1、地域6、地域9でかなり否定的回答が優勢

## 表 9.6　改革施策取組みの全国および調査各地域の進行状況（Q 11 の回答結果）

（%）

| 全体（小中学校） | | | 地域 1 | 地域 2 | 地域 3 | 地域 4 | 地域 5 | 地域 6 | 地区 7 | 地域 8 | 地域 9 | 地域 10 | 全国 |
|---|---|---|---|---|---|---|---|---|---|---|---|---|---|
| Q 11 勤務校で取り組んでいること | (1) 言語活動・活用力 | 1　かなり取り組んでいる | 12.4 | 32.3 | 34.1 | 45.0 | 16.2 | 34.5 | 25.9 | 27.8 | 23.5 | 52.0 | 32.1 |
| | | 2　やや取り組んでいる | 61.5 | 59.1 | 61.0 | 52.3 | 71.2 | 60.5 | 62.0 | 53.2 | 61.4 | 42.1 | 57.0 |
| | | 3　あまり取り組んでいない | 23.6 | 8.6 | 4.9 | 2.7 | 12.6 | 3.4 | 12.0 | 16.5 | 15.2 | 5.2 | 10.2 |
| | | 4　まったく取り組んでいない | 2.5 | 0.0 | 0.0 | 0.0 | 0.0 | 1.7 | 0.0 | 2.5 | 0.0 | 0.4 | 0.7 |
| | | 有効回答数 | 161 | 93 | 123 | 111 | 113 | 119 | 109 | 79 | 132 | 251 | 1288 |
| | (2) 子ども・保護者による学校評価・教員評価 | 1　かなり取り組んでいる | 16.0 | 41.9 | 30.8 | 26.4 | 23.9 | 42.5 | 31.5 | 56.4 | 24.2 | 59.2 | 36.3 |
| | | 2　やや取り組んでいる | 73.5 | 52.7 | 59.2 | 60.9 | 61.9 | 50.8 | 64.8 | 41.0 | 82.6 | 36.4 | 55.0 |
| | | 3　あまり取り組んでいない | 9.9 | 4.3 | 10.0 | 11.8 | 13.3 | 5.8 | 3.7 | 2.6 | 15.9 | 4.0 | 8.1 |
| | | 4　まったく取り組んでいない | 0.6 | 1.1 | 0.0 | 0.9 | 0.9 | 0.8 | 0.0 | 0.0 | 1.5 | 0.4 | 0.6 |
| | | 有効回答数 | 162 | 93 | 120 | 110 | 113 | 120 | 108 | 78 | 132 | 250 | 1286 |
| | (3) 第三者による学校評価 | 1　かなり取り組んでいる | 9.5 | 29.0 | 18.8 | 13.0 | 19.5 | 30.3 | 28.7 | 39.0 | 16.8 | 27.3 | 22.5 |
| | | 2　やや取り組んでいる | 61.4 | 50.5 | 58.1 | 67.6 | 59.3 | 54.6 | 61.1 | 55.8 | 57.3 | 53.5 | 57.7 |
| | | 3　あまり取り組んでいない | 24.7 | 14.0 | 21.4 | 15.7 | 19.5 | 12.6 | 9.3 | 5.2 | 22.9 | 13.9 | 16.5 |
| | | 4　まったく取り組んでいない | 4.4 | 6.5 | 1.7 | 3.7 | 1.8 | 2.5 | 0.9 | 0.0 | 3.1 | 5.3 | 3.3 |
| | | 有効回答数 | 158 | 93 | 117 | 111 | 113 | 119 | 108 | 77 | 131 | 245 | 1269 |
| | (4) 保護者による学校選択 | 1　かなり取り組んでいる | 16.5 | 5.6 | 17.5 | 5.7 | 33.3 | 9.3 | 5.7 | 29.9 | 1.6 | 9.1 | 12.7 |
| | | 2　やや取り組んでいる | 60.1 | 41.1 | 49.1 | 38.1 | 55.0 | 39.0 | 38.1 | 57.1 | 17.2 | 21.4 | 39.5 |
| | | 3　あまり取り組んでいない | 20.9 | 36.7 | 27.2 | 34.3 | 11.7 | 38.1 | 33.3 | 10.4 | 41.4 | 37.4 | 30.3 |
| | | 4　まったく取り組んでいない | 2.5 | 16.7 | 6.1 | 21.9 | 0.0 | 13.6 | 22.9 | 2.6 | 39.8 | 32.1 | 17.6 |
| | | 有効回答数 | 158 | 90 | 114 | 105 | 111 | 118 | 105 | 77 | 128 | 243 | 1249 |
| | (5) 保護者・地域住民の学校参加 | 1　かなり取り組んでいる | 13.7 | 35.9 | 25.0 | 27.3 | 31.9 | 15.1 | 24.3 | 32.9 | 27.3 | 24.2 | 24.7 |
| | | 2　やや取り組んでいる | 71.4 | 57.6 | 55.8 | 63.6 | 61.1 | 65.5 | 70.1 | 58.2 | 52.3 | 60.5 | 61.8 |
| | | 3　あまり取り組んでいない | 13.0 | 6.5 | 18.3 | 9.1 | 7.1 | 16.8 | 5.6 | 7.6 | 19.7 | 14.1 | 12.5 |
| | | 4　まったく取り組んでいない | 1.9 | 0.0 | 0.8 | 0.0 | 0.0 | 2.5 | 0.0 | 1.3 | 0.8 | 1.2 | 0.9 |
| | | 有効回答数 | 161 | 92 | 120 | 110 | 113 | 119 | 107 | 79 | 132 | 248 | 1281 |
| | (6) 人事評価と連動した教員評価 | 1　かなり取り組んでいる | 1.3 | 5.5 | 6.2 | 10.2 | 9.2 | 1.7 | 3.9 | 9.5 | 0.8 | 3.0 | 4.6 |
| | | 2　やや取り組んでいる | 25.8 | 30.8 | 31.0 | 59.3 | 47.7 | 27.8 | 41.2 | 66.2 | 19.8 | 27.8 | 35.2 |
| | | 3　あまり取り組んでいない | 53.6 | 44.0 | 38.1 | 25.9 | 35.8 | 42.6 | 45.1 | 17.6 | 46.8 | 37.6 | 39.7 |
| | | 4　まったく取り組んでいない | 19.2 | 19.8 | 24.8 | 4.6 | 7.3 | 27.8 | 9.8 | 6.8 | 32.5 | 31.6 | 20.4 |
| | | 有効回答数 | 151 | 91 | 113 | 108 | 109 | 115 | 102 | 74 | 126 | 234 | 1223 |
| | (7) 学校組織体制の「ピラミッド」化 | 1　かなり取り組んでいる | 1.3 | 7.7 | 14.3 | 4.9 | 14.3 | 2.6 | 2.9 | 9.3 | 1.6 | 11.4 | 7.1 |
| | | 2　やや取り組んでいる | 32.2 | 46.2 | 37.5 | 53.4 | 54.3 | 32.8 | 40.2 | 65.3 | 18.1 | 41.8 | 40.6 |
| | | 3　あまり取り組んでいない | 57.2 | 38.5 | 38.4 | 28.2 | 29.5 | 44.8 | 49.0 | 21.3 | 60.6 | 35.0 | 41.2 |
| | | 4　まったく取り組んでいない | 9.2 | 7.7 | 9.8 | 13.6 | 1.9 | 19.8 | 7.8 | 4.0 | 19.7 | 11.8 | 11.1 |
| | | 有効回答数 | 152 | 91 | 112 | 103 | 105 | 116 | 102 | 75 | 127 | 237 | 1220 |
| | (8)「不適格教員」認定の厳格化 | 1　かなり取り組んでいる | 15.1 | 19.1 | 1.8 | 2.9 | 4.7 | 1.7 | 0.0 | 1.4 | 0.0 | 0.9 | 1.2 |
| | | 2　やや取り組んでいる | 61.2 | 56.2 | 19.8 | 18.3 | 29.2 | 10.3 | 13.0 | 24.7 | 3.1 | 12.1 | 15.5 |
| | | 3　あまり取り組んでいない | 23.7 | 24.7 | 47.7 | 51.0 | 50.0 | 53.4 | 60.0 | 58.9 | 44.5 | 48.5 | 52.6 |
| | | 4　まったく取り組んでいない | 0.0 | 0.0 | 30.6 | 27.9 | 16.0 | 34.5 | 27.0 | 15.1 | 52.3 | 38.5 | 30.7 |
| | | 有効回答数 | 152 | 89 | 111 | 104 | 106 | 116 | 100 | 73 | 128 | 231 | 1210 |
| | (9) 学力向上策 | 1　かなり取り組んでいる | 6.9 | 40.9 | 54.5 | 51.4 | 47.3 | 31.9 | 24.1 | 20.3 | 28.0 | 66.0 | 39.5 |
| | | 2　やや取り組んでいる | 61.6 | 52.7 | 38.8 | 46.8 | 47.3 | 57.1 | 70.4 | 72.2 | 62.9 | 30.0 | 51.2 |
| | | 3　あまり取り組んでいない | 29.6 | 6.5 | 6.6 | 0.9 | 4.5 | 10.9 | 5.6 | 5.1 | 9.1 | 3.2 | 8.6 |
| | | 4　まったく取り組んでいない | 1.9 | 0.0 | 0.0 | 0.9 | 0.9 | 0.0 | 0.0 | 2.5 | 0.0 | 0.8 | 0.7 |
| | | 有効回答数 | 159 | 93 | 121 | 111 | 112 | 119 | 108 | 79 | 132 | 250 | 1284 |
| | (10) 道徳教育の推進 | 1　かなり取り組んでいる | 23.5 | 19.4 | 18.7 | 19.3 | 19.8 | 26.1 | 18.5 | 30.4 | 22.7 | 39.8 | 25.4 |
| | | 2　やや取り組んでいる | 67.3 | 72.0 | 64.2 | 69.7 | 61.3 | 60.5 | 55.6 | 65.8 | 59.8 | 50.6 | 61.3 |
| | | 3　あまり取り組んでいない | 8.0 | 8.6 | 17.1 | 11.0 | 18.0 | 12.6 | 25.0 | 2.5 | 16.7 | 8.8 | 12.6 |
| | | 4　まったく取り組んでいない | 1.2 | 0.0 | 0.0 | 0.0 | 0.9 | 0.8 | 0.9 | 1.3 | 0.8 | 0.8 | 0.7 |
| | | 有効回答数 | 162 | 93 | 123 | 109 | 111 | 119 | 108 | 79 | 132 | 249 | 1285 |
| | (11) いじめ防止対策 | 1　かなり取り組んでいる | 23.5 | 31.2 | 25.6 | 28.4 | 45.9 | 41.0 | 26.9 | 30.8 | 23.7 | 33.6 | 30.9 |
| | | 2　やや取り組んでいる | 67.9 | 63.4 | 62.0 | 60.6 | 44.1 | 51.3 | 63.0 | 62.8 | 60.3 | 56.4 | 59.1 |
| | | 3　あまり取り組んでいない | 8.6 | 5.4 | 12.4 | 10.1 | 9.9 | 6.0 | 10.2 | 5.1 | 16.0 | 9.2 | 9.5 |
| | | 4　まったく取り組んでいない | 0.0 | 0.0 | 0.0 | 0.9 | 0.0 | 1.7 | 0.0 | 1.3 | 0.0 | 0.8 | 0.5 |
| | | 有効回答数 | 162 | 93 | 121 | 109 | 111 | 117 | 108 | 78 | 131 | 250 | 1280 |
| | (12) 土曜日授業 | 1　かなり取り組んでいる | 0.6 | 0.0 | 0.8 | 0.9 | 0.0 | 0.0 | 0.0 | 7.8 | 0.8 | 4.4 | 7.6 |
| | | 2　やや取り組んでいる | 5.6 | 2.2 | 2.4 | 7.3 | 67.3 | 5.9 | 4.7 | 50.6 | 6.1 | 5.6 | 10.0 |
| | | 3　あまり取り組んでいない | 10.5 | 14.0 | 4.9 | 10.0 | 30.1 | 9.2 | 15.0 | 35.1 | 9.1 | 8.9 | 10.7 |
| | | 4　まったく取り組んでいない | 83.3 | 83.9 | 91.9 | 81.8 | 2.7 | 84.9 | 80.4 | 6.5 | 84.1 | 81.0 | 71.7 |
| | | 有効回答数 | 162 | 93 | 123 | 110 | 113 | 119 | 107 | 77 | 132 | 248 | 1284 |
| | | 回答総数 | 165 | 93 | 125 | 111 | 113 | 122 | 109 | 81 | 134 | 252 | 1305 |

※数値は小数第 2 位以下を四捨五入。

表 9.7　改革施策取組みの全国および調査各地域の進行状況

| 因子 | 教育改革施策項目 | 全国 | 地域1 | 地域2 | 地域3 | 地域4 | 地域5 | 地域6 | 地域7 | 地域8 | 地域9 | 地域10 |
|---|---|---|---|---|---|---|---|---|---|---|---|---|
| ①「上からの学校組織改革」因子 | (8)「不適格教員」認定の厳格化 | 1.88 | 1.92 | 1.93 | 1.96 | 1.96 | 2.25 | 1.79 | 1.86 | 2.13 | 1.51 | 1.77 |
| | (6) 人事評価と連動した教員評価 | 2.24 | 2.10 | 2.20 | 2.24 | **2.74** | 2.61 | 2.03 | 2.40 | **2.79** | 1.90 | 2.04 |
| | (7) 学校組織体制の「ピラミッド」化 | 2.43 | 2.25 | 2.53 | 2.54 | 2.49 | 2.81 | 2.16 | 2.39 | 2.76 | **2.02** | 2.52 |
| | (4) 保護者による学校選択 | 2.46 | **2.90** | 2.31 | 2.79 | 2.27 | **3.23** | 2.43 | 2.28 | **3.09** | **1.80** | 2.08 |
| | (12) 土曜日授業 | 1.54 | 1.24 | **1.14** | **1.12** | 1.30 | **3.65** | 1.20 | 1.26 | **2.59** | 1.25 | 1.34 |
| ②「日常化した取組み」因子 | (10) 道徳教育 | 3.10 | 3.14 | 3.11 | 3.01 | 3.07 | 3.02 | 3.12 | 2.91 | 3.20 | 3.02 | 3.27 |
| | (11) いじめ防止対策 | 3.20 | 3.14 | 3.25 | 3.13 | 3.15 | 3.37 | 3.32 | 3.16 | 3.20 | 3.05 | 3.22 |
| | (9) 学力向上策 | 3.30 | **2.74** | 3.31 | 3.48 | 3.49 | 3.40 | 3.23 | 3.18 | 3.13 | 3.20 | 3.61 |
| | (1) 言語活動・活用力 | 3.21 | 2.86 | 3.24 | 3.27 | 3.39 | 3.06 | 3.27 | 3.16 | 3.10 | 3.07 | 3.47 |
| ③「関係者等の学校寄与」因子 | (3) 第三者による学校評価 | 2.99 | 2.77 | 2.99 | 2.93 | 2.88 | 2.95 | 3.10 | 3.17 | 3.31 | 2.86 | 3.03 |
| | (2) 子ども・保護者による学校・教員評価 | 3.26 | 3.06 | 3.33 | 3.21 | 3.12 | 3.09 | 3.34 | 3.28 | 3.51 | 3.04 | 3.52 |
| | (5) 保護者・地域住民の学校参加 | 3.09 | 2.97 | 3.28 | 3.02 | 3.15 | 3.25 | 2.93 | 3.18 | 3.23 | 3.03 | 3.06 |

濃グレー白抜き太字セルは全体平均点との差が＋0.4 以上、濃グレー白抜きセルは＋0.2 以上、薄グレー黒字は－0.2 以下、薄グレー黒太字は－0.4 以下

であり、地域 3、地域 7、地域 10 では両者の割合はおよそ拮抗している。

### (2) 地域ごとの各施策項目の推進状況

次に、改革施策の各項目の取組み状況について全国の平均値と、地域ごとの平均値を比較してみる。全国および 10 の地域それぞれについて、12 の施策項目の平均値を表 9.7 に掲げてある。各項目の回答の平均値は、4 に近いほど、その項目についての取組みが進んでいることを意味する。逆に 1 に近いほど、取組みは進んでいないことになる。

便宜上、全国の平均得点を基準とし、差が＋0.4 点以上を濃グレー白抜き太字、＋0.2 点以上を濃グレー白抜き、－0.2 点以下を薄グレー黒字、－0.4 点以下を薄グレー黒太字で表示している。

なお、平均点の差が＋0.4 点以上の場合、その項目についての取組みは全体と比較して「かなり」進んでいる、＋0.2 点以上の場合は「やや」進んでいるとする。逆に、平均点の差が－0.4 点以下の場合は「かなり」、－0.2 点以下は「やや」取組みが遅れているとする。

### 1）全国的にも、各地域でも取組みが進んでいる「日常化した取組み」項目

**表 9.7** をみると、全国データで②「日常化した取組み」因子を構成している「(1) 言語活動・活用力」、「(9) 学力向上策」、「(10) 道徳教育」、「(11) いじめ防止対策」の 4 項目が全国的にも、また、どの地域でも取組みが進んでいる。

前述したように、これらの項目はおよそどの地域でも、学校教育計画の明確な柱の中に位置づけられ、取組み実施とその評価が行われていると言えるだろう。

地域 10 では、「(9) 学力向上策」（全体平均値＋0.31 点、以下同様）、「(1) 言語活動・活用力」（＋0.26 点）でやや、「(10) 道徳教育」（＋0.17 点）、「(11) いじめ防止対策」（＋0.02 点）でもわずかにと、すべての項目で全体平均を下回っており、「日常化した取組み」全般がより進んでいることがわかる。

いっぽう、地域 1 では「(10) 道徳教育」（＋0.03）、「(11) いじめ防止対策」（－0.06）が全国平均とほぼ同じながら、「(9) 学力向上策」（－0.56）、「(1) 言語活動・活用力」（－0.35）と、全国に比べてかなり遅れている。

### 2）学校関係者による学校寄与の状況

全国データで③「関係者等の学校寄与」因子を構成している「(2) 子ども・保護者による学校評価・教員評価」、「(3) 第三者による学校評価」、「(5) 保護者・地域住民の学校参加」の 3 項目についても、全国的にも、また、どの地域でも取組みが進んでいる。

ただし、地域 8、地域 7 においては取組みがやや進み、地域 1、地域 5 ではやや遅れており、地域差もわずかながら見出すことができる。

**表 9.7** に戻り、全国平均値との差を比べると、地域 8 は「(3) 第三者による学校評価」（＋0.32 点）、「(2) 子ども・保護者による学校評価・教員評価」（＋0.25 点）でやや、「(5) 保護者・地域住民の学校参加」（＋0.14 点）でもわずかにと、3 項目すべてで全体平均を上回っており、「関係者等の学校寄与」項目全般における取組みがより進んでいる。地域 10 では、「(2) 子ども・保護者による学校評価・教員評価」（＋0.26 点）が全体平均をやや上回り、「(3) 第三者による学校評価」（＋0.04 点）、「(5) 保護者・地域住民の学校参加」（－0.03 点）は全国並みである。

いっぽう、地域 1 では、「(3) 第三者による学校評価」（－0.22 点）、「(2) 子

ども・保護者による学校評価・教員評価」（−0.20 点）でやや、「(5) 保護者・地域住民の学校参加」（−0.12 点）でわずかに全体平均を下回り、すべての項目で「関係者等の学校寄与」の取組みが比較的遅れている。地域 9 では、「(2) 子ども・保護者による学校評価・教員評価」（−0.22 点）がやや、「(3) 第三者による学校評価」（−0.13 点）がわずかに遅れ、「(5) 保護者・地域住民の学校参加」（−0.06 点）は全国並みと、項目ごとに進み具合が若干異なっている。

### 3）学校組織改革の動向

全国データで①「上からの学校組織改革」因子に寄与している項目については、地域ごとにどのような傾向がみられるだろうか。**表 9.7** をみると、この因子を構成する各項目でかなり明確な地域差が出ていることがわかる。

ふたたび全体平均値との差でみると、「(8)『不適格教員』認定の厳格化」については、多くの地域で取組みが進んでいないが、地域 5（+0.37 点）、地域 8（+0.25 点）でやや進んでいるいっぽう、地域 9（−0.37 点）でやや遅れている。

同様に、「(6) 人事評価と連動した教員評価」については、地域 8（+0.55）、地域 4（+0.50 点）でかなり、地域 5（+0.37 点）でやや取組みが進んでいる。これに対して、地域 9（−0.34 点）、地域 6（−0.21 点）、地域 10（−0.20 点）では、取組みがやや遅れている。

「(7) 学校組織体制の『ピラミッド』化」については、地域 5（+0.38）と地域 8（+0.33）で他地域よりもやや進んでいるようである。いっぽう、地域 9（−0.41）でかなり、地域 6（−0.27）でやや取組みが進んでいない。

「(4) 保護者による学校選択」については、地域 5（+0.77 点）、地域 8（+0.63 点）、次いで地域 1（+0.44 点）がかなり、地域 3（+0.33 点）でやや、全国に比べて取組みが進んでいる。これらの地域のなかにはそもそも学校選択制を取り入れている地域があるほか、指定区域外就学の仕組みを保護者が事実上の権利として利用し、通学する学校を選択している地域があるようだ。

他の地域では概して学校選択制の取組みはあまり進んでいないが、特に地域 9（−0.66 点）でかなり、地域 10（−0.38）でやや取組みが進んでいないことがわかる。

全国的にも、各地域でも取組みが進んでいないのは、「(12) 土曜日授業」である。土曜日授業についてはまだ全国的な広がりをみていないわけだが、地域

5（+2.11点）、地域8（+1.05点）では、全国に先駆けて実施しているようである。

## 3. 各地域における教育改革施策取組みの特徴

次に、10の地域ごとのデータについても、Q11の12の項目（いずれかの項目が無回答のケースを除く）について、全体と同じく主因子法・バリマックス回転による因子分析を行った。その結果、**表9.8**に示すような結果を得た。なお、この表では、各項目の平均値も併せて示してある。

#### 1）全国と共通の因子構造・因子項目が見出される地域

全国と同じ3因子が抽出され、それぞれの因子に寄与する項目もまったく同じなのは、地域2、地域6である。

地域2は、「(12) 土曜日授業」が1.14点（全国平均1.54）と、全国に比べかなり取組みが進んでいる以外、すべての項目でほぼ全国と同じ傾向を示している。つまり、全国データと因子構造・項目ともに共通であり、各施策の平均値も全国とあまり変わらない。

地域6は、「上からの学校組織改革」に関する因子（地域6第2因子）に寄与する3項目で、全国に比べ取組みがやや遅れている。つまり、「(6) 人事評価と連動した教員評価」で2.03点（全国平均2.24点）、「(7) 学校組織体制の『ピラミッド』化」で2.16点（全国平均2.43点）、「(12) 土曜日授業」で1.20点（全国平均1.54点）である。「(4) 保護者による学校選択」と「(8)『不適格教員』認定の厳格化」については、全国とほぼ同じ進行状況である。

いっぽう、「関係者等の学校寄与」因子（地域6第1因子）と、「日常化した取組み」因子（同第3因子）に寄与する項目については、全国と同程度に、取組みが進んでいると言える。

総じて、地域6では、「上からの学校組織改革」が抑制されているようである。

#### 2）「学校選択」が「関係者等の学校寄与」因子に関与している地域

全国データでは、「(4) 保護者による学校選択」は「上からの学校組織改革」因子に寄与している。これに対して、地域1、地域3、地域8では、学校選択は「関係者等の学校寄与」因子に関与している。

## 表 9.8　各地域の教育改革施策取組み因子

### 地域 1

第 1 因子

| | |
|---|---|
| (2) 子ども・保護者の評価 | 3.06 |
| (3) 第三者の学校評価 | 2.77 |
| (5) 学校参加 | 2.97 |
| (4) 学校選択 | **2.90** |

第 2 因子

| | |
|---|---|
| (6) 教員評価 | 2.10 |
| (7) ピラミッド化 | 2.25 |
| (8) 不適格教員 | 1.92 |
| (12) 土曜日授業 | 1.24 |

第 3 因子

| | |
|---|---|
| (1) 言語活動 | 2.86 |
| (9) 学力向上策 | **2.74** |
| (10) 道徳教育 | 3.14 |
| (11) いじめ防止 | 3.14 |

### 地域 2

第 1 因子

| | |
|---|---|
| (1) 言語活動 | 3.24 |
| (9) 学力向上策 | 3.31 |
| (10) 道徳教育 | 3.11 |
| (11) いじめ防止 | 3.25 |

第 2 因子

| | |
|---|---|
| (4) 学校選択 | 2.31 |
| (6) 教員評価 | 2.20 |
| (7) ピラミッド化 | 2.53 |
| (8) 不適格教員 | 1.93 |
| (12) 土曜日授業 | **1.14** |

第 3 因子

| | |
|---|---|
| (2) 子ども・保護者の評価 | 3.33 |
| (3) 第三者の学校評価 | 2.99 |
| (5) 学校参加 | 3.28 |

### 地域 3

第 1 因子

| | |
|---|---|
| (2) 子ども・保護者の評価 | 3.21 |
| (3) 第三者の学校評価 | 2.93 |
| (4) 学校選択 | 2.79 |
| (5) 学校参加 | 3.02 |

第 2 因子

| | |
|---|---|
| (6) 教員評価 | 2.24 |
| (7) ピラミッド化 | 2.54 |
| (8) 不適格教員 | 1.96 |
| (12) 土曜日授業 | **1.12** |

第 3 因子

| | |
|---|---|
| (10) 道徳教育 | 3.01 |
| (11) いじめ防止 | 3.13 |

第 4 因子

| | |
|---|---|
| (1) 言語活動 | 3.27 |
| (9) 学力向上策 | 3.48 |

### 地域 4

第 1 因子

| | |
|---|---|
| (4) 学校選択 | 2.27 |
| (6) 教員評価 | **2.74** |
| (7) ピラミッド化 | 2.49 |
| (8) 不適格教員 | 1.96 |
| (12) 土曜日授業 | 1.30 |

第 2 因子

| | |
|---|---|
| (9) 学力向上策 | 3.49 |
| (10) 道徳教育 | 3.07 |
| (11) いじめ防止 | 3.15 |

第 3 因子

| | |
|---|---|
| (2) 子ども・保護者の評価 | 3.12 |
| (3) 第三者の学校評価 | 2.88 |
| (5) 学校参加 | 3.15 |
| (1) 言語活動 | 3.39 |

### 地域 5

第 1 因子

| | |
|---|---|
| (1) 言語活動 | 3.06 |
| (2) 子ども・保護者の評価 | 3.09 |
| (4) 学校選択 | **3.23** |
| (5) 学校参加 | 3.25 |
| (10) 道徳教育 | 3.02 |
| (11) いじめ防止 | 3.37 |

第 2 因子

| | |
|---|---|
| (3) 第三者の学校評価 | 2.95 |
| (6) 教員評価 | 2.61 |
| (7) ピラミッド化 | 2.81 |
| (8) 不適格教員 | 2.25 |

第 3 因子

| | |
|---|---|
| (9) 学力向上策 | **3.40** |
| (12) 土曜日授業 | **3.65** |

### 地域 6

第 1 因子

| | |
|---|---|
| (2) 子ども・保護者の評価 | 3.34 |
| (3) 第三者の学校評価 | 3.10 |
| (5) 学校参加 | 2.93 |

第 2 因子

| | |
|---|---|
| (4) 学校選択 | 2.43 |
| (6) 教員評価 | 2.03 |
| (7) ピラミッド化 | 2.16 |
| (8) 不適格教員 | 1.79 |
| (12) 土曜日授業 | 1.20 |

第 3 因子

| | |
|---|---|
| (11) いじめ防止 | 3.32 |
| (1) 言語活動 | 3.27 |
| (9) 学力向上策 | 3.23 |
| (10) 道徳教育 | 3.12 |

### 地域 7

第 1 因子

| | |
|---|---|
| (1) 言語活動 | 3.16 |
| (2) 子ども・保護者の評価 | 3.28 |
| (3) 第三者の学校評価 | 3.17 |
| (5) 学校参加 | 3.18 |

第 2 因子

| | |
|---|---|
| (4) 学校選択 | 2.28 |
| (6) 教員評価 | 2.40 |
| (8) 不適格教員 | 1.86 |
| (12) 土曜日授業 | 1.26 |

第 3 因子

| | |
|---|---|
| (9) 学力向上策 | 3.18 |
| (10) 道徳教育 | 2.91 |
| (11) いじめ防止 | 3.16 |

第 4 因子

| | |
|---|---|
| (7) ピラミッド化 | 2.39 |

### 地域 8

第 1 因子

| | |
|---|---|
| (9) 学力向上策 | 3.13 |
| (10) 道徳教育 | 3.20 |
| (11) いじめ防止 | 3.20 |

第 2 因子

| | |
|---|---|
| (1) 言語活動 | 3.10 |
| (2) 子ども・保護者の評価 | 3.51 |
| (3) 第三者の学校評価 | 3.31 |
| (4) 学校選択 | **3.09** |

第 3 因子

| | |
|---|---|
| (5) 学校参加 | 3.23 |
| (6) 教員評価 | **2.79** |
| (7) ピラミッド化 | 2.76 |
| (8) 不適格教員 | 2.13 |
| (12) 土曜日授業 | **2.59** |

### 地域 9

第 1 因子

| | |
|---|---|
| (1) 言語活動 | 3.07 |
| (5) 学校参加 | 3.03 |
| (9) 学力向上策 | 3.20 |
| (10) 道徳教育 | 3.02 |
| (11) いじめ防止 | 3.05 |

第 2 因子

| | |
|---|---|
| (6) 教員評価 | 1.90 |
| (7) ピラミッド化 | **2.02** |
| (8) 不適格教員 | 1.51 |

第 3 因子

| | |
|---|---|
| (2) 子ども・保護者の評価 | 3.04 |
| (3) 第三者の学校評価 | 2.86 |

第 4 因子

| | |
|---|---|
| (4) 学校選択 | **1.80** |
| (12) 土曜日授業 | 1.25 |

### 地域 10

第 1 因子

| | |
|---|---|
| (4) 学校選択 | **2.08** |
| (6) 教員評価 | 2.04 |
| (7) ピラミッド化 | 2.52 |
| (8) 不適格教員 | 1.77 |

第 2 因子

| | |
|---|---|
| (1) 言語活動 | 3.47 |
| (9) 学力向上策 | **3.61** |

第 3 因子

| | |
|---|---|
| (2) 子ども・保護者の評価 | 3.52 |
| (3) 第三者の学校評価 | 3.03 |
| (5) 学校参加 | 3.06 |

第 4 因子

| | |
|---|---|
| (10) 道徳教育 | 3.27 |
| (11) いじめ防止 | 3.22 |
| (12) 土曜日授業 | 1.34 |

地域1では、「関係者等の学校寄与」（地域1第1）因子で、「(4) 保護者による学校選択」が2.90点と全国（2.46点）に比べて取組みがかなり進んでいる。いっぽう、「(2) 子ども・保護者による学校評価」は3.06点（全国平均3.26点）、「(3) 第三者による学校評価」は2.77点（全国平均2.99点）とやや遅れ、「(5) 保護者・地域住民の学校参加」は2.97点（全国平均3.09）点とわずかに遅れている。

いっぽう、「日常化した取組み」（地域1第3因子）では、「(9) 学力向上策」が2.74点（全国平均3.30点）とかなり、「(1) 言語活動・活用力」が2.86点（同3.21点）とやや遅れている。「上からの学校組織改革」因子に関しては、全国と同様にあまり進んでいない。

総じて、地域1では、学校選択の動きがかなり進んでいることを除くと、教育改革諸施策の進行が遅れていると言える。

地域3では、「(4) 保護者による学校選択」が2.79点（全国平均2.46点）とやや進んでいるほかは、全国の傾向とほぼ同じで、「上からの学校組織改革」があまり進んでおらず、「関係者等の学校寄与」と「日常化した取組み」が比較的進んでいる。

以上から、地域1・地域3では、学校選択の動きが比較的活発で、これが保護者・地域住民の学校参加の動きを誘発しつつあるかもしれないが、その効果が必ずしも明確に表れているわけではないということだろうか。

地域8については、**4**で考察する。

#### 3)「言語活動」が「関係者等の学校寄与」因子に関与している地域

地域4と地域7では、「(1) 言語活動・活用力」が、全国データでは「日常化した取組み」因子に寄与しているのに対して、「関係者等の学校寄与」因子に寄与している。

地域4では、「関係者等の学校寄与」（地域4第3因子）のなかで、「(1) 言語活動・活用力」が3.39点（全国平均3.21点）とわずかに進んでいる。また、「上からの学校組織改革」（地域4第1因子）では、「(6) 人事評価と連動した教員評価」が2.74点（全国平均2.24点）とかなり進んでいる。

保護者・地域住民による学校参加の動きが、現行（2008年、2009年改訂）学習指導要領に掲げられた新しい授業スタイル（「言語活動の充実」）の実現程度を確認することと関わって進んでいるのかもしれない。

この傾向は、地域7でも見出すことができる。

また、地域7では、「(7) 学校組織体制の『ピラミッド』化」(地域7第4因子) が、他の「上からの学校組織改革」(地域7第2因子) と別の動きとして進行しているようだ。ただし、これらの項目の取組みは総じて進んでいない。

地域9はかなり独自な因子構造になっているが、「(5) 保護者・地域住民の学校参加」が「(1) 言語活動・活用力」、「(9) 学力向上策」、「(10) 道徳教育」、「(11) いじめ対策」など日常化した取組みの一環として行われていることがわかる (地域9第1因子)。

ただし、「上からの学校組織改革」(同第2因子)、学校評価 (同第3因子)、学校選択 (同第4因子) の取組み状況はやや鈍い。

## 4. 「上からの学校組織改革」と「関係者等の学校寄与」において特徴的な傾向を示す地域

**表 9.8** で、全国データにおいて①「上からの学校組織改革」因子を構成する項目と、③「関係者等の学校寄与」因子を構成する項目との関連に着目して、地域ごとのデータをみてみる。すると、3つの地域 (地域5、8、10) において特徴的な傾向を見出すことができる。

表のデータ全体をみると、「上からの学校組織改革」関連の取組みと「関係者等の学校寄与」関連の取組みは、どの地域でも基本的には前者がやや鈍く、後者が進んでいると考えられる。だが、**表 9.8** が示すように、地域ごとの教育改革施策取組みの因子構造は全国データのそれとは異なり、取組み状況を示す平均値にも異なる傾向がみられる。

### (1) 「上からの学校組織改革」と「関係者等の学校寄与」は連動 (?)

地域8では、「上からの学校組織改革」(第3因子) と「関係者等の学校寄与」(第2因子) との動きが比較的連動して進んでいるように思われる。

全国データでは、「関係者等の学校寄与」因子に寄与していた「(5) 保護者・地域住民の学校参加」が、地域8では「上からの学校組織改革」因子に寄与している。保護者・地域住民の学校参加が、人事・給与の競争・業績主義的な改革と結びついて行われているとも考えられる。

また、「(4) 保護者による学校選択」は、全国データでは「上からの学校組織改革」因子に寄与していたが、地域8では「関係者等の学校寄与」因子に寄与している。

そして、「上からの学校組織改革」因子（地域8第3因子）関連項目では、「(6) 人事評価と連動した教員評価」項目の平均が2.79点と、全国平均（2.24点）をかなり上回っている。つまり、この取組みがかなり進行している。さらに、「(7) 学校組織体制の『ピラミッド』化」が2.76点と全国平均値（2.43点）をやや上回っている。また、「(8)『不適格教員』認定の厳格化」2.13点と、こちらも全国平均（1.88点）をやや上回っている。つまり、全体として「上からの学校組織改革」の動きが全国よりも進んでいる。

いっぽう、「関係者等の学校寄与」因子関連項目（地域8第2因子）をみる。「(4) 保護者による学校選択」は3.09点と、全国平均（2.46）点をかなり、「(3) 第三者による学校評価」は3.31点（全国平均2.99点）、「(2) 子ども・保護者による学校評価」は3.51点（全国平均3.09点）とやや、いずれも全国平均を上回っている。

地域8のケースでは、「上からの学校組織改革」と「関係者等の学校寄与」の動きがともに全国より進んでいるだけでなく、両者の進行状況がどちらかというと連動的であると考えられる。

地域8に関しては、学校組織体制のヒエラルキー化や業績主義的な処遇の仕組みの導入の動きと、保護者や地域住民などによる学校寄与の動きとの間にあまり齟齬がない状態で、どちらも進行しているといえるのではないか。

少なくとも、保護者・地域住民による学校寄与の動きが、上からの学校組織改革の動きに対抗するかたちで進んでいる可能性は低いように思う。

### (2) 「上からの学校組織改革」の動きが「保護者等の学校寄与」を抑制か

地域5は、「上からの学校組織改革」（地域5第2因子）の動きがやはり他地域に比べて顕著に進んでいる。また、全国データと異なり、「(3) 第三者による学校評価」が、この因子に寄与している。全国データの「関係者等の学校寄与」項目は、同「日常化した取組み」項目のうち「学力向上策」を除く4項目と結びついて同じ因子（地域5第1因子）を形成している。

地域5の「上からの学校組織改革」項目（第2因子）のうち、「(8)『不適格教員』認定の厳格化」は2.25点（全国平均1.88点）、「(6) 人事評価と連動した教員評価」は2.61点（全国平均2.24点）、「(7) 学校組織体制の『ピラミッド』

化」は2.81点（全国平均2.43点）と、全体的にやや取組みが進んでいる。「(3) 第三者による学校評価」は全国とほぼ同じ程度の取組み状況である。以上から、第三者による学校評価が、教員の給与・職務面での競争・業績主義化と連動して進行していることがわかる。

これに対して、「日常化した取組みと結びついた保護者・地域の学校寄与」（地域5第1因子）項目では、「(4) 保護者による学校選択」が3.23点と、全国平均（2.46点）よりもかなり取組みが進んでいる。また、「(5) 保護者・地域住民の学校参加」については3.25点と全国平均（3.09点）よりわずかに進んでいる。「(2) 子ども・保護者等による学校評価」は3.09点と、全国平均（3.26点）よりやや遅れている。

また、「(1) 言語活動・活用力」が3.06点と全国（3.21点）に比べてやや遅れ、「(10) 道徳教育」が3.02点（全国3.10点）とほぼ全国と同じである。「(11) いじめ防止対策」は、3.37点と全国（3.20）点よりわずかに進んでいる。総じて、保護者・父母による学校選択・学校参加が、日常化した取組みの進行状況を観察・評価するかたちで進んでいると言える。

この地域では、学校運営の軸足が職務体系化・系統化や地位・処遇の差別化などの側面に置かれ、子ども・保護者等の学校評価や学校参加はこうした動きを追認する傾向にあるか、前者の動きにどちらかといえば組み込まれて、教員の自主的な能力・職務管理の工夫や、「日常化した取組み」に関する現場の自主的な取組みを抑制している可能性もある。

### (3)「上からの学校組織改革」に歯止めがかかりつつ「関係者等の学校寄与」は進行か

地域10では、「上からの学校組織改革」の進行にどちらかと言えば歯止めがかかっているようである。**表9.8**の第1因子をみると、「(4) 保護者による学校選択」が2.08点と全国（2.46点）に比べてかなり低い。また、「(6) 人事評価と連動した教員評価」が2.04点と全国平均値（2.24点）をやや下回っている。また、「(8)『不適格教員』認定の厳格化」は全国平均をわずかに下回り（全国平均点1.88点に対して1.77点）、「(7) 学校組織体制の『ピラミッド』化」は全国平均並みである。総じて、地域10では、全国と比較して、「上からの学校組織改革」面での取組みの進行度が低いといえる。

これに対して、「関係者等の学校寄与」因子に関わる項目では、「(2) 子ども・保護者による学校評価」が3.52点で、全国平均（3.09点）よりもかなり取組みが進んでいる。「(3) 第三者による学校評価」、「(5) 保護者・地域住民の学校参加」は全国と同じ程度の取組み状況である。総じて、取組み状況は全国よりも一部の項目（子ども・保護者による学校評価）でやや進むなど、悪くないといえる。

このことから、「関係者等の学校寄与」の取り組みが、「上からの学校組織改革」に一定の歯止めをかける働きをしていることも考えられる。

つまり、学校組織体制のヒエラルキー化や業績主義的な処遇の仕組みの導入の動きにより対抗的な、あるいは抑止的な動きとして、学校を保護者・地域に開きつつ、協働で運営していこうという動きが現れている可能性もある。

ただし、注意が必要なのは地域10第2因子である。これは学力向上策に特化した因子と言え、この因子を構成している項目のうち、「(9) 学力向上策」が3.61点と全国平均（3.30点）よりもかなり取組みが進んでいる。「(1) 言語活動・活用力」についても3.47点と、やはり全国平均（3.21点）よりやや取組みが進んでいる。

学校が父母からの学力向上・授業改善の要求をより強く受け止め、学校教育計画の中軸に据え、学校組織改革よりも学力重視路線の学校運営をしている可能性もある。

## 5. まとめと考察

全国における改革施策に関わる取組みを概観すると、授業や生活指導で「日常化した取組み」に関わる項目については、どの地域でも取組みが進んでいる。

**表9.1**をみると、2004年調査時には、「指導要領改訂に伴う国家的カリキュラム基準の『改革』」については、22.5%が「反対」、51.0%が「どちらとも言えない」と回答し（成績評価のやり方の『改革』に関しても同様の傾向）、こうした動向を決して手放しで歓迎しているわけではなく、慎重に見極めて対応しようという姿勢も窺える。だが、2014年調査データをみると、上から降りてきた学力向上策、言語活動の充実など授業スタイル改革、道徳教育の推進、いじめ防止策などに対して、各学校は急速な対応を迫られ、日常的に取り組まざるを

えなくなっている。

「関係者等の学校寄与」については、2014年調査時点では学校評価や学校評議員が制度化されていることもあり、やはり取組み状況はよい。なお、2004年調査では、「子ども・父母・住民の学校参加」は賛成39.2％と割合がやや高い。「学校への外部評価」、「父母の学校選択制」については、およそ半数が「どちらとも言えない」と回答し、「賛成」「反対」も拮抗していた。

また、2004年調査では、「学校の自己裁量の拡大」に「賛成」43.7％、「教育の地方分権化」に「賛成」30.6％と肯定的な回答割合が比較的高いが、地域・学校における自律的な取り組みを推進することに、制度化された学校評価や学校評議員制度が寄与しているのか否かについては、今回（2014年）の調査では明らかにできていない。

いっぽう、「上からの学校組織改革」については、2014年調査時においても全国的に取組みはあまり進んでいない。2004年調査でも、「教師の仕事に対する管理方式」改革、「教師の人事考課制度の『改革』」、「教員の昇進制度の『改革』」については、それぞれ「反対」が32.2％、30.0％、25.0％と割合が高めであるが、こうした傾向も反映されているかもしれない。

また、「『不適格教員』の認定とその教職はずし」については、2004年調査では、学校現場の自律化と保護者・地域住民の学校参加との関連で期待（「賛成」31.1％）されている側面もあったが、実際に実現したのは「上からの学校組織改革」施策の中で、教員の地位認定・給与査定の競争・業績主義化と連動したそれであり、多くの教員が抵抗感を示しているとも考えられる。

属性ごとにみると、「上からの学校組織改革」は、職務別では非正規講師層、年代別には20代と60代（60代非定年者を除く）層で、より進行していると感じられている。「関係者等の学校寄与」については、急性バーンアウト層でやや進んでいると感じられているいっぽう、「その他」教員層、ではやや遅れていると感じられている。

地域ごとに因子分析を行った結果、改革諸施策の取組みパターンには明確な地域差があることがわかる。

地域2と地域6では全国と同じ因子構造・項目が抽出された。

これに対して、地域1、地域3、地域8では、「(4) 保護者による学校選択」が全国データでは「上からの学校組織改革」因子に寄与しているのに対し、

「関係者等の学校寄与」因子に関わりつつ、全国よりも進行している。

地域4、地域7では、全国データでは「日常化した取組み」因子に寄与している「(1) 言語活動・活用力」が、「関係者等の学校寄与」因子に寄与している。これらの地域では、学習指導要領が求める「活用力」育成や「言語活動の充実」が学校・教室で達成されているかに関心をもち、観察するかたちで保護者・地域住民の学校参加が行われていると考えられる。

「上からの学校組織改革」関連の施策項目と「関係者等の学校寄与」関連のそれとの関係について、特徴的な地域は3つある。

地域8では、両者の動きが全国に比べて同時に進行しているようである。全国データの因子構造とは異なり、「(4) 保護者による学校選択」が、「(2) 子ども・保護者による学校・教員評価」、「(3) 第三者による学校評価」と同じ「関係者等の学校寄与」因子を構成している。いっぽう、「(5) 保護者・地域住民の学校参加」は、「上からの学校組織改革」因子を構成している。そして、両者の取組みはおそらくは連動しながら、いずれも全国よりも進んでいる。

地域5では、「上からの学校組織改革」の取組みが、「関係者等の学校寄与」の取組みよりもやや突出しているようにも思える。また、後者については、学習指導要領に示された授業の推進や、法律で定められた取組みの実施状況を観察・評価するものとして進行している。

地域10では、「関係者等の学校寄与」の取組みが、「学校組織改革」のそれの進行に一定の歯止めをかけるはたらきをしているようにも思われる。ただし、学力向上策に特化した因子が抽出されたことから、学校が父母からの学力向上・授業改善の要求をより強く受け止め、学校組織改革よりも学力重視路線の学校運営をしている可能性もある。

# 第 10 章

## 教育信念をめぐる闘争

### —強権的注入 vs. 協調的発達支援—

山本　宏樹

## 1. 教育信念とその闘争

本章の目的は、「教育信念をめぐる闘争」の理論と実証について試論を行い、今後の詳細な分析の基礎を得ることにある。

ここでいう教育信念とは、一言で言えば、人を特定の教育的理解や教育実践へと突き動かす倫理（エートス）である。「万引きをした生徒に対してどのように対応すべきか」といった指導観や「子どもとはどのような存在か」等の子ども観、あるいは「教育の本質とは何か」という教育観に至るまで人々は千差万別の意見を持つが、教育信念はそうした個別の観点や論理を産出する原理的体系を指す(1)。

たとえば「褒めてこそ人は伸びる」「不快と苦痛こそが成長の母胎だ」「解を教えるのではなく解き方を教えよ」「“困った子”は“困っている子”なのだ」「十褒めて一叱れ」等々、われわれを啓発する教育格言の類は言わば教育信念の言語的結晶であり、個々人の教育信念は上記のような個別の教育格言に対し好悪いかなる反応を返すかを通じて浮き彫りになる。

教育信念は教育者の人格の核として機能するがゆえに、その動揺や汚損は深刻な実存的不安をもたらす。個別の教育問題をめぐってたびたび不倶戴天の大論争が生起するのは、そうした教育問題をどのようにまなざすかが各々の世界認識の正当性の賭け金となっているからである(2)。

人ではなく教育信念を主人公として見れば、それは人から人へと感染し広がる情報体（ミーム）であり、たとえば教師が信念の結晶である教育格言に触れることで感化されたり、生徒が教師の寛大な立ち居振る舞いに感銘を受けてその教育信念を継承することもあれば、部活顧問の長期にわたる密室的な暴力指導のなかでストックホルムシンドローム的に教育信念を内面化する場合もある。また単純な模倣・感染だけでなく強権的教師を反面教師として友好的な教育者となる場合もあれば、友好的教師を反面教師として強権的手法を採用する場合もあるといったように、そこには教育信念と各個人の人格のあいだの複雑な相互作用過程がありえる。

教育信念はパーソナルなものでありながら文化的でもある。学校や地域、国の教育文化という形で、そこには多元的なバリエーションが存在している。教育信念を一種の「生命体」と見なせば、そこには信念の覇権をめぐる競争淘汰があり、教育信念の社会的覇権の様態と当該社会の様態は何かしら関係を有しているはずである。

本章では、上記のような教育信念のバリエーション、そして誰がどのような教育信念を保持しているのかについて、その一端を明らかにするものである。

## 2. 理論仮説：教育信念の2信念4類型

教育信念は前述のとおり多様であるが、本章では次の2因子モデルを検討したい。第一の信念は、教育関係をめぐる「強権⇔協調」であり、第二の信念は、教育方法をめぐる「注入⇔発達支援（開発 development）」である。

### (1) 教育関係をめぐる「強権⇔協調」の対立

第一要素の「強権⇔協調」は、教育関係をめぐる「垂直性⇔水平性」を内包し、さらにまた教育者から被教育者への「非承認⇔承認」と関連している(3)。それはたとえば子どもが万引きや暴力行為などの問題行動を起こした際に、問題を起こした子どもの気持ちによりそい受容と共感の立場に立って指導を行うか、それとも毅然として懲罰的指導を行うかといった差異に表れる。これもまたゼロトレランス指導法などの形で昨今論争喧しい問題である（たとえば、山本 2013b, 2015a, 2015b を参照のこと）。

### ① 強権的教育関係論

たとえば強権的教育関係論のイデオローグであるＦ・ヘルバルトは、子どもを、意志を持たずに生まれた「あらゆる道徳的関係に無能力」な存在とみなし、その衝動的な「野性の粗暴さ」が子どもに宿りつつある真の意志を反社会的方向に引き寄せないよう、十分に圧迫を加え続けることによって子どもの内なる「道徳的闘争の援助」を行うことが必要だと述べる（Herbart 1806, pp. 33-34, 205）。

現代においては、たとえば、ゼロトレランス教育論の輸入者である加藤十八がヘルバルト主義に対して支持を表明している（山本 2013b）。加藤の性質は次の主張にもよく表れている。

> 学校はもともと父性的な場です。母性は「養育」をしますが、「教育」は父性の領域にあります。そのため、昔の学校では、秩序を保って規範を重視し、何かが起きたならその原因を追究するのは当然のことだったのです。しかし、多くの教員や相談員がカウンセリングの実践をするようになって、学校の規律と規範が緩み始めました（加藤 2009, p. 222）。

興味深いのは「教育」と「養育」とを意味論的に切り分け、「父性／母性」の区別に断定的に対応させるトートロジックなその手付きである。理論的にも歴史的にも正統化しようのない恣意的な言説接合術に意味論的な強度を与えるもの、それが教育信念である。

近年、「毅然とした指導」を旗頭にして旺盛な活動を行っている町田市教育長（当時）の山本修司の次の主張もまたそれに共鳴するものであろう。

> 私のこれまでの経験によれば、教員がきちんと指導すれば、どんな問題行動も阻止することができる。ところが多くの学校現場では、生徒の問題行動が拡大してこれまでの指導方法が通りにくい状況が生まれると、なぜか「彼らを強く叱るのはやめよう」という「受容的・共感的」な指導論が登場してくる。しかしその指導論をよく聞いてみると「自分たちの力では問題行動をやめさせることはできない」ということが前提条件になっていることに気がつく。「厳しく叱っても彼らは言うことをきかない。仕方がないので、彼らの言い分をじっくりと聞きながら、粘り強く説諭し続ける」という論理なの

だ。このような考え方は教育を預かる者として適切であると言えるだろうか。「敗北者の言い訳」とでも呼ぶべきものではないだろうか。（山本修司編 2012, pp. 13-14）

「教員がきちんと指導すれば、どんな問題行動も阻止することができる」という根拠に乏しい「確信」を参照基準にして「勝利者／敗北者」を切り分けようとするが、そこにあるのは「きちんと」をマジックワードとした実体のない教育信念である。

**② 協調的教育関係論**

他方で、協調的教育関係論を体現する教師のひとりとして挙げられるのが、小学校教師の山﨑隆夫である（山﨑 2001）。彼は、子どもたちが「必死に自分にできるやり方で、幼い日々の人生を闘っている」と言う（山﨑 2001, p. 112）。彼は、大人や教師を悩ませる子どもの「問題行動」は、決して「わがまま」などではなく、理不尽な世界を拒絶しようとする自分と、それを押しとどめて世界と協調しようとする自分とのあいだで繰り広げられる壮絶な内的闘争の「余波」と理解する。とりわけ、その生を無条件に肯定される実感をもてず、心中に暗澹とした実存的不安を抱える子どもたちは、他者から見れば些細な齟齬をも自身の生存を脅かす危機として体感する。山﨑は「パニックになる子ども」「閉じこもる子ども」の極端な攻撃反応・防衛反応をそうした内的危機の表れと見なし、それゆえに、子どもの内にある成長発達への願いや葛藤を見落として「わがまま」だと叱りつけるならば、子どもたちの生きる力は萎え、激しい反発だけが残ると言う（山﨑 2001, pp. 102）。子どもたちが自他を信頼し愛するためには、まずかれら自身が十分に信頼され愛されなければならず、実りある競い合いや道徳心の涵養は、その後にしかありえないと考えるのである（山﨑 2001、山本 2014a）。

一般論として、子どもの長所をほめて伸ばそうとするか、それとも子どもの短所を注意して直そうとするかは、子ども観と深く連関している。たとえば、山﨑が叱責や注意を忌避するのに対し、山本修司は叱責の教育効果を高く評価する、といったように、である。

ただし、「叱る時は烈しく叱り、褒める時は感動的に褒める」云々の熱血教師的言説はよく知られるところであり、当然のことながら褒めることと叱ることを二項対立的に捉えることに対しては批判もあるだろう。しかし、冒頭にも挙げた「十褒めて一叱れ」云々の教育格言があるように、教育方法論上の最適なバランス問題はやはり存在する。また「攻撃性を捨てさった慈仏的教師」と「攻撃性を内に秘めた謙抑的教師」では教師としての性格は大きく異なるのであって、一度でも叱るという所作を教師が行えば、生徒にとってその教師の位置付けは大きく変化することだろう。「褒めることと叱ることの両方が大切である」といった主張は十分に分析的ではない。

### (2) 教育方法をめぐる「注入⇔発達支援」の対立

第二要素の「注入⇔発達支援」は、前述の教育関係と相対的に区別されたかたちでの「教育方法」をめぐるものであり、子どもの可能性を開花させる支援か、それとも文化の注入によって子どもの野性を馴致し一人前の大人へと仕立て上げる形成かの対立として表れる。言い換えれば、内側にある可能性を引き出すか、外側にある文化を刻印するかの違いである。

「注入⇔発達支援」軸は、OECD が指摘する構成主義的指導観と直接伝達主義的指導観の対比（TALIS 2009, p. 122）を踏まえたものである。初の世界規模教員調査 TALIS をはじめとする多くの欧米の調査研究において教育信念は次の２つの中核的信念に区別される形で理解されている（OECD 2009, p. 121）。一つは直接伝達主義（direct transmission）と呼ばれる教育信念である。これは教員を「生徒に正しい答えを示す存在」とみなす信念であり、直接伝達主義の信念のもとでは、静かで集中した雰囲気のある教室で教員の教授する体系的知識を漏れなく記憶することが重視されており、教員主導型の伝統的な一斉授業の基礎として機能している（OECD 2009, pp. 121-123）。

もう一つの教育信念は構成主義的信念（constructivist beliefs）と呼ばれるものである。構成主義は「学習は教師から学習者への知識の受け渡しではなく、学習者自身による既存の認知体系の不断の再構成の過程である」と考える認知科学・哲学的立場からきたものである。この信念においては教員が生徒自身による疑問の探求を支援する存在として位置づけられ、生徒自身に課題の解決方法を探求する機会が与えられるなど、学習活動において生徒に中心的な役割が割り振られる（OECD 2009, p. 123）。

脳に対して直接的に情報を書き込む技術が未開発である以上、文字通りの意味での「情報の直接伝達」は不可能であって、構成主義的な知識伝達以外に情報伝達の方法は存在しないわけであるが、それでも教育実践を通じて「正しい知識」を正確に伝達する営みが高い蓋然性をともなって個体間に生起するのであれば、「直接伝達主義」も方法論的には妥当性を持つことになるだろう。この点は近年ではアクティブ・ラーニングをめぐって議論されている点であるが、それ以外にも、戦前日本の開発主義論争や経験主義 対 系統主義の論争など多様な表れ方をする。

### (3) 二項対立図式の限界性と意義

あらかじめ述べておけば、教育信念の二項対立図式には限界性が存在する。たとえば、TALIS 調査報告書では、実証的には両者は必ずしも対立的でなく、両者が絡み合いながら教育実践を構成している側面が浮き彫りになった (OECD 2012, pp. 13-16, 19-20)。また TALIS 報告書執筆者の一人 Klieme (2006) による「教育実践の 3 次元」で示されているように構成主義的指導観と直接伝達主義的指導観は理論的にも排他的でない。教育実践の 3 次元モデルの第 1 要素は「構造化の次元 (The structuring dimension)」であり、学習ユニット、授業回ごとの構造、それの究極的な目標の明確さ、あるいはテストによる内容理解やパフォーマンス、そうした諸々の構造がどの程度明確かつ体系的となっているかである。第 2 の要素は「生徒指導の次元 (The student orientation dimension)」である。これは援助的雰囲気の醸成や個別指導、グループワーク、生徒の授業計画への参加などと関連する。第 3 の要素は「発展学習の次元 (The enhanced activities dimension)」であり、これは認知活動を活性化させ学びの深化をもたらす。これら教育実践の 3 次元モデルに構成主義と直接伝達主義の両信念が関与するのであって、プロフェッショナルとしての教師は構成主義を理解する必要があるとされるものの、どちらか一方の教育信念にもとづいて現実の教育実践の複雑性を縮減してしまうと、おのずと効果的学習指導が阻害されることになるだろう。

実際、こうした教育信念の二項対立は 1900 年代から延々と続く伝統主義的教育と進歩主義的教育の対立構図の変奏であるとも言え、すでに 1938 年に J. デューイが述べているとおり、この種の二項対立図式を止揚することこそが教育哲学上の課題となってきた（Dewey 1938, p. 7）。

確かに、こうした検討による二項対立の止揚は教育哲学的には興味深いのであるが、本章では二項対立の止揚に向かうのではなく、むしろ教育信念の対立の止揚を目指す教育哲学のいとなみをも含めてその動態を記述することに関心を向けたい。理論的に止揚可能であるならば尚更なにゆえに延々と二極化し続けるのか。筆者の関心はここにある。

### (4) 信念論の限界性と意義

教育実践をめぐっては教育信念だけを論じることに限界もあるだろう。たとえば子ども中心主義的な信念を強く持つ教員にせよ、ヘルバルト主義的な信念を強く持つ教員にせよ、教育実践は現実との格闘・妥協であって相互作用のなかで現出していくものである。教師の教育信念が鮮明に表れるのは、たとえば新任教員が新年度前夜に見知らぬ生徒30名の名簿を前にしてどのようにクラスづくりや授業づくりをしていくかを試案するような不完全情報下である。いったん顔合わせが済み、徐々に個々の生徒の特性やクラスの雰囲気が明らかになるにつれて、「この生徒にとっては、この方法が最適だ」といった、いわゆる適性処遇交互作用ベースの指導実践が組み立てられることになるだろうし、現実的制約のなかで「この状況下においてはこの方法が最適だ」といったいわゆる「局所的最適化」も行われるだろう。その意味では、教育信念の現実の教育実践に対する影響力は十分に強くない場合もある。

しかし、やはり教育信念は、現実の教育実践の原理として重要となるはずである。教育信念は冒頭で述べたとおり、教育者にとって行動原理の役割を果たし、子どもの内面や、教師自身の置かれた環境の把握原理として教育実践に全般的に作用し、教育信念と置かれた状況の相互作用によって教育実践が創出されるのである。その意味では信念自体のもたらす実践的パフォーマンスを議論することには意味がある。

### (5) 教育信念の理念型的4類型

これら2種類の教育信念の組み合わせによって、理念型的には「①協調的発達支援」「②協調的注入」「③強権的注入」「④強権的発達支援」の4種類に区分できる。前述のとおり「強権的信念」と「注入的信念」のあいだには正の関連があり、また「協調的信念」と「発達支援的信念」のあいだに正の関連性が見られるだろうが、まずは理念型的に4類型を想定したいのである。

「①協調的発達支援」の教育信念は、小説『二十四の瞳』の大石先生や映画『学校』の黒田先生など文芸作品における理想的教師像によって体現される場合が多い。そこでは公式の教師生徒関係を超え出る親密な関係性のなかで、教師と生徒の両方が共に発達していくという「共育」的理想が提示されることも頻繁である。

現実的にはそうした教育関係が現出することは難しく、教育現場でこの信念を維持するためには、時に現実を歪曲するような認知バイアスが必要となるかもしれない。また、現実態としては協調的発達支援の理念を語りながらある程度は強権や注入に手を染めつつ、それを必要悪としたり不問としたりする場合もあるだろう。

協調的信念においては、被教育者に対する強権的な「追い込み」が原則的に禁じ手となるため、被教育者側の発達課題の直面回避などの教育的危険性を孕むが、「年上の友人」や「人生の先輩」といった友愛的関係の擬制のなかでの激情表出によって被教育者側に感銘力を発揮することもある。いずれにせよ、被教育者側の教育的レリバンスを調達することが大前提であり、実践のためのコストが高い教育信念である。

成功例では、臨床的な領域へと踏み込み、被教育者側の育ち直しが行われ、「教室の奇蹟」と呼べるような被教育者側の劇的な人格変容がもたらされる場合がある（山本 2014a）[(4)]。ある意味では、被教育者の側の置かれた環境の苛酷さが協調的発達支援の信念に根ざした教育実践の受け入れを容易にしている側面があるかもしれない。教師にとっても、純粋な権利論的信念のみならず、現実の教育環境の苛酷さを織り込んだ教育達成可能性の観点から、この信念が採択される場合もあるだろう。

「②協調的注入」の教育信念の例となるのは内藤朝雄のいう「自動車教習所」型の教育信念のような教師と生徒間の合理的な利害計算にもとづく情報の授受（内藤 2001, p. 31, 279）、あるいは「落ちこぼれ」生徒がカリスマ教師の指導のもとで東京大学合格を目指す漫画『ドラゴン桜』など所有知識の圧倒的なレリバンスによって生徒との教育関係を成立させようとする場合などである。教育関係においては生徒本意でありながら教育伝達においては教師本意であるというアンバランスさゆえに現実的には存立が比較的困難であるものと思われる。

「③強権的注入」の教育信念は、協調的信念とは逆に教師と生徒の関係性を支配被支配関係に準えることをやぶさかとせず、必要悪とみなすにせよ本質とみなすにせよ権力性に居直る点に特徴がある。ヘルバルトのいう「力による『野性の粗暴さ』の放棄」や「『盲目な粗野の胚芽』の圧迫」による理性の確立(Herbart 1806, p. 34)を目指しつつ、その過程を、被教育者に文化を注入して「一人前」へ育て上げようとする古典的な注入主義的啓蒙主義の枠組みで引き取る。そのため支配関係のなかで「あれもこれも」と教師の側の「教育の欲望」がエスカレーションを来たし、一挙手一投足に至るまでのパラノイア的な指導へと至る誘因を多く有する。

「④強権的発達支援」の教育信念は、強権的注入主義と同様に強権的だが、異なるのは教育方法・教育目標が発達支援的であり、内的な善性・理性の芽吹きを励起する点である。協調的作業としてではなく、教師と生徒の対立、生徒間の競争のなかで「啐琢」が実現する、あるいは苛酷な生存環境下で行われる被教育者の試行錯誤のなかからより洗練されたパフォーマンスが生まれるという信念である。

一例としては、全国生活指導研究協議会の70年代の「学級集団づくり」実践(全生研常任委員会 1971)や、プロ教師の会の諏訪哲二氏の教育実践(たとえば諏訪 1990, 2013)などである。ヘルバルトもまた、「道徳的闘争の援助」(Herbart 1806, p. 205)という言葉によって、子どもの「道徳的決意と自己強制」を生起させる教師の役割を示している。生徒自身の内部における「原則」と「生の衝動」の闘争を、外部からの「原則」の鼓舞によって援助するというのである(Herbart 1806, p. 201)。その意味で、ヘルバルト自身は教育関係においては強権的でありながら理性的発達の支援を唱えているように見える。実際、カントの影響を強く受け、遂にその後任となったヘルバルトを古典的な注入主義的啓蒙主義と安易にみなすのは早計であろう。

たとえば、当該分野の才能と教育的稚拙さが併存しているがゆえに、どうすればパフォーマンスを改善できるのかについての適確な教示をしないまま怒鳴ったり殴ったりするような教師がいる。その場合、正解提示だけがあって解法教示がない負のオペラント条件付けによって多くの生徒が心身に失調を来したり集団を離脱したりするが、そのプレッシャーに耐え切ったり反発したりするなかで頭角を表す者も生まれる。

この種の「追い込み」型教育実践は、昨今の人権意識の向上にともなって淘汰されつつあるが、音楽的英才教育や部活指導のように理論化困難で知識注入で対応できない分野では残存している(5)。この種の指導法には、ベイトソン(2000, p. 380)も言うとおり、スキゾフレニアの危険と創造性の促進の可能性の両方が宿っており、当然ながら生徒の発達的レディネスとレジリエンスを弁えなければ教育実践は破綻することとなる(原 2007, 山本 2014b)。

### (6) 教育関係と教育方法の関係性

なお、実証的に検討されるべきポイントとして、教育関係の信念と教育方法の信念にどの程度の相関関係が見られるかが挙げられる。おそらく、実際には両者はまったくの独立的ではなく、共通性ないし基底性を有するはずである。そこに宿っているのは、フランクフルト学派がF尺度を通じて計測しようとした「権威主義的性向⇔民主主義的性向」かもしれない(6)。あるいはフランクフルト学派の研究を継承発展させた「保守⇔革新」性向などが関与しているものと思われる(詳細は山本 2016a を参照されたい)。

いわば、教育信念もまた、未知の開拓を重視するかそれとも既存の蓄積を重視するか、曖昧さを許容するかそれとも系統性や区別を重視するかといった一般的性向をめぐる遺伝子と文化の共進化(co-evolution)のただなかにあり、そうした一般的性向と現実的諸状況の相互作用のなかで、教育方法的信念と教育関係的信念に分岐特化していると考えられるのである。

## 3. 調査の方法と概要

### (1) 2因子4類型の計測

本分析では、中心的役割を果たす教育信念の計測にあたっては、OECD(2009)のTALIS調査(7)および近年のゼロトレランスをめぐる論争を念頭におき、「次の(1)～(7)のような、子どもたちへの指導についての対照的な考え方があります。AとBのうち、あなたの考えに近い番号に○をつけてください。」として「教育のいとなみは、子どもの可能性が開花するための支援か、それとも一人前の大人になるための教授訓練か」「問題生徒に必要なのは子どもの心

**Q9** 次の(1)～(7)のような、子どもたちへの指導についての対照的な考え方があります。
AとBのうち、あなたの考えに近い番号に ○ をつけてください。

| [A] | Aに近い | どちらかといえばAに近い | どちらかといえばBに近い | Bに近い | [B] |
|---|---|---|---|---|---|
| (1A) 子どもの持っている可能性が開花するのを支援する | 1 | 2 | 3 | 4 | (1B) 一人前の大人になるために必要なことを教え、訓練する |
| (2A) 自発的な学習を支援する | 1 | 2 | 3 | 4 | (2B) たとえ強制してでも、とにかく学習させる |
| (3A) 子どもが自分で答えや解き方を見つけられるように支援する | 1 | 2 | 3 | 4 | (3B) 教師が正しい答えや解き方を示す |
| (4A) 子どもたちの考えを発表したり議論する時間を多くとる | 1 | 2 | 3 | 4 | (4B) 子どもが知識・技能を身に付けるよう反復練習する時間を多くとる |
| (5A) 子どもの長所をほめて伸ばそうとする | 1 | 2 | 3 | 4 | (5B) 子どもの短所を注意して直そうとする |
| (6A) 多少失敗してもできるだけ子どもにやらせる | 1 | 2 | 3 | 4 | (6B) 子どもが失敗しないように細かく注意を与える |
| (7A) 問題をおこした子どもの気持ちによりそった指導を行う | 1 | 2 | 3 | 4 | (7B) 問題をおこした子どもに対しては毅然とした指導を行う |

**図 10.1　本調査における質問項目**

によりそった指導か、それとも毅然とした指導か」等々、7つの対立的な教育信念について、どちらの主張により近いかを選択してもらう形式をとった。

「ケース・バイ・ケース」等の理由付けによってモラル・ジレンマが簡単に回避されることを防ぐため、選択肢は偶数とした。回答者自身の信念構図と質問項目の想定する構図の不一致等のもたらす心理的抵抗によって、回答を拒否する者が増加する可能性も考慮していたが、結果的に見れば、回答拒否率は1%程度と、他の質問項目の半分程度でしかなかった。

分析の信頼妥当性確保の観点からは6件法以上が望ましいが、本調査項目はクロス集計での報告書を念頭に置いて作成されたため４件法が採用された。分析にあたっては、カテゴリカルデータ分析によって分析を補完した。

本分析に使用するデータは、本調査のうち、全国８地域の教育委員会を通して行った小中学校教員調査の部分である。調査期間は2014年７月〜翌１月であり、調査対象者は公立小中学校の臨時採用を含む教育職員である。８地域の内訳は首都圏３地域、政令指定都市１地域、地方都市３地域、地方町村１地域であり、地域は機縁法によって選定され、地理的には日本国内に広く分布している。調査用紙の配付と回収は教育委員会の協力のもとで学校ごとに悉皆で行われ、結果として有効回答は50校919名であり、学校レベルの平均回収率は65.8%となった。

## 4. 教育信念の分析

### (1) 教育信念の記述統計分析

教育信念７項目の回答結果は**表10.1**のとおり、いずれの項目においても協調的で発達支援的なＡの側、いわば「子ども中心主義」の側の回答が多くなっている。これはTALIS 2008の世界的傾向と一致する。協調か強制かでいえば協調、発達支援か注入かでいえば発達支援というのが、現代のトレンドである。「Ｂに近い」と答える者は数パーセントであり、圧倒的少数である。

### (2) 教育信念の因子分析

前述の教育信念（７項目）について探索的カテゴリカル因子分析を行い、各質問項目の類似性を縮約的に表現する因子を析出した。推定法はロバスト重み付き最小二乗法である[(8)]。

モデル１は単一因子モデルである。今回の分析では教師の教育信念のありようについて探索的に調べる趣旨で多様な項目を盛り込んでいるため、因子負荷量で0.8を超える項目がなく、RMSEAが高くCFIもやや低いが、１因子で全分散の46.5%を説明しており、今回の分析には十分であろうと考える。

内容としては「⑤子どもの短所を注意して直そうとする／子どもの長所をほめて伸ばそうとする」「③教師が正しい答えや解き方を示す／子どもが自分で答えや解き方を見つけられるように支援する」を中心として各項目が比較的均

表 10.1　教育信念の度数分布

| | | Aに近い | どちらかといえばAに近い | どちらかといえばBに近い | Bに近い | 合計 |
|---|---|---|---|---|---|---|
| (1A) 子どもの持っている可能性が開花するのを支援する | 人数 | 144 | 407 | 307 | 51 | 909 |
| (1B) 一人前の大人になるために必要なことを教え、訓練する | % | 15.8% | 44.8% | 33.8% | 5.6% | 100% |
| (2A) 自発的な学習を支援する | 人数 | 161 | 471 | 256 | 23 | 911 |
| (2B) たとえ強制してでも、とにかく学習させる | % | 17.7% | 51.7% | 28.1% | 2.5% | 100% |
| (3A) 子どもが自分で答えや解き方を見つけられるように支援する | 人数 | 282 | 540 | 84 | 4 | 910 |
| (3B) 教師が正しい答えや解き方を示す | % | 31.0% | 59.3% | 9.2% | 0.4% | 100% |
| (4A) 子どもたちの考えを発表したり議論する時間を多くとる | 人数 | 157 | 508 | 209 | 20 | 894 |
| (4B) 子どもが知識・技能を身に付けるよう反復練習する時間を多くとる | % | 17.6% | 56.8% | 23.4% | 2.2% | 100% |
| (5A) 子どもの長所をほめて伸ばそうとする | 人数 | 356 | 470 | 81 | 3 | 910 |
| (5B) 子どもの短所を注意して直そうとする | % | 39.1% | 51.6% | 8.9% | 0.3% | 100% |
| (6A) 多少失敗してもできるだけ子どもにやらせる | 人数 | 293 | 529 | 86 | 4 | 912 |
| (6B) 子どもが失敗しないように細かく注意を与える | % | 32.1% | 58.0% | 9.4% | 0.4% | 100% |
| (7A) 問題をおこした子どもの気持ちによりそった指導を行う | 人数 | 175 | 498 | 205 | 30 | 908 |
| (7B) 問題をおこした子どもに対しては毅然とした指導を行う | % | 19.3% | 54.8% | 22.6% | 3.3% | 100% |

等に負荷していることから、教育関係が協調的で、教育方法が発達支援的であるA項「協調的発達支援の教育信念」と教育関係が強権的であり教育方法が注入的であるB項「強権的注入の教育的信念」の二項対立を念頭に置いて「強権的注入信念」因子と名付けることとした。

モデル2は、前節までの理論的検討にしたがって、ジオミン直交回転によって相互に独立した2因子を析出したモデルである。累積寄与率は1因子モデルとほぼ同じであるがRMSEAやCFIは改善している。全分散の36.9%を説明する第1因子は前述の「⑤注意する教育（↔ほめる教育)」次いで「⑦問題生徒への毅然とした指導（↔よりそう指導)」を中心として各項目に比較的均等に負荷しており、モデル1の強権的注入因子と高い類似性を有する（因子得点の相関係数も $r=.985$ となっている)。これを後述の第2因子との対比で「強権的信念」因子と名付ける。

第2因子は全分散の9.4%を説明する因子であり「③正答解法教示（↔自力回答支援)」次いで「④反復練習重視（↔発表議論重視)」に特化しており「注入的信念」因子と名付ける（強権的注入との因子得点の相関係数は $r=.317$ である

表 10.2 教育信念の因子分析

| ESEM<br>Estimation = WLSMV,<br>Rotation = GEOMIN（ORTHOGONAL） | | | |
|---|---|---|---|
| | MODEL 1 | MODEL 2 | |
| | 強権的注入 | 強権 | 注入 |
| 因子負荷量 | | | |
| ①教育訓練 | .542 *** | .558 *** | -.001 |
| ②強制学習 | .629 *** | .595 *** | .161 ** |
| ③正解教授 | .669 *** | .571 *** | .698 *** |
| ④反復練習 | .648 *** | .572 *** | .304 *** |
| ⑤注意教育 | .704 *** | .734 *** | -.010 |
| ⑥失敗回避 | .619 *** | .598 *** | .127 * |
| ⑦毅然指導 | .517 *** | .604 *** | -.198 ** |
| 因子間相関 | | | |
| 強権 | | | .000 |
| 注入 | | .000 | |
| 負荷量平方和 | 3.256 | 2.580 | .661 |
| 因子寄与率（回転後） | .465 | .369 | .094 |
| 累積寄与率（回転後） | .465 | .463 | |
| RMSEA | .107 | .095 | |
| CFI | .944 | .975 | |
| WRMR | 1.564 | .972 | |
| n | 914 | | |

($p$ = .000))。なお、これらの因子得点の高さはあくまでも相対的なものであり、前述のとおり元になった7項目はいずれも協調的発達支援の側に多くの回答が集まっている点には注意が必要である。

前述のとおり、モデル2で直交回転を選択したのは、2つの因子の正負の組み合わせによって「I強権的注入」「II強権的発達支援」「III協調的発達支援」「IV協調的注入」の4象限を考えることができるからである。ただし因子寄与率は1因子モデルと変わらず、2因子モデルはやや冗長だといえる。プロ教師的な「強権的発達支援」(「毅然とした指導」と「考えさせる指導」の接合) や塾講師的な「協調的注入」(個によりそった知識注入) は現実的には希有であることが分かる。

### (3) 教育信念とその他の属性の関係性について

では、これらの教育信念の分布傾向はどのような属性と関連しているだろう

表 10.3　その他の記述統計

| 記述統計量 | 人数 | 最小値 | 最大値 | 平均値 | 標準偏差 |
|---|---|---|---|---|---|
| 中学校教員ダミー（0= 小学校，1= 中学校） | 913 | 0 | 1 | .325 | .469 |
| 女性ダミー（0= 男性，1= 女性） | 917 | 0 | 1 | .594 | .491 |
| 小学校 | 615 | 0 | 1 | .660 | .476 |
| 中学校 | 296 | 0 | 1 | .470 | .500 |
| バーンアウトスコア（Pines & Aronson 1988 Burn Out Index : 1 ～ 7 点） | 878 | 1.143 | 6.952 | 3.011 | .981 |
| バーンアウト尺度 4 点以上（燃え尽き群） | 878 | .000 | 1.000 | .126 | .333 |
| バーンアウト尺度 5 点以上（病理群） | 878 | .000 | 1.000 | .043 | .204 |
| 小学校 | 587 | 1.143 | 6.952 | 2.983 | .963 |
| バーンアウト尺度 4 点以上（燃え尽き群） | 587 | .000 | 1.000 | .112 | .316 |
| バーンアウト尺度 5 点以上（病理群） | 587 | .000 | 1.000 | .038 | .190 |
| 中学校 | 285 | 1.238 | 6.762 | 3.073 | 1.024 |
| バーンアウト尺度 4 点以上（燃え尽き群） | 285 | .000 | 1.000 | .158 | .365 |
| バーンアウト尺度 5 点以上（病理群） | 285 | .000 | 1.000 | .056 | .231 |

か。

表 10.3 はその他の変数の記述統計表である。小中学校教員の構成比は小学校教員 67.5%、中学校教員 32.5% となっている。女性は回答者全体の 59.4% を占めているが、小学校では 66.0%、中学校では 47.0% となっており、小学校で女性教師が多く中学校では男女比がほぼ均等となっている。2014 年度の日本全体の教員数の女性比率は小学校 63.2%、中学校 43.9% であるからやや女性の回答者が多めであるが、著しい差ではない。

バーンアウトスコアは Pines & Aronson（1981, 1988）の 21 項目を使用している(9)。パインズのバーンアウト尺度は 3 点台が警戒群、4 点台が燃え尽き群、5 点以上が病理群とされるが、分析対象者の平均は 3.01 であり、小中学校間で統計的に有意な差はみられない（$F = 1.630, p = .202$）。

教育信念の 7 つの質問項目について性別、学校段階別、職務別、年齢層ごとに、カイ二乗検定および残差分析で検討した際、回答の分布に 5% 水準で差異が見られたのは以下である。

性別で差異が見られたのは、第一に⑤の「A ほめる教育⇔B 注意する教育」であり、「A ほめる教育に近い」と答えた者が男性 33.1% に対し女性は 43.2% と 10% 以上も高かった。また⑦の「A 問題生徒によりそう⇔B 問題生徒に毅然と指導する」についても「B 問題生徒に毅然と指導する」に近いと答えた者が男性 5.1% に対し女性は 2.1% と少なくなっている。

学校段階別では、多くの項目で中学校教師と比べて小学校教師のほうがA寄りの回答を選択する傾向がある。例えば⑤の「A ほめる教育⇔B 注意する教育」や③の「A 自力回答支援⇔B 正答解法教示」では7.5%ほど、小学校教師のほうが「Aに近い」と答える者が多い。①の「A 可能性開花支援⇔B 一人前への訓練」と④の「A 発表議論重視⇔B 反復練習重視」でも、小学校教師のほうがA側に寄る傾向が見られる。

回答者の職務別に見た場合、③「A 自力回答支援⇔B 正答解法教示」のみに差異が見られた。「Aに近い」と答えた者は、校長で51.2%、臨時採用講師で40.7%となっているのに対し、教諭は29.6%、養護教諭は2.9%となっている。養護教諭は生徒の身体的不調の手当を担当することから「教師が正しい答えを示す」必要性が高いことは理解できる。校長や臨採講師に比べて、個々の児童生徒の指導評価責任を負っている教諭が「子どもの自己解決の支援」という「子ども中心主義」的な選択肢に割り切れなさを抱えていることが分かる。

年齢層についても年代によって明確な差が存在する。たとえば⑤の「A ほめる教育⇔B 注意する教育」について「Aに近い」と答えた者の割合は22～30歳の場合が46.2%であるのに対し、41～50歳で32.9%で最低となり、ほとんどが臨採（再雇用）である61歳以上（15名）では80.0%まで上昇する。③の「A 自力回答支援⇔B 正答解法教示」についても「Aに近い」は22～30歳の場合が40.9%であるのに対し、31～40歳では一気に22.4%に低下し、61歳以上でふたたび46.7%まで上昇する。⑥「A 試行錯誤重視⇔B 無失敗重視」についても同様に、22～30歳の場合は40.7%であるのに対し、51～60歳の27.6%でボトムとなって、61歳以上では60.0%まで上昇する。①の「A 可能性開花支援⇔B 一人前への訓練」についても、61歳以上の46.7%が「Aに近い」と答えているのに対し、31～50歳でそのように答えているのは10%程度である。

年齢については、加齢の効果か出生年代の効果か、あるいはそれ以外の効果かは時系列情報を含まない本データからは厳密には分からないが、全般的にU字型で協調的教育観・発達支援的教育観が強まる傾向がうかがえる。

### (4) 相関分析

析出された3つの教育信念因子がいかなる特性を有するのかを概括する際に

有益であるのが、本調査の他の質問項目との関連性の検討である。そのため3因子の因子得点と統計的に有意な相関を有する変数を一覧にして**表 10.4 ～表 10.6** に示した[10]。

**① 強権的注入信念および強権的教育信念**

強権的注入信念と強権的信念については、順序はややずれるもののほぼ同様の項目が並んでいる。職務をめぐっては「何を教えれば子どもにとって意義があるのかがあいまいになる」「保護者への対応に手を焼く」などと正の相関を有し、「子どもに接する喜びのある仕事だ」「やりがいのある仕事だ」「教材研究が楽しい」「教師以外の人々との関係づくりが欠かせない仕事だ」などと負の相関を有している。

バーンアウトスコアとも正の相関を有するが、「毎日の仕事が忙しい」は統計的に有意ではない（強権的注入 $r = .012$　$z = .308, p > .05$）。多忙よりも教職生活に対する迷いや保護者・生徒からの不信などを背景とする教職への不適応感と関連していることがうかがえる。

本分析は、変数間の相関を扱うものであって因果関係の向きについては不明である。たとえば強権的信念に従って強権的指導法を採用した場合に生徒側が萎縮・沈黙したり敵対的となることで指導の手応えが得られにくくなることが考えられるし、逆に生徒側が非協力的・怠学的であるように見えるがゆえに「それならば」と強権的指導を信念的に正当化するという因果の向きもあるなど、強権的信念と殺伐とした学校環境とが循環的に相互規定している可能性が考えられる。強権的教師自身も「自分の持っていた教育観や信念に混乱が生じている」「何を教えれば子どもにとって意義があるのかがあいまいになる」と答える場合が多い傾向にあるなど、悪循環的な泥沼にはまり込んでいるという認識を持っている場合、あるいは協調的信念の現実的な無力さの認識から強権化している場合などが考えられる。

社会意識をめぐっては「自分の生活スタイルを崩してまで、困っている人に関わろうとは思わない」「みんなで議論するよりも有能な指導者にまかせたほうが政治はうまくいくものだ」「選挙では大勢の人々が投票するのだから、自分一人くらい投票しなくてもかまわない」など、社会心理学分野で著名な権威主義ないし保守主義的パーソナリティの評価項目群と正の相関を有していた

## 表 10.4　強権的注入信念の相関分析

| 変数 | $r$ | S.E. | $Z$ | Sig. |
|---|---|---|---|---|
| 自分の生活スタイルを崩してまで、困っている人に関わろうとは思わない（4件法） | .267 | .030 | 8.900 | *** |
| バーンアウトスコア（Pines & Aronson 1988 Burn Out Index : 1 ～ 7 点） | .216 | .028 | 7.714 | *** |
| みんなで議論するよりも有能な指導者にまかせたほうが政治はうまくいくものだ（4件法） | .223 | .030 | 7.433 | *** |
| 何を教えれば子どもにとって意義があるのかがあいまいになる（4件法） | .176 | .032 | 5.500 | *** |
| 選挙では大勢の人々が投票するのだから、自分一人くらい投票しなくてもかまわない（4件法） | .182 | .037 | 4.919 | *** |
| 自分のようなふつうの市民には、政府のすることに対して、それを左右する力はない（4件法） | .154 | .032 | 4.813 | *** |
| 保護者への対応に手を焼く（4件法） | .164 | .035 | 4.686 | *** |
| 学校に行くのがおっくうになる（4件法） | .145 | .031 | 4.677 | *** |
| 自分の持っていた教育観や信念に混乱が生じている（4件法） | .141 | .032 | 4.406 | *** |
| 教職をやめたい（4件法） | .145 | .034 | 4.265 | *** |
| | | | | |
| 一人ひとりの子どもとの関係づくりに自信がある（4件法） | -.226 | .035 | -6.457 | *** |
| 教師には子どもの人権や尊厳を尊重した指導を行う責任がある（4件法） | -.279 | .043 | -6.488 | *** |
| 教師には自主的・主体的に考え行動できる力を、子どもたちが身につけられるようにする責任がある（4件法） | -.254 | .039 | -6.513 | *** |
| 教師には他の人と協同してものごとを行う力を、子どもたちが身につけられるようにする責任がある（4件法） | -.267 | .040 | -6.675 | *** |
| 嫌なことがあっても、明るく前向きな自分でありたい（4件法） | -.236 | .035 | -6.743 | *** |
| 教師以外の人々との関係づくりが欠かせない仕事だ（4件法） | -.218 | .032 | -6.813 | *** |
| 「自分らしさ」を表現できる仕事だ（4件法） | -.221 | .032 | -6.906 | *** |
| 教材研究が楽しい（4件法） | -.267 | .033 | -8.091 | *** |
| やりがいのある仕事だ（4件法） | -.307 | .037 | -8.297 | *** |
| 子どもに接する喜びのある仕事だ（4件法） | -.338 | .035 | -9.657 | *** |

※特に注記がないかぎり質問に対して肯定的であるほど高い点数が与えられている。
$r$ = Polyserial Correlaton（Mplus 7.3.1），$Z$ 統計量による降順，***$p < .001$

## 表 10.5　強権的信念の相関分析

| 変数 | $r$ | S.E. | $Z$ | Sig. |
|---|---|---|---|---|
| 自分の生活スタイルを崩してまで、困っている人に関わろうとは思わない（4件法） | .264 | .031 | 8.516 | *** |
| バーンアウトスコア（Pines & Aronson 1988 Burn Out Index : 1 ～ 7 点） | .214 | .029 | 7.379 | *** |
| みんなで議論するよりも有能な指導者にまかせたほうが政治はうまくいくものだ（4件法） | .227 | .031 | 7.323 | *** |
| 選挙では大勢の人々が投票するのだから、自分一人くらい投票しなくてもかまわない（4件法） | .193 | .036 | 5.361 | *** |
| 何を教えれば子どもにとって意義があるのかがあいまいになる（4件法） | .164 | .032 | 5.125 | *** |
| 保護者への対応に手を焼く（4件法） | .177 | .035 | 5.057 | *** |
| 自分のようなふつうの市民には、政府のすることに対して、それを左右する力はない（4件法） | .159 | .032 | 4.969 | *** |
| 学校に行くのがおっくうになる（4件法） | .131 | .032 | 4.094 | *** |
| 人事・給与と連動した教員評価（4件法：強く取り組まれているほど高得点） | .135 | .033 | 4.091 | *** |
| 自分の持っていた教育観や信念に混乱が生じている（4件法） | .132 | .033 | 4.000 | *** |
| | | | | |
| 子どもから信頼されている（4件法） | -.213 | .034 | -6.265 | *** |
| 教師には他の人と協同してものごとを行う力を、子どもたちが身につけられるようにする責任がある（4件法） | -.257 | .040 | -6.425 | *** |
| 教師には子どもの人権や尊厳を尊重した指導を行う責任がある | -.278 | .043 | -6.465 | *** |
| 嫌なことがあっても、明るく前向きな自分でありたい（4件法） | -.227 | .035 | -6.486 | *** |
| 一人ひとりの子どもとの関係づくりに自信がある（4件法） | -.229 | .035 | -6.543 | *** |
| 教師以外の人々との関係づくりが欠かせない仕事だ（4件法） | -.216 | .032 | -6.750 | *** |
| 「自分らしさ」を表現できる仕事だ（4件法） | -.221 | .032 | -6.906 | *** |
| やりがいのある仕事だ（4件法） | -.298 | .037 | -8.054 | *** |
| 教材研究が楽しい（4件法） | -.272 | .033 | -8.242 | *** |
| 子どもに接する喜びのある仕事だ（4件法） | -.333 | .035 | -9.514 | *** |

※特に注記がないかぎり質問に対して肯定的であるほど高い点数が与えられている。
$r$ = Polyserial Correlaton（Mplus 7.3.1），$Z$ 統計量による降順，***$p < .001$

(Adorno et al. 1950, Jost et al. 2003)。また上記はいずれも「省エネ」的な思考のあらわれでもある。政治的な権威主義・保守主義、社会生活の余裕のなさ、心理的なバーンアウト、教育信念の強権性、これらは回答者の器質性を背景に持ちつつも互いに絡み合って生起しているものと思われる。

政治心理学の大家J・ヨストらが90年代までの88の調査研究を総括した結果によれば、政治的な「保守（conservative）」性向と正の関連性を持つ心理的傾向として挙げられるのは「死に対する不安」（weighted mean $r$ = .50）、「社会システムの不安定性の認識」（.47）、「曖昧さへの不寛容（教条主義）」（.34）、「秩序・構造・閉鎖性の希求」（.26）、そして「脅威と損失への恐怖」（.18）の5要素であった。逆に「保守」性向と負の関連性、つまり「革新（liberal）」性向と正の関連を持つのは「経験に対する開放性」（.32）、「不確定要素に対する寛容さ」（.27）、「認識的統合の複雑性」（.20）、「自尊心の高さ」（.09）の4要素である。

不確定性や脅威に曝されるとき、人々は実存的次元においては「恐怖感を慰撫したい」「損失を予防したい」「自信を回復したい」という衝動に駆られ、認知的次元においては曖昧さや不確実要素をなくし、秩序立った世界を見出そうとし、思想的次元では自己の利害関心や既存の社会秩序を合理化し、自分の属する集団の支配力を強化しようとする。その結果、「変化への抵抗」や「不平等の肯定」などを特徴とする政治的保守主義が誕生するのである（Jost et al. 2003）。

今回の分析では、職業的な苦悩がかれらを保守主義的パーソナリティへと誘っているのか、それとも保守主義的なパーソナリティであるがゆえに強権化するのか（あるいはそれ以外なのか）は分からないが、教育的強権主義と政治的保守主義の相性がよいことは確かであろう。実際、少なくとも2000年代以降、前述の加藤十八（2009）や河上亮一（1996）など強権的指導法の主唱者たちが保守的政権下で教育委員を務める一方で、共産党系の全日本教職員組合のシンクタンク民主教育研究所、民進党・社民党支持である日本教職員組合のシンクタンク教育文化総合研究所が強権的生徒指導に対する批判的言説の産出母体となってきた現状がある。

また「人事・給与と連動した教員評価」「『いじめ防止対策推進法』にもとづく取り組み」（$r$ = .130）「『全国学力・学習状況調査』の結果にもとづく学力向上策」（$r$ = .127）などが学校で積極的に行われているという認識の強い者ほど

強権的信念が強いという傾向も見られた。これもまた国側の施策の浸透度と強権的信念の関連を示すものである。厳密に言えば、国側の施策自体の強権性と上意下達の実現する「権力に対する従順さ」の両方が影響しているのだろう。

なお、強権的注入信念および強権的信念は男女で統計的に有意な差が見られず（女性ダミー（強権的注入）$r = -.025, z = -.595, p > .05$）、小学校よりも中学校で強くなる傾向にある。教員の強権的注入信念が小学校よりも中学校で強いことは、これまでも「中一ギャップ」などの要因として語られてきており、経験的事実と符合する結果である。児童の身体的・精神的発達段階上、小学校においては協調的で発達支援的な信念を維持することが比較的容易であること、また小学校と中学校で教員の養成や採用過程が異なっており、中学校側に強権的注入信念の保持者が集まりやすいことなどが理由として考えられる。

強権的注入の教育信念は 30 ～ 40 代で高く、それ以外の年齢層で低い山形を描く（Welch's $F = 7.302, p = .000$）。若手教員から中堅教員になるにしたがって強権的注入の信念が強まるのは、一般通念や教員養成課程において理想とされることの多い協調的発達支援の理念を奉じて教壇に立った初任教員が、リアリティ・ショックや先輩教員との影響関係のなかで強権的注入へと転向していくという事態が存在するということであろう（この点については山本 2015c を参照されたい）。ただ年齢と教育信念の関連性は加齢効果ではなくコーホート効果や時代効果である可能性も考えられる。この点については今後検証が必要である。

最後に、これは年齢との兼ね合いもあるのだろうが、校長は他の職位の者よりも「協調的発達支援」の信念を持つ傾向にある。校長が他の職位と比較して協調的発達支援の信念を主張するのは、そうした信念を保持している者が校長職に就くというより、スクールリーダーとして対外的に理想的教師像の理念を体現する必要に迫られるためであるかもしれない。

### ② 注入的教育信念

注入的教育信念は、強権的注入信念と強権的教育信念と比べて統計的有意性が下がるが、職務をめぐっては「何を教えれば子どもにとって意義があるのかがあいまいになる」「学校に行くのが億劫になる」「教職を辞めたい」などと正の相関を有し、「教師には自主的・主体的に考え行動できる力を子どもたちが身につけられるようにする責任がある」「学年会・教科会や担当委員会（行事

**表 10.6　注入的信念の相関分析**

| 変数 | $r$ | S.E. | $Z$ | Sig. |
|---|---|---|---|---|
| 何を教えれば子どもにとって意義があるのかがあいまいになる（4件法） | .132 | .032 | 4.125 | *** |
| 養護教諭（=1, 0= それ以外） | .280 | .080 | 3.500 | *** |
| 「全国学力・学習状況調査」の結果にもとづく学力向上策（4件法：強く取り組まれているほど高得点） | .105 | .034 | 3.088 | ** |
| 学校に行くのがおっくうになる（4件法） | .107 | .035 | 3.057 | ** |
| 教職をやめたい（4件法） | .108 | .038 | 2.842 | ** |
| 現在の仕事の量は過重だ（4件法） | .103 | .037 | 2.784 | ** |
| 自分の生活スタイルを崩してまで、困っている人に関わろうとは思わない（4件法） | .094 | .034 | 2.765 | ** |
| 毎日の仕事が忙しい（4件法） | .105 | .039 | 2.692 | ** |
| 「言語活動の充実」や「活用力」の重視（4件法：強く取り組まれているほど高得点） | .090 | .035 | 2.571 | * |
| 他の教師からの評価を気にして仕事をしている | .078 | .034 | 2.294 | * |
| | | | | |
| 教師には働く上で必要な力を、子どもたちが身につけられるようにする責任がある（4件法） | -.116 | .039 | -2.974 | ** |
| 教師には学校外での子どものトラブルに対しても指導を行う責任がある（4件法） | -.102 | .034 | -3.000 | ** |
| 22～30歳（1= 該当者 , 0= それ以外） | -.134 | .041 | -3.268 | ** |
| 学年会・教科会や担当委員会（行事や校務分掌に関する）などが、よく開かれている（4件法） | -.108 | .033 | -3.273 | ** |
| 校則などの規則を守らせることに自信がある（4件法） | -.112 | .034 | -3.294 | *** |
| 自分には教師という職業が合っている（4件法） | -.116 | .035 | -3.314 | *** |
| 教師には他の人と協同してものごとを行う力を、子どもたちが身につけられるようにする責任がある（4件法） | -.137 | .039 | -3.513 | *** |
| やりがいのある仕事だ（4件法） | -.134 | .036 | -3.722 | *** |
| 学年会・教科会や担当委員会（行事や校務分掌に関する）などで活発な議論がなされている（4件法） | -.125 | .031 | -4.032 | *** |
| 教師には自主的・主体的に考え行動できる力を、子どもたちが身につけられるようにする責任がある（4件法） | -.207 | .036 | -5.750 | *** |

※特に注記がないかぎり質問に対して肯定的であるほど高い点数が与えられている。
$r$ = Polyserial Correlaton（Mplus 7.3.1），$Z$ 統計量による降順，***$p < .001$, **$p < .01$, *$p < .05$

や校務分掌に関する）などで活発な議論がなされている」「教師には他の人と協同してものごとを行う力を子どもたちが身につけられるようにする責任がある」などと負の相関を有する。

社会意識についても「自分の生活スタイルを崩してまで、困っている人に関わろうとは思わない」が注入的教育信念と有意な正の関連性を有しており、社会問題にせよ学校内の問題にせよ、主体的かつ共同的に解決していこうとする意志の弱さと関連していることが分かる。

注入的教育信念が「『全国学力・学習状況調査』の結果にもとづく学力向上策」と正の相関を持つことは理解しやすいが、「『言語活動の充実』や『活用力』の重視」「『いじめ防止対策推進法』にもとづく取り組み」が勤務校で盛んであるという認識の強さと正の相関を持つ点は上記傾向性からすると意外にも思われる。これは内容における共同性に反応しているというより、文部科学省の方針に対する上意下達的な被注入的態度と相関しているのであろう。実際「保護者・地域住民の学校参加」のような文科省の方針ではさほど強調されていない共同的取り組みについては無反応であるし「教師には他の人と協同してものごとを行う力を子どもたちが身につけられるようにする責任がある」については負の相関を有している。

注入的教育信念については校種・性別に関する有意差は認められなかった。年齢では22～30歳の若手はそれ以外の年齢の者と比べて有意に発達支援的である。これは強権的注入信念・強権的信念と同様の傾向であり、リアリティ・ショックや先輩教員からの影響が介在しているものと思われる。

なお、注入的教育信念の強弱は教科等によって異なるかと思われたが、5%水準で統計的に有意なのは「体育」と「養護」のみであった。「体育」が他の教科と比べて発達支援的となっているのは、教育内容面で実技が多く、正解教示のみならず子ども自身による課題解決の支援が求められるからであろう。養護教諭の注入的信念が高い傾向にあるのも、前述のとおり知識教授や身体介入をその職分としていることに由来するものと思われる。

## 5. おわりに

本章では、教師の教育信念の様態を、教育関係における「強権⇔協調」、教育方法における「注入⇔発達支援」の区別のもとに検討してきた。

今回の分析で重要な示唆は、教育信念は理念型として「強権⇔協調」「注入⇔発達支援」に区分可能でありつつ、現実的には一元性が高く、その対立はおおよそ「権威主義的パーソナリティ⇔民主主義的パーソナリティ」と重なるという点である。

前述のとおり、プロ教師的な「強権的発達支援」や塾講師的な「協調的注入」は現実的には稀有であり、学校現場の信念対立は「強権的注入⇔協調的発達支援」の二項対立で説明できる部分が多い。そして強権的注入の教育信念は社会心理学における権威主義的パーソナリティと共通点を有しており、その意味において、教育における「強権的注入 vs. 協調的発達支援」の対立は、政治・経済・文化といった社会の諸領域における「権威主義 vs. 民主主義」の対立の一環として教育現場に表れている部分が、いまだどの程度かは十分に明らかではないものの、存在すると考えられる。

以下は今後の課題である。まず、教師個人の教育的信念とその職場環境の関係性の分析が必要である。本調査データにおいては個々の教師のレベルの変数と学校レベルの変数の区分けが可能であるため、マルチレベル分析によって、個々の教師の教育信念や学校の校風が教師のメンタルヘルスや当該学校の学校秩序と如何なる関係を持つのかを検証することが可能である。

本調査は「教育信念の志向性」を扱ったものであり「教育信念の強度」は分からないため、今後この点については調査検討が必要である。また、本調査の教育信念指標には改善の余地があり、今後、心理学的な指標作成の手続きを採用した指標の洗練が必要である。

また、本調査はワンショットの調査であり、データに時系列情報を含まない。そのため相関は明らかになるとしても、因果関係を明らかにするものではない。この点についての実証も今後の課題としたい。

さらにいえば、本調査データはあくまでも調査対象者の言説実践のデータであって実際の教育実践を正確に反映していないかもしれない。剥き出しの体験を言説へ編み上げる際に加わるバイアスもまた一様ではないはずである。そこには無意識的・意識的な体験加工が介在するはずであり、その手付きのありようが教育信念の誕生と深く関連している可能性がある。

強権的信念と注入的信念は理論的にも現実的にも独立ではありえないが、しかしまったく同じでもない。今後、より十分な精度を持った質問項目群を用意し、分析方法を改良する必要があるが、教育信念の磁場を2軸4象限で描くことの持つ発見的機能を軽視すべきではないだろう(11)。

〈注〉

（1） 厳密に言えば、ここでいう信念は、ブルデューのいう、志向性（ディスポジシオン）の束としてのハビトゥスの一側面であるエートスを意味する。

（2） この点については、拙稿「ひきこもりと家族の実存的不安」（山本 2018a）を参照のこと。

（3） 強権的教育関係は子どもの現状を承認しないことによって変化を余儀なくさせるのに対し、協調的教育関係は子どもの承認をベースにして内発的な変化を促すが、子どもの内面においては、純粋に内発的な自己成長欲求だけでなく、承認の維持への欲求、さらなる承認への欲求なども存在するだろう。ホネット（邦訳 1999）も言うように「非承認」は発達の起点として機能する側面を有するのであるが、それをどこに位置づけるかについていえば、強権的教育関係が直接的に扱うのに対し、協調的教育関係の場合は排除するか「共通の敵」として扱う。教師と生徒が対等ないし協調的だというのは、教師側のオフィシャルな権力の非対称性という点においては仮構という他ないが、しかしながら、対等な関係性は、強大な学校組織のなかでの「お世話モード」

（吉田 2007）といった形では、比較的よく観察されるものであるし、スクールカースト等を含む諸々の象徴権力性の渦中にあっては十分にありえる。またそうしたフィクションを皆で維持しようというある種の共犯性ないし非常に強固な精神的支配が存在する場合もあるだろう。

（4） 事例として、書籍『夜回り先生』や映画『グッド・ウィル・ハンティング』なども参照されたい（山本 2018b）。

（5） 映画『セッション』の音楽的英才教育や映画『愛と青春の旅立ち』の新兵教育などはそれを描いたものであろう（山本 2017）。

（6） ただし「権威主義⇔民主主義」という対立もまた厳密ではなく「権威主義⇔反権威主義」に比べて多様な要素を含んでいる点には注意が必要である。

（7） 本章では分析にあたってTALISの調査方法に対していくつかの修正を加える。TALIS 2008では教育信念について4件法で尋ねたうえでイプサティブ尺度化して二項対立的に再集計するのだが、たとえば「A. 優れた教員は、問題解決のための正しい方法を明示するものである。」に対して、それを否定する理路は複数考えられる。そして「優れた教員は、問題解決のための正しい方法を明示するのではなく、むしろ生徒自身が自分で問題解決方法を見つけだせるような支援を行うべきだ」という対立的な信念（構成主義的信念）を即座に発想できる者は稀であろう。多くの場合は、むしろ「間違った方法を示す教師は優れているとは言えないだろう」といった思考にもとづく回答を行う場合が考えられる。ここには質問者と回答者のあいだの認識のズレが存在する。質問者は教育信念の質的側面を尋ねているのに対し、回答者は教育信念の量的側面に着目しているのである。そのため、すべての回答に対して「非常によく当てはまる」と回答する者が現れるなど、教育信念尺度がモラル・ジレンマ状況下で教育信念を試すような緊張感のあるものではなく、単なる「自分はいかに気の利いた教員か」の指標になってしまっているおそれがある。こうした雑多な論理が交絡した状況下でイプサティブ尺度化をしても、正確な信念の志向性は析出できない。つまり、打破すべきは単に緊張感のない二項対立のみならず「緊張感のない二項対立図式」と「緊張感のない脱構築」の二項対立図式でもある。TALISのもうひとつの問題点は、直接伝達主義と構成主義の操作的定義にある。たとえば「I. 実際的な問題がどのように解決されるかを教師が示す前に、生徒自身が解決方法について考えられるようにすべきである。」に対しては、前述のとおり実に9割の教員が支持を表明している。しかし、この質問の対立項にあるのは、普通に読めば「生徒自身に考えさせる暇を与えるな」であり、これはさすがに直接伝達主義一辺倒の教員であろうと否定せざるを得ないのではないか。この質問項目を構成主義的信念を測る項目として含めば、直接伝達主義との正の相関関係が高まるのは当然であろう。つまりTALISにおいて「直接伝達主義」と「（社会的）構成主義」の両信念が対立と輻輳の両側面を表す理由は2つある。第1に、それは「信念の強度」と「信念の志向性」を一度に尋ねており、ケース・バイ・ケースや段階論的思考なども含む多様な解釈の余地を残している点である。第2に、直接伝達主義と社会的構成主義を別々に指標化しており、似たような項目を採用したために、両信念に共通する基底的教育信念の部分と、差異をもたらす部分が混ざり合ってしまっているという点である。実際のところ、なぜイプサティブ尺度を用いたのか、なぜ8つの項目を用いて1因子モデルないし2因子モデルの因子分析をしなかったのかは不明である。しかし、いずれにせよ、このままでは十分な分析結果は望めないだろう。

（8） Mplus 7.3.1で因子得点を算出する都合上、探索的構造方程式モデルを使用している（計算結果は通常の因子分析と一致する）。

（9） 邦訳は2004年調査時に調査グループで独自に行ったものである。

（10） なお、相関分析にあたってはカテゴリカル・データに対応したポリシリアル相関係数を用いている。紙幅の都合上、上位10項目を掲載する（詳細は科研費報告書（山本 2016b）を参照のこと）。

（11） 本章では紹介できなかったが、4類型の各典型の4人のプロフィールを科研費報告書（山本 2016b）に掲載しているので適宜参照されたい。

〈引用・参考文献〉

Adorno, E. et al. 1950 *The Authoritarian Personality*, Harper & Brothers（=1980 田中義久・矢沢修次郎・小林修一訳『権威主義的パーソナリティ（現代社会学大系 12)』青木書店).

ベイトソン，G. 2000『改訂第2版　精神の生態学』新思索社.

Dewey, J. 1938 *Experience and Education*, Kappa, Delta Pi（=2004 市村尚久訳『経験と教育』講談社学術文庫).

Fromm, E. 1941 *Escape from Freedom*, Reinehart and Winston（=1951 日高六郎訳『自由からの逃走』、東京創元社).

原武史 2007→2010『滝山コミューン一九七四』講談社文庫.

Herbart, J. F. 1806 *Allgemeine Pädagogik aus dem Zweck der Erziehung abgeleitet*, Göttingen（=1960『一般教育学（世界教育学全集 13)』明治図書).

ホネット，A. 1999「軽んじ（られ）ることの社会的ダイナミズム――ひとつの批判的社会理論の位置づけのために」情況出版編集部『フランクフルト学派の今を読む』情況出版.

Jost, J. T., Glaser, J., Kruglanski, A. W., & Sulloway, F. J. 2003 *Political conservatism as motivated social cognition*. Psychological Bulletin, 129(3).

加藤十八 2009『いじめ栄えて国亡ぶ――教育再生の鍵はゼロトレランスにあり』幸福の科学出版.

河上亮一 1996『プロ教師の生き方――学校バッシングに負けない極意と指針』洋泉社。

Klieme, E., Lipowsky, F., Rakoczy, K., and Ratzka, N. 2006 "Quality dimensions and effectiveness of mathematics instruction. Theoretical background and selectedfindings of the Pythagoras project," in *Research on Educational Quality of Schools. Final Report of the DFG Priority Program*, Prenzel, M. and Allolio-Naecke, L. Eds., Waxmann, Muenster, Germany.

ナイ，J. 2011『スマート・パワー――21世紀を支配する新しい力』日本経済新聞出版社.

OECD 2009 *Creating Effective Teaching and Learning Environments: First Results from TALIS*. Paris: OECD（=2012 斎藤里美［監訳］木下江美・布川あゆみ・本田

伊克・山本宏樹訳『OECD 教員白書――効果的な教育実践と学習環境をつくる〈第1回 OECD 国際教員指導環境調査（TALIS）報告書〉』明石書店).
OECD 2010 *TALIS 2008 Technical Report*, OECD Publishing.
OECD 2012 *Teaching Practices and Pedagogical Innovations: Evidence from TALIS*, OECD Publishing.
OECD 2014『教員環境の国際比較（OECD 国際教員指導環境調査（TALIS）2013 年調査結果報告書）』国立教育政策研究所編集 明石書店.
Pines, A., 1981. *The Burnout Measure*. Paper presented at the National Conference in Human Services.
Pines. A. & Aronson E. 1988 *Career burnout: Causes and cures*. New York: Free Press.
諏訪哲二 1990『反動的！――学校、この民主主義パラダイス』ICC 出版局。
諏訪哲二 2013『いじめ論の大罪――なぜ同じ過ちを繰り返すのか？』中公新書ラクレ.
山﨑隆夫 2001『パニックの子、閉じこもる子達の居場所づくり――受容と共感の学級づくりで彼らは甦った！』学陽書房.
山本修司編 2012『いじめを絶つ！毅然とした指導 3――子どもの命を守った現場教師たちの実践』教育開発研究所.
山本宏樹 2013a「知ることの痛みとその希望――いじめ問題を考えるための 17 冊」教育科学研究会編『いじめと向きあう』旬報社.
山本宏樹 2013b「いじめに対する懲戒的学校教育実践の理念とその批判――ヘルバルト・伝統的教育・ゼロトレランス」〈教育と社会〉研究会編『〈教育と社会〉研究』第 23 号.
山本宏樹 2014a「愛と苦悩の学級臨床教育実践――山﨑隆夫『パニックの子、閉じこもる子達の居場所づくり――受容と共感の学級づくりで彼らは甦った！』学陽書房、2001 年」教育科学研究会編『講座 教育実践と教育学の再生 別巻 戦後日本の教育と教育学』かもがわ出版.
山本宏樹 2014b「道徳的行為としてのいじめ対応実践」日本生活指導学会 2014 自由研究発表Ⅲ、日本生活指導学会 第 32 回大会（沖縄大学）、2014 年 8 月 29 日、当日配布資料.
山本宏樹 2015a「なぜ今、ゼロ・トレランスが波及するのか――後期近代における教育的信念のポリティクス」『教育』2015 年 4 月号、かもがわ出版.
山本宏樹 2015b「ゼロ・トレランス教育論の問題圏――訓育・法治・排除の共振と闘争」民主教育研究所編集『季刊 人間と教育』2015 年春号、旬報社.
山本宏樹 2015c「追いつめられた教師たちの『汚れた手』――教育実践の科学と倫理について」教育科学研究会編集『教育』2015 年 12 月号、かもがわ出版.
山本宏樹 2015d「垂直的注入 vs 水平的発達支援――教師の教育的信念に関する実証分析」日本教育学会第 74 回大会当日配布資料.
山本宏樹 2016a「政治科学の進化論的転回――「保守／革新」の遺伝子文化共進化をめぐって」現代位相研究所編 宮台真司［監修］『〈悪〉という希望』教育評論社.
山本宏樹 2016b「教師の教育的信念に関する実証分析――垂直的注入 vs 水平的発達支援」久冨善之（代表）『教師の責任と教職倫理に関する社会学的・文化論的研究

2013-2015 年度科学研究費補助金研究成果報告書』.
山本宏樹 2017「セッション――『魔性の教育』の魅力と限界」『教育』2017 年 8 月号、かもがわ出版.
山本宏樹 2018a「ひきこもりと家族の実存的不安」古賀正義・石川良子編著『ひきこもりと家族の社会学』世界思想社.
山本宏樹 2018b「グッド・ウィル・ハンティング――『ウィルをめぐる旅路』」『教育』2018 年 6 月号、かもがわ出版.
吉田美穂 2007「『お世話モード』と『ぶつからない』統制システム――アカウンタビリティを背景とした『教育困難校』の生徒指導」『教育社会学研究』第 81 集.
全生研常任委員会 1971『学級集団づくり入門　第 2 版』明治図書出版.
全国生活指導研究協議会「いじめブックレット」編集プロジェクト編 2013『"いじめ" "迫害"――子どもの世界に何がおきているか』クリエイツかもがわ.
Zimbardo, F., 2007 *The Lucifer Effect: Understanding How Good People Turn Evil*. New York: Random House.

# 第11章

## 特別支援教育の取り組み状況の校種間比較
### —教師の期待認知・責任意識の形成に着目して—

松浦　加奈子

本章では、(1) 校種別に特別支援教育の取り組み状況を把握した後、(2) 特別支援教育における教師の期待認知・責任意識の形成について、学校という文脈から検討することを目的とする。特別支援教育が学校現場に導入されて5年以上経過したが、教師は通常学級に在籍する発達障害児に対してどのような対応を行っているのだろうか。また、発達障害児に対する特別な配慮をすることが期待されていると感じ、その責任を果たそうとする教師はどのような学校に勤務しているのだろうか。特別支援教育の現状と教師の意識の形成の規定要因について検討することにしたい。

## 1. 特別支援教育に着目する意義

### (1) 特別支援教育をめぐる施策動向

教育現場では学校教育法施行規則の一部を改正する省令が2007年に施行され、LDやADHD等の発達障害も支援の対象とする特別支援教育の取り組みが始まっている。特別支援教育とは「障害のある幼児児童生徒の自立や社会参加に向けた主体的な取組を支援するという視点に立ち、幼児児童生徒一人一人の教育的ニーズを把握し、その持てる力を高め、生活や学習上の困難を改善又は克服するため、適切な指導及び必要な支援を行うもの」（文部科学省 2007）とされている。学校は校長を中心とした支援体制を確立するために、校内委員会を設置し、組織的な対応が可能な体制づくりが求められている。そして、特別支援コーディネーターが学校の窓口となって特別支援教育を推進させていき、保護者や関係機関との連携も図って当該児童への効果的な支援を進めていかなければならない。これらの支援体制の他、「個別の指導計画」および「個別の教育支援計画」を作成したり、教職員等への研修を充実させたり、全都道府県において支援体制を整備することが目指されてきた。

そこで、特別支援教育の実施状況を把握するために、2012年に「通常の学級に在籍する発達障害の可能性のある特別な教育的支援を必要とする児童生徒に関する調査」が行われた。学習面や行動面で著しい困難を示すとされた児童生徒の割合は6.5％であり、教育的支援を必要としている児童生徒が一定数存在する可能性が示されている。しかし、校内委員会による支援の必要性の判断が各学校に任されている点や指導方法も教師に任されている点などから支援が十分に行き届いていないという問題点も残されている。制度上は特別支援教育の支援体制が整備されつつあるように思われるが、実態は地域や学校の実情によって支援が異なっており、支援現場において様々な困難を抱えていると考えられる。

それでは、特別支援教育の推進にはどのような要因が絡んでいるのだろうか。本章では、教師が勤務する学校の職場の雰囲気・状況と特別支援教育の取り組みを検討の対象としたい。そして、それらと勤務する学校の様子が教師の意識の形成にどのように関連しているのかということを明らかにする。教師の期待認知や責任意識が形成される学校の文脈を検討することによって、制度面では捉えきれない特別支援教育の取り組みや特別支援教育を進めていく上での課題を示すことができるだろう。

次項では、学校の組織風土の類型別に特別支援教育の推進状況を捉えた研究（米沢・岡本・林 2010）と教員文化という観点から指導観の規定要因を明らかにした研究（佐藤 1990）を概観する。

### (2) 特別支援教育に対する教師の意識の着目へ

学校の組織風土が教職員の教育行為にどのような影響を及ぼすのかという観点から、特別支援教育の推進状態の差異について検討した論文に米沢・岡本・林（2010）がある。米沢らはある地域の公立小学校の学校単位のデータを用いて因子分析を行い、学校の組織風土を「校長との肯定的雰囲気」、「成長的・挑戦的雰囲気」、「開放的・一体的雰囲気」として類型化している。また、特別支援教育の推進状態については「意識改革・共通理解」、「児童・保護者との信頼関係」、「校内連携」、「支援の実施」、「専門機関等との連携」の5因子が抽出されている。そこから明らかになったことは、校長との肯定的な雰囲気と教職員集団の成長的・挑戦的かつ開放的・一体的な雰囲気の両方が形成されることによって特別支援教育に関する意識改革や共通理解が促進され、支援を必要とする児童への支援が実施されるとともに専門機関との連携が図られているということである。特別支援教育の推進状態が学校の雰囲気によって規定されることは貴重な知見であるといえるが、特別支援教育に対する教師の意識がどのように形成されているのかという点については論じられていない。確かに、発達障害児への支援については学校全体で取り組む必要性があるために、学校の組織風土に着目することは重要であるが、教師の教育的行為を可能にする教師の意識の形成についても検討する必要があると考えられる。教師の意識は勤務する学校の置かれた文脈によって異なり、それは周囲の人々との関係から形成されると予測される。教師はどのような状況の中で発達障害児に対する特別な配慮を期待されていると感じ、それを果たすべき責任と意識しているのだろうか。そして、周囲から寄せられる期待や責任によって特別支援教育を進めていく上での限界が生じるとすれば、それは何だろうか。学校の置かれた文脈と教師の意識との関連を検討する必要がある。

次に、教師の指導実践を規定するものとして指導観を取り上げ、その規定要因について論じている佐藤（1990）を検討したい。佐藤は文化という視点から指導観を定義しており、それを「個々の教員の教育方法・技術の背後にあり、それを規定する価値・規範の体系であり、教員の集合的行動の準拠枠を意味するもの」（p. 86）としている。教師が実際に指導するにあたり、カリキュラムをそのまま児童生徒に伝達するわけではない。教師の指導観によって指導実践は再構成されていく。佐藤は指導観が「個人的な属性だけではなく、学校の組織特性や生徒観、父母の教育要求等によって形成されていく」（p. 144）ことを指摘した。そのため、教師の教育的行為は不変のものではなく、目の前の現実の変化に対応しながら変容していく。

特別支援教育においても同様のことが考えられる。発達障害は、個々の児童生徒によって多様な状態を示すことがあり（ADHDの児童生徒が同時にLDと判断されることがある）、児童生徒との相互行為によって生み出される現実も多様なものとなる。本章では、教師の指導観を特別支援教育における支援や配慮と結びつけ、教師の期待認知と責任意識に着目して、学校の置かれた文脈によって教師が特別支援教育に対してどのような意識を形成しているのかという点に迫っていくことにしたい。

### (3) 特別支援教育と教師の専門性：保護者や専門機関との関わりの深化

通常学級における特別支援教育に関する専門性については、教員養成や研修による知識や技能の向上が中心的な課題とされる。さらに、専門機関との連携といった学校外の資源の活用も望まれる。一方で、保護者との信頼関係の構築や情報共有、連携も求められる。しかし、教師が保護者に障害の可能性を伝えても、保護者が障害を受け入れるまで時間がかかることがあるため、すぐに専門機関へつなげることができないこともあり、保護者との連携がスムーズに行くとは限らない。米沢らが分析した特別支援教育の推進状態においても「意識改革・共通理解」、「児童・保護者との信頼関係」、「校内連携」、「支援の実施」、「専門機関等との連携」と5つの因子が抽出されており、保護者との信頼関係や専門機関等との連携が挙げられている。このような特別支援教育の取り組みはどのような学校において進められているのだろうか。

小学校と中学校では学年が上がるにつれ、学習面や行動面で著しい困難を示すとされた児童生徒の割合は少なくなる（文部科学省 2012）。また、学級担任制か否かという点においても児童生徒への対応の仕方が変わってくるだろう。そのため、校種によって教師の対応が異なる可能性が考えられ、特別支援教育において何を重視するのかという点においても差異が生じる可能性がある。この点については、4節における教師が自身の勤務校で特別支援教育の対応をどのように捉えているのかを分析することで、深めていくことにしたい。

## 2. 調査の概要

### (1) 調査対象と質問項目

本章で扱う調査対象者は、首都圏（3地域）・地方中心都市（3地域）・地方市町村（2地域）のそれぞれの小学校（32校）と中学校（18校）に勤務する教師である。用いた質問項目は以下の通りである。

① **教師の属性**（職務・校種）

校種（小学校／中学校）・学級担任か否か・職務（管理職／教諭）

② **職場の雰囲気・状況**（強くそう思う／ややそう思う／あまりそう思わない／まったくそう思わない）

(1) 校長・教頭と他の教職員との間で意思の疎通がうまくはかられている
(2) 校長・教頭が勝手にことがらを決めたり進めたりする
(3) 学校では各々の教師のやりたいことが自由にやれている
(4) 職場の教師同士が協同してものごとに取り組んでいる
(5) お互いの持ち味・専門性を尊重しあっている
(6) 職員会議がよく開かれている
(7) 学年会・教科会や担当委員会（行事や公務分掌に関する）などが、よく開かれている
(8) 職員会議で活発な議論がなされている
(9) 学年会・教科会や担当委員会（行事や公務分掌に関する）などで活発な議論がなされている
(10) 自校の教師間で、教材研究や児童・生徒の指導について活発な意見交流が行われている
(11) 職場で教師間に仕事に限らず何でも話せる雰囲気がある
(12) 職場を離れても同じ学校の教師間でつきあうことが多い
(13) 校長・教頭からの評価を気にして仕事をしている
(14) 他の教師からの評価を気にして仕事をしている
(15) 他の教師との足並みがそろうように物事を進めている
(16) 問題が起きたときに、責任を押しつけ合う雰囲気がある
(17) 管理職が最終的に責任を取ってくれるとの安心感がある

③ **特別支援教育の対応**（とても当てはまる／やや当てはまる／あまり当てはまらない／まったく当てはまらない）

(1) 発達障害の子どもの対応は基本的に担任に任せられている
(2) 専門知識を持った教師が、特別支援教育コーディネーターを担当している
(3) 特別支援教育に対しては、学校が組織的に責任をもって対応している
(4) 対応困難な発達障害児への支援は特別支援教育の専門機関に任せている
(5) 発達障害の子どもに、特別な配慮をせずに他の子と同じように扱っている

(6) 発達障害の子どもには、なるべくその特性にあった対応をしている
(7) 保護者の意向をできるだけ尊重して、発達障害児の支援策を考えている

④ **勤務する学校の様子**

(1) 子どもたちが授業に熱心に取り組む
(2) 子どもたちが学校行事に熱心に取り組む
(3) 子どもたちが学校の運営に積極的に参加する
(4) 保護者が学校の教育活動に積極的に参加する
(5) 保護者の意見に耳を傾ける
(6) 保護者同士の交流が活発である
(7) 子どもたちが騒いで授業が成立しない
(8) 不登校の子どもがいる
(9) 子どもたちの学力に格差がある
(10) 経済的に困難を抱える子どもがいる
(11) 保護者からクレームを受けることがある
(12) 子ども同士のいじめがある

⑤ **発達障害児に対する特別な配慮**（日ごろ教師として、子ども・保護者など周囲の人たちから寄せられている期待がどのくらいあると思いますか。また、あなた自身はそれらを果たすべき責任がどのくらいあると思いますか。）

(1) 発達障害の子どもに対して特別な配慮をする（期待）
(2) 発達障害の子どもに対して特別な配慮をする（責任）

### (2) 分析方法

本章では、特別支援教育の取り組みと職場の雰囲気・状況、勤務校の様子に関する変数を用いる。分析対象者は使用する変数のそろっている919人である。

分析方法では、（ｉ）職場の雰囲気・状況②と（ⅱ）特別支援教育の取り組み③それぞれについて因子分析（最尤法、プロマックス回転）を行い、それらの因子得点間の相関を検討した。そして、（ⅲ）特別支援教育の取り組みに対する教師の期待認知や責任意識に関する変数⑤を学校レベルの変数に変換した「発達障害児に対する特別な配慮（期待・責任）」を従属変数とし、「勤務校の様子」を独立変数（勤務校の様子に変数④を因子分析（最尤法、プロマックス回転）し抽出された因子得点）として重回帰分析を行った。

## 3. 特別支援教育に力を入れている学校

### (1) 誰が「特別支援教育に力を入れている」と回答するのか

どの程度特別支援教育に力を入れているのかという質問項目を特別支援教育積極度とし、校種別・学級担任別・職務別の回答結果を検討する。

まず、学校段階によって特別支援教育への力の入れ方はどのくらい異なるのだろうか。

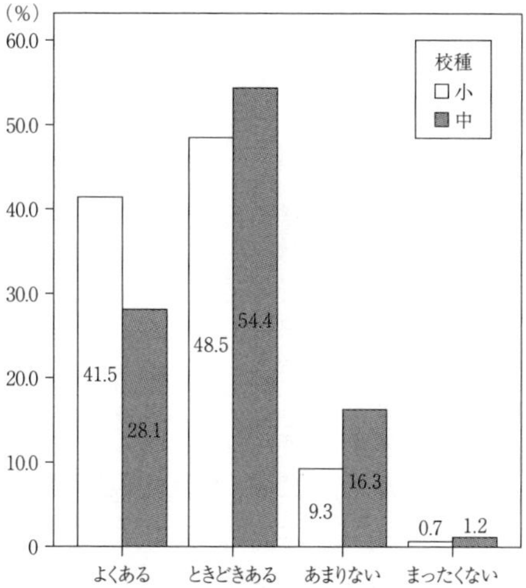


図 11.1 特別支援教育に力を入れている
(特別支援教育積極度)

図 11.1 に示すように、小学校の教師・中学校の教師の「よくある」と「ときどきある」と回答した割合を合わせると 8 割を超えており、教育現場において特別支援教育の実施が浸透していることがわかる。文部科学省 (2012) の調査においても、学習面又は行動面で著しい困難を示すとされた児童生徒（推定値 6.5%）に対して、ある程度教育的支援が行われているということが示されており、今回の結果も特別支援教育の動向と合致する結果となった。

一方で、小学校の教師の方が「よくある」と回答しており、その数は中学校の教師より 13.4 ポイント高い。学校段階によって発達障害の子どもが置かれている状況が異なっている可能性がある。この校種別の特別支援教育への取り組みに関しては 4 節で詳しく見ていくことにしたい。

図 11.2 は学級担任別（学級担任をもっているかどうか）の回答結果を示したものである。「よくある」「ときどきある」の回答を見ると、学級担任でも学級担任でなくても同じような割合を示しているように見える。しかし、「よくある」と回答した学級担任は 33% であり、学級担任ではない教師の回答より 10.5 ポイント低い。特別支援教育への取り組みに関して、学級担任であるからといってとりわけ特別支援教育に力を入れるということはなく、学級担任ではない教師も特別支援教育へ積極的に関与することが求められている。教育現場では学

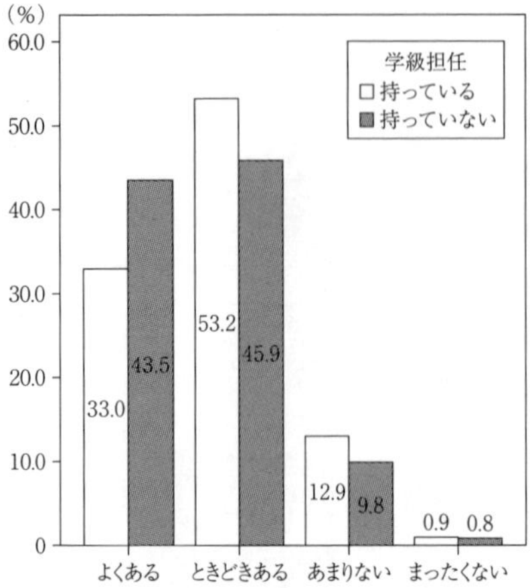


図 11.2　特別支援教育に力を入れている
（特別支援教育積極度）

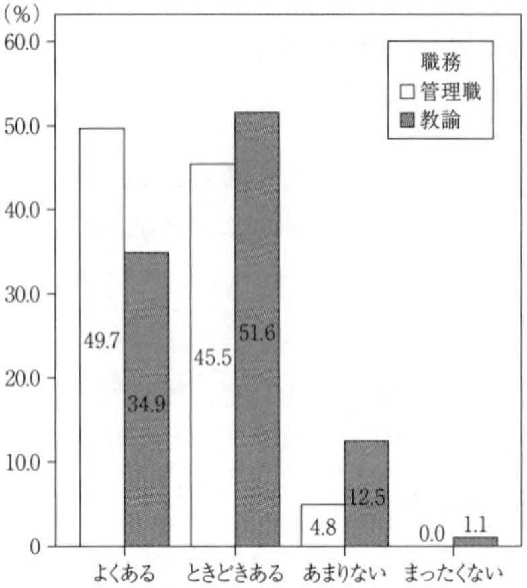


図 11.3　特別支援教育に力を入れている
（特別支援教育積極度）

級担任にかかわらず特別支援教育に力を入れていくような意識があると考えられる。

次に、**図 11.3** では職務別の回答傾向を検討した。教諭と比べると、管理職が「よくある」と回答する割合が 14.8 ポイント高いことがわかる。管理職と教諭との間に勤務校での特別支援教育の取り組み方に意識の差が生じている。特別支援教育に取り組むにあたって、管理職が中心となって進めていくことが求められていることがその理由として考えられる。

校種別・学級担任別・職務別という教師個人の属性に着目して「特別支援教育に力を入れている」への回答傾向を見てきたが、次項では職場の雰囲気・状況の構造から特別支援教育への取り組みを校種別に検討していく。

### (2) 職場の雰囲気・状況の因子構造（校種別）

職場の雰囲気・状況についての 17 項目の質問への回答に対して因子分析を行った。

**表 11.1** と**表 11.2** は校種別にその結果を表したものである。職場の雰囲気・状況で抽出された因子を解釈すると次のようになる。

**① 管理職とのコミュニケーション**（小学校第１因子・中学校第１因子）

職場内では管理職とのコミュニケーションが円滑に行われており、各々の教師がやりたいことが自由にできる雰囲気を規定する因子。

**② 会議の開催頻度・活発な意見交流**（小学校第２因子）

学年会・教科会・担当委員会や職員会が開催され、教師間で活発な議論がなされていることを規定する因子。中学校ではこの因子は次の２つに分けられる。

**③ 会議の開催頻度**（中学校第２因子）**④ 活発な意見交流**（中学校第３因子）

**⑤ 職場内評価**（小学校第３因子・中学校第４因子）

管理職や他の教師からの評価を気にして仕事に取り組むことを規定する因子。

**⑥ 協同・尊重**（小学校第４因子・中学校第５因子）

職場の教師同士が遠慮をすることなく、お互いの専門性を尊重し、協同しながら仕事に取り組むことを規定する因子。

因子分析の結果によれば、小学校も中学校も同じような因子が抽出されている。また、いずれも「管理職とのコミュニケーション因子」と「会議の開催頻度／活発な意見交流因子」と「協同・尊重因子」との相関が大きい。「職場内評価因子」はいずれの因子とも負の相関をしており、それは小学校の「管理職とのコミュニケーション因子」において顕著である。教師間で評価を気にする雰囲気の小学校では、管理職とのコミュニケーションに影響を与えることがわかる。小学校では、管理職とのコミュニケーションが円滑で会議の開催頻度が高く、活発な意見交流がなされていることと教師間の協同とお互いを尊重する雰囲気が関わりあっている。

中学校では、小学校で見られた「会議の開催頻度・活発な意見交流因子」は「会議の開催頻度因子」と「活発な意見交流因子」とに分かれて負荷している。会議が頻繁に開かれることと教師間で意見が交流されることは別のこととして理解される。会議の場で意見交流はなされるが、会議が頻繁に開かれるからといって教師間の意見交流が促進されるわけではない。中学校では職場を離れても教師間で意見交流がなされている可能性がある。また、小学校と比べて、会議の開催頻度と教師間の協同とお互いを尊重する雰囲気との関わりあいは低い。中学校において、教師間の協同・尊重は教師間の活発な意見交流と関わりあっていることがわかる。

表 11.1　職場の雰囲気・状況因子分析（小学校）

| | 因子 | | | |
|---|---|---|---|---|
| | 1<br>管理職とのコミュニケーション | 2<br>会議の開催頻度・活発な意見交流 | 3<br>職場内評価 | 4<br>協同・尊重 |
| (1) 校長・教頭と他の教職員との間で意思の疎通がうまくはかられている | .850 | -.051 | .063 | -.074 |
| (2) 校長・教頭が勝手にことがらを決めたり進めたりする | -.714 | .157 | .058 | .014 |
| (17) 管理職が最終的に責任を取ってくれるとの安心感がある | .653 | -.130 | .035 | .021 |
| (3) 学校では各々の教師のやりたいことが自由にやれている | .426 | -.006 | -.014 | .198 |
| (16) 問題が起きたときに、責任を押しつけ合う雰囲気がある | -.300 | .043 | .234 | -.153 |
| (9) 学年会・教科会や担当委員会（行事や校務分掌に関する）などで活発な議論がなされている | .084 | .802 | -.018 | -.072 |
| (7) 学年会・教科会や担当委員会（行事や校務分掌に関する）などが、よく開かれている | -.197 | .560 | -.025 | .025 |
| (8) 職員会で活発な議論がなされている | .316 | .557 | .031 | -.136 |
| (6) 職員会がよく開かれている | -.267 | .549 | .005 | .019 |
| (10) 自校の教師間で、教材研究や児童・生徒の指導について活発な意見交流が行われている | .139 | .534 | .016 | .113 |
| (15) 他の教師との足並みがそろうように物事を進めている | -.113 | .235 | .039 | .143 |
| (12) 職場を離れても同じ学校の教師間でつきあうことが多い | .069 | .199 | .080 | .137 |
| (14) 他の教師からの評価を気にして仕事をしている | .072 | -.059 | 1.004 | .024 |
| (13) 校長・教頭からの評価を気にして仕事をしている | -.081 | .085 | .738 | .030 |
| (4) 職場の教師同士が協同してものごとに取り組んでいる | .048 | .012 | .026 | .769 |
| (5) お互いの持ち味・専門性を尊重しあっている | .023 | .019 | .032 | .763 |
| (11) 職場で教師間に仕事に限らず何でも話せる雰囲気がある | .233 | .233 | -.082 | .346 |
| 管理職とのコミュニケーション | | .614** | -.250** | .748** |
| 会議の開催頻度・活発な意見交流 | .614** | | -.014 | .612** |
| 職場内評価 | -.250** | -.014 | | -.177** |
| 協同・尊重 | .748** | .612** | -.177** | |

表 11.2　職場の雰囲気・状況因子分析（中学校）

| | 因子 | | | | |
|---|---|---|---|---|---|
| | 1 管理職とのコミュニケーション | 2 会議の開催頻度 | 3 活発な意見交流 | 4 職場内評価 | 5 協同・尊重 |
| (2) 校長・教頭が勝手にことがらを決めたり進めたりする | -.807 | .009 | .096 | .027 | .000 |
| (17) 管理職が最終的に責任を取ってくれるとの安心感がある | .721 | .054 | -.095 | -.002 | .056 |
| (1) 校長・教頭と他の教職員との間で意思の疎通がうまくはかられている | .646 | .038 | .154 | -.010 | -.019 |
| (3) 学校では各々の教師のやりたいことが自由にやれている | .511 | -.174 | .291 | .024 | .082 |
| (7) 学年会・教科会や担当委員会（行事や校務分掌に関する）などが、よく開かれている | .033 | .917 | -.227 | -.003 | .145 |
| (6) 職員会がよく開かれている | -.035 | .553 | .047 | -.066 | .055 |
| (11) 職場で教師間に仕事に限らず何でも話せる雰囲気がある | .022 | -.091 | .692 | -.116 | .169 |
| (9) 学年会・教科会や担当委員会（行事や校務分掌に関する）などで活発な議論がなされている | -.104 | .440 | .565 | .038 | -.059 |
| (10) 自校の教師間で、教材研究や児童・生徒の指導について活発な意見交流が行われている | -.061 | .134 | .539 | .001 | .051 |
| (12) 職場を離れても同じ学校の教師間でつきあうことが多い | .041 | -.126 | .449 | .063 | .031 |
| (8) 職員会で活発な議論がなされている | .312 | .299 | .373 | .078 | -.218 |
| (14) 他の教師からの評価を気にして仕事をしている | .099 | -.045 | -.070 | .994 | .119 |
| (13) 校長・教頭からの評価を気にして仕事をしている | -.123 | .015 | .089 | .772 | -.018 |
| (5) お互いの持ち味・専門性を尊重しあっている | -.084 | .033 | .220 | .023 | .688 |
| (4) 職場の教師同士が協同してものごとに取り組んでいる | .036 | .015 | .204 | .077 | .647 |
| (16) 問題が起きたときに、責任を押しつけ合う雰囲気がある | -.185 | -.061 | .000 | .227 | -.395 |
| (15) 他の教師との足並みがそろうように物事を進めている | .059 | .120 | -.103 | .112 | .350 |
| 管理職とのコミュニケーション | | .339** | .689** | -.141* | .640** |
| 会議の開催頻度 | .339** | | .536** | -.085 | .323** |
| 活発な意見交流 | .689** | .536** | | -.090 | .746** |
| 職場内評価 | -.141* | -.085 | -.090 | | -.194** |
| 協同・尊重 | .640** | .323** | .746** | -.194** | |

続いて、特別支援教育への取り組み方について校種別に把握する。

## 4. 特別支援教育への取り組みと職場の雰囲気・状況

### (1) 特別支援教育の因子構造

特別支援教育の取り組みについての7項目の質問への回答に対して因子分析を行った。**表11.3**と**表11.4**は校種別にその結果を表したものである。小学校・中学校いずれの場合も3つの因子が抽出された。勤務する学校での特別支援教育の取り組みについて抽出された因子を解釈すると次のようになる。

① **保護者意見対応・配慮**（小学校第1因子・中学校第1因子）

保護者の意見を尊重しながら発達障害児の支援をしており、発達障害児の特性にあった対応をすることを規定する因子。

② **学校組織対応**（小学校第2因子・中学校第2因子）

特別支援教育に関しては担任に任せられることがなく、専門知識を持つ特別支援教育コーディネーターを中心に学校が組織的に対応することを規定する因子。

③ **専門機関対応・平等**（小学校第3因子・中学校第3因子）

特別支援教育に関しては専門機関に任せられており、学級の中では発達障害児が他の児童生徒と同じように扱われることを規定する因子。

小学校・中学校ともに「保護者対応・配慮因子」と「学校組織対応因子」の相関が大きい。また、小学校では「保護者意見対応・配慮因子」と「専門機関対応・平等因子」は負の弱い相関をしている。保護者との連携の困難さが生じる際に、専門機関を通じた診断名の付与が挙げられるが、ここでも、小学校の保護者は専門機関ではなく、学校に対して当該児童に合った対応をするように求めている可能性があると考えられる。つまり、小学校では保護者の意見を尊重して発達障害児の特性に合った対応をするが、それは専門機関に任せられるのではなく、学校が組織的に取り組んでいるということである。

一方で中学校では「保護者意見対応・配慮因子」と「学校組織対応因子」、「専門機関対応・平等因子」との相関が大きい。小学校と比較すると、特別支援教育に取り組む際に専門機関との連携がなされることが多いということが考えられる。

**図 11.1** で示したように小学校と中学校ではどちらも「特別支援教育に力を入れている」と回答する傾向が高かったが、その内実は異なっていることが考えられる。小学校では学校組織全体で取り組まれる【学校内部対応型】、中学校では専門機関に任せながら対応されていく【学校外資源活用型】ということである。また、**図 11.2** で、学級担任か否かにかかわらず、特別支援教育に力を入れていることが意識されている可能性を示したが、**表 11.3**、**表 11.4** にあるように、小学校でも中学校でも基本的に発達障害児の対応は学級担任に任されることはないことが明らかにされた。

続いて、職場の雰囲気・状況と特別支援教育の取り組みの関係性について考察する。

### (2) 職場の雰囲気・状況との関係性

3節と4節(1)で示してきた職場の雰囲気・状況と特別支援教育の取り組みとの関連を校種別に詳しく見ていくことにしたい。

【学校内部対応型】の小学校では、「保護者意見対応・配慮因子」と「管理職とのコミュニケーション因子」、「会議開催頻度・活発な意見交流因子」、「協同・尊重因子」が正の相関をしており、「職場内評価因子」とは負の相関をしている。保護者の意見を尊重し、発達障害児の特性に合った支援をするということは、管理職とのコミュニケーションが円滑で会議の開催頻度が高く、活発な意見交流がなされていること、教師間の協同とお互いを尊重する雰囲気と関連していると言える。また、「学校組織対応因子」も同様の傾向が見られるが、「管理職とのコミュニケーション因子」との相関が比較的強い。専門知識を持った教師が特別支援教育コーディネーターを担当し、学校が責任を持って組織的に対応するためには教師と管理職とのコミュニケーションが重要であると考えられる。一方、「専門機関対応・平等因子」は「職場内評価因子」と正の相関、「協同・尊重因子」と負の相関をしているが、その値は大きくない。ここでも、小学校では学校における特別支援教育の取り組みとして、専門機関に任せるということは少ないことが読み取れる。

続いて、【学校外資源活用型】の中学校について検討する。中学校では、「職

表 11.3　特別支援教育の取り組み因子分析（小学校）

| | 因子 | | |
|---|---|---|---|
| | 1<br>保護者意見<br>対応・配慮 | 2<br>学校組織<br>対応 | 3<br>専門機関<br>対応・平等 |
| (7) 保護者の意向をできるだけ尊重して、発達障害児の支援策を考えている | .998 | −.136 | .005 |
| (6) 発達障害の子どもには、なるべくその特性にあった対応をしている | .538 | .199 | −.067 |
| (3) 特別支援教育に対しては、学校が組織的に責任をもって対応している | .083 | .777 | .060 |
| (1) 発達障害の子どもの対応は基本的に担任に任せられている | .128 | −.471 | .187 |
| (2) 専門知識をもった教師が、特別支援教育コーディネーターを担当している | .033 | .451 | .185 |
| (5) 発達障害の子どもに、特別な配慮をせずに他の子と同じように扱っている | −.070 | −.157 | .631 |
| (4) 対応困難な発達障害児への支援は特別支援教育の専門機関に任せている | .008 | .146 | .512 |
| 保護者意見対応・配慮 | | .499** | −.143** |
| 学校組織対応 | .499** | | .064 |
| 専門機関対応・平等 | −.143** | .064 | |

表 11.4　特別支援教育の取り組み因子分析（中学校）

| | 因子 | | |
|---|---|---|---|
| | 1<br>保護者意見<br>対応・配慮 | 2<br>学校組織<br>対応 | 3<br>専門機関<br>対応・平等 |
| (6) 発達障害の子どもには、なるべくその特性にあった対応をしている | .951 | −.054 | −.088 |
| (7) 保護者の意向をできるだけ尊重して、発達障害児の支援策を考えている | .775 | −.149 | .135 |
| (3) 特別支援教育に対しては、学校が組織的に責任をもって対応している | .110 | .740 | .111 |
| (1) 発達障害の子どもの対応は基本的に担任に任せられている | .213 | −.599 | .145 |
| (2) 専門知識をもった教師が、特別支援教育コーディネーターを担当している | .130 | .443 | .139 |
| (4) 対応困難な発達障害児への支援は特別支援教育の専門機関に任せている | .061 | −.001 | .549 |
| (5) 発達障害の子どもに、特別な配慮をせずに他の子と同じように扱っている | −.361 | −.162 | .429 |
| 保護者意見対応・配慮 | | .670** | .442** |
| 学校組織対応 | .670** | | .679** |
| 専門機関対応・平等 | .442** | .679** | |

場内評価因子」を除いてどの因子も相関がある結果となっている。また、小学校と同様に、保護者の意見を尊重し、発達障害児の特性に合った支援をする際に、管理職とのコミュニケーションの円滑さ、職場内での会議の開催頻度と教師間の活発な意見交流、協同しお互いを尊重し合う雰囲気と関連している。そして、学校組織で対応するためには教師間の活発な意見交流と管理職とのコミュニケーションが望まれる。

小学校と異なる点として挙げられるのが、「専門機関対応・平等因子」と職場の雰囲気・状況の因子（職場内評価を除く）とがやや弱いながらも相関している点である。発達障害児の対応を専門機関に任せ、学級内では他の子と平等に扱うことは、管理職とのコミュニケーションや教師間の活発な意見交流と関連している。また、中学校では教科担任制ということもあり、お互いの専門性を尊重するという点において特別支援教育も同様に考えられている可能性がある。つまり、小学校と比較して、中学校では教職員間で専門性を尊重する雰囲気があるために、学校外の資源である専門機関を利用することによって特別支援教育の対応をしているということである。そして、専門機関の利用のために管理職とのコミュニケーションを図り、教師間で意見交流がなされると考えられる。

これまで校種別に特別支援教育の取り組みの現状について把握してきた。次に、教師が発達障害児に対する特別な配慮をする期待がどのくらい寄せられていると感じているのか、またそれを果たす責任はどのくらいあると思うのかということについて、学校の文脈から検討することにしたい。

## 5. 特別支援教育に対する教師の期待認知・責任意識の形成

### (1) 発達障害児に対する特別な配慮への期待認知への影響

本節では、教師の発達障害児に対する特別な配慮への期待認知と責任意識がどのような要因によって影響されるのかについての分析を行う。

**表 11.5**、**表 11.6** は、職場の雰囲気・状況諸因子と特別支援教育の取り組み諸因子の因子得点間の相関を Pearson の相関係数の値で小・中別に示したものである。これらの表に見られるように、【学校内部対応型】の小学校では、保護者の意見を尊重し、発達障害児の特性に合った支援をすることと、管理職とのコミュニケーションや会議の開催頻度、教師間の協同や尊重、活発な意見

表 11.5　特別支援教育の取り組みと職場の雰囲気・状況（小学校）

| | 管理職とのコミュニケーション | 会議開催頻度・活発な意見交流 | 職場内評価 | 協同・尊重 |
|---|---|---|---|---|
| 保護者意見対応・配慮 | .213** | .227** | −.103* | .274** |
| 学校組織対応 | .318** | .202** | −.025 | .296** |
| 専門機関対応・平等 | −.027 | .022 | .105* | −.108* |

**. 相関係数は 1% 水準で有意（両側）。
*. 相関係数は 5% 水準で有意（両側）。

表 11.6　特別支援教育の取り組みと職場の雰囲気・状況（中学校）

| | 管理職とのコミュニケーション | 会議開催頻度 | 活発な意見交流 | 職場内評価 | 協同・尊重 |
|---|---|---|---|---|---|
| 保護者意見対応・配慮 | .360** | .305** | .408** | -.111 | .386** |
| 学校組織対応 | .442** | .385 | .482** | -.065 | .412** |
| 専門機関対応・平等 | .262** | .215** | .292** | -.043 | .256** |

**. 相関係数は 1% 水準で有意（両側）。
*. 相関係数は 5% 水準で有意（両側）。

交流とが結びついていた。また、学校組織が責任を持って発達障害児に対応する際には、管理職とのコミュニケーションが重要となっている。【学校外資源活用型】の中学校でも小学校と同様の傾向が見られたが、異なる点として、特別支援教育の専門機関を利用している点が挙げられる。専門機関を利用する理由として、教科担任制の中学校ではお互いの専門性を尊重する雰囲気があること、そのために特別支援教育の専門的知識を持つ専門機関を利用するということが考えられた。このように、特別支援教育の取り組みと職場の雰囲気・状況は関連している。職場の雰囲気・状況では、主に教師間の関係を把握する質問項目が多かった。そこで、勤務校における子どもの様子や保護者との関わり方も検討するために、以下では学校の文脈として、上記の分析で抽出された勤務校の様子の因子を用い、教師の期待認知や責任意識との関係を見ていくことにしたい。

**表 11.9** と**表 11.10** は発達障害児に対する特別な配慮への期待認知、**表 11.11** と**表 11.12** は発達障害児に対する特別な配慮への責任意識を従属変数とした重

回帰分析を行った結果を示している。独立変数は勤務校の様子を学校レベルの変数に変換して因子分析を行い、校種別に抽出された因子（**表 11.7**、**表 11.8**）である。同様に、従属変数である教師の期待認知と責任意識も学校レベルの変数に変換した。

**表 11.7** と**表 11.8** で抽出された因子を解釈すると次のようになる。

① **学力格差・経済格差・教育困難**（小学校第 1 因子・中学校第 2 因子）

経済的に困難を抱えていたり、学力格差があったり、不登校・いじめがある状況を規定する因子。

② **子どもたちの積極的参加**（小学校第 2 因子・中学校第 3 因子）

子どもが授業や学校行事等に積極的に参加し、授業が落ち着いている状況を規定する因子。

③ **保護者との積極的交流**（小学校第 3 因子・中学校第 1 因子）

保護者が学校の教育活動に積極的に参加し、保護者同士の交流が活発であり、教師も保護者の意見を聞いている状況を規定する因子。

小学校とは異なり、中学校では教育困難の因子が「学級の荒れ」因子に分けられる。

④ **学級の荒れ**（中学校第 4 因子）

授業が成立しなかったり、子ども同士のいじめが生じていたりする状況を規定する因子。

これらの因子間の相関を見てみると、小学校・中学校ともに「保護者との積極的交流因子」と「子どもたちの積極的参加因子」の相関が大きい。また、「学力格差・経済格差・教育困難因子」と中学校での「学級の荒れ因子」は「保護者との積極的交流因子」と「子どもの積極的参加因子」と負の相関を示しており、中学校の「学級の荒れ因子」と「学力格差・経済格差・教育困難因子」が正の相関を示している。保護者が積極的に学校の教育活動に参加したり、交流が盛んな学校は子どもたちも授業や学校行事、学校運営に積極的に関わっていることがわかる。一方で、学力格差や経済格差、不登校やいじめがある学校では、保護者や子どもが学校に対して積極的に関わっていない。そして、中学校では学級が荒れている場合に学力格差や経済格差、不登校が生じていると

表 11.7　勤務校の様子因子分析（小学校）

| | 因子 | | |
|---|---|---|---|
| | 1<br>学力格差・経済格差・教育困難 | 2<br>子どもたちの積極的参加 | 3<br>保護者との積極的交流 |
| (11) 保護者からクレームを受けることがある | .625 | .076 | .102 |
| (10) 経済的に困難を抱える子どもがいる | .594 | .102 | -.177 |
| (8) 不登校の子どもがいる | .551 | -.023 | -.007 |
| (12) 子ども同士のいじめがある | .512 | -.134 | .129 |
| (9) 子どもたちの学力に格差がある | .472 | .120 | -.215 |
| (7) 子どもたちが騒いで授業が成立しない | .434 | -.259 | .149 |
| (2) 子どもたちが学校行事に熱心に取り組む | .068 | .757 | -.007 |
| (1) 子どもたちが授業に熱心に取り組む | -.070 | .718 | .062 |
| (3) 子どもたちが学校の運営に積極的に参加する | -.026 | .404 | .047 |
| (6) 保護者同士の交流が活発である | .038 | -.028 | .727 |
| (4) 保護者が学校の教育活動に積極的に参加する | -.062 | .152 | .664 |
| (5) 保護者の意見に耳を傾ける | .089 | .314 | .321 |
| 学力格差・経済格差・教育困難 | 1 | -.317** | -.241** |
| 子どもたちの積極的参加 | -.317** | 1 | .501** |
| 保護者との積極的交流 | -.241** | .501** | 1 |

表 11.8　勤務校の様子因子分析（中学校）

| | 因子 | | | |
|---|---|---|---|---|
| | 1<br>保護者との積極的交流 | 2<br>学力格差・経済格差・教育困難 | 3<br>子どもたちの積極的参加 | 4<br>学級の荒れ |
| (6) 保護者同士の交流が活発である | .852 | .123 | -.097 | -.130 |
| (4) 保護者が学校の教育活動に積極的に参加する | .704 | -.067 | .003 | .043 |
| (5) 保護者の意見に耳を傾ける | .413 | .049 | .185 | .013 |
| (10) 経済的に困難を抱える子どもがいる | .018 | .701 | .126 | .073 |
| (9) 子どもたちの学力に格差がある | -.022 | .669 | -.002 | -.057 |
| (11) 保護者からクレームを受けることがある | -.053 | .510 | .057 | .104 |
| (8) 不登校の子どもがいる | .171 | .424 | -.122 | .067 |
| (1) 子どもたちが授業に熱心に取り組む | .023 | -.006 | .685 | -.160 |
| (2) 子どもたちが学校行事に熱心に取り組む | -.062 | .127 | .622 | -.074 |
| (3) 子どもたちが学校の運営に積極的に参加する | .256 | -.184 | .473 | .214 |
| (7) 子どもたちが騒いで授業が成立しない | -.013 | .037 | -.189 | .524 |
| (12) 子ども同士のいじめがある | -.063 | .210 | .038 | .415 |
| 保護者との積極的交流 | 1 | -.240** | .604** | -.307** |
| 学力格差・経済格差・教育困難 | -.240** | 1 | -.213** | .472** |
| 子どもたちの積極的参加 | .604** | -.213** | 1 | -.325** |
| 学級の荒れ | -.307** | .472** | -.325** | 1 |

表 11.9　発達障害児への特別な配慮（小学校　期待認知）

| | 標準化されていない係数 | | 標準化係数 | t | 有意確率 |
|---|---|---|---|---|---|
| | B | 標準誤差 | ベータ | | |
| (定数) | 3.318 | .006 | | 533.412 | 0.000 |
| 学力格差・経済格差・教育困難 | .018 | .008 | .103 | 2.393 | .017 |
| 子どもたちの積極的参加 | -.012 | .008 | -.069 | -1.416 | .157 |
| 保護者との積極的交流 | .028 | .009 | .156 | 3.297 | .001 |

F = 5.165（p = 0.002）　調整済み R 二乗 = 0.021

表 11.10　発達障害児への特別な配慮（中学校　期待認知）

| | 標準化されていない係数 | | 標準化係数 | t | 有意確率 |
|---|---|---|---|---|---|
| | B | 標準誤差 | ベータ | | |
| (定数) | 3.310 | .009 | | 354.575 | 0.000 |
| 保護者との積極的交流 | .000 | .013 | -.002 | -.027 | .979 |
| 学力格差・経済格差・教育困難 | -.036 | .013 | -.179 | -2.881 | .004 |
| 子どもたちの積極的参加 | .044 | .014 | .215 | 3.097 | .002 |
| 学級の荒れ | -.042 | .015 | -.172 | -2.685 | .008 |

F = 14.941（p = 0.000）　調整済み R 二乗 = 0.165

考えられるのである。

**表 11.9** は小学校における発達障害児への特別な配慮の期待認知の結果を示したものである。分析結果によれば、保護者同士の交流が活発で、保護者が教育活動に積極的に参加し、教師もそれに耳を傾ける学校（保護者との積極的交流因子）は、教師が発達障害児に対する特別な配慮が期待されていると感じることにプラスの効果をもたらしている。また、学力格差や経済格差、不登校やいじめが生じている学校（学力格差・経済格差・教育困難因子）においても同様の効果を持つ。

**表 11.10** は中学校における発達障害児への特別な配慮の期待認知の結果を示

したものである。分析結果によれば、子どもが授業や学校行事に積極的に参加している学校（子どもの積極的参加因子）は、教師が発達障害児に対する特別な配慮が期待されていると感じることにプラスの効果をもたらしている。一方で、小学校とは異なり、学力格差や経済格差、不登校（学力格差・経済格差・教育困難因子）、いじめや授業の不成立がある学校（学級の荒れ因子）では、教師の期待認知にマイナスの効果をもたらしている。

小学校で特別支援教育に取り組む際に周囲からの期待を感じる要因として、保護者との関わりが最も多い。保護者とのコミュニケーションが盛んである場合、小学校では発達障害児に関して当該児童の特性に合った支援がなされる傾向があり、それは保護者からの期待によるものであると考えられる。また、小学校は【学校内部対応型】であり、保護者の意向に沿って学級担任のみならず学校として責任を持って対応していく。そして、子どもの困難や課題が学力なのか、経済格差なのか、不登校やいじめなのか、それとも発達障害によるものなのかということは問われることなく、子どもの困難や課題に対して学校組織として対応していくことが期待されるのである。

一方、**表 11.4** で示したように、中学校では、発達障害児への対応を専門機関に任せる傾向があった。小学校の段階では発達障害の診断が確定しない児童もいるが、中学校に上がる頃には発達障害の診断が確定してくる生徒も多い。その結果、発達障害の生徒への対応は専門機関に任せられることになる。そのため、発達障害児への対応は学力格差や経済格差、教育困難とは異なるものとして位置づけられている可能性があり、学力格差や経済格差、教育困難のある学校では、発達障害児への特別な配慮は学校の役割として期待されているとは認識しないと考えられる。

また、児童生徒が授業や学校行事に積極的に参加している学校では、教師と児童生徒の距離が近く、発達障害児の存在に目が行き届く。そのために、周囲からの特別な配慮をするように期待されていると感じる可能性がある。

### (2) 発達障害児に対する特別な配慮への責任意識への影響

**表 11.11** と**表 11.12** は小学校と中学校における発達障害児への特別な配慮への責任意識についての結果を示したものである。

小学校も中学校も期待認知と同様、保護者同士の交流が活発で、保護者が教

表 11.11　発達障害児への特別な配慮（小学校　責任意識）

| | 標準化されていない係数 | | 標準化係数 | | |
|---|---|---|---|---|---|
| | B | 標準誤差 | ベータ | t | 有意確率 |
| （定数） | 3.646 | .005 | | 663.799 | 0.000 |
| 学力格差・経済格差・教育困難 | .010 | .007 | .063 | 1.448 | .148 |
| 子どもたちの積極的参加 | -.013 | .007 | -.084 | -1.730 | .084 |
| 保護者との積極的交流 | .026 | .008 | .164 | 3.453 | .001 |

F = 4.480（p = 0.004）　調整済み R 二乗 = 0.017

表 11.12　発達障害児への特別な配慮（中学校　責任意識）

| | 標準化されていない係数 | | 標準化係数 | | |
|---|---|---|---|---|---|
| | B | 標準誤差 | ベータ | t | 有意確率 |
| （定数） | 3.586 | .008 | | 473.860 | 0.000 |
| 保護者との積極的交流 | .024 | .011 | .165 | 2.226 | .027 |
| 学力格差・経済格差・教育困難 | -.020 | .010 | -.132 | -1.980 | .049 |
| 子どもたちの積極的参加 | .002 | .011 | .012 | .166 | .869 |
| 学級の荒れ | .005 | .013 | .025 | .370 | .712 |

F = 3.910（p = 0.004）　調整済み R 二乗 = 0.127

育活動に積極的に参加し、教師もそれに耳を傾ける学校（保護者との積極的交流因子）が、教師の発達障害児への特別な配慮をするという責任意識にプラスの効果をもたらしている。中学校では、保護者との積極的交流因子が教師の発達障害児への特別な配慮をするという期待認知とは結びつかなかったが、責任意識とは結びついていることがわかる。また、期待認知とは異なり、子どもたちの積極的参加因子は有意ではなくなる。

期待認知と同様、責任意識に関しても、中学校では学力格差や経済格差、いじめや不登校といった問題を抱える学校に勤務していること（学力格差・経済格差・教育困難因子）も発達障害への特別な配慮にマイナスの効果を及ぼす。学級の中に学力・経済面で困難を感じる児童生徒がいたり、不登校やいじめがあったりする場合、特別支援教育という枠組みの中で責任意識を持つというわけではないだろう。学力格差の背景に学習障害が隠れていたり、不登校やいじめの背景に、発達障害の特性による人間関係の困難を抱えていたりする可能性がある。発達障害は様々な要因と結びついているため、教師が責任意識をもって対処しようとする際に、学力格差や経済格差、教育困難の問題が前景化することで、特別支援教育で対処するという意識が小さくなると考えられる。また、様々な困難を抱える子どもが在籍する中学校においては、発達障害児に対する特別な配慮は専門機関に任せられることもあり、期待認知と同様、責任意識を持たないという可能性がある。このように、保護者との関係はもちろん重要になるが、学級内の子どもたちの状況と、【学校内部対応型】か【学校外資源活用型】かという特別支援教育に対するタイプの違いにも規定されると言えよう。

## 6. まとめと考察

本章では、校種別に特別支援教育の取り組み状況を把握し、特別支援教育における教師の期待認知・責任意識の形成の規定要因について、学校の置かれた文脈から分析を加えてきた。その過程で明らかになった点およびその含意は、以下のようにまとめられる。

第一に、「特別支援教育に力を入れている」の回答結果からは、小学校と中学校の両方において「よくある」、「ときどきある」と答える教師が8割を超えており、特別支援教育が教育現場において浸透していることが明らかにされた。この結果は文部科学省の調査結果と合致している。しかし、後述するが、特別支援教育の進め方は校種によって異なっていた。また、学級担任か否かによる回答傾向の差はほとんどなく、学校組織全体で特別支援教育に積極的に取り組んでいることが示唆された。職務別に見ると、管理職が教諭より14.8ポイント高く「よくある」と回答しており、特別支援教育が管理職を中心に進められていることが反映されていると考えられる。これらの結果から、特別支援教育に関する政策が教育現場に浸透しており、通常学級における特別支援教育は、学校全体で取り組むべき課題として教師から認識されていることが示された。一方で、どのような対応のことを「力を入れている」と回答しているのかという点は、上記からは明らかにされない。そこで、「特別支援教育の取り組み」

を検討の対象とする必要性が生じた。

第二に、「職場の雰囲気・状況」と「特別支援教育の取り組み」との関係を明らかにするため、因子分析によってその類型と構造を析出し、それらの相関を分析した。これまでの先行研究（米沢・岡本・林 2010）においても、特別支援教育推進のためには、校長との関係や教職員集団の雰囲気によって支援を必要とする児童への支援が実施されることが明らかにされてきたことから、本章でも職場の雰囲気・状況との関係を検討した。小学校と中学校のいずれの場合も「管理職とのコミュニケーション因子」と「活発な意見交流因子」と「協同・尊重因子」との相関が大きく、「職場内評価因子」はいずれの因子とも負の相関をしていた。教師間で評価を気にする雰囲気の学校では、管理職とのコミュニケーションに影響を与えている。管理職とのコミュニケーションが円滑で、活発な意見交流がなされていることと教師間の協同とお互いを尊重する雰囲気が関わりあっていた。

また、特別支援教育の取り組みについて小学校と中学校とで比較すると、小学校・中学校ともに「保護者意見対応・配慮因子」と「学校組織対応因子」とが強く関わりあっている一方で、小学校では「保護者意見対応・配慮因子」と「専門機関対応・平等因子」は負の弱い相関をしており、中学校では「保護者意見対応・配慮因子」と「学校組織対応因子」、「専門機関対応・平等因子」との相関が大きい。小学校では、保護者の意見を尊重して発達障害児の特性に合った対応を考える際に、専門機関に任せるのではなく、学校が責任を持って対応している。中学校では特別支援教育に取り組む際に専門機関との連携がなされることが多い。このことから、小学校では学校組織全体で取り組まれる【学校内部対応型】、中学校では専門機関に任せながら対応されていく【学校外資源活用型】ということが示された。

これらの類型の違いは職場の雰囲気・状況との関連からも読み取ることができる。小学校では、保護者の意見を尊重し、発達障害児の特性に合った支援をする際に、管理職とのコミュニケーションの円滑さ、職場内での会議の開催頻度と教師間の活発な意見交流、協同しお互いを尊重し合う雰囲気と関連していた。一方、中学校では小学校とは異なり、教師が当該児童を他の児童と同じように扱い、専門機関に対応を任せるということと職場の雰囲気・状況がやや弱いながらも相関していた。また、「専門機関対応・平等因子」と「協同・尊重因子」は小学校では負の相関をしていたが、中学校では正の相関をしている。その点において、校種による専門性の尊重という考え方の違いが考えられる。中学校では教科担任制のため、教職間で専門性を尊重する雰囲気があり、特別支援教育についても同様に、専門的な知識を持つ専門機関に対応を任せるということがお互いの専門性を尊重することと結びついている可能性がある。このように小学校と中学校における発達障害児の置かれる状況は異なっていることが示されたが、この状況が当該児童にとってどのような影響があるのか、あるいは、診断が確定していない生徒が中学校においてどのような支援を受けることができるのか、引き続き検討することが必要である。

第三に、小学校における「発達障害児への特別な配慮の期待・責任」の規定要因に関する分析結果からは、教師が発達障害児への特別な配慮をするという期待認知と責任意識をもつ要因として、保護者との積極的交流が挙げられた。特別支援教育に取り組むためには保護者との関わりが不可欠であり、それは教師の期待認知と責任意識の形成に最も影響を与えている。

このように、【学校内部対応型】の小学校は保護者の期待に沿って、学校として責任を持って対応していく傾向がある。一方、【学校外資源活用型】の中学校では子どもが授業や学校行事に積極的に参加していることが期待認知にプラスの効果をもたらしているのに対し、責任意識では効果が薄れることになる。これらのことが意味しているのは、学級内部の状況によって教師が発達障害児への特別な配慮を期待されていると感じることとそれを果たすべき責任として感じることは別のこととして認識されているということである。

中学校では、発達障害児への対応は学力格差や経済格差、教育困難とは異なるものとして位置づけられ、専門機関に任せられるために、教師の責任意識が弱まると考えられる。また、保護者と積極的に交流し、子どもたちが意欲的で落ち着いた学級では教師は発達障害児への特別な配慮をする期待を感じることがあるが、一方で、落ち着いた学級であるからこそ、発達障害児の存在が見えにくいものとなり、発達障害児への特別な配慮について、それを果たすべき責任として意識されないようになるということも考えられる。発達障害児は、多動性障害やアスペルガー症候群といったような見えやすい振る舞いをする児童生徒ばかりでなく、学習障害や書字障害等で沈黙している発達障害児や診断の確定していない児童生徒も存在している。学校が責任を持って対応する際に、保護者との関わりの中で支援策が考えられている状況の中で、学校との積極的交流が少ない保護者をもつ児童生徒が支援からこぼれ落ちないような学校組織づくりのために教師は何をしているのか、という点のさらなる検討が必要である。

〈引用・参考文献〉

文部科学省 2003「通常の学級に在籍する特別な教育的支援を必要とする児童生徒に関する全国実態調査」『今後の特別支援教育の在り方について（最終報告）』2003 年 3 月 28 日.

文部科学省 2007「特別支援教育の推進について（通知）」2007 年 4 月 1 日.

文部科学省 2012「通常の学級に在籍する発達障害の可能性のある特別な教育的支援を必要とする児童生徒に関する調査」『特別支援教育を推進するための制度の在り方について（答申）』2012 年 12 月 5 日.

佐藤郡衛 1990「教員の指導観の実証分析――日米中学校教員比較調査を通して」久冨善之編『教員文化の社会学的研究〈普及版〉』多賀出版.

米沢崇・岡本真典・林孝 2010「学校の組織風土の類型別にみた特別支援教育の推進状態の検討」『教育実践総合センター研究紀要』19 巻.

# 第12章

## 闘争なき時代における教師の政治意識

松田　洋介

### 1. 闘争なき時代の教師の政治意識をさぐる

本章の課題は、現代の教師たちがいかなる政治意識をもっているのかを検討することである。

教師の政治性が顕在化しなくなって久しい。このように指摘すると、違和感をもつ人もいるかもしれない。日本教職員組合（日教組）が戦後教育を牛耳ってきたという類いの言明が人口に膾炙しているからである。だが文部行政に対抗すべく日教組に組織化された教員たちが未だ強い戦闘性を発揮しているという認識は過去につくられたイメージを引きずっているだけに過ぎない。

戦後教師の戦闘性を下支えした日教組の組織率は、1960年代以降一貫して減少傾向にある。文部科学省の調べによれば(1)、1960年時点で80%を超えていた日教組の組織率は、1989年の全日本教職員組合（全教）との分裂を経て、現時点では27.6%にまで減少している。現在、新採教師で日教組に加入するのは20%に満たない（19.2%）。組織率の低下と呼応するかのように、1994年には文部省との和解路線へと舵を切るなど、日教組の姿勢は「柔軟」化してきた。

他方で、戦後の教育社会では、組合運動と同伴しながらも、労働条件をめぐる攻防とは相対的に独自に展開する、いわゆる民間教育運動が隆盛した。民間教育運動は、主として教育実践記録の蓄積・検討を通して、自ら望ましいと考える教育実践を追求し、その独自のネットワークを通じて自分たちの実践を普及させていった。中央集権的な日本の教育システムにあっても、学習指導要領に還元されない実践が展開されたのはそのためである。しかし、そうした多くの民間教育運動団体も弱体化の一途を辿っている。国家が主導する教育に対抗しながら、「私たちの学校＝教育」を構築するための民間教育運動の理念は、若手教師たちには十分に継承されているとはいえない(2)。

教師の政治的表出の減少の背景には、教師の労働条件が相対的には改善されたという事実がある（油布 2007）。給与の向上、産休・育休制度の獲得、宿直制度の撤廃など、組合活動を通じて労働条件は一定程度改善されてきたからだ。しかし、部活動の顧問や、教育公務員特例法を中心に教師の労働時間を長期化させる制度体系など、未だ改善されていない部分も少なくない。特に近年の教師の労働条件の悪化は深刻で、多くの教師が多忙で身心に失調を来たし、退職せざるを得ない状況に追い込まれている（久冨 2017）。また2000年代以降、教員評価が導入される一方で、学力テスト体制の確立とともに、学校スタンダードという名の下で授業が統制されるようになり、教室レベルでの教師の裁量が著しく低下している。しかし、このようにかつてならば教師からの強い抵抗を受けたはずの改革が次々と進められているにもかかわらず、政治的対立はさほど顕在化していない（松田 2015）。教育の政治性が活性化してもいい状況であるにもかかわらず、その担い手として教師が顕現化していないのが現在の状況である。

とはいえ、おとなしい教師たちの姿を、単に政治的無関心として解釈するのは早計だろう。政治意識と政治的アクションの間には一定の間隙があるからである。政治には強い関心をもちつつも、それを表出させる媒体や方法がないために沈潜している可能性もある。本章の課題は、政治的争いが顕現化しない時代に、教師たちがいかなる政治意識をもっているのかを明らかにすることである。

## 2. 政治的有効性感覚という視点

### (1) 政治的有効性感覚とは

ここでは、様々に存在しうる政治意識の中でも、特に政治的有効性感覚に焦点をあてる。政治的有効性感覚とは、市民が政府や議会などの政治的領域に自ら影響力を行使することができるという感覚のことである（金 2014, p. 122）。

当該社会の構成員に平等な政治参加が保証されていることは、現代の民主主義社会における原則である。しかし、実際には、その政治的影響力は決して一様ではないし、そうした実態を反映して人々も同等の政治的影響力を有しているとは認識していない。だから、私たちの社会は、政治的有効性感覚の有無を確認しながら、市民が自分たちを社会のステイクホルダーとして認識できているかを問い直し続けることが求められている。

実際、先行研究では、社会的地位の低い人ほど、政治的有効性感覚が低い傾向にあることが指摘されてきた（村瀬ほか 2008）。政治的権力が小さい人ほど、政治に対する当事者意識をもてない傾向があるということである。また、複雑化した現代社会においては、私的問題と公的問題とを結びつけて理解することが困難になっている。ミルズは両者を媒介する思考を「社会学的想像力」と名付けたが（Mills 邦訳 2017）、そのような想像力を駆使しなければ自らの政治的有効性感覚を感じることは容易ではない。そもそも政治的な知識を獲得しても、その複雑さにおののき、政治的有効性感覚を喪失していくという可能性もある（村瀬ほか　2008）。教師のように、相対的には学歴が高く、政治的関心の比較的高い立場であっても、政治的アパシーに陥る可能性が少なくないということである。

以上のような特質をもつ政治的有効性感覚を触媒にして、現在の教師の政治意識の特徴を明らかにする。その際、年配世代と若い世代との違いにとりわけ注視する。日本の教育社会に大きな変動が生じた、1990 年代中盤以前に教師として社会化された世代と、それ以降に教師として社会化された世代とでは、その政治性のあり方が大きく異なることが予想されるからである。ただし、本章では、それぞれの世代の教師の政治的有効性感覚の全般的な傾向を把握することに終始せず、むしろ、教師の政治的有効性感覚の分岐のあり方が若年世代と年配世代とではどのように異なっているのか注視する。ありていにいえば、政治的有効性感覚の高い人と低い人とでは何が異なっているのか、それが若年世代と年配世代とでどのように違っているのかを明らかにするということだ。政治的有効性感覚の分岐を規定するものこそが、その世代において何が政治的な争点となっているのかを明らかにする手がかりになるからだ。既に述べたように、〈教育運動〉対〈教育政策〉（宗像 1961）という対抗的な図式をそのままあてはめるだけで、現代の教師たちの政治性を浮かび上がらせることは困難だろう。現代の教師たちにとっての個人的なことがらと社会的なことがらを媒介させる軸がどこにあるのか、政治的有効性感覚の分岐が何によって生まれているのかを確認することを通して追究することが課題である。

### (2) 政治的有効性感覚を規定するのは何か

教師たちの政治的有効性感覚をめぐる分岐を探る上で、本章では下記の3点に着目する。

第一に、戦後の革新理念との関係である。革新理念とは、ここでは革新勢力と呼ばれてきた陣営がおおよそ共有してきた価値体系のようなものを意味している。日教組や民間教育運動団体は内部にコンフリクトを孕みつつも、教育行政の指示から距離をとり、「われわれが社会＝学校の主人公となる」といった意味での民衆民主主義の思想を共有してきた。それらは、おおむね、国家の教育的介入を拒否し、戦時下を想起させる愛国心に警戒的であると同時に、選抜を批判し、どんな子どもであっても進学が可能になるように、教育機会の拡大をめざした運動を展開してきた。

しかし、1970年代以降の社会変動の中で、そうした「われわれ意識」は共有されにくくなっており、革新理念はその正統性を喪失しつつある。とはいえ、革新理念を構成していた諸要素がおしなべて否定されているわけではないだろう。理念としてのまとまりは失いつつも、諸要素に分解されながら、個別に受容されている可能性も否定できない(3)。現在の教師たちに革新理念はどのように継承されているのか。本調査では、戦後革新理念の構成要素としては「「独裁」への警戒」「「愛国心」への警戒」「弱者重視」「再分配重視」の4つに関わる質問項目を配置することができた。それらを教師がどのように受容しているのか、またそうした受容のあり方が教師たちの政治的有効性感覚といかに関係しているのかを検討する。

第二に、より日常的な社会意識、とりわけ個人化指向との関係である。一般的に、1970年代以降の個人化・プライバタイゼーションの強まりの中で、政治勢力の基盤となっていた中間集団の凝集力が低下していることが指摘されている。教員の世界にも同様の現象は生じている。例えば、油布（2007）は、職場以外での同僚との付き合いに距離を置く教師が増加し、それまで自然と行われてきた教員同士のコミュニケーションが低下し、教員相互が対等で平等な成員として向き合うことが難しくなる状況が生まれていると指摘する。また、非正規教員の増加、主幹制度の導入など、教職の多様化・ヒエラルキー化を進める施策が、教員の立場性の違いを顕在化し、教師同士の連帯を困難にしている可能性も否定できない。

そうだとして、教師たちはこうした趨勢の中で、個人化をどのようにとらえているのだろうか。というのも、個人化をどのように受け止めるのかは一様ではなく、中間集団の凝集性が弱まっているからこそ、より一層の個人化指向が強まる一方で、それとは異なる集合的な関係を求める指向性が強まる可能性もあるからである。教師に個人化指向がどの程度浸透しており、それが政治的有効性感覚にいかなる影響を与えているのかを検討する。

第三に、専門職性との関係である。専門職性とは、ある職業が社会から専門職として承認されていることを指し示す概念である。多くの研究が指摘するとおり、「教師の黄金期」と呼ばれた1960年代には、専門職としての教師の自負が国家の介入を拒否するための政治性を支えていた。しかしながら、特に1980年代以降教師の専門職性は揺らいでおり、それ以降の教育改革の主要な課題の一つは、教師の専門職性の再編にあったといっても過言ではない。教育専門職に限定されてきた学校の決定権限を保護者や子ども、市民に開いていく民主主義的な専門職性が主張される一方で、学校選択などの市場原理の導入、あるいは教員評価などを通して教師に対する官僚統制を強化するための改革も進められている（Whitty 邦訳 2004）。

こうした教育専門職再編の時代を前に、教師たち自身は自分たちの仕事をどのように認識しているのだろうか。というのもハーグリーヴズ（Hargreaves 1980）が示唆するように教師の教職観によって、教師が何を政治的な課題にしなければならないと認識するかが規定されるからである。もちろん、これまでにも教師たちの教職観は一定程度調査研究の対象となってきた。そこでは、若い世代の教師たちは、自立した専門職としての意識を弱め、組織的な忠誠心が強いいわば官僚的な指向性を身につけつつあるということ（紅林ほか 2015）、教師を取り巻く状況の一定部分を自分たちではどうにもならないものと受け止め、そこに何らかの困難があったとしても、その認知が教職アイデンティティの全般的な揺らぎにつながらないように防御するという、教職アイデンティティの二元化戦略が生まれつつあること（長谷川 2008）、などが明らかにされている。

表 12.1　分析で用いる主たる変数

| | | | |
|---|---|---|---|
| 政治的有効性感覚 | 市民の力 | 「自分のようなふつうの市民には、政府のすることに対して、それを左右する力はない」 | 「賛成」＝1「どちらかといえば賛成」＝2「どちらかといえば反対」＝3「反対」＝4として得点化。ただし、逆転している場合にはその旨を示す。 |
| | 政治複雑 | 「政治や政府は複雑なので、自分には何をやっているのかよく理解できない」 | |
| | 投票無意味 | 「選挙では大勢の人々が投票するのだから、自分一人くらい投票しなくてもかまわない」 | |
| | 政治家不信 | 「国会議員は、大ざっぱに言って、当選したらすぐ国民のことを考えなくなる」 | |
| | 内的有効性感覚 | 「市民の力」と「政治複雑」の点数を逆転して合算して作成された変数。点数が高いほど、内的有効性感覚が高い。なお、最低値 2、最高値 8 で、平均は 5.17　標準偏差は、1.41 である | |
| 革新理念 | 弱者重視 | 「できる限り弱い人の立場によりそって物事を考えていくべきだ」 | 回答結果を､1「そう思う」＝1「どちらかといえばそう思う」＝2「あまりそう思わない」＝3「まったくそう思わない」＝4として得点化。ただし、逆転している場合にはその旨示す。 |
| | 独裁指向（への警戒） | 「みんなで議論するよりも有能な指導者にまかせたほうが政治はうまくいくものだ」 | |
| | 愛国心（への警戒） | 「自分は、他の人と比べて「国を愛する」という気持ちが強い方だ」 | |
| | 格差是正 | 「政府は、裕福な家庭と貧しい家庭の収入の差を縮めるために、対策を取るべきだ」 | 「賛成」＝5「どちらかといえば賛成」＝4「どちらともいえない」＝3「どちらかといえば反対」＝2「反対」＝1として得点化。ただし、逆転している場合にはその旨を示す。 |
| 個人化 | プライベート重視 | 「仕事よりもプライベートな生活を大切にしている」 | 回答結果を、「そう思う」＝4「どちらかといえばそう思う」＝3「あまりそう思わない」＝2「まったくそう思わない」＝1として得点化。ただし、逆転している場合にはその旨示す。 |
| | 個人の自由重視 | 「みんなで協力して社会をよくすることよりも、個人の自由が守られることの方がずっと重要だ」 | |
| | 自己の生活スタイル優先 | 「自分の生活スタイルを崩してまで、困っている人に関わろうとは思わない」 | |
| 日常・社会への肯定感 | 生活満足 | 「今の自分の生活全般に満足している」 | |
| | 日本に希望 | 「日本社会には希望がある」 | |
| 教職観 | 教職観 | リード文「あなたは教師という仕事をどのようなものだとお考えですか」。表 12.11 に掲載された 13 の質問群が配置されている。 | 回答結果を「強くそう思う」＝4「そう思う」＝3「あまりそう思わない」＝2「まったくそう思わない」＝1として得点化 |
| | 教師の責任意識 | リード文「あなたは、教師にそれらを果たすべき責任がどのくらいあると思いますか」表 12.12 に掲載された 17 の質問項目が配置されている | 回答結果を「大いにある」＝4「ある」＝3「あまりない」＝2「ほとんど・まったくない」＝1として得点化 |
| その他の属性的変数 | 女性ダミー（女性＝1）管理職ダミー（管理職＝1）臨時採用ダミー（臨時採用教員＝1）大都市ダミー（A or E or H＝1）　C 県ダミー（C 県＝1）組合加入ダミー（組合加入＝1） | | |

しかし、そうした教職アイデンティティのあり方と政治性との関係は十分には検討されていない。教師の教職観が、政治的有効性感覚の分岐といかに関係しているのか、その関係のあり方が若年世代と年配世代とでいかに異なっているのかを検討し、現代の教師たちが教師の仕事と政治の関係をいかに捉えているのかを明らかにする。

なお、本章の検討に用いる変数は表 12.1 の通りである。

以下では、3(1)で、教師の政治的有効性感覚が、年配世代と若年世代とではいかに異なっているのかを検討し、3(2)ではそれらの政治的有効性感覚が教師の属性といかに関係しているのかを検討する。3(3)では、それらを踏まえた上で、教師の政治的有効性感覚の分岐がいかに生じているのか、① 革新理念 ② 個人化志向 ③ 教職観との関係から論じていく。最後に、4で、これらの分析結果をまとめ、そこにいかなる含意があるのかを議論する。

## 3. 教師の政治的有効性感覚の諸相

### (1) 政治的有効性感覚は、低下しているのか

最初に、現代の教師の政治的有効性感覚にどのような傾向があるのかを検討する。検討の対象となるのは、①「自分のようなふつうの市民には、政府のすることに対して、それを左右する力はない」(市民の力) ②「政治や政府は複雑なので、自分には何をやっているのかよく理解できない」(政治複雑) ③「選挙では大勢の人々が投票するのだから、自分一人くらい投票しなくてもかまわない」(投票無意味) ④「国会議員は、大ざっぱに言って、当選したらすぐ国民のことを考えなくなる」(政治家不信) の4つの質問項目に対する回答結果である。これら4つの項目は、さらに内的有効性感覚 (① と ②)、外的有効性感覚 (③、④) に分類される (金 2014)。内的有効性感覚は、自分を含む市民が政治を理解し、そこに影響を与えることができる感覚を意味し、外的有効性感覚は、市民の意志に対して政治がどれだけ応答する見込みをもっているのか、いわば既存の政治システムへの信頼に関する感覚である。

4つの質問項目に対する肯定的な回答割合を示しているのが、**表 12.2** である。

肯定的な回答割合が高いほど、政治的有効感覚が低いことを意味している。4つの項目を見ると、第一に、「政治家不信」を除く、3つの指標でいずれも若い世代の方が肯定的な回答割合が大きい。特に、内的有効性感覚に関わる「市民の力」と「政治複雑」において顕著である。第二に、「選挙無意味」は全般的に否定的な回答傾向が強い。投票することの必要性を感じている人が多いことがわかる。ただし、若年世代ほど肯定的な回答割合が増加している。20代では20%近くが選挙に意味を見いだしていない。第三に、「政治家不信」については、世代による有意差がない。全世代にわたって、肯定的な回答割合が70%程度であり、政治家不信が浸透していることがわかる。

参考までに、**表 12.3** は教師に限らない一般市民を対象としたJGSSの2010

表 12.2　政治的有効性感覚×年代

| | 市民の力 | | | 政治複雑 | | | 投票無意味 | | | 政治家不信 | | |
|---|---|---|---|---|---|---|---|---|---|---|---|---|
| 合計 | 44.5% | 1228 | | 50.8% | 1231 | | 9.9% | 1238 | | 72.3% | 1234 | |
| 20 代 | 63.1% | 217 | | 69.1% | 217 | | 19.4% | 216 | | 70.4% | 216 | |
| 30 代 | 49.2% | 238 | *** | 54.6% | 240 | *** | 12.8% | 243 | *** | 72.7% | 242 | † |
| 40 代 | 43.8% | 288 | | 50.0% | 288 | | 5.5% | 290 | | 71.6% | 285 | |
| 50 代以上 | 34.4% | 485 | | 41.2% | 486 | | 7.0% | 489 | | 73.3% | 491 | |

$x^2$ 検定：*** 0.1%水準で有意　† 10%水準で有意
数字は、「賛成」「どちらかといえば賛成」の合計

表 12.3　(JGSS) 政治的有効性感覚×年代

| | 市民の力 | | | 政治複雑 | | | 投票無意味 | | | 政治家不信 | |
|---|---|---|---|---|---|---|---|---|---|---|---|
| 合計 | 56.2% | 1525 | | 64.8% | 1524 | | 16.4% | 1522 | | 85.0% | 1521 |
| 20 代 | 61.9% | 189 | | 69.8% | 189 | | 29.3% | 188 | | 86.2% | 188 |
| 30 代 | 56.4% | 420 | | 68.8% | 420 | * | 19.5% | 421 | *** | 86.9% | 420 |
| 40 代 | 54.4% | 447 | | 61.1% | 447 | | 11.9% | 447 | | 83.9% | 448 |
| 50 代 | 55.4% | 469 | | 62.8% | 468 | | 12.9% | 466 | | 83.9% | 465 |

$x^2$ 検定：*** 0.1 % 水準で有意　* 5%水準で有意
数字は、「賛成」「どちらかといえば賛成」の合計

年調査における同様の質問項目に対する回答結果をまとめたものである(4)。

表 12.2 と比較すると、特に「市民の力」の回答傾向が異なることがみてとれる。JGSS の結果では、年配世代と若年世代との間に差が見られない。母集団の異なる両者の結果を厳密に比較することはできないとはいえ、年配世代から若年世代にかけての政治的有効性感覚の低下は教師に顕著であること、それが一般市民と比較して顕著に高かった年配世代の政治的有効性感覚が、若年世代に継承されないことによって、いわば、若年世代の一般市民化として現象している可能性もある。

### (2)　何が政治的有効性感覚を規定しているのか

表 12.4 はそれぞれの政治的有効性感覚を被説明変数にし（回答結果を逆転し、得点が高いほど政治的有効性感覚が高くなるようにした）、属性的な項目を説明変数として投入した重回帰分析の結果である。

上述の傾向からも分かるように、「市民の力」「政治複雑」「投票無意味」では、年齢効果が最も強く効いている。年齢が高いほど、政治的有効性感覚が高

表 12.4　政治的有効性感覚の重回帰分析

| | 市民の力 | 政治複雑 | 投票無意味 | 政治家不信 |
|---|---|---|---|---|
| | β | β | β | β |
| 年齢 | .222*** | .224*** | .159*** | −.041 |
| 女性ダミー | −.045 | −.217*** | −.056† | .004 |
| 中学ダミー | −.031 | −.014 | −.034 | .039 |
| 管理職ダミー | .001 | .001 | .068* | .082* |
| 臨採ダミー | −.060* | −.003 | .000 | −.033 |
| 大都市圏ダミー | .048† | .039 | .048 | .001 |
| C 県ダミー | .100*** | .036 | .122*** | −.055† |
| 組合加入ダミー | .114*** | .024 | .090** | .005 |
| 調整済み R 二乗 | .087 | .092 | .055 | .005 |

*** 0.1% 水準で有意　** 1% 水準で有意　* 5% 水準で有意　† 10% 水準で有意
政治的有効性感覚の得点はいずれも反転しており、値が高いほど政治的有効性感覚が高い。

い。年齢以外では「市民の力」は、臨時採用教師では有意に低下する一方で、C 県の教員であること、組合に参加することで増加する。「政治複雑」は女性において有意に低い。「投票無意味」では、管理職、C 県、組合では有意に増加している。「政治家不信」では、管理職で有意に増加している。

これらをまとめると、第一に、「管理職」で増加し、「臨時採用」で低下するなど、教員の社会的地位により政治的有効性感覚は異なっている。教員における職階・立場が高いと政治的有効性感覚が高いということである。第二に、教職員組合に加入している教師もまた、政治的有効性感覚が有意に高い。組合が政治的な場として機能していることが示唆される。最後に、C 県には、教師の政治的有効性感覚を高める磁場が存在していることがうかがえる。

### (3) 政治的有効性感覚はどのように構成されているのか

以上見た教師の政治的有効性感覚が、他の社会意識との関係でどのように構成されているのか。以下では、政治的有効性感覚の中でも、内的有効性感覚に焦点を絞って検討する。(1) で見たように教員世界においては、特に内的有効性感覚における世代差が大きくなっているからである。「市民の力」と「政治難解」の合成変数である内的有効性感覚得点を用いて検討する（表 12.1 を参照）。

① 革新理念

最初に、現代の教師たちが戦後の革新理念をどれだけ共有しているのか、ま

表 12.5　革新理念×年代×性別

| | | 弱者重視 | | | 独裁指向 | | | 愛国心 | | |
|---|---|---|---|---|---|---|---|---|---|---|
| 男 | 20代 | 78.6% | 84 | | 28.6% | 84 | | 39.3% | 84 | ** |
| | 30代 | 80.2% | 111 | | 32.1% | 109 | | 35.1% | 111 | |
| | 40代 | 81.4% | 97 | | 27.8% | 97 | | 51.0% | 96 | |
| | 50代以上 | 82.8% | 209 | | 20.3% | 212 | | 54.7% | 212 | |
| 女 | 20代 | 81.5% | 135 | † | 27.6% | 134 | * | 26.1% | 134 | |
| | 30代 | 77.3% | 132 | | 19.7% | 132 | | 35.9% | 131 | |
| | 40代 | 80.2% | 192 | | 20.3% | 192 | | 30.2% | 192 | |
| | 50代以上 | 87.1% | 278 | | 15.2% | 277 | | 28.6% | 276 | |

$x^2$検定：** 1% 水準で有意　* 5%水準で有意　† 1% 水準で有意
数字は、「そう思う」「どちらかといえばそう思う」の合計。

た革新理念への支持の有無が内的有効性感覚とどのように結びついているのかを検討する。革新理念に関わる指標として設定されているのは、「できる限り弱い人の立場によりそって物事を考えていくべきだ」（弱者重視）「みんなで議論するよりも有能な指導者にまかせたほうが政治はうまくいくものだ」（独裁指向）、「自分は、他の人と比べて「国を愛する」という気持ちが強い方だ」（愛国心）、「政府は、裕福な家庭と貧しい家庭の収入の差を縮めるために、対策を取るべきだ」（格差是正）の4点である。「独裁指向」と「愛国心」については、否定的な回答が革新理念に適合的であることになる。

**表 12.5** からは、「弱者重視」への肯定的な回答割合は男女ともにいずれの世代においても8割前後を示しており、教師に圧倒的に支持されていることがわかる。その一方で、「格差是正」は、それと同レベルで支持されているとはいえない。「賛成」の割合が、20代では50代の半分程度になっている（**表 12.6**）。「独裁指向」は、教師の間では決して強くはない。ただし、女性では若い世代において相対的に強いことが確認できる。「愛国心」は女性と比較して男性に強い傾向にある。また、男性では、年配世代と比較すると、若年世代では愛国心が低い(5)。

これらの革新理念へのスタンスと政治的有効性感覚との相関を世代別に示したのが、**表 12.7** である。内的有効性感覚に与える影響の強い性別・組合加入の有無で統制している。まず、いずれの世代においても「独裁指向」と内的有効性感覚が有意に負相関していることが確認できる。「愛国心」は50代では政

表 12.6　革新理念・格差是正策に対する賛否

| | | 賛成 | どちらかといえば賛成 | どちらともいえない | どちらかといえば反対 | 反対 | N | |
|---|---|---|---|---|---|---|---|---|
| 男 | 20 代 | 13.3% | 33.7% | 43.4% | 9.6% | 0.0% | 83 | * |
| | 30 代 | 21.4% | 33.9% | 33.0% | 8.9% | 2.7% | 112 | |
| | 40 代 | 18.6% | 38.1% | 36.1% | 3.1% | 4.1% | 97 | |
| | 50 代以上 | 27.0% | 44.5% | 23.2% | 4.7% | .5% | 211 | |
| 女 | 20 代 | 11.9% | 40.3% | 42.5% | 3.7% | 1.5% | 134 | *** |
| | 30 代 | 10.6% | 34.8% | 47.7% | 6.8% | 0.0% | 132 | |
| | 40 代 | 10.0% | 37.4% | 46.3% | 6.3% | 0.0% | 190 | |
| | 50 代以上 | 20.1% | 47.3% | 29.4% | 2.9% | .4% | 279 | |

$x^2$ 検定：*** 0.1% 水準で有意　　** 1% 水準で有意

表 12.7　革新理念×内的有効性感覚の年代別偏相関係数

| | 弱者重視 | 独裁指向 | 愛国心 | 格差是正 |
|---|---|---|---|---|
| 20 代 | .017 | −.269*** | .143* | .023 |
| 30 代 | .152* | −.187** | .137* | .124† |
| 40 代 | .141* | −.154* | .135* | .092 |
| 50 代 | .098* | −.391*** | .056 | .115* |

統制変数は女性ダミーと組合加入ダミー。
*** 0.1% 水準で有意　　** 1% 水準で有意　　* 5%水準で有意　　† 10% 水準で有意
革新理念の得点はいずれも反転しており、肯定的な回答の方が得点が高くなっている

治的有効性感覚との間に有意な相関がないが、40 代以下の世代では有意に正相関している。「弱者重視」との相関を見ると、30 ～ 50 代においては正相関しているが、20 代では相関がなくなっている。また、「格差是正」への賛否との相関では、50 代では有意に相関しているにもかかわらず、それ以下の世代では 5% 水準で有意な相関がない。

以上から、50 代以上の世代では政治的有効性感覚が格差是正政策や弱者重視のいわば福祉主義的な指向と結びついていたのに対し、20 代では、内的有効性感覚と福祉主義との相関が消え、むしろ、「愛国心」と相関するようになっている。

**② 個人化指向**

次に、教員の個人化をめぐる意識と内的有効性感覚の関係を見る。

最初に、教師に個人化指向がどの程度浸透しているのかを確認する。**表 12.8**

表 12.8　個人主義・生活満足×性×年齢

| | | 合計 | | | 男性 | | | 女性 | | |
|---|---|---|---|---|---|---|---|---|---|---|
| プライベート重視 | 20 代 | 37.4% | 219 | | 32.1% | 84 | | 40.7% | 135 | |
| | 30 代 | 40.8% | 245 | ** | 43.8% | 112 | | 38.3% | 133 | *** |
| | 40 代 | 33.6% | 292 | | 41.2% | 97 | | 29.7% | 195 | |
| | 50 代以上 | 27.0% | 493 | | 34.0% | 212 | | 21.7% | 281 | |
| 個人の自由重視 | 20 代 | 18.4% | 217 | | 22.9% | 83 | | 15.7% | 134 | |
| | 30 代 | 14.5% | 242 | | 16.4% | 110 | | 12.9% | 132 | |
| | 40 代 | 11.3% | 291 | | 11.3% | 97 | | 11.3% | 194 | |
| | 50 代以上 | 13.6% | 491 | | 16.0% | 212 | | 11.8% | 279 | |
| 自分の生活優先 | 20 代 | 38.1% | 218 | | 32.5% | 83 | | 41.5% | 135 | |
| | 30 代 | 38.9% | 239 | | 36.7% | 109 | | 40.8% | 130 | |
| | 40 代 | 34.8% | 287 | | 35.4% | 96 | | 34.6% | 191 | |
| | 50 代以上 | 40.7% | 489 | | 35.8% | 212 | | 44.4% | 277 | |
| 生活満足 | 20 代 | 67.6% | 219 | | 63.1% | 84 | | 70.4% | 135 | |
| | 30 代 | 71.0% | 245 | | 67.9% | 112 | * | 73.7% | 133 | |
| | 40 代 | 72.3% | 292 | | 69.1% | 97 | | 73.8% | 195 | |
| | 50 代以上 | 75.3% | 494 | | 78.8% | 212 | | 72.7% | 282 | |
| 日本に希望 | 20 代 | 51.8% | 218 | | 60.2% | 83 | | 46.7% | 135 | |
| | 30 代 | 50.8% | 242 | | 55.0% | 111 | | 47.3% | 131 | |
| | 40 代 | 47.8% | 291 | | 55.7% | 97 | | 43.8% | 194 | |
| | 50 代以上 | 45.3% | 492 | | 51.2% | 211 | | 40.9% | 281 | |

$x^2$ 検定：*** 0.1%水準で有意　　** 1%水準で有意　　* 5%水準で有意
数字は「そう思う」「どちらかといえばそう思う」の合計。

は、一般的な社会意識に関わる質問項目への肯定的な回答割合を男女別・世代別に示したものである。「個人化」に関わる質問項目は３つ設定されており、「仕事よりもプライベートな生活を大切にしている」（プライベート重視）、「みんなで協力して社会をよくすることよりも、個人の自由が守られることの方がずっと重要だ」（個人の自由重視）、「自分の生活スタイルを崩してまで、困っている人に関わろうとは思わない」（自分の生活優先）である。また、個人化とあわせて、「今の自分の生活全般に満足している」（生活満足）・「日本社会には希望がある」（日本に希望）といった自己や社会への肯定感に関わる質問項目を配置している。日常的な肯定感覚と内的有効性感覚がどの程度結びついているかを確認するためである。

**表 12.8** からは、まず、女性において「プライベート重視」への肯定的な回答割合が若い世代で顕著に増加していることがわかる。ただし、「個人の自由

表 12.9　個人主義・生活満足×内的有効性感覚の偏相関係数

| | プライベート重視 | 個人の自由重視 | 自分の生活優先 | 生活満足 | 日本に希望 |
|---|---|---|---|---|---|
| 20 代 | −.038 | −.224** | −.244*** | −.033 | .103 |
| 30 代 | −.025 | −.085 | −.122† | −.066 | .089 |
| 40 代 | −.071 | −.122* | −.127* | .171** | .244*** |
| 50 代以上 | .030 | −.064 | −.119* | .078† | .142** |

統制変数は女性ダミーと組合加入ダミー。
*** 0.1%水準で有意　** 1%水準で有意　* 5%水準で有意　† 10%水準で有意
得点はいずれも反転しており、肯定的な回答の方が得点が高い

重視」「自分の生活優先」においては、男女ともに世代による有意差はみられない。また、「個人の自由重視」の肯定的な回答割合はいずれの世代も全体では 10%台であり、「自分の生活優先」では 40.7%の「50 代以上」をのぞけばいずれの世代も 30%台である。個人化志向は少数派であるといえる。全体的に、教師たちに個人化指向が浸透しているとはいえないし、若い世代ほどそれが増加しているとは言い切れない。

自己や社会への肯定感に関する質問への回答傾向を確認すると、「生活満足」への肯定的な回答割合が 70%程度、「日本に希望」では 50%程度であり、総じて自己や社会への肯定感が低いとは言えない。ただし、男性において「生活満足」に肯定する割合は若い世代で低下していることが特徴的である。それ以外では若い世代と年配世代との間に有意差は見られず、教師の個人化や現状肯定感に世代による違いは必ずしも見られない。

個人化指向や現状肯定感の回答結果と内的有効性感覚との偏相関係数を示したのが、**表 12.9** である。**表 12.7** と同様に性別と組合加入の有無で統制している。特徴的であるのは、第一に、個人化指向と内的有効性感覚の負の相関が若い世代ほど強まっていることである。「個人の自由重視」は、50 代では有意な相関がなかったにもかかわらず 20 代では .224 の負相関となっており、「自分の生活優先」は、50 代では −.119 が、20 代では −.224 へと変化している。若い世代において、個人化志向の有無が、内的有効性感覚を規定する度合いが強まっている。

他方で、現状肯定感に関わる指標との相関を見ると個人化における傾向と対照的である。40 代、50 代では有意だった正の相関が、30 代・20 代では無相関

表 12.10　所属集団×年代

| | 政治関係 | 民間の教育団体 | ボランティア | 市民運動・消費者運動 | 宗教の団体や会 | スポーツ関係 | 趣味の会 | 教職員組合 |
|---|---|---|---|---|---|---|---|---|
| 20 代 | 0.0% | 1.0% | 2.4% | .5% | 2.0% | 16.6% | 10.2% | 12.2% |
| 30 代 | 0.0% | 4.3% | 2.6% | 0.0% | 2.6% | 22.9% | 5.6% | 27.3% |
| | * | ** | | | | † | *** | *** |
| 40 代 | 0.0% | 5.0% | 4.2% | .8% | 1.9% | 14.9% | 6.9% | 34.0% |
| 50 代以上 | 1.3% | 8.1% | 4.3% | 1.8% | 2.2% | 15.5% | 15.5% | 34.4% |

$\chi^2$検定：*** 0.1%水準で有意　** 1%水準で有意　* 5%水準で有意　† 10%水準で有意

になっている。若い世代では、政治的有効性感覚が、生活の満足感や社会への希望の有無とは無関係に形成されるようになっていることがうかがえる。

以上のように、個人化指向・現状肯定感の度合いそれ自体においては若い世代と年配世代とで顕著な違いが見られない一方で、個人化傾向・現状肯定感と政治的有効性感覚との関係が年配世代と若い世代との間で異なることがうかがえる。年配世代と比較し、若年世代では、個人化傾向がある人ほど政治的有効性感覚が低くなっている一方で、生活満足度は内的有効性感覚と有意な相関がない。

なお、現在所属する集団に関する回答結果（表 12.10）は、こうした結果の傍証となる。「スポーツ関係」や「趣味の会」などにおいては若い世代ほど参加率が低いという傾向はみられない。その意味で、若い世代が一般的に集団を忌避しているとはいえない。他方で、「教職員組合」や「民間の教育団体」への所属は若年世代ほど顕著に低い。後者については、仕事とプライベートを分け、仕事に関わる集団へのコミットを避ける傾向が若年世代ほど浸透していることとしてひとまず解釈できる。とはいえ、教職員組合や民間の教育団体が有する政治性を忌避する結果でもある可能性は否定できない。要するに政治と関わりのない集団へのコミットは変化していないにもかかわらず、政治と関わりのある集団への参加が低下しているということだ。

#### ③ 教職観

最後に、これまで検討してきた政治的有効性感覚が、教職観といかに関係しているのかを検討する。

**表 12.11** は若年世代（20・30 代）と年配世代（40・50 代）という世代別に、仕事観と政治的有効性感覚との偏相関係数を示したものである（統制変数は女性ダミーと組合加入ダミー）。

表 12.11　教職観×内的有効性感覚の年代別偏相関係数

| | 30 代以下 | 40 代以上 |
|---|---|---|
| (1) 社会的に尊敬される仕事だ | .054 | .084* |
| (2) 経済的に恵まれた仕事だ | .017 | -.022 |
| (3) 精神的に気苦労の多い仕事だ | -.034 | .031 |
| (4) 子どもに接する喜びのある仕事だ | .031 | .078* |
| (5) やりがいのある仕事だ | .063 | .109** |
| (6) 自己犠牲を強いられる仕事だ | -.051 | -.085* |
| (7) 自分の考えにそって自律的にやれる仕事だ | .037 | .073* |
| (8) 高度の専門的知識・技能が必要な仕事だ | .080† | .107** |
| (9) 高い倫理観が強く求められる仕事だ | .141** | .075* |
| (10)「自分らしさ」を表現できる仕事だ | .045 | .138*** |
| (11) はっきりとした成果を問われる仕事だ | .014 | .061† |
| (12) 割り当てられた役割に専心する仕事だ | -.047 | -.019 |
| (13) 教師以外の人々との関係づくりが欠かせない仕事だ | .087† | .109** |

統制変数は女性ダミーと組合加入ダミー。
*** 0.1%水準で有意　** 1%水準で有意　* 5%水準で有意　† 10%水準で有意
「教職観」の得点はいずれも反転しており、肯定的な回答の方が得点が高い

これを見ると、若年世代と年配世代とでは、政治的有効性感覚と教職観の相関のあり方に違いがあることがうかがえる。第一に、40 代以上では、多くの教職観と政治的有効性感覚とが相関しているのに対して、若年世代では、政治的有効性感覚と教職観とが相関していない。第二に、その中でも、年配世代では「「自分らしさ」を表現できる仕事だ」「自分の考えにそって自律的にやれる仕事だ」など、教職の自律性と政治的有効性感覚との相関が見られるのに対して、若年世代ではそれらの相関が見られなくなっている。第三に、年配世代では「子どもに接する喜びのある仕事だ」「やりがいのある仕事だ」「自己犠牲を強いられる仕事だ」といった教職を肯定的 / 否定的にとらえる項目とも相関があるのに対して、若年世代ではそれらの相関はない。教職の肯定の有無と内的有効性感覚とが結びついていない様子がうかがえる。

表 12.12 は、教師の責任倫理と政治的有効性感覚の偏相関係数を、世代別に示したものである（統制変数は女性ダミーと組合加入ダミー）。

年配世代では、「社会の不正・抑圧・差別などをなくすことに取り組む力を、子どもたちが身につけられるようにする」「子どもの人権や尊厳を尊重した指導を行う」「貧困などにより生活上の困難を抱えた子どもに対して特別な配慮

表 12.12　教師の責任意識×内的有効性感覚

| | 30 代以下 | 40 代以上 |
|---|---|---|
| （1）基本的な生活習慣を、子どもたちが身につけられるようにする | -.037 | -.074* |
| （2）基礎的な学力を、子どもたちが身につけられるようにする | .063 | .055 |
| （3）受験に対応できる学力を、子どもたちが身につけられるようにする | .022 | -.031 |
| （4）働く上で必要な力を、子どもたちが身につけられるようにする | .064 | .072† |
| （5）他の人と協同してものごとを行う力を、子どもたちが身につけられるようにする | -.002 | .057 |
| （6）自主的・主体的に考え行動できる力を、子どもたちが身につけられるようにする | .035 | .055 |
| （7）社会の不正・抑圧・差別などをなくすことに取り組む力を、子どもたちが身につけられるようにする | .128** | .095* |
| （8）わかりやすい授業を行う | .068 | .032 |
| （9）授業内容に関する専門的な知識をもつ | .012 | .064† |
| （10）いじめが起きない学校・学級にする | .046 | .004 |
| （11）居心地がよく安心できる学校・学級にする | .037 | .040 |
| （12）子どもの人権や尊厳を尊重した指導を行う | .005 | .118** |
| （13）発達障害の子どもに対して特別な配慮をする | .073 | .058 |
| （14）貧困などにより生活上の困難を抱えた子どもに対して特別な配慮をする | -.021 | .133*** |
| （15）学校・学級の規律・秩序を保つ | -.012 | -.009 |
| （16）学校以外の日常生活でも、教師に対する信用を傷つけないように行動する | -.014 | .012 |
| （17）学校外での子どものトラブルに対しても指導を行う | -.074 | -.021 |

統制変数は女性ダミーと組合加入ダミー。
*** 0.1%水準で有意　** 1%水準で有意　* 5%水準で有意　† 10%水準で有意
「教師の責任意識」の得点はいずれも反転しており、肯定的な回答の方が得点が高い

をする」といった項目、いわば、社会的な不平等や不正義を対象化し、それを克服しようとすることに責任を感じることと内的有効性感覚が結びついている。若年世代では、後者2つの相関が失われ、「社会の不正・抑圧・差別などをなくすことに取り組む力を、子どもたちが身につけられるようにする」との相関だけがある。ベテラン世代では教師の責任意識、とりわけ社会的不正義・不平等に取り組む責任意識と政治的有効性感覚が相関する傾向が強く、若年世代でも両者は相関する傾向にあるが、その範囲が限定されていることがうかがえる。

## 4. 考察

以上、政治的有効性感覚に焦点を当てて、現在の教師の政治意識のあり方について検討してきた。以下では、本章で明らかになった知見を整理しながら、1で述べた問題設定に対してどのような含意があるのか考察する。

### (1) 教師の内的有効性感覚は、年配世代と比較して若年世代の方が低い

最初に若年世代において政治的有効性感覚、とりわけ内的有効性感覚が低下していることが確認された。この結果は、必ずしも「世代間ギャップ」を表しているとは言えない。若年世代と年配世代の意識差は、一般的に、世代効果（世代による政治的有効性感覚の低下）だけでなく、社会化効果（教師を長く続けることで、有効性感覚が強まっていく）の帰結である可能性もあるからである。ここでこれ以上の分析は難しい。

ただし、確認しておきたいのは、外的有効性感覚の「政治家不信」は世代を問わず強かったにもかかわらず（＝政治家は信用できない)、「内的有効性感覚」では年配世代と若年世代との間に違いがみられたということである。年配世代では、「政治家不信」であると同時に、「市民の力」を実感している層が若年世代よりも分厚く存在していることを意味している。なぜこのような差異が生じるのか。その一つの可能性は、年配世代と若年世代とでは、「政治」としてイメージするものが異なっているというものだ。

レイモンド・ウイリアムズは、民主主義の語義変化を歴史的に辿ることを通して、そこに２つの立場が存在していると指摘する（Williams 邦訳 2011, p. 98)。ひとつは、自由民主主義の系譜にある「選挙」と「言論の自由」を第一義的に重視する立場であり、もうひとつは社会主義の系譜にある「民衆の利益にのっとった民衆の権力」を第一義的に重視する立場である。民主主義論としてどちらが優れているかを指摘したいわけではない。とはいえ、少なくとも年配世代には、議会政治の枠に回収されない「政治」としての後者のイメージがそれなりに浸透している可能性がある。だからこそ、「政治家不信」があり、市民の要請に政治が応答しない可能性を想定しつつもなお、議会政治に回収されない独自の政治領域を想定することができているために、それとは異なる内的有効性感覚を維持することができている可能性がある。

そうした政治的領域として、すぐに思い浮かぶのは、労働組合であろう。実際に、組合加入者の方が、内的有効性感覚が強い傾向は今回調査からも浮かび上がっている。組合運動が独自の政治領域を実感させる機能を果たしていることは想像に難くない。一方、管理職の「政治家不信」が有意に低いこと、つまりは既存の議会政治への信頼が相対的に厚いことが特徴的である。両者の間には、なにが正統的な政治であるかをめぐるコンフリクトが生じている可能性が

うかがえる。と同時に、労働組合の組織率の低下によって――代替的な回路が作られない限りは――、現在の年配世代が持っているような内的有効性感覚を現在の若年世代が将来手にできない可能性がある。

### (2) 革新理念は緩やかに弱まりつつあり、政治的有効性感覚との関係も弱めている

戦後の革新理念の浸透を検討した結果、年配世代と若い世代との間には一定の違いが見られた。「弱者重視」の価値は未だ世代を問わず圧倒的な支持を受けていたが、格差是正策においては、若年世代では、年配世代と比較して賛同する割合が低い。反対する割合が増加しているというよりは、「どちらともいえない」の割合が大きいことによってそうした差が生まれている。また、女性においては、「独裁」への忌避感が若い世代で相対的に弱まっていることも確認できた。総じて、戦後の革新理念に大きな懐疑が生まれているわけではないが、若い世代ほど浸透が弱くなっているという結果が浮かび上がったといえる。

興味深いのは、こうした革新理念と内的有効性感覚との相関の、若年世代と年配世代との違いである。年配世代では、弱者重視・格差是正といった福祉主義的な指向の有無と政治的有効性感覚の有無が結びついていたが、若年世代では、そうした相関がなくなっている。革新理念の中でも、現在においても年配世代において政治的争点として強く認識されている／されてきたのは、福祉主義をめぐる問題である可能性がある。

その反対に、若年世代では、愛国心をめぐるスタンスと政治的有効性感覚とが相関するようになっている。本章で示したように、「愛国心」が強いと自認する割合は、若年世代に少ないが、その少ない若者たちは、相対的に内的有効性感覚が強い傾向にある。逆にいえば、現在の教師たちにおいて、「愛国心」への警戒心は、政治的有効性感覚の強さによってつくられているのではない。「愛国」と「民主」が捻れた関係におかれるようになる戦後の状況（小熊 2002）をいったん括弧にくくるのであれば、愛国心が高いということと、内的有効性感覚の高さが相関するのは当然のことでもある。重要なのは、そうした若年世代の愛国心の内実がいかなるものとして構成されているか、だろう。いずれにせよ、「愛国心」とどのようにつきあっていくのかが、教師たちが政治に対する当事者意識をつくる上で重要なイシューになるだろう。

### (3) 若い世代では、個人化指向が強いほど、内的有効性感覚が低い

女性においては、若い世代に仕事よりもプライベートを重視するという指向性が強まっているという事実が確認できた。しかし、そのプライベート指向は男性と比較して極端に強いものではなく、むしろ、50代以上世代において男性と比較して明らかに低かった女性のプライベート指向が若い世代では男性と同程度（あるいはやや逆転）になった変化として捉えることができる。女性教員の職業認識が年配世代と若年世代とで異なっている可能性がうかがえる。「職務の無限定性」を是とする教員文化のあり方を相対化する行動様式が生起されている。ただし、その点を除けば、若い世代ほど個人化指向が強いという事実は確認されなかった。

興味深いのは、若い世代では、個人化指向の強さと、政治的有効性感覚の強さとが相関するようになっていることである。個人化指向が強いほど、政治的有効性感覚が低くなっている。若い世代において、個人化指向は、自分たちで社会を変えることができないという諦念と結びついた指向性となっている可能性がある。このことは、年配世代では、政治的有効性感覚は現状肯定感と結びついており、現状肯定感が高いほど政治的有効性感覚が高い傾向にあるが、そうした関連は若い世代では消失していることとも合致する。若い世代では、自分の生活に満足することに、政治的なるものが結びつきにくくなっているのである。こうした政治意識が現代の若い教師に浸透しつつあるのであれば、現在脚光を浴びつつあるシティズンシップ教育は困難に直面せざるをえない。日常的に政治性を実感し、日常的に民主主義を実現しようとしない教師が、シティズンシップを教えることは困難に違いないからである（Biesta 邦訳 2014)。

教師の政治性の回復が必要だからといって、かつてのような、生活が埋め込まれたような形で維持されていた中間集団の融解は回避できないだろう。その意味で、個人化指向は今後の政治的なるものを議論していく上での前提条件である。中間集団の再生に期待をかけるのではなく、むしろ、個人化指向を徹底し、自分の生活を守ることを貫きとおすことを通して「われわれ」意識が再度生成されるようになる可能性に期待をかける主張もある（宇野 2010)。宇野は自分の生活を守り抜くために、われわれの政治が有効であるという認識が生まれてくることこそが、個人化時代のデモクラシーだと指摘する。しかし、今回の調査結果を見る限り、未だ個人主義と政治的有効性感覚が結びつくような状

況は生まれていない。個人化指向はあくまで中間集団からの回避として顕現化しているからである。個人化指向は、どのようにすれば政治的有効性感覚の増加と結びつくのだろうか、その条件はまだわからない。

### (4) 政治的有効性感覚と、教職観との関係は、若い世代ほど弱くなっている

既に述べたように、戦後の教師の政治性は、教育の自由の維持／拡充をめぐって大きく顕現化した。「国民の教育権」という理念を基盤に、国民からの信託を受けた教師が、国家の介入を食い止め、教師の専門性に依拠した教育を行うことこそが、戦後教育運動の重要なテーゼであった。そして、教育の自律性への指向性は、教育システムと他の社会システムとの連結が融解し（本田 2014）、教育が「再政治化」（小玉 2016）され、国家による教育統制が強まっている中で、改めて現在重要なイシューとなりつつある。

しかし、政治的有効性感覚と教職観の相関係数の世代別の違いを見ると、戦後教育運動の理念は若い世代には共有されにくくなっていることがうかがえる。50 代では、教師の自律性に関わる指標と内的有効性感覚が結びついている一方で、20 代になるとそれらの指標と政治的有効性感覚との相関がなくなるからである。また、社会的な不平等や不正義を克服するという教職観と政治的有効性感覚との相関も、50 代では強いが、若年世代となると弱まっている／無相関になっている傾向がある。

こうした事実は、若年世代の教師たちが年配世代の教師たちと比較して、教師の仕事のあり方と政治を切り離して捉える傾向が強くなっている可能性があることを意味する。こうした傾向は、「よい教育」（Biesta 邦訳 2016）を自ら議論し追求していくというよりは、与えられた職務を所与として教育活動を行っていくという意味で、教師の「官僚化」が進んでいるとする先行研究の指摘と合致している（紅林ほか 2015）。

とはいえ、そのように言い切るのにも躊躇がある。「高い倫理観を強く求められる仕事だ」への肯定的な回答と、内的有効性感覚の強さが、若い世代においても結びついているからである。また、両者の相関の値は、40 代以上の世代と比較しても、大きくなっている。このことは、若年世代の教師においては、倫理的な存在であることと、内的有効性感覚を有することが、順接している傾向がある可能性がある。教師の政治の忌避は、政治主義的になるあまり倫理的

に逸脱するかのような振る舞いを忌避する心性によって強められているということが指摘されてきた。しかし、こうした若年世代の傾向から、それとは異なる政治を生み出す指向性が垣間見られる。その内実がどのようなものになっていくのかを明らかにするのは今後の課題である。

〈注〉

（1） 文部科学省「教職員団体の加入状況について」（平成28年度）。2016年10月現在、「教員のみ」の数字を示している。それによれば、全日本教職員組合（全教）の教員組織率は4.6%。両者を合計しても、31.2%である。

（2） もちろん、こうした状況の中でも、一定の若手教師たちが民間教育研究運動に参加していることを過小評価してはならないだろう。現在の若手教師たちが民間教育運動団体を通じてどのように主体形成していくのかについては今後検討していきたい。

（3） 戦後革新思想の分解については、後藤（2006）が体系的に論じている。

（4） 東京大学社会科学研究所附属社会調査・データアーカイブ研究センターSSJデータアーカイブから〔「日本版General Social Surveys〈JGSS-2010〉」（大阪商業大学JGSS研究センター）〕の個票データの提供を受けた。

（5） なお、図表は割愛するが50代以上の世代においては特に「管理職」層において愛国心が強いことが分かっている。具体的には、50代の教師において、「愛国心」があることを肯定する割合は、管理職以外では32.5%であるのに対して、「管理職」では58.6%である。

〈引用・参考文献〉

ビースタ，G. 2014『民主主義を学習する——教育・生涯学習・シティズンシップ』勁草書房.

ビースタ，G. 2016『よい教育とはなにか——倫理・政治・民主主義』白澤社、現代書館.

後藤道夫 2006『戦後思想ヘゲモニーの終焉と新福祉国家構想』旬報社.

Hargreaves, D. 1980 The occupational culture of teachers. In Woods, P., *Teacher strategies: Explorations in the sociology of the school*. Routledge.

長谷川裕 2008「5カ国の教師たち、その教職アイデンティティ確保戦略」久冨善之編『教師の専門性とアイデンティティ——教育改革時代の国際比較調査と国際シンポジウムから』勁草書房.

本田由紀 2014『社会を結びなおす——教育・仕事・家族の連携へ』岩波書店.

金兌希 2012「政治的有効性感覚の計量分析——日米韓の調査データを用いて」『法学政治学論究：法律・政治・社会』93.

金兌希 2014「日本における政治的有効性感覚指標の再検討——指標の妥当性と政治参加への影響力の観点から」『法学政治学論究：法律・政治・社会』100.

小玉重夫 2016『教育政治学を拓く——18歳選挙権の時代を見すえて』勁草書房.

久冨善之 2017『日本の教師、その12章——困難から希望への途を求めて』新日本出版社.

紅林伸幸・川村光・長谷川哲也・越智康詞・加藤隆雄・藤田武志・中村瑛仁 2015「教職の高度専門職化と脱政治化に関する一考察――教師の社会意識に関する調査（2013年）の結果報告」『常葉大学教職大学院研究紀要』2.
松田洋介 2015「闘争の舞台としての学校」『生活指導』723.
ミルズ，C. W. 2017『社会学的想像力』筑摩書房.
宗像誠也 1961『教育と教育政策』岩波書店.
村瀬洋一・高選圭・李鎮遠 2008「政治意識と社会構造の国際比較――韓国と日本における政治的有効性感覚の規定因」『応用社会学研究』50.
小熊英二 2002『「民主」と「愛国」――戦後日本のナショナリズムと公共性』新曜社.
宇野重規 2010『〈私〉時代のデモクラシー』岩波書店.
油布佐和子 2007『転換期の教師』放送大学教育振興会.
ウィリアムズ，R. 2011『完訳キーワード辞典』平凡社.
ウィッティー，G. 2004『教育改革の社会学――市場，公教育，シティズンシップ』東京大学出版会.

# 第13章

## 訪問したD町とその2中学校に見る教育活動の特徴

久冨　善之

今回調査は全国10地域で実施したが、協力いただいたすべての地域教育委員会と小・中学校に〈その地域データと全国データとの小・中学校別の各問での回答比率・比較一覧表〉をお返しした。加えて、その「比較一覧表」にコメントを付して全国的傾向（本書第2章参照）と、それと比較してのその地域の状況の特徴を記述して返送した地域・学校もある。

その中で、諸結果送付後に教育委員会の担当者を訪問し、調査結果を当方より説明するとともに結果集計上に示された全国との違いや地域の特徴が具体的に何を意味するのかを質問するインタビューを実施した地域もいくつかある。また、その地域の学校や教師にそれらの点を説明しながら、同時にその学校の教育活動の特徴を尋ねた所もあった。さらに保護者や校区住民の人たちに、学校教育活動や学校・教師への期待や、協同した活動の取り組み状況をインタビューでお聞きした地域・学校もあった。

ここでは､それらのほとんどを行った〈**D町**（第2章の**表2.1**では「A8」地域）〉について、一連の調査データ収集を経て見えてきた「その地域と学校の教育活動の特徴」に関し、まず1では「質問紙調査」の各問で地域の特徴的結果が見られた8つの問を選んで、地域の特徴を全国との比較の形で示し、それが意味する点に関する教育委員会担当者の見解や情報を加えて記述しておきたい。

そして2で、そのD町のデータにおいて、とりわけ中学校教師の回答傾向に顕著な特徴が見られたので、その町の2中学校（S中とI中：町立中学はこの2校だけ）を訪問して、校長・教頭・教務主任、そして中学校教育活動に積極的に参加している保護者（ないし前保護者：2人はいずれも校区住民でもある）に会ってインタビューし資料もいただいた。以下ではそれらの結果に基づいて、D 町の目立った特徴である「学校・教師と保護者・住民との協同関係の中で地域の子どもたちを育てる」という姿勢・活動について、捉えた特徴的結果を記述することとする。

## 1. 全国 10 地域との回答結果と比較しての D 町の特徴

### (1) 子ども・保護者の学校教育活動参加の積極性：「(Q1) 勤務校の状況」13 項目から

「勤務校の状況」に関する 13 項目の質問に対する教師たちの 4 段階の回答を、D 町と全国を比較する形で「小・中合計／小学校／中学校」に分けて一覧にしたのが、**表 13.1** である。ここで表の全国 10 地域調査結果の「**そこから読み取れるもの**」(本書第 2 章、p. 70) の「小見出し」4 点を再録すると以下の通りである。

① 学校の状況について教師たちの多くは、比較的安定していると捉えている

② 問題と感じている 3 点 (「学力格差」「経済的困難の子ども」「保護者からのクレーム」)

③ 回答が割れる「不登校」「いじめ」問題

④ 肯定は少ないが問題な 1 項目 (「授業不成立」)

全国傾向に対し表で見るように D 町の小・中学校教師の回答結果にいくつか特徴が見られる。

#### 1) 回答傾向比較で見る D 町の特徴

**a) 小・中とも「よくある」の教師の強い肯定回答が、全国よりかなり多い 3 項目**：「(4) 保護者の学校運営参加」「(6) 保護者同士の交流」「(13) 特別支援教育に力を入れている」

**b) 中学校で「よくある」の教師の強い肯定側回答が、全国よりかなり多い 2 項目**：「(2) 子どもたちの学校行事運営参加」「(3) 子どもたちの学校運営参加」

**c) 小・中とも、「よく／ときどきある」の肯定回答が全国よりやや少なく、**

**否定側回答が多い1項目**：「(11) 保護者からのクレーム」

2) そこに見られるD町の学校教育活動の特徴

① **学校状況は安定**：学校の状況については、全国結果同様に、比較的安定していると捉えている教師が小・中とも多い。

② **保護者の学校教育参加が活発**：小・中ともに保護者と学校の協力関係の活発さがこの地域で目立っている。

③ **中学校では生徒たちの参加も活発**：学校では生徒たちの学校行事参加の積極性がこの地域で目立っている。

④ **学校教育活動への生徒・保護者の積極的参加がD町の特徴**：以上の①・②・③からD町では、学校への保護者や生徒の積極的参加が特徴として、教師たちに意識されていると言えるだろう。この点に関して、教育委員会・指導室長は、「この地域には、元来地域の皆で子育てして行こうという気風があり、また他地域出身の教師に対しても偏見なく協力する雰囲気がある」というこの地域の風土と、「前教育長・現教育長の20年間に〈学地連携〉という名称の学校・教師と保護者・地域との協力・協同活動が町内のどの小学校・中学校でも進み、積み上がって、それがこの町の教育活動の特徴にまで定着してきている」という点を強調し、現町長は「教育立町」を町づくりの目標にしているほどであると教えてくれた。

**(2) 教職生活の困難の乗り切りが特徴的**：「(Q3) 教職生活の厳しさ・困難」16項目から

「**(Q2) 教職生活の積極面**」に関する13項目については全国傾向と目立った差が見られなかった（教師たち多数が、教師生活に「やりがい・生きがい」「教材研究の楽しさ」を感じ、「子ども・保護者・同僚からの信頼」もあると意識し、それらの意味で「教職アイデンティティ」を保持・確保している教師が多数という共通の傾向だった）ので、「**(Q3) 教職生活の厳しさ・困難**」16項目の質問に対する教師たちの4段階の回答を、D町と全国を比較する形で「小・中合計／小学校／中学校」に分けて一覧にしたのが、**表13.2**である。全国10地域調査結果の「**そこから読み取れるもの**」（第2章、p. 69）の「小見出し」6点を再録すると以下のようである。

①「多忙」と「過重労働」が最大の悩み
② 子どもたちに向き合う時間が減少
③ 教師としての「信念」「仕事の効果」「教職理念」の揺らぎも4割台の教師にある
④ 教師としてのより深い混迷（「登校がおっくう」「教職やめたい」）は2割前後
⑤ 職場内の相互人間関係の悩みは2割台の教師にある
⑥ 悩み多き中でなお努力する教師たちの姿

この全国傾向に対して、表で見るようにD町の小・中学校教師の回答結果には全国との共通性と若干のこの地域の特徴を見ることができた。

① **教職生活のさまざまな難しさについて上に見た全国傾向は、このD町でも大きくは変わっていない**：「(1) 多忙」「(2) 過重労働」は小・中教師大多数の悩みであり困難である。「(4) 子どもと関わる時間減少」「(5) 問題をかかえる子どもに手を焼く」もそれに続く悩みに。「(6) 教育内容の意義曖昧化」「(7) 教育効果への疑問」といった教職理念の揺らぎも小・中ともに4割前後（ただし「(8) 教育観混乱」「(14) 登校がおっくう」「(15) 教職やめたい」というより深い混迷は、いずれも2割前後でしかない）。職場内の「評価」「人間関係」「相互理解」に関する悩みも2割前後～2割台と多くない。悩み・困難は様々あるが、なおその中で何とか頑張っている教師が多数派であると思える。

② **ただし、小・中とも全国に比較して、肯定側回答がやや少ない1項目がある**：「(5) 問題をかかえる子どもに手を焼く」が、全国に比較して小・中ともに肯定回答がやや少なくなっている。この地域の小・中学校における「教師・生徒関係」の（全国に比べての）若干の良好さを示しているかも知れない。この点に関して、現地教育委員会担当者は、「問題を抱える子どもたちは確かにいるけれども、学校と教師だけでなく、保護者や地域住民のなかに防犯関係の組織もあり、また部活動でもいつも保護者が支援しているので、その点での連携がうまく働いていて教師だけが『手を焼く』ということがやや少ないのではないか」という説明を与えてくれた。

### (3) 中学校の職場同僚関係が特に良好：「(Q5) 職場の雰囲気・状況」17項目から

「(Q4) 悩み・問題の相談相手」に関する10項目の複数選択結果については、全国傾向と目立った差が見られなかった（結局教師仲間への相談が圧倒的な多数で

表 13.1 「(Q1) 勤務校の状況」についての回答比率 [%] (D町と全国比較)

| 質問項目 | 回答 | 小・中合計 | | 小学校 | | 中学校 | |
|---|---|---|---|---|---|---|---|
| | | D町 | 全国 10 地域 | D町 | 全国 10 地域 | D町 | 全国 10 地域 |
| (1) 子どもたちが授業に熱心に取り組む | 1 よくある | 58.9 | 61.4 | 45.6 | 60.1 | 81.8 | 63.7 |
| | 2 ときどきある | 38.9 | 37.2 | 50.9 | 38.8 | 18.2 | 34.4 |
| | 3 あまりない | 2.2 | 1.4 | 3.5 | 1.2 | 0.0 | 1.9 |
| | 4 まったくない | 0.0 | 0.0 | 0.0 | 0.0 | 0.0 | 0.0 |
| | 有効回答数 | 90 | 1295 | 57 | 869 | 33 | 419 |
| (2) 子どもたちが学校行事に熱心に取り組む | 1 よくある | 84.9 | 78.3 | 76.3 | 74.8 | 100.0 | 85.6 |
| | 2 ときどきある | 15.1 | 21.4 | 23.7 | 24.9 | 0.0 | 14.2 |
| | 3 あまりない | 0.0 | 0.3 | 0.0 | 0.3 | 0.0 | 0.2 |
| | 4 まったくない | 0.0 | 0.0 | 0.0 | 0.0 | 0.0 | 0.0 |
| | 有効回答数 | 92 | 1280 | 58 | 855 | 34 | 418 |
| (3) 子どもたちが学校の運営に積極的に参加する | 1 よくある | 42.4 | 29.8 | 25.9 | 27.8 | 70.6 | 33.5 |
| | 2 ときどきある | 41.3 | 49.2 | 50.0 | 51.7 | 26.5 | 44.5 |
| | 3 あまりない | 15.2 | 19.7 | 24.1 | 19.2 | 0.0 | 20.8 |
| | 4 まったくない | 1.1 | 1.3 | 0.0 | 1.3 | 2.9 | 1.2 |
| | 有効回答数 | 92 | 1293 | 59 | 867 | 33 | 420 |
| (4) 保護者が学校の教育活動に積極的に参加する | 1 よくある | 41.3 | 27.7 | 35.6 | 28.4 | 51.5 | 25.7 |
| | 2 ときどきある | 54.3 | 56.2 | 57.6 | 55.7 | 48.5 | 57.6 |
| | 3 あまりない | 4.3 | 15.7 | 6.8 | 15.6 | 0.0 | 16.2 |
| | 4 まったくない | 0.0 | 0.4 | 0.0 | 0.3 | 0.0 | 0.5 |
| | 有効回答数 | 93 | 1296 | 59 | 869 | 34 | 421 |
| (5) 保護者の意見に耳を傾ける | 1 よくある | 74.2 | 65.4 | 72.9 | 67.1 | 76.5 | 61.5 |
| | 2 ときどきある | 25.8 | 33.3 | 27.1 | 32.0 | 23.5 | 36.3 |
| | 3 あまりない | 0.0 | 1.2 | 0.0 | 0.9 | 0.0 | 1.9 |
| | 4 まったくない | 0.0 | 0.1 | 0.0 | 0.0 | 0.0 | 0.2 |
| | 有効回答数 | 93 | 1274 | 59 | 852 | 34 | 416 |
| (6) 保護者同士の交流が活発である | 1 よくある | 43.0 | 19.5 | 37.3 | 20.9 | 52.9 | 16.3 |
| | 2 ときどきある | 50.5 | 53.1 | 52.5 | 52.1 | 47.1 | 55.3 |
| | 3 あまりない | 6.5 | 26.8 | 10.2 | 26.8 | 0.0 | 27.2 |
| | 4 まったくない | 0.0 | 0.5 | 0.0 | 0.2 | 0.0 | 1.2 |
| | 有効回答数 | 91 | 1297 | 59 | 870 | 32 | 420 |

| | | | | | | | |
|---|---|---|---|---|---|---|---|
| (7) 子どもたちが騒いで授業が成立しない | 1 よくある | 1.1 | 1.1 | 1.7 | 1.1 | 0.0 | 1.0 |
| | 2 ときどきある | 22.0 | 14.7 | 30.5 | 15.1 | 6.3 | 14.0 |
| | 3 あまりない | 28.6 | 40.1 | 28.8 | 41.5 | 28.1 | 37.1 |
| | 4 まったくない | 48.4 | 44.1 | 39.0 | 42.3 | 65.6 | 47.9 |
| | 有効回答数 | 92 | 1298 | 59 | 869 | 33 | 422 |
| (8) 不登校の子どもがいる | 1 よくある | 20.7 | 14.0 | 11.9 | 8.2 | 36.4 | 26.1 |
| | 2 ときどきある | 33.7 | 39.1 | 25.4 | 33.0 | 48.5 | 52.1 |
| | 3 あまりない | 25.0 | 25.7 | 30.5 | 29.1 | 15.2 | 18.0 |
| | 4 まったくない | 20.7 | 21.2 | 32.2 | 29.7 | 0.0 | 3.8 |
| | 有効回答数 | 92 | 1297 | 58 | 867 | 34 | 423 |
| (9) 子どもたちの学力に格差がある | 1 よくある | 55.4 | 54.4 | 58.6 | 52.0 | 50.0 | 59.8 |
| | 2 ときどきある | 39.1 | 41.0 | 36.2 | 42.6 | 44.1 | 37.6 |
| | 3 あまりない | 4.3 | 4.2 | 5.2 | 5.2 | 2.9 | 2.1 |
| | 4 まったくない | 1.1 | 0.3 | 0.0 | 0.2 | 2.9 | 0.5 |
| | 有効回答数 | 93 | 1292 | 59 | 864 | 34 | 422 |
| (10) 経済的に困難を抱える子どもがいる | 1 よくある | 34.4 | 27.3 | 33.9 | 23.5 | 35.3 | 35.3 |
| | 2 ときどきある | 50.5 | 48.0 | 47.5 | 46.5 | 55.9 | 51.2 |
| | 3 あまりない | 15.1 | 22.3 | 18.6 | 26.7 | 8.8 | 12.8 |
| | 4 まったくない | 0.0 | 2.4 | 0.0 | 3.2 | 0.0 | 0.7 |
| | 有効回答数 | 91 | 1291 | 58 | 864 | 33 | 421 |
| (11) 保護者からクレームを受けることがある | 1 よくある | 12.1 | 9.5 | 13.8 | 8.6 | 9.1 | 11.6 |
| | 2 ときどきある | 44.0 | 54.0 | 48.3 | 51.6 | 36.4 | 59.4 |
| | 3 あまりない | 39.6 | 33.2 | 32.8 | 35.9 | 51.5 | 26.8 |
| | 4 まったくない | 4.4 | 3.3 | 5.2 | 3.9 | 3.0 | 2.1 |
| | 有効回答数 | 92 | 1292 | 59 | 865 | 33 | 420 |
| (12) 子ども同士のいじめがある | 1 よくある | 1.1 | 1.9 | 1.7 | 1.7 | 0.0 | 2.4 |
| | 2 ときどきある | 33.7 | 36.1 | 37.3 | 31.8 | 27.3 | 45.0 |
| | 3 あまりない | 44.6 | 53.1 | 40.7 | 57.0 | 51.5 | 45.2 |
| | 4 まったくない | 20.7 | 8.8 | 20.3 | 9.5 | 21.2 | 7.4 |
| | 有効回答数 | 93 | 1290 | 59 | 861 | 34 | 423 |
| (13) 特別支援教育に力を入れている | 1 よくある | 65.6 | 37.1 | 52.5 | 41.5 | 88.2 | 28.1 |
| | 2 ときどきある | 30.1 | 50.5 | 40.7 | 48.5 | 11.8 | 54.4 |
| | 3 あまりない | 3.2 | 11.6 | 5.1 | 9.3 | 0.0 | 16.3 |
| | 4 まったくない | 1.1 | 0.9 | 1.7 | 0.7 | 0.0 | 1.2 |
| | 有効回答数 | 90 | 1265 | 57 | 849 | 33 | 410 |

表 13.2 「(Q3) 教職生活の厳しさ・困難」についての回答比率 [%]（D町と全国）

| 質問項目 | 回答 | 小・中合計 | | 小学校 | | 中学校 | |
|---|---|---|---|---|---|---|---|
| | | D町 | 全国 10 地域 | D町 | 全国 10 地域 | D町 | 全国 10 地域 |
| (1) 毎日の仕事が忙しい | 1 強く感じる | 51.1 | 51.4 | 52.5 | 52.1 | 48.5 | 50.0 |
| | 2 感じる | 41.3 | 42.0 | 42.4 | 41.5 | 39.4 | 43.3 |
| | 3 あまり感じない | 7.6 | 6.4 | 5.1 | 6.2 | 12.1 | 6.5 |
| | 4 まったく感じない | 0.0 | 0.2 | 0.0 | 0.1 | 0.0 | 0.2 |
| | 有効回答数 | 92 | 1291 | 59 | 867 | 33 | 418 |
| (2) 現在の仕事の量は過重だ | 1 強く感じる | 37.0 | 36.2 | 40.7 | 35.2 | 30.3 | 38.3 |
| | 2 感じる | 43.5 | 41.0 | 42.4 | 42.0 | 45.5 | 39.0 |
| | 3 あまり感じない | 17.4 | 21.4 | 15.3 | 21.1 | 21.2 | 22.0 |
| | 4 まったく感じない | 2.2 | 1.4 | 1.7 | 1.6 | 3.0 | 0.7 |
| | 有効回答数 | 92 | 1290 | 59 | 866 | 33 | 418 |
| (3) 自分に仕事が集中している | 1 強く感じる | 2.2 | 6.3 | 0.0 | 5.2 | 6.1 | 8.4 |
| | 2 感じる | 46.7 | 35.5 | 50.8 | 32.4 | 39.4 | 41.7 |
| | 3 あまり感じない | 46.7 | 52.9 | 45.8 | 55.9 | 48.5 | 46.8 |
| | 4 まったく感じない | 4.3 | 5.3 | 3.4 | 6.4 | 6.1 | 3.1 |
| | 有効回答数 | 92 | 1283 | 59 | 860 | 33 | 417 |
| (4) 子どもと関わる時間が減ってきている | 1 強く感じる | 17.6 | 25.2 | 19.0 | 26.8 | 15.2 | 22.2 |
| | 2 感じる | 60.4 | 50.8 | 65.5 | 50.5 | 51.5 | 51.3 |
| | 3 あまり感じない | 20.9 | 22.6 | 13.8 | 21.2 | 33.3 | 25.5 |
| | 4 まったく感じない | 1.1 | 1.4 | 1.7 | 1.5 | 0.0 | 1.0 |
| | 有効回答数 | 91 | 1279 | 58 | 858 | 33 | 415 |
| (5) 問題をかかえている子どもに手を焼くことがある | 1 強く感じる | 14.3 | 18.7 | 18.6 | 20.2 | 6.3 | 15.7 |
| | 2 感じる | 47.3 | 53.4 | 44.1 | 53.6 | 53.1 | 53.5 |
| | 3 あまり感じない | 36.3 | 25.7 | 35.6 | 24.5 | 37.5 | 28.2 |
| | 4 まったく感じない | 2.2 | 2.1 | 1.7 | 1.8 | 3.1 | 2.7 |
| | 有効回答数 | 91 | 1278 | 59 | 857 | 32 | 415 |
| (6) 何を教えれば子どもにとって意義があるのかがあいまいになる | 1 強く感じる | 4.3 | 5.1 | 5.1 | 5.3 | 3.0 | 4.8 |
| | 2 感じる | 35.9 | 33.7 | 33.9 | 31.3 | 39.4 | 39.0 |
| | 3 あまり感じない | 53.3 | 55.0 | 59.3 | 58.1 | 42.4 | 48.1 |
| | 4 まったく感じない | 6.5 | 6.2 | 1.7 | 5.2 | 15.2 | 8.1 |
| | 有効回答数 | 92 | 1286 | 59 | 862 | 33 | 418 |
| (7) 自分の教育・指導の効果について疑問や無力感を感じる | 1 強く感じる | 4.3 | 4.2 | 5.1 | 4.6 | 2.9 | 3.3 |
| | 2 感じる | 36.6 | 37.6 | 39.0 | 37.3 | 32.4 | 38.7 |
| | 3 あまり感じない | 54.8 | 54.0 | 52.5 | 54.4 | 58.8 | 53.5 |
| | 4 まったく感じない | 4.3 | 4.1 | 3.4 | 3.7 | 5.9 | 4.5 |
| | 有効回答数 | 93 | 1286 | 59 | 861 | 34 | 419 |

| | | | | | | | |
|---|---|---|---|---|---|---|---|
| (8) 自分の持っていた教育観や信念に混乱が生じている | 1 強く感じる | 3.3 | 3.2 | 5.2 | 3.1 | 0.0 | 3.4 |
| | 2 感じる | 26.1 | 22.3 | 31.0 | 22.5 | 17.6 | 22.3 |
| | 3 あまり感じない | 58.7 | 64.3 | 56.9 | 65.5 | 61.8 | 61.9 |
| | 4 まったく感じない | 12.0 | 10.1 | 6.9 | 8.9 | 20.6 | 12.5 |
| | 有効回答数 | 92 | 1281 | 58 | 858 | 34 | 417 |
| (9) 校長・教頭からの評価が気になる | 1 強く感じる | 3.3 | 1.4 | 3.5 | 1.4 | 3.0 | 1.2 |
| | 2 感じる | 20.0 | 20.4 | 17.5 | 21.1 | 24.2 | 19.2 |
| | 3 あまり感じない | 57.8 | 59.5 | 66.7 | 62.8 | 42.4 | 52.9 |
| | 4 まったく感じない | 18.9 | 18.8 | 12.3 | 14.7 | 30.3 | 26.7 |
| | 有効回答数 | 90 | 1253 | 57 | 835 | 33 | 412 |
| (10) 職場の他の教師からの評価が気になる | 1 強く感じる | 4.3 | 1.5 | 3.4 | 1.5 | 5.9 | 1.4 |
| | 2 感じる | 30.1 | 27.3 | 32.2 | 27.2 | 26.5 | 27.5 |
| | 3 あまり感じない | 49.5 | 56.9 | 55.9 | 59.6 | 38.2 | 51.7 |
| | 4 まったく感じない | 16.1 | 14.4 | 8.5 | 11.8 | 29.4 | 19.4 |
| | 有効回答数 | 93 | 1282 | 59 | 858 | 34 | 418 |
| (11) 保護者への対応に手を焼く | 1 強く感じる | 2.2 | 4.5 | 1.7 | 4.6 | 2.9 | 4.3 |
| | 2 感じる | 19.4 | 25.1 | 23.7 | 24.6 | 11.8 | 26.0 |
| | 3 あまり感じない | 73.1 | 60.8 | 71.2 | 62.7 | 76.5 | 57.5 |
| | 4 まったく感じない | 5.4 | 9.6 | 3.4 | 8.1 | 8.8 | 12.2 |
| | 有効回答数 | 93 | 1281 | 59 | 856 | 34 | 419 |
| (12) 職場内での人間関係がしんどいと思うときがある | 1 強く感じる | 6.5 | 5.5 | 8.5 | 5.1 | 2.9 | 6.3 |
| | 2 感じる | 24.7 | 20.5 | 23.7 | 18.8 | 26.5 | 24.0 |
| | 3 あまり感じない | 49.5 | 54.3 | 55.9 | 56.8 | 38.2 | 49.3 |
| | 4 まったく感じない | 19.4 | 19.7 | 11.9 | 19.3 | 32.4 | 20.4 |
| | 有効回答数 | 93 | 1283 | 59 | 861 | 34 | 416 |
| (13) 自分が経験している教育実践上の困難に対して回りが無理解である | 1 強く感じる | 0.0 | 0.8 | 0.0 | 0.5 | 0.0 | 1.4 |
| | 2 感じる | 7.8 | 8.8 | 7.0 | 7.2 | 9.1 | 11.8 |
| | 3 あまり感じない | 73.3 | 66.2 | 77.2 | 68.8 | 66.7 | 61.3 |
| | 4 まったく感じない | 18.9 | 24.2 | 15.8 | 23.5 | 24.2 | 25.5 |
| | 有効回答数 | 90 | 1281 | 57 | 859 | 33 | 416 |
| (14) 学校に行くのがおっくうになる | 1 強く感じる | 5.4 | 3.8 | 6.8 | 3.9 | 2.9 | 3.6 |
| | 2 感じる | 24.7 | 23.1 | 27.1 | 23.9 | 20.6 | 21.0 |
| | 3 あまり感じない | 50.5 | 50.8 | 55.9 | 51.9 | 41.2 | 48.9 |
| | 4 まったく感じない | 19.4 | 22.3 | 10.2 | 20.2 | 35.3 | 26.5 |
| | 有効回答数 | 93 | 1286 | 59 | 861 | 34 | 419 |
| (15) 教職をやめたい | 1 強く感じる | 2.2 | 2.3 | 3.5 | 1.8 | 0.0 | 3.3 |
| | 2 感じる | 17.6 | 16.1 | 21.1 | 16.8 | 11.8 | 14.8 |
| | 3 あまり感じない | 44.0 | 40.7 | 43.9 | 41.5 | 44.1 | 38.7 |
| | 4 まったく感じない | 36.3 | 41.0 | 31.6 | 39.9 | 44.1 | 43.2 |
| | 有効回答数 | 91 | 1282 | 57 | 857 | 34 | 419 |
| (16) この1年間にカウンセリングを受けた | 1 ある | 1.1 | 4.1 | 1.7 | 3.6 | 0.0 | 5.3 |
| | 2 ない | 98.9 | 95.9 | 98.3 | 96.4 | 100.0 | 94.7 |
| | 有効回答数 | 93 | 1282 | 59 | 858 | 34 | 418 |

## 表 13.3 「(Q5) 職場の雰囲気・状況」についての回答比率 [%]（D町と全国）

| 質問項目 | 回答 | 小・中合計 |  | 小学校 |  | 中学校 |  |
|---|---|---|---|---|---|---|---|
|  |  | D町 | 全国 10 地域 | D町 | 全国 10 地域 | D町 | 全国 10 地域 |
| (1) 校長・教頭と他の教職員との間で意思の疎通がうまくはかられている | 1 強くそう思う | 19.8 | 14.9 | 13.8 | 13.9 | 30.3 | 17.2 |
|  | 2 そう思う | 57.1 | 61.5 | 58.6 | 62.8 | 54.5 | 58.9 |
|  | 3 あまりそう思わない | 22.0 | 21.2 | 25.9 | 21.2 | 15.2 | 21.3 |
|  | 4 まったくそう思わない | 1.1 | 2.3 | 1.7 | 2.1 | 0.0 | 2.6 |
|  | 有効回答数 | 91 | 1281 | 58 | 857 | 33 | 418 |
| (2) 校長・教頭が勝手にことがらを決めたり、進めたりする | 1 強くそう思う | 4.3 | 5.2 | 6.9 | 5.0 | 0.0 | 5.6 |
|  | 2 そう思う | 18.5 | 23.2 | 24.1 | 24.8 | 8.8 | 19.9 |
|  | 3 あまりそう思わない | 55.4 | 57.0 | 55.2 | 57.7 | 55.9 | 55.7 |
|  | 4 まったくそう思わない | 21.7 | 14.5 | 13.8 | 12.5 | 35.3 | 18.9 |
|  | 有効回答数 | 92 | 1265 | 58 | 846 | 34 | 413 |
| (3) 学校では各々の教師のやりたいことが自由にやれている | 1 強くそう思う | 9.7 | 6.5 | 8.5 | 7.0 | 11.8 | 5.5 |
|  | 2 そう思う | 67.7 | 62.3 | 62.7 | 62.9 | 76.5 | 60.9 |
|  | 3 あまりそう思わない | 19.4 | 28.0 | 23.7 | 27.0 | 11.8 | 30.5 |
|  | 4 まったくそう思わない | 3.2 | 3.2 | 5.1 | 3.2 | 0.0 | 3.1 |
|  | 有効回答数 | 93 | 1279 | 59 | 856 | 34 | 417 |
| (4) 職場の教師同士が協同してものごとに取り組んでいる | 1 強くそう思う | 28.0 | 22.6 | 20.3 | 22.9 | 41.2 | 21.7 |
|  | 2 そう思う | 57.0 | 63.4 | 57.6 | 66.0 | 55.9 | 58.5 |
|  | 3 あまりそう思わない | 14.0 | 13.0 | 20.3 | 10.6 | 2.9 | 17.9 |
|  | 4 まったくそう思わない | 1.1 | 0.9 | 1.7 | 0.5 | 0.0 | 1.9 |
|  | 有効回答数 | 93 | 1285 | 59 | 860 | 34 | 419 |
| (5) お互いの持ち味・専門性を尊重しあっている | 1 強くそう思う | 36.6 | 19.6 | 35.6 | 19.0 | 38.2 | 20.5 |
|  | 2 そう思う | 52.7 | 65.5 | 49.2 | 67.4 | 58.8 | 61.6 |
|  | 3 あまりそう思わない | 8.6 | 13.8 | 11.9 | 13.0 | 2.9 | 15.5 |
|  | 4 まったくそう思わない | 2.2 | 1.2 | 3.4 | 0.6 | 0.0 | 2.4 |
|  | 有効回答数 | 93 | 1287 | 59 | 862 | 34 | 419 |
| (6) 職員会がよく開かれている | 1 強くそう思う | 25.8 | 14.2 | 25.4 | 15.3 | 26.5 | 11.7 |
|  | 2 そう思う | 60.2 | 58.8 | 61.0 | 62.2 | 58.8 | 52.2 |
|  | 3 あまりそう思わない | 14.0 | 25.6 | 13.6 | 21.4 | 14.7 | 34.0 |
|  | 4 まったくそう思わない | 0.0 | 1.4 | 0.0 | 1.1 | 0.0 | 2.2 |
|  | 有効回答数 | 93 | 1278 | 59 | 854 | 34 | 418 |
| (7) 学年会・教科会や担当委員会（行事や校務分掌に関する）などが、よく開かれている | 1 強くそう思う | 24.7 | 15.4 | 13.6 | 15.6 | 44.1 | 14.6 |
|  | 2 そう思う | 54.8 | 56.4 | 57.6 | 60.6 | 50.0 | 48.3 |
|  | 3 あまりそう思わない | 19.4 | 26.4 | 27.1 | 22.3 | 5.9 | 34.9 |
|  | 4 まったくそう思わない | 1.1 | 1.8 | 1.7 | 1.5 | 0.0 | 2.2 |
|  | 有効回答数 | 93 | 1282 | 59 | 858 | 34 | 418 |
| (8) 職員会で活発な議論がなされている | 1 強くそう思う | 8.7 | 3.8 | 3.4 | 3.3 | 18.2 | 5.0 |
|  | 2 そう思う | 44.6 | 33.8 | 39.0 | 35.1 | 54.5 | 30.8 |
|  | 3 あまりそう思わない | 38.0 | 50.8 | 45.8 | 50.8 | 24.2 | 50.7 |
|  | 4 まったくそう思わない | 8.7 | 11.6 | 11.9 | 10.8 | 3.0 | 13.5 |
|  | 有効回答数 | 92 | 1276 | 59 | 854 | 33 | 416 |

| | | | | | | | |
|---|---|---|---|---|---|---|---|
| (9) 学年会・教科会や担当委員会（行事や校務分掌に関する）などで活発な議論がなされている | 1 強くそう思う | 16.1 | 10.3 | 3.4 | 9.3 | 38.2 | 12.2 |
| | 2 そう思う | 61.3 | 56.2 | 64.4 | 57.9 | 55.9 | 53.0 |
| | 3 あまりそう思わない | 17.2 | 30.3 | 23.7 | 29.9 | 5.9 | 31.2 |
| | 4 まったくそう思わない | 5.4 | 3.2 | 8.5 | 2.9 | 0.0 | 3.6 |
| | 有効回答数 | 93 | 1282 | 59 | 859 | 34 | 417 |
| (10) 自校の教師間で、教材研究や児童・生徒の指導について活発な意見交流が行われている | 1 強くそう思う | 24.7 | 15.9 | 13.6 | 16.1 | 44.1 | 15.8 |
| | 2 そう思う | 53.8 | 59.8 | 61.0 | 61.4 | 41.2 | 56.5 |
| | 3 あまりそう思わない | 18.3 | 22.9 | 22.0 | 21.1 | 11.8 | 26.3 |
| | 4 まったくそう思わない | 3.2 | 1.4 | 3.4 | 1.4 | 2.9 | 1.4 |
| | 有効回答数 | 93 | 1281 | 59 | 857 | 34 | 418 |
| (11) 職場で教師間に仕事に限らず何でも話せる雰囲気がある | 1 強くそう思う | 27.2 | 19.8 | 24.1 | 20.0 | 32.4 | 19.1 |
| | 2 そう思う | 47.8 | 58.4 | 41.4 | 61.0 | 58.8 | 53.6 |
| | 3 あまりそう思わない | 20.7 | 18.7 | 27.6 | 16.0 | 8.8 | 23.9 |
| | 4 まったくそう思わない | 4.3 | 3.1 | 6.9 | 3.0 | 0.0 | 3.3 |
| | 有効回答数 | 92 | 1285 | 58 | 861 | 34 | 418 |
| (12) 職場を離れても同じ学校の教師間でつきあうことが多い | 1 強くそう思う | 4.3 | 5.2 | 5.1 | 5.8 | 3.0 | 4.1 |
| | 2 そう思う | 30.4 | 29.6 | 28.8 | 30.9 | 33.3 | 27.1 |
| | 3 あまりそう思わない | 55.4 | 54.7 | 50.8 | 53.0 | 63.6 | 58.0 |
| | 4 まったくそう思わない | 9.8 | 10.5 | 15.3 | 10.3 | 0.0 | 10.9 |
| | 有効回答数 | 92 | 1278 | 59 | 858 | 33 | 414 |
| (13) 校長・教頭からの評価を気にして仕事をしている | 1 強くそう思う | 1.1 | 1.3 | 0.0 | 1.4 | 3.0 | 1.0 |
| | 2 そう思う | 20.9 | 16.8 | 24.1 | 17.3 | 15.2 | 15.7 |
| | 3 あまりそう思わない | 54.9 | 61.5 | 55.2 | 64.1 | 54.5 | 56.4 |
| | 4 まったくそう思わない | 23.1 | 20.5 | 20.7 | 17.2 | 27.3 | 27.0 |
| | 有効回答数 | 91 | 1259 | 58 | 838 | 33 | 415 |
| (14) 他の教師からの評価を気にして仕事をしている | 1 強くそう思う | 0.0 | 1.0 | 0.0 | 1.2 | 0.0 | 0.7 |
| | 2 そう思う | 28.3 | 18.9 | 32.2 | 18.4 | 21.2 | 20.2 |
| | 3 あまりそう思わない | 52.2 | 62.2 | 52.5 | 65.3 | 51.5 | 55.7 |
| | 4 まったくそう思わない | 19.6 | 17.9 | 15.3 | 15.1 | 27.3 | 23.4 |
| | 有効回答数 | 92 | 1269 | 59 | 848 | 33 | 415 |
| (15) 他の教師との足並みがそろうように物事を進めている | 1 強くそう思う | 22.0 | 12.8 | 22.4 | 12.0 | 21.2 | 14.6 |
| | 2 そう思う | 62.6 | 69.0 | 62.1 | 70.3 | 63.6 | 66.2 |
| | 3 あまりそう思わない | 13.2 | 17.2 | 13.8 | 17.2 | 12.1 | 17.5 |
| | 4 まったくそう思わない | 2.2 | 1.0 | 1.7 | 0.6 | 3.0 | 1.7 |
| | 有効回答数 | 91 | 1274 | 58 | 851 | 33 | 417 |
| (16) 問題が起きたときに、責任を押しつけ合う雰囲気がある | 1 強くそう思う | 0.0 | 1.2 | 0.0 | 0.5 | 0.0 | 2.6 |
| | 2 そう思う | 9.8 | 5.6 | 15.3 | 5.3 | 0.0 | 6.2 |
| | 3 あまりそう思わない | 52.2 | 51.9 | 57.6 | 52.4 | 42.4 | 51.4 |
| | 4 まったくそう思わない | 38.0 | 41.3 | 27.1 | 41.7 | 57.6 | 39.7 |
| | 有効回答数 | 92 | 1284 | 59 | 860 | 33 | 418 |
| (17) 管理職が最終的に責任を取ってくれるとの安心感がある | 1 強くそう思う | 26.7 | 24.8 | 20.7 | 24.5 | 37.5 | 25.4 |
| | 2 そう思う | 47.8 | 48.2 | 46.6 | 48.5 | 50.0 | 47.6 |
| | 3 あまりそう思わない | 17.8 | 20.9 | 22.4 | 21.3 | 9.4 | 20.2 |
| | 4 まったくそう思わない | 7.8 | 6.1 | 10.3 | 5.7 | 3.1 | 6.8 |
| | 有効回答数 | 90 | 1256 | 58 | 840 | 32 | 410 |

ある点で）ので、次の「**(Q5) 職場の雰囲気・状況**」17 項目の質問に対する教師たちの 4 段階の回答を、D 町と全国とを比較する形で「小・中合計／小学校／中学校」で一覧にしたのが、**表 13.3** である。全国 10 地域調査結果の「**そこから読み取れるもの**」（第 2 章、p. 74）の「小見出し」3 点を再録すると以下の通りである。

① 職場の教職員関係は良好のよう

② 同僚関係が、教師の悩みや困難の支えに

③ 管理職との関係もまた良好のよう

この全国傾向に対して、表で見るように D 町の小・中学校教師の回答結果には全国との共通性とともに次のような若干の特徴を見ることができた。

### 1）回答傾向比較で見る D 町の特徴

a）**小・中教師ともに、全国に比較して、肯定側回答が多い 2 項目が見られる**：「(5) 互いの尊重」「(6) 職員会議がよく開かれている」

b）**とりわけ、D 町の中学校教師の肯定側回答が全国よりかなり多いものが 9 項目もある**：「(1) 校長・教頭との意思疎通」「(3) 各々の自由」「(4) 教師同士の協力」「(7) 学年会・委員会開催」「(8) 職員会議の議論活発」「(9) 学年・教科・担当委員会の議論活発」「(10) 教師間での意見交流」「(11) 職場で何でも話せる」「(17) 管理職が責任取る安心感」

### 2）そこに見られる D 町の学校職場の雰囲気の特徴

① **職場内の教職員関係の良好さ**：表と上の a)・b) を見る限り、互いの持ち味や専門を尊重する傾向や職員会議開催状況などの職場内の状況の良好さが、小・中学校ともに、全国よりかなり高いと思われる。

② **とりわけ D 町の中学校職場の独特の雰囲気**：特に D 町の 2 つの中学校では、管理職を含めた職場の教職員間の関係が良好で、議論の活発さ、協力関係の良さなどが、全国よりかなり強いと感じられる。この点が、非常に目立った D 地域の特徴となっている。

これらの点に関して教育委員会担当者は、「両中学校の管理者の人柄・姿勢もあるが、同時に保護者の信頼と期待が高いので、それが学校内部でも良好な関係が築けているのではないか」と「じっさい中学校の学校研修会に校区小学

校教師も参加する、各中学校内でも教科研修に他の教科の教師たちも入って協同して研究を進める」といった事実を紹介してくれた。

### (4) 特別支援教育への取り組みに学校組織性：「(Q6) 特別支援教育への組織的取り組み」7項目から

次の「**(Q6) 特別支援教育への組織的取り組み**」7項目の質問に対する教師たちの4段階の回答をD町と全国とを比較する形で「小・中合計／小学校／中学校」で一覧にしたのが、**表13.4** である。全国10地域調査結果の「**そこから読み取れるもの**」(第2章、p. 86) の「小見出し」3点を再録すると以下のようである。

① 特別支援教育に専門の「コーディネーター」を置く組織性
② その子の特性と保護者の意向とを尊重して
③ 対応が分かれる点も (「(1) 基本的に担任に任せる」と「(4) 外部の専門機関に任せる」)

この全国傾向に対して、表で見るようにD町の小・中学校教師の回答結果には全国との共通性とともに次のような若干の特徴を見ることができた。

#### 1) 回答傾向比較で見るD町の特徴

a) **小・中教師ともに、全国に比較して、「とても当てはまる」という強い肯定回答が多い4項目**：「(2) 専門知識のコーディネーター」「(3) 学校の組織的責任」「(6) 発達障害の子どもの特性にあった対応」「(7) 保護者の意向を尊重して」

b) **小・中教師とも、全国に比べて否定側の回答が多い**：「(1) 発達障害の子どもの対応は担任に任せる」

#### 2) そこに見られるD町の特別支援教育活動と体制の特徴

① 上の a)・b) **を通じて、D町では特別支援教育についての取り組みが熱心で組織的**：Q1(13) でもD町での肯定回答は多かった。ここでも、教師たち自身が「担任任せにせず、学校組織として非常に熱心にとり組んでいる」点が非常に目立っている。この点に関して教育委員会担当者は、「〈教育支援委員会〉でも、形式に流れないで一人ひとりの子どもの状況を把握

表 13.4 「(Q6) 特別支援教育への組織的取り組み」についての回答比率 [%] (D町と全国)

| 質問項目 | 回答 | 小・中合計 | | 小学校 | | 中学校 | |
|---|---|---|---|---|---|---|---|
| | | D町 | 全国 10 地域 | D町 | 全国 10 地域 | D町 | 全国 10 地域 |
| (1) 発達障害の子どもの対応は基本的に担任に任せられている | 1 とても当てはまる | 6.5 | 12.1 | 10.2 | 13.5 | 0.0 | 9.4 |
| | 2 やや当てはまる | 29.0 | 45.5 | 32.2 | 47.2 | 23.5 | 42.5 |
| | 3 あまり当てはまらない | 50.5 | 35.5 | 42.4 | 32.7 | 64.7 | 41.1 |
| | 4 まったく当てはまらない | 14.0 | 6.8 | 15.3 | 6.6 | 11.8 | 7.0 |
| | 有効回答数 | 93 | 1272 | 59 | 852 | 34 | 414 |
| (2) 専門知識をもった教師が、特別支援教育コーディネーターを担当している | 1 とても当てはまる | 57.6 | 29.4 | 53.4 | 32.8 | 64.7 | 22.8 |
| | 2 やや当てはまる | 23.9 | 43.1 | 27.6 | 43.5 | 17.6 | 42.1 |
| | 3 あまり当てはまらない | 14.1 | 21.1 | 13.8 | 18.9 | 14.7 | 25.2 |
| | 4 まったく当てはまらない | 4.3 | 6.4 | 5.2 | 4.7 | 2.9 | 9.9 |
| | 有効回答数 | 92 | 1269 | 58 | 850 | 34 | 413 |
| (3) 特別支援教育に対しては、学校が組織的に責任をもって対応している | 1 とても当てはまる | 45.2 | 26.3 | 40.7 | 29.9 | 52.9 | 18.9 |
| | 2 やや当てはまる | 49.5 | 56.6 | 55.9 | 54.9 | 38.2 | 60.0 |
| | 3 あまり当てはまらない | 5.4 | 15.2 | 3.4 | 13.4 | 8.8 | 18.9 |
| | 4 まったく当てはまらない | 0.0 | 1.9 | 0.0 | 1.8 | 0.0 | 2.2 |
| | 有効回答数 | 93 | 1270 | 59 | 852 | 34 | 412 |
| (4) 対応困難な発達障害児への支援は特別支援教育の専門機関に任せている | 1 とても当てはまる | 10.8 | 4.0 | 13.6 | 3.7 | 5.9 | 4.6 |
| | 2 やや当てはまる | 30.1 | 30.2 | 25.4 | 31.2 | 38.2 | 28.6 |
| | 3 あまり当てはまらない | 44.1 | 54.3 | 44.1 | 53.5 | 44.1 | 55.7 |
| | 4 まったく当てはまらない | 15.1 | 11.5 | 16.9 | 11.6 | 11.8 | 11.1 |
| | 有効回答数 | 93 | 1255 | 59 | 836 | 34 | 413 |
| (5) 発達障害の子どもに、特別な配慮をせずに他の子と同じように扱っている | 1 とても当てはまる | 5.4 | 2.4 | 6.8 | 2.5 | 2.9 | 2.2 |
| | 2 やや当てはまる | 23.7 | 21.3 | 25.4 | 17.0 | 20.6 | 30.1 |
| | 3 あまり当てはまらない | 38.7 | 57.5 | 35.6 | 58.8 | 44.1 | 54.9 |
| | 4 まったく当てはまらない | 32.3 | 18.9 | 32.2 | 21.7 | 32.4 | 12.8 |
| | 有効回答数 | 93 | 1273 | 59 | 852 | 34 | 415 |
| (6) 発達障害の子どもには、なるべくその特性にあった対応をしている | 1 とても当てはまる | 43.0 | 23.8 | 42.4 | 26.5 | 44.1 | 18.1 |
| | 2 やや当てはまる | 54.8 | 69.3 | 55.9 | 68.7 | 52.9 | 70.5 |
| | 3 あまり当てはまらない | 2.2 | 6.5 | 1.7 | 4.6 | 2.9 | 10.6 |
| | 4 まったく当てはまらない | 0.0 | 0.4 | 0.0 | 0.2 | 0.0 | 0.7 |
| | 有効回答数 | 93 | 1274 | 59 | 854 | 34 | 414 |
| (7) 保護者の意向をできるだけ尊重して、発達障害児の支援策を考えている | 1 とても当てはまる | 41.9 | 25.8 | 39.0 | 28.7 | 47.1 | 19.5 |
| | 2 やや当てはまる | 57.0 | 68.5 | 61.0 | 67.5 | 50.0 | 70.8 |
| | 3 あまり当てはまらない | 1.1 | 5.4 | 0.0 | 3.3 | 2.9 | 9.6 |
| | 4 まったく当てはまらない | 0.0 | 0.3 | 0.0 | 0.5 | 0.0 | 0.0 |
| | 有効回答数 | 93 | 1270 | 59 | 849 | 34 | 415 |

した上で保護者の了解も得ながら進めている。特別支援2学級・通級2学級の体制も8人の教師をつけて整備している。町の予算で担任をサポートする社会人（TT）に授業サポートを、特別支援教育支援員も学校ごとに予算をつけて置いている。コーディネーターに専門性ある人を配置する町としての施策をとっている。これら施策が教師たちの意識にも定着していると思う」と説明した。

### (5) 教師たちへの「期待」認知と教師の「責任」意識が高い：「(Q7) 教師たちへの期待認知と責任意識」17 項目から

「(Q7) 教師たちへの期待認知と責任意識」17 項目の質問に対する教師たちの 4 段階の回答を、D 町と全国とを比較する形で「小・中合計／小学校／中学校」で一覧にしたのが、**表 13.5**（その 1）と**表 13.5**（その 2）である。全国 10 地域調査結果の「**そこから読み取れるもの**」（第 2 章、p. 83）の「小見出し」の 4 点を再録すると、以下の通りである。

① 「期待」認知も、それへの「責任」意識も高い教師たち

② 小・中学校教師ともに「期待」認知よりも「責任」意識のほうがより強い（17 項目中の 13 項目で）

③ 両レベルが変わらない 2 項目（「(3) 受験学力」「(10) いじめのない学校・学級」）、あるいは「責任」意識のほうが「期待」認知を下回る 2 項目（「(17) 学校外のトラブル指導」「(1) 基本的生活習慣」）がある。通常では家族の責任と考えられることまで、必要以上に引き受けることは難しいという教師たちの意識がそこに反映していることが示されている。

④ 受験学力については小・中学校教師の間の差が大きい（中学で期待も責任も高い）

この全国傾向に対して、表で見るように D 町の小・中学校教師の回答結果には全国との共通性とともに次のような若干の特徴を見ることができた。

#### 1) 回答傾向比較で見る D 町の特徴

a) **小学校教師の回答で、「期待」が「大いにある」という強い肯定回答が全国に比較して多い 7 項目がある**：「(1) 基本的生活習慣」「(5) 他者と協同する力」「(6) 主体的に行動する力」「(7) 社会の不正に取り組む力」「(9) 授業内容の専門的力」「(13) 発達障害の子どもへの配慮」「(14) 貧困など困難への配慮」。また、それに対する小学校教師の「責任」意識も高いのは、(1)(13)(14) の 3 項目である。

b) **逆に D 町の小学校教師の回答で、「期待」認知が全国との比較で低い 2 項目がある**：「(8) わかりやすい授業」「(10) いじめのない学級・学校」

c) **D 町の中学校教師の回答で、「期待」認知が全国との比較で、高い 1 項目がある**：「(15) 学級・学校の規律・秩序を保つ」

## 表 13.5 「(Q7) 教師への期待認知と責任意識」(その 1) についての回答比率 [%] (D町と全国)

| 質問項目 | 回答 | | 小・中合計 | | 小学校 | | 中学校 | |
|---|---|---|---|---|---|---|---|---|
| | | | D町 | 全国 10 地域 | D町 | 全国 10 地域 | D町 | 全国 10 地域 |
| (1) 基本的な生活習慣を、子どもたちが身につけられるようにする | 子ども・保護者など周囲の人たちから寄せられている期待がどのくらいあると思うか | 1 大いにある | 53.3 | 40.7 | 58.6 | 41.9 | 44.1 | 38.3 |
| | | 2 ある | 43.5 | 52.6 | 36.2 | 51.6 | 55.9 | 54.5 |
| | | 3 あまりない | 3.3 | 6.4 | 5.2 | 6.1 | 0.0 | 6.9 |
| | | 4 ほとんど・まったくない | 0.0 | 0.3 | 0.0 | 0.3 | 0.0 | 0.2 |
| | | 有効回答数 | 92 | 1288 | 58 | 862 | 34 | 420 |
| | 教師に果たすべき責任がどのくらいあると思うか | 1 大いにある | 36.7 | 23.5 | 46.6 | 22.5 | 44.1 | 26.0 |
| | | 2 ある | 55.6 | 59.2 | 43.1 | 59.2 | 47.1 | 58.8 |
| | | 3 あまりない | 7.8 | 16.7 | 10.3 | 17.9 | 8.8 | 14.5 |
| | | 4 ほとんど・まったくない | 0.0 | 0.6 | 0.0 | 0.5 | 0.0 | 0.7 |
| | | 有効回答数 | 90 | 1266 | 58 | 845 | 34 | 415 |
| (2) 基礎的な学力を、子どもたちが身につけられるようにする | 子ども・保護者など周囲の人たちから寄せられている期待がどのくらいあると思うか | 1 大いにある | 78.3 | 74.7 | 79.3 | 75.3 | 76.5 | 73.2 |
| | | 2 ある | 20.7 | 24.1 | 19.0 | 23.8 | 23.5 | 24.9 |
| | | 3 あまりない | 1.1 | 1.2 | 1.7 | 0.9 | 0.0 | 1.9 |
| | | 4 ほとんど・まったくない | 0.0 | 0.0 | 0.0 | 0.0 | 0.0 | 0.0 |
| | | 有効回答数 | 92 | 1290 | 58 | 863 | 34 | 421 |
| | 教師に果たすべき責任がどのくらいあると思うか | 1 大いにある | 91.1 | 82.1 | 37.9 | 83.5 | 94.1 | 79.3 |
| | | 2 ある | 8.9 | 17.6 | 48.3 | 16.3 | 5.9 | 20.2 |
| | | 3 あまりない | 0.0 | 0.3 | 13.8 | 0.2 | 0.0 | 0.5 |
| | | 4 ほとんど・まったくない | 0.0 | 0.0 | 0.0 | 0.0 | 0.0 | 0.0 |
| | | 有効回答数 | 90 | 1270 | 58 | 848 | 34 | 416 |
| (3) 受験に対応できる学力を、子どもたちが身につけられるようにする | 子ども・保護者など周囲の人たちから寄せられている期待がどのくらいあると思うか | 1 大いにある | 41.8 | 35.8 | 28.1 | 20.9 | 64.7 | 65.8 |
| | | 2 ある | 39.6 | 39.6 | 42.1 | 43.8 | 35.3 | 31.1 |
| | | 3 あまりない | 16.5 | 22.6 | 26.3 | 32.6 | 0.0 | 2.6 |
| | | 4 ほとんど・まったくない | 2.2 | 2.0 | 3.5 | 2.8 | 0.0 | 0.5 |
| | | 有効回答数 | 91 | 1284 | 57 | 857 | 34 | 421 |
| | 教師に果たすべき責任がどのくらいあると思うか | 1 大いにある | 42.7 | 31.4 | 32.1 | 17.0 | 67.6 | 60.8 |
| | | 2 ある | 44.9 | 43.7 | 60.7 | 46.8 | 32.4 | 37.0 |
| | | 3 あまりない | 11.2 | 22.0 | 7.1 | 31.9 | 0.0 | 1.9 |
| | | 4 ほとんど・まったくない | 1.1 | 2.9 | 0.0 | 4.2 | 0.0 | 0.2 |
| | | 有効回答数 | 89 | 1261 | 56 | 839 | 34 | 416 |
| (4) 働く上で必要な力を、子どもたちが身につけられるようにする | 子ども・保護者など周囲の人たちから寄せられている期待がどのくらいあると思うか | 1 大いにある | 38.0 | 28.3 | 37.9 | 28.5 | 38.2 | 27.8 |
| | | 2 ある | 51.1 | 55.9 | 50.0 | 55.3 | 52.9 | 56.8 |
| | | 3 あまりない | 10.9 | 15.5 | 12.1 | 15.8 | 8.8 | 15.2 |
| | | 4 ほとんど・まったくない | 0.0 | 0.3 | 0.0 | 0.3 | 0.0 | 0.2 |
| | | 有効回答数 | 92 | 1289 | 58 | 862 | 34 | 421 |
| | 教師に果たすべき責任がどのくらいあると思うか | 1 大いにある | 58.9 | 47.0 | 27.3 | 47.6 | 58.8 | 45.5 |
| | | 2 ある | 38.9 | 50.3 | 52.7 | 48.9 | 38.2 | 53.0 |
| | | 3 あまりない | 2.2 | 2.8 | 18.2 | 3.4 | 2.9 | 1.4 |
| | | 4 ほとんど・まったくない | 0.0 | 0.0 | 1.8 | 0.0 | 0.0 | 0.0 |
| | | 有効回答数 | 90 | 1267 | 55 | 846 | 34 | 415 |

| | | | | | | | | |
|---|---|---|---|---|---|---|---|---|
| (5) 他の人と協同してものごとを行う力を、子どもたちが身につけられるようにする | 子ども・保護者など周囲の人たちから寄せられている期待がどのくらいあると思うか | 1 大いにある | 45.7 | 38.6 | 89.3 | 42.3 | 38.2 | 31.0 |
| | | 2 ある | 46.7 | 51.6 | 10.7 | 49.3 | 58.8 | 56.2 |
| | | 3 あまりない | 7.6 | 9.5 | 0.0 | 8.2 | 2.9 | 12.4 |
| | | 4 ほとんど・まったくない | 0.0 | 0.2 | 0.0 | 0.1 | 0.0 | 0.5 |
| | | 有効回答数 | 92 | 1288 | 56 | 862 | 34 | 420 |
| | 教師に果たすべき責任がどのくらいあると思うか | 1 大いにある | 68.5 | 63.9 | 70.9 | 66.5 | 64.7 | 58.3 |
| | | 2 ある | 30.3 | 35.5 | 29.1 | 32.9 | 32.4 | 41.0 |
| | | 3 あまりない | 1.1 | 0.6 | 0.0 | 0.6 | 2.9 | 0.7 |
| | | 4 ほとんど・まったくない | 0.0 | 0.0 | 0.0 | 0.0 | 0.0 | 0.0 |
| | | 有効回答数 | 89 | 1265 | 55 | 844 | 34 | 415 |
| (6) 自主的・主体的に考え行動できる力を、子どもたちが身につけられるようにする | 子ども・保護者など周囲の人たちから寄せられている期待がどのくらいあると思うか | 1 大いにある | 44.6 | 35.8 | 50.0 | 37.5 | 44.1 | 32.2 |
| | | 2 ある | 45.7 | 52.0 | 39.7 | 51.9 | 50.0 | 52.3 |
| | | 3 あまりない | 9.8 | 11.7 | 10.3 | 10.2 | 5.9 | 15.0 |
| | | 4 ほとんど・まったくない | 0.0 | 0.4 | 0.0 | 0.3 | 0.0 | 0.5 |
| | | 有効回答数 | 92 | 1286 | 58 | 861 | 34 | 419 |
| | 教師に果たすべき責任がどのくらいあると思うか | 1 大いにある | 71.1 | 61.7 | 67.9 | 63.0 | 76.5 | 58.9 |
| | | 2 ある | 27.8 | 37.4 | 32.1 | 36.2 | 20.6 | 40.1 |
| | | 3 あまりない | 1.1 | 0.9 | 0.0 | 0.8 | 2.9 | 1.0 |
| | | 4 ほとんど・まったくない | 0.0 | 0.0 | 0.0 | 0.0 | 0.0 | 0.0 |
| | | 有効回答数 | 90 | 1267 | 56 | 845 | 34 | 416 |
| (7) 社会の不正・抑圧・差別などをなくすことに取り組む力を、子どもたちが身につけられるようにする | 子ども・保護者など周囲の人たちから寄せられている期待がどのくらいあると思うか | 1 大いにある | 29.7 | 25.7 | 44.8 | 25.6 | 27.3 | 26.0 |
| | | 2 ある | 57.1 | 50.3 | 43.1 | 50.6 | 60.6 | 49.4 |
| | | 3 あまりない | 12.1 | 22.1 | 12.1 | 21.8 | 12.1 | 22.9 |
| | | 4 ほとんど・まったくない | 1.1 | 1.9 | 0.0 | 2.0 | 0.0 | 1.7 |
| | | 有効回答数 | 91 | 1287 | 58 | 862 | 33 | 419 |
| | 教師に果たすべき責任がどのくらいあると思うか | 1 大いにある | 55.1 | 47.9 | 55.4 | 47.3 | 54.5 | 48.8 |
| | | 2 ある | 42.7 | 49.1 | 42.9 | 49.3 | 42.4 | 48.8 |
| | | 3 あまりない | 2.2 | 2.9 | 1.8 | 3.2 | 3.0 | 2.4 |
| | | 4 ほとんど・まったくない | 0.0 | 0.2 | 0.0 | 0.2 | 0.0 | 0.0 |
| | | 有効回答数 | 89 | 1266 | 56 | 846 | 33 | 414 |
| (8) わかりやすい授業を行う | 子ども・保護者など周囲の人たちから寄せられている期待がどのくらいあると思うか | 1 大いにある | 80.2 | 74.9 | 31.0 | 74.4 | 87.9 | 75.7 |
| | | 2 ある | 19.8 | 23.5 | 55.2 | 23.9 | 12.1 | 22.9 |
| | | 3 あまりない | 0.0 | 1.2 | 12.1 | 1.3 | 0.0 | 1.2 |
| | | 4 ほとんど・まったくない | 0.0 | 0.3 | 1.7 | 0.3 | 0.0 | 0.2 |
| | | 有効回答数 | 91 | 1287 | 58 | 861 | 33 | 420 |
| | 教師に果たすべき責任がどのくらいあると思うか | 1 大いにある | 95.5 | 89.6 | 94.6 | 90.0 | 97.0 | 88.7 |
| | | 2 ある | 4.5 | 10.4 | 5.4 | 10.0 | 3.0 | 11.3 |
| | | 3 あまりない | 0.0 | 0.0 | 0.0 | 0.0 | 0.0 | 0.0 |
| | | 4 ほとんど・まったくない | 0.0 | 0.0 | 0.0 | 0.0 | 0.0 | 0.0 |
| | | 有効回答数 | 89 | 1268 | 56 | 847 | 33 | 415 |
| (9) 授業内容に関する専門的な知識をもつ | 子ども・保護者など周囲の人たちから寄せられている期待がどのくらいあると思うか | 1 大いにある | 56.0 | 52.5 | 75.9 | 49.9 | 63.6 | 57.8 |
| | | 2 ある | 37.4 | 39.2 | 24.1 | 42.0 | 36.4 | 33.7 |
| | | 3 あまりない | 6.6 | 7.8 | 0.0 | 7.7 | 0.0 | 8.1 |
| | | 4 ほとんど・まったくない | 0.0 | 0.5 | 0.0 | 0.5 | 0.0 | 0.5 |
| | | 有効回答数 | 91 | 1285 | 58 | 860 | 33 | 419 |
| | 教師に果たすべき責任がどのくらいあると思うか | 1 大いにある | 81.8 | 77.6 | 76.4 | 74.5 | 90.9 | 83.9 |
| | | 2 ある | 17.0 | 21.3 | 21.8 | 24.3 | 9.1 | 15.2 |
| | | 3 あまりない | 1.1 | 1.1 | 1.8 | 1.2 | 0.0 | 1.0 |
| | | 4 ほとんど・まったくない | 0.0 | 0.0 | 0.0 | 0.0 | 0.0 | 0.0 |
| | | 有効回答数 | 88 | 1267 | 55 | 846 | 33 | 415 |

表 13.5 「(Q7) 教師への期待認知と責任意識」(その 2) についての回答比率 [%] (D町と全国)

| 質問項目 | 回答 | | 小・中合計 D町 | 小・中合計 全国10地域 | 小学校 D町 | 小学校 全国10地域 | 中学校 D町 | 中学校 全国10地域 |
|---|---|---|---|---|---|---|---|---|
| (10) いじめが起きない学校・学級にする | 子ども・保護者など周囲の人たちから寄せられている期待がどのくらいあると思うか | 1 大いにある | 86.8 | 81.9 | 51.7 | 81.5 | 90.9 | 82.8 |
| | | 2 ある | 13.2 | 17.3 | 37.9 | 17.9 | 9.1 | 16.0 |
| | | 3 あまりない | 0.0 | 0.5 | 10.3 | 0.3 | 0.0 | 1.0 |
| | | 4 ほとんど・まったくない | 0.0 | 0.2 | 0.0 | 0.2 | 0.0 | 0.2 |
| | | 有効回答数 | 91 | 1284 | 58 | 859 | 33 | 419 |
| | 教師に果たすべき責任がどのくらいあると思うか | 1 大いにある | 92.1 | 84.3 | 94.6 | 86.0 | 87.9 | 80.7 |
| | | 2 ある | 7.9 | 15.4 | 5.4 | 13.7 | 12.1 | 19.1 |
| | | 3 あまりない | 0.0 | 0.3 | 0.0 | 0.2 | 0.0 | 0.2 |
| | | 4 ほとんど・まったくない | 0.0 | 0.0 | 0.0 | 0.0 | 0.0 | 0.0 |
| | | 有効回答数 | 89 | 1264 | 56 | 844 | 33 | 414 |
| (11) 居心地がよく安心できる学校・学級にする | 子ども・保護者など周囲の人たちから寄せられている期待がどのくらいあると思うか | 1 大いにある | 82.4 | 75.8 | 84.5 | 75.5 | 90.9 | 76.4 |
| | | 2 ある | 17.6 | 23.0 | 15.5 | 23.6 | 9.1 | 21.9 |
| | | 3 あまりない | 0.0 | 0.9 | 0.0 | 0.7 | 0.0 | 1.4 |
| | | 4 ほとんど・まったくない | 0.0 | 0.2 | 0.0 | 0.2 | 0.0 | 0.2 |
| | | 有効回答数 | 91 | 1287 | 58 | 861 | 33 | 420 |
| | 教師に果たすべき責任がどのくらいあると思うか | 1 大いにある | 91.0 | 85.6 | 92.9 | 85.9 | 87.9 | 84.8 |
| | | 2 ある | 9.0 | 14.3 | 7.1 | 13.9 | 12.1 | 14.9 |
| | | 3 あまりない | 0.0 | 0.2 | 0.0 | 0.1 | 0.0 | 0.2 |
| | | 4 ほとんど・まったくない | 0.0 | 0.0 | 0.0 | 0.0 | 0.0 | 0.0 |
| | | 有効回答数 | 89 | 1267 | 56 | 846 | 33 | 415 |
| (12) 子どもの人権や尊厳を尊重した指導を行う | 子ども・保護者など周囲の人たちから寄せられている期待がどのくらいあると思うか | 1 大いにある | 65.9 | 58.7 | 58.9 | 60.5 | 69.7 | 55.0 |
| | | 2 ある | 31.9 | 37.4 | 39.3 | 36.0 | 30.3 | 40.2 |
| | | 3 あまりない | 2.2 | 3.7 | 1.8 | 3.5 | 0.0 | 4.3 |
| | | 4 ほとんど・まったくない | 0.0 | 0.2 | 0.0 | 0.0 | 0.0 | 0.5 |
| | | 有効回答数 | 91 | 1286 | 56 | 860 | 33 | 420 |
| | 教師に果たすべき責任がどのくらいあると思うか | 1 大いにある | 84.3 | 75.2 | 85.7 | 78.3 | 81.8 | 68.8 |
| | | 2 ある | 15.7 | 24.5 | 14.3 | 21.5 | 18.2 | 31.0 |
| | | 3 あまりない | 0.0 | 0.2 | 0.0 | 0.2 | 0.0 | 0.2 |
| | | 4 ほとんど・まったくない | 0.0 | 0.0 | 0.0 | 0.0 | 0.0 | 0.0 |
| | | 有効回答数 | 89 | 1267 | 56 | 848 | 33 | 413 |
| (13) 発達障害の子どもに対して特別な配慮をする | 子ども・保護者など周囲の人たちから寄せられている期待がどのくらいあると思うか | 1 大いにある | 49.5 | 40.8 | 77.6 | 41.1 | 54.5 | 40.7 |
| | | 2 ある | 45.1 | 47.7 | 22.4 | 48.1 | 45.5 | 46.2 |
| | | 3 あまりない | 5.5 | 10.8 | 0.0 | 10.1 | 0.0 | 12.4 |
| | | 4 ほとんど・まったくない | 0.0 | 0.7 | 0.0 | 0.7 | 0.0 | 0.7 |
| | | 有効回答数 | 91 | 1283 | 58 | 859 | 33 | 418 |
| | 教師に果たすべき責任がどのくらいあると思うか | 1 大いにある | 75.3 | 63.1 | 75.0 | 66.3 | 75.8 | 56.4 |
| | | 2 ある | 24.7 | 36.1 | 25.0 | 33.0 | 24.2 | 42.4 |
| | | 3 あまりない | 0.0 | 0.9 | 0.0 | 0.7 | 0.0 | 1.2 |
| | | 4 ほとんど・まったくない | 0.0 | 0.0 | 0.0 | 0.0 | 0.0 | 0.0 |
| | | 有効回答数 | 89 | 1267 | 56 | 846 | 33 | 415 |

| | | | | | | | | |
|---|---|---|---|---|---|---|---|---|
| (14) 貧困などにより生活上の困難を抱えた子どもに対して特別な配慮をする | 子ども・保護者など周囲の人たちから寄せられている期待がどのくらいあると思うか | 1 大いにある | 27.5 | 20.2 | 63.8 | 19.9 | 15.2 | 21.1 |
| | | 2 ある | 50.5 | 50.5 | 32.8 | 50.9 | 63.6 | 49.0 |
| | | 3 あまりない | 20.9 | 27.2 | 3.4 | 27.2 | 21.2 | 27.5 |
| | | 4 ほとんど・まったくない | 1.1 | 2.1 | 0.0 | 2.0 | 0.0 | 2.4 |
| | | 有効回答数 | 91 | 1280 | 58 | 856 | 33 | 418 |
| | 教師に果たすべき責任がどのくらいあると思うか | 1 大いにある | 43.8 | 34.0 | 53.6 | 36.0 | 27.3 | 30.0 |
| | | 2 ある | 50.6 | 54.2 | 42.9 | 53.7 | 63.6 | 55.3 |
| | | 3 あまりない | 4.5 | 11.5 | 1.8 | 10.0 | 9.1 | 14.5 |
| | | 4 ほとんど・まったくない | 1.1 | 0.3 | 1.8 | 0.4 | 0.0 | 0.2 |
| | | 有効回答数 | 89 | 1264 | 56 | 844 | 33 | 414 |
| (15) 学校・学級の規律・秩序を保つ | 子ども・保護者など周囲の人たちから寄せられている期待がどのくらいあると思うか | 1 大いにある | 60.4 | 46.4 | 46.6 | 47.1 | 60.6 | 44.8 |
| | | 2 ある | 35.2 | 47.4 | 44.8 | 46.8 | 36.4 | 48.6 |
| | | 3 あまりない | 4.4 | 5.8 | 8.6 | 5.8 | 3.0 | 6.0 |
| | | 4 ほとんど・まったくない | 0.0 | 0.4 | 0.0 | 0.2 | 0.0 | 0.7 |
| | | 有効回答数 | 91 | 1285 | 58 | 859 | 33 | 420 |
| | 教師に果たすべき責任がどのくらいあると思うか | 1 大いにある | 80.9 | 71.3 | 80.4 | 70.4 | 81.8 | 73.5 |
| | | 2 ある | 18.0 | 28.0 | 17.9 | 28.7 | 18.2 | 26.3 |
| | | 3 あまりない | 1.1 | 0.6 | 1.8 | 0.8 | 0.0 | 0.2 |
| | | 4 ほとんど・まったくない | 0.0 | 0.0 | 0.0 | 0.0 | 0.0 | 0.0 |
| | | 有効回答数 | 89 | 1267 | 56 | 846 | 33 | 415 |
| (16) 学校以外の日常生活でも、教師に対する信用を傷つけないように行動する | 子ども・保護者など周囲の人たちから寄せられている期待がどのくらいあると思うか | 1 大いにある | 44.0 | 40.7 | 34.5 | 41.8 | 39.4 | 38.9 |
| | | 2 ある | 42.9 | 44.3 | 43.1 | 44.6 | 42.4 | 43.4 |
| | | 3 あまりない | 12.1 | 13.5 | 20.7 | 12.4 | 15.2 | 15.8 |
| | | 4 ほとんど・まったくない | 1.1 | 1.4 | 1.7 | 1.2 | 3.0 | 1.9 |
| | | 有効回答数 | 91 | 1279 | 58 | 854 | 33 | 419 |
| | 教師に果たすべき責任がどのくらいあると思うか | 1 大いにある | 70.8 | 60.1 | 76.8 | 61.7 | 60.6 | 57.5 |
| | | 2 ある | 27.0 | 37.0 | 21.4 | 35.3 | 36.4 | 40.1 |
| | | 3 あまりない | 2.2 | 2.7 | 1.8 | 3.0 | 3.0 | 1.9 |
| | | 4 ほとんど・まったくない | 0.0 | 0.2 | 0.0 | 0.0 | 0.0 | 0.5 |
| | | 有効回答数 | 89 | 1261 | 56 | 841 | 33 | 414 |
| (17) 学校外での子どものトラブルに対しても指導を行う | 子ども・保護者など周囲の人たちから寄せられている期待がどのくらいあると思うか | 1 大いにある | 33.0 | 30.5 | 60.3 | 31.5 | 24.2 | 28.9 |
| | | 2 ある | 56.0 | 57.5 | 34.5 | 56.6 | 69.7 | 58.9 |
| | | 3 あまりない | 11.0 | 11.6 | 5.2 | 11.6 | 6.1 | 11.9 |
| | | 4 ほとんど・まったくない | 0.0 | 0.3 | 0.0 | 0.4 | 0.0 | 0.2 |
| | | 有効回答数 | 91 | 1280 | 58 | 855 | 33 | 419 |
| | 教師に果たすべき責任がどのくらいあると思うか | 1 大いにある | 20.2 | 16.6 | 21.4 | 16.8 | 18.2 | 16.4 |
| | | 2 ある | 48.3 | 48.3 | 46.4 | 48.2 | 51.5 | 48.1 |
| | | 3 あまりない | 29.2 | 31.6 | 28.6 | 31.7 | 30.3 | 31.6 |
| | | 4 ほとんど・まったくない | 2.2 | 3.6 | 3.6 | 3.3 | 0.0 | 3.9 |
| | | 有効回答数 | 89 | 1260 | 56 | 840 | 33 | 414 |

**d）また D 町の中学校教師の回答で、「責任」意識が全国との比較で、高い 2 項目がある**：「(1) 基本的生活習慣」「(13) 発達障害の子どもへの配慮」

2）そこに見られる D 町の教師たちの「期待」認知と「責任」意識の特徴

① **全国傾向同様の基本的な傾向としての「期待」認知・「責任」意識の高さ**：全国結果と同じく様々の「期待」を子ども・保護者から感じ、それに応える「責任」意識を持っている。

② **上の a）～ d）から、小学校教師の「期待」認知が高い**：D 町の小学校教師には、a）の 7 項目の点で強い「期待」認知が多く、それだけ「期待」の強さが伝わる回路が小学校教師を取り巻いているのか。また上述 3 項目 (1)(13)(14) では「責任」意識も高くなっている。

③ **発達障害の子どもに対する配慮は「期待」認知も「責任」意識も高い**：既に (4) で述べたが、「発達障害の子どもに対する配慮」という点での「期待」認知と「責任」意識は、D 町の小・中学校教師は、いずれも全国より高くこの地域の特徴になっている。

上の②について教育委員会担当者は、「地域風土として、学校・教師に対する信頼感があり、それだからまた期待感も高いと思う。それを教師たちも感じ取って、特に校区地域の共同性が強い小学校では、その傾向が強いのでは」と、町立小学校のいくつかの事例を挙げてくれた。

### (6) 教職観は全国と類似点が多いが、中学校で「関係づくり」重視：「(Q8) 教師自身の教職観」13 項目

「(Q8) 教師自身の教職観」13 項目の質問に対する教師たちの 4 段階の回答を D 町と全国とを比較する形で「小・中合計／小学校／中学校」で一覧にしたのが、**表 13.6** である。全国 10 地域調査結果の「**そこから読み取れるもの**」（第 2 章、p. 76）の「小見出し」4 点を再録すると以下の通りである。

①「献身的教師像」（「精神的に気苦労が多いけれども、子どもと接する喜びのあるやりがいのある仕事」という教師像）の自己意識としての健在

② 教師存在の社会的・制度的不安定も反映

③「教育改革」時代の「推奨教師像」への回答も割れている

④ 関係づくりが欠かせない状況を反映

表 13.6 「(Q8) 教師自身の教職観」についての回答比率 [%] (D町と全国)

| 質問項目 | 回答 | 小・中合計 | | 小学校 | | 中学校 | |
|---|---|---|---|---|---|---|---|
| | | D町 | 全国 10 地域 | D町 | 全国 10 地域 | D町 | 全国 10 地域 |
| (1) 社会的に尊敬される仕事だ | 1 強くそう思う | 8.8 | 12.5 | 8.6 | 12.1 | 9.1 | 13.5 |
| | 2 ややそう思う | 45.1 | 53.1 | 44.8 | 55.2 | 45.5 | 48.0 |
| | 3 あまりそう思わない | 44.0 | 32.2 | 43.1 | 30.5 | 45.5 | 36.1 |
| | 4 まったくそう思わない | 2.2 | 2.2 | 3.4 | 2.2 | 0.0 | 2.4 |
| | 有効回答数 | 91 | 1296 | 58 | 869 | 33 | 421 |
| (2) 経済的に恵まれた仕事だ | 1 強くそう思う | 1.1 | 6.8 | 1.7 | 7.1 | 0.0 | 5.9 |
| | 2 ややそう思う | 47.3 | 50.0 | 44.8 | 52.0 | 51.5 | 45.8 |
| | 3 あまりそう思わない | 37.4 | 37.6 | 39.7 | 36.0 | 33.3 | 41.3 |
| | 4 まったくそう思わない | 14.3 | 5.6 | 13.8 | 4.9 | 15.2 | 6.9 |
| | 有効回答数 | 91 | 1297 | 58 | 870 | 33 | 421 |
| (3) 精神的に気苦労の多い仕事だ | 1 強くそう思う | 74.4 | 68.2 | 71.9 | 67.2 | 78.8 | 70.5 |
| | 2 ややそう思う | 23.3 | 28.4 | 24.6 | 29.2 | 21.2 | 26.8 |
| | 3 あまりそう思わない | 1.1 | 2.8 | 1.8 | 3.2 | 0.0 | 1.7 |
| | 4 まったくそう思わない | 1.1 | 0.6 | 1.8 | 0.5 | 0.0 | 1.0 |
| | 有効回答数 | 90 | 1298 | 57 | 871 | 33 | 421 |
| (4) 子どもに接する喜びのある仕事だ | 1 強くそう思う | 59.3 | 60.9 | 55.2 | 62.5 | 66.7 | 57.5 |
| | 2 ややそう思う | 38.5 | 37.3 | 41.4 | 35.4 | 33.3 | 41.3 |
| | 3 あまりそう思わない | 1.1 | 1.6 | 1.7 | 1.8 | 0.0 | 1.2 |
| | 4 まったくそう思わない | 1.1 | 0.2 | 1.7 | 0.2 | 0.0 | 0.0 |
| | 有効回答数 | 91 | 1299 | 58 | 872 | 33 | 421 |
| (5) やりがいのある仕事だ | 1 強くそう思う | 52.7 | 59.6 | 50.0 | 61.0 | 57.6 | 56.6 |
| | 2 ややそう思う | 45.1 | 37.8 | 46.6 | 36.6 | 42.4 | 40.5 |
| | 3 あまりそう思わない | 1.1 | 2.3 | 1.7 | 2.2 | 0.0 | 2.6 |
| | 4 まったくそう思わない | 1.1 | 0.2 | 1.7 | 0.2 | 0.0 | 0.2 |
| | 有効回答数 | 91 | 1300 | 58 | 872 | 33 | 422 |
| (6) 自己犠牲を強いられる仕事だ | 1 強くそう思う | 38.5 | 31.3 | 43.1 | 26.4 | 30.3 | 41.5 |
| | 2 ややそう思う | 51.6 | 50.3 | 44.8 | 52.0 | 63.6 | 46.7 |
| | 3 あまりそう思わない | 7.7 | 16.8 | 10.3 | 20.2 | 3.0 | 10.0 |
| | 4 まったくそう思わない | 2.2 | 1.6 | 1.7 | 1.4 | 3.0 | 1.9 |
| | 有効回答数 | 91 | 1299 | 58 | 871 | 33 | 422 |
| (7) 自分の考えにそって自律的にやれる仕事だ | 1 強くそう思う | 3.3 | 9.6 | 5.2 | 10.5 | 0.0 | 7.6 |
| | 2 ややそう思う | 64.8 | 58.0 | 63.8 | 59.4 | 66.7 | 55.2 |
| | 3 あまりそう思わない | 28.6 | 29.8 | 25.9 | 28.2 | 33.3 | 33.4 |
| | 4 まったくそう思わない | 3.3 | 2.6 | 5.2 | 2.0 | 0.0 | 3.8 |
| | 有効回答数 | 91 | 1298 | 58 | 870 | 33 | 422 |
| (8) 高度の専門的知識・技能が必要な仕事だ | 1 強くそう思う | 33.0 | 37.4 | 29.3 | 35.9 | 39.4 | 40.8 |
| | 2 ややそう思う | 57.1 | 55.4 | 56.9 | 56.8 | 57.6 | 51.9 |
| | 3 あまりそう思わない | 9.9 | 7.2 | 13.8 | 7.2 | 3.0 | 7.3 |
| | 4 まったくそう思わない | 0.0 | 0.0 | 0.0 | 0.0 | 0.0 | 0.0 |
| | 有効回答数 | 91 | 1299 | 58 | 871 | 33 | 422 |
| (9) 高い倫理観が強く求められる仕事だ | 1 強くそう思う | 45.1 | 45.7 | 43.1 | 44.4 | 48.5 | 48.2 |
| | 2 ややそう思う | 50.5 | 50.0 | 50.0 | 51.1 | 51.5 | 47.7 |
| | 3 あまりそう思わない | 3.3 | 4.2 | 5.2 | 4.4 | 0.0 | 4.0 |
| | 4 まったくそう思わない | 1.1 | 0.1 | 1.7 | 0.1 | 0.0 | 0.0 |
| | 有効回答数 | 91 | 1298 | 58 | 871 | 33 | 421 |
| (10)「自分らしさ」を表現できる仕事だ | 1 強くそう思う | 11.0 | 14.9 | 12.1 | 14.9 | 9.1 | 14.5 |
| | 2 ややそう思う | 56.0 | 54.9 | 55.2 | 56.6 | 57.6 | 51.4 |
| | 3 あまりそう思わない | 29.7 | 28.9 | 27.6 | 27.6 | 33.3 | 31.8 |
| | 4 まったくそう思わない | 3.3 | 1.4 | 5.2 | 0.9 | 0.0 | 2.4 |
| | 有効回答数 | 91 | 1299 | 58 | 871 | 33 | 422 |
| (11) はっきりとした成果を問われる仕事だ | 1 強くそう思う | 15.4 | 13.9 | 19.0 | 14.0 | 9.1 | 13.3 |
| | 2 ややそう思う | 58.2 | 53.4 | 56.9 | 55.7 | 60.6 | 48.5 |
| | 3 あまりそう思わない | 24.2 | 30.4 | 22.4 | 28.9 | 27.3 | 34.0 |
| | 4 まったくそう思わない | 2.2 | 2.3 | 1.7 | 1.4 | 3.0 | 4.3 |
| | 有効回答数 | 91 | 1297 | 58 | 870 | 33 | 421 |
| (12) 割り当てられた役割に専心する仕事だ | 1 強くそう思う | 17.6 | 9.6 | 19.0 | 9.6 | 15.2 | 9.7 |
| | 2 ややそう思う | 49.5 | 47.6 | 55.2 | 50.4 | 39.4 | 41.8 |
| | 3 あまりそう思わない | 28.6 | 38.6 | 22.4 | 36.4 | 39.4 | 43.2 |
| | 4 まったくそう思わない | 4.4 | 4.2 | 3.4 | 3.7 | 6.1 | 5.2 |
| | 有効回答数 | 91 | 1295 | 58 | 869 | 33 | 421 |
| (13) 教師以外の人々との関係づくりが欠かせない仕事だ | 1 強くそう思う | 42.9 | 29.8 | 37.9 | 31.3 | 51.5 | 26.8 |
| | 2 ややそう思う | 49.5 | 53.5 | 55.2 | 53.6 | 39.4 | 52.8 |
| | 3 あまりそう思わない | 7.7 | 16.2 | 6.9 | 14.8 | 9.1 | 19.2 |
| | 4 まったくそう思わない | 0.0 | 0.5 | 0.0 | 0.2 | 0.0 | 1.2 |
| | 有効回答数 | 91 | 1297 | 58 | 869 | 33 | 422 |

1）回答傾向比較で見るＤ町の全国との共通性と独自の特徴

a）**全国 10 地域調査で見られた教職観の傾向は小・中とも全国とほとんど変わらず、むしろ非常によく似ている**：「苦労も多く犠牲もあるが、子どもと接する喜びのあるやりがいのある仕事」という「献身的教師像」の根強さは、Ｄ町でもそのまま当たっている。

b）**小学校教師に全国に比較して、肯定側回答が多い 1 項目がある**：「(12) 割り当てられた仕事に専心」

c）**また中学校教師で全国に比較して、肯定側回答がやや多い 1 項目がある**：「(13) 教師以外の人々との関係づくり欠かせない」

2）そこから見るＤ町教師の教職観における特徴

①**「献身的教師像」の健在は全国と同じ**：全体として「精神的に気苦労は多いが、子どもと接する喜びのあるやりがいのある仕事」という「献身的教師像」の特有の教職イメージは、Ｄ町においてもいま、教師自身の抱くイメージとして生きていることがわかる結果であった。

② **教師層の制度的・社会的な不安定も全国同様**：「(11) 成果を問われる」と「(12) 割り当てられた仕事に専心」の 2000 年代の「教育改革」を通じて押し出され強調される「教師像」についてはこの地域においても回答が割れており、小学校教師では「(12) 割り当てられた仕事に専心」だけが全国よりもやや高い点も含めて、Ｄ町でも全国同様に、今日の改革時代における教師層の制度的・社会的不安定を示している。

③ **中学校教師で「関係づくり」に強い意識**：上の c）でみた「(13) 教師以外の人々との関係づくり欠かせない」が、Ｄ町の中学校教師の「強くそう思う」という強い肯定回答だけでも 5 割を超え、肯定回答全体では 9 割以上と大きな特徴になっている。この点について教育委員会担当者からは「この地域の学校では、児童・生徒の交通安全に地域が協力する、また学校の環境整備にも保護者・地域が協力・参加する、さらに中学校生徒たちの〈キャリア教育〉に商店街が協力して一緒に取り組む、などの活動が盛んに行われており、そういう活動の経験が、こうした回答結果に示されたと思う」という説明をもらった。

### (7) 教師の「バーンアウト」状況は中学校でやや「良好」:「(Q10) 教師のバーンアウト」4段階

「**(Q9) 教師の指導観**」に関する対比的7項目については、全国傾向と目立った差が見られなかった（A側の子ども中心主義的・支援的指導観が多数派である点で）ので算出結果の紹介・分析はここでは行わず、次の「**(Q10) 教師のバーンアウト**」尺度測定から見られる、D町と全国とを比較する形で「小・中合計／小学校／中学校」で一覧にしたのが**表13.7**である。全国10地域調査結果の「**そこから読み取れるもの**」（第2章、p. 77）の「小見出し」3点を再録すると以下の通りである。

① 12.5%の教師が「バーンアウト状態」に
② 小学校よりも中学校のほうが多い
③ 危険信号状態も含めると4割台

#### 1) 回答傾向比較で見るD町の全国との共通性と独自の特徴

a) **D町でも、バーンアウト状況は全国と大きな違いはない**：たとえば小学校教師のバーンアウトが11.0%。中学校教師のバーンアウトが11.7%と、全国データと比べてほとんど差が数ポイントとそれほど大きくない状況となっている。

b) **ただし「危険信号」を含めると、D町の中学校教師が4割弱**：全国同様に、中学校教師のほうが小学校よりもわずかにバーンアウト状態（段階3・4）が多いが、「バーンアウトの危険信号」（段階2）を示す危険域まで含むと、D町の中学校教師は4割弱で、その分だけわずかだが「良好」が多く6割台と多くなっている。

#### 2) そこから見るD町教師のバーンアウト状態の共通性と独自の特徴

① **バーンアウト状態がD町全体で11.4%、危険信号も含めると4割台**：D町全体では、全国と同様に1割をやや超える教師たちがバーンアウト状態で、D町でも教師たちの消耗と疲弊の状態は、かなり深いと考えられる。

② **D町中学校は、やや良好**：全国でもD町でも、小学校教師のバーンアウト比率が中学校教師より若干低いのはなぜなのか。今日の日本の公立中学校の困難を反映した教師たちの消耗と疲弊が深いことを意味しているだろ

表 13.7 「(Q10) 教師のバーンアウト」についての回答比率 [%] (D町と全国)

| 質問項目 | 回答 | 小・中合計 | | 小学校 | | 中学校 | |
|---|---|---|---|---|---|---|---|
| | | D町 | 全国<br>10 地域 | D町 | 全国<br>10 地域 | D町 | 全国<br>10 地域 |
| バーンアウトの程度 4 段階 | 1、～3 ポイント (良好) | 58.0 | 57.3 | 55.6 | 57.1 | 61.8 | 57.4 |
| | 2、3 ポイント台 (バーンアウトの危険信号) | 30.7 | 30.2 | 33.3 | 31.7 | 26.5 | 27.7 |
| | 3、4 ポイント台 (バーンアウト) | 5.7 | 8.4 | 3.7 | 7.8 | 8.8 | 9.6 |
| | 4、5 ポイント～ (急性のバーンアウト) | 5.7 | 4.1 | 7.4 | 3.5 | 2.9 | 5.4 |
| | 有効回答数 | 88 | 1250 | 54 | 836 | 34 | 408 |

う。ただし、D 町では小・中の差は全国よりわずかであり、また「危険信号」も加えると 4 割弱で、全国よりも、また同じ D 町の小学校よりも低くなっている。この点について、教育委員会担当者は「中学校は生徒指導などで大変ではあるが、D 町の中学校は S 中では〈教科中心型校舎〉の建築を基礎にして、各教科の授業が充実し、これまでに全国公開の〈教育実践発表会〉を 16 年も続けて、教師たちも自信を持って授業に臨み、生徒たちの伸びも実感している。I 中は何度か波があり学校が荒れた時期もあったが、3 年前くらいが底でこの質問紙調査実施時期 (2014 年夏休み) は、そこからの回復基調を実感していた頃なので、中学校教師は大変な中でも、消耗よりもやりがいを感じることができたのではないか」という説明をしてくれた。

### (8) 近年の教育改革施策取り組みに熱心：「(Q11) 教育改革施策の学校現場での実施状況」12 項目

「**(Q11) 教育改革施策の学校現場での実施状況**」12 項目の質問に対する教師たちの 4 段階の回答を D 町と全国とを比較する形で「小・中合算／小学校／中学校」で一覧にしたのが、**表 13.8** である。全国 10 地域調査結果の全国に関する「**そこから読み取れるもの**」(第 2 章、p. 55) の「小見出し」3 点を再録すると以下の通りである。

① 全国的に多くの地域で取り組まれている施策 (「(1) 言語活動」「(2) 学校・教員評価」「(5) 学校参加」「(9) 学力向上策」「(10) 道徳教育」「(11) いじめ防止」) が多い

② あまり取り組まれていない施策 (「(8) 不適格教員認定厳格化」「(12) 土曜日授業」) もある

表 13.8 「(Q11) 教育改革施策の学校現場での実施状況」についての回答比率 [%](D町と全国)

| 質問項目 | 回答 | 小・中合計 | | 小学校 | | 中学校 | |
|---|---|---|---|---|---|---|---|
| | | D町 | 全国10地域 | D町 | 全国10地域 | D町 | 全国10地域 |
| (1)「言語活動の充実」や「活用力」の重視 | 1 かなり取り組んでいる | 32.3 | 32.1 | 30.5 | 36.1 | 35.3 | 24.0 |
| | 2 やや取り組んでいる | 59.1 | 57.0 | 59.3 | 54.9 | 58.8 | 61.2 |
| | 3 あまり取り組んでいない | 8.6 | 10.2 | 10.2 | 8.7 | 5.9 | 13.4 |
| | 4 まったく取り組んでいない | 0.0 | 0.7 | 0.0 | 0.3 | 0.0 | 1.4 |
| | 有効回答数 | 93 | 1288 | 59 | 865 | 34 | 417 |
| (2) 子ども・保護者による学校評価・教員評価 | 1 かなり取り組んでいる | 41.9 | 36.3 | 47.5 | 34.9 | 32.4 | 39.3 |
| | 2 やや取り組んでいる | 52.7 | 55.0 | 47.5 | 56.0 | 61.8 | 52.6 |
| | 3 あまり取り組んでいない | 4.3 | 8.1 | 3.4 | 8.4 | 5.9 | 7.6 |
| | 4 まったく取り組んでいない | 1.1 | 0.6 | 1.7 | 0.7 | 0.0 | 0.5 |
| | 有効回答数 | 93 | 1286 | 59 | 860 | 34 | 420 |
| (3) 第三者による学校評価 | 1 かなり取り組んでいる | 29.0 | 22.5 | 35.6 | 24.1 | 17.6 | 19.4 |
| | 2 やや取り組んでいる | 50.5 | 57.7 | 47.5 | 57.9 | 55.9 | 56.8 |
| | 3 あまり取り組んでいない | 14.0 | 16.5 | 11.9 | 15.5 | 17.6 | 18.7 |
| | 4 まったく取り組んでいないいい | 6.5 | 3.3 | 5.1 | 2.5 | 8.8 | 5.1 |
| | 有効回答数 | 93 | 1269 | 59 | 851 | 34 | 412 |
| (4) 保護者による学校選択 | 1 かなり取り組んでいる | 5.6 | 12.7 | 7.1 | 10.5 | 2.9 | 17.3 |
| | 2 やや取り組んでいる | 41.1 | 39.5 | 33.9 | 37.9 | 52.9 | 43.1 |
| | 3 あまり取り組んでいない | 36.7 | 30.3 | 39.3 | 31.9 | 32.4 | 26.8 |
| | 4 まったく取り組んでいない | 16.7 | 17.6 | 19.6 | 19.8 | 11.8 | 12.9 |
| | 有効回答数 | 90 | 1249 | 56 | 832 | 34 | 411 |
| (5) 保護者・地域住民の学校参加 | 1 かなり取り組んでいる | 35.9 | 24.7 | 37.3 | 25.6 | 33.3 | 23.0 |
| | 2 やや取り組んでいる | 57.6 | 61.8 | 57.6 | 62.4 | 57.6 | 60.8 |
| | 3 あまり取り組んでいない | 6.5 | 12.5 | 5.1 | 11.1 | 9.1 | 15.3 |
| | 4 まったく取り組んでいない | 0.0 | 0.9 | 0.0 | 0.9 | 0.0 | 1.0 |
| | 有効回答数 | 92 | 1281 | 59 | 857 | 33 | 418 |
| (6) 人事・給与と連動した教員評価 | 1 かなり取り組んでいる | 5.5 | 4.6 | 8.6 | 4.8 | 0.0 | 4.2 |
| | 2 やや取り組んでいる | 30.8 | 35.2 | 29.3 | 36.6 | 33.3 | 32.9 |
| | 3 あまり取り組んでいない | 44.0 | 39.7 | 41.4 | 38.8 | 48.5 | 41.1 |
| | 4 まったく取り組んでいない | 19.8 | 20.4 | 20.7 | 19.8 | 18.2 | 21.7 |
| | 有効回答数 | 91 | 1223 | 58 | 817 | 33 | 401 |
| (7) 学校組織体制の「ピラミッド」化 | 1 かなり取り組んでいる | 7.7 | 7.1 | 8.5 | 6.9 | 6.3 | 7.8 |
| | 2 やや取り組んでいる | 46.2 | 40.6 | 49.2 | 42.5 | 40.6 | 37.3 |
| | 3 あまり取り組んでいない | 38.5 | 41.2 | 33.9 | 39.6 | 46.9 | 44.0 |
| | 4 まったく取り組んでいない | 7.7 | 11.1 | 8.5 | 11.0 | 6.3 | 11.0 |
| | 有効回答数 | 91 | 1220 | 59 | 815 | 32 | 400 |
| (8)「不適格教員」認定の厳格化 | 1 かなり取り組んでいる | 0.0 | 1.2 | 0.0 | 0.7 | 0.0 | 2.3 |
| | 2 やや取り組んでいる | 19.1 | 15.5 | 19.6 | 14.8 | 18.2 | 17.0 |
| | 3 あまり取り組んでいない | 56.2 | 52.6 | 57.1 | 53.2 | 54.5 | 51.0 |
| | 4 まったく取り組んでいない | 24.7 | 30.7 | 23.2 | 31.2 | 27.3 | 29.8 |
| | 有効回答数 | 89 | 1210 | 56 | 804 | 33 | 400 |
| (9)「全国学力・学習状況調査」の結果にもとづく学力向上策 | 1 かなり取り組んでいる | 40.9 | 39.5 | 37.3 | 46.0 | 47.1 | 26.6 |
| | 2 やや取り組んでいる | 52.7 | 51.2 | 59.3 | 47.5 | 41.2 | 58.7 |
| | 3 あまり取り組んでいない | 6.5 | 8.6 | 3.4 | 5.8 | 11.8 | 14.0 |
| | 4 まったく取り組んでいない | 0.0 | 0.7 | 0.0 | 0.7 | 0.0 | 0.7 |
| | 有効回答数 | 93 | 1284 | 59 | 857 | 34 | 421 |
| (10) 道徳教育の推進 | 1 かなり取り組んでいる | 19.4 | 25.4 | 18.6 | 24.2 | 20.6 | 27.8 |
| | 2 やや取り組んでいる | 72.0 | 61.3 | 76.3 | 62.0 | 64.7 | 60.1 |
| | 3 あまり取り組んでいない | 8.6 | 12.6 | 5.1 | 13.2 | 14.7 | 11.2 |
| | 4 まったく取り組んでいない | 0.0 | 0.7 | 0.0 | 0.6 | 0.0 | 1.0 |
| | 有効回答数 | 93 | 1285 | 59 | 858 | 34 | 421 |
| (11)「いじめ防止対策推進法」にもとづく取り組み | 1 かなり取り組んでいる | 31.2 | 30.9 | 33.9 | 32.1 | 26.5 | 28.8 |
| | 2 やや取り組んでいる | 63.4 | 59.1 | 62.7 | 58.2 | 64.7 | 60.7 |
| | 3 あまり取り組んでいない | 5.4 | 9.5 | 3.4 | 9.3 | 8.8 | 10.0 |
| | 4 まったく取り組んでいない | 0.0 | 0.5 | 0.0 | 0.5 | 0.0 | 0.5 |
| | 有効回答数 | 93 | 1280 | 59 | 854 | 34 | 420 |
| (12)「土曜日授業」の実施 | 1 かなり取り組んでいる | 0.0 | 7.6 | 0.0 | 8.1 | 0.0 | 6.4 |
| | 2 やや取り組んでいる | 2.2 | 10.0 | 3.4 | 9.8 | 0.0 | 10.7 |
| | 3 あまり取り組んでいない | 14.0 | 10.7 | 11.9 | 10.9 | 17.6 | 10.5 |
| | 4 まったく取り組んでいない | 83.9 | 71.7 | 84.7 | 71.3 | 82.4 | 72.4 |
| | 有効回答数 | 93 | 1284 | 59 | 857 | 34 | 421 |

③ 地域・学校によって状況が分かれる施策（「(4) 学校選択」「(6) 人事考課の給与反映」「(7) 学校組織ピラミッド化」）もある

1）回答傾向比較で見るD町の全国との共通性・違いと、D町の独自の傾向

a）**上の①、②、③の状況は、この地域でも特に大きな違いはない**

b）**ただし、小・中ともに「かなり取り組んでいる」という積極的肯定回答が、全国に比べて多い1項目がある**：「(5) 保護者の学校参加」

c）**また小学校教師の「かなり取り組んでいる」という積極的肯定回答が、全国に比べて多い2項目がある**：「(2) 子ども・保護者の学校・教員評価」「(3) 第三者の学校評価」

d）**また中学校教師の「かなり取り組んでいる」という積極的肯定回答が、全国に比べて多い1項目がある**：「(1) 言語活動・活用力の重視」

e）**さらに小学校教師は積極的肯定回答が全国より低いのに、逆に中学校教師の積極的肯定側回答が、全国より高いという小・中で違っている1項目がある**：「(9) 学力テスト結果による学力向上策」

2）そこから見るD町の学校現場での教育改革施策の実施状況の全国との共通性と独自の特徴

① **全国との共通面と違い**：全国的に多くの地域で取り組まれている施策は、表でも見るようにこの地域でもやはり取り組まれている。ただし、その取り組みのこの地域での浸透度に関しては、近年の教育施策に関して多くの項目で、若干のバラつきが見られる。

② **学校参加政策が目立って積極的**：そのなかでは特に上のb）の「(5) 保護者・住民の学校参加」の施策が、Q1でも他の質問の解釈でも見てきたように、この地域では積極的に取り組まれている姿がうかがえる。

③ **他にもいくつかの特徴**：しかし、上のc）・d）・e）のような、若干の特徴が何を意味しているのかは、ここの限りではわからない。

上の②・③に関して教育委員会担当者は、「保護者・住民の学校参加は、これまで話した他にもいくつもある」と、その例として「あいさつ運動への保護者の参加」「小学生の登下校を見守る、住民の学校安全ボランティア（これは2015年度に文部科学大臣賞を貰っている）」「役場の職員たちもこのような活動に

参加している数が多い」「地域の〈磯遊び〉〈風鈴の絵付け〉などの行事が多く、そこで学校・教師や児童・生徒と保護者・住民の交流の機会が多い」など、話が尽きないほどに多様な活動が行われていることは、町と各学校のホームページにも出ているという話をしてくれた。

また、言語・表現活動や、学力向上にもそれぞれの学校が積極的に取り組み、それらを毎月の校長会・教頭会・教務主任会で、お互いに交流し、また教育長の考え方、教育指導室の方策なども忌憚なく話し合って、互いの向上に努めているということであった。

なお、続く3問（Q12・Q13・Q14）については、D町の回答結果に全国との目立った違いが特にはみられなかったので、省略したい。

## 2. 2つのD町立中学校訪問・インタビューから

D町教育委員会訪問・面接を通じて、同町立の2つの中学校が、一つは「教科教室中心型校舎」を基盤にして、教科授業を充実させてきた学校であり、保護者・住民との連携活動も多いこと、もう一つは一旦校舎を「教科教室中心型」で建設したが、それがたまたまうまく働かず、荒れる時期もあって、今は「学級中心型」に組み替えて、生徒指導・特別活動を充実し、それを通じて生徒たちの荒れを克服して、地域に信頼される学校になり、やはり保護者・住民との連携活動に特徴があると聞いた。

それで、2016年1月のある月曜日に両校の許可を得て、午前中にS中学校を、午後にI中学校を訪問し、学校管理スタッフと校区地域住民の方にお会いして、インタビューする機会をもつことができた。以下ではそこで聞き、得られた資料を読んだ限りでの、両校教育活動のそれぞれの特徴を幾点かにまとめて、述べてみたい。

### (1) D町立・S中学校の教育活動の特徴：訪問・面接調査から

校長室でのグループ・インタビューには、校長・教頭・教務主任と、地域のNさんが参加してくれた。2時間半に及んだ面接で話されたことは多かったが、ここでは以下の4点にまとめてみたい。

1）「教科中心型校舎」の建設とそれを基盤にした教育

D 町の S 中学校は、「教科中心型校舎」を基盤にした教育活動が成功しているケースとして、全国的にも注目され、昨秋でもう 16 回目となる全国公開の「教育実践研究発表会」を毎年秋に開催している。今年度は全国から 220 人の参加者があり、町内の参加者も 60 人いたという。県内の県教育事務所からも必ず指導主事が参加しているとのこと。それを、生徒も教師も保護者も住民も、いまは誇りに思うほどに、その教育活動の進展と定着が見られるとのことだった。

新しい校舎建設が話題になった頃に、当時の PTA 会長でもあった N さんは、「福島県三春町にバス 1 台を借り切って、当時の教育長を初めとする教育委員会関係者、S 中の学校教職員から保護者も含めて、断続的に何度か訪問し、〈三春に学んで三春を越える〉という意気込みで校舎建築に関わった」と話した。校舎建設の際には、「生徒たちの要求・希望」「教職員たちの要求・希望・意見」「保護者の要求・希望」を、それぞれの層でまとめ、それを教育委員会とも、また設計・建設会社とも、相談する場を設けて、数百項目に上った事項の一つひとつを検討し、容れられる要求・希望はできる限り実現するようにお互いに努力したという。その結果、校舎は鉄筋・鉄骨を中に、しかし校舎内の内側はできる限り木材を使用して、木の香りのする校舎になった。また、地域住民が気軽に学校訪問ができるための「和室」もできたそうである。「教育のためには金は惜しまない」という町の方針でこれほど広く立派な校舎ができたという。

生徒たちもこの校舎を、自分たちの先輩の努力でできた大事な校舎として、いまも大切にしており、まだ「傷一つない」状態であるということであった。

筆者も 10 年前調査の際に訪問・見学したが、各教科の広いスペースの教室は、その教科の教材・教具や、そこで作成された生徒たちの作品が、周りを取り囲むように並べられたり、展示されたりしており、その教室に入ると「ここは○○教科の世界だ」と思わせる空間になっているという感じを強く受けたことを覚えている。

この 3 年間は「授業改善」が研究テーマで、教師たちの教材研究も盛んで、それに刺激されて、生徒たちの学習活動も活性化し、N さんの言葉を借りれば、「教師の熱心さと、生徒の学習意欲とが、好循環している」という状態であるという。数字だけでは教育活動の成果は測れないが、数字の上でも標準テストの点数向上などの成果があったと聞いた。

### 2) 地域の風土・人情と、保護者・住民の学校教育活動への積極的参加

この地域は農業者とともに、漁業者もかなりいるので、言葉は荒く（よその地域の人が聞くとまるで「怒っているか喧嘩しているみたい」と言われるほど）行動も粗野だが、いたって気持ちは優しさにあふれており、特に「地域の子どもたちを地域の皆で育てていこう」という気風がまだ残っている地域だという。Nさんの話では、町当局と教育委員会とが1996年に「学地連携」という名前の目標的スローガンを打ち出し、各小・中学校に予算をつけて、学校と地域が連携して子どもたちの教育活動に当たる様々の行事活動、交流活動、ボランティア活動などが、どの校区でも当たり前のものとして次第に定着して、もう20年経ったという。そのことが、地域が学校と教師に協力する契機となり、PTAやその会長としても、やりがいのある活動に取り組めたということであった。保護者の学校環境美化活動は、子どもが卒業しても「ジャングル・カブ」という名称の「PTA・OB/OG」の活動として現在まで続いているという。

Nさんはもともと地元の商店主であるが、いまは一人の地域住民の立場で、県委嘱の「心の教室」相談員もつとめている。Nさんの話では、住民が直接授業を見るのは、年1回の「研究発表会」のときだが、そこで見るS中の職員室も教師たちの仲が良く、毎回の公開授業でも生徒たちが自主的に学習している姿を知ることができるとのことだった。

町に設けられた「問題行動対策委員会」では、地域の関係者が警察も含めて集まって、学校での問題行動への対処を周りからサポートする体制があるそうだ。問題行動の見られる生徒もいるが、東日本大震災の年の秋に、卒業生も入った「暴走族グループ」が関係者との話し合いもあって「解散式」を行ったという。

### 3) 生徒たちの自主性・主体性・積極性

生徒たちの話を聞く機会はなかったが、ただ出会うたびに「あいさつ」を受けた。S中の生徒会と教職員の共通の合言葉は「時・礼・美」だそうで、それは地域の「子ども会」の合言葉にまで浸透しているそうである。「時」は「5

分前行動」を意味し、5分前に教室に・3分前着席をするという。「礼」は礼儀で、校内の棟を移動する場合に先に行った人が後から来る人のためにドアを開けて待つそうである。「美」で言えば、机で消しゴムを使ったときもそのカスを払わず机の隅にきちんと集めて床に落ちないように捨てるそうである。そのような公共物を大切にする姿勢が先輩から後輩へと受け継がれているという。

生徒会活動は形式的でなく活発で「中央委員会」に生徒会役員・学級代表・サークル代表が集まり、それを見学したことのあるNさんの話では「話し合いになっている」とのこと、彼の観察では、生徒たちの中に「正義が通る」「真っ当なことをやろう」「間違いはすぐに正す」というような雰囲気が育っているとのこと。文化祭・体育祭などの学校行事には、行事ごとの実行委員を募集し、生徒会役員と一緒に行事運営に当たるそうである。2月にある新年度入学生・保護者のための「学校説明会」では、生徒会がPower Point を使って学校説明をするという。

#### 4）町当局と教育委員会の積極的関わり

「教育立町」との現町長の目標は教育委員会でも聞いたが、S中でもまた同じ言葉が出た。町が、また町教育委員会が、「教育に金は惜しまない」という姿勢で、小さな町の財政を回しており、教育委員会の指導室の指導主事も、度々学校を訪問して、生徒たちに名前と顔を覚えられるほど学校現場の実情を踏まえた施策の実施や、困った問題への対処法をサポートするという。そのように、地域全体の各方面からの支えがあって、いまのS中の学校教育活動の充実と、そこでの、教師たちと生徒たちの「好循環」とも言われる熱心な教育・学習活動も成立している点を、S中の校長ほか管理層は強調していた。

#### 5）S中訪問を終えて考えたこと

あまりにも「良い」話ばかりを聞いたので、各部分で「具体的には？」と質問したのだが、その際にも上に書き切れない具体的な「良い事例」の話が誰からも出てくるので「やはり、これは本物だろう」という感想を抱いた。学校訪問して管理層から実情が聞けないケースも過去に何度も経験したが、このS中は語られたことが少なくとも事実に違いない、と思わされた。

現在の日本に、このような中学校があること自体が、不思議と言えば不思議だが、それが学校本来の「当たり前」だと思えば、それで確かに「当たり前の普通の中学校、本当の中学校がこれだろうか」と思いながら、S中訪問を終えた。

### (2) D町立・I中学校の教育活動の特徴：訪問・面接調査から

I中学校訪問では、好意の学校給食を食べ、学校紹介のスライドを30分ほど見て説明を受けたあとに、校長室でのグループ・インタビューには校長・教頭と、地域のYさんが参加してくれた。3時間近くに及ぶ面接で話されたことは多かったが、ここでは3点にまとめてみたい。

#### 1) 問題・困難を抱える生徒たちを、学校・教職員が保護者・地域と協力して支える

学校側からの説明では、一人親家庭の生徒が他の中学より多く（比率を教えてもらったが数字は出さないと約束した)、また最近では水産加工会社に「研修」との名目でインドネシアからの働き手が来日しており、その子どもたちも各学年数人ずついて、日本語指導教室も設けているとのことであった。要保護・準要保護家庭の比率も他の中学校よりも高く、不登校生徒も何人かいるとのことであった。そしてI中の歴史の中では、新聞記事になるくらいに生徒たちが荒れている時期もあったそうである。

そのような困難を抱えた生徒たちに対して、後に記述するように、生徒会も教職員もそれぞれの取り組みを行っているわけだが、この校区・町の諸機関や地域の保護者・住民の温かい協力が大きな支えになっていることを、校長・教頭は強調していた。

たとえば部活動は、練習試合でも保護者が応援に来たり、車で送迎したりと、部活の場が生徒と教師と保護者が一体感を感じられる場になっているとYさんは強調していた。Yさん自身が、この中学校の卒業生で、子ども3人も全員この中学校に進み（いまは3番目の子どもの保護者でPTA副会長の立場）「中学校は、I中以外は経験していない」という人だった。いまは地元の商店主で商店街の取りまとめ役もやっている。D町商工会・青年部だったときに父親たちだけの「(学校) 生活環境委員会」づくりに参加したのを契機に、PTA活動に参加するようになり、3人の子が小・中学校に通う20余年間、PTA活動を続け「特にI中学校のPTAは雰囲気が明るい」とも言っていた。そのかたわら、

教育委員会の「青少年相談員」を引き受けていて「I中の教師たちが、困難を抱えた生徒たちのことをよく見守ってくれている」という感想を述べていた。校長のほうは「困難を抱えた子どもを、担任や生徒指導担当教師だけで見て行くのはとても負担が大きいが、この地域ではYさんのような青少年相談員をはじめ、民生・児童委員や町役場の福祉課職員、警察少年課の人たちが、皆で見守り支えていこうという地域の気風があるので、学校だけが抱え込まないで相談できることが大きい」「学校や教師には見えない子どもの家庭の困難もその人たちであれば理解しているし、アプローチしやすい点もある。その人たちの中にこの中学校出身者も多く、先輩・後輩関係の中で協力し合える面もある」と、I中の荒れが地域の保護者・住民・諸機関のたくさんの力の集まりの中で克服されていった経過と理由とを話してくれた。

学校と地域が協力した行事として「クリーンアップD町（7月の海水浴シーズン前に浜を綺麗にする活動）」には、教師も小・中学生も地域住民も役場職員も自主的に自由参加するという。また「コミュニティ委員会」が、PTAのOB/OGや、地域で諸活動している団体（「海の大学」や、子どもたちの体験活動を指導する「アインキッズ」など）の代表などが入って学校区に組織され、11月には「○○○○リンリン祭」が土曜日に行われ、午前中は授業、午後は「お茶」「木材教室（カーペンターズ）」「たらし焼き」「和太鼓」などを子どもたちに指導しながら共に楽しむという行事もある。また学校5日制対策として、もう20年も年数回ずつ「木工教室」や「（海岸での）小魚釣り」を子どもたちと楽しむ行事も行われている。

さらに、Yさんの店のある「M商店街」では、町内3小学校の子どもたちに夏前に「風鈴の絵付け」をしてもらい、夏は商店街に飾り、後に児童に返すという取り組みを7年間行っている。また校区のI小学校6年生のキャリア教育の一環として、商店街に銀行も協力して「銀行でお金を借りて商品を仕入れ販売する」活動を行い、利益は町に寄付するという。

校長は「こうした小学校時代の体験がうまく生きた学年は、中学校に進んでも落ち着きがあり積極的で、小学校でうまく噛み合わなかった学年は、中学校でも難しさがある」という実情があること、その難しい学年を、地域全体の力に支えられて、この3年間で改善してきたことの背景などを話してくれた。

いずれにしても、D町の「学地連携」の諸活動は、このI中学校の教育活動を地域から分厚く支えているとの印象であった。

### 2) 生徒たちの中からの自主性・主体性を見守り育てて

困難を抱えた生徒や学年もあるとのことだったが、各学級を基礎とする生徒会活動と、部活動の活発さが目立つ学校でもあった。

学校行事の多く、たとえば中学２年生の14歳の「立志式」（生徒たちが保護者などゲストティーチャーに「職業を聞く会」を開いた後に行う）、「歩く会」（近くの沼の周り25kmを一周する）、それに文化祭・体育祭・学年行事なども全て、それぞれ生徒の「実行委員会」が募集されて、生徒会役員と一緒に運営に当たっているとのこと。その結果、ほとんどの生徒が何かの行事の実行委員を一度以上は経験するとのことだった。そうした生徒たちの活動の中で、先輩・後輩関係での学校行事の伝統も伝わる。そのような生徒たちの活動は、I中が最も荒れていた時にできた「スクールサポーター」（保護者と住民）が、当初は授業見回り活動だったが、プランターの苗植えなどの学校美化活動にも広がって、それを生徒たちも見て励まされているとのこと。また、生徒たちの行事や部活動に対する保護者や住民からの見守りと励ましがあり、そういう活動への地域からのクレームはまったくないとのことだった。

I中は、2005年に（先行したS中に続き）「教科中心型」で校舎建設をしたが、その後に生徒たちに荒れが広がり、その校舎をうまく生かすことができなかった。そこから、方針を「学級中心」の授業と生徒会活動、そして部活動の活発化へと切り替えることで、その荒れの波を乗り越えてきたという話であった。その結果、ここに書き切れないが10の体育系と、３つの文科系の部活動は、D町を含む周辺地域や、県でのスポーツ大会、駅伝大会、その他の諸大会での好成績が多く、それが学校の壁面にもびっしりと展示され、この学校の生徒たちの活躍を後輩にも来学者にも伝えるものになっている。

また生徒会と各クラスでは、人権教育の一環として生徒会中心の「人権集会」も開催し、クラスごとに「一人じゃない、皆が守るから」をはじめとする「人権スローガン」を生徒たちが作成し「いじめ」防止にも生徒たち自身が取り組んでいるとのことである。

### 3)「チーム I 中」としての教職員のまとまりと協力

Yさんも「PTAの雰囲気が明るいだけでなく、I中の職員室はにぎやかで明るい、教職員の仲がいい」ということだった。校長・教頭は異口同音にして「チームI中として、問題は一人で抱え込まないで、相談し分担し、一人ひとりの負担を軽くすることが一番」と述べていた。

たとえば、不登校気味の生徒には「夜間登校（夕方6～7時、保護者の送迎）」という形を設けて、担任だけでなく学年の教師、生徒指導担当教師も協力して、一人ひとりのケースへの対処を工夫するという取り組みも行われている。

また、特別支援教育には特に力を入れ「知恵遅れ」と「情緒障害」の2つがあり専任教員も3人いて、校舎内の「特別支援ブロック」を作っているが、各教科担当教師もそのクラスに関わって、進路の問題も共に考えるようにしているとのこと。普通学級内にも特別支援を必要とする生徒が在籍している場合も、絶対に担任任せにせずに「チームI中」としての協同の取り組みがどのケースでも強調されているとのこと。

Yさんも「教師たちが協力して、本当に地域のこと、生徒たちのことをよく理解して、指導してくれていることが伝わってくる」「それは、私だけでなく、この地域の保護者や住民も感じていることだと思う」と語っていた。

### 4) D町立 I 中訪問を終えて

D町の中で、S中校区が農業者・漁業者が相対的に多いのに比べて、I中校区はD町の中では町場であり、商店街があり、水産加工場があり、もちろん回りは農業・漁業者もいて、住民構成（生徒たちの家族的背景）が多様である。その分だけ、戦後新制中学校の60余年間に何度かは「生徒たちの非行・荒れ」の波を経験してきている。そしてS中で効果的だった「教科中心型」の建設も試みたが、S中のようにはうまくいかなかった。

それでも、地域の風土はS中と同じく「地域の子どもたちを、地域の皆で育てていこう」という気風があり、それがさまざまの組織や行事の形を取ってじっさいに学校教育活動を支え、生徒たちを見守り、そうやって学校・教師と、保護者・住民・地域諸機関とが連携・協力し合うことで、幾度かの難局を乗り切って、現在の「授業も落ち着いて子どもたちも自分の成長を感じられる、小・中連携と特別支援教育とを重視した中学校生活」を生み出していることを改めて感じさせられた。

# 第Ⅱ部

## 東日本大震災・被災地教師調査の結果分析

# 第14章

## 調査の目的、組織と経過、対象と方法

福島　裕敏

### 1. 目的・経過・組織

「教師の責任と教職倫理に関する社会学的・文化論的研究」の一環として、東日本大震災の被災地Ｆ県・3市における［教育アンケート「教師の観察と意見」］とそれにもとづくインタビュー調査を実施した。

メンバーの久冨・本田・福島の3名は、日本教育学会・特別課題研究「大震災と教育」の「学校・教師」グループに参加し、「東日本大震災の被災地それぞれの地域で、教師たちが震災当初、何を体験し、どのような危機・困難・被害に直面し、行動したのか、またその後を含めて、児童・生徒たちの状況をどのように捉え、どのような防災活動・教育活動上の工夫・努力をしてきたのか」を明らかにするため、被災地の教師・学校・教育委員会に対する訪問調査をおこなってきた。その中で、震災、その後の復旧・復興を経験する中で、様々な危機や困難に直面しながらも、熱心に教育活動に取り組む教師たちの姿が浮かび上がってきた。その一方で、そのような厳しい状況の中で熱心に取り組む教師たちの葛藤や心身の健康を気遣う声も少なくなかった。

そこで被災地の教師たちがおかれている状況を、より広い視野から明らかにしたいと思い、Ｆ県の小中学校教師を対象とした質問紙調査を企画した。被災地の教師が直面している固有の現状や思いを把握するため、震災直後、その後の教師などの状況や取り組みを尋ねる項目をおくとともに、第Ⅰ部で考察した全国10地域における質問紙調査と比較できる項目をおくこととした。

また、質問紙調査結果に対する当事者の考察を得るため、対象地域の教育委員会と、質問紙調査実施時に対象地域に勤務していた小中学校の教師に対するインタビューを実施した。

## 2. 質問紙の内容構成

a) ［フェイスシート］性別／年齢／教師経験年数（教師以外の職業経験とその年数）／勤務校の小・中別／学校での職務／学級担任かどうか／専門教科、など

b) 教職生活・20 項目（4 段階回答）（1 項目のみ 2 段階回答）

c) 教員のメンタルヘルス・9 項目（複数回答）[(1)]

d) 子ども・保護者や周囲からの教師への「期待認知」と「それへの責任意識」・14 項目（両方とも、4 段階回答）

e) 教師自身の教職観・13 項目（4 段階回答）

f) 近年の教育政策等の学校現場での実施状況・20 項目（4 段階回答）

g) 被災経験の有無・4 項目（2 段階回答）

h) 震災直後の教職経験・7 項目（4 段階回答）

i) 教育活動への取り組みとそこでの思い・14 項目（4 段階回答）

j) ［ボトムシート］配偶者の有無 / 子どもの有無（その年齢段階）

k) ［自由記入欄］（本質問紙や毎日の仕事に関連しての感想・意見・主張を自由に記入する）

なお、下線を付した c)、g)～ i)、及び f）の 11 項目は被災地調査独自の質問で、それ以外は全国 10 地域調査と同様の質問項目である。これらの質問項目の作成に際しては、被災地の教師・教育委員会からの助言を得た。

## 3. 調査の対象と方法

### (1) 調査対象地

今回調査を実施したのはＦ県に位置する３つの市である。対象地の選定に際しては、現地の関係者から貴重な助言を得た。対象となった３市は以下のような独自の特徴をもつ。

［A 市］　県庁所在地にもほど近く、港町として発展してきた A 市は、従来地震はあっても津波被害は受けず、2011 年 3 月 11 日の東日本大震災でも被害がやや軽微であった。

［B 市］　沿岸部に位置する B 市では、従来（明治以降も）、地震と津波被害をたびたび受けてきており、2011 年 3 月 11 日の東日本大震災でも甚大な被害を被った。

［C 市］　肥沃な田園とともに風光明媚な景観を有する C 市では、太平洋に面していながらも、従来（1,000 年以上遡らない限り）地震の際に津波被害は受けてこなかったが、今回の 2011 年東日本大震災では被害甚大であった。

### (2) 質問紙調査

質問紙調査は、3 市の教育委員会と学校との協力のもと、市内の小中学校に質問紙調査への協力を依頼し、2015 年 3 月～ 9 月にかけて実施した。なお、A 市・C 市では小中すべての教師を対象として、学校を通じて調査票を配布し回収する方法でおこなった。一方、B 市では教育委員会に、少なくとも 100 を上回る回答が得られるよう調査票の配布・回収を依頼した。

### (3) インタビュー調査

インタビュー調査は 2016 年 2 月に 3 市を訪問し、それぞれの地域の教育委員会担当者と、調査実施時に 3 市の小中学校に勤務していた教師に対して実施した。前者については、当方から質問紙調査の結果を説明した上で、先方から学校・教師の状況についての話を聞いたり、先方からの質問に答えたりする形でおこなった。また後者については、質問紙調査の末尾においてインタビュー調査への協力の可否を尋ね、協力の申し出を得た教師に後日連絡をとり、当方訪問時に対応可能と回答いただいた 11 名（A 市：3 名、B 市：4 名、C 市：4 名）に対して実施した。この他、我々がこの間継続してインタビュー調査を実施してきた B 市の 2 名に対してもインタビューをおこなった。インタビューは、対象者一人ひとりに対して、各対象者の質問紙調査の回答をもとにしながら、各人が当時おかれていた状況やそこでの思い・考えを聞き取る形でおこなった。ただし、後述するように、今回は上記 13 名の対象者のうち、インタビュー記録の確認に応じてくださった４名の方のみを考察の対象としている。

〈注〉

（１） アメリカ精神医学会診断マニュアル DSM-Ⅳをもとに豊嶋秋彦（弘前大学名誉教授）が作成した尺度を用いた。

# 第 15 章

## 質問紙調査の結果概要

福島　裕敏

### 1. 回収率と回答者の属性

東日本大震災被災地であるＦ県の３市の教師に対して質問紙調査を実施した。その回収率は、**表 15.1** に示すとおりである。Ａ・Ｃ市ともに約 65％と、全国 10 地域（以下、全国）と比べるとやや高いが、前出の**表 2.1** をみると、「Ａ　学校を通じた配布・回収」した分の回収率は 65.8％であるから、大差はない。なお、Ｂ市については、教育委員会を通じて配布・回収をおこなったため、配布数が分からないため回収率は不明である(1)。

**表 15.2** には、各地域の回答者の小中別の性別、職務別、教職経験年数別（教諭のみ）の構成を示した。また行「全体」に、『平成 27 年度　学校基本調査結果確報（Ｆ県値）』にもとづくＡ～Ｃ市全体の職務別の構成比も示しておいた。Ａ・Ｃ市については、小中ともに、各市全体の性別・職務別構成比に比べて、回答者の構成比はそれほど大きく異なっていない。ただし、Ａ市の回答者では小中ともに「教諭」の割合がやや低く、Ｃ市では中の「講師」の割合がやや高い。したがって、両市の「教諭」の回答者の年齢構成も、両市全体の構成比と大きく異なっていないと推測される。小中ともに、Ａ・Ｃ市では、教職経験年数 20 年

表 15.1　地域別回収率

| 対象地域 | 配布数 | 回収数 | 回収率 |
|---|---|---|---|
| A市 | 285 | 181 | 63.5 |
| B市 | * | 102 | — |
| C市 | 221 | 142 | 64.3 |
| 非被災地 | 2300 | 1305 | 56.7 |

＊教育委員会を通じて配布・回収をおこなったため、配布数不明。

表 15.2　回答者の属性

| 校種 | 地域 | 項目 | 職務 | | | | | | 経験年数（教諭のみ） | | | | |
|---|---|---|---|---|---|---|---|---|---|---|---|---|---|
| | | | 管理職*1 | 教諭 | 養護教諭 | 講師*2 | 不明 | 合計（人） | 10年未満 | 10年以上 | 20年以上 | 30年以上 | 合計（人） |
| 小 | A市 | 回答者 | 13.5 | 65.4 | 4.8 | 13.5 | 2.9 | 104 | 13.2 | 25.0 | 42.6 | 19.1 | 68 |
| | | 全体 | 10.5 | 74.1 | 5.6 | 9.9 | — | 162 | | | | | |
| | B市 | 回答者 | 39.7 | 39.7 | 17.2 | 3.4 | 0.0 | 58 | 4.3 | 17.4 | 47.8 | 30.4 | 23 |
| | | 全体 | 16.4 | 69.9 | 9.4 | 4.3 | — | 256 | | | | | |
| | C市 | 回答者 | 13.4 | 63.4 | 4.9 | 12.2 | 6.1 | 82 | 23.1 | 13.5 | 50.0 | 13.5 | 52 |
| | | 全体 | 11.6 | 65.9 | 6.9 | 15.6 | — | 173 | | | | | |
| | 全国 | 回答者 | 11.8 | 72.0 | 3.9 | 10.6 | 1.7 | 875 | 30.0 | 18.9 | 23.2 | 27.9 | 630 |
| 中 | A市 | 回答者 | 13.0 | 79.2 | 2.6 | 5.2 | 0.0 | 77 | 15.4 | 19.6 | 46.2 | 18.9 | 143 |
| | | 全体 | 9.6 | 83.3 | 3.5 | 3.5 | — | 114 | | | | | |
| | B市 | 回答者 | 31.0 | 64.3 | 2.4 | 4.8 | 0.0 | 42 | 21.3 | 16.4 | 45.9 | 16.4 | 61 |
| | | 全体 | 13.7 | 70.1 | 6.6 | 9.6 | — | 197 | | | | | |
| | C市 | 回答者 | 11.1 | 72.2 | 3.7 | 18.5 | 0.0 | 54 | 3.7 | 14.8 | 63.0 | 18.5 | 27 |
| | | 全体 | 10.7 | 71.4 | 4.8 | 13.1 | — | 84 | | | | | |
| | 全国 | 回答者 | 14.2 | 70.7 | 3.5 | 11.3 | 0.2 | 423 | 29.1 | 17.7 | 27.2 | 26.0 | 423 |

*1 管理職：校長、教頭、主幹　　*2 講師：常勤・非常勤講師、その他（回答者のみ）

以上の者が6割以上と、全国に比べて10ポイント以上高い。ただし、「20年以上」の割合が高く、「30年以上」は低い。また「10年未満」の占める割合は、特に小学校ではA市において低く、中学校ではC市において低い。一方、B市については、同市全体の構成比と大きく異なっており、回答者に偏りがみられる(2)。特に、小学校では「管理職」と「養護教諭」の割合が高く、「教諭」の割合が他の地域と比べて20ポイント以上低い。中学校では「管理職」の割合がやはり高いものの、「教諭」の割合はやや低いにとどまる。また「教諭」の教職経験年数をみると、小学校では20年以上の者が8割近くにのぼっており、特にA・C市と比べて「30年以上」の割合が3割と高い。中学校については、A・C市と比べると「10年未満」の者が2割近くとやや多いものの、小学校のような大きな偏りはみられない。

このようにB市において回答者の属性に偏りがみられ、また教諭の教職経験年数においては、全国との違いも少なくなかった。そこで、以下では、20年未満を「非ベテラン教諭」と20年以上を「ベテラン教諭」とし、これらを「管理職」「養護教諭」「講師」とともに「属性」として位置づけ、地域による違いとともに考察をおこなうことを基本とした。

以下では、まず次節**2**では、質問紙の各設問の回答結果について、A～C市間、あるいは全国を含めた地域間の違いをみていく。また**3**では、因子分析結果をもとに被災地３市の特徴を概括する。さらに**4**では、教職アイデンティティ関連因子と他の因子との相関について考察し、最後に得られた知見をまとめることとする。

## 2. 各設問に対する回答傾向にみる各地域の特徴

以下では、各項目の回答結果について考察していく。後出の (1)(3) 以外の項目では、次のような方法にもとづき分析していく。はじめに、「まったく感じない」「あまり感じない」「感じる」「強く感じる」といった、各質問項目に対する強い否定、否定、肯定、強い肯定をそれぞれ１点、２点、３点、４点と換算し、その得点を従属変数、「地域」を因子とする一要因分散分析により平均値を比較し、各地域がそれ以外の地域との間に有意差を示す項目を、各地域の回答者間のいわば「雰囲気」の特徴として考察する。ただし、前節で指摘したように回答者の偏り（特にＢ市の小学校の教諭）が存在するため、「地域」と「属性」とを固定因子とする二要因分散分析をおこない、先と同様に、他の地域との間に有意差がみられた項目を、属性の違いを超えて各地域の教師たちが共有する物事の捉え方・考え方といったいわば「文化」の特徴として考察する。さらに、「地域」「属性」の交互作用項において、各「属性」において地域間の有意差がみられた項目についても注目し、それぞれの地域における各属性の特徴、特に回答者の偏りが予想されるＢ市の「非ベテラン教諭」「ベテラン教諭」の特徴についても考察する。

### (1) 被災経験４項目について

はじめに、被災経験について尋ねた回答結果をみておきたい。**表 15.3** には、各項目において「あてはまる」と回答した者の回答者全体に対する割合を示した。また「勤務校」が被災当時と同じなのか否かを明らかにするため、在校年数５年未満と５年以上とに分けて集計している。

#### ① 被災３市の全般的傾向

在校年数５年以上の者、すなわち被災当時から変わらず現在の勤務校に勤め続けている者の割合は全体の４分の１にとどまっている。Ａ市では小中ともに、そのような者の割合は３割前後となっているのに対して、特にＢ市の小学校

表 15.3　被災経験に関する回答結果

| 地域 | 在校年数 | 回答者* | | 1. 勤務校が被災 | | 2. 勤務校が避難所 | | 3. 自宅が被災 | |
|---|---|---|---|---|---|---|---|---|---|
| | | 小 | 中 | 小 | 中 | 小 | 中 | 小 | 中 |
| A 市 | 5 年未満 | 71.6 | 67.5 | 38.4 | 32.7 | 54.8 | 59.6 | 21.9 | 26.9 |
| | 5 年以上 | 28.4 | 32.5 | 37.9 | 56.0 | 89.7 | 88.0 | 34.5 | 40.0 |
| | 計 | 102 | 77 | 38.2 | 40.3 | 64.7 | 68.8 | 25.5 | 31.2 |
| B 市 | 5 年未満 | 84.2 | 71.4 | 39.6 | 23.3 | 35.4 | 76.7 | 41.7 | 40.0 |
| | 5 年以上 | 15.8 | 28.6 | 33.3 | 41.7 | 55.6 | 100.0 | 33.3 | 41.7 |
| | 計 | 57 | 42 | 38.6 | 28.6 | 38.6 | 83.3 | 40.4 | 40.5 |
| C 市 | 5 年未満 | 77.5 | 82.1 | 40.3 | 41.3 | 41.9 | 52.2 | 35.5 | 50.0 |
| | 5 年以上 | 22.5 | 17.9 | 77.8 | 40.0 | 66.7 | 80.0 | 27.8 | 60.0 |
| | 計 | 80 | 56 | 48.8 | 41.1 | 47.5 | 57.1 | 33.8 | 51.8 |
| 合計 | 5 年未満 | 76.6 | 73.1 | 39.3 | 33.6 | 45.4 | 60.9 | 31.7 | 38.3 |
| | 5 年以上 | 23.4 | 26.9 | 50.0 | 48.9 | 76.8 | 89.4 | 32.1 | 44.7 |
| | 計 | 239 | 175 | 41.8 | 37.7 | 52.7 | 68.6 | 31.8 | 40.0 |

* 回答者の「計」は人数。それ以外は、各項目に対して「あてはまる」と回答した者の回答者全体に対する割合。

やC市の中学校では2割以下と低い。

回答結果によれば、6割前後が「勤務校が避難所となった」、4割前後が「勤務校が被災した」、3割台が「自宅が被災した」と答えている。ただし、在校年数5年以上の者の方が、「勤務校が被災した」「勤務校が避難所となった」と答える者の割合が高く、特に「勤務校が避難所となった」では在校年数5年未満に比べて30ポイントほど高い。また小中を比較した場合には、中学校の方が「勤務校が避難所となった」と答える者の割合が高い。

**② A 市**

小中ともに4割前後が「勤務校が被災した」経験をもつ。特に中学校においては、在校年数5年以上の者の5割以上が「勤務校が被災した」と答えている。また「勤務校が避難所になった」と答える者の割合は、小中ともに6割以上にのぼっており、特に在校年数5年以上の者では9割近くにのぼっている。さらに「自宅が被災した」と答える者は、在校年数5年以上の者では3割以上で、そうでない者に比べて10ポイント以上高い。結果をみる限り、震災被害が大きかったB・C市に比べて、相対的に震災被害が小さかったA市の割合が顕著に低い項目はみられず、むしろB・C市と同程度、あるいは場合によっては高い場合もみられる。A市の教師たちの被災体験を過小評価するつもりはないが、今回の質問紙では、例えば何を「被災」と捉えるかの判断は回答者に委ねられていたため、震災被害が大きかったB・C市では校舎の立て替えが必要な場合など甚大な被害があった場合を「被災」と捉えているのに対して、A市ではそうでない場合も含めて「被災」と捉えている可能性がある。

**③ B市**

「勤務校が被災した」と答える者の割合は、小学校では4割弱、中学校では3割弱にとどまる。ただし、中学校では在校年数5年以上の者の方が20ポイントほど高い。「勤務校が避難所となった」と答える者は、小学校では4割、中学校では8割となっているが、小中ともに在校年数5年以上の者の方が20ポイントほど高く、中学校では100%となっている。「自宅が被災した」と答える者の割合は小中ともに4割程度となっている。

**④ C市の特徴**

「勤務校が被災した」と答える者の割合は、小中ともに4割程度であるが、小学校における在校年数5年以上の者では8割弱とかなり高く、被災した学校では教員の異動があまりおこなわれていない可能性がある。また「勤務校が避難所となった」と答える者の割合は5割前後となっているが、在校年数5年以上の者では小学校では7割、中学校では8割にのぼる。また「自宅が被災した」と答える者の割合は、中学校では5割と高く、特に在校年数5年以上の者では6割にものぼっている。

### (2)「教職生活」に関する20項目について

教職生活について4段階で尋ねた結果を示したのが、**表15.4.1**、**表15.4.2**である。表には、A～C市、3市合計、および全国の結果を小中学校別に示した。その際、各セルの値が全国の結果よりも10ポイント高い場合には太字で表し、10ポイント低い場合には下線を付した。また、列「一要因分散分析」には、紙幅の関係上、「地域」を因子とする一要因分散分析の結果、有意差がみられた場合の有意水準と多重比較の結果のみを示した。なお、多重比較におけるA～Cは各市のことを、Dは全国をそれぞれ指している。さらに、列「二要因分散分析」については、地域、属性のそれぞれ主効果の有意水準と多重比較の結果、および交互作用項の単純主効果の有意水準と多重比較の結果も、あわせて表には掲載している。なお、交互作用項については、地域間の特徴を明らかにするという目的から、各属性における地域差についてのみ、多重比較の結果を示しておいた（以下、**表 15.6.1 ～表 15.11.2** についても同様）。

**① 全般的回答傾向**

はじめに3市の全般的回答傾向についてみておきたい。3市合計において、小中ともに、7割以上が肯定側回答を示しているのは、「(3) 子どもから信頼」「(4) 保護者から信頼」「(5) 同僚から信頼」「(6) やりがい生きがい」「(7) 適職感」「(8) 多忙感」「(9) 過重感」である。特に、(6)(8) については9割前後の者が肯定側回答を示しており、また(8)(9)についてはそれぞれ5割以上、3割以上が「強く感じる」と答えている。多くの教師たちが、多忙・過重感を抱きつつも、周囲からの信頼を感じ、やりがいや適職感をもって教職生活を送っているといえる。

肯定側回答と否定側回答とにやや回答が分かれているものとして、「(1) 授業に自信」「(2) 集団づくりに自信」「(11) 問題を抱える子どもへの対応に苦慮」と、「(10) 仕事が集中」「(13) 効果に疑問・無力感」「(17) 保護者対応に苦慮」「(18) 職場内人間関係に苦慮」とが挙げられる。うち、前3者では肯定側に、後4者では否定側に回答がやや偏っている。子どもへの指導や保護者・職場の同僚との関係に関するこれらの項目については、個々の教師が置かれた状況などによる違いが大きいといえる。

肯定側回答が3割に満たない項目は、「(12) 教える意義曖昧」「(14) 教育観等混乱」「(15) 管理職からの評価」「(16) 同僚からの評価」「(19) 教職をやめたい」「(20) カウンセリング受診」といった項目である。多くの教師たちは、管理職や同僚からの評価をあまり意識せず、保護者や職場の同僚との関係にそれほど苛まれることなく、教える意義や効果・教育観などをめぐる混乱や辞職願望も抱くことなく、教職生活を送っているといえよう。

なお、結果は割愛するが、t 検定により小学校と中学校との平均値を比較した場合、学級担任制か教科担任制かの違いを反映してか、小では「(16) 同僚からの評価」を気にする者が多く、中では「(1) 授業に自信」をもつ者が多い。

**② 小学校**

（i）A 市

一要因分散分析の結果をみると、小学校において A 市のみが他の地域との間に有意差を示す項目として、「(7) 適職感」「(11) 問題を抱える子どもへの対応に苦慮」「(14) 教育観等混乱」「(17) 保護者対応に苦慮」の4項目が挙げ

## 表 15.4.1　教職生活に関する回答結果（小）

| 項目 | 地域 | まったく感じない | あまり感じない | 感じる | 強く感じる | 肯定側回答 | 一要因分散分析*2 | 二要因分散分析*2 地域 | 二要因分散分析*2 属性 | 二要因分散分析*2 交互作用 |
|---|---|---|---|---|---|---|---|---|---|---|
| (1) 授業の進め方について自信がある | A市 | 2.0 | 47.5 | 48.5 | 2.0 | 50.5 | ** C,D<B | + C<D+ | ** 養，講，非<べ，管 | 非：C<A+,D |
| | B市 | 0.0 | 30.2 | **66.0** | 3.8 | **69.8** | | | | |
| | C市 | 7.6 | 50.6 | 41.8 | 0.0 | 41.8 | | | | |
| | 3市 | 3.5 | 44.6 | 50.2 | 1.7 | 51.9 | | | | |
| | 全国 | 3.5 | 47.8 | 44.9 | 3.8 | 48.6 | | | | |
| (2) 学級など生徒集団づくりの指導に自信がある | A市 | 1.0 | 46.5 | 50.5 | 2.0 | 52.5 | ** C,A,D<B | + | ** 養，講，非<管 養．非<べ | べ：C,A,D<B |
| | B市 | 0.0 | 20.8 | **69.8** | 9.4 | **79.2** | | | | |
| | C市 | 3.8 | 42.3 | 52.6 | 1.3 | 53.8 | | | | |
| | 3市 | 1.7 | 39.2 | 55.6 | 3.4 | 59.1 | | | | |
| | 全国 | 2.5 | 41.8 | 49.4 | 6.3 | 55.7 | | | | |
| (3) 子どもから信頼されている | A市 | 1.0 | 21.4 | 73.8 | 3.9 | 77.7 | * A,D+<B | + | | |
| | B市 | 0.0 | 5.3 | **86.0** | 8.8 | **94.7** | | | | |
| | C市 | 0.0 | 15.2 | 83.5 | 1.3 | 84.8 | | | | |
| | 3市 | 0.4 | 15.5 | 79.9 | 4.2 | 84.1 | | | | |
| | 全国 | 0.1 | 18.1 | 75.6 | 6.1 | 81.7 | | | | |
| (4) 保護者から信頼されている | A市 | 1.0 | 30.8 | 66.3 | 1.9 | 68.3 | | * A<D | ** 養<管 | |
| | B市 | 0.0 | 17.5 | 78.9 | 3.5 | 82.5 | | | | |
| | C市 | 0.0 | 28.2 | 67.9 | 3.8 | 71.8 | | | | |
| | 3市 | 0.4 | 26.8 | 69.9 | 2.9 | 72.8 | | | | |
| | 全国 | 0.2 | 25.7 | 69.1 | 5.0 | 74.1 | | | | |
| (5) 同僚から信頼されている | A市 | 1.9 | 18.3 | 77.9 | 1.9 | 79.8 | | | ** 講<管 | |
| | B市 | 0.0 | 10.5 | **87.7** | 1.8 | **89.5** | | | | |
| | C市 | 0.0 | 23.1 | 73.1 | 3.8 | 76.9 | | | | |
| | 3市 | 0.8 | 18.0 | 78.7 | 2.5 | 81.2 | | | | |
| | 全国 | 0.1 | 21.0 | 74.2 | 4.6 | 78.8 | | | | |
| (6) 教師としての仕事にやりがい、生きがいを感じる | A市 | 0.0 | 14.4 | 66.3 | 19.2 | 85.6 | | | * 養<講+ | べ：C,A,D+<B |
| | B市 | 0.0 | 3.5 | 70.2 | 26.3 | 96.5 | | | | |
| | C市 | 0.0 | 12.5 | 63.8 | 23.8 | 87.5 | | | | |
| | 3市 | 0.0 | 11.2 | 66.4 | 22.4 | 88.8 | | | | |
| | 全国 | 0.8 | 8.9 | 62.4 | 28.0 | 90.3 | | | | |
| (7) 自分には教師という職業が合っている | A市 | 1.9 | 26.9 | 64.4 | 6.7 | 71.2 | * A<D+ | * A<D+ | * 養<べ+，管 | 管：B<D+ べ：A,C,D<B |
| | B市 | 0.0 | 22.8 | 56.1 | 21.1 | 77.2 | | | | |
| | C市 | 2.5 | 30.0 | 57.5 | 10.0 | 67.5 | | | | |
| | 3市 | 1.7 | 27.0 | 60.2 | 11.2 | 71.4 | | | | |
| | 全国 | 1.5 | 23.1 | 56.3 | 19.1 | 75.4 | | | | |
| (8) 毎日の仕事が忙しい | A市 | 1.0 | 8.7 | 37.5 | 52.9 | 90.4 | | | ** 管<べ，非 養<非 | |
| | B市 | 0.0 | **17.5** | 38.6 | 43.9 | 82.5 | | | | |
| | C市 | 0.0 | 7.6 | 40.5 | 51.9 | 92.4 | | | | |
| | 3市 | 0.4 | 10.4 | 38.8 | 50.4 | 89.2 | | | | |
| | 全国 | 0.1 | 6.2 | 41.5 | 52.1 | 93.7 | | | | |
| (9) 現在の仕事の量は過重だ | A市 | 0.0 | 22.3 | 45.6 | 32.0 | 77.7 | + B<D+ | | ** 講，養+<べ，非 | |
| | B市 | 0.0 | **40.4** | 35.1 | 24.6 | 59.6 | | | | |
| | C市 | 2.5 | 26.3 | 40.0 | 31.3 | 71.3 | | | | |
| | 3市 | 0.8 | 27.9 | 41.3 | 30.0 | 71.3 | | | | |
| | 全国 | 1.6 | 21.1 | 42.0 | 35.2 | 77.3 | | | | |
| (10) 自分に仕事が集中している | A市 | 3.8 | 55.8 | 35.6 | 4.8 | 40.4 | | | ** 講<非，管，べ 養<べ+ | 非：C<B+ |
| | B市 | 3.5 | 56.1 | 31.6 | 8.8 | 40.4 | | | | |
| | C市 | 16.3 | 40.0 | 36.3 | 7.5 | 43.8 | | | | |
| | 3市 | 7.9 | 50.6 | 34.9 | 6.6 | 41.5 | | | | |
| | 全国 | 6.4 | 55.9 | 32.4 | 5.2 | 37.7 | | | | |

| 項目 | 地域 | まったく感じない | あまり感じない | 感じる | 強く感じる | 肯定側回答 | 一要因分散分析*2 | 二要因分散分析*2 地域 | 属性 | 交互作用 |
|---|---|---|---|---|---|---|---|---|---|---|
| (11) 問題をかかえている子どもに手を焼くことがある | A市 | 0.0 | 24.3 | 49.5 | 26.2 | 75.7 | ** | * | * | |
| | B市 | 1.8 | **49.1** | 45.6 | 3.5 | 49.1 | | | | |
| | C市 | 1.3 | **37.5** | 47.5 | 13.8 | 61.3 | B,C<A | B<D,A | 管＜非 | べ：B<D,A |
| | 3市 | 0.8 | **34.6** | 47.9 | 16.7 | 64.6 | | | | |
| | 全国 | 1.8 | 24.5 | 53.6 | 20.2 | 73.7 | | | | |
| (12) 何を教えれば子どもにとって意義があるのかがあいまいになる | A市 | 2.9 | **68.9** | 27.2 | 1.0 | 28.2 | ** | | ** | + |
| | B市 | 14.3 | **73.2** | 10.7 | 1.8 | 12.5 | | | | |
| | C市 | 3.8 | 66.7 | 24.4 | 5.1 | 29.5 | B<A+,C,D | | 管，べ＜非 | べ：B<A,C,D |
| | 3市 | 5.9 | **69.2** | 22.4 | 2.5 | 24.9 | | | | |
| | 全国 | 5.2 | 58.1 | 31.3 | 5.3 | 36.7 | | | | |
| (13) 自分の教育・指導の効果について疑問や無力感を感じる | A市 | 1.9 | 55.8 | 40.4 | 1.9 | 42.3 | * | | ** | * |
| | B市 | 10.7 | **66.1** | 21.4 | 1.8 | 23.2 | | | | |
| | C市 | 3.8 | 53.2 | 40.5 | 2.5 | 43.0 | B<D,A,C+ | | 管＜養，講 | 非：B<D+,C<br>べ：B<C,D |
| | 3市 | 4.6 | 57.3 | 36.0 | 2.1 | 38.1 | | | | |
| | 全国 | 3.7 | 54.4 | 37.3 | 4.6 | 41.9 | | | | |
| (14) 自分の持っていた教育観や信念に混乱が生じている | A市 | 6.9 | 61.8 | 27.5 | 3.9 | 31.4 | | | * | |
| | B市 | 14.3 | 71.4 | 10.7 | 3.6 | 14.3 | | | | |
| | C市 | 10.1 | 60.8 | 26.6 | 2.5 | 29.1 | B<A+ | | 管＜べ，非+，養+ | べ：B<C+ |
| | 3市 | 9.7 | 63.7 | 23.2 | 3.4 | 26.6 | | | | |
| | 全国 | 8.9 | 65.5 | 22.5 | 3.1 | 25.6 | | | | |
| (15) 校長・教頭からの評価が気になる | A市 | 16.5 | 67.0 | 16.5 | 0.0 | 16.5 | | | * | * |
| | B市 | 18.9 | 58.5 | 22.6 | 0.0 | 22.6 | | | | |
| | C市 | 12.0 | 64.0 | 20.0 | 4.0 | 24.0 | | | 非＜講 | 管：A<C+ |
| | 3市 | 15.6 | 64.1 | 19.0 | 1.3 | 20.3 | | | | |
| | 全国 | 14.7 | 62.8 | 21.1 | 1.4 | 22.5 | | | | |
| (16) 職場の他の教師からの評価が気になる | A市 | 10.6 | 63.5 | 24.0 | 1.9 | 26.0 | | | | |
| | B市 | 14.5 | 56.4 | 25.5 | 3.6 | 29.1 | | | | |
| | C市 | 7.6 | 57.0 | 31.6 | 3.8 | 35.4 | | | | 非：B<C+ |
| | 3市 | 10.5 | 59.7 | 26.9 | 2.9 | 29.8 | | | | |
| | 全国 | 11.8 | 59.6 | 27.2 | 1.5 | 28.7 | | | | |
| (17) 保護者への対応に手を焼く | A市 | 3.9 | 49.5 | **40.8** | 5.8 | **46.6** | ** | ** | | |
| | B市 | 5.3 | 68.4 | 24.6 | 1.8 | 26.3 | | | | |
| | C市 | 16.3 | 57.5 | 23.8 | 2.5 | 26.3 | C,B+,D<A | C,D+<A | | 非：D<A<br>講：C<A |
| | 3市 | 8.3 | 56.7 | 31.3 | 3.8 | 35.0 | | | | |
| | 全国 | 8.1 | 62.7 | 24.6 | 4.6 | 29.2 | | | | |
| (18) 職場内での人間関係がしんどいと思うときがある | A市 | 9.6 | 61.5 | 24.0 | 4.8 | 28.8 | ** | ** | * | + |
| | B市 | 7.0 | 50.9 | 26.3 | **15.8** | **42.1** | | | | |
| | C市 | 15.2 | 51.9 | **30.4** | 2.5 | 32.9 | D,A+<B | D,C,A<B | | 非：D,C+<B<br>講：D+,C+<A |
| | 3市 | 10.8 | 55.8 | 26.7 | 6.7 | 33.3 | | | | |
| | 全国 | 19.3 | 56.8 | 18.8 | 5.1 | 23.9 | | | | |
| (19) 教職をやめたい | A市 | 25.0 | **53.8** | 18.3 | 2.9 | 21.2 | | | | |
| | B市 | 37.5 | 41.1 | 21.4 | 0.0 | 21.4 | | | | |
| | C市 | 41.8 | 41.8 | 13.9 | 2.5 | 16.5 | | | | 非：D<A+<br>べ：B<D+ |
| | 3市 | 33.5 | 46.9 | 17.6 | 2.1 | 19.7 | | | | |
| | 全国 | 39.9 | 41.5 | 16.8 | 1.8 | 18.6 | | | | |
| (20) この1年間にカウンセリングを受けた*1 | A市 | | | | | 2.9 | | | | |
| | B市 | | | | | 1.8 | | | | |
| | C市 | | | | | 3.9 | | | | |
| | 3市 | | | | | 3.0 | | | | |
| | 全国 | | | | | 3.6 | | | | |

*1「はい」「いいえ」の2択　*2 上段：有意水準　**：p<.01　*：p<.05　+：p<.10　下段：多重比較結果

られる。うち、(7) では全国よりも強い肯定が少なく、(11) ではB・C市よりも強い肯定が多く、(14) ではB市よりもやや肯定側回答が多く、(17) では他の3地域よりも肯定側回答が多い。二要因分散分析により属性の影響を統制した場合でも、「(7) 適職感」「(17) 保護者対応に苦慮」については、それぞれ全国、C市と全国との有意差がみられる。このほか、「(4) 保護者から信頼」も全国に比べて有意に低い。また、交互作用項をみると、上記の項目に関わっていえば、(17) において、非ベテラン層と講師がそれぞれ全国とC市との間に有意差を示している、この他、非ベテラン教諭は「(19) 教職をやめたい」において全国に比べてやや高く、講師では「(18) 職場内人間関係に苦慮」において、C市と全国に対してやや高い。

A市の教師たちは、子どもや保護者への対応に苦慮し、教職観などの混乱を抱き、適職感を得にくいといった雰囲気が他に比べて濃く、なかでも保護者との関係に苦慮し、適職感を得にくいと感じる傾向が強いことは、属性の違いにかかわらず、共通してみられる特徴といえる。また、非ベテラン教諭や講師ほど、そうした困難を抱える傾向が強い。

（ⅱ）B市

一要因分散分析結果によれば、B市は他の地域に比べて、「(1) 授業に自信」「(2) 集団づくりに自信」「(3) 子どもから信頼」において肯定側回答が多く、「(9) 過重感」「(12) 教える意義曖昧」「(13) 効果に疑問・無力感」「(14) 教育観等混乱」においては肯定側回答が少ない。また「(18) 職場内人間関係に苦慮」については強い肯定が多い。しかしながら、二要因分散分析の結果では、「(11) 問題を抱える子どもへの対応に苦慮」「(18) 職場内人間関係に苦慮」の2項目で、それぞれA市・全国よりも低く、他の3地域に比べて高い値を示すにとどまる。交互作用項をみた場合、B市のベテラン教諭は他地域に比べて「(2) 集団づくりに自信」「(6) やりがい生きがい」「(7) 適職感」が高く、逆に「(11) 問題を抱える子どもへの対応に苦慮」「(12) 教える意義曖昧」「(13) 効果に疑問・無力感」「(14) 教育観等混乱」「(19) 教職をやめたい」が低い。また非ベテラン教諭では、「(10) 仕事が集中」「(18) 職場内人間関係に苦慮」において他地域いずれかよりも有意に高く、「(13) 効果に疑問・無力感」「(16) 同僚からの評価」において低い。それ以外では、管理職では「(7) 適職感」が他に比べて低い。

B市に共通する特徴としては、問題を抱える子どもへの対応にはそれほど苦労していないものの、職場の人間関係には苦慮していることのみである。一要因分散分析では、様々な特徴がみられたものの、それはB市の回答者に占める割合が高い管理職やベテラン教諭そのものの特徴とB市のベテラン教諭・非ベテラン教諭の回答者の特徴によるところが大きい。実際、(1)(2)(12)(13)(14)では、管理職とベテラン教諭のいずれか／両方が他の属性との間に有意差を示している。また、ベテラン教諭と非ベテラン教諭において、B市と他地域のいずれかとの間に有意差がみられる項目が多くみられた。両者とも自らの教育のあり方についての揺らぎが少ない傾向にあるが、前者では特にやりがいや適職感が強く、後者では仕事の分担やコミュニケーションの面で同僚関係に苦慮する傾向にある。これらの特徴は、B市全体のベテラン教諭・非ベテラン教諭の特徴というよりは、これらの特徴をもつ者が回答者となっている可能性が高く、上記の特徴から推測すれば、ベテラン教諭では指導に熟達した者が、非ベテラン教諭では主任などの仕事を任されている者が、回答者に多く含まれているように思われる。

(iii) C市

一要因分散分析の結果において、C市のみが他の地域との間に有意差を示す項目はみられない。また二要因分散分析の結果でも、「(1) 授業に自信」があると答える者が全国に比べて少ないことにとどまる。なお、同項目の交互作用項をみると、非ベテラン教諭において全国およびA市に比べて有意に低い。すなわち、授業に自信をもつ者がやや少なく、特に非ベテラン教諭にその傾向が強いことがC市の特徴といえよう。

**③ 中学校**

(i) A市

一要因分散分析の結果によれば、「(5) 同僚から信頼」「(9) 過重感」「(10) 仕事が集中」において、他の地域いずれかよりも有意に低い。特に、(9)(10) については全国に比べて肯定側回答が10ポイント以上低い。二要因分散分析の結果でも、(9) (10) において、C市・全国に比べて有意に低い。交互作用項をみた場合、(10) では、管理職は全国よりも、非ベテラン教諭ではC市よりも有意に低い。この他、「(20) カウンセリング受診」では、養護教諭が全国に比べて有意に高い。

## 表 15.4.2　教職生活に関する回答結果（中）

| 項目 | 地域 | まったく感じない | あまり感じない | 感じる | 強く感じる | 肯定側回答 | 一要因分散分析*2 | 二要因分散分析*2 地域 | 二要因分散分析*2 属性 | 二要因分散分析*2 交互作用 |
|---|---|---|---|---|---|---|---|---|---|---|
| (1) 授業の進め方について自信がある | A市 | 1.3 | 34.7 | **62.7** | 1.3 | 64.0 | * | | ** | |
| | B市 | 0.0 | 14.3 | **83.3** | 2.4 | **85.7** | | | | |
| | C市 | 7.3 | 38.2 | 52.7 | 1.8 | 54.5 | C,D<B | | 養，講，非＜べ，管 | |
| | 3市 | 2.9 | 30.8 | **64.5** | 1.7 | 66.3 | | | | |
| | 全国 | 2.2 | 41.2 | 49.3 | 7.4 | 56.6 | | | | |
| (2) 学級など生徒集団づくりの指導に自信がある | A市 | 2.7 | 34.7 | **60.0** | 2.7 | 62.7 | ** | | ** | |
| | B市 | 0.0 | 16.7 | **71.4** | 11.9 | **83.3** | | | | |
| | C市 | 5.5 | 34.5 | 58.2 | 1.8 | 60.0 | C,A,D<B | | 講，養，非<管 講，非<べ | べ：D<B |
| | 3市 | 2.9 | 30.2 | **62.2** | 4.7 | **66.9** | | | | |
| | 全国 | 2.7 | 42.3 | 48.5 | 6.4 | 55.0 | | | | |
| (3) 子どもから信頼されている | A市 | 0.0 | 27.3 | 71.4 | 1.3 | 72.7 | * | | * | |
| | B市 | 0.0 | 9.3 | **83.7** | 7.0 | **90.7** | | | | |
| | C市 | 1.8 | 25.5 | 70.9 | 1.8 | 72.7 | A+,C+<B | | 講＜べ+，管 | |
| | 3市 | 0.6 | 22.3 | 74.3 | 2.9 | 77.1 | | | | |
| | 全国 | 0.5 | 22.3 | 72.3 | 4.9 | 77.2 | | | | |
| (4) 保護者から信頼されている | A市 | 2.6 | 28.6 | 67.5 | 1.3 | 68.8 | | | ** | |
| | B市 | 0.0 | 16.7 | **78.6** | 4.8 | **83.3** | | | | |
| | C市 | 1.8 | 33.9 | 64.3 | 0.0 | 64.3 | | | 講，非＜べ，管 | |
| | 3市 | 1.7 | 27.4 | 69.1 | 1.7 | 70.9 | | | | |
| | 全国 | 1.0 | 29.7 | 64.0 | 5.4 | 69.4 | | | | |
| (5) 同僚から信頼されている | A市 | 3.9 | 29.9 | 62.3 | 3.9 | 66.2 | + | | * | |
| | B市 | 0.0 | 14.0 | **79.1** | 7.0 | **86.0** | | | | |
| | C市 | 0.0 | 30.4 | 67.9 | 1.8 | 69.6 | A<B+ | | 講＜べ+，管+ | |
| | 3市 | 1.7 | 26.1 | 68.2 | 4.0 | 72.2 | | | | |
| | 全国 | 1.5 | 24.5 | 68.8 | 5.3 | 74.1 | | | | |
| (6) 教師としての仕事にやりがい、生きがいを感じる | A市 | 0.0 | 9.1 | 66.2 | 24.7 | 90.9 | ** | + | | |
| | B市 | 0.0 | 2.3 | 51.2 | **46.5** | **97.7** | | | | |
| | C市 | 0.0 | 12.1 | 65.5 | 22.4 | 87.9 | D,C+<B | | | べ：D<B |
| | 3市 | 0.0 | 8.4 | 62.4 | 29.2 | 91.6 | | | | |
| | 全国 | 1.9 | 14.7 | 56.4 | 27.0 | 83.4 | | | | |
| (7) 自分には教師という職業が合っている | A市 | 1.3 | 24.0 | 61.3 | 13.3 | 74.7 | + | | | |
| | B市 | 0.0 | 7.0 | **72.1** | 20.9 | **93.0** | | | | |
| | C市 | 5.5 | 29.1 | 50.9 | 14.5 | 65.5 | C<B | | | |
| | 3市 | 2.3 | 21.4 | 60.7 | 15.6 | 76.3 | | | | |
| | 全国 | 2.7 | 25.2 | 53.3 | 18.9 | 72.2 | | | | |
| (8) 毎日の仕事が忙しい | A市 | 0.0 | 10.4 | 32.5 | 57.1 | 89.6 | | | | |
| | B市 | 0.0 | 11.6 | 46.5 | 41.9 | 88.4 | | | | |
| | C市 | 0.0 | 5.2 | 31.0 | **63.8** | 94.8 | | | 管＜べ，非 講＜非+ | 講：A,D<C |
| | 3市 | 0.0 | 9.0 | 35.4 | 55.6 | 91.0 | | | | |
| | 全国 | 0.2 | 6.5 | 43.3 | 50.0 | 93.3 | | | | |
| (9) 現在の仕事の量は過重だ | A市 | 6.5 | 27.3 | 36.4 | 29.9 | 66.2 | * | ** | ** | |
| | B市 | 0.0 | **38.1** | 31.0 | 31.0 | 61.9 | | | | |
| | C市 | 0.0 | 19.0 | 41.4 | 39.7 | 81.0 | A<D+ | A<C+,D | 養，講，管＜非 養，講＜べ | |
| | 3市 | 2.8 | 27.1 | 36.7 | 33.3 | 70.1 | | | | |
| | 全国 | 0.7 | 22.0 | 39.0 | 38.3 | 77.3 | | | | |
| (10) 自分に仕事が集中している | A市 | 10.4 | **62.3** | 20.8 | 6.5 | 27.3 | ** | ** | ** | + |
| | B市 | 2.4 | 51.2 | 34.1 | 12.2 | 46.3 | | | | |
| | C市 | 1.8 | 46.4 | 42.9 | 8.9 | 51.8 | A<D,B+,C | A<C,D | 講＜管+，べ，非 | 管：A<D 非：A<C |
| | 3市 | 5.7 | 54.6 | 31.0 | 8.6 | 39.7 | | | | |
| | 全国 | 3.1 | 46.8 | 41.7 | 8.4 | 50.1 | | | | |

| 項目 | 地域 | まったく感じない | あまり感じない | 感じる | 強く感じる | 肯定側回答 | 一要因分散分析*2 | 二要因分散分析*2 地域 | 属性 | 交互作用 |
|---|---|---|---|---|---|---|---|---|---|---|
| (11) 問題をかかえている子どもに手を焼くことがある | A市 | 1.3 | 26.0 | 59.7 | 13.0 | 72.7 | * | | | |
| | B市 | 4.8 | **45.2** | 42.9 | 7.1 | 50.0 | | | | |
| | C市 | 1.8 | 19.3 | 57.9 | 21.1 | 78.9 | B<C,A+,D | | | |
| | 3市 | 2.3 | 28.4 | 55.1 | 14.2 | 69.3 | | | | |
| | 全国 | 2.7 | 28.2 | 53.5 | 15.7 | 69.2 | | | | |
| (12) 何を教えれば子どもにとって意義があるのかがあいまいになる | A市 | 6.5 | **64.9** | 27.3 | 1.3 | 28.6 | ** | | * | |
| | B市 | 9.3 | **79.1** | 11.6 | 0.0 | 11.6 | | | | |
| | C市 | 3.5 | 57.9 | 35.1 | 3.5 | 38.6 | B<C,D | | 管＜非 | ベ：D<B |
| | 3市 | 6.2 | **66.1** | 26.0 | 1.7 | 27.7 | | | | |
| | 全国 | 8.1 | 48.1 | 39.0 | 4.8 | 43.8 | | | | |
| (13) 自分の教育・指導の効果について疑問や無力感を感じる | A市 | 6.5 | 53.2 | 36.4 | 3.9 | 40.3 | + | | + | |
| | B市 | 9.3 | **65.1** | 25.6 | 0.0 | 25.6 | | | | |
| | C市 | 5.3 | 49.1 | 40.4 | 5.3 | 45.6 | B<D+ | | 管＜非 | |
| | 3市 | 6.8 | 54.8 | 35.0 | 3.4 | 38.4 | | | | |
| | 全国 | 4.5 | 53.5 | 38.7 | 3.3 | 42.0 | | | | |
| (14) 自分の持っていた教育観や信念に混乱が生じている | A市 | 9.1 | 71.4 | 18.2 | 1.3 | 19.5 | + | | | |
| | B市 | 16.3 | 67.4 | 16.3 | 0.0 | 16.3 | | | | |
| | C市 | 5.4 | 58.9 | **33.9** | 1.8 | **35.7** | B+<C | | | |
| | 3市 | 9.7 | 66.5 | 22.7 | 1.1 | 23.9 | | | | |
| | 全国 | 12.5 | 61.9 | 22.3 | 3.4 | 25.7 | | | | |
| (15) 校長・教頭からの評価が気になる | A市 | 26.7 | 58.7 | 13.3 | 1.3 | 14.7 | | | | |
| | B市 | 12.5 | **72.5** | 15.0 | 0.0 | 15.0 | | | | |
| | C市 | 15.8 | **68.4** | 15.8 | 0.0 | 15.8 | | | | |
| | 3市 | 19.8 | **65.1** | 14.5 | 0.6 | 15.1 | | | | |
| | 全国 | 26.7 | 52.9 | 19.2 | 1.2 | 20.4 | | | | |
| (16) 職場の他の教師からの評価が気になる | A市 | 22.1 | 54.5 | 22.1 | 1.3 | 23.4 | | | | |
| | B市 | 14.6 | **70.7** | 14.6 | 0.0 | 14.6 | | | | |
| | C市 | 8.6 | **74.1** | 17.2 | 0.0 | 17.2 | | | | |
| | 3市 | 15.9 | **64.8** | 18.8 | 0.6 | 19.3 | | | | |
| | 全国 | 19.4 | 51.7 | 27.5 | 1.4 | 28.9 | | | | |
| (17) 保護者への対応に手を焼く | A市 | 7.8 | 58.4 | 29.9 | 3.9 | 33.8 | ** | + | | |
| | B市 | 9.3 | 60.5 | 25.6 | 4.7 | 30.2 | | | | |
| | C市 | 1.8 | 47.4 | **42.1** | 8.8 | **50.9** | D<C | D<C+ | | ベ：D,A+<C |
| | 3市 | 6.2 | 55.4 | 32.8 | 5.6 | 38.4 | | | | |
| | 全国 | 12.2 | 57.5 | 26.0 | 4.3 | 30.3 | | | | |
| (18) 職場内での人間関係がしんどいと思うときがある | A市 | 14.3 | 58.4 | 22.1 | 5.2 | 27.3 | | | | |
| | B市 | 20.9 | 51.2 | 25.6 | 2.3 | 27.9 | | | | |
| | C市 | 14.0 | 49.1 | 31.6 | 5.3 | 36.8 | | | | |
| | 3市 | 15.8 | 53.7 | 26.0 | 4.5 | 30.5 | | | | |
| | 全国 | 20.4 | 49.3 | 24.0 | 6.3 | 30.3 | | | | |
| (19) 教職をやめたい | A市 | 44.2 | 40.3 | 11.7 | 3.9 | 15.6 | | | | |
| | B市 | 46.5 | 37.2 | 14.0 | 2.3 | 16.3 | | | | |
| | C市 | 29.3 | 44.8 | 20.7 | 5.2 | 25.9 | | | | |
| | 3市 | 39.9 | 41.0 | 15.2 | 3.9 | 19.1 | | | | |
| | 全国 | 43.2 | 38.7 | 14.8 | 3.3 | 18.1 | | | | |
| (20) この1年間にカウンセリングを受けた*1 | A市 | | | | | 5.2 | | | | * |
| | B市 | | | | | 2.4 | | | | |
| | C市 | | | | | 3.5 | | | | 養：D<A |
| | 3市 | | | | | 4.0 | | | | 講：A,C,D<B |
| | 全国 | | | | | 5.3 | | | | |

*1「はい」「いいえ」の２択　*2 上段：有意水準　**：p<.01　*：p<.05　+：p<.10　下段：多重比較結果

仕事の過重感や仕事の分担をめぐる不平等感が低いことが、A 市の教師たちに共通にみられる特徴として挙げられる。こうした傾向が実態を反映したものなのか、それとも意識の問題なのかは定かではないが、もし後者に立つならば、A 市の教師たちは仕事が過重なのは他の人も同じと考える傾向にあり、それゆえに過重感も集中感も低くなっていると考えられる。

(ii) B 市

一要因分散分析結果において、B 市と他地域との間に有意差がみられた項目は 10 項目にのぼり、「(1) 授業に自信」「(2) 集団づくりに自信」「(3) 子どもから信頼」「(5) 同僚から信頼」といった自信や信頼に関する項目と、「(6) やりがい生きがい」「(7) 適職感」「(11) 問題を抱える子どもへの対応に苦慮」「(12) 教える意義曖昧」「(13) 効果に疑問・無力感」「(14) 教育観等混乱」といった教職アイデンティティの確保に関わる項目が挙げられる。うち、(11)～(14) においては、他の地域に比べて有意に低く、それ以外では逆に高い。しかしながら、二要因分散分析の結果では、他の地域との間に有意差がみられた項目は皆無である。交互作用の列をみると、(2)(6)(12) において、B 市のベテラン教諭が全国に対して有意差を示している。この他、「(20) カウンセリング受診」歴のある講師が他の 3 地域に比べて多い。

少なくとも、今回の分析結果の範囲では、B 市の教師たちに共通する特徴はみられない。小学校同様、一要因分散分析の結果では、多くの項目において有意差がみられたが、それは B 市において回答者に占める割合が高かった管理職の特徴や B 市のベテラン教諭の特徴によるところが少なくない。実際、(1)(2)(3)(5)(12)(13) については、管理職と他の属性との間に有意差がみられた。また (2)(6)(12) では B 市のベテラン教諭が他の地域に対して有意差を示している。この B 市のベテラン教諭は、生徒指導に関する自信をもち教職アイデンティティを確保できている傾向にあるが、それは同市のベテラン教諭全体の特徴というよりは、やはりこのような特徴をもつ者が同市のベテラン教諭の回答者として多く含まれていたことによると思われる。

(iii) C 市

一要因分散分析の結果によると、全国に比べて「(17) 保護者対応に苦慮」に対する肯定側回答が多く、全国に比べて 20 ポイントも高い。また「(7) 適職感」「(14) 教育観等混乱」では、B 市との間に有意差がみられ、特に後者においては全国と比べても 10 ポイントほど肯定側回答が多い。C 市では、保護者対応に苦慮する傾向にあり、教職アイデンティティを確保しづらい雰囲気が強いことがうかがえる。また二要因分散分析の結果では、「(17) 保護者対応に苦慮」において全国との間に有意差がみられ、同項目の交互作用項をみると、ベテラン教諭において A 市・全国よりも高くなっている。この他、C 市の非ベテラン教諭は A 市に比べて「(10) 仕事が集中」と感じる傾向にあり、また同市の講師は A 市と全国に比べて「(8) 多忙感」を抱く傾向にある。

C 市の教師たちは保護者対応に苦慮する傾向にあり、ベテラン教諭にその傾向が顕著である。一方、非ベテラン教諭や講師では多忙感や仕事の集中感といった働き方の問題を意識する傾向にある。

### (3) 教員のメンタルヘルスに関する 9 項目について

**表 15.5** には、教員のメンタルヘルスに関する項目の回答結果を示した。被災地 3 市の教師にのみに尋ねた質問であるため、3 市それぞれと 3 市合計の結果を掲載している。表の下段には、各回答者が「あてはまる」と答えた項目数をポイントとして、その段階別の構成比と平均値を示した。

#### ① 被災地 3 市の全般的傾向

小・中とも 3 割前後の教師が何らかの項目に「あてはまる」と回答しており、何らかのメンタルヘルス上の悩みを抱える教師が一定程度みられる。小学校よりも中学校の方が「0 ポイント」の者が少なく、平均値が高い。項目別にみた場合には、「6. 疲労感・無気力」を挙げる者が 2 割前後にのぼっており、「4. 睡眠問題」や「7. 無価値感・罪悪感」を挙げる者も 1 割前後みられる。

#### ② 小学校

（i）A 市

「6. 疲労感・無気力」に対して「あてはまる」とする者の割合が 2 割を超えており、3 市のなかでは最も高い。属性別の具体的なデータは割愛するが（以下同様）、特に講師において「6. 疲労感・無気力」では 3 割以上、「4. 睡眠問題」「7. 無価値感・罪悪感」では 2 割以上が「あてはまる」と答えている。

（ii）B 市

3 地域のうち、メンタルヘルス上の問題を挙げる者が少なく、特に「3. 食欲異常」「6. 疲労感・無気力」「7. 無価値感・罪悪感」において、他と比べて低

表 15.5　メンタルヘルスに関する回答結果（小・中）

| 項目 | 小 | | | | 中 | | | |
|---|---|---|---|---|---|---|---|---|
| | A | B | C | 合計 | A | B | C | 合計 |
| 1. 毎日のように、ほとんど1日中ずっと気分が沈んでいる | 0.0 | 1.7 | 1.2 | 0.8 | 3.9 | 0.0 | 5.0 | 3.3 |
| 2. 毎日のように、ほとんど1日中何に対しても興味が湧かず楽しめない | 2.9 | 0.0 | 3.7 | 2.5 | 7.8 | 0.0 | 5.0 | 5.0 |
| 3. 毎日のように、食欲がないまたは過剰にある、あるいはは1ヶ月に5%以上の体重変化がある。 | 4.8 | 1.7 | 11.0 | 6.1 | 3.9 | 2.3 | 10.0 | 5.6 |
| 4. 毎日のように、不眠または過眠がつづいている。 | 9.6 | 10.3 | 12.2 | 10.7 | 10.4 | 7.0 | 13.3 | 10.6 |
| 5. 毎日のように、動作や話し方が遅い、またはいらいらしたり、落ち着きが無い | 1.9 | 3.4 | 3.7 | 2.9 | 3.9 | 2.3 | 10.0 | 5.6 |
| 6. 毎日のように、疲れを感じたり、気力が湧かない | 22.1 | 8.6 | 19.5 | 18.0 | 23.4 | 16.3 | 28.3 | 23.3 |
| 7. 毎日のように、自分に価値が無い、または申し訳ないと感じる | 5.8 | 3.4 | 14.6 | 8.2 | 11.7 | 7.0 | 13.3 | 11.1 |
| 8. 毎日のように、考えるのに時間がかかったり、物事に集中したり決断することができない | 5.8 | 8.6 | 4.9 | 6.1 | 10.4 | 7.0 | 10.0 | 9.4 |
| 9. 生きるのがつらく、死んでしまいたいと思うことがよくある | 1.9 | 0.0 | 2.4 | 1.6 | 1.3 | 0.0 | 3.3 | 1.7 |
| 0ポイント | 72.1 | 81.0 | 64.6 | 71.7 | 64.9 | 72.1 | 61.7 | 65.6 |
| 1ポイント | 12.5 | 10.3 | 17.1 | 13.5 | 14.3 | 18.6 | 13.3 | 15.0 |
| 2～3ポイント | 11.5 | 5.2 | 15.9 | 11.5 | 15.6 | 9.3 | 15.0 | 13.9 |
| 4～5ポイント | 3.8 | 3.4 | 0.0 | 2.5 | 3.9 | 0.0 | 8.3 | 4.4 |
| 6ポイント以上 | 0.0 | 0.0 | 2.4 | 0.8 | 1.3 | 0.0 | 1.7 | 1.1 |
| 平均 | 0.55 | 0.38 | 0.73 | 0.57 | 0.77 | 0.42 | 0.98 | 0.76 |
| 回答者数 | 104 | 58 | 82 | 244 | 77 | 43 | 60 | 180 |

い値を示している。特に、「6. 疲労感・無気力」を挙げる者は、管理職以外にはほとんどみられない。

(iii) C市

メンタルヘルス上の問題を挙げる者の割合が3割以上と、3地域の中で最も高い。特に「3. 食欲異常」「7. 無価値感・罪悪感」を挙げる者が多い。属性別にみた場合には、ベテラン教諭の3割弱が「6. 疲労感・無気力」を、2割弱が「7. 無価値感・罪悪感」を挙げており、メンタルヘルス上の問題を抱えている者が他の属性に比べて多い。

### ③ 中学校

（i）A市

「6. 疲労感・無気力」に対する肯定的回答が2割を超えているほか、「4. 睡眠問題」「7. 無価値感・罪悪感」「8. 思考力・集中力・決断力の減退」に対する肯定的回答も1割台となっている。特に、非ベテラン教諭においては、「6. 疲労感・無気力」では3割以上、「7. 無価値感・罪悪感」では2割弱が、それぞれ「あてはまる」と回答している。

（ii）B市

小学校同様、3地域の中ではメンタルヘルス上の問題を挙げる者の割合が低い。属性別にみた場合には、ベテラン教諭の3割弱が「6. 疲労感・無気力」を、1割強が「7. 無価値感・罪悪感」を挙げるなど、他に比べて問題を抱える者がやや多い。

（iii）C市

3市のなかで、最も平均値が高く、4ポイント以上の者が1割にのぼっている他、「6. 疲労感・無気力」を挙げる者が3割弱、「3. 食欲異常」や「5. 動作等が遅い」を挙げる者も1割と、やや他に比べて多い。属性別では、非ベテラン層の4割弱が「6. 疲労感・無気力」を、2割弱が「4. 睡眠問題」「7. 無価値感・罪悪感」を挙げており、他の属性では回答のなかった「1. 気分が沈む」においても1割を超える者が「あてはまる」としている。

## (4) 教師への期待認知と責任意識に関する12項目について

**表15.6.1～表15.6.4**には各項目についての期待認知と責任意識とに関する回答結果を示した。

### ① 被災地3市の全般的傾向

小学校では、「(2) 基礎的学力の育成」「(7) わかりやすい授業」「(8) いじめのない学校・学級づくり」「(9) 居心地のよい安心できる学校・学級づくり」といった日常的な教育活動に関する期待認知と責任意識に対する肯定側回答はほぼ100%となっており、強い肯定も期待認知では6割以上、責任意識では8割以上と高い。また「(5) 協同する力の育成」「(6) 自主的・主体的な力の育成」「(11) 日常生活での信用失墜に留意」といった社会性に関する項目では、期待認知よりも責任意識の方が肯定側回答がやや高く、また強い肯定の割合は

## 表 15.6.1　期待認知に関する回答結果（小）

| 項目 | 地域 | ほとんど・まったくない | あまりない | ある | 大いにある | 肯定側回答 | 一要因分散分析* | 二要因分散分析* 地域 | 二要因分散分析* 属性 | 二要因分散分析* 交互作用 |
|---|---|---|---|---|---|---|---|---|---|---|
| (1) 基本的な生活習慣を、子どもたちが身につけられるようにする | A市 | 0.0 | 3.9 | 59.2 | 36.9 | 96.1 | | | | |
| | B市 | 0.0 | 10.3 | 56.9 | 32.8 | 89.7 | | | | |
| | C市 | 0.0 | 3.7 | **64.6** | 31.7 | 96.3 | | | | |
| | 3市 | 0.0 | 5.3 | 60.5 | 34.2 | 94.7 | | | | |
| | 全国 | 0.3 | 6.1 | 51.6 | 41.9 | 93.5 | | | | |
| (2) 基礎的な学力を、子どもたちが身につけられるようにする | A市 | 0.0 | 1.0 | **35.0** | 64.1 | 99.0 | **<br>C,A<D | + | | *<br>非：A<B,D<br>べ：C<D+ |
| | B市 | 0.0 | 0.0 | 31.0 | 69.0 | 100.0 | | | | |
| | C市 | 0.0 | 2.4 | **36.6** | 61.0 | 97.6 | | | | |
| | 3市 | 0.0 | 1.2 | **34.6** | 64.2 | 98.8 | | | | |
| | 全国 | 0.0 | 0.9 | 23.8 | 75.3 | 99.1 | | | | |
| (3) 受験に対応できるような学力を子どもたちが身につけられるようにする | A市 | 1.0 | 33.0 | **58.3** | 7.8 | 66.0 | *<br>A,C,D<B | | | |
| | B市 | 1.8 | 21.1 | 40.4 | **36.8** | **77.2** | | | | |
| | C市 | 1.2 | 34.1 | 52.4 | 12.2 | 64.6 | | | | |
| | 3市 | 1.2 | 30.6 | 52.1 | 16.1 | 68.2 | | | | |
| | 全国 | 2.8 | 32.6 | 43.8 | 20.9 | 64.6 | | | | |
| (4) 働く上で必要な力を、子どもたちが身につけられるようにする | A市 | 1.0 | 16.3 | 62.5 | 20.2 | 82.7 | + | * | | |
| | B市 | 0.0 | 20.7 | 58.6 | 20.7 | 79.3 | | | | |
| | C市 | 0.0 | 20.7 | 61.0 | 18.3 | 79.3 | | | | |
| | 3市 | 0.4 | 18.9 | 61.1 | 19.7 | 80.7 | | | | |
| | 全国 | 0.3 | 15.8 | 55.3 | 28.5 | 83.9 | | | | |
| (5) 他の人と協同してものごとを行う力を、子どもたちが身につけられるようにする | A市 | 0.0 | 5.8 | **61.5** | 32.7 | 94.2 | | | | |
| | B市 | 0.0 | 6.9 | 58.6 | 34.5 | 93.1 | | | | |
| | C市 | 0.0 | 11.0 | 54.9 | 34.1 | 89.0 | | | | |
| | 3市 | 0.0 | 7.8 | 58.6 | 33.6 | 92.2 | | | | |
| | 全国 | 0.1 | 8.2 | 49.3 | 42.3 | 91.6 | | | | |
| (6) 自主的・主体的に考え行動できる力を、子どもたちが身につけられるようにする | A市 | 0.0 | 8.7 | 60.6 | 30.8 | 91.3 | +<br>C<D | | | |
| | B市 | 0.0 | 3.4 | **63.8** | 32.8 | 96.6 | | | | |
| | C市 | 0.0 | 17.1 | 58.5 | 24.4 | 82.9 | | | | |
| | 3市 | 0.0 | 10.2 | 60.7 | 29.1 | 89.8 | | | | |
| | 全国 | 0.3 | 10.2 | 51.9 | 37.5 | 89.4 | | | | |
| (7) わかりやすい授業を行う | A市 | 0.0 | 0.0 | 30.1 | 69.9 | 100.0 | *<br>C<D | + | | |
| | B市 | 0.0 | 1.8 | 31.6 | 66.7 | 98.2 | | | | |
| | C市 | 0.0 | 2.4 | **39.0** | 58.5 | 97.6 | | | | |
| | 3市 | 0.0 | 1.2 | 33.5 | 65.3 | 98.8 | | | | |
| | 全国 | 0.3 | 1.3 | 23.9 | 74.4 | 98.4 | | | | |
| (8) いじめが起きない学校・学級にする | A市 | 0.0 | 0.0 | 22.1 | 77.9 | 100.0 | | | | |
| | B市 | 0.0 | 0.0 | 20.7 | 79.3 | 100.0 | | | | |
| | C市 | 0.0 | 1.2 | 25.6 | 73.2 | 98.8 | | | | |
| | 3市 | 0.0 | 0.4 | 23.0 | 76.6 | 99.6 | | | | |
| | 全国 | 0.2 | 0.3 | 17.9 | 81.5 | 99.4 | | | | |
| (9) 居心地がよく安心できる学校・学級にする | A市 | 0.0 | 1.0 | 28.8 | 70.2 | 99.0 | +<br>C<D+ | | | |
| | B市 | 0.0 | 0.0 | 29.3 | 70.7 | 100.0 | | | | |
| | C市 | 0.0 | 2.4 | **34.1** | 63.4 | 97.6 | | | | |
| | 3市 | 0.0 | 1.2 | 30.7 | 68.0 | 98.8 | | | | |
| | 全国 | 0.2 | 0.7 | 23.6 | 75.5 | 99.1 | | | | |
| (10) 貧困などにより生活上の困難を抱えた子どもに対して特別な配慮をする | A市 | 2.9 | 32.7 | 51.0 | 13.5 | 64.4 | | | | 非：A<D<br>べ：B<D+ |
| | B市 | 3.4 | 34.5 | 43.1 | 19.0 | 62.1 | | | | |
| | C市 | 3.7 | 25.6 | 52.4 | 18.3 | 70.7 | | | | |
| | 3市 | 3.3 | 30.7 | 49.6 | 16.4 | 66.0 | | | | |
| | 全国 | 2.0 | 27.2 | 50.9 | 19.9 | 70.8 | | | | |

| 項目 | 地域 | ほとんど・まったくない | あまりない | ある | 大いにある | 肯定側回答 | 一要因分散分析* | 二要因分散分析* | | |
|---|---|---|---|---|---|---|---|---|---|---|
| | | | | | | | | 地域 | 属性 | 交互作用 |
| (11) 学校以外の日常生活でも、教師に対する信用を傷つけないように行動する | A市 | 0.0 | 19.4 | 55.3 | 25.2 | 80.6 | * | ** | | |
| | B市 | 0.0 | 17.2 | 44.8 | 37.9 | 82.8 | | | | |
| | C市 | 1.2 | 18.3 | 46.3 | 34.1 | 80.5 | A<D | A,C+<D | | 非：A<B+ |
| | 3市 | 0.4 | 18.5 | 49.8 | 31.3 | 81.1 | | | | |
| | 全国 | 1.2 | 12.4 | 44.6 | 41.8 | 86.4 | | | | |
| (12) 学校外での子どものトラブルに対しても指導を行う | A市 | 0.0 | 12.5 | 58.7 | 28.8 | 87.5 | * | | | |
| | B市 | 0.0 | **22.4** | 55.2 | 22.4 | 77.6 | | | | |
| | C市 | 0.0 | 18.3 | 59.8 | 22.0 | 81.7 | | | | |
| | 3市 | 0.0 | 16.8 | 58.2 | 25.0 | 83.2 | | | | |
| | 全国 | 0.4 | 11.6 | 56.6 | 31.5 | 88.1 | | | | |

＊上段：有意水準　　**：p<.01　*：p<.05　+：p<.10　下段：多重比較結果

期待認知では3割前後、責任意識では4～6割となっており、特に(5)ではその差は30ポイントにものぼっている。さらに「(4) 働く上で必要な力の育成」「(10) 生活上の困難を抱えた子どもたちへの配慮」といった子どもの生活に関わる項目では、期待認知は6～8割とやや低いのに対して責任意識は9割近くと両者のギャップがやや大きく、また期待認知では強い肯定が2割以下、責任意識では5割以下とやや低い。最後に、「(1) 基本的生活習慣の形成」「(3) 受験学力の育成」「(12) 学校外のトラブルの指導」といった学校空間外に関する項目では、責任意識における肯定側回答が期待認知のそれと同じか下回っており、強い肯定も他に比べて低い割合を示している。

中学校においては、「(2) 基礎的学力の育成」「(3) 受験学力の育成」「(7) わかりやすい授業」「(8) いじめのない学校・学級づくり」「(9) 居心地のよい安心できる学校・学級づくり」といった日常的な教育活動に関する項目では、期待認知と責任意識との差がほとんどなく、強い肯定が7割前後となっている項目も少なくない。一方、社会性に関わる「(4) 働く上で必要な力の育成」「(5) 協同する力の育成」「(6) 自主的・主体的な力の育成」「(11) 日常生活での信用失墜に留意」では、責任意識が期待認知を肯定側回答で10ポイント以上、強い肯定では20ポイント前後上回っている。最後に「(1) 基本的生活習慣の形成」「(10) 生活上の困難を抱えた子どもたちへの配慮」「(12) 学校外のトラブルの指導」といった学校制度外の事柄に関しては、期待認知と責任意識ともに強い肯定が低く、また (1)(12) では期待認知よりも責任意識に対する肯定側回答が低い。

## 表 15.6.2　責任意識に関する回答結果（小）

| 項目 | 地域 | まったく感じない | あまり感じない | 感じる | 強く感じる | 肯定側回答 | 一要因分散分析* | 二要因分散分析* 地域 | 二要因分散分析* 属性 | 二要因分散分析* 交互作用 |
|---|---|---|---|---|---|---|---|---|---|---|
| (1) 基本的な生活習慣を、子どもたちが身につけられるようにする | A市 | 0.0 | 10.9 | 61.4 | 27.7 | 89.1 | ** | | | |
| | B市 | 0.0 | 10.5 | **70.2** | 19.3 | 89.5 | | | | |
| | C市 | 1.3 | 5.1 | 65.8 | 27.8 | **93.7** | | | | |
| | 3市 | 0.4 | 8.9 | 65.0 | 25.7 | 90.7 | | | | |
| | 全国 | 0.5 | 17.9 | 59.2 | 22.5 | 81.7 | | | | |
| (2) 基礎的な学力を、子どもたちが身につけられるようにする | A市 | 0.0 | 0.0 | 21.8 | 78.2 | 100.0 | * C+<D | | * 養＜非+, 管 | + |
| | B市 | 0.0 | 0.0 | 22.8 | 77.2 | 100.0 | | | | |
| | C市 | 0.0 | 1.3 | **26.6** | 72.2 | 98.7 | | | | |
| | 3市 | 0.0 | 0.4 | 23.6 | 75.9 | 99.6 | | | | |
| | 全国 | 0.0 | 0.2 | 16.3 | 83.5 | 99.8 | | | | |
| (3) 受験に対応できるような学力を子どもたちが身につけられるようにする | A市 | 1.0 | 29.7 | **57.4** | 11.9 | 69.3 | ** D,A<B | + | | 管：D<B+ |
| | B市 | 0.0 | 10.5 | **61.4** | **28.1** | **89.5** | | | | |
| | C市 | 0.0 | 21.5 | **65.8** | 12.7 | **78.5** | | | | |
| | 3市 | 0.4 | 22.4 | **61.2** | 16.0 | **77.2** | | | | |
| | 全国 | 4.2 | 31.9 | 46.8 | 17.0 | 63.9 | | | | |
| (4) 働く上で必要な力を、子どもたちが身につけられるようにする | A市 | 0.0 | 1.0 | 54.9 | 44.1 | 99.0 | | | * べ＜非 | |
| | B市 | 0.0 | 3.5 | **64.9** | 31.6 | 96.5 | | | | |
| | C市 | 0.0 | 1.3 | 57.0 | 41.8 | 98.7 | | | | |
| | 3市 | 0.0 | 1.7 | 58.0 | 40.3 | 98.3 | | | | |
| | 全国 | 0.0 | 3.4 | 48.9 | 47.6 | 96.6 | | | | |
| (5) 他の人と協同してものごとを行う力を、子どもたちが身につけられるようにする | A市 | 0.0 | 0.0 | 33.3 | 66.7 | 100.0 | | | * べ＜非 | |
| | B市 | 0.0 | 0.0 | 40.4 | 59.6 | 100.0 | | | | |
| | C市 | 0.0 | 1.3 | 36.7 | 62.0 | 98.7 | | | | |
| | 3市 | 0.0 | 0.4 | 36.1 | 63.4 | 99.6 | | | | |
| | 全国 | 0.0 | 0.6 | 32.9 | 66.5 | 99.4 | | | | |
| (6) 自主的・主体的に考え行動できる力を、子どもたちが身につけられるようにする | A市 | 0.0 | 0.0 | 42.2 | 57.8 | 100.0 | | | * べ＜非 | + 講：C<D |
| | B市 | 0.0 | 0.0 | **47.4** | 52.6 | 100.0 | | | | |
| | C市 | 0.0 | 1.3 | 41.8 | 57.0 | 98.7 | | | | |
| | 3市 | 0.0 | 0.4 | 43.3 | 56.3 | 99.6 | | | | |
| | 全国 | 0.0 | 0.8 | 36.2 | 63.0 | 99.2 | | | | |
| (7) わかりやすい授業を行う | A市 | 0.0 | 0.0 | 13.9 | 86.1 | 100.0 | ** C,B+<D | ** C<D | ** 養＜べ, 管, 非 | + |
| | B市 | 0.0 | 0.0 | **21.4** | 78.6 | 100.0 | | | | |
| | C市 | 0.0 | 0.0 | **22.8** | 77.2 | 100.0 | | | | |
| | 3市 | 0.0 | 0.0 | 18.6 | 81.4 | 100.0 | | | | |
| | 全国 | 0.0 | 0.0 | 10.0 | 90.0 | 100.0 | | | | |
| (8) いじめが起きない学校・学級にする | A市 | 0.0 | 0.0 | 18.8 | 81.2 | 100.0 | + | | + | |
| | B市 | 0.0 | 0.0 | 21.1 | 78.9 | 100.0 | | | | |
| | C市 | 0.0 | 0.0 | **24.1** | 75.9 | 100.0 | | | | |
| | 3市 | 0.0 | 0.0 | 21.1 | 78.9 | 100.0 | | | | |
| | 全国 | 0.0 | 0.2 | 13.7 | 86.0 | 99.8 | | | | |
| (9) 居心地がよく安心できる学校・学級にする | A市 | 0.0 | 0.0 | 18.6 | 81.4 | 100.0 | ** C<D+ | * C<D | * 養＜管, べ | 講：C<D+ |
| | B市 | 0.0 | 0.0 | 17.5 | 82.5 | 100.0 | | | | |
| | C市 | 0.0 | 1.3 | **26.6** | 72.2 | 98.7 | | | | |
| | 3市 | 0.0 | 0.4 | 21.0 | 78.6 | 99.6 | | | | |
| | 全国 | 0.0 | 0.1 | 13.9 | 85.9 | 99.9 | | | | |
| (10) 貧困などにより生活上の困難を抱えた子どもに対して特別な配慮をする | A市 | 5.0 | 12.9 | 62.4 | 19.8 | 82.2 | ** A<D | * A<D | + | ** 非：A<D,B べ：B,A,C<D |
| | B市 | 0.0 | 12.3 | 61.4 | 26.3 | 87.7 | | | | |
| | C市 | 0.0 | 10.1 | **64.6** | 25.3 | 89.9 | | | | |
| | 3市 | 2.1 | 11.8 | 62.9 | 23.2 | 86.1 | | | | |
| | 全国 | 0.4 | 10.0 | 53.7 | 36.0 | 89.7 | | | | |

| 項目 | 地域 | まったく感じない | あまり感じない | 感じる | 強く感じる | 肯定側回答 | 一要因分散分析* | 二要因分散分析* | | |
|---|---|---|---|---|---|---|---|---|---|---|
| | | | | | | | | 地域 | 属性 | 交互作用 |
| (11) 学校以外の日常生活でも、教師に対する信用を傷つけないように行動する | A市 | 0.0 | 10.9 | **47.5** | 41.6 | 89.1 | ** | ** | * | + |
| | B市 | 0.0 | 7.0 | **45.6** | <u>47.4</u> | 93.0 | | | | |
| | C市 | 1.3 | 6.3 | **45.6** | <u>46.8</u> | 92.4 | C,B+<D | A<D+ | 非+,<br>べ<管 | 非：A<D+<br>べ：A,C<D |
| | 3市 | 0.4 | 8.4 | **46.4** | <u>44.7</u> | 91.1 | | | | |
| | 全国 | 0.0 | 3.0 | 35.3 | 61.7 | 97.0 | | | | |
| (12) 学校外での子どものトラブルに対しても指導を行う | A市 | 2.0 | 30.7 | 47.5 | 19.8 | 67.3 | | | | |
| | B市 | 0.0 | <u>19.3</u> | **66.7** | 14.0 | **80.7** | | | | |
| | C市 | 5.1 | 23.1 | 57.7 | 14.1 | 71.8 | | | | |
| | 3市 | 2.5 | 25.4 | 55.5 | 16.5 | 72.0 | | | | |
| | 全国 | 3.3 | 31.7 | 48.2 | 16.8 | 65.0 | | | | |

＊上段：有意水準　　**：$p<.01$　*：$p<.05$　+：$p<.10$　下段：多重比較結果

校種間の違いについては、期待認知では「(2) 基礎的学力の育成」「(3) 受験学力の育成」「(4)働く上で必要な力の育成」「(7) わかりやすい授業」において有意差がみられ、いずれも小学校よりも中学校の方が肯定側回答が多い。責任意識についても、小学校よりも中学校の方が「(3) 受験学力の育成」「(4)働く上で必要な力の育成」では肯定側回答が多く、当然ながら、中学校の方が、進学・進路面での期待・責任を意識している。

**② 小学校**

**(ⅰ) A市**

期待認知については、一要因分散分析の結果をみると、「(2) 基礎的学力の育成」「(11) 日常生活での信用失墜に留意」において全国に比べて有意に低く、強い肯定が少ない。うち、(11) については、二要因分散分析の結果でも、やはり全国との間に有意差がみられる。この他、非ベテラン教諭が、(2)(11) と「(10) 生活上の困難を抱える子どもへの配慮」において他地域いずれかに比べて有意に低い値を示している。

責任意識では、一要因分散分析の結果をみると、「(10) 生活上の困難を抱える子どもへの配慮」が、全国に比べて有意に低い。二要因分散分析においては、(10) と「(11) 日常生活での信用失墜に留意」において有意差がみられ、交互作用項をみると、これら (10)(11) において、非ベテラン教諭・ベテラン教諭が少なくとも全国に比べて低い値を示している。

A市においては、期待認知においても、責任意識においても、属性の違いにかかわらず、学校以外の日常生活における教師の信用失墜に関する意識がそれほど強くない。また、非ベテラン教諭を中心として、生活上の困難を抱える子どもへの配慮の面での期待認知と責任意識も強くない。このように、学校空間外に関する事柄に関する期待認知や責任意識が相対的に弱く、特に非ベテラン教諭において、その傾向が強いことがA市の特徴といえる。

(ii) B市

期待認知については、「(3) 受験学力の育成」において他の地域に比べて有意に高く、特に強い肯定の割合が高い。ただし、二要因分散分析の結果では有意差はみられない。交互作用項をみると、ベテラン教諭が「(10) 生活上の困難を抱えた子どもたちへの配慮」において全国との間に有意差を、非ベテラン教諭が「(11) 日常生活での信用失墜に留意」においてA市との間に有意差を、それぞれ示すにとどまる。

責任意識に関しては、「(3) 受験学力の育成」ではA市・全国に比べて有意に高く、特に強い肯定が多い。一方、「(7) わかりやすい授業」「(11) 日常生活での信用失墜に留意」は、全国に比べて有意に低い。二要因分散分析の結果では、B市が他地域との間に有意差を示す項目はみられず、交互作用項においても、B市の管理職が (3) において全国に比べて有意に高い値を示すにとどまる。

このように、回答結果そのものにおいては、受験学力の育成に関する期待認知も責任意識も強いものの、B市全体の共通した傾向とはいえない。また、それ以外にも目立った特徴は見当たらず、前項でみられたようなB市の非ベテラン教諭、ベテラン教諭が有意差を示す項目もほとんどみられない。

(iii) C市

期待認知については、「(2) 基礎的学力の育成」「(6) 自主的・主体的な力の育成」「(7) わかりやすい授業」「(9) 居心地のよい安心できる学校・学級づくり」といった項目において全国との間に有意差がみられ、いずれもC市の方が強い肯定が少ない。ただし、二要因分散分析の結果では「(11) 日常生活での信用失墜に留意」において全国に対して有意に低い値を示すにとどまる。

責任意識では、「(2) 基礎的学力の育成」「(7) わかりやすい授業」「(9) 居心地のよい安心できる学校・学級づくり」「(11) 日常生活での信用失墜に留意」において、全国に比べて強い肯定が少ない。うち、(7)(9) については、二要因分散分析結果においても、全国に比べて有意に低い。また交互作用項をみると、C 市のベテラン教諭が「(10) 生活上の困難を抱える子どもへの配慮」や (11) といった学校制度外の事柄に関する項目において、講師が「(6) 自主的・主体的な力の育成」「(9) 居心地のよい安心できる学校・学級づくり」といった生活指導面に関する項目において、それぞれ全国に比べて有意に低い値を示している。

C 市の教師に共通する特徴として、期待認知面では学校外での信頼失墜をそれほど気にしておらず、責任意識面ではわかりやすい授業をおこなう、安心できる学校・学級づくりといった日常的な教育活動に関する責任意識がそれほど強くないことが挙げられる。また、回答結果そのものをみた場合には、責任意識のみならず、期待認知においても、こうした日常的な教育活動についてそれほど強く意識していない傾向にある。また、ベテラン教諭において学校空間外の事柄についての責任意識が弱いことは、前項で指摘したように、メンタルヘルス上の問題を抱えている者が多く、学校制度外の事柄まで背負い切れないゆえとも考えられる。また講師たちが生活指導上の問題を自らの責任として引き受けることが難しいほど厳しい状況におかれているようにも思われる。

**③ 中学校**

(ⅰ) A 市

一要因分散分析の結果によると、期待認知については、「(8) いじめのない学校・学級づくり」「(11) 日常生活での信用失墜に留意」において、それぞれ全国・B 市、B 市との間に有意差がみられ、いずれも A 市の方が強い肯定が少ない。二要因分散分析の結果では、「(2) 基礎的学力の育成」「(3) 受験学力の育成」において B 市に比べて有意に低い。交互作用項をみると、(3) ではベテラン教諭において全国に対して有意に高く、(11) では非ベテラン教諭において B 市及び全国に比べて有意に低い。

責任意識については、一要因分散分析の結果では、「(2) 基礎的学力の育成」「(7) わかりやすい授業」「(11) 日常生活での信用失墜に留意」において全国・B 市との間に有意差がみられ、いずれも A 市の方が低く強い肯定が少ない。また「(1) 生活習慣の形成」「(8) いじめのない学校・学級づくり」については、B 市に比べて低い。二要因分散分析の結果においては、(2)(7) において全国との有意差がみられ、その傾向は非ベテラン教諭と養護教諭に顕著である。

学習指導面における期待認知・責任意識がそれほど強くないことが A 市の

## 表 15.6.3 期待認知に関する回答結果（中）

| 項目 | 地域 | ほとんど・まったくない | あまりない | ある | 大いにある | 肯定側回答 | 一要因分散分析* | 二要因分散分析* 地域 | 二要因分散分析* 属性 | 二要因分散分析* 交互作用 |
|---|---|---|---|---|---|---|---|---|---|---|
| (1) 基本的な生活習慣を、子どもたちが身につけられるようにする | A市 | 0.0 | 2.6 | **69.7** | 27.6 | 97.4 | | | | |
| | B市 | 0.0 | 2.3 | 54.5 | 43.2 | 97.7 | | | | |
| | C市 | 0.0 | 12.5 | 42.9 | 44.6 | 87.5 | | | 養<非 | 管：C,D+<B |
| | 3市 | 0.0 | 5.7 | 57.4 | 36.9 | 94.3 | | | | |
| | 全国 | 0.0 | 6.9 | 54.5 | 38.3 | 92.9 | | | | |
| (2) 基礎的な学力を、子どもたちが身につけられるようにする | A市 | 0.0 | 1.3 | 26.3 | 72.4 | 98.7 | + | + | | |
| | B市 | 0.0 | 0.0 | 9.1 | **90.9** | 100.0 | | | | |
| | C市 | 0.0 | 3.4 | 19.0 | 77.6 | 96.6 | D<B+ | A<B+ | | |
| | 3市 | 0.0 | 1.7 | 19.7 | 78.7 | 98.3 | | | | |
| | 全国 | 0.0 | 1.9 | 24.9 | 73.2 | 98.1 | | | | |
| (3) 受験に対応できるような学力を子どもたちが身につけられるようにする | A市 | 0.0 | 1.3 | 28.9 | 69.7 | 98.7 | | + | | * |
| | B市 | 0.0 | 0.0 | 29.5 | 70.5 | 100.0 | | | | |
| | C市 | 0.0 | 1.7 | 36.2 | 62.1 | 98.3 | | A<B+ | | ベ：D<A |
| | 3市 | 0.0 | 1.1 | 31.5 | 67.4 | 98.9 | | | | |
| | 全国 | 0.5 | 2.6 | 31.1 | 65.8 | 96.9 | | | | |
| (4) 働く上で必要な力を、子どもたちが身につけられるようにする | A市 | 0.0 | 16.2 | 54.1 | 29.7 | 83.8 | * | + | * | |
| | B市 | 0.0 | 2.3 | 52.3 | **45.5** | **97.7** | | | | |
| | C市 | 0.0 | 10.3 | 51.7 | **37.9** | 89.7 | D,A+<B | D<B+ | 非：管<非 | 管：C<D+,B+<br>ベ：D<B+ |
| | 3市 | 0.0 | 10.8 | 52.8 | 36.4 | 89.2 | | | | |
| | 全国 | 0.2 | 15.2 | 56.8 | 27.8 | 84.6 | | | | |
| (5) 他の人と協同してものごとを行う力を、子どもたちが身につけられるようにする | A市 | 0.0 | 17.1 | 60.5 | 22.4 | 82.9 | ** | ** | | + |
| | B市 | 0.0 | 4.5 | 38.6 | **56.8** | 95.5 | | | | |
| | C市 | 0.0 | 12.3 | 61.4 | 26.3 | 87.7 | A,C,D<B | C,A,D<B | | 管：C<D+,B |
| | 3市 | 0.0 | 12.4 | 55.4 | 32.2 | 87.6 | | | | |
| | 全国 | 0.5 | 12.4 | 56.2 | 31.0 | 87.1 | | | | |
| (6) 自主的・主体的に考え行動できる力を、子どもたちが身につけられるようにする | A市 | 0.0 | 11.8 | 68.4 | 19.7 | 88.2 | * | ** | * | |
| | B市 | 0.0 | 4.5 | 47.7 | **47.7** | **95.5** | | | | |
| | C市 | 0.0 | 22.8 | 47.4 | 29.8 | 77.2 | A,C,D+<B | C,D+<B | 管<講 | 管：C<D,B |
| | 3市 | 0.0 | 13.6 | 56.5 | 29.9 | 86.4 | | | | |
| | 全国 | 0.5 | 15.0 | 52.3 | 32.2 | 84.5 | | | | |
| (7) わかりやすい授業を行う | A市 | 0.0 | 1.3 | 25.0 | 73.7 | 98.7 | | | | |
| | B市 | 0.0 | 0.0 | 22.7 | 77.3 | 100.0 | | | | |
| | C市 | 0.0 | 0.0 | 26.3 | 73.7 | 100.0 | | | | |
| | 3市 | 0.0 | 0.6 | 24.9 | 74.6 | 99.4 | | | | |
| | 全国 | 0.2 | 1.2 | 22.9 | 75.7 | 98.6 | | | | |
| (8) いじめが起きない学校・学級にする | A市 | 0.0 | 1.3 | **28.9** | 69.7 | 98.7 | + | | * | |
| | B市 | 0.0 | 0.0 | 11.4 | 88.6 | 100.0 | | | | |
| | C市 | 0.0 | 1.8 | 15.8 | 82.5 | 98.2 | A<D+,B | | 管<ベ | |
| | 3市 | 0.0 | 1.1 | 20.3 | 78.5 | 98.9 | | | | |
| | 全国 | 0.2 | 1.0 | 16.0 | 82.8 | 98.8 | | | | |
| (9) 居心地がよく安心できる学校・学級にする | A市 | 0.0 | 0.0 | **32.9** | 67.1 | 100.0 | | | + | |
| | B市 | 0.0 | 2.3 | 20.5 | 77.3 | 97.7 | | | | |
| | C市 | 0.0 | 1.8 | 26.3 | 71.9 | 98.2 | | | 管<ベ | |
| | 3市 | 0.0 | 1.1 | 27.7 | 71.2 | 98.9 | | | | |
| | 全国 | 0.2 | 1.4 | 21.9 | 76.4 | 98.3 | | | | |
| (10) 貧困などにより生活上の困難を抱えた子どもに対して特別な配慮をする | A市 | 1.3 | 34.2 | 50.0 | 14.5 | 64.5 | | + | + | |
| | B市 | 0.0 | 29.5 | 43.2 | 27.3 | 70.5 | | | | |
| | C市 | 1.8 | 33.3 | 54.4 | 10.5 | 64.9 | | | 管<非 | |
| | 3市 | 1.1 | 32.8 | 49.7 | 16.4 | 66.1 | | | | |
| | 全国 | 2.4 | 27.5 | 49.0 | 21.1 | 70.1 | | | | |

| 項目 | 地域 | ほとんど・まったくない | あまりない | ある | 大いにある | 肯定側回答 | 一要因分散分析* | 二要因分散分析* | | |
|---|---|---|---|---|---|---|---|---|---|---|
| | | | | | | | | 地域 | 属性 | 交互作用 |
| (11) 学校以外の日常生活でも、教師に対する信用を傷つけないように行動する | A市 | 1.3 | 19.7 | 52.6 | 26.3 | 78.9 | +<br>A<B | | | 非：A<D+,B |
| | B市 | 0.0 | 11.4 | 36.4 | 52.3 | 88.6 | | | | |
| | C市 | 1.8 | 8.8 | **61.4** | 28.1 | 89.5 | | | | |
| | 3市 | 1.1 | 14.1 | 51.4 | 33.3 | 84.7 | | | | |
| | 全国 | 1.9 | 15.8 | 43.4 | 38.9 | 82.3 | | | | |
| (12) 学校外での子どものトラブルに対しても指導を行う | A市 | 0.0 | 15.8 | 63.2 | 21.1 | 84.2 | | | | |
| | B市 | 0.0 | 15.9 | 56.8 | 27.3 | 84.1 | | | | |
| | C市 | 1.8 | 7.1 | 62.5 | 28.6 | 91.1 | | | | |
| | 3市 | 0.6 | 13.1 | 61.4 | 25.0 | 86.4 | | | | |
| | 全国 | 0.2 | 11.9 | 58.9 | 28.9 | 87.8 | | | | |

＊上段：有意水準　**：$p<.01$　*：$p<.05$　+：$p<.10$　下段：多重比較結果

教師たちに共通する特徴といえる。もちろん、同市の学習指導に関わる項目に対する肯定的回答の割合は決して低くなく、これらの事柄についてそれほど強く意識することなく日々の教育活動にあたることができている、あるいは日常的な関心事として位置づいていることを示しているように思われる。また、回答結果そのものをみると、いじめのない学校・学級づくりや学校外での信用失墜に対する留意についての強い肯定が少ないことからすれば、外部の眼を強く意識せずとも、日常の教育活動をおこなっている雰囲気が強いように思われる。

### (ii) B市

期待認知に関しては、一要因分散分析の結果によると、「(2) 基礎的学力の形成」「(4) 働く上で必要な力の形成」「(5) 協同する力の育成」「(6) 自主的・主体的な力の育成」において、少なくとも全国との間に有意差がみられ、B市の方が高く、強い肯定が多い。また、二要因分散分析結果においては、(4)(5)(6) といった社会性育成に関わる項目については、少なくとも全国に比べて有意に高く、また (2) や「(3) 受験学力の育成」といった学力育成に関する項目については、先のA市に比べて有意に高い。交互作用項をみた場合、ベテラン教諭が (4) において、管理職が「(1) 基本的生活習慣の形成」において、それぞれ少なくとも全国よりも高い値を示している。

責任意識においては、B市が他の地域に対して有意差を示す項目は、「(1) 基本的生活習慣の形成」「(2) 基礎的学力の育成」「(6) 自主的・主体的な力の育成」「(7) わかりやすい授業」「(8) いじめのない学校・学級づくり」といった日常的な教育活動に関わる項目で、総じて強い肯定が多い。二要因分散分析の

## 表 15.6.4　責任意識に関する回答結果（中）

| 項目 | 地域 | まったく感じない | あまり感じない | 感じる | 強く感じる | 肯定側回答 | 一要因分散分析* | 二要因分散分析* 地域 | 属性 | 交互作用 |
|---|---|---|---|---|---|---|---|---|---|---|
| (1) 基本的な生活習慣を、子どもたちが身につけられるようにする | A市 | 1.3 | 13.2 | 63.2 | 22.4 | 85.5 | *<br>A+,D+<B | | | 管 :A,D+<B |
| | B市 | 0.0 | 4.5 | 54.5 | **40.9** | **95.5** | | | | |
| | C市 | 0.0 | 12.5 | 53.6 | 33.9 | 87.5 | | | | |
| | 3市 | 0.6 | 10.8 | 58.0 | 30.7 | 88.6 | | | | |
| | 全国 | 0.7 | 14.5 | 58.8 | 26.0 | 84.8 | | | | |
| (2) 基礎的な学力を、子どもたちが身につけられるようにする | A市 | 0.0 | 0.0 | **34.7** | 65.3 | 100.0 | **<br>A,C<B/ A<D+ | **<br>A,C<D,B | + | +<br>非 :A<B+,C<br>養 :A+,C+<D |
| | B市 | 0.0 | 0.0 | 9.1 | **90.9** | 100.0 | | | | |
| | C市 | 0.0 | 1.8 | **30.4** | 67.9 | 98.2 | | | | |
| | 3市 | 0.0 | 0.6 | 26.9 | 72.6 | 99.4 | | | | |
| | 全国 | 0.0 | 0.5 | 20.2 | 79.3 | 99.5 | | | | |
| (3) 受験に対応できるような学力を子どもたちが身につけられるようにする | A市 | 0.0 | 3.9 | 40.8 | 55.3 | 96.1 | *<br>C<D | **<br>C<D,B | * | + |
| | B市 | 0.0 | 0.0 | 40.9 | 59.1 | 100.0 | | | | |
| | C市 | 0.0 | 1.8 | **58.9** | 39.3 | 98.2 | | | | |
| | 3市 | 0.0 | 2.3 | 46.6 | 51.1 | 97.7 | | | | |
| | 全国 | 0.2 | 1.9 | 37.0 | 60.8 | 97.8 | | | | |
| (4) 働く上で必要な力を、子どもたちが身につけられるようにする | A市 | 0.0 | 1.3 | 48.0 | 50.7 | 98.7 | | | | 管 :C<D+, B+<br>べ :D<B+ |
| | B市 | 0.0 | 2.3 | 36.4 | **61.4** | 97.7 | | | | |
| | C市 | 0.0 | 0.0 | 50.0 | 50.0 | 100.0 | | | | |
| | 3市 | 0.0 | 1.1 | 45.7 | 53.1 | 98.9 | | | | |
| | 全国 | 0.0 | 1.4 | 53.0 | 45.5 | 98.6 | | | | |
| (5) 他の人と協同してものごとを行う力を、子どもたちが身につけられるようにする | A市 | 0.0 | 1.3 | 40.8 | 57.9 | 98.7 | | *<br>C<B | | 管 :C,D+<B |
| | B市 | 0.0 | 2.3 | 20.5 | **77.3** | 97.7 | | | | |
| | C市 | 0.0 | 0.0 | 48.2 | 51.8 | 100.0 | | | | |
| | 3市 | 0.0 | 1.1 | 38.1 | 60.8 | 98.9 | | | | |
| | 全国 | 0.0 | 0.7 | 41.0 | 58.3 | 99.3 | | | | |
| (6) 自主的・主体的に考え行動できる力を、子どもたちが身につけられるようにする | A市 | 0.0 | 0.0 | 46.1 | 53.9 | 100.0 | *<br>C<B | **<br>C<A+,D,B | +<br>管＜講＋ | +<br>管 :C,D+<B |
| | B市 | 0.0 | 0.0 | 25.0 | **75.0** | 100.0 | | | | |
| | C市 | 0.0 | 1.8 | 50.0 | 48.2 | 98.2 | | | | |
| | 3市 | 0.0 | 0.6 | 42.0 | 57.4 | 99.4 | | | | |
| | 全国 | 0.0 | 1.0 | 40.1 | 58.9 | 99.0 | | | | |
| (7) わかりやすい授業を行う | A市 | 0.0 | 0.0 | **27.6** | 72.4 | 100.0 | **<br>A,C<D,B | **<br>C,A<D,B | *<br>養＜非＋, 管＋, 講, べ | +<br>非 :A<D<br>養 :A,C<D |
| | B市 | 0.0 | 0.0 | 6.8 | 93.2 | 100.0 | | | | |
| | C市 | 0.0 | 1.8 | **23.2** | 75.0 | 98.2 | | | | |
| | 3市 | 0.0 | 0.6 | 21.0 | 78.4 | 99.4 | | | | |
| | 全国 | 0.0 | 0.0 | 11.3 | 88.7 | 100.0 | | | | |
| (8) いじめが起きない学校・学級にする | A市 | 0.0 | 0.0 | 27.6 | 72.4 | 100.0 | +<br>A<B | | | |
| | B市 | 0.0 | 0.0 | 6.8 | **93.2** | 100.0 | | | | |
| | C市 | 0.0 | 0.0 | 19.6 | 80.4 | 100.0 | | | | |
| | 3市 | 0.0 | 0.0 | 19.9 | 80.1 | 100.0 | | | | |
| | 全国 | 0.0 | 0.2 | 19.1 | 80.7 | 99.8 | | | | |
| (9) 居心地がよく安心できる学校・学級にする | A市 | 0.0 | 0.0 | 21.1 | 78.9 | 100.0 | | | | |
| | B市 | 0.0 | 0.0 | 6.8 | **93.2** | 100.0 | | | | |
| | C市 | 0.0 | 0.0 | 16.4 | 83.6 | 100.0 | | | | |
| | 3市 | 0.0 | 0.0 | 16.0 | 84.0 | 100.0 | | | | |
| | 全国 | 0.0 | 0.2 | 14.9 | 84.8 | 99.8 | | | | |
| (10) 貧困などにより生活上の困難を抱えた子どもに対して特別な配慮をする | A市 | 0.0 | 14.5 | 61.8 | 23.7 | 85.5 | | | | |
| | B市 | 0.0 | 6.8 | 56.8 | 36.4 | 93.2 | | | | |
| | C市 | 0.0 | 19.6 | 53.6 | 26.8 | 80.4 | | | | |
| | 3市 | 0.0 | 14.2 | 58.0 | 27.8 | 85.8 | | | | |
| | 全国 | 0.2 | 14.5 | 55.3 | 30.0 | 85.3 | | | | |

| 項目 | 地域 | まったく感じない | あまり感じない | 感じる | 強く感じる | 肯定側回答 | 一要因分散分析* | 二要因分散分析* 地域 | 属性 | 交互作用 |
|---|---|---|---|---|---|---|---|---|---|---|
| (11) 学校以外の日常生活でも、教師に対する信用を傷つけないように行動する | A市 | 0.0 | 7.9 | 50.0 | 42.1 | 92.1 | * / A<D,B | | | |
| | B市 | 0.0 | 4.5 | 27.3 | **68.2** | 95.5 | | | | |
| | C市 | 0.0 | 10.7 | 37.5 | 51.8 | 89.3 | | | | |
| | 3市 | 0.0 | 8.0 | 40.3 | 51.7 | 92.0 | | | | |
| | 全国 | 0.5 | 1.9 | 40.1 | 57.5 | 97.6 | | | | |
| (12) 学校外での子どものトラブルに対しても指導を行う | A市 | 3.9 | 28.9 | 56.6 | 10.5 | 67.1 | ** / C<D,B | * / C<B+,D | + / 非＜講＋ | |
| | B市 | 0.0 | 22.7 | 52.3 | 25.0 | **77.3** | | | | |
| | C市 | 9.3 | **44.4** | 35.2 | 11.1 | 46.3 | | | | |
| | 3市 | 4.6 | 32.2 | 48.9 | 14.4 | 63.2 | | | | |
| | 全国 | 3.9 | 31.6 | 48.1 | 16.4 | 64.5 | | | | |

＊上段：有意水準　**：p<.01　*：p<.05　+：p<.10　下段：多重比較結果

結果では、(2)(7) においてA・C市との間に有意差がみられる他、「(5) 協同する力の育成」においてC市との間に有意差がみられる。交互作用項では、(1)(5)(6) において管理職が他の地域に対して有意差を示している。

B市の教師は、属性の違いを超えて、学力と社会性との育成を自らに対する期待として認知し、また基礎的学力の育成に向けたわかりやすい授業をおこない、協同する力の育成を自らの責任として強く意識する傾向にある。回答結果そのものにおいて、これらの傾向がより顕著に表れているように思われる。また同市の管理職は、基本的生活習慣や社会性育成面に関して強い期待認知と責任意識とを抱く傾向にある。

(ⅲ) C市

期待認知については、一要因分散分析と二要因分散分析との双方の結果において、C市のみが他地域に対して有意差を示す項目はみられず、管理職が「(5) 協同する力の育成」「(6) 自主的・主体的な力の育成」において全国・B市に比べて有意に低いのみである。

一方、責任意識に関しては、一要因分散分析の結果では、「(3) 受験学力の育成」では全国に比べて、「(6) 自主的・主体的な力の育成」ではB市に比べて、「(7) わかりやすい授業」「(12) 学校外のトラブルの指導」では全国・B市に比べて有意に低い。特に (3)(6)(7) では強い肯定が少ない。二要因分散分析の結果をみると、上記の項目では少なくとも全国との間に有意差がみられる。この他、「(5) 協同する力の育成」ではB市に比べて有意に低く、「(2) 基礎的学力の育成」では全国・B市に比べて有意に低い。なお、交互作用項においては、養護教諭が (2)(7) において全国に比べて低い値を示している。
このように、期待認知については他の地域に比べて目立った特徴はみられないものの、学習指導面、生活指導面双方における責任意識が他に比べてそれほど強くなく、この他、受験学力の育成や学校外のトラブルの指導と入った学校空間外に関する責任意識もそれほど強くないことが、C 市の特徴といえよう。

### (5) 教職観に関する 13 項目について

教職観に関する回答結果を示したのが、**表 15.7.1** と**表 15.7.2** である。

#### ① 被災地 3 市の全般的傾向

8 割以上の教師が「(4) 子どもに接する喜び」「(5) やりがい」のある、「(8) 高度の専門的知識・技能」「(9) 高い倫理観」が求められる、「(3) 精神的気苦労」「(6) 自己犠牲」を伴う「(13) 教師以外の人々との関係形成」が欠かせない仕事と答えている。特に (3)(4)(5) については 5 割を超える者が強い肯定を示している。多くの教師たちが精神的気苦労などはあるものの、子どもと接する喜び・やりがいのある専門職として教職を捉えている。

一方で、「(1) 社会的に尊敬」「(2) 経済的に恵まれた」といった社会的経済的地位、「(7) 自律的」「(10) 自分らしさが表現」といった自律性、「(11) はっきりした成果が問われる」「(12)割り当てられた役割に専念」といった職務遂行性に関する項目については、肯定的回答が 5 ～ 6 割とやや低く、強い肯定も 1 割以下となっている。特に、(2)(12)(中学校では (7) も) においては回答が肯定側／否定側に分かれている。自らの職業の社会的経済的地位や自律性等に関しては、個々人のおかれた状況や考え方によって異なっているといえる。

なお、小中を比較した場合には、「(2) 経済的に恵まれた」「(6) 自己犠牲」「(7) 自律的」「(11) はっきりした成果が問われる」「(12) 割り当てられた役割に専念」「(13) 教師以外の人々との関係形成」において有意差がみられ、うち (6) のみ、小学校よりも中学校において肯定側回答が多い。

#### ② 小学校

(i) A 市

一要因分散分析の結果によれば、「(4) 子どもに接する喜び」「(5) やりがい」において、それぞれ全国・B 市に比べて有意に低く、いずれも全国と比べても強い肯定が 10 ポイントほど少ない。ただし、二要因分散分析の結果をみると、

(4) において全国とともに、B 市に比べて低い値を示すにとどまる。交互作用項では、管理職が「(12) 割り当てられた役割に専心」においてB・C 市に比べて有意に高い値を示すのみである。

少なくとも、A 市の教師たちの間では、やりがいのある子どもに接する喜びのある仕事といったポジティブな教職観を強く意識せずとも教職生活を送ることができているように思われる。ただし、管理職では、割り当てられた役割に専心する仕事と捉える者が多く、このことがやりがい・喜びの相対的低さと関係している可能性も考えられる。

(ii) B 市

一要因分散分析の結果では、「(4) 子どもに接する喜び」において他の 3 地域に比べて高く、強い肯定が 8 割以上と多い。また「(5) やりがい」では A 市に比べて有意に高く、強い肯定が 7 割近くにのぼっている。二要因分散分析の結果をみると、(4) については全国・A 市に比べて有意に高い。交互作用項をみると、ベテラン教諭は (4)(5)「(7) 自律的」では他よりも高く「(3) 精神的気苦労」では低く、ポジティブな教職観を強く抱いているといえる。また、非ベテラン教諭については、「(2) 経済的に恵まれた」と「(12) 割り当てられた仕事に専心」とにおいて C 市・全国に比べて有意に高く、公務員的な教職観を有する傾向にある。一方、管理職においては、C 市・全国に比べて「(10) 自分らしさが表現」できると捉える傾向が強い。

A 市とは逆に、子どもに接する喜びのある仕事と強く意識する者が多いことがB 市に共通した特徴といえる。またベテラン教諭ではポジティブな教職観を強く抱く者が多く、非ベテラン教諭では公務員的な教職観を抱く者が多くみられたが、それはB 市のベテラン・非ベテラン教諭に共通した特徴というよりは、こうした傾向性を強くもつ者が回答者になっていた可能性は否定できない。一方で、B 市の管理職は、A 市に比べて自己実現的な教職観をもつ傾向にあり、このことが子どもに接する喜びのある仕事という見方をB 市の教師たちが強く意識している要因になっているとも考えられる。

(iii) C 市

一要因分散分析、二要因分散分析、いずれにおいても有意差がみられた項目はみられず、強いていえば、「(3) 精神的気苦労」に対する強い肯定が全国に比べて 10 ポイントほど高いことがその特徴といえる。交互作用項においても、

## 表 15.7.1　教職観に関する回答結果（小）

| 項目 | 地域 | まったくそう思わない | あまりそう思わない | ややそう思う | 強くそう思う | 肯定側回答 | 一要因分散分析* | 二要因分散分析* 地域 | 属性 | 交互作用 |
|---|---|---|---|---|---|---|---|---|---|---|
| (1) 社会的に尊敬される仕事だ | A市 | 1.0 | 28.8 | 63.5 | 6.7 | 70.2 | | | ** | |
| | B市 | 0.0 | 27.6 | 56.9 | 15.5 | 72.4 | | | | |
| | C市 | 3.7 | 32.9 | 53.7 | 9.8 | 63.4 | | | 養，非，講，べ<管 | |
| | 3市 | 1.6 | 29.9 | 58.6 | 9.8 | 68.4 | | | | |
| | 全国 | 2.2 | 30.5 | 55.2 | 12.1 | 67.3 | | | | |
| (2) 経済的に恵まれた仕事だ | A市 | 3.8 | 36.5 | 56.7 | 2.9 | 59.6 | | | | * |
| | B市 | 1.7 | **46.6** | 43.1 | 8.6 | 51.7 | | | | |
| | C市 | 4.9 | 37.8 | 54.9 | 2.4 | 57.3 | | | | 非：C,D+<B |
| | 3市 | 3.7 | 39.3 | 52.9 | 4.1 | 57.0 | | | | |
| | 全国 | 4.9 | 36.0 | 52.0 | 7.1 | 59.1 | | | | |
| (3) 精神的に気苦労の多い仕事だ | A市 | 0.0 | 2.9 | 32.0 | 65.0 | 97.1 | | | * | * |
| | B市 | 1.7 | 3.4 | 36.2 | 58.6 | 94.8 | | | | |
| | C市 | 0.0 | 1.2 | **42.7** | 56.1 | 98.8 | | | 講<べ+，養+，非 | べ:B<D,A |
| | 3市 | 0.4 | 2.5 | 36.6 | 60.5 | 97.1 | | | | |
| | 全国 | 0.5 | 3.2 | 29.2 | 67.2 | 96.3 | | | | |
| (4) 子どもに接する喜びのある仕事だ | A市 | 0.0 | 2.9 | **47.1** | 50.0 | 97.1 | ** | ** | + | |
| | B市 | 0.0 | 0.0 | 17.2 | **82.8** | 100.0 | | | | |
| | C市 | 0.0 | 0.0 | 41.5 | 58.5 | 100.0 | A,C, D<B/ A+<D | A,D+<B | | べ：A,C,D+<B |
| | 3市 | 0.0 | 1.2 | 38.1 | 60.7 | 98.8 | | | | |
| | 全国 | 0.2 | 1.8 | 35.4 | 62.5 | 97.9 | | | | |
| (5) やりがいのある仕事だ | A市 | 0.0 | 3.8 | 46.2 | 50.0 | 96.2 | * | | | |
| | B市 | 0.0 | 0.0 | 31.0 | 69.0 | 100.0 | | | | |
| | C市 | 0.0 | 2.4 | 42.7 | 54.9 | 97.6 | A<B+ | | | べ：A+,C+<B |
| | 3市 | 0.0 | 2.5 | 41.4 | 56.1 | 97.5 | | | | |
| | 全国 | 0.2 | 2.2 | 36.6 | 61.0 | 97.6 | | | | |
| (6) 自己犠牲を強いられる仕事だ | A市 | 1.9 | 12.5 | **65.4** | 20.2 | 85.6 | | | | |
| | B市 | 1.7 | 19.0 | 50.0 | 29.3 | 79.3 | | | | |
| | C市 | 1.2 | 15.9 | 53.7 | 29.3 | 82.9 | | | | |
| | 3市 | 1.6 | 15.2 | 57.8 | 25.4 | 83.2 | | | | |
| | 全国 | 1.4 | 20.2 | 52.0 | 26.4 | 78.4 | | | | |
| (7) 自分の考えにそって自律的にやれる仕事だ | A市 | 1.9 | 32.7 | 57.7 | 7.7 | 65.4 | | | | |
| | B市 | 1.7 | 34.5 | 60.3 | 3.4 | 63.8 | | | | |
| | C市 | 3.7 | 34.1 | 56.1 | 6.1 | 62.2 | | | | べ：A+,C+<B |
| | 3市 | 2.5 | 33.6 | 57.8 | 6.1 | 63.9 | | | | |
| | 全国 | 2.0 | 28.2 | 59.4 | 10.5 | 69.9 | | | | |
| (8) 高度の専門的知識・技能が必要な仕事だ | A市 | 0.0 | 6.7 | 65.4 | 27.9 | 93.3 | | | + | + |
| | B市 | 0.0 | 10.3 | 50.0 | 39.7 | 89.7 | | | | |
| | C市 | 1.2 | 8.5 | 53.7 | 36.6 | 90.2 | | | | |
| | 3市 | 0.4 | 8.2 | 57.8 | 33.6 | 91.4 | | | | |
| | 全国 | 0.0 | 7.2 | 56.8 | 35.9 | 92.8 | | | | |
| (9) 高い倫理観が強く求められる仕事だ | A市 | 0.0 | 3.8 | 59.6 | 36.5 | 96.2 | | | * | * |
| | B市 | 0.0 | 3.4 | 39.7 | **56.9** | 96.6 | | | | |
| | C市 | 1.2 | 7.3 | 45.1 | 46.3 | 91.5 | | | 講<非，管 | 講：C<D |
| | 3市 | 0.4 | 4.9 | 50.0 | 44.7 | 94.7 | | | | |
| | 全国 | 0.1 | 4.4 | 51.1 | 44.4 | 95.5 | | | | |
| (10)「自分らしさ」を表現できる仕事だ | A市 | 2.9 | 27.9 | 60.6 | 8.7 | 69.2 | | | | |
| | B市 | 0.0 | 29.3 | 65.5 | 5.2 | 70.7 | | | | |
| | C市 | 1.2 | 34.1 | 53.7 | 11.0 | 64.6 | | | | 管：C,D<B |
| | 3市 | 1.6 | 30.3 | 59.4 | 8.6 | 68.0 | | | | |
| | 全国 | 0.9 | 27.6 | 56.6 | 14.9 | 71.5 | | | | |

| 項目 | 地域 | まったくそう思わない | あまりそう思わない | ややそう思う | 強くそう思う | 肯定側回答 | 一要因分散分析* | 二要因分散分析* | | |
|---|---|---|---|---|---|---|---|---|---|---|
| | | | | | | | | 地域 | 属性 | 交互作用 |
| (11) はっきりとした成果を問われる仕事だ | A市 | 1.9 | 35.6 | 54.8 | 7.7 | 62.5 | + | | | + |
| | B市 | 1.7 | 25.9 | 60.3 | 12.1 | 72.4 | | | | |
| | C市 | 3.7 | 31.7 | 57.3 | 7.3 | 64.6 | | | | |
| | 3市 | 2.5 | 32.0 | 57.0 | 8.6 | 65.6 | | | | |
| | 全国 | 1.4 | 28.9 | 55.7 | 14.0 | 69.8 | | | | |
| (12) 割り当てられた役割に専心する仕事だ | A市 | 3.8 | 45.2 | 44.2 | 6.7 | 51.0 | | | + | * |
| | B市 | 5.2 | 29.3 | 53.4 | 12.1 | 65.5 | | | | |
| | C市 | 1.2 | 45.1 | 46.3 | 7.3 | 53.7 | | | べ＜養＋ | 管：B+,C+<A<br>非：C+,A+<B |
| | 3市 | 3.3 | 41.4 | 47.1 | 8.2 | 55.3 | | | | |
| | 全国 | 3.7 | 36.4 | 50.4 | 9.6 | 60.0 | | | | |
| (13) 教師以外の人々との関係づくりが欠かせない仕事だ | A市 | 0.0 | 11.5 | **65.4** | 23.1 | 88.5 | | | ** | + |
| | B市 | 0.0 | 5.2 | 53.4 | **41.4** | 94.8 | | | | |
| | C市 | 1.2 | 11.0 | 56.1 | 31.7 | 87.8 | | | 養，管＜べ | 非：A<B+ |
| | 3市 | 0.4 | 9.8 | 59.4 | 30.3 | 89.8 | | | | |
| | 全国 | 0.2 | 14.8 | 53.6 | 31.3 | 84.9 | | | | |

＊上段：有意水準　**：$p<.01$　*：$p<.05$　+：$p<.10$　下段：多重比較結果

講師が「(9) 高い倫理観」において全国よりも低い値を示すにとどまる。

**③ 中学校**

（i）A市

一要因分散分析の結果では、「(3) 精神的気苦労」「(7) 自律的」「(8) 高度の専門的知識・技能」「(9) 高い倫理観」において他の地域との間に有意差がみられ、いずれも全国に比べて10ポイント以上、強い肯定の割合が低い。二要因分散分析の結果においても、(3)(7) ではそれぞれC市・全国、全国との間に有意差がみられる。交互作用項をみた場合、(3) では講師がC市・全国と比べて有意に低い値を、また、(7) においてはベテラン教諭が、(8) においては非ベテラン教諭がそれぞれ全国に比べて有意に低い値を示している。

このように精神的気苦労は多いものの、自律的にやれる仕事であると考える者が少ないことがA市の教師たちに共通してみられる特徴といえる。こうした自律性の感覚の低さが、高度専門職意識を抱くことを押しとどめているようにも思われる。

（ii）B市

一要因分散分析の結果によると、「(1) 社会的に尊敬」「(4) 子どもに接する喜び」では他3地域に比べて有意に高く、後者においては強い肯定が8割以上とかなり高い。二要因分散分析の結果をみると、「(3) 精神的気苦労」「(6) 自

## 表 15.7.2　教職観に関する回答結果（中）

| 項目 | 地域 | まったく感じない | あまり感じない | 感じる | 強く感じる | 肯定側回答 | 一要因分散分析* | 二要因分散分析* | | |
|---|---|---|---|---|---|---|---|---|---|---|
| | | | | | | | | 地域 | 属性 | 交互作用 |
| (1) 社会的に尊敬される仕事だ | A市 | 6.5 | 35.1 | 50.6 | 7.8 | 58.4 | * A,C,D+<B | | | べ：A,C+<B |
| | B市 | 0.0 | 13.6 | **72.7** | 13.6 | **86.4** | | | | |
| | C市 | 5.4 | 41.1 | 41.1 | 12.5 | 53.6 | | | | |
| | 3市 | 4.5 | 31.6 | 53.1 | 10.7 | 63.8 | | | | |
| | 全国 | 2.4 | 36.1 | 48.0 | 13.5 | 61.5 | | | | |
| (2) 経済的に恵まれた仕事だ | A市 | 7.8 | 42.9 | 49.4 | 0.0 | 49.4 | | | | |
| | B市 | 0.0 | 38.6 | 52.3 | 9.1 | 61.4 | | | | |
| | C市 | 8.8 | 43.9 | 45.6 | 1.8 | 47.4 | | | | |
| | 3市 | 6.2 | 42.1 | 48.9 | 2.8 | 51.7 | | | | |
| | 全国 | 6.9 | 41.3 | 45.8 | 5.9 | 51.8 | | | | |
| (3) 精神的に気苦労の多い仕事だ | A市 | 0.0 | 3.9 | **44.2** | 51.9 | 96.1 | * A<D | ** A<C+, D/B<D | ** 養，講＜非養，講+＜べ | * 養：B<D 講：A<D+,C |
| | B市 | 0.0 | 6.8 | 34.1 | 59.1 | 93.2 | | | | |
| | C市 | 0.0 | 0.0 | 33.3 | 66.7 | 100.0 | | | | |
| | 3市 | 0.0 | 3.4 | **38.2** | 58.4 | 96.6 | | | | |
| | 全国 | 1.0 | 1.7 | 26.8 | 70.5 | 97.4 | | | | |
| (4) 子どもに接する喜びのある仕事だ | A市 | 0.0 | 1.3 | 40.3 | 58.4 | 98.7 | * C,D,A+<B | | | べ：D<B |
| | B市 | 0.0 | 0.0 | 18.2 | **81.8** | 100.0 | | | | |
| | C市 | 0.0 | 3.5 | 43.9 | 52.6 | 96.5 | | | | |
| | 3市 | 0.0 | 1.7 | 36.0 | 62.4 | 98.3 | | | | |
| | 全国 | 0.0 | 1.2 | 41.3 | 57.5 | 98.8 | | | | |
| (5) やりがいのある仕事だ | A市 | 0.0 | 2.6 | 40.3 | 57.1 | 97.4 | | | | 非：C<D |
| | B市 | 0.0 | 0.0 | 31.8 | **68.2** | 100.0 | | | | |
| | C市 | 0.0 | 8.6 | 39.7 | 51.7 | 91.4 | | | | |
| | 3市 | 0.0 | 3.9 | 38.0 | 58.1 | 96.1 | | | | |
| | 全国 | 0.2 | 2.6 | 40.5 | 56.6 | 97.2 | | | | |
| (6) 自己犠牲を強いられる仕事だ | A市 | 0.0 | 10.4 | **63.6** | 26.0 | 89.6 | | + B<D+ | + | |
| | B市 | 0.0 | **22.7** | 47.7 | 29.5 | 77.3 | | | | |
| | C市 | 0.0 | 5.3 | **59.6** | 35.1 | 94.7 | | | | |
| | 3市 | 0.0 | 11.8 | **58.4** | 29.8 | 88.2 | | | | |
| | 全国 | 1.9 | 10.0 | 46.7 | 41.5 | 88.2 | | | | |
| (7) 自分の考えにそって自律的にやれる仕事だ | A市 | 5.2 | **53.2** | 39.0 | 2.6 | 41.6 | ** A<D,B+ | * A<D | | 管：C<B,D べ：A<D |
| | B市 | 0.0 | 34.1 | 61.4 | 4.5 | 65.9 | | | | |
| | C市 | 3.5 | **45.6** | 49.1 | 1.8 | 50.9 | | | | |
| | 3市 | 3.4 | **46.1** | 47.8 | 2.8 | 50.6 | | | | |
| | 全国 | 3.8 | 33.4 | 55.2 | 7.6 | 62.8 | | | | |
| (8) 高度の専門的知識・技能が必要な仕事だ | A市 | 0.0 | 11.7 | **62.3** | 26.0 | 88.3 | + A<D+ | | | 非：A<D |
| | B市 | 0.0 | 9.1 | 54.5 | 36.4 | 90.9 | | | | |
| | C市 | 0.0 | 8.8 | 57.9 | 33.3 | 91.2 | | | | |
| | 3市 | 0.0 | 10.1 | 59.0 | 30.9 | 89.9 | | | | |
| | 全国 | 0.0 | 7.3 | 51.9 | 40.8 | 92.7 | | | | |
| (9) 高い倫理観が強く求められる仕事だ | A市 | 0.0 | 5.2 | **59.7** | 35.1 | 94.8 | * A<B | | | べ：A,D+<B |
| | B市 | 0.0 | 2.3 | 36.4 | **61.4** | 97.7 | | | | |
| | C市 | 0.0 | 8.8 | 45.6 | 45.6 | 91.2 | | | | |
| | 3市 | 0.0 | 5.6 | 49.4 | 44.9 | 94.4 | | | | |
| | 全国 | 0.0 | 4.0 | 47.7 | 48.2 | 96.0 | | | | |
| (10)「自分らしさ」を表現できる仕事だ | A市 | 0.0 | 32.5 | 58.4 | 9.1 | 67.5 | | | | |
| | B市 | 0.0 | 27.3 | **68.2** | 4.5 | 72.7 | | | | |
| | C市 | 3.5 | 33.3 | 49.1 | 14.0 | 63.2 | | | | |
| | 3市 | 1.1 | 31.5 | 57.9 | 9.6 | 67.4 | | | | |
| | 全国 | 2.4 | 31.8 | 51.4 | 14.5 | 65.9 | | | | |

| 項目 | 地域 | まったく感じない | あまり感じない | 感じる | 強く感じる | 肯定側回答 | 一要因分散分析* | 二要因分散分析* | | |
|---|---|---|---|---|---|---|---|---|---|---|
| | | | | | | | | 地域 | 属性 | 交互作用 |
| (11) はっきりとした成果を問われる仕事だ | A市 | 2.6 | 37.7 | 45.5 | 14.3 | 59.7 | | | | |
| | B市 | 0.0 | 29.5 | **63.6** | 6.8 | 70.5 | | | | |
| | C市 | 5.3 | 31.6 | **59.6** | 3.5 | 63.2 | | | | |
| | 3市 | 2.8 | 33.7 | 54.5 | 9.0 | 63.5 | | | | |
| | 全国 | 4.3 | 34.0 | 48.5 | 13.3 | 61.8 | | | | |
| (12) 割り当てられた役割に専心する仕事だ | A市 | 6.5 | 31.2 | **53.2** | 9.1 | **62.3** | | | | |
| | B市 | 9.1 | 38.6 | 47.7 | 4.5 | 52.3 | | | | |
| | C市 | 1.8 | 45.6 | 49.1 | 3.5 | 52.6 | | | | |
| | 3市 | 5.6 | 37.6 | 50.6 | 6.2 | 56.7 | | | | |
| | 全国 | 5.2 | 43.2 | 41.8 | 9.7 | 51.5 | | | | |
| (13) 教師以外の人々との関係づくりが欠かせない仕事だ | A市 | 0.0 | 10.4 | **70.1** | 19.5 | 89.6 | | | | |
| | B市 | 0.0 | 6.8 | 61.4 | 31.8 | **93.2** | | | | |
| | C市 | 0.0 | 12.1 | 56.9 | 31.0 | 87.9 | | | | |
| | 3市 | 0.0 | 10.1 | **63.7** | 26.3 | **89.9** | | | | |
| | 全国 | 1.2 | 19.2 | 52.8 | 26.8 | 79.6 | | | | |

＊上段：有意水準　**：p<.01　*：p<.05　+：p<.10　下段：多重比較結果

己犠牲」といった献身的教師像に関わる項目において、全国に比べて肯定側回答が少ない。またＢ市のベテラン教諭は、(1)(4)「(9) 高い倫理観」において他よりも有意に高い値を示している。

献身的教師像をそれほど強く意識せずに教職生活を送っている者が多いことがＢ市に共通する特徴といえる。なお、ベテラン教諭において、子どもに接する喜びのある高い倫理観が必要な社会的に尊敬される仕事という教職観が強くみられたが、Ｂ市のベテラン教諭全体の特徴というよりは、こうした教職観を抱く傾向にある者が回答者になっている可能性がある。

（iii）Ｃ市

小学校同様、一要因分散分析、二要因分散分析双方の結果、地域の主効果がみられた項目はみられず、交互作用項において、「(7) 自律的」に対する管理職の肯定側回答がＢ市・全国に比べて低く、また「(5) やりがい」に対する非ベテラン教諭の肯定側回答が全国に比べて低いことが指摘できるのみである。

Ｃ市の教師たちは特定の教職観を強く意識することなく、日々の教職生活を送っているといえるが、管理職や非ベテラン教諭は教職をめぐる被拘束感がやや強い傾向にある。

### (6) 勤務校での、近年の教育政策に沿った取り組みに関する9（(1)〜(9)）項目について

近年の教育政策に沿った取り組み状況に関する回答結果を示したのが表15.8.1と表15.8.2である。

#### ① 被災地3市の全般的傾向

「(4) 教員評価」「(5) 学校組織体制」については小中とも肯定側回答が4割前後にとどまり、回答が肯定／否定に分かれている。また「(6)「不適格教員」認定の厳格化」については、肯定側回答は1割強にとどまっている。それ以外の項目については、肯定側回答が7割以上となっており、特に「(1)「言語活動の充実」等」「(2) 子ども・保護者による学校評価・教員評価」「(7) 全国学力テストにもとづく学力向上策」「(9) いじめ防止対策推進法にもとづく取り組み」では、小中とも肯定側回答がおよそ8割以上にのぼり、強い肯定も2割以上となっている。また小学校の「(3) 保護者・地域住民の学校参加」も同様の傾向を示している。

小中の間に有意差がみられた項目は、「(1)「言語活動の充実」等」、「(3) 保護者・地域住民の学校参加」「(7) 全国学力テストにもとづく学力向上策」の3項目で、いずれも小学校の方が肯定側回答が多い。

#### ② 小学校

(ⅰ) A市

一要因分散分析結果によると、「(8) 道徳教育の推進」「(9) いじめ防止対策推進法にもとづく取り組み」において、全国に比べて有意に低く、特に強い肯定が少ない。(8) については、二要因分散分析の結果でも、全国との間に有意差がみられ、特に非ベテラン教諭、ベテラン教諭においてその傾向が顕著である。これらの結果がA市の取り組み状況そのものを反映したものなのか、それとも教師たちの認知の問題なのかは定かではないが、道徳教育やいじめ防止といった教科外教育にかなり取り組んでいるとする者が多くないことが特徴といえる。

(ⅱ) B市

「(3) 保護者・地域住民の学校参加」に対する非ベテラン教諭の肯定側回答が多いこと、また「(4) 教員評価」に対する管理職の肯定側回答が全国に比べて多いこと以外には、特筆すべき点はみあたらない。むしろ特定の教育政策に

対して際立った反応を示さないこと自体が特徴といえ、ここでは非ベテラン教諭やベテラン教諭が他と比べて極立った回答傾向を示すこともない。

(ⅲ) C 市

一要因分散分析結果によれば、「(7) 全国学力テストにもとづく学力向上策」に対する肯定側回答が他地域に比べて少なく、また A 市同様、「(8) 道徳教育の推進」に対する強い肯定が、全国に比べてやや少ない。うち、(7) については、二要因分散分析の結果でも、全国との間に有意差がみられ、その傾向は管理職やベテラン教諭において顕著である。また、ベテラン教諭では、「(1)「言語活動の充実」等」においても、全国に比べて有意に低い。いわば学力関連政策に取り組んでいると認知している者が、管理職やベテラン教諭を中心として少ないことが特徴といえる。

**③ 中学校**

(ⅰ) A 市

一要因分散分析の結果では、「(2) 子ども・保護者による学校評価・教員評価」「(3) 保護者・地域住民の学校参加」「(9) いじめ防止対策推進法にもとづく取り組み」では少なくとも全国に比べて有意に低く、強い肯定が少ない。また、「(8) 道徳教育の推進」では、A 市に比べて有意に高い。ただし、二要因分散分析の結果では地域の主効果はみられず、ベテラン教諭が (2) では全国と B 市との間に、(3) では全国との間に有意差を示すにとどまる。主としてベテラン教諭において、子ども・保護者・地域住民の学校関与への取り組みがそれほど進んでいないと認識していることが、A 市の特徴といえる。

(ⅱ) B 市

一要因分散分析の結果において有意差がみられたのは、「(2) 子ども・保護者による学校評価・教員評価」と「(4) 教員評価」においてであり、それぞれ A 市、全国・C 市に比べて有意に高い。二要因分散分析結果によると、うち (4) が全国よりも有意に高く、特に管理職においてその傾向が顕著である。管理職を中心として、人事・給与と連動した教員評価についてかなり取り組んでいるという認識が共有されている点が特徴的である。

(ⅲ) C 市

一要因分散分析の結果をみると、「(2) 子ども・保護者による学校評価・教員評価」については全国と比べて、「(7) 全国学力テストにもとづく学力向上

表 15.8.1　教育施策への取り組みに関する回答結果（小学校）

| 項目 | 地域 | まったく取り組んでいない | あまり取り組んでいない | やや取り組んでいる | かなり取り組んでいる | 肯定側回答 | 一要因分散分析* | 二要因分散分析* 地域 | 二要因分散分析* 属性 | 二要因分散分析* 交互作用 |
|---|---|---|---|---|---|---|---|---|---|---|
| (1)「言語活動の充実」や「活用力」の重視 | A市 | 0.0 | 5.0 | **73.3** | 21.8 | 95.0 | + | | + | |
| | B市 | 0.0 | 3.5 | **70.2** | 26.3 | 96.5 | | | | |
| | C市 | 0.0 | 8.8 | **71.3** | 20.0 | 91.3 | | | | べ：C<D |
| | 3市 | 0.0 | 5.9 | **71.8** | 22.3 | 94.1 | | | | |
| | 全国 | 0.0 | 8.7 | 54.9 | 36.1 | 91.0 | | | | |
| (2) 子ども・保護者による学校評価・教員評価 | A市 | 1.0 | 7.8 | 64.7 | 26.5 | 91.2 | | | | |
| | B市 | 0.0 | 7.0 | 63.2 | 29.8 | 93.0 | | | | |
| | C市 | 0.0 | 6.1 | **72.0** | 22.0 | 93.9 | | | | |
| | 3市 | 0.4 | 7.1 | **66.8** | 25.7 | 92.5 | | | | |
| | 全国 | 0.7 | 8.4 | 56.0 | 34.9 | 90.9 | | | | |
| (3) 保護者・地域住民の学校参加 | A市 | 1.0 | 13.7 | 65.7 | 19.6 | 85.3 | | | ** | + |
| | B市 | 0.0 | 7.0 | 71.9 | 21.1 | 93.0 | | | | |
| | C市 | 0.0 | 11.0 | 57.3 | 31.7 | 89.0 | | | べ＜管+,<br>養+ | 非：A,D+<B |
| | 3市 | 0.4 | 11.2 | 64.3 | 24.1 | 88.4 | | | | |
| | 全国 | 0.9 | 11.1 | 62.4 | 25.6 | 88.0 | | | | |
| (4) 人事・給与と連動した教員評価 | A市 | 4.2 | **50.0** | 43.8 | 2.1 | 45.8 | + | | + | |
| | B市 | 8.9 | 42.9 | 44.6 | 3.6 | 48.2 | | | | |
| | C市 | 7.4 | **51.9** | 38.3 | 2.5 | 40.7 | | | べ＜管+ | 管：D<B+,C+ |
| | 3市 | 6.4 | **48.9** | 42.1 | 2.6 | 44.6 | | | | |
| | 全国 | 19.8 | 38.8 | 36.6 | 4.8 | 41.4 | | | | |
| (5) 学校組織体制の「ピラミッド」化 | A市 | 6.4 | 46.8 | 41.5 | 5.3 | 46.8 | | | + | |
| | B市 | 12.7 | 47.3 | 36.4 | 3.6 | 40.0 | | | | |
| | C市 | 1.3 | **58.8** | 36.3 | 3.8 | 40.0 | | | | |
| | 3市 | 6.1 | **51.1** | 38.4 | 4.4 | 42.8 | | | | |
| | 全国 | 11.0 | 39.6 | 42.5 | 6.9 | 49.3 | | | | |
| (6)「不適格教員」認定の厳格化 | A市 | 19.1 | 61.7 | 19.1 | 0.0 | 19.1 | + | | ** | |
| | B市 | 20.0 | **67.3** | 10.9 | 1.8 | 12.7 | | | | |
| | C市 | 15.0 | **72.5** | 12.5 | 0.0 | 12.5 | | | べ,<br>非＜管+ | |
| | 3市 | 17.9 | **66.8** | 14.8 | 0.4 | 15.3 | | | | |
| | 全国 | 31.2 | 53.2 | 14.8 | 0.7 | 15.5 | | | | |
| (7)「全国学力・学習状況調査」の結果にもとづく学力向上策 | A市 | 0.0 | 7.9 | 53.5 | 38.6 | 92.1 | ** | * | | |
| | B市 | 0.0 | 1.8 | **63.2** | 35.1 | 98.2 | | | | |
| | C市 | 0.0 | 12.2 | **73.2** | 14.6 | 87.8 | C<A,B,D | C<D | | 管：C<D+<br>べ：C<B+,D |
| | 3市 | 0.0 | 7.9 | **62.5** | 29.6 | 92.1 | | | | |
| | 全国 | 0.7 | 5.8 | 47.5 | 46.0 | 93.5 | | | | |
| (8) 道徳教育の推進 | A市 | 0.0 | **26.0** | 65.0 | 9.0 | 74.0 | ** | * | | |
| | B市 | 0.0 | 14.0 | **73.7** | 12.3 | 86.0 | | | | |
| | C市 | 0.0 | 20.7 | 68.3 | 11.0 | 79.3 | A,C<D | A<D | | 非：A<D<br>べ：A<D |
| | 3市 | 0.0 | 21.3 | 68.2 | 10.5 | 78.7 | | | | |
| | 全国 | 0.6 | 13.2 | 62.0 | 24.2 | 86.2 | | | | |
| (9)「いじめ防止対策推進法」にもとづく取り組み | A市 | 0.0 | 10.8 | **71.6** | 17.6 | 89.2 | + | | | |
| | B市 | 0.0 | 3.5 | 64.9 | 31.6 | 96.5 | | | | |
| | C市 | 0.0 | 7.3 | **68.3** | 24.4 | 92.7 | A<D+ | | | |
| | 3市 | 0.0 | 7.9 | **68.9** | 23.2 | 92.1 | | | | |
| | 全国 | 0.5 | 9.3 | 58.2 | 32.1 | 90.3 | | | | |

＊上段：有意水準　**：p<.01　*：p<.05　+：p<.10　下段：多重比較結果

## 表 15.8.2　教育施策への取り組みに関する回答結果（中学校）

| 項目 | 地域 | まったく取り組んでいない | あまり取り組んでいない | やや取り組んでいる | かなり取り組んでいる | 肯定側回答 | 一要因分散分析* | 二要因分散分析*<br>地域 | 二要因分散分析*<br>属性 | 二要因分散分析*<br>交互作用 |
|---|---|---|---|---|---|---|---|---|---|---|
| (1)「言語活動の充実」や「活用力」の重視 | A市 | 0.0 | 9.1 | 66.2 | 24.7 | 90.9 | + |  | + |  |
|  | B市 | 0.0 | 6.8 | 65.9 | 27.3 | 93.2 |  |  |  |  |
|  | C市 | 0.0 | 15.8 | 70.2 | 14.0 | 84.2 |  | C<D,A+ |  |  |
|  | 3市 | 0.0 | 10.7 | 67.4 | 21.9 | 89.3 |  |  |  |  |
|  | 全国 | 1.4 | 13.4 | 61.2 | 24.0 | 85.1 |  |  |  |  |
| (2) 子ども・保護者による学校評価・教員評価 | A市 | 3.9 | 11.7 | **63.6** | 20.8 | 84.4 |  |  |  |  |
|  | B市 | 0.0 | 6.8 | 56.8 | 36.4 | 93.2 |  |  |  |  |
|  | C市 | 0.0 | 8.6 | **75.9** | 15.5 | 91.4 | A<B+<br>C,A<D |  |  | べ：A<D,B |
|  | 3市 | 1.7 | 9.5 | **65.9** | 22.9 | 88.8 |  |  |  |  |
|  | 全国 | 0.5 | 7.6 | 52.6 | 39.3 | 91.9 |  |  |  |  |
| (3) 保護者・地域住民の学校参加 | A市 | 2.6 | **29.9** | 55.8 | 11.7 | 67.5 |  |  | ** | + |
|  | B市 | 0.0 | 18.2 | 59.1 | 22.7 | 81.8 |  |  |  |  |
|  | C市 | 0.0 | 22.4 | 63.8 | 13.8 | 77.6 | A<D |  | べ＜講＋ | べ：A<D |
|  | 3市 | 1.1 | 24.6 | 59.2 | 15.1 | 74.3 |  |  |  |  |
|  | 全国 | 1.0 | 15.3 | 60.8 | 23.0 | 83.7 |  |  |  |  |
| (4) 人事・給与と連動した教員評価 | A市 | 11.0 | 49.3 | 39.7 | 0.0 | 39.7 | + |  | + |  |
|  | B市 | 2.3 | 39.5 | **55.8** | 2.3 | **58.1** |  |  |  |  |
|  | C市 | 10.7 | **62.5** | 23.2 | 3.6 | 26.8 | C+,D<B | D<B+ |  | 管：D<B+ |
|  | 3市 | 8.7 | **51.2** | 38.4 | 1.7 | 40.1 |  |  |  |  |
|  | 全国 | 21.7 | 41.1 | 32.9 | 4.2 | 37.2 |  |  |  |  |
| (5) 学校組織体制の「ピラミッド」化 | A市 | 12.3 | 52.1 | 34.2 | 1.4 | 35.6 |  |  | + |  |
|  | B市 | 2.4 | **54.8** | 42.9 | 0.0 | 42.9 |  |  |  |  |
|  | C市 | 5.5 | **60.0** | 32.7 | 1.8 | 34.5 |  |  |  |  |
|  | 3市 | 7.6 | **55.3** | 35.9 | 1.2 | 37.1 |  |  |  |  |
|  | 全国 | 11.0 | 44.0 | 37.3 | 7.8 | 45.0 |  |  |  |  |
| (6)「不適格教員」認定の厳格化 | A市 | 29.3 | 58.7 | 12.0 | 0.0 | 12.0 | + |  | ** |  |
|  | B市 | 28.6 | 52.4 | 19.0 | 0.0 | 19.0 |  |  | 養，非，べ，管＋＜講 |  |
|  | C市 | 26.8 | **64.3** | 8.9 | 0.0 | 8.9 |  |  |  |  |
|  | 3市 | 28.3 | 59.0 | 12.7 | 0.0 | 12.7 |  |  |  |  |
|  | 全国 | 29.8 | 51.0 | 17.0 | 2.3 | 19.3 |  |  |  |  |
| (7)「全国学力・学習状況調査」の結果にもとづく学力向上策 | A市 | 3.9 | 16.9 | 48.1 | 31.2 | 79.2 | ** | * |  |  |
|  | B市 | 0.0 | 13.6 | 52.3 | 34.1 | 86.4 |  |  |  |  |
|  | C市 | 0.0 | **26.3** | 66.7 | 7.0 | 73.7 | C<B,D | C<D+,B+ |  |  |
|  | 3市 | 1.7 | 19.1 | 55.1 | 24.2 | 79.2 |  |  |  |  |
|  | 全国 | 0.7 | 14.0 | 58.7 | 26.6 | 85.3 |  |  |  |  |
| (8) 道徳教育の推進 | A市 | 2.6 | 9.1 | 67.5 | 20.8 | 88.3 | ** | * |  |  |
|  | B市 | 0.0 | 18.2 | 68.2 | 13.6 | 81.8 |  |  |  |  |
|  | C市 | 0.0 | **38.2** | 52.7 | 9.1 | 61.8 | C<A | C<D |  | 非：C<A+,D |
|  | 3市 | 1.1 | 20.5 | 63.1 | 15.3 | 78.4 |  |  |  |  |
|  | 全国 | 1.0 | 11.2 | 60.1 | 27.8 | 87.9 |  |  |  |  |
| (9)「いじめ防止対策推進法」にもとづく取り組み | A市 | 1.3 | 17.1 | 67.1 | 14.5 | 81.6 | + |  |  |  |
|  | B市 | 0.0 | 13.6 | 54.5 | 31.8 | 86.4 |  |  |  |  |
|  | C市 | 0.0 | 5.5 | 69.1 | 25.5 | 94.5 | A<D,C+ |  |  |  |
|  | 3市 | 0.6 | 12.6 | 64.6 | 22.3 | 86.9 |  |  |  |  |
|  | 全国 | 0.5 | 10.0 | 60.7 | 28.8 | 89.5 |  |  |  |  |

＊上段：有意水準　**：p<.01　*：p<.05　+：p<.10　下段：多重比較結果

策」については全国・B市に比べて、「(8) 道徳教育の推進」についてはA市に比べて、有意に低い。特に (7)(8) については、肯定側回答、強い肯定ともに、全国に比べて少ない。また、二要因分散分析の結果では、この (7)(8) に加えて、「(1)「言語活動の充実」等」でも有意差がみられ、全国に比べて低い。なお、交互作用項に関しては、(8) において、非ベテラン教諭がA市・全国に比べて低い値を示している。こうした教育課程に関する政策の取り組み状況に関して、強い肯定、肯定側回答が少ないことが特徴といえ、同市の小学校と同様の傾向がうかがえる。

### (7) 勤務校での、震災などに関わる教育政策に沿った取り組みに関する11（(10)～(20)）項目について

近年の教育政策のうち、震災などに関する取り組み状況に関する回答結果を示したのが、**表15.9.1**と**表15.9.2**である。なお、これらの質問項目は、被災地3市にのみ尋ねたものであるため、表中の太字と下線は、3市の平均値に比べて、それぞれ10ポイント高い、低いことを示している（**表15.10.1**～**表15.11.2**も同様）。

#### ① 被災3市の全般的傾向

「(10) 復興教育」については、7割を下回っており、特に中学校において回答傾向がやや肯定／否定側に分かれる傾向にある。それ以外の項目に関しては、小中とも肯定側回答が7割以上にのぼっており、特に「(16) 健康教育」「(20) 学校施設の整備」を除く8項目においては、小中ともに総じて肯定側回答が8割以上にのぼり、強い肯定も小学校では3割以上、中学校では2割以上となっている。多くの教師たちが、「(11) 防災教育」に加えて、「(12) 児童生徒等への学習支援」「(13) 個別の心のケア」「(14) いじめ･不登校への対応」「(15) 特別支援教育」といった様々な事情を抱える子どもたちに対する支援・ケアや、「(17) 保護者との連携」「(18) 地域との連携」「(19) 他の機関・専門職との連携」といった外部との連携に取り組んでいると認識している。

なお、小中間に有意差がみられた項目は、「(12) 児童生徒等への学習支援」「(16) 健康教育」「(18) 地域との連携」の3項目で、いずれも小学校の方が肯定側回答が多い。

### ② 小学校

#### (ⅰ) A市

一要因分散分析の結果において、A市とB・C市との間に有意差がみられた項目として、「(10) 復興教育」「(18) 地域との連携」「(20) 学校施設の整備」が挙げられる。いずれも、他2市に比べて肯定側回答が少ない。特に (10) に対する肯定側回答は5割程度と他2市に比べて20ポイント以上低い。この他、「(13) 個別の心のケア」についてはB市に比べて、「(17) 保護者との連携」についてはC市に比べて、それぞれ有意に低い。また、二要因分散分析の結果をみると、(10) ではB・C市と比べて、(18) ではC市に比べてそれぞれ有意に低い。交互作用項をみると、管理職では (18)、非ベテラン教諭では (10)(13)(18)(20) に加えて「(14) いじめ・不登校への対応」において、ベテラン教諭では (10)(13)(18) や「(15) 特別支援教育」において、他の地域との間にそれぞれ有意差がみられ、うち (15) を除いてはA市が有意に低い。

このように、震災被害が大きかったB・C市に比べて、A市では復興教育、地域との連携、学校施設の整備に取り組んでいると認識している者が少ない。特に、復興教育や地域との連携については、属性の違いにかかわらず、A市の小学校教師たちに共通してみられる特徴といえる。ただし、A市においても、復興教育で半数以上、それ以外では7割以上が肯定側回答を示しており、むしろ震災被害が大きかったB・C市において、これらの取り組みがかなり強く意識されているというべきであろう。

#### (ⅱ) B市

一要因分散分析の結果において、有意差がみられた項目は「(11) 防災教育」「(13) 個別の心のケア」で、それぞれA・C市、A市に比べて有意に高く、特に強い肯定の割合が3市の合計に比べて10ポイント以上高い。しかしながら、二要因分散分析の結果をみると、いずれにおいても地域の主効果はみられない。交互作用項をみると、非ベテラン教諭が「(16) 健康教育」「(17) 保護者との連携」「(20) 学校施設の整備」ではA・C市に対して、(13)「(14) いじめ・不登校への対応」「(18) 地域との連携」ではA市に対して有意に高い値を示している。またベテラン教諭において (13) については同様の傾向がみられる一方で、「(15) 特別支援教育」については逆にA市に比べて低い。

防災教育や心のケアは、B市教育委員会に対する聴き取りにおいて重点項目

## 表 15.9.1　震災などに関わる教育施策への取り組みに関する回答結果（小）

| 項目 | 地域 | まったく取り組んでいない | あまり取り組んでいない | やや取り組んでいる | かなり取り組んでいる | 肯定側回答 | 一要因分散分析* | 二要因分散分析 | | |
|---|---|---|---|---|---|---|---|---|---|---|
| | | | | | | | | 地域 | 属性 | 交互作用 |
| (10) 復興教育 | A市 | 6.0 | 41.0 | 49.0 | 4.0 | 53.0 | **<br>A<C,B | **<br>A<B+,C | *<br>非，べ<管 | 非：A<C+<br>べ：A<C+,B<br>養：A<C+ |
| | B市 | 0.0 | 17.5 | 61.4 | 21.1 | 82.5 | | | | |
| | C市 | 1.2 | 24.7 | 54.3 | 19.8 | 74.1 | | | | |
| | 3市 | 2.9 | 29.8 | 53.8 | 13.4 | 67.2 | | | | |
| (11) 防災教育 | A市 | 0.0 | 3.9 | 65.0 | 31.1 | 96.1 | *<br>C,A<B | | | |
| | B市 | 0.0 | 0.0 | 50.9 | 49.1 | 100.0 | | | | |
| | C市 | 0.0 | 6.1 | 61.0 | 32.9 | 93.9 | | | | |
| | 3市 | 0.0 | 3.7 | 60.3 | 36.0 | 96.3 | | | | |
| (12) 児童生徒等への学習支援 | A市 | 0.0 | 5.0 | 60.4 | 34.7 | 95.0 | | | *<br>管＜べ＋ | |
| | B市 | 0.0 | 1.8 | 61.4 | 36.8 | 98.2 | | | | |
| | C市 | 0.0 | 3.7 | 63.4 | 32.9 | 96.3 | | | | |
| | 3市 | 0.0 | 3.8 | 61.7 | 34.6 | 96.3 | | | | |
| (13) 一人ひとりの児童生徒等への心のケア | A市 | 0.0 | 15.5 | 60.2 | 24.3 | 84.5 | **<br>A<B | | **<br>非＋,<br>べ＋<管 | *<br>非：A<B<br>べ：A<B |
| | B市 | 0.0 | 0.0 | 59.6 | 40.4 | 100.0 | | | | |
| | C市 | 0.0 | 7.4 | 64.2 | 28.4 | 92.6 | | | | |
| | 3市 | 0.0 | 9.1 | 61.4 | 29.5 | 90.9 | | | | |
| (14) いじめ・不登校への対応 | A市 | 0.0 | 3.9 | 56.9 | 39.2 | 96.1 | | | | 非：A<B+ |
| | B市 | 0.0 | 3.5 | 47.4 | 49.1 | 96.5 | | | | |
| | C市 | 0.0 | 4.9 | 59.8 | 35.4 | 95.1 | | | | |
| | 3市 | 0.0 | 4.1 | 55.6 | 40.2 | 95.9 | | | | |
| (15) 特別支援教育 | A市 | 1.0 | 9.7 | 50.5 | 38.8 | 89.3 | | | | べ：B<A+ |
| | B市 | 0.0 | 12.3 | 63.2 | 24.6 | 87.7 | | | | |
| | C市 | 0.0 | 9.8 | 53.7 | 36.6 | 90.2 | | | | |
| | 3市 | 0.4 | 10.3 | 54.5 | 34.7 | 89.3 | | | | |
| (16) 健康教育 | A市 | 0.0 | 22.5 | 66.7 | 10.8 | 77.5 | | | | +<br>非：A,C<B |
| | B市 | 0.0 | 14.0 | 68.4 | 17.5 | 86.0 | | | | |
| | C市 | 0.0 | 17.1 | 74.4 | 8.5 | 82.9 | | | | |
| | 3市 | 0.0 | 18.7 | 69.7 | 11.6 | 81.3 | | | | |
| (17) 保護者との連携 | A市 | 0.0 | 5.8 | 75.7 | 18.4 | 94.2 | +<br>A<C+ | | **<br>べ＜非，<br>管＋ | *<br>管：A,B+<C<br>非：A,C<B |
| | B市 | 0.0 | 1.8 | 73.7 | 24.6 | 98.2 | | | | |
| | C市 | 0.0 | 1.2 | 68.3 | 30.5 | 98.8 | | | | |
| | 3市 | 0.0 | 3.3 | 72.7 | 24.0 | 96.7 | | | | |
| (18) 地域との連携 | A市 | 0.0 | 20.6 | 60.8 | 18.6 | 79.4 | **<br>A<B,C | *<br>A<C | **<br>べ＜管 | 管：A<C<br>非：A<B<br>べ：A<C |
| | B市 | 0.0 | 5.3 | 64.9 | 29.8 | 94.7 | | | | |
| | C市 | 0.0 | 7.3 | 54.9 | 37.8 | 92.7 | | | | |
| | 3市 | 0.0 | 12.4 | 59.8 | 27.8 | 87.6 | | | | |
| (19) 他の機関・専門職との連携 | A市 | 2.9 | 19.4 | 64.1 | 13.6 | 77.7 | | | *<br>べ＜管 | |
| | B市 | 0.0 | 14.0 | 68.4 | 17.5 | 86.0 | | | | |
| | C市 | 2.4 | 11.0 | 69.5 | 17.1 | 86.6 | | | | |
| | 3市 | 2.1 | 15.3 | 66.9 | 15.7 | 82.6 | | | | |
| (20) 学校施設の整備 | A市 | 6.9 | 21.6 | 60.8 | 10.8 | 71.6 | **<br>A<C+,B | | *<br>べ＜非＋ | **<br>非：A<C<B |
| | B市 | 0.0 | 14.0 | 61.4 | 24.6 | 86.0 | | | | |
| | C市 | 0.0 | 13.6 | 77.8 | 8.6 | 86.4 | | | | |
| | 3市 | 2.9 | 17.1 | 66.7 | 13.3 | 80.0 | | | | |

＊上段：有意水準　**：$p<.01$　*：$p<.05$　+：$p<.10$　下段：多重比較結果

## 表 15.9.2　震災などに関わる教育施策への取り組みに関する回答結果（中）

| 項目 | 地域 | まったく取り組んでいない | あまり取り組んでいない | やや取り組んでいる | かなり取り組んでいる | 肯定側回答 | 一要因分散分析* | 二要因分散分析 | | |
|---|---|---|---|---|---|---|---|---|---|---|
| | | | | | | | | 地域 | 属性 | 交互作用 |
| (10) 復興教育 | A市 | 6.7 | 44.0 | 44.0 | 5.3 | 49.3 | ** | | | |
| | B市 | 0.0 | 23.3 | 48.8 | **27.9** | **76.7** | | | | |
| | C市 | 5.1 | 30.5 | 42.4 | 22.0 | 64.4 | A<C,B | | | べ：A<C,B |
| | 3市 | 4.5 | 34.5 | 44.6 | 16.4 | 61.0 | | | | |
| (11) 防災教育 | A市 | 1.3 | 7.9 | **65.8** | 25.0 | 90.8 | ** | + | | |
| | B市 | 0.0 | 2.3 | 44.2 | **53.5** | 97.7 | | | | |
| | C市 | 0.0 | 8.3 | 46.7 | 45.0 | 91.7 | A<B | A<B+ | | 管：A<B+<br>べ：A<B+ |
| | 3市 | 0.6 | 6.7 | 54.2 | 38.5 | 92.7 | | | | |
| (12) 児童生徒等への学習支援 | A市 | 0.0 | 5.2 | 70.1 | 24.7 | 94.8 | | * | | |
| | B市 | 0.0 | 7.0 | 65.1 | 27.9 | 93.0 | | | | |
| | C市 | 0.0 | 11.9 | 71.2 | 16.9 | 88.1 | | C<A | | |
| | 3市 | 0.0 | 7.8 | 69.3 | 22.9 | 92.2 | | | | |
| (13) 一人ひとりの児童生徒等への心のケア | A市 | 0.0 | 15.8 | 71.1 | 13.2 | 84.2 | ** | * | | |
| | B市 | 0.0 | 4.7 | 58.1 | **37.2** | 95.3 | | | | |
| | C市 | 0.0 | 17.2 | 56.9 | 25.9 | 82.8 | A<B | C<B | | べ：A<B |
| | 3市 | 0.0 | 13.6 | 63.3 | 23.2 | 86.4 | | | | |
| (14) いじめ・不登校への対応 | A市 | 1.3 | 1.3 | 59.2 | 38.2 | 97.4 | | | | |
| | B市 | 0.0 | 2.3 | 46.5 | 51.2 | 97.7 | | | | |
| | C市 | 0.0 | 5.1 | 49.2 | 45.8 | 94.9 | | | | 講：B<A |
| | 3市 | 0.6 | 2.8 | 52.8 | 43.8 | 96.6 | | | | |
| (15) 特別支援教育 | A市 | 2.6 | 7.8 | 64.9 | 24.7 | 89.6 | | + | | |
| | B市 | 2.3 | 9.3 | 48.8 | **39.5** | 88.4 | | | | |
| | C市 | 0.0 | 5.2 | 72.4 | 22.4 | 94.8 | | A+,C+<B | | |
| | 3市 | 1.7 | 7.3 | 63.5 | 27.5 | 91.0 | | | | |
| (16) 健康教育 | A市 | 3.9 | 29.9 | 62.3 | 3.9 | 66.2 | * | + | | |
| | B市 | 0.0 | 23.3 | 58.1 | **18.6** | 76.7 | | | | |
| | C市 | 0.0 | 29.3 | 65.5 | 5.2 | 70.7 | A<B | C<B+ | | 管：C<B+ |
| | 3市 | 1.7 | 28.1 | 62.4 | 7.9 | 70.2 | | | | |
| (17) 保護者との連携 | A市 | 0.0 | 7.8 | 71.4 | 20.8 | 92.2 | | | | |
| | B市 | 0.0 | 11.9 | 61.9 | 26.2 | 88.1 | | | | |
| | C市 | 0.0 | 6.8 | 74.6 | 18.6 | 93.2 | | | | |
| | 3市 | 0.0 | 8.4 | 70.2 | 21.3 | 91.6 | | | | |
| (18) 地域との連携 | A市 | 2.6 | 19.5 | 64.9 | 13.0 | 77.9 | | | | |
| | B市 | 2.4 | 16.7 | 64.3 | 16.7 | 81.0 | | | | |
| | C市 | 0.0 | 11.9 | 66.1 | 22.0 | 88.1 | | | | |
| | 3市 | 1.7 | 16.3 | 65.2 | 16.9 | 82.0 | | | | |
| (19) 他の機関・専門職との連携 | A市 | 5.2 | 28.6 | 62.3 | 3.9 | 66.2 | ** | | | |
| | B市 | 0.0 | 20.9 | 55.8 | 23.3 | 79.1 | | | | |
| | C市 | 0.0 | 13.8 | 67.2 | 19.0 | **86.2** | A<B,C | | | 非：A<C |
| | 3市 | 2.2 | 21.9 | 62.4 | 13.5 | 75.8 | | | | |
| (20) 学校施設の整備 | A市 | 5.2 | 27.3 | 58.4 | 9.1 | 67.5 | | | | |
| | B市 | 4.7 | 16.3 | 62.8 | 16.3 | 79.1 | | | | |
| | C市 | 1.7 | 27.6 | 62.1 | 8.6 | 70.7 | | | | |
| | 3市 | 3.9 | 24.7 | 60.7 | 10.7 | 71.3 | | | | |

＊上段：有意水準　**：p<.01　*：p<.05　+：p<.10　下段：多重比較結果

として挙げられていたが、少なくとも今回の回答者にもそのことは意識されていたといえる。ただし、二要因分析の結果では、いずれの項目においても地域の主効果はみられず、心のケアについては非ベテラン教諭・ベテラン教諭が他の地域に対して有意差を示すにとどまっていた。また非ベテラン教諭では、いじめ・不登校への対応、保護者・地域との連携、健康教育、学校施設の整備といったケアや教育環境整備などの面での取り組みが強く意識されていた。ただし、繰り返しになるが、これらはB市の非ベテラン教諭・ベテラン教諭全体の傾向というよりは、そうした傾向をもつものが回答者に多く含まれていたことによると思われる。

(ⅲ) C市

一要因分散分析の結果をみると、「(17) 保護者との連携」は、A市に比べて有意にやや高く、特に強い肯定の割合が3割近くにのぼっている。二要因分散分析では、「(18) 地域との連携」においてA市に比べて有意に高い。交互作用項をみた場合、(17) については管理職が、(18) については管理職とベテラン教諭が、それぞれA・B市、A市に対して有意に高い値を示している。この他、「(10) 復興教育」において、非ベテラン教諭と養護教諭とがA市に対して有意に高い値を示している。

このように、保護者や地域との連携が強く意識されていることがC市の特徴といえ、特に管理職やベテラン教諭にそうした傾向が強い。

**③ 中学校**

(ⅰ) A市

一要因分散分析結果において、A市とB・C市との間に有意差がみられた項目は、「(10) 復興教育」「(19) 他の機関・専門職との連携」の2項目で、いずれもA市の方が有意に低い。前者では肯定側回答および強い肯定の割合が低く、後者では強い肯定の割合が低い。この他、B市に比べて「(11) 防災教育」「(13) 個別の心のケア」「(16) 健康教育」の肯定側回答が有意に少ない。二要因分散分析の結果では、(11) ではB市に比べて有意に低く、「(12) 児童生徒等への学習支援」ではC市に比べて有意に高い。交互作用項については、管理職が (11) において、非ベテラン教諭が (19) において、ベテラン教諭が(10)(11)(13) において、講師が「(14) いじめ・不登校への対応」において、それぞれ他の地域に対して有意差を示している。

防災教育に関してはA市の特徴というよりは、震災被害が大きかったB・C市でその取り組みがかなり意識されていることを示しているといえよう。一方で、児童生徒等への学習支援が強く意識されていることがA市の教師たちに共通する特徴といえる。

(ⅱ) B市

一要因分散分析の結果において有意差がみられた項目は、いまA市のところで言及した「(11) 防災教育」「(13) 個別の心のケア」「(16) 健康教育」の3項目にとどまる。これらの項目では、二要因分散分析の結果においても有意差がみられ、(11) はA市に比べて、(13)(16) はC市に比べて、それぞれ有意に高い。この他「(15) 特別支援教育」ではA・C市に比べて高い。交互作用項では、管理職が (11)(16) において、ベテラン教諭が (11)(13) において、それぞれ他の地域に比べて有意に高い値を示している。一方、講師が「(14) いじめ・不登校への対応」において、A市に比べて低い値を示している。

防災教育と心のケアをはじめとする一人ひとりのケア・支援とが強く意識されていることがB市の特徴といえ、管理職やベテラン教諭にその傾向が強い。

(ⅲ) C市

一要因分散分析の結果においては、C市と他の地域との間に有意差がみられた項目はない。しかしながら、二要因分散分析の結果によれば、「(12) 児童生徒等への学習支援」ではA市に比べて有意に低く、「(13) 個別の心のケア」「(16) 健康教育」ではB市に比べて有意に低い。うち、(16) については管理職においてその傾向が顕著である。

このように、学習支援と心身のケアとに関わる取り組みがなされていると認識する者が少ないことがC市の特徴といえるが、そうしたニーズをもつ子どもへの対応に苦慮する教師たちの姿が表れているように思われる。

### (8) 震災直後の教師としての経験 11 項目について

表 15.10.1 と表 15.10.2 には、震災直後の教師としての経験に関する回答結果を地域毎に示した。

#### ① 被災地 3 市の全般的傾向

地域別の回答結果によれば、「(11) 被災地にいる自分たちの状況が理解されていない」を除くすべての項目において、7割以上が肯定側回答を示している。

## 表 15.10.1　震災直後の経験に関する回答結果（小）

| 項目 | 地域 | まったくなかった | あまりなかった | あった | 大いにあった | 肯定側回答 | 一要因分散分析* | 二要因分散分析 地域 | 二要因分散分析 属性 | 二要因分散分析 交互作用 |
|---|---|---|---|---|---|---|---|---|---|---|
| (1) 子どもの命や生活を守る重要な使命が教員にはある | A市 | 0.0 | 1.0 | 17.3 | 81.6 | 99.0 | | | | |
| | B市 | 0.0 | 0.0 | 15.8 | 84.2 | 100.0 | | | | |
| | C市 | 0.0 | 1.3 | 25.3 | 73.4 | 98.7 | | | | |
| | 3市 | 0.0 | 0.9 | 19.7 | 79.5 | 99.1 | | | | |
| (2) 学校が地域住民の安全・生活の拠点である | A市 | 0.0 | 3.1 | 40.8 | 56.1 | 96.9 | | | | 管：B<A+ |
| | B市 | 0.0 | 7.0 | 40.4 | 52.6 | 93.0 | | | | |
| | C市 | 0.0 | 0.0 | 44.3 | 55.7 | 100.0 | | | | |
| | 3市 | 0.0 | 3.0 | 41.9 | 55.1 | 97.0 | | | | |
| (3) 教職員が協働して状況に対応していた | A市 | 0.0 | 1.0 | 29.6 | 69.4 | 99.0 | | | | |
| | B市 | 0.0 | 1.8 | 22.8 | 75.4 | 98.2 | | | | |
| | C市 | 0.0 | 0.0 | 28.6 | 71.4 | 100.0 | | | | |
| | 3市 | 0.0 | 0.9 | 27.6 | 71.6 | 99.1 | | | | |
| (4) 保護者・地域住民との間に良い関係を結べた | A市 | 0.0 | 10.3 | 58.8 | 30.9 | 89.7 | + A<B+ | | | べ：A<B |
| | B市 | 0.0 | 3.5 | 49.1 | **47.4** | 96.5 | | | | |
| | C市 | 0.0 | 9.2 | 55.3 | 35.5 | 90.8 | | | | |
| | 3市 | 0.0 | 8.3 | 55.2 | 36.5 | 91.7 | | | | |
| (5) 他の機関・専門職から適切な支援を受けた | A市 | 2.1 | 29.5 | 51.6 | 16.8 | 68.4 | * A<B | + A<B+ | | 非：A<B |
| | B市 | 0.0 | 21.1 | 45.6 | **33.3** | 78.9 | | | | |
| | C市 | 1.3 | 16.9 | 61.0 | 20.8 | 81.8 | | | | |
| | 3市 | 1.3 | 23.1 | 53.3 | 22.3 | 75.5 | | | | |
| (6) 子どもと人間同士として向き合う場面があった | A市 | 0.0 | 32.6 | 48.4 | 18.9 | 67.4 | * A<C+,B | * A<B | | ** 管：C<B べ：A,C+<B |
| | B市 | 0.0 | 14.0 | 52.6 | 33.3 | **86.0** | | | | |
| | C市 | 1.4 | 20.3 | 45.9 | 32.4 | 78.4 | | | | |
| | 3市 | 0.4 | 23.9 | 48.7 | 27.0 | 75.7 | | | | |
| (7) 学校が子どもにとっての居場所となった | A市 | 0.0 | 17.9 | 57.9 | 24.2 | 82.1 | ** A,C+<B | | + | * べ：A<B,C |
| | B市 | 1.8 | 7.0 | 36.8 | **54.4** | 91.2 | | | | |
| | C市 | 1.3 | 14.5 | 48.7 | 35.5 | 84.2 | | | | |
| | 3市 | 0.9 | 14.0 | 49.6 | 35.5 | 85.1 | | | | |
| (8) これまでの学校教育のあり方を考え直した | A市 | 1.0 | 26.0 | 52.1 | 20.8 | 72.9 | | | | |
| | B市 | 3.5 | 15.8 | 49.1 | 31.6 | 80.7 | | | | |
| | C市 | 1.3 | 21.3 | 53.3 | 24.0 | 77.3 | | | | |
| | 3市 | 1.8 | 21.9 | 51.8 | 24.6 | 76.3 | | | | |
| (9) 教育の「正常化」と目の前の子どもの状況との間で葛藤を抱いた | A市 | 4.2 | 32.6 | 48.4 | 14.7 | 63.2 | * A<C,B | | | 非：A<C べ：A<B+ |
| | B市 | 0.0 | 21.4 | 53.6 | 25.0 | 78.6 | | | | |
| | C市 | 1.4 | 20.3 | 54.1 | 24.3 | 78.4 | | | | |
| | 3市 | 2.2 | 25.8 | 51.6 | 20.4 | 72.0 | | | | |
| (10) 自分の家族よりも子ども・学校のことを優先しなければならないことに葛藤を抱いた | A市 | 3.1 | 21.9 | 52.1 | 22.9 | 75.0 | | | | 養：C<B+ |
| | B市 | 0.0 | 28.6 | 39.3 | 32.1 | 71.4 | | | | |
| | C市 | 2.7 | 32.0 | 41.3 | 24.0 | 65.3 | | | | |
| | 3市 | 2.2 | 26.9 | 45.4 | 25.6 | 70.9 | | | | |
| (11) 被災地にいる自分たちの状況が他の人から理解されていない | A市 | 0.0 | **53.6** | 34.0 | 12.4 | 46.4 | * A<B+,C | | | べ：A<C |
| | B市 | 1.8 | 35.7 | 37.5 | 25.0 | 62.5 | | | | |
| | C市 | 0.0 | 30.3 | **52.6** | 17.1 | **69.7** | | | | |
| | 3市 | 0.4 | 41.5 | 41.0 | 17.0 | 58.1 | | | | |

＊上段：有意水準　**：p<.01　*：p<.05　+：p<.10　下段：多重比較結果

## 表 15.10.2　震災直後の経験に関する回答結果（中）

| 項目 | 地域 | まったくなかった | あまりなかった | あった | 大いにあった | 肯定側回答 | 一要因分散分析* | 二要因分散分析 地域 | 二要因分散分析 属性 | 二要因分散分析 交互作用 |
|---|---|---|---|---|---|---|---|---|---|---|
| (1) 子どもの命や生活を守る重要な使命が教員にはある | A市 | 0.0 | 3.9 | **37.7** | 58.4 | 96.1 | ** | * | | |
| | B市 | 0.0 | 0.0 | 11.6 | **88.4** | 100.0 | | | | |
| | C市 | 0.0 | 1.7 | 24.1 | 74.1 | 98.3 | A<C,B | A<B | | 非：A<C+,B |
| | 3市 | 0.0 | 2.2 | 27.0 | 70.8 | 97.8 | | | | |
| (2) 学校が地域住民の安全・生活の拠点である | A市 | 0.0 | 12.0 | 48.0 | 40.0 | 88.0 | ** | * | | |
| | B市 | 0.0 | 0.0 | 34.9 | **65.1** | 100.0 | | | | |
| | C市 | 0.0 | 8.6 | 46.6 | 44.8 | 91.4 | A,C+<B | A<B+ | | べ：A<B+<br>養：A<C |
| | 3市 | 0.0 | 8.0 | 44.3 | 47.7 | 92.0 | | | | |
| (3) 教職員が協働して状況に対応していた | A市 | 0.0 | 4.0 | 33.3 | 62.7 | 96.0 | ** | ** | | |
| | B市 | 0.0 | 0.0 | 9.3 | **90.7** | 100.0 | | | | |
| | C市 | 0.0 | 3.4 | 31.0 | 65.5 | 96.6 | A,C<B | A,C+<B | | 管：C<B<br>非：A<B+ |
| | 3市 | 0.0 | 2.8 | 26.7 | 70.5 | 97.2 | | | | |
| (4) 保護者・地域住民との間に良い関係を結べた | A市 | 0.0 | 14.9 | 60.8 | 24.3 | 85.1 | | | | |
| | B市 | 0.0 | 0.0 | 48.8 | **51.2** | 100.0 | | | | |
| | C市 | 1.8 | 5.3 | 52.6 | 40.4 | 93.0 | A<B | | | 非：A<C |
| | 3市 | 0.6 | 8.0 | 55.2 | 36.2 | 91.4 | | | | |
| (5) 他の機関・専門職から適切な支援を受けた | A市 | 4.1 | 29.7 | 48.6 | 17.6 | 66.2 | | | | |
| | B市 | 2.4 | 28.6 | 45.2 | 23.8 | 69.0 | | | | |
| | C市 | 1.8 | 29.8 | 47.4 | 21.1 | 68.4 | | | | |
| | 3市 | 2.9 | 29.5 | 47.4 | 20.2 | 67.6 | | | | |
| (6) 子どもと人間同士として向き合う場面があった | A市 | 2.7 | 21.6 | 58.1 | 17.6 | 75.7 | ** | | | |
| | B市 | 0.0 | 2.4 | 63.4 | 34.1 | **97.6** | | | | |
| | C市 | 1.8 | 8.9 | 53.6 | 35.7 | 89.3 | A<C,B | | | 非：A<C+<br>べ：A<C+ |
| | 3市 | 1.8 | 12.9 | 57.9 | 27.5 | 85.4 | | | | |
| (7) 学校が子どもにとっての居場所となった | A市 | 2.7 | **23.0** | 54.1 | 20.3 | 74.3 | ** | | | |
| | B市 | 0.0 | 0.0 | 39.0 | **61.0** | **100.0** | | | | |
| | C市 | 1.8 | 5.3 | 45.6 | 47.4 | 93.0 | A<C,B | | | 非：A<C,B<br>べ：A<C,B |
| | 3市 | 1.7 | 11.6 | 47.7 | 39.0 | 86.6 | | | | |
| (8) これまでの学校教育のあり方を考え直した | A市 | 1.3 | **40.0** | 50.7 | 8.0 | 58.7 | ** | | | |
| | B市 | 0.0 | 19.0 | 35.7 | **45.2** | **81.0** | | | | |
| | C市 | 3.6 | 21.8 | 50.9 | 23.6 | 74.5 | A<C+,<br>B/C<B+ | | | 非：A<B<br>べ：A<C+,B |
| | 3市 | 1.7 | 29.1 | 47.1 | 22.1 | 69.2 | | | | |
| (9) 教育の「正常化」と目の前の子どもの状況との間で葛藤を抱いた | A市 | 2.7 | 40.0 | 46.7 | 10.7 | 57.3 | * | | | |
| | B市 | 0.0 | 28.6 | 42.9 | 28.6 | 71.4 | | | | |
| | C市 | 0.0 | 29.1 | 43.6 | 27.3 | 70.9 | A<B,C | | | べ：A<C |
| | 3市 | 1.2 | 33.7 | 44.8 | 20.3 | 65.1 | | | | |
| (10) 自分の家族よりも子ども・学校のことを優先しなければならないことに葛藤を抱いた | A市 | 4.0 | 28.0 | 45.3 | 22.7 | 68.0 | | | | |
| | B市 | 2.4 | 23.8 | 50.0 | 23.8 | 73.8 | | | | |
| | C市 | 3.6 | 23.6 | 40.0 | 32.7 | 72.7 | | | | |
| | 3市 | 3.5 | 25.6 | 44.8 | 26.2 | 70.9 | | | | |
| (11) 被災地にいる自分たちの状況が他の人から理解されていない | A市 | 6.7 | **52.0** | 28.0 | 13.3 | 41.3 | * | + | | |
| | B市 | 9.8 | 31.7 | 34.1 | 24.4 | 58.5 | | | | |
| | C市 | 1.8 | 27.3 | **52.7** | 18.2 | **70.9** | A<C | A<C+ | | |
| | 3市 | 5.8 | 39.2 | 37.4 | 17.5 | 55.0 | | | | |

＊上段：有意水準　**：p<.01　*：p<.05　+：p<.10　下段：多重比較結果

なかでも、「(1) 子どもを守る重要な使命」「(2) 地域住民の安全・生活の拠点」「(3) 教師間の協働」「(4) 保護者・住民との良好な関係」「(7) 子どもの居場所」に対してはおよそ9割以上の者が肯定側回答を示しており、また前3者においては強い肯定側回答がほぼ5割を超えている。教師たちは震災経験を通して、学校が子どものみならず地域住民の拠点となり、教師間や保護者・住民間の良好な関係を取り結び、子どもの命や生活を守る使命を強く感じる経験を有している。

小中の間に有意差がみられたのは、「(1) 子どもを守る重要な使命」「(2) 地域住民の安全・生活の拠点」で、いずれも小学校の方が肯定側回答が多い。小学校の方が校区が狭いため、子ども・地域住民との関係が深いことによると思われる。

**② 小学校**

（i）A市

一要因分散分析の結果によると、A市とB・C市との間に有意差がみられた項目は、「(6) 子どもと人間同士として向き合う」「(9) 教育の「正常化」と子どもの状況との間で葛藤」「(11) 被災地にいる自分たちの状況が理解されていない」の3項目で、他2市に比べて肯定側回答が少ない。また「(4) 保護者・住民との良好な関係」「(5) 他機関・専門職からの支援」では、B市に比べて肯定側回答が少ない。うち、二要因分散分析結果では、(5)(6) においてB市との間に有意差がみられた。交互作用項をみると、管理職が「(2)地域住民の安全・生活の拠点」、非ベテラン教諭が (5)(9)、ベテラン教諭が (4)(11) と「(7) 子どもの居場所」において、他の地域と有意差を示しており、(2) を除いてはA市の方が低い。

少なくとも回答結果そのものをみる限りでは、震災被害の大きかった他の2市に比べて、子どもとの人間同士の関わりや教育の「正常化」をはじめとする葛藤の経験がそれほど強く意識されていない。実際、属性を統制した場合でも、A市はB市に比べて、他機関・専門職からの支援や子どもとの人間同士の関わりを震災直後の経験として強く意識する者が少ない。ただし、これらはA市の特徴というよりも、むしろこうした経験を強く意識せざるを得ない状況におかれていたと思われるB・C市の特徴というべきであろう。

（ⅱ）B 市

一要因分散分析の結果では、「(7) 子どもの居場所」においては A・C 市との間に、「(4) 保護者・住民との良好な関係」「(5) 他機関・専門職からの支援」においては A 市との間に有意差がみられ、いずれも B 市の方が有意に高く、特に強い肯定が多い。二要因分散分析結果によると、(5) において A 市に比べて肯定側回答が多く、その傾向は非ベテラン教諭に顕著である。また「(6) 子どもと人間同士として向き合う」でも A 市との間に有意差がみられるが、交互作用項が有意であることから、同市全体というよりは、管理職、ベテラン教諭に限ってみられる傾向といえる。この他、ベテラン教諭が (4) と「(9) 教育の「正常化」と子どもの状況との間で葛藤」において A 市に比べて、養護教諭が「(10) 家族よりも子ども・学校を優先しなければならないことに葛藤」において C 市に比べて有意に高い値を示している。

B 市の教師たちに共通する特徴としては、他機関・専門職からの支援と子どもとの人間同士の関わりを震災直後の経験として強く意識していることが挙げられる。また回答結果そのものにおいては、子ども、保護者・地域住民、他機関・専門職といったより広範な様々な人々と良好な関係性が結べたことが、震災直後の経験として強く意識されている。特にベテラン教諭は、子どもや保護者・住民との良好な関係を形成した経験をもつとともに、「正常化」をめぐる葛藤を強く抱く傾向にある。

（ⅲ）C 市

C 市では、一要因分散分析、二要因分散分析、いずれの結果にもおいても地域差を示す項目はみられない。交互作用項についてはすでに A・B 市のところで言及したとおりであるが、非ベテラン教諭では「(9) 教育の「正常化」と子どもの状況との間で葛藤」において、ベテラン教諭では「(11) 被災地にいる自分たちの状況が理解されていない」においてそれぞれ A 市に対して有意に高く、これらの教諭において葛藤経験が強く意識されている。

同じ震災被害の大きかった B 市と異なり、震災直後の経験に関して同市全体に共通した傾向性はみられず、そのこと自体が C 市の特徴となっているように思われる。

### ③ 中学校

#### (ⅰ) A市

一要因分散分析の結果をみると、「(1) 子どもを守る重要な使命」「(6) 子どもと人間同士として向き合う」「(7)子どもの居場所」「(8) これまでの学校教育のあり方を考え直した」「(9) 教育の「正常化」と子どもの状況との間で葛藤」において、A市ではB・C市に比べて有意に肯定側回答が少なく、特に強い肯定が少ない。また「(4) 保護者・住民との良好な関係」はB市に比べて、「(11) 被災地にいる自分たちの状況が理解されていない」はC市に比べて、それぞれ有意に低い。二要因分散分析の結果をみると、(1) と「(2) 地域住民の安全・生活の拠点」においてB市との間に、(11) においてC市との間に有意差がみられる。詳細は割愛するが、交互作用項において有意差がみられたのは、非ベテラン教諭では6項目、ベテラン教諭では5項目、養護教諭では1項目と、教諭に多い。

子どもや地域住民にとっての学校・教員の役割をあらためて意識したり、また自分たちに対する無理解を感じたりした経験を挙げる者がA市では少なく、回答結果そのものにおいても、子どもや保護者・地域住民との関わりの中で、学校・教員の役割を問い直したり、葛藤を抱いたりした経験が強くは意識されていない。繰り返しになるが、こうした傾向はA市の特徴というよりは、むしろB・C市において上記のことが強く意識されているというべきだろう。

#### (ⅱ) B市

一要因分散分析結果によると、「(2) 地域住民の安全・生活の拠点」「(3) 教師間の協働」「(8) これまでの学校教育のあり方を考え直した」においてはA・C市との間に、「(4) 保護者・住民との良好な関係」ではA市との間に、それぞれ有意差がみられた。二要因分散分析結果でも、(3) ではやはりA・C市に対して、(2) ではA市に対して有意に高い。また「(1) 子どもを守る重要な使命」においても、A市に比べて高い値を示している。交互作用項では、非ベテラン教諭が (3)(8) において、ベテラン教諭が (2) においてA市に対して有意差を示している。

子どもや地域住民などにとっての学校・教員の役割と教師同士や保護者・地域住民との良好な関係性が、他に比べて強く意識されていることがB市の特徴といえよう。また、回答者の偏りに留意すべきではあるが、非ベテラン教諭・ベテラン教諭においては、そうした傾向がより強く表れている。

（iii）C 市

一要因分散分析、二要因分散分析ともに、「(11) 被災地にいる自分の状況が理解されていない」において、A 市よりも肯定側回答が有意に多い。この他、非ベテラン教諭では「(4) 保護者・住民との良好な関係」「(6) 子どもと人間同士として向き合う」において、ベテラン教諭では (6) と「(9) 教育の「正常化」と子どもの状況との間で葛藤」において、養護教諭では「(2) 地域住民の安全・生活の拠点」において、それぞれ A 市に対して有意に高い。一方、「(3) 教職員間の協働」では管理職の値が B 市に比べて低い。

被災地にいる自分の状況が理解されていないという、名状しがたい葛藤を強く抱いていることが C 市の特徴といえる。もちろん、属性によっては、こうした葛藤だけでなく、子ども、保護者・住民とのポジティブな経験が強く意識されているが、B 市のように、そうした経験が必ずしもまとまったものとして C 市の教師たちに共有されている訳ではない。

### (9) 現在の教育活動に関する 14 項目について

表 15.11.1 と表 15.11.2 は、日常的教育活動について尋ねた結果である。

#### ① 被災地 3 市の全般的傾向

「(1) 震災との関わりを考えた教育活動」「(4) 子どもの自信を大事に」「(5) 様々な子どもに配慮」「(7) 保護者・地域住民との関係づくり」に対する肯定側回答は小中ともに 8 割以上にのぼっており、また「(2) 全国標準の教育が受けられないことがないようにする」「(6) 地域の復興の主体になるような教育活動」に対する肯定側回答も 6 割以上にのぼっている。小学校においては「(12) 他機関・専門家によるケアの充実」「(13) 教職員に対するケアの充実」でも同様の傾向がみられる。多くの教師たちが、震災や復興を意識し、様々な子どもに配慮し、子どもの自信を大事にしながら、保護者・地域住民との関係づくりをしながら教育活動をおこなっている。一方「(8) 同じ教育活動を行う場合も判断に迷う」「(9) 震災に触れることへの躊躇」「(10) 個別の子ども理解・支援の困難さ」「(14)「復興」の遅れに対する苛立ち」に対する肯定側回答は 5 割程度と肯定／否定側に分かれており、およそ半数の教師たちが判断の迷い・躊躇・困難を抱いている。さらに「(3) 学力テストで結果を出すことが

## 表 15.11.1　日常的教育活動への取り組みに関する回答結果（小）

| 項目 | 地域 | まったくそう思わない | あまりそう思わない | ややそう思う | 強くそう思う | 肯定側回答 | 一要因分散分析* | 二要因分散分析* 地域 | 二要因分散分析* 属性 | 二要因分散分析* 交互作用 |
|---|---|---|---|---|---|---|---|---|---|---|
| (1) 震災との関わりを考えながら教育活動をおこなっている | A市 | 0.0 | 16.0 | 69.0 | 15.0 | 84.0 | ** A<C,B | ** A<C | + | べ：A<B/ 養：A<C |
| | B市 | 0.0 | 3.5 | 64.9 | 31.6 | 96.5 | | | | |
| | C市 | 0.0 | 6.1 | 62.2 | 31.7 | 93.9 | | | | |
| | 3市 | 0.0 | 9.6 | 65.7 | 24.7 | 90.4 | | | | |
| (2) 全国標準の教育が受けられないことがないようにする | A市 | 3.1 | 32.0 | 54.6 | 10.3 | 64.9 | ** A<C | + A<C | + べ＜非＋ | * 非：A<B+/ べ：A<B,C |
| | B市 | 1.8 | 28.1 | 45.6 | 24.6 | 70.2 | | | | |
| | C市 | 0.0 | 9.9 | **76.5** | 13.6 | **90.1** | | | | |
| | 3市 | 1.7 | 23.4 | 60.0 | 14.9 | 74.9 | | | | |
| (3) どんな状況でも学力テストで結果を出すことが大事だ | A市 | 10.9 | 68.3 | 20.8 | 0.0 | 20.8 | | | | + べ：A<C |
| | B市 | 15.8 | 59.6 | 19.3 | 5.3 | 24.6 | | | | |
| | C市 | 8.6 | 59.3 | 30.9 | 1.2 | 32.1 | | | | |
| | 3市 | 11.3 | 63.2 | 23.8 | 1.7 | 25.5 | | | | |
| (4) 子どもたちにもできることがあるという自信を大事にしている | A市 | 0.0 | 2.0 | 66.7 | 31.4 | 98.0 | | | | * 非：A,C<B |
| | B市 | 0.0 | 0.0 | 57.9 | 42.1 | 100.0 | | | | |
| | C市 | 0.0 | 7.3 | 56.1 | 36.6 | 92.7 | | | | |
| | 3市 | 0.0 | 3.3 | 61.0 | 35.7 | 96.7 | | | | |
| (5) 様々な子どもに配慮した教育活動をおこなっている | A市 | 0.0 | 4.0 | 65.3 | 30.7 | 96.0 | + A<B+ | + A<B+ | | 管：A<C+,B |
| | B市 | 0.0 | 0.0 | 54.4 | **45.6** | 100.0 | | | | |
| | C市 | 0.0 | 1.2 | 65.9 | 32.9 | 98.8 | | | | |
| | 3市 | 0.0 | 2.1 | 62.9 | 35.0 | 97.9 | | | | |
| (6) 地域の復興の主体になるような教育活動をおこなっている | A市 | 1.0 | 41.0 | 52.0 | 6.0 | 58.0 | ** A<C,B | | | 非：A<B+/ べ：A<C+,B |
| | B市 | 1.8 | 21.1 | 52.6 | **24.6** | 77.2 | | | | |
| | C市 | 0.0 | 27.2 | 55.6 | 17.3 | 72.8 | | | | |
| | 3市 | 0.8 | 31.5 | 53.4 | 14.3 | 67.6 | | | | |
| (7) 保護者や地域住民との関係づくりを大切にしている | A市 | 0.0 | 6.9 | 77.5 | 15.7 | 93.1 | ** A<C+, B/C<B+ | ** A<C | ** 養＋, べ, 非＋< 管 | べ：A<B |
| | B市 | 0.0 | 0.0 | 56.1 | **43.9** | 100.0 | | | | |
| | C市 | 0.0 | 3.7 | 68.3 | 28.0 | 96.3 | | | | |
| | 3市 | 0.0 | 4.1 | 69.3 | 26.6 | 95.9 | | | | |
| (8) 以前と同じ教育活動を行う場合もどうすればよいかと判断に悩むことがある | A市 | 1.0 | 49.0 | 43.9 | 6.1 | 50.0 | | * A,C+<B | ** 管＜非＋, 講 | べ：A<C,B/ 養：A<B+ |
| | B市 | 1.8 | 33.3 | 52.6 | 12.3 | 64.9 | | | | |
| | C市 | 1.2 | 39.5 | 50.6 | 8.6 | 59.3 | | | | |
| | 3市 | 1.3 | 41.9 | 48.3 | 8.5 | 56.8 | | | | |
| (9) 教育活動の中で震災について触れることに躊躇がある | A市 | 2.9 | 50.0 | 39.2 | 7.8 | 47.1 | | * A<B | + | |
| | B市 | 3.5 | 42.1 | 45.6 | 8.8 | 54.4 | | | | |
| | C市 | 4.9 | 41.5 | 43.9 | 9.8 | 53.7 | | | | |
| | 3市 | 3.7 | 45.2 | 42.3 | 8.7 | 51.0 | | | | |
| (10) 一人ひとりの子どもを理解し支援することに困難を感じる | A市 | 1.0 | 49.0 | 48.0 | 2.0 | 50.0 | | | | |
| | B市 | 7.0 | 50.9 | 40.4 | 1.8 | 42.1 | | | | |
| | C市 | 2.4 | 45.1 | 47.6 | 4.9 | 52.4 | | | | |
| | 3市 | 2.9 | 48.1 | 46.1 | 2.9 | 49.0 | | | | |
| (11) 被災体験の違いにより同僚とのコミュニケーションに苦慮することがある | A市 | 12.7 | 62.7 | 21.6 | 2.9 | 24.5 | | + A<B+ | | |
| | B市 | 5.3 | 63.2 | 24.6 | 7.0 | 31.6 | | | | |
| | C市 | 8.5 | 57.3 | 29.3 | 4.9 | 34.1 | | | | |
| | 3市 | 9.5 | 61.0 | 24.9 | 4.6 | 29.5 | | | | |
| (12) 他の機関や専門家によるケアを充実する必要がある | A市 | 7.1 | 26.3 | 58.6 | 8.1 | 66.7 | | | | |
| | B市 | 3.5 | 21.1 | 59.6 | 15.8 | 75.4 | | | | |
| | C市 | 2.4 | 39.0 | 47.6 | 11.0 | 58.5 | | | | |
| | 3市 | 4.6 | 29.4 | 55.0 | 10.9 | 66.0 | | | | |
| (13) 教職員に対するケアを充実する必要がある | A市 | 5.9 | 27.5 | 57.8 | 8.8 | 66.7 | | | | |
| | B市 | 3.5 | 26.3 | 45.6 | **24.6** | 70.2 | | | | |
| | C市 | 4.9 | 36.6 | 43.9 | 14.6 | 58.5 | | | | |
| | 3市 | 5.0 | 30.3 | 50.2 | 14.5 | 64.7 | | | | |
| (14)「復興」が進んでいないことに苛立ちを覚える | A市 | 5.0 | 46.5 | 37.6 | 10.9 | 48.5 | ** C,A<B | | | 非：C,A+<B |
| | B市 | 3.5 | 26.3 | **50.9** | 19.3 | **70.2** | | | | |
| | C市 | 6.1 | 51.2 | 34.1 | 8.5 | 42.7 | | | | |
| | 3市 | 5.0 | 43.3 | 39.6 | 12.1 | 51.7 | | | | |

＊上段：有意水準　＊＊：p<.01　＊：p<.05　＋：p<.10　下段：多重比較結果

大事」「(11) 同僚とのコミュニケーションに苦慮」については、肯定側回答は4割以下にとどまっており、多くの教師たちが学力テスト至上主義に対して距離をとり、困難な状況の中で同僚とのコミュニケーションを何とか結ぼうとしている様子がうかがえる。

小中間に有意差がみられたのは、(2)(3)(5)(7)(11)(12)(13) の7項目で、(3) を除いては小学校の方が高い。小学校の方が、子どもや保護者・住民との関係形成やケアの重要性を挙げる者が多い反面、学校規模が相対的に小さいためか、同僚間のコミュニケーションに苦慮していると答える者が中学校に比べて多い。

**② 小学校**

(i) A市

一要因分散分析の結果では、A市とB・C市との間に有意差がみられたのは、「(1) 震災との関わりを考えた教育活動」「(6) 地域の復興の主体になるような教育活動」「(7) 保護者・地域住民との関係づくり」の3項目で、いずれもA市が有意に低く、特に強い肯定が少ない。また「(5) 様々な子どもに配慮」ではB市との間に、「(2) 全国標準の教育が受けられないことがないようにする」ではC市との間に有意差がみられ、いずれもA市の方が低い。二要因分散分析の結果をみると、(1)(2)(7) においてはC市に比べて有意に低く、(5) ではB市に比べて低い。この他、「(9) 震災に触れることへの躊躇」「(11) 同僚とのコミュニケーションに苦慮」においてもB市に比べて低い。詳細は割愛するが、交互作用項においては、非ベテラン教諭が (2)(6) において、ベテラン教諭が (1)(2)(3)(6)(7)(8) において、養護教諭が (1)(8) において他の地域に比べて有意に低い値を示している。

A市においては、保護者・地域住民との関係づくりを含む震災・復興と関わる教育活動をおこなっていると強くは意識していない傾向にあり、こうした傾向は属性を統制した場合でもみられるものである。震災被害が相対的に小さかったA市において、こうした傾向性がみられることは当然ともいえ、むしろB・C市の教師たちが震災・復興と関わる教育活動などを強く意識しながら、日々の教育活動に当たっているというべきであろう。逆に、子ども理解・支援をめぐる困難やケアの充実の必要性などについては、震災被害の程度にかかわらず、A市の教師たちも、他地域と同様に共通に抱いている意識といえる。

（ii）B市

一要因分散分析の結果によると、B市とA・C市との間に有意差がみられた項目として「(7) 保護者・地域住民との関係づくり」「(14)「復興」の遅れに対する苛立ち」が、A市との間に有意差がみられた項目として「(5) 様々な子どもに配慮」が、それぞれ挙げられる。特に (5)(7) では、B市において強い肯定が多い。二要因分散分析の結果では、「(8) 同じ教育活動を行う場合も判断に迷う」においてはA・C市との間に、(5) や「(9) 震災に触れることへの躊躇」「(11) 同僚とのコミュニケーションに苦慮」においてはA市との間に有意差がみられ、いずれもB市の方が高い。交互作用項をみた場合には、非ベテラン教諭では「(4) 子どもの自信を大事に」と (14) においてA・C市に比べて、「(2) 全国標準の教育が受けられないことがないようにする」「(6) 地域の復興の主体になるような教育活動」においてA市に比べて、それぞれ有意に高い。ベテラン教諭では、「(1) 震災との関わりを考えた教育活動」と (7) においてA市に比べて有意に高い。この他、養護教諭では (8) においてA市との間に有意差がみられる。

このようにB市の教師たちは、様々な子どもに配慮しつつ、従前通りにおこなうべきか、震災のことに触れるべきかなどの葛藤を抱くとともに、被災体験の違いによる同僚とのコミュニケーションの難しさを感じている者が多い傾向にある。一方で、非ベテラン教諭は、全国標準の教育が受けられるように配慮しながら、子どもの自信を大事にしつつ復興主体となるような教育活動を強く意識する傾向にあり、ベテラン教諭は震災との関わりを考えつつ、保護者・地域住民と関係形成を図りながら教育活動をおこなうことを強く意識する傾向にある。ただし、これまでも指摘したように、こうした傾向性をもつ者が非ベテラン教諭・ベテラン教諭の回答者に多く含まれていることを示しているように思われる。

（iii）C市

「(2) 全国標準の教育が受けられないことがないようにする」に対する肯定側回答がA市に比べて多く、またB市と比べても20ポイント以上も肯定側回答の割合が高い。二要因分散分析の結果では、この (2) に加えて、「(1) 震災との関わりを考えた教育活動」「(7) 保護者・地域住民との関係づくり」において、A市に比べて肯定側回答が多く、うち、(1) については、養護教諭において顕著である。この他、「(3) 学力テストで結果を出すことが大事」において、ベテラン教諭のみがA市に比べて高い値を示している。

このようにC市の教師たちは、震災・復興を意識した教育活動とその環境づくりを強く意識しているといえる。特に、全国標準の教育を保証することが強く意識されているが、それは学校自体が甚大な被害を受けたところが少なくなかったことにもよると思われる。

**③ 中学校**

(i) A市

一要因分散分析の結果によれば、「(1) 震災との関わりを考えた教育活動」「(4) 子どもの自信を大事に」「(12)他機関·専門家によるケアの充実」「(13) 教職員に対するケアの充実」の4項目において、A市とB·C市との間に有意差がみられた。特に (1)(4) においてA市の方が強い肯定が少ない。また「(2) 全国標準の教育が受けられないことがないようにする」「(7) 保護者・地域住民との関係づくり」ではB市に比べて、「(8) 同じ教育活動を行う場合も判断に迷う」「(10) 個別の子ども理解・支援の困難さ」「(11) 同僚とのコミュニケーションに苦慮」ではC市に比べて有意に低い。しかしながら、二要因分散分析の結果では、(4) においてB市との間に有意差がみられるにとどまる。むしろ、交互作用項においては多くの項目で有意差がみられ、詳細は省略するが、特にベテラン教諭では他との間に有意差がみられた項目が9項目みられ、うち (1)(7)(12) については、B・C市に対して有意に低い。

回答結果そのものをみた場合には、震災・復興に関わる教育活動に加えて、ケアの充実の必要性についても、A市ではそれほど強く意識されていないといえる。ただし、属性の違いを考慮にいれた場合には、地域の主効果がみられる項目は「(4) 子どもの自信を大事に」の1項目にとどまり、次にみるように、それ自体はむしろB市の特徴というべきものである。

また、A市に限ったことではないが、中学校では二要因分散分析結果において、地域の主効果が有意な項目は1項目のみで、むしろ有意差は、交互作用項、すなわち各属性における地域差に多くみられる。すなわち、それぞれの立場で様々な葛藤や試行錯誤を伴いながら教育活動をおこなっている状況であり、地域としてあるまとまった方向性を見いだす状況には至っていないことを示しているように思われる。

表 15.11.2　日常的教育活動への取り組みに関する回答結果（中）

| 項目 | 地域 | まったく感じない | あまり感じない | 感じる | 強く感じる | 肯定側回答 | 一要因分散分析* | 二要因分散分析*：地域 | 二要因分散分析*：属性 | 二要因分散分析*：交互作用 |
|---|---|---|---|---|---|---|---|---|---|---|
| (1) 震災との関わりを考えながら教育活動をおこなっている | A市 | 1.3 | 28.6 | 55.8 | 14.3 | 70.1 | ** A<C<B | | | 管：C<B/べ：A<C,B |
| | B市 | 0.0 | 4.7 | 53.5 | **41.9** | **95.3** | | | | |
| | C市 | 0.0 | 17.9 | 57.1 | 25.0 | 82.1 | | | | |
| | 3市 | 0.6 | 19.3 | 55.7 | 24.4 | 80.1 | | | | |
| (2) 全国標準の教育が受けられないことがないようにする | A市 | 3.9 | **45.5** | 45.5 | 5.2 | 50.6 | ** A<B | + | べ＜非＋ | べ：A<B |
| | B市 | 5.0 | 17.5 | 55.0 | **22.5** | **77.5** | | | | |
| | C市 | 3.6 | 30.4 | 58.9 | 7.1 | 66.1 | | | | |
| | 3市 | 4.0 | 34.1 | 52.0 | 9.8 | 61.8 | | | | |
| (3) どんな状況でも学力テストで結果を出すことが大事だ | A市 | 11.7 | 61.0 | 27.3 | 0.0 | 27.3 | ** A,C<B | | | 管：C<B+/非：A,C+<B/べ：A<B |
| | B市 | 0.0 | 40.0 | **55.0** | 5.0 | **60.0** | | | | |
| | C市 | 12.3 | 54.4 | 28.1 | 5.3 | 33.3 | | | | |
| | 3市 | 9.2 | 54.0 | 33.9 | 2.9 | 36.8 | | | | |
| (4) 子どもたちにもできることがあるという自信を大事にしている | A市 | 0.0 | 3.9 | **75.3** | 20.8 | 96.1 | ** A<C+,B | + A<B+ | | べ：A<B |
| | B市 | 0.0 | 4.9 | 39.0 | **56.1** | 95.1 | | | | |
| | C市 | 0.0 | 7.0 | 57.9 | 35.1 | 93.0 | | | | |
| | 3市 | 0.0 | 5.1 | 61.1 | 33.7 | 94.9 | | | | |
| (5) 様々な子どもに配慮した教育活動をおこなっている | A市 | 0.0 | 10.4 | 76.6 | 13.0 | 89.6 | ** A,C<B | | | べ：A<B |
| | B市 | 0.0 | 4.7 | 53.5 | **41.9** | 95.3 | | | | |
| | C市 | 0.0 | 10.3 | 69.0 | 20.7 | 89.7 | | | | |
| | 3市 | 0.0 | 9.0 | 68.5 | 22.5 | 91.0 | | | | |
| (6) 地域の復興の主体になるような教育活動をおこなっている | A市 | 2.6 | **48.7** | 42.1 | 6.6 | 48.7 | ** A,C<B | | | 管：A<B/べ：A<B |
| | B市 | 0.0 | 20.9 | 53.5 | **25.6** | **79.1** | | | | |
| | C市 | 1.8 | 24.6 | **61.4** | 12.3 | 73.7 | | | | |
| | 3市 | 1.7 | 34.1 | 51.1 | 13.1 | 64.2 | | | | |
| (7) 保護者や地域住民との関係づくりを大切にしている | A市 | 1.3 | 16.9 | 67.5 | 14.3 | 81.8 | ** A<B | | | 管：C<B/べ：A<B+,C+ |
| | B市 | 0.0 | 2.3 | 65.1 | **32.6** | 97.7 | | | | |
| | C市 | 0.0 | 10.2 | 66.1 | 23.7 | 89.8 | | | | |
| | 3市 | 0.6 | 11.2 | 66.5 | 21.8 | 88.3 | | | | |
| (8) 以前と同じ教育活動を行う場合もどうすればよいかと判断に悩むことがある | A市 | 6.7 | **53.3** | 37.3 | 2.7 | 40.0 | ** A<C | | * べ＜非 | |
| | B市 | 4.8 | 38.1 | 47.6 | 9.5 | 57.1 | | | | |
| | C市 | 1.8 | 29.8 | **57.9** | 10.5 | **68.4** | | | | |
| | 3市 | 4.6 | 42.0 | 46.6 | 6.9 | 53.4 | | | | |
| (9) 教育活動の中で震災について触れることに躊躇がある | A市 | 10.5 | 42.1 | 43.4 | 3.9 | 47.4 | | | ** 管，べ＜非 | + 非：A<B+/べ：A<C+ |
| | B市 | 11.6 | 34.9 | 46.5 | 7.0 | 53.5 | | | | |
| | C市 | 3.4 | 37.9 | 46.6 | 12.1 | 58.6 | | | | |
| | 3市 | 8.5 | 39.0 | 45.2 | 7.3 | 52.5 | | | | |
| (10) 一人ひとりの子どもを理解し支援することに困難を感じる | A市 | 3.9 | 58.4 | 33.8 | 3.9 | 37.7 | + A<C+ | | | 養：A<C+ |
| | B市 | 0.0 | 65.1 | 30.2 | 4.7 | 34.9 | | | | |
| | C市 | 1.8 | 45.6 | 42.1 | 10.5 | **52.6** | | | | |
| | 3市 | 2.3 | 55.9 | 35.6 | 6.2 | 41.8 | | | | |
| (11) 被災体験の違いにより同僚とのコミュニケーションに苦慮することがある | A市 | 20.8 | 70.1 | 7.8 | 1.3 | 9.1 | * A<C | | | べ：A,B<C |
| | B市 | 18.6 | 65.1 | 11.6 | 4.7 | 16.3 | | | | |
| | C市 | 15.5 | 53.4 | 20.7 | 10.3 | **31.0** | | | | |
| | 3市 | 18.5 | 63.5 | 12.9 | 5.1 | 18.0 | | | | |
| (12) 他の機関や専門家によるケアを充実する必要がある | A市 | 13.0 | 46.8 | 36.4 | 3.9 | 40.3 | ** A<C,B | | | べ：A<B+,C |
| | B市 | 0.0 | 37.2 | 55.8 | 7.0 | **62.8** | | | | |
| | C市 | 5.3 | 33.3 | 54.4 | 7.0 | 61.4 | | | | |
| | 3市 | 7.3 | 40.1 | 46.9 | 5.6 | 52.5 | | | | |
| (13) 教職員に対するケアを充実する必要がある | A市 | 9.1 | **53.2** | 29.9 | 7.8 | 37.7 | ** A<C,B | | | |
| | B市 | 2.4 | 33.3 | 52.4 | 11.9 | **64.3** | | | | |
| | C市 | 1.8 | 31.6 | 57.9 | 8.8 | **66.7** | | | | |
| | 3市 | 5.1 | 41.5 | 44.3 | 9.1 | 53.4 | | | | |
| (14)「復興」が進んでいないことに苛立ちを覚える | A市 | 11.7 | **51.9** | 24.7 | 11.7 | 36.4 | ** A,C<B | | | 管：C<B+/非：A<B |
| | B市 | 4.7 | 18.6 | **51.2** | **25.6** | **76.7** | | | | |
| | C市 | 10.7 | 41.1 | 39.3 | 8.9 | 48.2 | | | | |
| | 3市 | 9.7 | 40.3 | 35.8 | 14.2 | 50.0 | | | | |

＊上段：有意水準　**：p<.01　*：p<.05　+：p<.10　下段：多重比較結果

### (ii) B市

一要因分散分析の結果では、「(1) 震災との関わりを考えた教育活動」「(3) 学力テストで結果を出すことが大事」「(5) 様々な子どもに配慮」「(6) 地域の復興の主体になるような教育活動」「(14)「復興」の遅れに対する苛立ち」においてB市とA・C市との間に有意差がみられた。この他、「(2) 全国標準の教育が受けられないことがないようにする」「(7) 保護者・地域住民との関係づくり」においてはA市との間に、それぞれ有意差がみられた。いずれも、B市の方が肯定側回答、総じて強い肯定が多い。ただし、二要因分散分析の結果においては、「(4) 子どもの自信を大事に」においてA市との間に有意差がみられるにとどまる。むしろ交互作用項において各属性内で地域差がみられた項目が多い。A市またはC市との間に有意差がみられた項目として、管理職では (1)(3)(6)(7)(14) が、非ベテラン教諭では (3)(14) と「(9) 震災に触れることへの躊躇」が、ベテラン教諭では (2)(3)(4)(5)(6) が挙げられる。

B市の教師たちに共通しているのは、子どもたちでもできることがあるという自信を大事にしながら、日々の教育活動をおこなっていることといえる。また、管理職、非ベテラン教諭、ベテラン教諭の間では、どのような状況でも学力テストにおいて結果を出すことが大事と捉えていることが共通の認識となっているが、管理職ではより震災・復興に関連した教育活動が、非ベテラン教諭では震災に起因する葛藤が、ベテラン教諭においては全国標準の条件整備や個々の子どもに配慮した主体形成に向けた教育活動が、それぞれ強く意識されているといえる。

### (iii) C市

一要因分散分析の結果では、「(8) 同じ教育活動を行う場合も判断に迷う」「(10) 個別の子ども理解・支援の困難さ」「(11) 同僚とのコミュニケーションに苦慮」はA市に比べて有意に高く、「(1) 震災との関わりを考えた教育活動」はB市に比べて有意に低い。二要因分散分析の結果では、地域の主効果が有意な項目はみられない。交互作用項をみると、管理職では (1) に加えて「(3) 学力テストで結果を出すことが大事」「(7) 保護者・地域住民との関係づくり」「(14)「復興」の遅れに対する苛立ち」において、B市よりも低い。ベテラン教諭では、(11) と「(9) 震災に触れることへの躊躇」において、他の地域よりもそれぞれ有意に高い。加えて、養護教諭ではA市に比べて「(10) 個別の子ども理解・支援の困難さ」の値が高い。

C市全体の雰囲気としては、子どもや同僚との関わりなど日常の教育活動上の葛藤が強く、震災を意識した教育活動をおこないづらい状況におかれているように思われる。特に管理職の回答傾向をみると、日常の教育活動への対応に追われて、震災を意識した活動、学力や保護者・地域との連携などに意識が向かいにくい状況にあるように思われる。またベテラン教諭や養護教諭の回答傾向からは、子どもや同僚との関わりに苦慮している様子がうかがえる。

## 3. 各地域の特徴の集約的把握

これまで、各項目の回答結果の平均値の比較をもとに、被災3市の特徴をみてきた。以下では、小中別に設問毎に因子分析（最尤法・プロマックス回転）をおこない、析出された各因子の因子得点をもとに、集約的に被災3市の違いをみていくこととする。

因子分析をおこなったのは、教職生活、教師への「期待認知」と「責任意識」、教職観、教育政策への取り組み状況、震災直後の経験、現在の教育活動に関する6つの設問である。**表15.12.1**と**表15.12.2**には、因子名と各因子に対して因子負荷量絶対値0.3以上の項目（因子負荷量絶対値0.5以上は太字、因子負荷量の符号が負の場合は下線）とを示した。また、因子得点を従属変数、地域を因子とした一要因分散分析の結果、および因子得点を従属変数、地域と属性とを固定因子とした二要因分散分析の結果もあわせて掲載している。紙幅の都合上、結果については各因子・固定因子の効果の検定結果と多重比較の結果のみを示した。

### (1) 小学校

**表15.12.1**をみると、全29因子中、地域間に有意差がみられたのは、一要因分散分析では11因子、二要因分散分析では8因子にとどまる。なお期待認知や責任意識に関する因子では、いずれも有意差はみられない。

#### ① A市

一要因分散分析の結果によると、〈活動F1震災・復興を意識した活動〉では、A市よりもB・C市の方が有意に高い。また、〈教職観F5職務遂行性〉〈施策

F1 生活・学習指導〉〈経験 F2 子どもとの関係形成〉〈経験 F3 震災に伴う葛藤〉〈経験 F4 外部からの支援〉〈活動 F4 子どもへのエンパワーメント〉の 6 因子においては、B 市に比べて有意に低い。震災被害が相対的に小さかった A 市では、震災に関連した因子の平均値が他よりも低いのは、ある意味、当然の結果といえる。一方で、決められた役割の中ではっきりした成果を示すといった職務遂行的な教職観はそれほど強くなく、道徳教育・いじめ防止・学力向上に関連した施策への取り組みもそれほど強くは意識していない傾向にある。

二要因分散分析により、属性の影響を統制した場合、B・C 市との間に有意差を示す因子はみあたらず、〈教職観 F1 自己実現性〉〈経験 F2 子どもとの関係形成〉〈経験 F4 外部からの支援〉〈活動 F1 震災・復興を意識した活動〉〈活動 F4 子どもへのエンパワーメント〉では B 市に比べて、〈施策 F2 地域連携〉では C 市に比べて、それぞれ低い因子得点平均値を示している。ただし、〈教職観 F1〉〈活動 F1〉以外は、交互作用項が有意となっていることから、地域間の差というよりは、属性間における地域差によるところが大きい。したがって、属性の違いを超えて A 市の教師たちに共通してみられる傾向としては、やりがい・生きがいのある仕事と強く捉える傾向が弱く、また震災・復興を意識した活動をそれほど強く意識していないことが挙げられる。

**② B 市**

一要因分散分析結果によれば、B 市と A・C 市との間に有意差がみられたのは、〈生活 F1 信頼自信〉〈生活 F2 教職 ID 攪乱〉〈教職観 F1 自己実現性〉〈施策 F2 地域連携〉の 4 因子である。うち、〈生活 F2〉以外は B 市の方が有意に高い。また上述したように、〈教職観 F5 職務遂行性〉〈施策 F1 生活・学習指導〉〈経験 F2 子どもとの関係形成〉〈経験 F3 震災に伴う葛藤〉〈経験 F4 外部からの支援〉〈活動 F4 子どもへのエンパワーメント〉では、A 市との間に有意差がみられる。B 市の教師は、他の 2 市に比べて、自信や信頼感が高く教職アイデンティティの攪乱が少なく、やりがい・生きがいを感じながら教職生活を送っており、地域連携にもかなり取り組んでいると認識する傾向にある。また A 市に比べて、与えられた役割の中ではっきりした成果を出す仕事と教職を捉え、生活指導や学習指導に取り組んでいると認識している一方、震災時において葛藤を抱えながらも子どもとの関係を形成し、外部からの支援を得た経験を強く意識しており、現在の教育活動においては子どもへのエンパワーメン

## 表 15.12.1　各因子得点の地域間比較（小）

| 領域 | 因子名 | 高い負荷量を示す項目*1 | 地域 | 因子得点平均値 | 一要因分散分析*2 | 二要因分散分析*2 地域 | 二要因分散分析*2 属性 | 二要因分散分析*2 交互作用 |
|---|---|---|---|---|---|---|---|---|
| 教職生活（生活） | F1 信頼自信 | **(3) (4) (5) (2)** (1) (7) | A市 | −0.097 | **<br>C,A<B | +<br>C<B | **<br>非 +, 養 < 管 | |
| | | | B市 | 0.391 | | | | |
| | | | C市 | −0.152 | | | | |
| | F2 教職 ID 攪乱 | **(12) (13) (14)** (11) (2) (1) | A市 | 0.090 | **<br>B<A,C | | **<br>管 < 非 , 講 , 養<br>べ < 非 | |
| | | | B市 | −0.461 | | | | |
| | | | C市 | 0.212 | | | | |
| | F3 多忙過重 | **(9) (8) (7)** | A市 | 0.046 | | | | |
| | | | B市 | −0.138 | | | | |
| | | | C市 | 0.036 | | | | |
| | F4 教職 ID 安定 (−) | **(19) (6) (5)** (17) (14) | A市 | 0.100 | | | | |
| | | | B市 | −0.122 | | | | |
| | | | C市 | −0.050 | | | | |
| | F5 同僚からの評価 | **(15) (16)** | A市 | −0.082 | | | | |
| | | | B市 | −0.077 | | | | |
| | | | C市 | 0.170 | | | | |
| 期待認知（期待） | F1 学校空間内指向 | **(8) (9) (7) (2)** | A市 | 0.062 | | | | |
| | | | B市 | 0.081 | | | | |
| | | | C市 | −0.131 | | | | |
| | F2 学校空間外指向 | **(10) (4) (11)** (3) (12) | A市 | −0.002 | | | | |
| | | | B市 | 0.081 | | | | |
| | | | C市 | −0.053 | | | | |
| | F3 社会的能力育成 | **(5) (6)** | A市 | 0.045 | | | | |
| | | | B市 | 0.006 | | | | |
| | | | C市 | −0.059 | | | | |
| 責任意識（責任） | F1 学校空間内指向 | **(8) (7) (9) (2)** | A市 | 0.076 | | | + | |
| | | | B市 | 0.017 | | | | |
| | | | C市 | −0.107 | | | | |
| | F2 学校空間外指向 | **(10) (12) (1) (11)** (3) | A市 | −0.082 | | | + | |
| | | | B市 | 0.090 | | | | |
| | | | C市 | 0.037 | | | | |
| | F3 社会的能力育成 | **(5) (6)** (4) | A市 | 0.082 | | | + | |
| | | | B市 | −0.088 | | | | |
| | | | C市 | −0.039 | | | | |
| 教職観（教職観） | F1 自己実現性 | **(5) (4)** | A市 | −0.175 | **<br>A,C<B | *<br>A<B | | |
| | | | B市 | 0.346 | | | | |
| | | | C市 | −0.026 | | | | |
| | F2 自律性 | **(10) (7)** (3) | A市 | −0.016 | | | | *<br>管：B<C<br>べ：A<B |
| | | | B市 | 0.068 | | | | |
| | | | C市 | −0.028 | | | | |
| | F3 高度専門職性 | **(8) (9)** | A市 | −0.068 | | | +<br>講 < 養 + | |
| | | | B市 | 0.111 | | | | |
| | | | C市 | 0.007 | | | | |
| | F4 経済的高地位性 | **(2)** (1) | A市 | 0.013 | | | +<br>べ < 非 | **<br>非：C,A+<B |
| | | | B市 | 0.028 | | | | |
| | | | C市 | −0.037 | | | | |
| | F5 職務遂行性 | **(12) (11)** (6) | A市 | −0.086 | A<B+ | | * | *<br>非：C,A<B |
| | | | B市 | 0.188 | | | | |
| | | | C市 | −0.025 | | | | |

| 領域 | 因子名 | 高い負荷量を示す項目*1 | 地域 | 因子得点平均値 | 一要因分散分析*2 | 二要因分散分析*2 地域 | 二要因分散分析*2 属性 | 二要因分散分析*2 交互作用 |
|---|---|---|---|---|---|---|---|---|
| 教育施策への取り組み（施策） | F1 生活・学習指導 | **(8) (9) (7)** (12) (1) (11) (14) (2) | A市 | −0.121 | *<br>A<B | | | |
| | | | B市 | 0.265 | | | | |
| | | | C市 | −0.045 | | | | |
| | F2 地域連携 | **(18) (17) (10)** (20) (13) | A市 | −0.324 | **<br>C,A<B | *<br>A<C | **<br>べ＜管 | *<br>管：A<C+/ 非 A<C <B+/ べ：C,A+<B |
| | | | B市 | 0.204 | | | | |
| | | | C市 | 0.233 | | | | |
| | F3 特別な支援 | **(15) (19) (14)** (16) | A市 | −0.091 | | | *<br>べ＜管 | *<br>非：A,C<B<br>養：C<A+ |
| | | | B市 | 0.096 | | | | |
| | | | C市 | 0.038 | | | | |
| | F4 教員政策 | **(5) (4) (6)** | A市 | 0.021 | | | +<br>べ＜管＋ | |
| | | | B市 | −0.052 | | | | |
| | | | C市 | 0.012 | | | | |
| | F5 教員以外の関与 | **(3)** (2) | A市 | −0.115 | | | *<br>べ＜非＋, 養＋ | +<br>非：A<B |
| | | | B市 | 0.002 | | | | |
| | | | C市 | 0.132 | | | | |
| 震災直後の経験（経験） | F1 教員としての対応・使命 | **(3) (1)** (2) (4) | A市 | −0.053 | | | | |
| | | | B市 | 0.093 | | | | |
| | | | C市 | −0.007 | | | | |
| | F2 子どもとの関係形成 | **(6) (7)** | A市 | −0.205 | *<br>A<B | *<br>A<B | | **<br>管：B<C<br>べ：A,C<B |
| | | | B市 | 0.248 | | | | |
| | | | C市 | 0.062 | | | | |
| | F3 震災に伴う葛藤 | **(9) (11)** (10) (8) <u>(5)</u> | A市 | −0.170 | *<br>A<B | | | |
| | | | B市 | 0.149 | | | | |
| | | | C市 | 0.096 | | | | |
| | F4 外部からの支援 | **(5)** (8) <u>(11)</u> (4) | A市 | −0.178 | *<br>A<B | +<br>A<B+ | | *<br>非：A<B<br>べ：A<B |
| | | | B市 | 0.193 | | | | |
| | | | C市 | 0.071 | | | | |
| 現在の教育活動（活動） | F1 震災・復興を意識した活動 | **(6) (7)** (1) (2) | A市 | −0.307 | **<br>A<C,B | **<br>A<B | *<br>べ＜管 | |
| | | | B市 | 0.329 | | | | |
| | | | C市 | 0.120 | | | | |
| | F2 教育活動上の困難葛藤 | **(8) (9) (11) (10)** (14) | A市 | −0.122 | | *<br>A,C+<B | *<br>管＜非 | 養：A<B |
| | | | B市 | 0.102 | | | | |
| | | | C市 | 0.068 | | | | |
| | F3 ケアの充実 | **(13) (12)** (14) | A市 | −0.069 | | | | |
| | | | B市 | 0.216 | | | | |
| | | | C市 | −0.075 | | | | |
| | F4 子どもへのエンパワーメント | **(5) (4)** | A市 | −0.120 | *<br>A<B | +<br>A<B+ | | *<br>非：A<B<br>べ：A<B |
| | | | B市 | 0.220 | | | | |
| | | | C市 | −0.019 | | | | |

＊1　太字：因子負荷量絶対値 0.5 以上　下線：因子負荷量（−）
＊2　上段：有意水準　**：p<.01　*：p<.05　+：p<.10　下段：多重比較結果

トを心がける傾向にあるといえる。

しかしながら、二要因分散分析の結果をみると、他地域に対して有意差を示す因子は少なくなる。交互作用項が有意な因子を除くと、A・C市に対しては〈活動F2教育活動上の困難葛藤〉において、A市に対しては〈教職観F1自己実現性〉〈活動F1震災・復興を意識した活動〉において、またC市に対しては〈生活F1信頼自信〉において、それぞれ有意に高い。回答者の属性を統制した場合、B市の教師たちの特徴として、信頼や自信を強く抱き、教職をやりがい生きがいのある仕事と捉え、教育活動上の困難や葛藤に直面しながらも、震災・復興を意識した教育活動を展開しているという、いわば実践志向の強さが指摘できるように思われる。

ところで、交互作用項をみると、B市の非ベテラン教諭・ベテラン教諭が、他市に比べて有意差を示す因子が少なくない。非ベテラン教諭では〈教職観F4経済的高地位性〉〈教職観F5職務遂行性〉〈施策F2地域連携〉〈施策F3特別な支援〉においてA・C市に対して有意に高く、〈施策F5教員以外の関与〉〈経験F4外部からの支援〉〈活動F4子どもへのエンパワーメント〉においてA市に対して有意に高い。ベテラン教諭では、〈施策F2地域連携〉〈経験F2子どもとの関係形成〉においてA・C市に対して有意に高く、〈教職観F2自律性〉〈経験F4外部からの支援〉〈活動F4子どもへのエンパワーメント〉においてA市に比べて有意に高い。すなわち、B市の非ベテラン教諭は、教職を経済的社会的に地位の高い仕事と捉え、それに見合う成果を出すことを強く意識しており、地域や外部機関などとの連携を強く意識し、子どもへのエンパワーメントを重んじる傾向にある。また同市のベテラン教諭でも地域や外部機関との連携や子どもへのエンパワーメントを強く意識している点は非ベテラン教諭と共通しているが、教職をより自律的な仕事ととらえ、震災時においては子どもとの関係を築けた経験を強く抱いている点で異なっている。しかしながら、繰り返しになるが、上記のように交互作用項においてかれらのみが他市との間に有意差を示す項目が多いことからすると、これらはB市全体の非ベテラン教諭・ベテラン教諭の特徴というよりは、今回の調査に回答したB市の非ベテラン教諭・ベテラン教諭の特徴というべきであろう。もちろん、こうした特徴は、B市の教師たちに共通してみられる実践志向と無関係ではなく、より子どもへのエンパワーメントを意識した形で、また教員以外の人々が連携した形でそれを実現しようとするものであると考える。

### ③ C市

C市については、二要因分散分析結果において交互作用項が有意なものを除くと、〈生活F1信頼自信〉においてB市との間に有意差がみられるにとどまる。むしろ、他地域と有意差がみられないこと自体がC市の特徴といえるかもしれない。その理由は定かではないが、B市に比べて信頼・自信が低いことからすると、厳しい現実の中で個々の教師たちがその対応に追われながらも、何らかの達成感や効能感を抱くことが難しく、集合的な意識や方向性を見いだしにくい状況に置かれているようにも思われる。

## (2) 中学校

**表15.12.2**によれば、中学校では、全30因子中、一要因分散分析結果では22因子、二要因分散分析結果では15因子において有意差がみられる。特に一要因分散分析結果をみた場合、責任意識、震災時の経験、現在の教育活動に関する因子ではそのすべてにおいて有意差がみられた。

### ① A市

一要因分散分析の結果において、A市とB・C市との間に有意差がみられたのは、〈施策F4教員以外の関与〉〈経験F1子どもとの関係形成〉〈経験F3震災に伴う葛藤〉〈活動F1震災・復興を意識した活動〉〈活動F3震災に関わる葛藤・ケア〉の5因子で、いずれもA市に比べてB・C市が有意に高い。また、B市との間では〈責任F3学力形成〉〈施策F2教員政策〉〈施策F5健康教育〉において、C市との間では〈活動F2教育活動上の困難葛藤〉において有意差がみられ、いずれもA市の方が有意に低い。このように、回答結果そのものをみた場合には、震災直後の経験や震災に関わる教育活動、それに伴う葛藤やケアに関する因子において、震災被害が相対的に小さかったA市の値が低いことは、ある意味では当然のことといえる。一方で、A市では、他に比べて、教員政策、教員以外の関与、健康教育など、通常の教育活動と直接的関わりの弱い施策への取り組みを強く意識している者が少なく、学力形成を強く感じている者も少ない。よくいえばそうした事柄に左右されることなく安定した形で、悪くいえば通常の教育活動以外の事柄に自らの意識を閉ざす形で、教職生活を送っているように思われる。

## 表 15.12.2　各因子得点の地域間比較（中）

| 領域 | 因子名 | 高い負荷量を示す項目*1 | 地域 | 因子得点平均値 | 一要因分散分析*2 | 二要因分散分析*2 | | |
|---|---|---|---|---|---|---|---|---|
| | | | | | | 地域 | 属性 | 交互作用 |
| 教職生活（生活） | F1 信頼 | **(3) (4) (5)** | A市 | -0.111 | * C,A<B | | ** 講＜べ，管 | |
| | | | B市 | 0.390 | | | | |
| | | | C市 | -0.114 | | | | |
| | F2 多忙過重 | **(9) (8)** (10) | A市 | -0.150 | | * A<C | ** 養＋，講＋＜非 | |
| | | | B市 | 0.002 | | | | |
| | | | C市 | 0.203 | | | | |
| | F3 自信 | **(2) (1) <u>(12)</u>** <u>(13)</u> | A市 | -0.100 | * C,A<B | | * 講，養＋，非＜管 非＜べ，管 | べ：A<B+ |
| | | | B市 | 0.534 | | | | |
| | | | C市 | -0.227 | | | | |
| | F4 教職 ID 攪乱 | **(14) (13) (17)** (19) (18) (11) | A市 | -0.046 | ** B,A<C | ** A,B<C | | 養：A+<C |
| | | | B市 | -0.337 | | | | |
| | | | C市 | 0.291 | | | | |
| | F5 教職 ID 安定 | **(7) (6) <u>(19)</u>** | A市 | -0.031 | * C<B | * C<B | | 養：C<B+ |
| | | | B市 | 0.346 | | | | |
| | | | C市 | -0.194 | | | | |
| | F6 同僚からの評価 | **(16) (15)** | A市 | -0.044 | | | | |
| | | | B市 | -0.120 | | | | |
| | | | C市 | 0.142 | | | | |
| 期待認知（期待） | F1 社会的能力育成 | **(5) (6) (4)** (1) (11) (10) | A市 | -0.151 | ** A,C<B | ** A,C<B | + 非＜管＋ | * 管：C<B/ 非：A<B/ べ：A<B+ |
| | | | B市 | 0.410 | | | | |
| | | | C市 | -0.118 | | | | |
| | F2 学校・学級づくり | **(8) (9) (7)** (11) (10) | A市 | -0.057 | | | + べ＜管 | |
| | | | B市 | -0.119 | | | | |
| | | | C市 | 0.164 | | | | |
| | F3 学力形成 | **(2) (3)** (7) (1) | A市 | -0.143 | | + A<B+ | | |
| | | | B市 | 0.322 | | | | |
| | | | C市 | -0.049 | | | | |
| 責任意識（責任） | F1 社会的能力育成 | **(5) (6) (4) (1)** (10) | A市 | 0.040 | * C,A<B | * C<B | | 管：A<C |
| | | | B市 | 0.104 | | | | |
| | | | C市 | -0.130 | | | | |
| | F2 学校・学級づくり | **(9) (8)** (11) (10) | A市 | -0.075 | * A,C+<B | | | |
| | | | B市 | 0.304 | | | | |
| | | | C市 | -0.126 | | | | |
| | F3 学力形成 | **(2) (7)** (3) | A市 | -0.114 | ** A<B | * A,C<B | | 非：A<B |
| | | | B市 | 0.107 | | | | |
| | | | C市 | 0.068 | | | | |
| 教職観（教職観） | F1 自己実現性 | **(4) (5)** | A市 | -0.180 | ** C,A<B | | | |
| | | | B市 | 0.429 | | | | |
| | | | C市 | -0.089 | | | | |
| | F2 献身性 | **(6)** (3) | A市 | -0.136 | | | | |
| | | | B市 | 0.205 | | | | |
| | | | C市 | 0.022 | | | | |
| | F3 高度専門職性 | **(9) (8)** (13) (3) | A市 | -0.107 | * A,C<B | | | べ：A<B+ |
| | | | B市 | 0.265 | | | | |
| | | | C市 | -0.061 | | | | |
| | F4 職務遂行性 | **(11)** (12) | A市 | -0.110 | | | | |
| | | | B市 | 0.347 | | | | |
| | | | C市 | -0.123 | | | | |
| | F5 自律性 | **(7)** (1) (10) | A市 | -0.155 | * C,A<B | + | | |
| | | | B市 | 0.331 | | | | |
| | | | C市 | -0.050 | | | | |

| 領域 | 因子名 | 高い負荷量を示す項目*1 | 地域 | 因子得点平均値 | 一要因分散分析*2 | 二要因分散分析*2 地域 | 属性 | 交互作用 |
|---|---|---|---|---|---|---|---|---|
| 教育施策への取り組み（施策） | F1 連携支援体制 | **(17) (18) (13) (12)** (14) (3) | A市 | −0.085 | | | | |
| | | | B市 | 0.407 | | | | |
| | | | C市 | −0.189 | | | | |
| | F2 教員政策 | **(6) (5)** (4) (10) | A市 | −0.134 | A<B+ | | | べ：A<B+ |
| | | | B市 | 0.242 | | | | |
| | | | C市 | −0.007 | | | | |
| | F3 生活指導 | **(9) (8)** (10) (7) | A市 | −0.114 | | | | |
| | | | B市 | 0.196 | | | | |
| | | | C市 | 0.001 | | | | |
| | F4 教員以外の関与 | **(3) (2) (11)** (19) (18) | A市 | −0.285 | ** A<C,B | | | べ：A<C+,B |
| | | | B市 | 0.296 | | | | |
| | | | C市 | 0.147 | | | | |
| | F5 健康教育 | **(16)** (20) | A市 | −0.233 | * A<B | * A,C+<B | | |
| | | | B市 | 0.312 | | | | |
| | | | C市 | 0.068 | | | | |
| | F6 学力関連施策 | **(1) (7)** (2) | A市 | 0.109 | ** C<A,B | * C<A | | べ：C<B |
| | | | B市 | 0.247 | | | | |
| | | | C市 | −0.324 | | | | |
| 震災直後の経験（経験） | F1 子どもとの関係形成 | **(6) (7) (8) (5)** (4) | A市 | −0.357 | ** A<C,B | + | | 非：A<C,B<br>べ：A<C,B |
| | | | B市 | 0.420 | | | | |
| | | | C市 | 0.161 | | | | |
| | F2 教員としての対応・使命 | **(3) (2) (1)** (4) | A市 | −0.242 | ** A,C<B | ** A<B | | 非：A<B |
| | | | B市 | 0.474 | | | | |
| | | | C市 | −0.038 | | | | |
| | F3 震災に伴う葛藤 | **(9) (10)** (11) | A市 | −0.221 | * A<C,B | | | べ：A<C |
| | | | B市 | 0.189 | | | | |
| | | | C市 | 0.155 | | | | |
| 現在の教育活動（活動） | F1 震災・復興を意識した活動 | **(4) (5) (6) (7)** (1) | A市 | −0.344 | ** A<C,B C<B+ | * A<B+ | | 管：A,C+<B<br>べ：A<C,B |
| | | | B市 | 0.496 | | | | |
| | | | C市 | 0.113 | | | | |
| | F2 教育活動上の困難葛藤 | **(10) (8)** (9) | A市 | −0.245 | ** A<C | * A<C+ | * べ＜非 | べ：A<C |
| | | | B市 | 0.069 | | | | |
| | | | C市 | 0.286 | | | | |
| | F3 震災に関わる葛藤・ケア | **(14) (11) (13)** (12) (1) | A市 | −0.311 | ** A<C,B | + | | 管：A<B<br>べ：A<C |
| | | | B市 | 0.361 | | | | |
| | | | C市 | 0.166 | | | | |
| | F4 教育水準保証 | (3) (2) (1) | A市 | −0.155 | ** A,C<B | | | 管：C<B<br>べ：A<B |
| | | | B市 | 0.361 | | | | |
| | | | C市 | −0.049 | | | | |

＊1　太字：因子負荷量絶対値 0.5 以上　下線：因子負荷量（−）
＊2　上段：有意水準　**：p<.01　*：p<.05　+：p<.10　下段：多重比較結果

一方、二要因分散分析の結果では、A 市と B・C 市との間に有意差がみられた項目はなく、〈期待 F3 学力形成〉〈経験 F2 教員としての対応・使命〉〈活動 F1 震災・復興を意識した活動〉においては B 市との間に、〈生活 F2 多忙過重〉〈施策 F6 学力関連施策〉〈活動 F2 教育活動上の困難葛藤〉においては C 市との間に、それぞれ有意差がみられ、〈施策 F6〉以外は A 市が有意に低い。有意差がみられる因子がやや異なっているが、震災に関わる因子で有意差がみられる点は上記と同様である。しかしながら、多忙過重感を挙げる者が A 市では少なく、学力関連政策を強く意識する傾向にあるものの、学力に対する期待認知は低い。前者については、すでに述べたように、学校職場集団の求心性が強く、それゆえに「皆忙しい、皆大変」といった意識が強いため、多忙過重が意識されにくいことを示しているようにも思われる。またそうした求心性ゆえに、学力関連政策を強く意識しているものの、外からのそうした期待を強く認知していないようにも思われる。

**② B 市**

B 市と A・C 市との間に有意差がみられたのは、〈生活 F1 信頼〉〈生活 F3 自信〉〈期待 F1 社会的能力育成〉〈責任 F1 社会的能力育成〉〈責任 F2 学校・学級づくり〉〈教職観 F1 自己実現性〉〈教職観 F3 高度専門職性〉〈教職観 F5 自律性〉〈経験 F2 教員としての対応・使命〉〈活動 F1 震災・復興を意識した活動〉〈活動 F4 教育水準保証〉の 11 因子にものぼり、いずれも B 市の方が高い。この他、前項で述べたとおり、〈責任 F3 学力形成〉〈施策 F2 教員政策〉〈施策 F5 健康教育〉では A 市に比べて有意に高く、また〈生活 F5 教職 ID 安定〉では C 市に比べて有意に高い。すなわち、B 市では、やりがい・生きがいのある自律性をもった高度専門職として教職をとらえ、自信や信頼感をもち、社会的能力の育成に対する期待を受け止め、安心できる学校・学級づくりともに自らの責任として引き受け、震災時には学校・教員の使命や役割を強く意識した経験をもち、教育活動に伴う葛藤を抱えながらも震災・復興を意識した活動をおこなうと同時に、全国標準の教育のもと学力テストでも結果を出すことを大事にしつつ日々の教育活動を送っているといえる。

二要因分散分析の結果において、〈期待 F1 社会的能力育成〉〈責任 F3 学力形成〉〈施策 F5 健康教育〉では A 市・C 市に対して、〈期待 F3 学力形成〉〈経験 F2 教員としての対応・使命〉〈活動 F1 震災・復興を意識した活動〉では A

市に対して、〈生活 F5 教職 ID 安定〉〈責任 F1 社会的能力育成〉では C 市に対して、有意に高い値を示している。B 市の教師たちは、適職感といった教職アイデンティティの安定的側面を強くもち、社会的能力育成と学力形成に関する期待と責任を強く感じ、健康教育や学校施設整備といった取り組みを強く意識する傾向にある。また震災時において教員としての使命感のもとに対応したことを強く意識し、現在震災・復興を意識した活動を日々の教育活動においておこなっていると強く意識する傾向にある。

ところで、交互作用項についてみた場合、小学校ほど顕著ではないものの、やはり非ベテラン教諭とベテラン教諭とにおいて、B 市と A 市・C 市のいずれか／両方との間に有意差がみられる因子が少なくない。非ベテラン教諭では〈期待 F1 社会的能力育成〉〈責任 F3 学力形成〉〈経験 F2 教員としての対応・使命〉が、ベテラン教諭では〈生活 F3 自信〉〈期待 F1 社会的能力育成〉〈教職観 F3 高度専門職性〉〈施策 F2 教員政策〉〈施策 F6 学力関連施策〉〈活動 F4 教育水準保証〉が、それにあたる。また管理職では〈期待 F1 社会的能力育成〉〈活動 F1 震災・復興を意識した活動〉〈活動 F3 震災に関わる葛藤・ケア〉〈活動 F4 教育水準保証〉において、B 市が A・C 市いずれか／両方に対して有意な差を示している。非ベテラン教諭は、社会的能力育成を期待として強く意識するとともに、学力形成を自らの責任とし、また震災時には学校・教員としての使命を意識し対応した経験を強く意識する傾向にあり、教員としての強い使命・責任を有しているように思われる。ベテラン教諭は、自らの仕事を高度専門職と強く意識し、社会的能力育成という期待を受け止める一方で、人事考課などの教員政策や学力関連施策を強く意識しており、実際、学力テストで結果を出すことなどを意識して自信をもって教育活動をおこなう傾向にあり、成果主義的な志向性が強いと考える。管理職については、葛藤やケアの充実の必要性を抱きながら、社会的能力の育成を含む震災・復興を意識した教育活動を教育水準の保証を図りつつおこなおうとする意識が強い。

なお、繰り返しの指摘となるが、管理職については、回答者の構成比をみると、他地域に比べて割合が高く、特定の管理職のみが回答している可能性は低いが、非ベテラン教諭、ベテラン教諭についてはB 市全体の傾向というよりは、上記の傾向をもつ者が回答者になっていたと思われる。

### ③ C市

一要因分散分析の結果によると、C市はA・B市と比べて、〈生活F4教職ID攪乱〉において有意に高く、〈施策F6学力関連施策〉において有意に低い。またA市と比べて〈活動F2教育活動上の困難葛藤〉が有意に高く、B市と比べて〈生活F5教職ID安定〉〈活動F1震災・復興を意識した活動〉が有意に低い。C市の教師たちは、教職アイデンティティの安定的側面が弱く、攪乱的側面が強く、教職アイデンティティの確保が難しい状況にある。また学力関連施策に取り組んでいるとする者が相対的に少なく、震災・復興を意識した活動もB市ほどは強く意識して取り組まれていない。

二要因分散分析の結果では、〈生活F4教職ID攪乱〉において、引き続きC市とA・B市との間に有意差がみられた。〈生活F2多忙過重〉〈施策F6学力関連施策〉〈活動F2教育活動上の困難葛藤〉においてA市との間に有意差がみられ、うち〈施策F6〉については、C市が有意に低い。また〈生活F5教職ID安定〉〈責任F1社会的能力育成〉においてB市との間に有意差がみられ、いずれもC市の方が低い。一要因分散分析の結果と同様に、C市の教師たちはその属性にかかわらず、他地域と比べて教職アイデンティティの確保が難しい状況（特に攪乱的側面において）にあり、現在も教育活動に伴う困難葛藤を抱える者も多く、多忙過重感も強い状況にある。

## 4. 教職アイデンティティ関連因子と他の因子との相関

以下では、教職アイデンティティ(3)の確保という視点から、各市の特徴をみていきたい。小学校における教職アイデンティティの〈安定〉〈攪乱〉それぞれに関する因子として、〈生活F4教職ID安定（－）〉と〈生活F2教職ID攪乱〉とが挙げられる。うち、前者では教職アイデンティティに関わる項目が負の因子負荷量を示しているが、結果を読み取りやすくするため、相関係数の符号を逆転させ、表頭の表記も「教職ID安定」としている。中学校については、〈生活F5教職ID安定〉と〈生活F4教職ID攪乱〉との2つが教職アイデンティティに関する因子として析出されている。

**表15.13.1**と**表15.13.2**は、それぞれ小学校・中学校における教職アイデンティティに関する〈安定〉〈攪乱〉因子と他の因子との相関係数を示したもの

表 15.13.1　教職アイデンティティ関連因子と他因子との相関（小）

| 項目 | 因子 | 教職 ID 安定 | | | 教職 ID 攪乱 | | |
|---|---|---|---|---|---|---|---|
| | | A市 | B市 | C市 | A市 | B市 | C市 |
| ストレスポイント | | **−0.323** | **−0.351** | **−0.389** | **0.310** | **0.270** | 0.120 |
| 期待認知（期待） | F1　学校空間内指向 | 0.144 | 0.050 | 0.104 | **−0.231** | 0.006 | 0.030 |
| | F2　学校空間外指向 | −0.156 | **−0.230** | 0.196 | −0.156 | 0.124 | −0.192 |
| | F3　社会的能力育成 | −0.107 | 0.069 | **0.207** | −0.172 | −0.040 | −0.117 |
| 責任意識（責任） | F1　学校空間内指向 | **0.257** | 0.073 | 0.023 | −0.122 | −0.040 | −0.097 |
| | F2　学校空間外指向 | 0.105 | −0.138 | **0.332** | −0.176 | **0.231** | **−0.240** |
| | F3　社会的能力育成 | 0.145 | 0.039 | 0.140 | −0.043 | 0.175 | −0.011 |
| 教職観（教職観） | F1　自己実現性 | **0.564** | **0.352** | **0.540** | **−0.231** | −0.150 | 0.054 |
| | F2　自律性 | **0.490** | **0.311** | **0.450** | **−0.304** | −0.163 | −0.135 |
| | F3　高度専門性 | **0.265** | −0.062 | −0.060 | −0.124 | 0.121 | **0.238** |
| | F4　経済的高地位 | **0.353** | 0.130 | 0.111 | 0.106 | 0.094 | 0.012 |
| | F5　職務遂行性 | 0.121 | **−0.289** | −0.096 | −0.115 | **0.311** | 0.058 |
| 教育施策への取り組み（施策） | F1　生活・学習指導 | −0.017 | −0.025 | 0.031 | −0.179 | −0.144 | −0.191 |
| | F2　地域連携 | 0.115 | −0.007 | 0.152 | **−0.225** | −0.027 | −0.183 |
| | F3　特別な支援 | 0.037 | −0.012 | 0.095 | −0.166 | 0.064 | −0.170 |
| | F4　教員政策 | −0.022 | **−0.266** | 0.010 | −0.136 | 0.166 | 0.099 |
| | F5　教員以外の関与 | 0.082 | −0.026 | 0.038 | **−0.247** | 0.182 | 0.080 |
| 震災直後の経験（経験） | F1　教員としての対応・使命 | 0.077 | −0.065 | **0.273** | **−0.246** | −0.021 | −0.063 |
| | F2　子どもとの関係形成 | 0.016 | −0.151 | **0.326** | −0.189 | 0.185 | −0.053 |
| | F3　震災に伴う葛藤 | −0.051 | −0.173 | −0.104 | −0.141 | 0.171 | 0.095 |
| | F4　外部からの支援 | 0.060 | **−0.207** | **0.351** | −0.173 | 0.174 | −0.091 |
| 現在の教育活動（活動） | F1　震災・復興を意識した活動 | 0.168 | −0.024 | 0.140 | −0.152 | 0.124 | −0.041 |
| | F2　教育活動上の困難葛藤 | −0.075 | **−0.354** | **−0.259** | **0.242** | **0.407** | **0.362** |
| | F3　ケアの充実 | −0.080 | **−0.423** | −0.083 | 0.190 | **0.334** | **0.257** |
| | F4　子どもへのエンパワーメント | 0.118 | 0.106 | 0.198 | −0.071 | −0.134 | −0.023 |

＊　網掛け：|r|>0.3　太字：|r|>0.2

である。なお、相関係数の絶対値が 0.2 以上のものは太字、0.3 以上に網掛けを付している。

## (1) 小学校

### ① 3 市に共通していること

3 市ともストレスポイントと〈安定〉との間に負の相関がみられる。ただし、〈攪乱〉についてはA・B 市では強い相関がみられるが、C 市では相関係数はかなり低い。また〈教職観 F1 自己実現性〉〈教職観 F2 自律性〉は〈安定〉に対して、〈活動 F2 教育活動上の困難葛藤〉は〈攪乱〉に対して、それぞれ正の相関を示している。ただし、〈安定〉とは個別の状況にかかわらず相対的にゆらぎにくい教職アイデンティティの一側面であり、〈攪乱〉は仕事上での困難に直面したときに攪乱されやすい側面であることからすれば、これら因子と上述した因子との相関がみられたことは当然ともいえる。

② A市

〈教職観F1自己実現性〉〈教職観F2自律性〉が〈安定〉のみならず、〈攪乱〉とも相関しており、やりがいや自律性が日常的な教育活動において実感できているかどうかが、教職アイデンティティの確保にとって重要なポイントの一つになっているといえる。

またネガティブな意味合いをもつ〈教職観F5職務遂行性〉を除く、すべての教職観に関する因子と〈安定〉との間に相関がみられる一方、それ以外に〈安定〉と相関を示す因子は〈責任F1学校空間内指向〉にとどまっている。すなわち、ポジティブな教職観のもと既存の学校教育の範囲内の責任を強く意識し〈安定〉を確保する自己言及的な教職アイデンティティのあり方がA市の教師たちに強いことが推測される。

一方、〈攪乱〉においては、〈期待F1学校空間内指向〉〈施策F2地域連携〉〈施策F5教員以外の関与〉〈経験F1教員としての対応・使命〉との相関がみられ、それ以外でも期待認知、教育施策への取り組み、震災時の経験に関する多くの因子との相関も、他2市に比べるとやや強い傾向にある。つまり、〈攪乱〉状況に陥った場合には、学校・教師に対する外部からの期待や保護者・地域住民との関係形成などが後景に退く傾向にあり、このことからも教師集団内部に閉じた教職アイデンティティのあり方がうかがえる。

A市では、自律性ややりがいを日常的な教育活動を通じて得られているか否かが教職アイデンティティの確保を左右するものとなっているが、ポジティブな教職観に依拠することにより〈安定〉を図り、〈攪乱〉状況に際しては外部からの期待や外部との関係形成が意識の後景に退く傾向にあり、教職内部に閉じた教職アイデンティティのあり方が強いことが推測される。

③ B市

〈教職観F5職務遂行性〉が〈安定〉〈攪乱〉とそれぞれ負・正の相関を示しており、〈安定〉が損なわれ〈攪乱〉状況にある者ほど、割り当てられた役割のもとではっきりした成果を出すことが求められる仕事と教職を捉える傾向にある。また教職アイデンティティの〈安定〉が低く〈攪乱〉の高い者ほど、

〈活動 F2 教育活動上の困難葛藤〉〈活動 F3 ケアの充実〉を強く意識する傾向にある。この他、〈安定〉〈攪乱〉と〈経験 F1〉を除く震災時の経験に関する因子との間にも弱いながらも相関がみられ、教職アイデンティティが確保しにくい状況にある者ほど、これらの震災時の経験を強く意識する傾向にある。

〈安定〉のみと相関がみられるのは、〈期待 F2 学校空間外指向〉〈経験 F4 外部からの支援〉〈施策 F4 教員政策〉で、いずれも負の相関を示している。すなわち、〈安定〉が得にくい状況にある者ほど、生活困難を抱えた子どもに対する特別な配慮や働く上で必要な力の育成などに関わる期待、外部機関などと関わる経験、および教員政策といった外部との関わりを意識する傾向にある。

一方、〈攪乱〉との間には〈責任 F2 学校空間外指向〉に加えて、相関は弱いものの〈施策 F4 教員政策〉〈施策 F5 教員以外の関与〉との間に負の相関がみられ、〈攪乱〉状況にある者ほど、学校空間外の事柄に対する責任や教員人事考課や学校評価など外部からの評価をより強く意識する傾向にある。

上記の結果の解釈に際しては、これまで指摘したようなB市の回答者の偏りを考慮する必要があるが、目の前の状況に対応できているのか、自分が認知した期待を責任として果たせているのかといったことが教職アイデンティティの確保と関わっている。それはB市の教師たちの実践志向の表れといえるが、そこには、外部指向的・職務遂行的な教職観が胚胎しているように思われる。

**④C市**

〈期待 F2 学校空間外指向〉〈責任 F2 学校空間外指向〉〈活動 F2 教育活動上の困難葛藤〉と〈安定〉〈攪乱〉との間に相関がみられ、〈安定〉を確保し〈攪乱〉が少ない者ほど、学校空間外の期待とそれに応答する責任を強く意識し、葛藤などを抱くことなく日々の教育活動にあたっている。

〈安定〉を得ている者ほど、〈期待 F3 社会的能力育成〉を期待として強く認知し、〈活動 F4 子どもへのエンパワー〉を強く意識している。また〈安定〉と〈経験 F1 教員としての対応・使命〉〈経験 F2 子どもとの関係形成〉〈経験 F4 外部からの支援〉との間に正の相関がみられ、震災時のポジティブな経験が〈安定〉を支えるものとして位置づいていると思われる。

〈攪乱〉とのみ相関がみられたのは、〈教職観 F3 高度専門性〉〈活動 F3 ケアの充実〉の2因子で、〈攪乱〉状態にある者ほど、高度な専門性が必要な仕事として教職をとらえ、他の機関や専門職によるケアの必要性を意識しており、自らの教育活動をおこなう上でより高い専門性が必要と考える傾向にあるように思われる。また、C市では〈施策F1生活・学習指導〉〈施策F2地域連携〉〈施策F3特別な支援〉に対しては弱いながらも負の相関がみられ、〈攪乱〉状況にある者ほど、これらの取り組みがなされていないと認識する傾向にある。

このように、学校空間外に関する事柄を自らの期待として認知し、また自らが応えるべき責任として意識できているかが、教職アイデンティティの確保と関わっている。実際、〈安定〉面では子どもの社会的能力の育成やエンパワーメントといった社会的主体の形成が強く意識されている一方で、〈攪乱〉状況にある場合には、自身の専門性のさらなる向上や外部の専門家や機関によるケアや支援などの必要性を意識する傾向にある。

### (2) 中学校

#### ① 3市に共通していること

3市に共通しているのは、ストレスポイントと〈安定〉〈攪乱〉との相関がみられ、小学校に比べて〈攪乱〉との相関が強いことと、〈教職観F2献身性〉と〈攪乱〉との正の相関がみられることとが挙げられる。また小学校同様、〈教職観F1自己実現性〉〈教職観F5自律性〉と〈安定〉との間に、また〈活動F2教育活動上の困難葛藤〉と〈攪乱〉との間に、それぞれ正の相関が見られることも3市に共通してみられる傾向である。

#### ② A市

〈安定〉〈攪乱〉双方と、〈責任F2学校・学級づくり〉〈教職観F5自律性〉〈施策F2教員政策〉〈経験F1子どもとの関係形成〉〈経験F2教員としての対応・使命〉との間に相関がみられる。教職アイデンティティを確保できている者ほど、教員人事考課などの教員政策を意識しつつ、学校・学級づくりなどの学校内での責任を意識しながら自律的に教育活動にあたれていると考える傾向にある。震災時の経験についても、子どもと関係を結べたか、教員としての役割を果たせたかといったポジティブな経験の有無が教職アイデンティティの確保を左右する傾向にある。

〈安定〉については、学校評価・学校参加などに関する〈施策F4教員以外の関与〉〈活動F4教育水準保証〉との間に正の相関がみられ、そうした者ほど外部との関係性を意識し、教育水準を保証しようとする傾向にある。

表 15.13.2　教職アイデンティティ関連因子と他因子との相関（中）

| 項目 | 因子 | 教職 ID 安定 | | | 教職 ID 攪乱 | | |
|---|---|---|---|---|---|---|---|
| | | A市 | B市 | C市 | A市 | B市 | C市 |
| ストレスポイント | | **-0.355** | **-0.349** | **-0.474** | **0.497** | **0.448** | **0.603** |
| 期待認知（期待） | F1　社会的能力育成 | 0.136 | 0.197 | 0.126 | -0.155 | -0.178 | -0.109 |
| | F2　学校・学級づくり | 0.172 | 0.154 | -0.040 | **-0.205** | -0.042 | 0.070 |
| | F3　学力指向 | -0.024 | **0.238** | 0.165 | 0.037 | 0.034 | 0.037 |
| 責任意識（責任） | F1　社会的能力育成 | 0.136 | **0.247** | **0.300** | **-0.210** | -0.047 | -0.145 |
| | F2　学校・学級づくり | **0.254** | 0.199 | **0.205** | **-0.356** | -0.060 | -0.136 |
| | F3　学力指向 | 0.093 | -0.012 | **0.225** | **-0.210** | 0.032 | -0.195 |
| 教職観（教職観） | F1　自己実現性 | **0.354** | **0.375** | **0.609** | -0.121 | -0.144 | **-0.208** |
| | F2　献身性 | -0.071 | 0.073 | -0.091 | **0.327** | 0.196 | **0.373** |
| | F3　高度専門性 | 0.193 | 0.129 | **0.256** | -0.004 | 0.021 | 0.139 |
| | F4　職務遂行性 | 0.124 | 0.098 | **0.353** | 0.023 | 0.182 | 0.049 |
| | F5　自律性 | **0.420** | **0.427** | **0.464** | **-0.414** | -0.178 | -0.033 |
| 教育施策への取り組み（施策） | F1　連携支援体制 | 0.192 | **0.219** | 0.168 | -0.130 | -0.130 | -0.085 |
| | F2　教員政策 | **0.351** | **0.355** | -0.009 | **-0.282** | -0.179 | 0.184 |
| | F3　生活指導 | 0.177 | **0.213** | 0.027 | -0.044 | **-0.201** | -0.194 |
| | F4　教員以外の関与 | **0.316** | **0.437** | -0.027 | -0.101 | **-0.251** | 0.150 |
| | F5　健康教育 | 0.161 | **0.321** | 0.019 | -0.026 | 0.020 | -0.065 |
| | F6　学力関連施策 | 0.158 | 0.024 | -0.017 | -0.125 | 0.122 | 0.037 |
| 震災直後の経験（経験） | F1　子どもとの関係形成 | **0.382** | **0.251** | 0.126 | **-0.286** | -0.145 | -0.108 |
| | F2　教員としての対応・使命 | **0.203** | 0.005 | 0.102 | **-0.258** | 0.012 | -0.120 |
| | F3　震災に伴う葛藤 | -0.012 | -0.063 | 0.070 | 0.161 | **0.269** | **0.298** |
| 現在の教育活動（活動） | F1　震災・復興を意識した活動 | 0.079 | 0.065 | **0.265** | -0.095 | **0.290** | 0.033 |
| | F2　教育活動上の困難葛藤 | -0.123 | **-0.363** | -0.177 | **0.309** | **0.520** | **0.649** |
| | F3　震災に関わる葛藤・ケア | -0.034 | **-0.217** | -0.015 | 0.098 | **0.412** | **0.487** |
| | F4　教育水準保証 | **0.343** | 0.120 | **0.260** | -0.128 | 0.078 | -0.161 |

*　網掛け：|r|>0.3　太字：|r|>0.2

一方、〈攪乱〉に関しては、責任意識に関わる全因子、〈期待 F2 学校・学級づくり〉、〈教職観 F2 献身性〉との間に負の相関がみられる。〈攪乱〉状態にある者ほど、学校空間内の事柄を自身に対する期待として認識したり、それを含めてあらゆる事柄を自らの責任として意識したりすることが難しく、自己犠牲を伴う気苦労の多い仕事と意識する傾向にある。

自分が学校教員としての責務を果たせているかが教職アイデンティティの確保の成否と関わっており、〈安定〉している場合には対外的な評価や水準を強く意識する一方で、〈攪乱〉状況にある場合には自らの職責を意識することが難しく自己犠牲が求められる仕事と意識する傾向にある。小学校よりも、外部の評価や責任を強く意識する傾向にあるものの、やはり教職内部に閉じたアイデンティティ確保のあり方のように思われる。

### ③ B市

〈安定〉〈攪乱〉と〈施策 F3 生活指導〉〈施策 F4 教員以外の関与〉〈活動 F2 教育活動上の困難葛藤〉〈活動 F3 震災に関わる葛藤・ケア〉との間に相関がみられ、現在の教育活動における様々な葛藤に対処できているか否か、また生活指導や教員以外の人びとの学校への関与に取り組んでいると認識しているか否かが、教職アイデンティティの確保と関わっている。

また〈安定〉においては、〈施策 F6 学力関連施策〉を除く教育改革への取り組みに関する因子と正の相関がみられる他、〈期待 F3 学力指向〉、〈責任 F1 社会的能力育成〉〈責任 F2 学校・学級づくり〉〈経験 F1 子どもとの関係形成〉とも正の相関がみられる。すなわち、〈安定〉状況にある者ほど、学力向上を期待として受け止めつつも、それとは異なる社会的能力の育成や学校・学級づくりを責任として意識し、学力以外の諸施策への取り組みを強く意識する傾向にある。また、震災直後における子どもとの関わりが〈安定〉を支えるものとなっている。

〈攪乱〉とのみ相関がみられる因子は〈経験 F3 震災に伴う葛藤〉〈活動 F1 震災・復興を意識した活動〉といった震災・復興に関連した因子であり、これらの対処の成否が〈攪乱〉状況に陥るか否かを左右しているといえる。この他、やや弱いながらも、〈教職観 F4 職務遂行性〉〈教職観 F5 自律性〉との間にそれぞれ正、負の相関がみられ、〈攪乱〉している者ほど、自律性の低い割り当てられた仕事に成果を出すことが求められる仕事と捉える傾向にある。

これらの結果の解釈については、やはり回答者の偏りを考慮する必要があるが、教職アイデンティティの確保は、教育活動における様々な葛藤に対処への成否と関わっており、〈安定〉的である者ほど自らの責任を広く強く自覚しており、〈攪乱〉状況にある者ほど、職務遂行的な教職観をもち、復興に向けた教育活動を葛藤を伴いながらも強く意識する傾向にある。

### ④ C市

〈安定〉〈攪乱〉双方と強い相関がみられる因子は、ストレスポイントと〈教職観 F1 自己実現性〉の2因子のみである。ただし、相関係数の絶対値は他2市に比べると大きく、教職アイデンティティの確保がかなり難しい状況にあると推測される。

〈安定〉のみと相関を示す因子は、責任意識に関する全因子と〈教職観 F2 献身性〉を除く教職観に関するすべての因子、および〈活動 F1 震災・復興を意識した活動〉〈活動 F4 教育水準保証〉である。教職アイデンティティが安定的である者ほど、全般的責任や教職観といったより理念的・規範的な事柄を強く意識しており、そうした教職に対する強い責任意識と関与意識のもと、震災・復興を意識した教育活動や教育水準の保証に取り組んでいる。

一方、〈攪乱〉については、B 市同様、〈教職観 F2 献身性〉〈経験 F3 震災に伴う葛藤〉〈活動 F2 教育活動上の困難葛藤〉〈活動 F3 震災に関わる葛藤・ケア〉との間に正の相関がみられるが、そうした地域が抱える震災に伴う困難や葛藤の大きさゆえか、〈攪乱〉状況にある者ほど、教職を気苦労の多い自己犠牲が求められる仕事と捉える傾向にある。

このように C 市では教職アイデンティティの〈安定〉は教職をめぐる理念・規範と、〈攪乱〉は具体的なレベルにおける葛藤と関わっており、教職アイデンティティの確保をめぐる二元化戦略が強いように思われる。ただし、ストレスポイントと〈安定〉〈攪乱〉との相関が強いように、必ずしもこうした二元化戦略が有効に機能しているとはいえない状況にあると考える。

### (3) 3 市の傾向

A 市においては、小中ともに教職の自律性が教職アイデンティティの確保を左右するものとなっていた。小学校については、自己言及的な教職観によって〈安定〉が図られ、〈攪乱〉状況にある者ほど、外部からの期待、教育改革の取り組みなどが意識の後景に退くといった内部指向的な教職アイデンティティのあり方となっているように思われる。中学校でも、自律的な教職観が教職アイデンティティの確保にとって重要なものとして位置づいている。しかしながら、それ以外にも、教職アイデンティティの確保の成否は、学校・学級づくりなどの面での責任意識、教員施策への取り組み、震災時のポジティブな経験などとも関わっており、実際に教員としての責務を果たせているかといったこととも関わっている。

B 市については、小中ともに、現在の教育活動において直面している葛藤に関する対処の成否が教職アイデンティティの確保の成否と関わっている。小学校では、〈攪乱〉状況にある者ほど、職務遂行的教職観や学校空間外の責任を強く意識する傾向にあり、より学校空間外を超えた事柄をも自らの責任として意識し、それに対する成果を出すことが、教師たちの間に暗黙の了解として存在していると推測される。また中学校でも教育施策に対する取り組み、とりわけ生活指導や学校関与に関わる取り組みが教職アイデンティティの確保を左右するものとなっており、小学校のように職務遂行的な教職観との相関はみられないにせよ、これらに関連した施策への取り組みといったより具体的な関与のあり方が教職アイデンティティ、特にその〈安定〉側面と関わっている。

C市では、教職アイデンティティを確保できている者ほど、学校空間外の事柄に対する期待認知と責任意識を強くもつ傾向にある。B市では、実際の教育活動で直面している葛藤などに対処できているかどうかが教職アイデンティティの確保に関わっていたことに照らせば、より期待・責任といった理念的・規範的なレベルでその確保を図ろうとしているように思われる。小学校では、〈安定〉状況にある者ほど震災時のポジティブな経験を意識する者が多く、また〈攪乱〉状況にある者ほど、高度専門職観を強く抱くとともに、他の専門機関・専門職の支援を求める傾向がみられる。すなわち、現在の困難な状況下において、過去のポジティブな経験によって〈安定〉を図ったり、〈攪乱〉に際しては今の自分たちには「欠如」している自らの専門性や外部の専門的支援を強く意識したりする傾向にあり、いずれにせよ、過去あるいは未来が強く想起されている。中学校では、全般にわたる責任を強く意識し、またポジティブな教職観により〈安定〉を図ろうとすると同時に、震災時や現在の葛藤がそのまま〈攪乱〉に繋がるといった状況がうかがえ、教職アイデンティティ確保の二元化戦略が強く表れているように思われる。

## 5. まとめ

以下では、今回の考察を通じて得られた3市の特徴を簡単にまとめておきたい。

東日本大震災の被害が相対的に小さかったA市では、ある意味、当然ともいえるが、震災・復興に関連する取り組みなどはそれほど意識されていない傾向にあり、これまでの学校における日常的な教育活動に落ち着いて取り組んでいるといえる。しかしながら、それだけではなく、教員内部に閉じた求心的な職場の関係構造が強く、そのことが自律性ややりがいを得がたい状況を生んでいることにもよると思われる。もちろん、そうした職場の雰囲気が良好な場合には、やりがいや自律性を強く感じながら日々の教育活動に取り組むことができるし、ある意味、日本の教師たちの間にある子ども思いの熱心さといったものも展開される可能性もある。ただし、その点は、今回のアンケート結果からはうまく読み取ることができなかった。

逆に、被害の大きかったＢ・Ｃ市では様々な葛藤などを抱きながら、震災・復興を意識した教育活動をかなり意識して取り組んでいるといえる。Ｂ市では、回答者の偏りもあり、回答結果そのものをみた場合には、全体として、安定した教職アイデンティティのもとに、自信をもって様々なことに積極的に取り組む者が多い。ただし、そうした偏りを統制した場合でも、目の前の子どもに対して、葛藤を抱きながらも、様々な教育活動に取り組み、やりがいや生きがいを感じながら日々の教職生活を送る者が少なくなく、「子どもたちの直面する状況に応える働きかけを」という「教育実践志向」(4)がみられるように思われる。そのことは、このＢ市がこれまで何度となく津波被害を乗り越えてきた地域であることとも無縁ではないように思われ、実際、特に同市の中学校教師たちには、子どもたちの自信を大事にすることや、社会的能力の育成に関する責任意識が強い。ただし、今回回答者となった同市の教諭たちには成果主義的・職務遂行的な志向性がみられない訳でもなく、こうした実践性が学力向上などの言説と結びつく可能性も否定できない。またＢ市においては現在直面している困難や葛藤への対処の成否が教職アイデンティティの確保の成否と強く関係していることから、対応に困難を抱える教師たちをどのように支えていくかも、重要な課題のように思われる。

一方でＣ市の最も特徴的でかつ心配されるべきことは、ストレスも高く、特に中学校教師において教職アイデンティティの攪乱を抱える者が少なくないことである。同市では、教職アイデンティティが確保できている者ほど、学校空間外の事柄に対する期待認知と責任意識を強くもつ傾向にあったが、それだけ学校だけではどうにもならないような厳しい現実のなかで、様々な問題への対処を日々の教育活動でおこなっていかなければならない状況におかれているように思われる。実際、小学校教師では攪乱を抱く者ほど、自身の専門性の向上や他機関からの支援を強く意識する傾向にあり、中学校教師では教師としての責任意識や前向きな教職観に依拠しながら教職アイデンティティの安定的側面を得ようとする傾向にある。攪乱が大きいことの理由は定かではないが、中学校教師においては日常的教育活動についてのある集合的な方向性を見いだすことができず、個々の立場において対処する様子がうかがえた。C市が、これまで深刻な津波被害を経験してきておらず、B市のような復興の文化とでもいうべき支えがないことが、こうした方向性の見いだしにくさの一因となっているように思われる。

このような3市の特徴は、あくまでも今回のアンケート調査結果から見えてきた「傾向性」であり、実際には、それぞれの教師たちが様々な現実や経験、あるいはそこでの思いを抱きながら日々の教育活動をおこなっている。次章では、アンケートの自由記入欄の記述とインタビュー結果をもとに、その一端をみることとする。

〈注〉

(1) ただし、教育委員会との事前の打ち合わせでは、各校5名ずつとのことだったので、小中併せて29校から102の回答を得たとすれば、約7割の回収率となり、他と大差ない。

(2) このような偏りは、前注(1)で述べたとおり、学校単位を抽出するのではなく、学校ごとに5名ずつを抽出するというサンプリングによるところが大きいと思われる。

(3) 教職アイデンティティの〈安定〉〈攪乱〉については、本書I部第4章を参照されたい。

(4) 久冨善之『日本の教師、その12章——困難から希望への途を求めて』新日本出版社、2017年。同「日本の教員文化が持つ教職倫理」『教育』2017年4月号。

# 第 16 章

## 被災地訪問とインタビュー調査（自由記入を含む）から

久冨　善之

第 15 章において統計調査分析をおこなった「被災 3 市質問紙調査」では、その質問紙の末尾に「自由記入」欄を設けていた。ここではまず、その「自由記入回答」から読み取れるものを整理する。続いて、2016 年 2 月の 3 市訪問の際に、インタビューできた教師（小学校教師 9 人、中学校教師 4 人）のうち、インタビュー記録の確認に応じてくださった 4 人の小学校教師（A 市 1 人、B 市 3 人）の「インタビュー結果」について、上の自由記入回答を、より具体化するものとして読み解いていきたい。

### 1. 質問紙「自由記入」欄の記入者率の違い

**表 16.1** は、第Ⅰ部で分析した全国 10 地域調査において同様に質問紙末尾に設けられた「自由記入欄」の記入者数と有効回答者数を 100% とした場合の記入者数の記入率を、第Ⅱ部で検討してきた「被災 3 市質問紙調査」での記入者数と記入率と比較したものである。

表 16.1「自由記入欄」記入率の地域比較

| 地域別 | | 有効回答数 | 自由記入者 | 自由記入率 |
|---|---|---|---|---|
| 全国 10 地域調査 | | 1,305 人 | 335 人 | 25.7% |
| 被災3市調査 | A市 | 181 人 | 41 人 | 22.7% |
| | B市 | 102 人 | 39 人 | 38.2% |
| | C市 | 142 人 | 43 人 | 30.3% |
| | 3 市合計 | 425 人 | 123 人 | 28.9% |

「3 市合計」の記入率 28.9％は、全国 10 地域調査よりも 3 ポイント強だけ高くなっている。被災地のほうがそれだけ教師たちが「書きたい」という気持ち

がやや強いと理解することができる。しかし、表で3市をそれぞれに見ると、従来からの津波常襲地域にあって今回もまた被害甚大であったB市が38.2%と最も高くなっている（全国10地域より10数ポイントも高い）。ただし、前章で指摘したような対象者の偏りに留意する必要がある。次いで近代以降は津波被害がほとんどなかったのに今次大震災では被害が大きかったC市が30.3%である。また、近代以降津波被害がなく今回も被害が比較的軽微であったA市が22.7%となっている。この表から見ると、全国10地域と被災3市計との自由記入者率の差よりも、今次震災での被災状況の性格が異なる「被災3市間」のほうで差が目立っていることになる。

## 2. A市の41人の「自由記入」で目立つ困難性

次の**表16.2**は、被害の相対的に少なかったA市の小・中学校41人が「自由記入」欄に書いた内容を、「直面する困難に関する認識・意見」と「積極的提案・意見」とにとりあえず分類して、その内容を区分して各区分での「具体的記述」とその件数を一覧にしたものである。

それを見ると「困難性」に関するもののほうが54件と多く（数字が、41人より多いのは、1人が複数の意見などを書いていることと、筆者が文脈の続いている記述の中に2つ以上の意見や認識・提案を読み取って、勘定したからである）、その中では「多忙・疲労」が13件と最も多くて、それは第I部の全国10地域調査の結果とも、II部被災3市調査の第15章の結果とも相通じる今日の日本の教師の多忙状況が、被災地でも共通であることが示されている。

それ以外に多いのは「政策批判」に関するもので、「学力テスト批判」が8件、「学校管理批判」が4件、「教育政策（一般）批判」が6件と、合わせると18件にもなっている。一般に「自由記入」欄には、意識の高い批判的意見が多いのが通例だが、それでも教育政策は、被災地教師から評判が良いとはとても言えないだろう。

また「家族の困難」と「子どもの多様化」が合わせて10件と、教師たちに意識される学校教育の今日的困難がそこに見えている。

さらに「震災被害と復興状況に関して」が9件で、A市は被災が相対的に少なかったにもかかわらず、教師のこの間の異動などもあって被災地らしい結

表 16.2　A 市教師 41 人の自由記入内容分類

| 項目 | | 記入された具体的内容 | 件数 |
|---|---|---|---|
| 直面する困難に関する認識・意見 | 多忙と疲労 | 息がつけない、仕事が過度、部活で休日がない、授業準備できない、など | 13 件 |
| | 学力テスト批判 | 学力テストでは子どもの成長は測れない、学校現場を蝕む、順位ばかり重視、など | 8 件 |
| | 学校管理批判 | 上意下達になっている、教師の意見が反映されない、校長の指導性が問題、など | 4 件 |
| | 教育政策批判 | 現場を知らずに次々と、教育費削減が酷い、効率重視で教育破壊、など | 6 件 |
| | 家族の困難 | 貧困・不和・病気が多い、家庭教育力の低下、まともな意見が通じない親、など | 6 件 |
| | 子どもの多様化 | 自分の中に不安のある子、発達障害の子、家庭が困難な子、など | 4 件 |
| | ネットの浸透 | スマホ・ネットが子どもをダメにする、ネットゲームに子どもが夢中、など | 2 件 |
| | 震災被害と復興状況に関して | 被災状況が子どもによって違っている、当初は避難者対応に追われた、東北被災地を下に見る国民、「絆」などの良い言葉に反感を感じる、復興が遅い、など | 9 件 |
| | 指導力に不安 | 自分の授業や子どもへの対応にいつも不安がある | 1 件 |
| | その他 | 多々ある | 1 件 |
| ここまでの件数・計 | | | 54 件 |
| 項目 | | 記入された具体的内容 | 件数 |
| 積極的提案・意見 | 政策に関し | 35 人学級は早く実施を、復興をチャンスに教員増と学級少人数化を、事務処理の専任者を学校に、年寄りもボランティアも加わった共育を、早い復興を、など | 6 件 |
| | 特別支援教育 | 発達障害の子どもが落ち着いて学習できる体制を、など | 2 件 |
| | いま学校で重視すべきこと | 真の学力を目指した実践を、防災教育を重視したい、学校は周りとの関係構築が重要、若い教師が伸び伸び活動できること、人生設計できる教育を、など | 6 件 |
| | いまの教職生活 | 子どもたちの笑顔に助けられ救われる | 1 件 |
| ここまでの件数・計 | | | 15 件 |

注：一人の記入を複数で数えた箇所がある.

果となっている。特に「絆やつながりなど口当たりの良い言葉には良い感じがしない」や「被災地を下に見ている」という記述は、非被災地の人々が気づきづらい点でもあるだろう。

以上の結果に対して、表の下側の「積極的提案・意見」は合わせて 15 件と「困難性」に比べて多くない。ここでも、35 人学級や教員増などを求める政策要求が 6 件あり、表上側と照応している。また「いま学校として重視すべきこと」として、「真の学力」や「防災教育」「人生設計」などが挙がっているのは、被災の経験が反映してのことだろうかと思われた。

そして「子どもの笑顔に助けられ救われる」という記述に、被災地に生きる教師の実感が示されていると思った。

## 3. B市39人の「自由記入」にみられる津波被災とその後

**表16.3**は、B市の39人の小・中学校教師が「自由記入」欄に書いた内容を、先と同様に「直面する困難に関する認識・意見」と「積極的経験・提案」とに分類して、その内容を区分して各区分での「具体的記述」とその件数を一覧にしたものである。「多忙と疲労」「教育政策批判」などは、A市と大きな違いがない結果となっている。

ただし津波被災状況が深刻だったB市では、当時もまだ8割の中学校と2割の小学校の校庭に、仮設住宅がびっしり建っており、復興住宅は土地のかさ上げ中で、住宅建設は遅々として進んでいない。その結果「子どもの運動・遊び場がない」や「体力低下が心配」「肥満児が多いように感じる」など、その点への心配がとても多い。また「子どもの被災状況の違いがあって授業での取り扱いが難しい」とか、「仮設から通う子どもに安心できる場所がない」とか、教師自身も被災して「3・11が近づくと不安が高まる」といった声もあった。また「市内3割の学校が被災しているのに、県内カウンセラーの訪問が年8回は少ない」とか、「県外カウンセラーによる対応が県内カウンセラーと違う」といった指摘もみられた。一方でそうした大変さにもかかわらず、積極面に関するあれこれの指摘も、「計：28件」とA市の「15件」より多かったという特徴があった。たとえば「被災地教師たちの頑張りがすごかった」とか、「学校を避難所にしたその運営で教職員が発揮したチームプレーは素晴らしかった」「学校避難所での子どもたち・教職員たち・住民たちが協力し合った経験は貴重だった」という、被災直後の状況を指摘するものがかなり多かった。また、その後「NPOなど若い人が地域復興のためにわざわざこの地域に移住して地域の担い手になってくれる人がいて感謝するばかり」というエピソードや、「被災に負けない〈創造的復興〉を胸に抱いて頑張る教職員の姿」などに触れつつ、全体として「被災地についてマイナスイメージが発信されているが、良い経験もたくさんあったことを各方面でぜひ発信してほしい」という意見や「今回の震災に向き合った日本人の態度は世界から賞賛される誇りある立派な

表 16.3　B 市教師 39 人の自由記入内容分類

| 項目 | | 記入された具体的内容 | 件数 |
|---|---|---|---|
| 直面する困難に関する認識・意見 | 多忙と疲労 | 教師の仕事増、負担増、「健康第一」と矛盾、部活で土日がない、授業準備時間ない、疲れがひどい、仕事の厳格化がより多忙に、など | 15 件 |
| | 教育政策批判 | 学力向上と被災地のギャップ、道徳・いじめと対策次々と、お金も人も準備せず課題を学校に押し付ける、現場を見てない、など | 8 件 |
| | 震災被害と復興状況に関して | 仮設住宅が運動場を占拠、復興住宅が遅れてる、子どもの運動・遊び場がない、体力低下が心配、肥満児が多い、子どもの被災状況の違いが難しい、子どもが安心できる場がない、3・11 が近づくと不安が高まる、県内カウンセラーの訪問が少ない、カウンセラーによる対応の違いに戸惑う、被災校から被災校への異動で大変、避難所運営が学校任せ、外部支援への対応が「第 2 の津波」、復興が遅い、など | 23 件 |
| | 子どもの困難 | 不登校やマイナス行動が目立つ、きめ細かさが必要な子が多い、など | 5 件 |
| | 自信を失う | 教え子の死亡に無力感、はけ口を教師に向ける親に対応困難、など | 3 件 |
| ここまでの件数・計 | | | 54 件 |
| 項目 | | 記入された具体的内容 | 件数 |
| 積極的提案・意見 | 被災の中の積極性 | 被災地教師の頑張りがすごい、避難所運営で発揮したチームプレー、避難所で子ども・教師・住民が協力し合った、NPO など若い人が復興で移住して地域の担い手に、創造的復興を、良い経験の発信を、震災時の日本人は世界の誇り、人とのつながりの大切さ実感、など | 12 件 |
| | 復興教育に関して | 子どもの運動できる場所確保を、改善できる所に予算集中を、子どもたちに被災と支援の事実を伝えて、危機管理が重要、など | 7 件 |
| | いま求められる施策 | 仕事を整理して効率化を、調査・文書を減らす、教職員の増員、いまこそ子どもたちの心のケアを、部活の一部を社会教育で、など | 6 件 |
| | いまの教職生活 | 子どもたちの元気に教師が支えられる、教育は結局人なり、など | 3 件 |
| ここまでの件数・計 | | | 28 件 |

注：一人の記入を複数で数えた箇所がある.

ものだった」、「この被災の中で人と人とのつながりの大切さを実感した」などの「被災のなかの積極性」の指摘が 12 件あった。

もちろん、表の上側の困難状況を反映して、「子どもたちがもっと自由に伸び伸びと運動できるグラウンドや公園を早く確保してほしい」という希望、遅れる復興に対して「改善できる所に、予算や人や力を集中して、復興を目に見えるものに」という意見、また「既に被災を記憶していない年齢の子どもたちが小学校に入ってくるので、その子どもたちに被災の事実と、全国からの支援の事実を伝えていくことが大切」とか「多大な支援への感謝の気持ちを忘れずに地域復興の担い手に育ってほしい」などの、復興関連の提案・意見もかなりあった。これらは、A 市ではあまり多くは見られなかった積極的経験・提案で、被災の深刻さに直面した教師ならではの回答と思えた。

また、これは A 市と共通だが、表の上の「多忙と疲労」に関連して、「国・県・地方教育事務所・市教委などそれぞれが次々に施策を出すのではなく、もっと学校に届くまでに仕事を整理して効率化を図るべきだ」とか「調査や報告文書ばかり求めると、教師の授業準備や子どもと関わる、大事な時間の妨げになるので、それを減らす工夫をしてくれ」などのもっともな意見・提案や、「教育予算の増額」「教職員定員の増員」といった条件面の要求・提案もあった。

そして、子どもたちの困難な様子に直面して「いまの時期にこそ子どもたちの心のケア」をという提案や「部活の一部を社会教育に移管することで、中学校の異常な忙しさの解消を」など、被災地らしいものから、全国どこでも求められているものまで、多様な内容がそこに並んでいた。

総じて、B 市の「自由記入」欄の内容は、被災状況の深刻さをかなり反映したものだと感じることができた。

## 4. C 市 43 人の「自由記入」に表れる支援を受ける側のジレンマ

**表 16.4** は、C 市の 43 人の小・中学校教師が「自由記入」欄に書いた内容を、先と同じ二項目に分類し、その内容を区分して各区分での「具体的記述」とその件数を一覧にしたものである。「多忙と疲労」「教育政策批判」などは、A 市・B 市とあまり違いがない結果となっている。

しかし、表では C 市の場合、県庁所在地が近くアプローチがしやすい地理的位置にあり、マスコミの取材や、復興のイベント・交流行事が盛んに行われたので、「支援の気持ちは有難いが、復興イベントや交流行事で学校が落ち着かない。むしろ子どもたちに必要なのは落ち着いた学校生活ではないか」「支援の催しものが子ども・教師の負担になっている」「しかし、先方は善意でわざわざ来てくれているので言い出せない」とか、「被災についてのアンケートや取材が、一時は毎日数件も来て、学校も教師も子どももそれに時間を取られてしまう」といった意見が、A・B 市に比べて格別に多かった。それは復興支援を受ける側のジレンマであろうか。またそれは、「外部と被災地との認識のズレ」の一種であろうか。

表 16.4　C市教師 43 人の自由記入内容分類

| 項目 | | 記入された具体的内容 | 件数 |
|---|---|---|---|
| 直面する困難に関する認識・意見 | 多忙と疲労 | 教師の疲労感、やる案件が多過ぎる、朝から夜まで過重労働、教師も人間の限界がある、学校はブラック企業、自分の子どもには勧めない、文科省・各教委からの無意味な報告・書類が多過ぎる、中学は部活で土日も平日も忙しい、教材研究・授業準備の時間がない、自分の時間がない、家庭との両立が難しい、持ち帰り仕事が多い、など | 24 件 |
| | 教育政策批判 | 学力低下は教師の時間不足もある、学力向上より被災地でいま教える重要な内容がある、予算不足、授業内容が詰め込みすぎ、現場を知らない人が教員免許更新制で教師をますます多忙に、など | 7 件 |
| | 震災被害と復興状況に関して | 復興イベントや交流行事で学校が落ち着かない（必要なのは落ち着いた学校生活）、支援の催しものが子ども・教師の負担に、しかし善意なので言い出せない、被災アンケートや取材が一時は毎日数件、子どもの被災状況の違いがある、教師の被災状況に違いがあり意識の差がある、子どもの中に「貰って当たり前」の気持ちが出ているのがまずい、外部と被災地との認識のズレ、復興に終わりはない、など | 17 件 |
| | 家族・子どもの困難 | 被災した家族は不和・失業・環境変化で困難重積、子どもがないがしろにされている、子どもが背負いきれない重荷に苦しむ、心のケアが必要な子が増えている、SC・SSW が今こそ必要、など | 7 件 |
| | 教師の自信喪失 | 保護者にへりくだる、子どももそれを見て教師への態度が変わる、など | 2 件 |
| | 質問紙調査批判 | 教師に配るのが心苦しい、このアンケートに時間取られた、など | 3 件 |
| ここまでの件数・計 | | | 60 件 |
| 項目 | | 記入された具体的内容 | 件数 |
| 積極的提案・意見 | 被災の中から復興教育を | 震災の中で子ども・親とともに生き生きと協力して中学生活を終えたことが素晴らしい時間だった、被災を越えて前向きに育つ子どもたちの姿がある、正常化した学校を通じて困難を越えて生きる子どもが、など | 6 件 |
| | いま求められる施策 | 学校建築は景勝地でも高台に、仕事の分担できる人数、学級定数減で教職員増員を、国づくりは人づくり、教育に予算を、こうしたアンケート調査の結果を生かして政策の変更などに役立てる、など | 7 件 |
| | 教職生活展望 | 保護者の不平・不満を聞き取って適切に対応、子どもたちのために自分の能力を磨き教師として成長したい、子ども・保護者・同僚から学ぶことが多い教師の仕事で自分を高めたい、など | 5 件 |
| ここまでの件数・計 | | | 18 件 |

注：一人の記入を複数で数えた箇所がある.

また「子どもの被災状況の違いがある」ことの難しさは他の市と変わらないが、「教師の被災状況に違いがあるために意識の差があって、教職員の間で気持ちが通じ合わない」という意見もあり、被災地での教育活動には学校スタッフの被災体験の交流がなければ、意識の差が埋まらないと思わせられた（筆者らは、この訪問の前年に同じく東日本大震災の被災地であるG県のある中学校を訪問し、その学校の教務主任から「内陸部から異動して来た教師から『生徒にそこまで言うか？』というような対応があったので、これではいけないと、教職員それぞれの大震災体験を手記にして書いたものを冊子にして配布し、交流することで〈こんな所でもこれだけのことがあったのか〉とお互いに気持ちが通じ合うようになった」というエピソードを聞いたので、この点は特にそう思えた）。また「子どもたちの中に支援慣れして、物資やサービスを『貰って当たり前』という気持が出てきているのがまずいと思う」という意見もあった。そして「復興に終わりはない」という希望とも絶望ともつかない言葉も書かれていた。

さらに筆者らの質問紙調査が多忙を増すという批判意見もあり、その点では逆に、「こうしたアンケート結果を、分析して問題点を洗い出し、被災地復興と教育復興に役立ててほしい」という励ましの意見もあった。

被災した家族の困難として「家庭内の不和や親の失業、転職・移転に伴う環境変化で、子どもたちの困難が重積している」とか「子どもがないがしろにされている」、あるいは「子どもが背負いきれない重荷を負って苦しんでいる」といった指摘があり、「心のケアが必要な子が増えている」ので「スクール・カウンセラー」「スクール・ソーシャル・ワーカー」を被災５年目の今こそ、その数を増やして、「精神面と生活面とケアが必要になっている」との意見もあった。

加えて、積極的な感想としては「震災被害の中でも、子ども・親と生き生きと協力して中学校生活３年間を終えたことが素晴らしい時間だった」とか「この被災体験を越えて、前向きに育つ子どもたちの姿があって教師として励まされる」や「正常化した学校教育活動を通じて、困難を越えて生きる子どもの姿があった」などがあった。

加えて、提案として「学校建築は、こういう景勝地でも高台に」という学校防災提案や、「仕事の分担できる教職員の人数増を」「学級定数減で教職員増員」といった教育条件改善提案、また「国づくりは人づくり」「教育にもっと予算を」という積極的な提案があった。さらに震災とその後を体験した教師のあり方として「これからは保護者の持つ不平・不満を、じっくりと聞き取って適切に対処する教師として成長したい」「子ども・保護者・同僚から学ぶことが多い教師の仕事で自分を高めたい」などの教師という職業のやりがいを改めて実感しながら、自分を高めようという意欲を感じさせる意見があった。

## 5. 2市4教師の話から見えてくるもの

以下では、インタビューとその記録確認に応じてくださった4人の語りから、震災直後の様子やその後の学校・子どもなどの様子などを拾い出し、第15章の質問紙調査分析と、本章**2**～**4**を補充するものとして記述しておきたい。なお、文中の人名・地名・学校名などは、すべて仮名である。

### (1) A市のベテラン女性教師、W先生のお話から

#### ① Wさんの経歴

Wさんは、1950年代にF県A市に生まれ、小・中・高校を経て、1970年代にF県の教育学部に入学、教職課程で教員免許を取得して、同大学を卒業した。その後A市で1年間小学校の講師をし、次年度本採用となりH市で小学校の教諭としてのスタートを切った。その後2つの小学校勤務を経て、2006年4月にA市立a小学校に転勤、その5年後に東日本大震災を同校で体験して、6年生学年主任・学級担任として、子ども・保護者・教職員・学校・地域の、地震・津波被災の対応に腐心し、その後も5年間、同校の5、6年生の学年主任・学級担任を勤めた。その間50歳後半（2014年度）に我々の質問紙に回答し、その翌年に私たちのインタビューに応じてくれた女性教師である。

#### ② 大震災当日・直後の学校でのあれこれ

Wさんは、現在5年生の学年主任をしている。A市ではこれまでにも津波被害はあったが、過去の経験に学んで、市立の小・中学校はどこも高台に建設されている。そのため学校には津波被害はなかったが、一部の校区が津波被害を受け、地震で電気・水道が止まり、避難者はいろんな校区に発生した。そのため、市内の全小・中学校が避難所に指定されていて、当初はたくさんの避難者が学校にやってきた。

Wさんがその時いたa小学校は、体育館が避難所のはずだったが、地震で天井が落ちたため、急遽（きゅうきょ）、普通教室3つを開放して、そこを住民の避難所にした。しかし、市が作った「防災倉庫」には、非常食もなければ毛布もない状況で、実際の役には立たなかった。子どもたちは保護者が引き取りに来たが、子ども13人は引取り手が来ないので学校に残された。情報がどこからも入らず、教

職員は心配していたが、職員室にあったお菓子（クッキー）を分け、反射式石油ストーブが1つだけ倉庫にあったので、それで暖を取らせた。

ところが、避難住民のなかには「ここは食べ物もストーブもあって、わしらにはないのか」と言う人が現れ、「こちらには、子どもたちがいるんです」と強く主張した。そのようなトラブルはその晩だけで、翌日には支援の物資が届くようになり、当時のPTA会長も奔走してくれて、必要な品物はおおかた揃うようになった。他市からの帰途の途中で水に遮られて来られなかった親が翌朝には、引き取りに来て子どもたちは無事全員が帰ることができた。

避難所ごとに、避難者の待遇や支援物資には、若干の差があったそうだが、翌日の夕方には、地域の人たちも、鍋と食料を持って学校に応援に来るなど、不自由は日々改善していった。

子どもたちは、卒業式の練習をほとんど終えて準備万端整っていたのに、体育館（兼講堂）が使えず、3月18日の予定が、3月30日になり、6年生3クラスの教室を使い、保護者は廊下で子どもの姿を見る、校長が3教室を回る、という変則的な卒業式になった。それだけではあれほど準備したのに子どもたちがかわいそうだということになり、一番広い会議室に6年生を詰め込み、保護者は廊下側・窓側から鈴なりになって眺める形で、練習で仕上がっていた卒業の歌3曲（「旅立ちの日」・「白い光」・「エール」）を（体育館のピアノは使えないので）オルガンで伴奏して子どもたちが歌った。その後、記念写真を教室で撮影した。

当時は6年生担任で「卒業制作で〈オルゴール〉を製作中、ニスを塗っているときに地震がきて、グラグラッと揺れました。何人かの製作はバラバラになり、思い出すとつらいこと、悲しいことがたくさんありました」と、Wさんは私たちに話してくれた。

約1ヵ月経って、4月20日頃学校再開とともに、避難所も解消し公民館などに集約された。

この間に個人的に感じたことは、「地域の力で、学校を助けてくれた地域の人たちもそうですが、近くに住む自分の父母も80歳過ぎで、自分が学校にかかりっきりで面倒を十分見られないなか、市の給水車が来ると地域の人がうちの両親のために水を運んでくれるなど、とても助かりました」と語った。

**③ 震災後の修学旅行先のこと**

Wさんの話では「6年生の修学旅行は、この市ではほとんどが福島県の会津に1泊2日で行っていました。ところが、原発事故があったので、それからは1校を除いて他の学校は、どこもG県のほうに行くようになりました。1校だけ会津に行った小学校は、現地で大歓迎されたそうです。校長が偉い先生で〈こういう時だからこそ〉と言ったそうです。考えると、福島第一原発から、会津も80km、この近くもほとんど変わらない距離、風評被害に乗って長年の会津修学旅行をやめるのはおかしい。私もそう思いましたし〈福島を見捨ててはいけない〉という声が、教職員のなかにも、保護者の間にも、他でも次第にそういう声が挙がってきて、4年間続いたG県行きは市内の小学校が、だんだんやめて、今年度はまた会津修学旅行がかなり復活しました。G県にも文化的に見るべきものはたくさんあるのですが、場所が離れていて短い時間では回り切れません。その点、会津はまとまった場所に見るものがあり、また現地の受け入れ態勢も良い。新年度からは、市内の全小学校がまた会津に修学旅行に行くと決まりました」ということだった。

こういうときだからこそ「お互いに助け合って」との気持ちの大切さを思った次第だった。

**④ 小学校教師はともかく忙しい**

「今私は、5年生の学級担任で3クラスの学年主任ですが、ともかく忙しい。職員会議、保健主任会議、生徒指導の分掌、校内研究の研究推進委員もやっています。5年生3教師の打ち合わせもあります。午後4時45分が退勤時間ですが、それで帰る日はほとんどなく、クラスのこと、常勤講師との連絡・打ち合わせ、5年生の2泊3日の宿泊校外学習の企画と打ち合わせと連絡、など仕事が終わりません。結局毎日6時過ぎの帰宅になって「それから家事をし〈持ち帰り仕事（毎日ある）〉をして、睡眠も不十分なまま早起きして、また学校に出かける毎日。〈超勤〉が月に50時間かそれ以上、ひどい人は100時間にもなる。〈調整手当〉だけで、残業手当は出ない。私は子ども2人がもう独立したので、何とかやれているが、こんなに忙しくては今の若い人は本当にかわいそう。そこだけは国や県の政策で、何とか解決してほしい」とWさんは話してくれた。

これは被災地だけの問題ではない、日本全国の教師たちの状況だと考えられる。

### ⑤ 困難な子どものケースへの関わり

Wさんは「学校で教師が苦労し苦心するのは、難しい子が〈その子がダメな子〉というわけではなくて、家庭環境に困難がある場合が多いからです。私がいま担任している子どもの例だと、離婚して父親が2人の子どもを引き取り、実家に戻って祖母が育てています」「元々嫁・姑の確執があって離婚にもなったケースで、祖母には〈嫁に子どものことで文句はつけられないように〉という気持ちがあるようで、とても厳しくしつけています。正座・言葉遣い・清掃などにも厳しく、子どものなかには思春期の入り口で反発心が生まれていますが、父親がちょっとでも何かあると暴力で押さえつける。それで、家では我慢しているその分が、学校で暴発するという形で出てくるのだと思います。何か気に入らないことがあると学校を飛び出す。4年生のときに校外で事故があったので、今は学校を出られないようにしていますが、私がその子を教室に連れ戻そうと校内を追いかけると、36人学級の他の子が放置されるので、応援の先生を頼んでいます。その子の心中には、姉と一緒に母親と暮らしたい気持ちがあるのだと感じています。〈お母さんが恋しい、それで万引きをする、パニックを起こす〉とはわかっていても、その子だけ特別扱いはできませんので、何か母親代わりにサポートできることはしようと思っていました。忘れ物も多く、また学校教材が揃わない。家庭科で裁縫セットを購入するのですが、祖母が〈お姉ちゃんのを使いなさい〉と持たせた花柄模様の箱の中を見ると何も入っていない。業者が余分に置いて行ったものをそっとその子の箱に入れてあげると、次の時間は持って来なくて、姉が〈これは、もともと私のだから〉と取ってしまったとのこと、今度は教師の分（男子用）を〈内緒だよ、この勉強が終わるまでね〉とそっと渡しました。そういうことがあって1学期は荒れがひどかったその子とも、やっと少しずつ心が通じるようになりました」と、我々に語ってくれた。

Wさんの話はそれに続けて「テストもいつも〈わかんないし〉と白紙で出します。祖母が何でも無理矢理やらせるので、自分というものがなく、自主性・自律性というものが育っていないと思います。ちょっと困難があるとすぐ投げ出す。評価はどれも3段階の〈もう少しがんばろう〉になっていますが、能力のない子どもではないと思います。このままではまずいと、冬休み前の通知表を渡した翌日に、少人数学級でいっしょの男の先生と2人で家庭訪問をして

〈テストが、いつも白紙です、宿題や課題も、途中でやめて出していません、字はきれいできちんと文も書けるので、自分がやる気を出せばできるはずだと思います〉と話すと、その場にいた父親と祖母は、〈お前のせいで、先生に自分が叱られる。だからいつも言ってるだろう〉といった顔でその子をにらみつけていました。その子はすくんで何も言えない。3学期になって〈わかる部分は書いてちょうだいね、提出物も遅れてもいいから出してね〉と言って、いまはテストも白紙ではなく、提出物も出して、少しずつ自分の自主性が芽生えてきたと思います」と語ってくれた。

Wさんは「だからまず、家庭での親の愛情ある子育てが何より大事で、それが貰えなかった子どもに困難がかぶさってきます。私はもう年齢的にほとんどの保護者より年上になったので、保護者も文句は言いませんが、若い先生たちは、そういう家庭的困難を抱えた子どもを担任して、親に関わろうとするとすぐにトラブルになり、大変なことになります。その辺りを、学校全体でサポートし合う体制づくりが大切になると思います」と語ってくれた。

**⑥ 私の教育信念は「無償の愛」**

Wさんが結論的に語ったことは「結局、1人の教師としてここまで子どもたちと接してきて、子どもが一番かわいいし、教師という仕事が好きな自分がいて、管理職になる気などまったくありません。学校は楽しいし、子どもと学ぶのも楽しい。だから〈自己犠牲〉とは少しも思わない。好きな仕事をして、それで給料が貰えてこんな自分に合った仕事は他にない。いま定年になるのが惜しい、もっと長くやっていたい気持ちもありますが、自分の親の介護があるので、そうはいかないのです。親は、自分の産んだ子は他人任せにしないで、〈**無償の愛**〉で包んであげることが、子どもの成長の基礎になります」と、私たちに話してくれた。

Wさんは、教育行政に関して「いまのＦ県の教育委員会は、『Ｆ県防災副読本』を発行して、一見〈防災・復興〉に力を入れているように見えますが、実際には〈学力テストの点数を上げろ〉と言う。しかし、私は子どもたちが〈生きていく希望・夢〉を持てて、それで、自分からやる気を出すことが一番大事な〈生きる力〉であり、それを子どもたちにつけることが、教師の仕事だと思っています。その意味では、子どもは学校だけで生きているわけではないので、保護者・家庭とその点でどのように相互に交流し理解し合えるかが、教師にとってはとても大切になる〈関係づくりの欠かせない仕事〉です」と、我々に語ってくれた。

Wさんは結論的に「親も教師も社会も、子どもたちに対して根底に〈無償の愛〉を持って向きあう、それが被災地でも結局重要だし、明日の日本を担う子どもたちに一生を生きていける能力・人格を育てる基礎になると思います。それが私の〈教育信念〉です」と話してくれた。

W先生の話は、筆者の母親（やはり教師だった）を思い出させて、こういう教師人生があり、これが「献身的教師像の現代的で、被災地における姿」なのか、と思わされるインタビューだった。

### (2) B市のベテラン男性教師、X先生の話から

#### ① Xさんの経歴

Xさんは、1960年代半ばにF県に生まれ、F県にある大学の教育学部を卒業、その後3年間を経て、F県の小学校教諭として採用された。I町立小学校に勤務していた時に東日本大震災を経験し、その後、B市立b小に転勤し教務主任時代（2014年度＝2015年3月）に質問紙に回答し、その翌年、I町立c小学校で、防災主幹教諭を担当し、我々のインタビュー（2015年度＝2016年2月）に回答してくれた。インタビュー時50歳代はじめの男性教師である。

#### ② 被災直後の家族と学校

Xさんは「震災時、家族全員が別々の所にいた。全員の安否がわからず心配したが、教師の立場では勤務校の児童を優先しなければならなかった。ただ、日頃から〈自分の身は自分で守ること、地震の時は津波を想定して高台に避難すること、家には戻らないこと〉（自分の父がいつもそう教えてくれた）を徹底させていたので、結局全員が助かった」と語った。Xさんの勤務校はB市の隣町の高台で無傷だったが「校区は大津波に襲われて壊滅的打撃を受け2,000人の避難者が学校の避難所に集まって来た。消防団の人を中心に〈自治会〉を作って、教職員と避難者とは物資が足りず、それでも協力し合って、教師が子どもたちの面倒を見るのを見守り助けた。校舎1階に450人の児童全員をまず避難させ、その後地域の避難者が1階、子どもたちが2階に移動した。

#### ③ 異動した2つのB市立小学校での被災後状況の中で

Xさんが2011年4月に異動したB市立d小学校、3年で異動したb小学校、

どちらも学校被災に違いがあるが、校区は津波被害が大きく「海側半分が壊滅」「校区の８割が浸水」で、死者も多く出た地域である。

子どもたちの指導では「１学期は教師がルールづくりを主導しても、２学期からは小集団で自主性を尊重していけば、３学期には放任していてもかれらが自分たちで自主性を発揮してくれる」という１年間を見通した学級づくり経験が、被災後も生かされている様子を語った。

さらに「スクール・カウンセラーの中には本当にプロの人がいて、問題のあるクラスの課題ある子どもたち一人ひとりによりそい、優しく何でも受け容れ、適切なアドバイスもしてくれて、子どももクラスも立ち直った」と、教師以外の専門職の存在の重要性を強調した。

**④ 教務主任・防災主幹になってから**

学校の管理層に入ってからは、校長・教頭と協力し、「気になる先生のクラスを見て回る」「学校の教育計画を立てる」「防災教育のアイディアを出し、計画づくりをする」など仕事は多様にあるが「学級担任だった時ほどは、多忙とは感じない」とのこと、「今の学校は担任が一番大変なので、そのサポートが重要」と、自分の学校運営の考えを述べた。

また教師は「子どもの自主性を信頼し、またその他の人との人間関係づくりを大切にしていけば、教職を気苦労とか自己犠牲と思う必要はない」「犠牲と思うと、それが却って子どもたちへの圧力や圧迫・押し付けになるように思う」という自分の指導観・教育観を語ってくれた。

Ｘさんは自分の教育方針を「自由放任・放牧」という言葉で表現したが、それに尽きない現場教師の経験と知恵が震災後の学校教育活動の中で生きているという思いでその語りを聞き取った。

### (3) Ｂ市のベテラン男性教師、Ｙ先生の話から

**① Ｙさんの経歴**

Ｙさんは1960年代半ばにＦ県Ｂ市に生まれ、小・中・高校を経て、Ｇ県にある大学の文学部を卒業。その後Ｆ県教員採用試験に合格して、Ｂ市立ｅ小学校に新採教師として赴任、その後１つの小学校勤務・学級担任の後に、30歳代後半でＢ市立ｆ小に転勤し、中・高学年学級担任として７年間勤めた。その間に、東日本大震災を経験し、その年の４月にＢ市立ｇ小に転勤、同小学

級担任・教務主任を6年間担当し、その間我々の質問紙（2014年度＝2015年3月）に回答し、その翌年、教務主任として、我々のインタビュー（2015年度＝2016年2月）に回答してくれた。インタビュー時50歳代はじめの男性教師である。

**② 被災直後の家族と学校・地域**

Yさんは「妻は隣県の病院勤めで、その市を大津波が襲ったのでとても心配したが、病院の屋上に避難して救出されて、自分が2日後にやっと迎えに行った時には、もう近くの医療センターで活動していた」と家族への心配と安心を語った。

B市立f小学校は、校舎の耐震工事がほぼ完成していたときの地震だったので校舎は無事だったが、体育館の鉄骨が曲がって使用不能になったという。学校はやや高台にあったので津波は来なかったが、校区は沿岸にも広がっており、3分の1は津波で水につかり、校舎1階が住民の避難所になり、教室5つをそれに開放したという。校区の被災はひどかったが、研究主任で5・6年生の算数専科だったY先生は、6年生を卒業させると新年度からの「人事異動実施（4月中ごろまで〈兼務発令〉の形で）」でB市立g小学校に異動し、3年生の担任で研究主任になったので、4月以降の前任校の状況はそれ以上話さなかった。

**③ 異動して学級担任から教務主任になって**

異動したB市立g小学校は、やや北側の内陸部の学校なので津波被災は少ないと思われたが、校区の至るところで床の上まで津波が浸水した家庭が見られた。また、市内の他の多くの小学校が被災しているので、被災校からの転校生がはじめの2年間で100人もいるという状況で、実際の子どもたちの中には、自宅を流された者、家族を亡くした者もいた。

そういう子どもたちには「つらいこと、悲しいことなど、何でもよく聞いてあげるようにする」「忘れ物がある、物が揃わないのは当たり前で仕方がない、そういうことで叱ったりしないようにと心掛け、貸せるものはできるだけ貸した」と困難を抱えた子どもへの配慮について語った。

また異動した当初は学級担任をもつ研究主任だったY先生も4年の時が流れ、教務主任となった。「学級担任のない教務主任（面接時）は〈大変な仕事量（文書の量、校内分担・時間調整・渉外活動・校外活動の連絡・準備、各学年の総合学習計画の交渉・引率補佐など）〉で仕事の種類も多く、それなりに忙しい」と言いつつ「教師の中にもまだ仮設住まいなど被災してケアが必要な人がいるし、学級担任が一番忙しいので、課題を抱えた担任をサポートして、教師たちに気持ちよく働いてもらうことが教務主任の役目だ」「誰か一人に負担が重ならないようにといつも考えている」とも言っていた。

さまざまの状況を抱えた子どもたちがいる中で「学校の日常を取り戻す本当の〈正常化〉が重要だと思う」として、「学力にも力を入れ、グループ学習を取り入れて、学力に課題のある子ども一人ひとりに配慮し、今年度は国語・算数、A／B 問題でどれも全国平均正答率を超えた」とのこと。それでも「点数で測れる学力は大切だが、社会人として働く力も大事なので、子どもの自主性や地域の〈よさ〉を知ることが重要」として、地域の復興のために「あなたたちが元気でいることが、大人を元気にすることにつながる。それは子どもであるあなたたちにしかできない、素晴らしい、大きな力なんだよ」と常々言っているそうである。

また「人とのつながりが自分の財産」と語り、「学校に対して意見をもっている保護者にはよく話を聞き、謝るべきことは謝り、説明すべきことは誠意を持って説明すれば心は通じる」と語った。民生児童委員や防犯協会の人とも協力しておこなっている「登下校地域見回り隊」は、子どもたちを大切に育てようという地域の特徴であり、3 年生の総合的な学習の時間では「防災マップづくり」に保護者の協力も得て取り組んでいるという。

Y さんが心配していたのは、むしろ「復興の遅れ」だった。「ハード面の整備が遅れれば遅れるほど B 市に帰って来る人が減り、復興が進まなくなる」「三陸道の整備などは進んでいるが、まちづくりは大幅に遅れている」と、復興の遅れが B 市の活力の減退につながり、本当の意味での復興ができなくなってしまうことを懸念していた。

Y 先生の語りは風にそよぐ柳のようで、どんな強風にも負けず、その場、その状況に合わせた教育活動をしなやかにおこなっていき、今現在の被災地の学校を少しでも前進させようという強い姿勢を感じる聞き取りだった。

### (4) B 市の若手女性教師、Z 先生の話から

#### ① Z さんの経歴

Z さんは F 県に 1980 年前半に生まれ、他県にある大学の教育学部を卒業後、

B 市立 h 小に新採教師として赴任した。高学年学級担任として 3 年間勤めている間の 2011 年 3 月、東日本大震災を経験した。2011 年度、同小で中学年学級担任として 1 年間勤めた後に、B 市立 i 小学校に転勤。中・高学年学級担任を経て、30 歳代半ばで同小の高学年学級担任・防災主任を担当し、我々のインタビュー（2015 年度＝ 2016 年 2 月）に回答してくれた。なお、Z さんは、震災当時暮らしていた実家を含めた地域一帯が壊滅、家族が死亡という悲しい出来事を体験した女性教師である。

**② 被災地の教師への期待と責任**

Z さんは語った。「B 市立 i 小で以前担任していた子が他市に転校して、中学校の冬休みの宿題のことで連絡してきたことがあった。〈私は先生になりたい〉〈先生の仕事にはやりがいはありますか〉とか〈先生は、どんな仕事なのか〉〈何か困りごとはあるか〉と電話で聞いてきた」ので、「私は、被災地の教師は、被災した子ども・親が〈希望をもてる〉ように考えて授業をやっているんだよ」と答えたところ「その子が、〈先生がこんなすごいことを考えていたなんて驚いた〉〈夢を現実にしたいな〉との返事が来たんです」とのこと。

Z さんは「基礎的な学力を、子どもたちが身につけるようにする」という〈教師への期待〉について次のように語った。「子どもも大人も震災で疲弊しているなかで、未来がないと思っていたんです」が、それでも「子どもが、勉強ができるようになって夢を持つことで、それが大人の元気につながるのだな」とのこと。それは震災を乗り越える希望を子ども自身が創出していることだと、我々は思った。

また「子どもたちは震災で怖い思いをしているし、復興が進んでいないことも毎日見ている」ので「私は、子どもは〈子どもなりに感じることはある〉〈自分でできることが増える喜び〉〈情報も増えるが、正しい判断が必要〉、それらが合わさって前に進めるようになる」と話し、「そのことがとても大事なこと」だと、Z さんは語ってくれた。

それにまた「学力は子どもたちの未来を拓き、親・市民を活気づける力がある」と語るとともに、Z さんは「私は〈授業が分かりやすい〉〈いじめが起きない〉〈安心できる〉学校・学級を作りたい」と思って、そうすれば「私は子どもたちが〈勉強ができる〉〈協力する〉〈できない子に声を掛ける〉〈自分で動ける〉〈みんなで活動できる〉と考えてきた」、だから「子どもたちにとっては〈授業〉と〈生活指導〉が相互に関係しあっていると思ってきた」と、Ｚさんは語った。

**③ 現任校での震災体験・教育活動と子ども・親・地域と共につくった教職観**

Ｚさんは「クラスで子ども同士のトラブルがあったが、そこに保護者が絡んでくる。保護者同士の言い合いになり、それを連絡帳や電話で伝えてくる」、ので「〈それは子ども同士のことだから、もう少し温かく見守って欲しい〉と言っても、保護者が感情的になる場合があった」。それは、「親が震災で手一杯（〈父の失業・転勤〉〈震災で家族が死亡〉〈話す・相談する相手がいない〉）だったり、日常的に余裕がなかったりして、それをぶつけてくることがある」が、「その対応に加え、日常の授業や行事の準備など通常業務をこなすとなると、かなりの精神的疲労を伴う」と話していた。

また「教師の仕事には〈やりがい〉を感じ、教師を辞めるとは考えていないのですが、それでも〈職場の人間関係〉が〈しんどい〉と感じることもあった。しかし、その度に〈教師仲間に相談〉〈同僚に教わる〉ことをしてきたので、教師を辞めるほどは悩まなかった」とＺさんは話してくれた。

さらにまた「貧困の子どもに特別配慮する」ことの「子ども・親の教師への期待とそれに対する教師の責任に関して」は、「保護者は学校・教師に甘えるかのように、例えば〈箸の持ち方（それは鉛筆の持ち方につながる技）〉まで教師に頼ってくる場合があります。家庭で躾として教えるべきことを、学校教育に求めてきているように感じます」。そして「箸は給食を食べるのに要るのでそれは大事にしているのですが、そのことばかり気にしていると、自分が給食を食べられず」、またそれだけではなく「朝ごはんを食べてこない子がいるので、給食だけは栄養バランスを考えて完食を目指して指導をしてきました。以前はあまり給食を食べなかった子がいたのに、今はクラス全体が完食するようになり」、そして「それが子どもの自信になり、家庭科の授業ともつながった」とＺさんは我々に語った。

また同じ「貧困の子どもに特別配慮する」ことについて「以前、学級内に給食費を払わない子がいて、その子は自分だけが持って来られないことを他の人に知られるのが嫌で、そのことに触れてほしくない」。「〈俺、恥ずかしいから早く出してと、お母さんに言ったんです〉と話すから、それで「〈この子もやっぱり嫌な思いをしてるんだ〉と分かったんです」。それからは、「お金や物のことで子どもに負担をかけることはやめようと思って、鉛筆が短かったら支援物資の中から鉛筆を貸してあげることにしました」とZさんは話してくれた。

Zさんは「スクール・ソーシャル・ワーカー（SSWer）の学校派遣」について、「SSWerの話では〈B市の他にも震災被害が大きかったところには、4～5人多く配置（震災加配）されている〉ということ」、で「子どもや親とトラブルがあった時は、もっと相談・活用すればよかったんですが、誰もそれを言ってくれなかった。それは知らなかったんですね」。それに「スクール・カウンセラー（SC）はこれまでも学校に来てくれていたのですが、子どもの話は聞いても、教師の悩みを相談する機会には繋がらない」と、深い苦悩を抱えたままに話してくれた。

また「子ども・保護者による学校評価・教員評価」に関して「学校評価はあったほうがいい」「学校・教師がとり組んでいる目標を保護者にわかってもらえる良い機会じゃないですか」、それに「この学校の教師たちにとっても、私にとっても意識して〈教育目標〉を持つことは、どの教科の内容（国語の読書の本など）を考えてもそれを高める実践につながると思う」とZさんは語る。

さらにまた「全国学力テストの結果にもとづく学力向上策」についてZさんは「低学年や中学年と違って、高学年では、学力テストの結果検討は役に立つ」と語り、「その検討は学力向上につながるし、勉強は子どもたちの〈進路の選択肢を増やす〉〈よりよく生きる〉ことに活きる」とも語り、また「保護者の要求でもある」と話しながら、他方では「〈面倒〉だと思ったことはある。テストの準備学習をするのも大変だった」とも語った。ただし「テスト結果の検討は、自分の授業を振り返ることもできるので、授業改善にもつながり有益です」「私のクラスは図形の成績が悪かったので、図形のプリントを作り、夏休みの宿題にもして努力しました」と語り、「私の学校では子どもの〈苦手〉分野を把握してそれに完全策を取るようにしている」とのこと。

Zさんはこの件で次の点も指摘した。「私の学校では〈予習〉しない子が多い」「〈予習〉しないと授業が分からない」、「結果検討を通じてまとめた項目には〈授業の末尾で‘まとめ’をする〉というのがあるが、それを〈復習〉に取り入れると、次の学習にも引き継がれるし、予習につながる学習への〈意欲づけ〉にもなる」、それに「結果が悪いということは基礎的学力が身に付いていない証拠であり、中学校に行っても勉強がわからなくなる場合がある」と言い、全般的には学力テストとその結果検討を通じた改善には肯定的であった。

また「他の機関・専門職との連携」については「学級内に給食を食べない子がいて、無理に食べさせることはしたくないので、優しく接して食べてもらおうとしたがだめだった。困ってしまって、学校に来ているSCの先生に相談すると、〈県の教育事務所のSCに話した方がいい〉と言うので、私は事務所に行って話をしてきた」。すると「〈この子は、他人とコミュニケーションを取ろうとしていない、生育状況に問題がある〉と言われ」、それで「〈この子は自分の外にある食べ物・友だち・大人との関係をバッサリ切っている〉と私は思った」。また、「SCから〈担任とのつながりからはじめて、その子が他のものとつながれるように橋渡しをしてほしい〉と言われたので、〈そうか〉と納得できる答えが返ってきて良かった」ので、「これからそういう対応を大事にしようと思ったんです」とZさんは我々に、安心したように話してくれた。

それと関係する問題としてZさんは「今の学校・社会では〈いじめ〉〈不登校〉は全部が学校と担任教師の問題になるが、〈保護者とのパイプ〉をつなぐアドバイスをしてくれる機関や専門職との連携が重要だ」と、でも「まだ今の教師の頭のなかには、そういう〈他職との連携〉ということは入っていない」と残念そうに、私たちに語った。

さらにまたZさんは「防災教育」について次のように話してくれた。「〈防災主任〉初担当の年に、総合的な学習の時間に防災学習を取り入れることになった。学年部の先生3人で相談しながら計画を練ったけれども、とても大変だった」、「学区の3分の1が被災している状況で、どのようにしたら児童に正しい防災知識を教えることができるのか。児童の心理的負担にならず、前を向いていける計画を系統的に考える必要があった」。ただし「今年度、一緒に学年を担当することになった先生は、自宅被災はしなかったものの、目の前で津波被災の状況を見ているので、私の今も続く〈津波被災のトラウマ・思い〉を、細かく言わなくても、わかってくれて話が通じる」とのこと。それにまた「その先生は〈防災教育では、突っ込んでやると、子どもが苦しむだけ、ストレスなく楽しくやりましょう〉と提案してくれたので、今年は私も安心して〈防災教育〉にとり組めます」「困った時は、他人に相談できることが一番大事」とのこと。これは、津波被災体験教師として「防災教育」にとり組む実感を聞けた思いがする話だった。

### ④ 現代教育政策・教育行政に対する意識

「不適格教師の認定の厳格化」に関わって、Ｚさんは次のように語った。「今のＢ市立ｉ小の前上司に「前任校では校務分掌が多くあったけれど、今はあまりなくて、これまで以上に学級のことができて嬉しい」と言ったら、「次の年はすごく増えて」「〈仕事が多い〉と言ったら〈仕事はできる人のところにやってくる〉と言われて、それからは言わないようにしているんです」とのこと。

「学校組織のピラミッド化」に関しては「校長・教頭・主幹教諭＝教務主任・40代後半～50代の先生方・その下の若い先生方でピラミッドになっているのかなと思いました」。「例えば、何か生徒指導上で問題があれば、学年主任に相談して、次に教務主任や主幹教諭に報告する。そこでアドバイスをもらったり、学校全体で情報を共有したりする。教頭や校長に報告される前に、複数の先生方が関わることでより良い方向に進むことが多い」。だから「組織がピラミッド化」しているとＺさんは話してくれた。

一方、Ｚさんは「職場の人間関係のしんどさ」について語る中で、「教師は誰もがやることが多く、忙しく働いている」が、「管理職（校長・教頭・主幹教諭）に、困ったことを相談しても〈うまくいく〉〈そういかない〉場合があり、学年部で相談した教育活動方針も、管理職に持っていくともめて返って来る」、それに「私たちが対応できない件を管理職に相談しても、それを〈聞いてくれる時〉〈そうでない時〉〈答えが返って来ない時〉があって、自分たちがやらざるを得ない」。「多忙を極める学校現場では、学年のことは学年ごと、教師は個々人で教育活動をしている」と我々に話してくれた。これは、今日の教育政策が進める諸施策が、教師を多忙に追い込んでいることと、同時に「学校組織のピラミッド化」が、学校現場の実情に合っていないことを示していると思われる。

また「高学年担任だった時、クレームがきた。児童同士の〈文句を言った〉〈言わない〉などの出来事を、家に帰って児童は親に言うわけです」、そのうち、「うちでは耐えられない」と「その親が〈連絡帳に書いたり〉〈電話を学校にかけてきたり〉〈家庭訪問で言われたり〉〈会うと言われたり〉してきた」。「〈子ども同士のことなんだから〉と思う」、でも「結構言ってくることがあった」ので、「だから保護者も手一杯なのかと思っていました」。それは「Ｂ市の人たちはみな震災の影響を受けている」、そうすると「Ｂ市の人たちには〈お父さんの仕事がなくなる〉〈仕事が変わる〉〈震災で忙しくなる〉と、その負担がお母さんに行ったりする」。また「お母さんも話がしたいのに、お父さんが〈聞いてくれない〉〈聞いてもうまく回答してくれない〉、男女では思考法が全然違う」。だから「ストレス発散の意味もあって、女の人が相談するのに、今度は近所に〈知人がいない〉〈お母さんの知り合いがいない〉〈話す人がいない〉」、ので「そのお母さんのストレスを、学校に電話で言ってくる」、なので「保護者も手一杯なのかな」「相談する人もいないから、こうして学校に相談してくるんだなと思って、聞かなければならないと思う」、が「私が〈多忙〉〈言われたくないと思う〉があって」、それに「〈私だって一所懸命にやっているのに〉、というところもあって」。でも「聞かなければ、とは思うんです」、が「聞き入れにくいところもあったりとか、そこで保護者が不満を持つ」、ので「聞いてあげればよかったな、ああそっちはそっちで手一杯だから私に言ってきたのに。もっと聞いてあげればよかった」とZさんは我々に語ってくれた。これは、教育政策が「学校・教師と保護者・住民の連携」と唱導しているが、教師も保護者も多忙で、そこに行き違いが起こり、結局対立が発生して、その後で教師がそれを振り返って反省するケースであった。その意味することは、今日の教育政策が、教師・学校・親・地域・震災の困難などの実態を知らないまま、机上のプランで、その政策立案をすることが、いかに現場を苦しめているかを示す一つの事例と我々は考えた。

それにまた「割り当てられた仕事に専心する」という現代教育政策が推進する施策に関して、Zさんは「私に与えられた仕事に専念するのは当然で、他の仕事も懸命にするべきだと思って」、それで「B市立i小・防災主任で結構頑張ったんですが、それは結局1人の力じゃないですか」、と話し「〈他の先生が避難訓練をする〉〈防災マニュアルを実行化する〉にも、私1人の力では無理なので、年上の先生に〈声を掛ける〉〈仕事を手伝ってもらう〉ことが大変で」、でも「そうやって、多くの先生に手伝ってもらえば、大変だったところもあった」が、「多くの先生方に手伝ってもらえば、1つの行事ができるわけですよ」と話してくれた。

Zさんは同じ「割り当てられた役割に専心する仕事」という「教職観」に関して「役割だとか言って、その人だけがやればいいとなってしまうとうまくいかない」、また「その係だとしても、みんなが運動会をやるというんだから、自分もそれに関わる一員なんだと思ってやっていかないといけないんだということ」、それで「私より若い先生（私もまだ若いうちに入るのだが）がだんだん出てきたので、その先生に言っているのは〈年配の先生方は何でも経験で動ける・何でも仕事ができる〉」、が「若い私たちは何ができるのかといったら、その年配の先生みたいな実践ができるわけではないのだから、一番つらい仕事（荷物持ち・率先して汚れ仕事をする・そういうところで仕事を覚える）をすることで、年配の先生方にそこで〈恩を返す〉と言った」、でも「新人にはまったく伝わらない」とのこと、それで「私はもう言っても仕方ないなと思ったんです」。けれど「私は〈言うくらいだったら、倍の仕事をしようと思っていた〉のです」、が「新人はなかなか動かなかったんです」、しかし「そういう若い先生方がそうやって動いて、年配の先生方が口出しをすれば、コミュニケーションがどんどん増えていってうまくいくと思うんですが、若い先生方は〈自分は自分〉〈担任の仕事〉〈他とコミュニケ―ションを取ってうまくやっていけない〉という」、が「〈雑談力〉がなかったりとかして、適切に〈つなげないといけない〉というところもありますね」と我々に語った。この話の意味するところは、教師間に世代による断絶があって、コミュニケーションがうまく取れない現在の学校の状況を示している。それは、現代教育政策が「○○チーム」とか「チーム○○」とかを唱導し、学校教師集団を無前提に「良きもの」としていることが、学校現場を無視した状況認識に立つものであると、我々には感じられた。

「子ども・保護者による教員評価・学校評価」について、Z さんは次のように語った。「学校評価は年１回やっています」、そして「教員評価も年２回、最初は〈こういう目標でやりなさい〉と言われ「面接をして、A とか B とか校長が出して」、それも「どの学校でもやっていると思います」と言い、我々に「教員評価はいらない」と話してくれた。「前、全部 A にしたら〈全部 A はないだろう〉と怒られ、全部 B にしたら〈今はやってるだろう〉と怒られ、両方とも怒られてしまった」。そして「教員評価の欄はすごい小っちゃいんです」、「教科の目標を書いて、A4、１枚で全部書かないとダメだから」、それで「〈教科・教科外指導〉・〈校務分掌の教員評価が前半〉で、しかも〈反省が後半〉で、それに加えて〈総合評価〉もあるんですね」、「その隙間に９ポイントで２～３行書いて、「その隙間に教科を７ポイントで３行書いて、３行って短いからその隙間に書かないといけないんです」、それで「ものすごく小っちゃく、それを3つ書いたら、下に同じことを細かい字で書かなくっちゃあいけない」、「みんな、先生方は一生懸命にやっている。短い言葉で形式的に書いたものをやっても仕方ない」と語ってくれた。

「学力・学習状況調査の結果検討を通して学力向上策を検討」という課題に関しては「F県は〈すごい〉、県独自のとり組みで〈F県・学力向上策〉〈5つの提言〉があり、「その提言が書かれたサイコロが私の机の上にある」というZさんの話だった。それに関連して「研究主任は一所懸命で、教科専科として〈算数〉の授業をおこなってくれる。CRT（標準学力調査）の結果は、全国平均と同様だった」、ので「まずまずの成績だった」とZさんは語ってくれた。これが意味するところは、今日の教育行政・政策が「学力向上」に狂奔し、現場の教師の実践的苦闘を、上から圧迫している話だと我々は受け取った。

**⑤ 被災体験をもつ教師としての思い・想い**

Zさんは「教師像」について「教師の責任として、個人的感情で〈不安定〉なることはあっても、また、教師は〈献身的〉なので、〈その顔では子どもたちの前には立てない〉、自分自身を奮い立たせるために、すごく〈疲れる〉」、それで「やればやるだけ首を絞めるから」、「私は津波被災体験をもつ教師で、子どもたちの〈成長〉とかれらからの〈感謝〉を支えに、この間、教師を続けようとしてきた」、ので「バランスをうまく取らなくてはと思っている」。「〈生真面目〉な教師たちは〈不真面目〉ではなく」、それでも「やればやるだけ大変になる」、ので「教師というのは基本的には、給食を食べる時間もなくなるほどの仕事なんです」、と私たちに被災した教師の想いを込めて語ってくれた。

ところで、「5年も経ってみんなが震災に対する意識がなくなっている」が、「病院の先生が震災を経験した人たちは〈震災を忘れていいんだ〉」と、でも「〈震災を忘れるな〉と言うのは〈震災を経験しなかった人たち〉が〈忘れなければいいんだ〉、〈つらい思いをした人たち〉は〈早く忘れていいんだよ〉と言われて、〈あ、なるほど〉と思ったんです」、だとすれば「やっぱりみんな日常の生活が一番なんで、そうやって日常の生活を送れるということはとても幸せなことだと思うんですけど、やはりいつ津波が来るかはわからないので、避難訓練もいざという時に落ちついて行動できることがとても大事なことだと思うんですね」とZさんは我々に津波被災がどれほど深く心の中に傷として刻まれるかを語りつつ、日常生活が送れる幸せを話してくれた。

また「防災教育も子どもたちに伝えなければ」と思い、「忘れるからこそ〈親を巻き込む〉ことで1年1回でいいから〈思い出してもらうこと〉は〈大事なこと〉だな」と「地区・地域でやれれば、いいんですけど、公民館でやっても人は集まらないし〈日曜日は休みたい〉とか〈平日は仕事がある〉とか」、で「行けないというふうになって、関心が薄れていってしまう」、でも「〈学校で親子行事をやる〉〈参観日をやる〉と否応なしに来るので〈学校を通して〉防災力を上げて行くことが、今後も大事なんじゃないかと思うんです」と、Zさんは我々に学校という存在の子ども・親・住民にとっての大事さを語ってくれた。

子どもたちの様子について、「話題にすることは少なくなったが、子どもたちが登下校で眼にする光景は、家の人たちが津波被災したところであることが少なくなく、そこを通って学校に毎日通ってくる」。「子どもの中には、親が亡くなった子どももいるのですが、普段はみんなで元気に過ごしている。小さい子は覚えていないというのもあるんですが」。でも「地震になると、子どもたちが目の色を変えますね」、「私なんかは授業をしているので全然気づかなかった」が、「子どもは〈先生、地震だ〉〈動かない〉〈ビビッてしまう〉〈地震に敏感〉」、でも「私が〈いつも大丈夫だよ〉と言うので、それで〈安心するんです〉」。また、「津波被災が大きければ大きいほど、居住地が転々とするために子どもたちの転出入が激しいので、子どもたちが〈可愛そうだな〉と思う」。「B市立g小は大きな被害はなかったものの、転出入だけで100人以上はいた」。その点では「被災の大きかったB市立j小とかとは違っているが、それぞれに大変な思いをしたことは事実」と語った。被災地でも〈被災しているか〉〈被災していないか〉で状況が異なっており、それぞれに大変さを抱えていることを実感させるZさんの話であった。

また、Zさんは「被災風化」に関して、次のように語ってくれた「被災が風化してきていることが目に見える形で表れてきており、教師が異動すると〈経験〉〈温度差〉〈教師たちの経験の理解程度〉も変わってくる」、ので「〈被災者〉〈非被災者〉があって、被災者との意識を、教師が合わせて理解するのが、すごく難しくなっている」と、我々に親・住民・教師たちの〈被災・非被災〉の相互理解の難しさを語ってくれた。

B市・3人の教師の語りは、どれも個性的で、子どもへの配慮と励まし・期待にあふれたもので、被災地に限らない日本の教師魂を感じるとともに、それを被災地なればこそ、という具体的な姿で発揮している点が、印象に残るものだった。

## 6.「自由記入」と「インタビュー結果」から見えてきたもの

本章では、被災地３市における質問紙調査の「自由記入回答」と、質問紙調査の回答にもとづくインタビュー結果をもとに、被災地の教師を取り巻く状況、そのもとでの教師としての実践やそこに込められた想いなどを考察してきた。

３市の自由記入回答結果は、前章で考察した３市の特徴とも符合するように思われる。職場の求心的関係構造が強く、自律性ややりがいを得がたい状況に置かれているＡ市の教師たちが抱く閉塞感が、多忙・疲労の愁訴や教育政策・施策への批判という形で表れているように思われる。また、Ｂ市においては津波被災とその直後の経験に関する記入が多かったが、実際、同市の小学校教師では震災直後の経験が教職アイデンティティの確保と関連するものとして位置づいており、中学校教師では震災直後の子どもとの関わりを通じたポジティブな経験が教職アイデンティティの〈安定〉的側面を、その時点での葛藤体験が〈攪乱〉的側面をもたらすものとなっていた。Ｃ市の教師たちにみられたストレスの高さ、また中学校における日常的教育活動についてのある集合的な方向性の得がたさなどが、復興支援を受ける側のジレンマや教師間の被災状況の違いによる意識の差などへの言及として表れているようにも思われる。

インタビュー結果については、今回は４名の教師からうかがった話を取り上げるにとどまったが、被災地における教師たちがこの間直面している状況とそこでの思い・想いをより具体的に示すものであった。いまここで各人のインタビュー結果をまとめることはしないが、Ａ市のＷさんの「献身的教師像の現代的で、被災地における姿」は、前章で示唆した「日本の教師たちの間にある子ども思いの熱心さ」の展開可能性を体現したもののように思われる。またＢ市の３名の教師たちの話には、津波被災が深刻であったＢ市の子ども・学校・地域の現実の中で様々な葛藤や想いを抱きながらも、前章でのべた「子どもたちの直面する状況に応える働きかけを」しようとする「教育実践志向」が、より具体的で個性的な形で表れていたと考える。うち、今回話をうかがった中で唯一の若手教師であるZさんの話には、津波被災体験をもつ教師として「献身的教師像をめぐる葛藤」を抱きつつも、「被災した子ども・親が〈希望をもてる〉ように考えて授業をやっているんだよ」といった「教育実践志向」を、子ども・保護者・地域や他の専門職とともに展開しようとする様子がより具体的かつ明確に表れていたように思われ、そこには「献身的教師像」とは異なる、人々との信頼獲得の回路の萌芽がみられるように思われる。

今回とり上げることのできなかったインタビュー対象者を含めて、被災地の教師たちが直面している様々な現実、そこでの意識・想いや刻々と変る状況を十分に把握できている訳ではない。ただし、この第Ⅱ部が、質問紙調査とインタビュー調査を通じて、日本の教師たちが共通に直面している困難・課題と被災地ゆえのその表れを記した東日本大震災の記録の一つとなれば幸いである。末尾になるが、質問紙調査とインタビュー調査に協力くださったすべての方々に感謝の意を表したい。

# 結び

## 経年比較にみる教員文化の変容と「教師の責任と教職倫理」に関する教員文化論的分析

長谷川　裕

### 1. 本書のテーマ、特に「教師の責任と教職倫理」というテーマの確認

本書のテーマは、「序」で示したように、(A) 教育改革が進行するコンテクストの下、その改革進行過程の2時点間の経年比較を通じて、日本の学校教員の教員文化の現在を明らかにすることであり、その中で特に、(B)「教師の責任と教職倫理」という観点から教員文化にアプローチすることにより、その現在のあり方の特徴を浮かび上がらせることであった。

これら2つのテーマの含意は、(A) については、「序」で詳細に示したので改めての確認は不要であろう。そのテーマに対して本書がどのような回答を与えたかは、後に**2**・**3**で示していく。テーマ (B) については、これも概略は「序」で示したが、その後第1章でこのテーマの含意をめぐる議論が詳細に行われているので、それを踏まえて以下で確認し直しておきたい。

「序」でも述べたように、教員は、その仕事の中心である〈教育〉(その含意は「序」**1**(3)参照) の根源的な性格ゆえ、その妥当性の範囲を前もって定めることのできない生徒たちからの様々な呼びかけに対して、このように応じれば十分であるとやはり前もってその基準を設けることができない、各生徒がおかれている個別で固有なコンテクストに即した応答を求められるという、その言葉の原義的な意味での「責任」を負っている。しかし教員がそのような意味の責任を文字通りに負うことは現実にはたいていの場合不可能なことであり、かれらが責任を負うべきことがらの範囲やその負い方について、何らかの限定がかけられることになる。「教師の責任と教職倫理」という論点は、そうした限定

を通じて、教員にとっての責任とそれを果たそうとする倫理がいかなるものとして構築されるかを掴むというものである。本書では、その構築が教員自身・生徒・保護者などの当事者間の日常的な関係の中でのコンセンサスによって、またその中でも特に教員同士の間でのそれによってどのようになされているかについて、追究が試みられた。

本書のそうした追究課題は、第１章において次のようにより詳細に再定式化された。

**① 教員の仕事にまつわる責任・倫理と、教員及び関係者の「関係構成」と「学校文化」**

教員には、どういう期待を義務として負うべき責任があるとされるのかは、教員やその他の関係する人々の間の「関係構成」とその「定着」としてつくり上げられた「学校文化」のあり方いかんによる。そこで、その関係構成と学校文化のいかなる歴史的変化を背景として、またそのさらに背景にある、学校という制度の社会的位置の変化の中で、今日の時点では、教員には、どのような期待を義務として負うべき責任があると見なされ、その責任をどのように果たしていくことが求められるに至っているかを捉える。

**② 教員の仕事にまつわる責任・倫理と「教員文化」**

教員が、自分たちに向けられるどのような期待を認知するか、それらのうちの何を自らが果たすべき責任のある義務であると見なすか、さらにその義務を果たす責任を全うすることを自らの倫理と見なすかどうかは、かれらがつくり上げている「教員文化」のあり方いかんによって左右される。そこで、①で触れた変化の中で、今日の時点では、教員は、どのような期待を認知し、そのうち何を義務と見なし責任を負い、どのような義務を果たす責任を倫理として引き受けるに至っているかを、またそうしたことがらの把握の枠組みとして機能するどのような教員文化を新たに形成するに至っているかを捉える。

これらのうち①に関しては、既に第１章において、それにおおよそ対応する仮説的な回答を示していると言っていいだろう。その回答の内容は、次のようになる。

（ｉ）日本における近代学校の普及の過程で、日本の教員や教員以外の当事者たちは、根源的に「不確定」性を伴う教職の責任範囲をあらかじめ限定・局限しないという意味で「無限定」的に担おうとする「献身的教師像」を教員の理念として共有し、その像に基づく子どもやその保護者に対する教員のパターナルな関係を柱としたかれらの間の関係構成と学校文化を形成してきた。この教師像は、教員にとって、かれらに対する関係者からの「信頼・権威調達」のための大きな支えとして機能してきた。

（ii）しかしおよそ1970年代半ば以降、学校制度の社会的位置の変化によって「教育荒廃」が問題として噴出するようになると、上記のような「無前提な教師への信頼・権威」にもとづく関係構成の安定性は揺らぎ、教員の期待違背に対する個々の関係者による責任追及がかつてに比べその頻度を増すようになってきた。

（iii）1990年代後半以降、上記の教育荒廃が解決を見ず「教育危機」がいっそう昂進する中で、ますます募る関係者の学校・教員に対する不信・不満を追い風にして、「教育改革」が推し進められることになる。そこにおいては、かつて「信頼・権威を調達する回路」として働いた、学校・教師の子ども・親に対するパターナルな関係構成や献身的教師像が、いったん信頼から不信に反転した場合に、学校・教師への「批判集中＝矢面化」という事態をもたらす回路として機能するに至っている。

つまり、近代日本において形成された、教員が広範囲のことがらに対して「無限定」的に責任を負うという関係構成・学校文化の従前のあり方が、学校制度の機能不全が昂進する中で、過大に寄せられる期待へのあらゆる違背が教員への責任追及を呼び起こしかねないという事態をもたらす回路へと反転して機能しているのが今日の状況であるという診断が、追究課題①への仮説的回答ということになるだろう。

では、②については、つまり、教員は今日、自分たちの仕事にまつわる責任・倫理をどう捉えており、そのように捉える際の枠組みとして働くいかなる教員文化をつくり上げていると言えるかという論点については、本書はどのような仮説的な回答を示してきたことになるだろうか。この点については後に**4**で論じることにして、その回答の前提にもなるので、**1**の冒頭に挙げたテーマ（A）への回答について**2**、**3**で検討していく。

## 2. 日本の教員文化の「現在」に関連する知見とその含意の整理

本節では、1で確認したテーマ(A)「経年比較を通じて、日本の学校教員の教員文化の現在を明らかにする」に対する回答について論じるのに先だち、そのために特に参照する、本書第I部第2～7章（経年比較を交えて執筆された章）で示してきた知見とその含意について整理しておきたい。

**(ア) 教員をめぐる状況にポジティブな変化？**

2004年調査・2014年調査の結果について、諸調査項目の回答を得点化し平均値を比較してみると、教員は、子どもたちの状況をより肯定的に評価し、教育観や信念の混乱はなく、やりがい・生きがいをもって教職生活を送り、学校職場の雰囲気も良好であり、よろこび・やりがいのある高度専門職であるとする教職観を強めるなどの様子がうかがわれる。これらからは、教員は自分たちをめぐる状況をよりポジティブに把握するようになっているという変化がうかがえる（第2章・第3章より）。

**(イ) 肯定的な教職アイデンティティの強まり？**

教員の、自分が教員であることの受けとめ方、つまりかれらの教職アイデンティティについて取り立てて見てみると、全体的にはその肯定度が高く、かつ2004年調査と2014年調査の結果を比較してみると、その度合いは若干強まっていると見られる（第2章・第3章・第4章より）。

**(ウ) 教員のバーンアウト状況とその若干の改善**

4割程度の教員が、バーンアウトかその危険信号状態にあり、かれらの消耗・疲弊の程度はかなり大きい。そうした状態は、2004年調査・2014年調査の結果の間ではほとんど変化はなかった。とは言え、1990年代以降に日本で行われた、2004年調査・2014年調査と同様のパインズ尺度を用いた教員のバーンアウトの測定（そのほとんどが本研究のメンバーが参加して行われた研究の中で実施されたもので、本研究における測定も該当する）結果によれば、1990年代と比較すると2000年代以降は教員のバーンアウト状況はやや改善されている（第2章・第7章より）。

**(エ) 背後に進行する、個別的対処を迫られる事態の強まり**

ここまでに示したのは、同一の質問の回答の経年比較から教員の状況把握がよりポジティブな方向に変化していると解釈できる知見であるが、しかし、仮に同一の項目に同じように回答していてもその意味に変化が生じていると、一見ポジティブな変化を示していると見られる結果がまた別のことがらをも含意していることがありうる。その点を検討するために、2004年調査・2014年調査それぞれのデータに対して因子分析を行い各因子にどのような項目がどの程度負荷しているかを比較してみると、そこに浮かび上がったのは、既に2004年の時点で見られた教員の職場の求心的構造の弛緩がその後約10年の間にいっそう進み、それと並行して「職務遂行」的な教職観が強まっていることである。そこからは、個々の教員が個別的に教職にまつわる諸々の問題に対処していかざるを得ない事態がより強まっていることが推測される（第3章より）。

**（オ）各職場の同僚間関係が醸し出す集合的な雰囲気の影響力の低下**

上記の教員の職場の求心的構造の弛緩傾向の進行は、職場の同僚間関係の認知についての質問への回答と、教職アイデンティティを含む教職生活・バーンアウト・教職観に関する質問への回答との関係について、2004年調査・2014年調査それぞれの回答についてマルチレベル分析を行い、その分析結果を比較することによって、より明瞭に示された。すなわち、各職場の同僚間関係の独自のあり方が集合的に醸し出すその職場の雰囲気が、そこに所属する教員の教職生活に関する意識に対して及ぼす規定力は全体として、2004年・2014年の2時点間で低下している様子がうかがえたということである（第5章より）。

**（カ）職場の同僚間関係を各人がどう認知しているかの影響力は増大**

しかし、（オ）で見たように各職場の集合的な雰囲気を介してという形ではなく教員各人が職場の同僚間関係をどのように認知しているかは、（オ）で示した結果とは逆に2004年・2014年の2時点間で、教職生活に関する意識に対して影響力を強めている。その結果、教員が職場の同僚間関係をどのように認知しているかがかれらの教職生活に関する意識を規定する影響力は、全体的には強まっている。特に、職場の教員間に評価的雰囲気があるか否かに関して各教員がどう認知しているかによって、かれらの教職生活に関する意識のあり方に対して及ぶ影響力が強まっている（第5章より）。

**（キ）教職アイデンティティの二元性**

2004年・2014年の2回にわたる調査より、いずれの時点においても、教員の教職アイデンティティは、教職に携わる上での困難状況に見舞われた時攪乱されやすい教職アイデンティティ「攪乱」の側面と、そうした困難によって相対的に揺らぎにくい教職アイデンティティ「安定」の側面という二元性を示すことが見出された。教職アイデンティティの特に安定の側面は、その教員当人の（教職観＝教職の理念という）内面のもち方に依拠するという性質を帯びたものとなっている（第3章・第4章より）。

**(ク) 教職アイデンティティの二元性の弱化と性格変化**

しかし、同じ2時点間の比較により、教職アイデンティティの両側面のいずれもが、教職に携わる上での状況のいかんに左右されやすくなっており、また教職観との相関も強くなっており、教職アイデンティティの二元性は今なお存在しているとはいえ、以前に比べ相対的に不分明なものに変化している傾向がうかがえる。また、2004年から2014年にかけて、小学校を中心に、教職アイデンティティのもち方が、職場の管理職・同僚との関係の状況によって影響を受ける度合いを強めているという傾向が、特に、仕事を行うに当たっての職場の管理職・同僚による評価のまなざしに対してより敏感なものになっている様子がうかがえる（第3章・第4章より）。

**(ケ) 教職観としての「献身的教師像」の根強さ**

「献身的教師像」は、教員が抱く教職観として今なお根強く存続している（第2章・第6章より）。

**(コ)「献身的教師像」の、教職をめぐる困難乗り切り方途としての無効性**

「献身的教師像」の教職観をより強くもつ教員のバーンアウトの程度がより高くなっており、この教師像が教職をめぐる困難乗り切りの有効な方途とはなり得ていないことが、2004年調査の結果分析の際と同様に確認された（第6章・第7章より）。

**(サ) 教職観の近年の全体構造**

2014年調査の教職観に関する質問への回答を因子分析すると4因子が抽出され、うち2つは「献身的教師像」を構成する2要素である、「やりがい」「子どもと接する喜び」と関連の強い因子と「自己犠牲を強いられる」「精神的に気苦労が多い」と関連の強い因子であったが、それらに2000年代に入って進展した「教員制度改革」が掲げる教師像と親和的な因子も加わって、全体の因子構造が構成されるようになっている（第6章より）。

## 3. 経年比較調査が示す日本の学校教員の教員文化の現在

本節では、2で示した諸知見に基づきながら、1で示したテーマ（A）「経年比較を通じて、日本の学校教員の教員文化の現在を明らかにする」に対してどのような仮説的回答が導き出されるかを論じていく。ただし、前もって率直に告白するが、あまり歯切れのよい回答にまでは至り着くことができていない。それでも、調査の結果に基づいてここまでは言えるだろうというところを、以下で示していく。

### (a) 教員をめぐる諸々のことがらのポジティブな方向への変化

既に2で述べたことの繰り返しになるが、教員を取り巻く状況のかれらによる受けとめ方はポジティブな方向に変化している様子がうかがえる（(ア)）。かれらのバーンアウトに関する数値の推移からも、かれらが種々のプレッシャーに喘いでいるという状態が深化しているようには推測できないし（(ウ)）、さらに、かれらの教職アイデンティティがより安定的な方向に変化している様子も、多少とも見られる（(イ)）。

### (b) 諸困難の緩衝材としての教員文化の有効な機能発揮

「序」1(1) でも述べたように、2004年調査に当たって、私たちの研究グループは、教員がその仕事を遂行することに関わって直面する諸困難が、バーンアウトなどの疲弊や教職アイデンティティの崩壊に直結しないように、それら困難の受けとめ方・意味づけ方を屈折させるプリズム・緩衝材の機能を果たす装置をかれらはつくり上げるのであり、教員文化とはまさにその機能を果たす、教員集団が共有・継承する文化装置であると考えた。(a) で示したように教員を取り巻く状況をかれらが2004年・2014年2時点間でよりポジティブに受けとめるようになっているということは、教員文化のこうした緩衝機能が一定程度有効に作動していることを意味していると言えるだろう。教職アイデンティティが二元性を示す（(キ)）というのも、教員文化の緩衝機能が多少とも有効に働き、困難がアイデンティティの決定的な揺らぎにつながらない状況がつくられていることを意味している。

(c) 従前の「献身的教師像」の教職観は既に無効

日本の近代学校の教員がつくり上げてきた「献身的教師像」は、かれらの教員文化の重要な要素のひとつであり、教職観の分析から、現在でもこの教師像が存続していることが確認された（(ケ)）。これは、過重な職務を、厭わず自ら引き受けるというスタンスで乗り切ろうとする戦略を伴う教職観であり、それはそれで諸困難のひとつの受けとめ方・意味づけ方であり、それがプリズム・緩衝材の装置として機能することもあるだろう。しかし今日では、この教師像の緩衝機能はもはや有効に発揮されているとは言えない（(コ)）。

(d)「職務遂行」的な教職観・教職遂行はどのように機能しているか

では今日、「献身的教師像」に替わって、この緩衝機能を担う教員文化のあり方としてどのようなものが考えられるか。

1つの可能性としては、(エ) で言及している、教職を既定の行動を確実に成し遂げる「職務遂行」的な性格のものとして捉え、そこに専心するという教職観やそれにもとづく実際の仕事の仕方が、教員たちがそこにうまく適応することで、緩衝機能を担う教員文化としてかれらの間で一定の普及・定着を遂げているということが考えられる。(サ) で言及している、今日の教員の教職観に見られる、2000年代に入って進展した「教員制度改革」が掲げる教師像と親和的な要素というのも、この文化の一要素と見ることができるだろう。

その可能性が現実化しているかどうかを検証すべく、教職観質問群の各項目の回答（4件法の回答を「強くそう思う」＝4点～「まったくそう思わない」＝1点と点数化）を独立変数、教職アイデンティティ2因子の因子得点（第4章の1参照）を従属変数とする重回帰分析を行ってみた。その結果を示しているのが、**表c.1**である。そこには、教職アイデンティティ2因子別、小中別、2004年・2014年別に上記の重回帰分析の結果が示されている。

この表からは、教職観は、教職アイデンティティの2側面のうち「安定」のほうをより強く規定していること、また2004年から2014年にかけて全体としては教職アイデンティティのいずれの側面に対してもその規定力を強めていることという、既に別の分析方法から明らかになっていること（第4章の4(1)(f)参照）が改めて確認される。その上で、「職務遂行」的な教職観の教職アイデンティティへの規定力の変化を見極めるべく、その教職観を最も直接に表している「(13) はっきりとした成果を問われる仕事だ」「(14) 割り当てられた役

## 表 c.1　教職観は教職アイデンティティをどのように規定するか（重回帰分析の結果）

| | 教職アイデンティティ安定 | | | | 教職アイデンティティ攪乱 | | | |
|---|---|---|---|---|---|---|---|---|
| | 2004 小 | | 2014 小 | | 2004 小 | | 2014 小 | |
| | 非標準化係数 | 標準化係数（β） | 非標準化係数 | 標準化係数（β） | 非標準化係数 | 標準化係数（β） | 非標準化係数 | 標準化係数（β） |
| (1) 社会的に尊敬される仕事だ | 0.258 | 0.190*** | 0.228 | 0.172*** | −0.204 | −0.153** | −0.185 | −0.141** |
| (2) 経済的に恵まれた仕事だ | −0.049 | −0.037 | 0.088 | 0.070 | 0.092 | 0.071 | 0.008 | 0.006 |
| (3) 精神的に気苦労の多い仕事だ | −0.167 | −0.099* | −0.270 | −0.169*** | 0.144 | 0.087 | 0.091 | 0.058 |
| (4) 子どもに接する喜びのある仕事だ | 0.039 | 0.023 | 0.141 | 0.085 | 0.037 | 0.022 | −0.076 | −0.046 |
| (5) やりがいのある仕事だ | 0.590 | 0.378*** | 0.543 | 0.332*** | −0.237 | −0.155* | −0.250 | −0.155 |
| (6) 自己犠牲を強いられる仕事だ | −0.227 | −0.179*** | −0.123 | −0.096* | 0.251 | 0.201*** | 0.312 | 0.245*** |
| (7) 自分の考えにそって自律的にやれる仕事だ | −0.020 | −0.014 | 0.074 | 0.054 | −0.027 | −0.019 | −0.195 | −0.143** |
| (8) 高度の専門的知識・技能が必要な仕事だ | −0.051 | −0.035 | 0.059 | 0.039 | 0.207 | 0.146** | 0.109 | 0.072 |
| (10) 高い倫理観が強く求められる仕事だ | −0.019 | −0.014 | 0.117 | 0.075 | 0.003 | 0.002 | −0.078 | −0.050 |
| (12)「自分らしさ」を表現できる仕事だ | 0.235 | 0.154** | 0.160 | 0.121* | −0.231 | −0.155** | −0.105 | −0.080 |
| (13) はっきりとした成果を問われる仕事だ | 0.024 | 0.018 | −0.018 | −0.014 | 0.115 | 0.084 | −0.012 | −0.009 |
| (14) 割り当てられた役割に専心する仕事だ | −0.074 | −0.051 | −0.043 | −0.033 | −0.070 | −0.049 | 0.051 | 0.040 |
| (15) 教師以外の人々との関係づくりが欠かせない仕事だ | 0.156 | 0.113* | 0.021 | 0.016 | −0.137 | −0.101* | 0.044 | 0.034 |
| | F=18.029*** | | F=20.949*** | | F=6.878*** | | F=7.797*** | |
| | 調整済 R2 乗 =0.350 | | 調整済 R2 乗 =0.411 | | 調整済 R2 乗 =0.156 | | 調整済 R2 乗 =0.192 | |

| | 教職アイデンティティ安定 | | | | 教職アイデンティティ攪乱 | | | |
|---|---|---|---|---|---|---|---|---|
| | 2004 中 | | 2014 中 | | 2004 中 | | 2014 中 | |
| | 非標準化係数 | 標準化係数（β） | 非標準化係数 | 標準化係数（β） | 非標準化係数 | 標準化係数（β） | 非標準化係数 | 標準化係数（β） |
| (1) 社会的に尊敬される仕事だ | 0.178 | 0.123* | −0.036 | −0.027 | −0.194 | −0.141* | −0.141 | −0.111 |
| (2) 経済的に恵まれた仕事だ | −0.129 | −0.097 | −0.113 | −0.089 | 0.209 | 0.165* | 0.101 | 0.082 |
| (3) 精神的に気苦労の多い仕事だ | −0.156 | −0.095 | −0.201 | −0.116 | 0.191 | 0.123 | 0.194 | 0.114 |
| (4) 子どもに接する喜びのある仕事だ | 0.035 | 0.021 | 0.435 | 0.237** | −0.074 | −0.047 | −0.135 | −0.076 |
| (5) やりがいのある仕事だ | 0.610 | 0.387*** | 0.370 | 0.214* | −0.079 | −0.053 | −0.160 | −0.095 |
| (6) 自己犠牲を強いられる仕事だ | −0.251 | −0.194** | −0.181 | −0.135 | 0.135 | 0.110 | 0.389 | 0.297** |
| (7) 自分の考えにそって自律的にやれる仕事だ | 0.091 | 0.058 | 0.108 | 0.072 | −0.123 | −0.082 | −0.253 | −0.173* |
| (8) 高度の専門的知識・技能が必要な仕事だ | −0.226 | −0.146* | 0.063 | 0.040 | 0.156 | 0.107 | −0.122 | −0.080 |
| (10) 高い倫理観が強く求められる仕事だ | 0.116 | 0.078 | 0.121 | 0.075 | 0.001 | 0.001 | −0.260 | −0.165* |
| (12)「自分らしさ」を表現できる仕事だ | 0.275 | 0.187** | 0.394 | 0.308*** | −0.196 | −0.140 | 0.071 | 0.057 |
| (13) はっきりとした成果を問われる仕事だ | −0.132 | −0.101 | 0.023 | 0.017 | 0.108 | 0.087 | −0.033 | −0.025 |
| (14) 割り当てられた役割に専心する仕事だ | −0.058 | −0.043 | −0.007 | −0.005 | 0.111 | 0.086 | 0.039 | 0.031 |
| (15) 教師以外の人々との関係づくりが欠かせない仕事だ | 0.067 | 0.048 | −0.080 | −0.062 | 0.074 | 0.057 | 0.009 | 0.007 |
| | F=11.861*** | | F=8.377*** | | F=3.619*** | | F=3.416*** | |
| | 調整済 R2 乗 =0.359 | | 調整済 R2 乗 =0.379 | | 調整済 R2 乗 =0.119 | | 調整済 R2 乗 =0.167 | |

割に専心する仕事だ」が教職アイデンティティを規定する程度の2004年から2014年にかけての変化を見てみると、それらは特に中学校では教職アイデンティティの「安定」を強め「攪乱」を抑制する方向へと変化はしているが、その変化の結果として統計的に有意なほどの規定力をもつに至っているかといえばそうとまでは言えないことがわかる。また第3章（の表3.2（p. 99））でも示されているように、これら2項目は2004年から2014年にかけて賛成する割合が全体としては増加してはいるが、教職観として挙げられている他の項目と比べるとその賛成の割合はあまり多くはない。これらより、「職務遂行」的な教員文化の、少なくとも教職観としての側面について言えば、それが教職アイデンティティを支えるという面での緩衝機能を強める傾向があるとは必ずしも言えないということになるだろう。

既に述べたように、「職務遂行」的な教職観・教職遂行にもとづく教員文化の強まりと、教員たちをそのように方向づけるかれらを取り巻く環境の変化が見られるのは確かなことであろう。しかしその文化が教職アイデンティティをより強く支えるようになる傾向性がうかがわれるかと言えば、少なくとも目下のところでは必ずしもそうとは言えないということである。

## 4. 「教師の責任と教職倫理」と教員文化

次に、1で提示し回答は後回しにしていた、テーマ（B）の追究課題②「教員は今日、自分たちの仕事にまつわる責任・倫理をどう捉えており、そのように捉える際の枠組みとして働くいかなる教員文化をつくり上げていると言えるか」について、**2**、**3**での議論を踏まえそれと関連させつつ検討していきたい。

まず、この課題に関して調査より得られた知見と含意を整理しておきたい。

**（シ）広範なことがらに関する期待認知と責任意識**

教員は広範なことがらに関して期待を認知し、またその期待認知の程度を上回って、それらを果たすべき責任があることとして意識している（第2章・第8章より）。

**（ス）期待認知・責任意識の重点をどこに置いているか**

それら期待認知・責任意識にはいくつかの側面があるが、今ある学校制度において妥当・自明と見なされるような基準に照らして首尾よく対処することに関する期待認知や責任意識が強く、その基準を超えたことがらは応えるべき期待・責任としては第二次的なものとして位置づけられる傾向がある。またそれら期待認知・責任意識は、教職の実際の遂行の中での経験やその際に出会う他者の声から切れた、閉じられた理念的・規範的性格を帯びたものとなっている（第8章より）。

では、これらの知見から先述の課題「教員は今日、自分たちの仕事にまつわる責任・倫理をどう捉えており、そのように捉える際の枠組みとして働くいかなる教員文化をつくり上げていると言えるか」に対してどのような回答が導き出されるだろうか。

**(e) 教員に対する過大な期待、加重責任の状況？**

**1** でテーマ（B）の追究課題①への仮説的回答として示したことによれば、日本の教員は今日、その仕事にまつわり過大な期待を寄せられ、それらに応えることがかれらにとって義務であると見なされ、その実現の責任を負わされ、何らかの違背があれば追及がなされるという状況に置かれていることになる。それは、教員にとって相当のプレッシャーであるにちがいない。

**(f) (e)の兆候としての保護者からのクレームの増大傾向、教員自身の広範な期待認知と責任意識**

実際、（シ）で整理したように教員は、広範なことがらに関して自分たちに向けられる期待を認知し、またそれらを果たすべき責任があることとして意識してもいる。補足すれば、第3章の**表3.2**には2004年調査時から2014年調査時にかけて、「勤務校の様子」の変化として「保護者からのクレーム」の増大傾向が見られる点が示されており（p. 98）、過大な期待が圧力を伴う形で教員に向けられている可能性も推測できる。

**(g) 限定的な期待認知・責任意識とそれを支えるもの**

しかし上記の「保護者からのクレーム」の増大傾向は極めて顕著なものというわけでは必ずしもない（同表に示されているように、中学校では統計的に有意な増大が見られるものの、小学校では統計的には有意ではない）。先に見たように教員には、自分たちを取り巻く状況をよりポジティブに捉えるようになる変化の傾向さえうかがわれるのであり、かれらが加重責任のプレッシャーに喘いでいるとは推測できない。

繰り返すが、教員は広範なことがらに関して期待を認知し責任を意識はしている。だが、その中でも特に、今ある学校制度において妥当・自明と見なされるような基準に照らして首尾よく対処することに関して、より強く期待を認知し責任を意識する傾向性が見られる（(ス))。つまり、どのような期待を認知し応えるべき責任があることがらとして受けとめるかということに関してある限定をかけているということである。

では、そうした限定をかける際に教員たちが依拠している基準は何か。1つの可能性としては、「割り当てられた役割に専心」しそこで「はっきりとした成果」を示そうとする、先に見た「職務遂行」的な教職観・教職遂行が、「割り当てられた役割」を既存の学校制度を前提としたそれとして捉えることによって責任の範囲を限定する装置となっているということも考えられる。その点を検証するために、3の**表 c.1** の場合と同様に、教職観質問群の各項目の回答を独立変数、責任意識4因子の因子得点（第9章の2参照）を従属変数とする重回帰分析を行ってみた。その結果を示しているのが、**表 c.2** である。この点も**表 c.1** と同様だが、責任意識4因子別、小中別、2004年・2014年別に上記の重回帰分析の結果が示されている。

ここから読み取れるのは、「職務遂行」的教職観を直接に表わす「(13) はっきりとした成果を問われる仕事だ」「(14) 割り当てられた役割に専心する仕事だ」は、既存の学校制度を前提とする「学校空間内指向」や「学力指向」の責任意識をさほど強めるように作用していないということである。またむしろ逆に、教職を「(13) はっきりとした成果を問われる仕事だ」と見る見方は、「学校制度外指向」の責任意識を強める、つまり既存の学校制度の枠にとどまらず責任を負っていこうとする意識を強めてさえいる（特に中学校において）。「職務遂行」的な教職観・教職遂行が責任の管轄範囲を限定する装置となっているという前述の考えは、ここで見たデータによっては支持されないということである。

## 5. 今後の追究課題

### (1)「職務遂行」的教職観・教職遂行の浸透の現状把握

「結び」のここまでの行論で振り返ってきた共同研究の結果を踏まえ、今後

## 表 c.2　教職観は責任意識をどのように規定するか（重回帰分析の結果）

| | 小・責任意識第 1 因子（学校空間内指向） | | 小・責任意識第 4 因子（学力指向） | | 小・責任意識第 2 因子（社会的能力育成） | | 小・責任意識第 3 因子（学校制度外指向） | |
|---|---|---|---|---|---|---|---|---|
| | 非標準化係数 | 標準化係数（β） | 非標準化係数 | 標準化係数（β） | 非標準化係数 | 標準化係数（β） | 非標準化係数 | 標準化係数（β） |
| (1)　社会的に尊敬される仕事だ | −0.074 | −0.052 | −0.048 | −0.037 | −0.118 | −0.086* | −0.019 | −0.015 |
| (2)　経済的に恵まれた仕事だ | 0.054 | 0.039 | 0.046 | 0.036 | 0.044 | 0.033 | 0.060 | 0.048 |
| (3)　精神的に気苦労の多い仕事だ | 0.093 | 0.055 | 0.067 | 0.044 | −0.015 | −0.009 | −0.188 | −0.124** |
| (4)　子どもに接する喜びのある仕事だ | 0.227 | 0.127* | 0.080 | 0.050 | 0.190 | 0.110* | 0.015 | 0.009 |
| (5)　やりがいのある仕事だ | 0.159 | 0.091 | 0.184 | 0.116* | 0.106 | 0.063 | 0.108 | 0.068 |
| (6)　自己犠牲を強いられる仕事だ | −0.043 | −0.032 | −0.023 | −0.019 | −0.037 | −0.029 | −0.058 | −0.048 |
| (7)　自分の考えにそって自律的にやれる仕事だ | −0.018 | −0.012 | 0.004 | 0.003 | 0.073 | 0.051 | −0.016 | −0.012 |
| (8)　高度の専門的知識・技能が必要な仕事だ | 0.139 | 0.086* | 0.197 | 0.134** | 0.068 | 0.043 | 0.133 | 0.090* |
| (10) 高い倫理観が強く求められる仕事だ | 0.215 | 0.129* | 0.244 | 0.162*** | 0.233 | 0.145** | 0.264 | 0.176*** |
| (12)「自分らしさ」を表現できる仕事だ | 0.012 | 0.009 | −0.030 | −0.023 | 0.079 | 0.057 | 0.083 | 0.064 |
| (13) はっきりとした成果を問われる仕事だ | 0.071 | 0.050 | 0.108 | 0.083* | 0.051 | 0.037 | 0.100 | 0.078* |
| (14) 割り当てられた役割に専心する仕事だ | −0.097 | −0.071 | −0.103 | −0.083* | −0.070 | −0.053 | 0.058 | 0.047 |
| (15) 教師以外の人々との関係づくりが欠かせない仕事だ | 0.071 | 0.050 | 0.079 | 0.060 | 0.167 | 0.120** | 0.136 | 0.105** |
| | F=8.522***<br>調整済 R2 乗 =0.107 | | F=10.376***<br>調整済 R2 乗 =0.130 | | F=9.401***<br>調整済 R2 乗 =0.118 | | F=12.181***<br>調整済 R2 乗 =0.151 | |

| | 中・責任意識第 2 因子（学校空間内指向） | | 中・責任意識第 3 因子（学力指向） | | 中・責任意識第 1 因子（社会的能力育成） | | 中・責任意識第 4 因子（学校制度外指向） | |
|---|---|---|---|---|---|---|---|---|
| | 非標準化係数 | 標準化係数（β） | 非標準化係数 | 標準化係数（β） | 非標準化係数 | 標準化係数（β） | 非標準化係数 | 標準化係数（β） |
| (1)　社会的に尊敬される仕事だ | 0.048 | 0.036 | 0.112 | 0.088 | −0.005 | −0.004 | 0.059 | 0.049 |
| (2)　経済的に恵まれた仕事だ | −0.076 | −0.057 | −0.104 | −0.080 | −0.079 | −0.059 | −0.064 | −0.052 |
| (3)　精神的に気苦労の多い仕事だ | 0.014 | 0.008 | 0.127 | 0.077 | 0.088 | 0.052 | −0.025 | −0.016 |
| (4)　子どもに接する喜びのある仕事だ | 0.117 | 0.063 | 0.109 | 0.062 | 0.301 | 0.165** | 0.207 | 0.123* |
| (5)　やりがいのある仕事だ | 0.216 | 0.127 | 0.215 | 0.132* | 0.152 | 0.090 | 0.054 | 0.035 |
| (6)　自己犠牲を強いられる仕事だ | −0.014 | −0.011 | −0.081 | −0.064 | −0.083 | −0.063 | −0.083 | −0.068 |
| (7)　自分の考えにそって自律的にやれる仕事だ | 0.003 | 0.002 | −0.070 | −0.051 | −0.075 | −0.053 | 0.113 | 0.087 |
| (8)　高度の専門的知識・技能が必要な仕事だ | 0.074 | 0.047 | 0.072 | 0.048 | 0.072 | 0.046 | 0.168 | 0.116* |
| (10) 高い倫理観が強く求められる仕事だ | 0.392 | 0.234 *** | 0.373 | 0.233*** | 0.320 | 0.193*** | 0.271 | 0.177** |
| (12)「自分らしさ」を表現できる仕事だ | 0.018 | 0.014 | −0.090 | −0.070 | 0.068 | 0.051 | 0.016 | 0.013 |
| (13) はっきりとした成果を問われる仕事だ | 0.087 | 0.068 | 0.096 | 0.078 | 0.074 | 0.059 | 0.164 | 0.140** |
| (14) 割り当てられた役割に専心する仕事だ | −0.035 | −0.027 | −0.053 | −0.042 | 0.054 | 0.042 | 0.023 | 0.019 |
| (15) 教師以外の人々との関係づくりが欠かせない仕事だ | −0.019 | −0.014 | 0.014 | 0.011 | 0.042 | 0.031 | 0.029 | 0.023 |
| | F=4.863<br>調整済 R2 乗 =0.111 | | F=5.080***<br>調整済 R2 乗 =0.116 | | F=6.149***<br>調整済 R2 乗 =0.142 | | F=7.380***<br>調整済 R2 乗 =0.170 | |

の追究課題として浮かび上がってきたのは、何よりも、本書が「職務遂行」的と呼んできた教職観・教職遂行の現状・帰趨を十全に捉えることであると言っていいだろう。本書のテーマ（A）「日本の教員文化の現在」に関連して今後特に追究が必要なのは、この論点である。それは、第12章でも示唆されているように（p. 296）、教師の「専門職性」がどのように「再編」されようとしているかという問題と、教員文化がどのように変容しつつあるかという問題と、これら両方が交差するところに浮かび上がる論点であると言っていいだろう。

「職務遂行」的教職観・教職遂行は、この間の「教育改革」、特に「教員制度改革」によって政策的・制度的にその浸透が推し進められてきたという面を多分にもっている。職場の求心的構造の弛緩など教員同士の関係性の変化（**2**の（エ）（オ）（カ）参照）、「安定」「攪乱」の二元性の弱まりなど教職アイデンティティの持ち方の変化（**2**の（キ）（ク）参照）、改革が掲げる教員像と親和的な要素が加わるという教職観の変化（**2**の（サ）参照）等、本研究が明らかにしてきた知見に照らしても、その一定の浸透が実際に進展していると見ていい。しかしその一方で、少なくとも目下のところは、「職務遂行」的教職観・教職遂行は、教員の仕事にまつわる諸困難によるダメージを緩衝する機能を果たす今日的な教員文化として日本の教員世界に定着しているとまでは言い切れないようでもある（**3**の（d）参照）。

しかし、本書が「職務遂行」的教職観・教職遂行と名づけたものとほぼ同様のものが、日本の教員世界に、本書が上記のように認識したよりもいっそう深く浸透していることを示唆する研究も存在している。例えば油布らの一連の研究（油布 2009、油布ほか 2010、油布ほか 2011、油布 2012、油布 2015）は、2000年代の終わりの時点で、学校という「組織の一員」「組織の担い手」「組織へのスペシャリスト」として自らを位置づけ、「基礎的な学力」の向上などの与えられた組織目標へのコミットメントに限定する形で自らのなすべき仕事を意味づけてこれを遂行し、そのことを通じて教職への「やりがい」を見出し、またそういう「組織の一員」同士として職務遂行に必要なフォーマルな関係性を重視する指向性をもつ教員が一定の割合で存在するようになっていることを、そしてそうした「教職の変容」の趨勢の背景には「経営体としての学校」へと学校の性格を転換しようとする教育改革施策推進の動向があり、その動向への適応として上記のような教員が登場してきていることを論じている。

勝野の一連の論考（勝野 2007a、2007b、2008、2009、2016）も、この間の教育改革諸施策によって、学校組織が提示する「職務遂行課題」を達成することに自主的・能動的にコミットしそこに「やりがい」を見出す、「組織の一員」たる「職務課題遂行者」として教員たちが「主体化」される、言い換えればかれらの「アイデンティティが作りなおされる」状況が生み出されていることを指摘している。またかれらの関係性は、組織目標を足並みをそろえて実行する者同士としての協働関係へと変容しつつあるともいう。

これら油布らや勝野の指摘するところによれば、上述のような本研究の現時点での知見にもとづく診断とは異なり、「職務遂行」的教職観・教職遂行は既に、一定の割合の教員たちがそこに能動的に適応し、教職の諸困難を乗り切っていくための装置として、つまりは今日的な教員文化としてかれらの間に定着しているということになるだろう。

本書で「職務遂行」的教職観を指標とした変数が、その全体を表示するものとしては狭すぎ、より妥当な変数を用いて測定すれば、実際にはそれは既に教員の間にかなり浸透しているという結果が見出される可能性も否定できない。このあたりの現状・趨勢をどう把握・推測するのが精確であるのかを、今後の課題として考えていきたい。

なお、油布らや勝野の論考の中でも示唆されているように、「職務遂行」的教職観・教職遂行の広まりは、日本の教員の間だけに見られる特殊な現象なのではなく、新自由主義的・成果主義的な教育改革諸施策とともに表れる時代的な趨勢でもある。すなわち、油布らはそうした性格の諸施策が日本に先行して推し進められた英国において見られるようになった教員の姿が、上記の「経営体としての学校」の「組織の一員」としての教員というものであり、それと類似するものが日本でも出現してきたと捉えている。勝野も英国の教育社会学者Ball（2003）が「遂行性 performativity」という概念（勝野によれば、それは「目に見える成果（パフォーマンス）を効率的に追求する」というような仕事の性格を表す概念である）を用いて英国の教員の仕事の変容を捉えようとしているのを引用しつつ、それと共通する性質を日本の教員の仕事も帯びるようになってきていることを主張している。

油布らや勝野が論及している英国の教員やその仕事の様子は、本書第4章で言及した2004年調査時の国際比較調査が捉えた英国の教員のそれとも重なるものである。第4章では、今日の日本の教員の教職アイデンティティの変化傾向（その二元性の弱化傾向）を取り上げ、その変化は、日本の教員の教職アイデンティティの持ち方が2004年調査時の国際比較調査で明らかとなった当時の英国の教員のそれに類似するものへと向かっていることを意味しているという可能性を示唆した。ここで述べてきた「職務遂行」的な教職観・教職遂行の広まりが、世界各地で展開する、上記のように新自由主義的・成果主義的性格を帯びた教育改革諸施策を背景とした教員たちの変化の趨勢であるとすれば、その可能性は大いにありうるものであると考えていいだろう。

こうした意味で、「職務遂行」的な教職観・教職遂行の現状・趨勢の把握は、教員と教員文化の現在と近未来を捉える上で焦点となる課題であると言っていいだろう。

### (2)「職務遂行」的教職観・教職遂行と「教師の責任と教職倫理」

本書のテーマ（B）「教師の責任と教職倫理」についても、「職務遂行」的教職観・教職遂行と関連づけて今後追究すべき重要な論点がある。その論点は、次のように2つに分節化することができる。

#### 1)「職務遂行」的教職観・教職遂行はどのような責任意識・教職倫理をもたらすか

今日の日本の教員は、広範なことがらに関して自分たちに向けられる期待を認知し、またそれらを果たすべき責任があることとして意識してもいる（**4**の（シ）参照）。それが何に由来することなのかを考えてみると、本研究が射程に入れてきたこととの関連では、2つの可能性がある。

長らく日本の教員文化の中核的な要素を成してきた「献身的教師像」は、広範なことがらを教員が自ら率先して自分の責任管轄範囲として引き受けることを良しとする教職倫理を伴う教職観であると言える。この教師像の根強い存続も確認された（**2**の（ケ）参照）。したがって、上記のような今日の日本の教員の責任意識・教職倫理の持ち方も、こうした旧来の教師像から引き継がれたものであるという可能性が、1つには考えられる。

しかしその一方で「職務遂行」的な教職観・教職遂行の場合も、**4**の（g）で見たように、「学校制度外」のことがらをも責任管轄範囲として位置づける意識を伴っていた。したがって上記の教員の責任意識・教職倫理は、こうしたより今日的な教職観に由来するものである可能性も考えられる。

こうした2つの可能性を検討しつつ、「職務遂行」的教職観・教職遂行は教員のどのような責任意識・教職倫理をもたらすものなのかを考察するというのが、1つ目の論点である。

なお、教員の責任意識・教職倫理は、繰り返すが広範なことがらを責任管轄範囲として引き受けようとするものである一方で、無限定的にあらゆることがらを軽重つけずにすべて引き受けようとするわけではなく、今ある学校制度において妥当・自明と見なされるような基準に照らして首尾よく対処することに重きをおく傾向が見られる。その傾向の因って来たるところを究明することも併せて、上の論点について追究していくことが必要である。

#### 2)「職務遂行」的教職観・教職遂行は責任意識・教職倫理をめぐるどのような教員同士の関係性をもたらすか

1)は「職務遂行」的教職観・教職遂行がもたらす教員の責任意識・教職倫理の性質という論点であったが、それとは区別されることとして、「職務遂行」的教職観・教職遂行は、教員に課せられる責任をめぐってかれら同士の間のどのような関係のあり方をもたらすかという論点を立てることもできる。2)は、その論点である。

「献身的教師像」が理念化する教員とは、1)で書いたことを言葉を換えて表現すれば、「無限定」的な責任を引き受けようとする教員ということになるだろう。だがかつてこの教職観がヘゲモニックな位置を占めていた頃、それを理念として抱く教員たちは現実には、ある意味でそれと裏腹に、「生真面目さ」が内に「ずさん」を許容し合うような「求心的関係構造」を帯びた関係性を取り結ぶ者たちでもあったことが指摘されている(久冨編 2003, p. 6)。

しかし「職務遂行」的な教職観・教職遂行においては、こうした緩さ・あそびは消失に向かい、個々の教員が個別的に教職にまつわる諸々の問題に確実に対処していかざるを得ない状況が強まることになる(**2**の(エ)参照)。そのことは、**2**の(オ)が示唆するような各職場の同僚間関係の集合的な凝集力の低下ともなって表れている。また、教職アイデンティティの二元性がかつてに比べて不分明なものへと変化している(**2**の(ク))のも、その二元性が、互いの間で「ずさん」を許容し個々の責任追及を抑制する関係性のあり方に支えられるものであるからであり、その関係性が消失方向に変化するならば、困難に首尾よく対処できないと教職アイデンティティが全般的に揺らぎやすくなるからである。

既に述べたように、「職務遂行」的な教職観・教職遂行に伴う職場の同僚間関係の凝集力の低下は、同僚間関係が完全に消失し個々の教員が全く個別的に職務を遂行する状態が生み出されつつあることを意味するのではなく、**2**の(カ) で見たように同僚間関係がどのようなものとして体験されるかが個々の教員の教職生活のおくり方・バーンアウト状態・教職観などに対する影響力をむしろ強めてさえいるという点である。つまり、職場の同僚間関係が消失しつつあるのではなく、その「求心的関係構造」が薄れつつあるということである。

だが、そうした教員同士の職場の同僚間関係の変容が向かう先は、やはり**2**の(カ) で見たように、職場の教員間に評価的雰囲気があるか否か、管理職との関係が良好であるかどうかの影響力が大きくなるような性質の関係のあり方である。それは、緩さ・あそびの低減した形での個別的な職務への専念、そのように職務遂行する者同士としての評価的まなざしを伴いながらの同僚間の協働関係などを意味するものであり、教員たちにとっては従来以上のハードさを要求される関係のあり方になるのではないか。

教員としての責任を担う者同士としてのかれらの関係性の変容についてのこうした推測がどの程度妥当なものなのかを検証するというのが、テーマ (B)「教師の責任と教職倫理」との関連で「職務遂行」的教職観・教職遂行について考えたい２つ目の論点である。

### (3)「職務遂行」的な教職観・教職遂行の、その先の展望

(1) で述べたように、日本の教員世界への「職務遂行」的な教職観・教職遂行の浸透の程度・深度が目下のところどのくらいなのかを明確に把握することは今後の課題だが、そうした現状の事実把握と併せて、前もって次のようなことを考えておく必要もあるであろう。

おそらく「職務遂行」的な教職観をもちそのような教職遂行の仕方をする教員の間にも、かれらなりの協働があり得、その協働がそれとして良好な状態たり得ることはあるだろう。しかし(2) 2) でも示唆したように、それは本質的に、個々の教員に努力と成果を要求する個人責任原理に基づく関係のあり方である。

おかれた条件次第では、個々の教員に過剰なプレッシャーをかけるものとして表れたとしてもまったく不思議ではない。繰り返すが、2004 年調査を含む国際比較調査時の英国の教員のバーンアウトの程度の突出した高さは、まさにそのことを示していたと言えるだろう。

だとすれば、今後追究すべき重要課題のひとつは、そうした推測から当たり前のように導き出されることではあるが、個人責任原理とは異なる、第 1 章で「社会的な認識・責任・感覚を共有する（sharing social reality）」と表現した（p. 48）原理に基づく、教員の関係のあり方・教職観・教職遂行の仕方が、かれらの職業文化として今日いかにあり得るかということになるだろう。第 1 章では、主として学校・教員と親との関係のあり方が目指すべき方向として提起された上の原理が、当然にも教員同士の関係においても現実化されなければならない。それは、どのような形で可能なのだろうか。

日本の教員世界への「職務遂行」的な教職観・教職遂行の浸透の現状把握とともに、その浸透がいっそう進行した場合に予測されるその負の効果とどう対処するかについても、合わせて考えていきたい。

### (4)「職務遂行」的な教職観・教職遂行の多面的な解明

本書では、「結び」冒頭で改めて示したテーマと関連しつつもそこから派生し多少とも多様な視点から、教員の意識・教員文化の諸相を浮かび上がらせようとする追究が行われた（第 9 章〜第 16 章）。本項では、それらの追究によって明らかになったことに簡単に触れつつ、「職務遂行」的な教職観・教職遂行のより多面的な解明のためにそれらをどのように発展させていけばいいかを述べておきたい（ただし、第 7 章までと同様の質問紙調査にもとづく第 9 〜 12 章に限る）。それをもって「結び」のこの章を閉じることとする。

第 9 章「教育改革施策の全国・各調査地域における取組み状況」は、「教育改革」施策諸項目を挙げて、教員たちはそれら各々の進捗状況をどう見ているか、また賛否はどうかを問う質問群（前者は 2004 年調査・2014 年調査両方の、後者は 2004 年調査の質問紙に掲載）への回答結果を検討している。ただし、挙げられている項目が両年の質問紙の間で異なるので経年比較はできていない。第 9 章は、2014 年調査の結果について、10 の調査対象地域それぞれの改革施策進捗状況の特徴を分析しているが、そのことと「職務遂行」的教職観・教職遂行との関連を検討する、つまり改革施策進捗状況のどのような特徴を有する地域に「職務遂行」的教職観・教職遂行がより強く浸透しているのか、あるいはしていないのかを検討することは、それが「教育改革」とともに浸透してきたものであるゆえに、重要な課題になるだろう。

第10章「教育信念をめぐる闘争」は、「人を特定の教育的理解や教育実践へと突き動かす倫理（エートス）」としての「教育信念」について、教師－生徒の教育関係が「強権／協調」のいずれであることをより良いとするか、また教えるべき情報の伝達の仕方としての教育方法が「注入／発達支援」のいずれであることをより良いとするかという2つの観点から把握することを試みた。「職務遂行」的教職観・教職遂行は当然にも、どのような教育関係や教育方法を良きものと見るかという何らかの「教育信念」をその重要要素の1つとして伴うものであるから、その性格を十分に捉えるためには、第10章のような「教育信念」という分析視点も必要となるだろう。

第11章「特別支援教育の取り組み状況の校種間比較」は、職場におけるどのような教員間の関係性のあり方が特別支援教育のどのような取り組み方を採ることと相関があるか、教員の発達障害児に対する特別な配慮への期待認知や責任意識は学校のどのような状況の下で強まる、あるいは弱まるのかなどを分析している。発達障害児に対する教育は、対象となる子どもや家族の個別具体的で固有な状況に配慮しそれに応じた指導・支援を行うという、「結び」冒頭でも言及したように〈教育〉なるものに常に要請されることが典型的に表れるものであると思われる。そこで、そうした要請に応えようとすることは、「経営体」の一員として「職務遂行」するというような仕事の仕方の中でどのくらい十全に可能なことなのか、あるいは不可能なことなのかという論点が検討の俎上に上ってくるであろう（cf. 油布 2007, pp. 189-190、勝野 2016, p. 231）。

第12章「闘争なき時代における教師の政治意識」は、教員の政治意識、特にその「政治的有効性感覚」の側面の現状把握を課題としたもので、とりわけその世代間のかなり大きな差異を浮かび上がらせている。「職務遂行」的教職観・教職遂行は、第10章あるいは第11章が分析したような「ペダゴジー」（Bernstein（1996）で用いられている概念で、誰かが他の誰かに何かを伝え、その結果後者に何らかの変化が生じるという相互行為・関係のこと）という教員の仕事の中核的な要素と関連する視点とともに、どういう政治意識をもつ教員がそれを積極的に担うのか、あるいは担わないのかという、第12章が焦点を当てたようなことがらと関連する視点からも分析される必要があるだろう。実際この視点について第12章の行論の中でも言及されており、また同じく第12章が挙げているように（p. 311）、類似の視点による研究は、紅林ほか（2015）や川村ほか（2016）によって既に着手されている。それらも参照しつつ上記のような分析を今後進めていきたい。

以上第9～12章との関連で提示した「職務遂行」的教職観・教職遂行についてのさらなる検討は、既に入手できているデータを用いてある程度のところまでは行うことができるはずなので、私たちはその検討に早急に着手すべきであろう。

以上（1）～（4）で示したような観点からの「職務遂行」的教職観・教職遂行についてのさらなる解明において、「序」で言及した教員文化論の2つの問題意識——学校と学校教員の世界の病理的問題状況の発生のメカニズムを教員世界の内側から把捉するために教員文化に着目するという問題意識、及び教員たちが直面するアポリアを乗り切っていくための、かれら自身が生み出し活用する手段として教員文化に着目するという問題意識——双方からこれに迫っていきたい。つまり、「職務遂行」的教職観・教職遂行の広まりが、仮に日本の教員の今日的な教員文化としての定着にまで及びつつあるとしたら、それは、「職務遂行」的なるものが「教育改革」が推し進められる状況に対処しそれを乗り切っていくためのかれらなりの適応の戦略となっている（「教育改革」施策によって誘導されている側面はもちろんあるにせよ）からであるとともに、ここまでの論述でその可能性を示唆してきたように、そのようにある必然があって採用された戦略が、教員同士の問題含みの関係性を生み出している、あるいは今度生み出していく可能性があり、ペダゴジーの面でも問題性を孕んでいる可能性がある——この両面を捉えたいということである。一般にある人々がある意識をもちある振る舞い方をする際の、かれらにとってのその切実さ・不可避性をより深く理解することを通じて、かれらがその一端を担うことによって生み出されている問題状況のより深い把握と批判も可能になるものであろう。そのことは、今日の日本の教員とその文化についても当てはまるはずである。

〈引用・参考文献〉

勝野正章 2007a「教師の魂の統治を超えて」『教育』2007 年 1 月号、国土社.

勝野正章 2007b「教師の主体化／客体化――学校経営の言説と実践の考察」『季刊人間と教育』No. 55、旬報社.

勝野正章 2008「教師を判定、評価、比較することの意味」『高校生活指導』2008 年夏号、青木書店.

勝野正章 2009「教師の協働と同僚性」『季刊人間と教育』No. 63、旬報社.

勝野正章 2016「教師の職務の公共性と専門家としての責任」佐藤学編『岩波講座 教育変革への展望 4　学びの専門家としての教師』岩波書店.

川村光・紅林伸幸・越智康詞・加藤隆雄・中村瑛仁・長谷川哲也・藤田武志・油布佐和子 2016「教職の高度専門職化と脱政治化に関する一考察――教師の社会意識に関する調査（2013 年）の結果報告(2)」『関西国際大学研究紀要』第 17 号.

久冨善之編著 2003『教員文化の日本的特性――歴史、実践、実態の探究を通じてその変化と今日的課題をさぐる』多賀出版.

久冨善之編著 2008『教師の専門性とアイデンティティ――教育改革時代の国際比較調査と国際シンポジウムから』勁草書房.

紅林伸幸・川村光・長谷川哲也・越智康詞・加藤隆雄・藤田武志・油布佐和子・中村瑛仁 2015「教職の高度専門職化と脱政治化に関する一考察――教師の社会意識に関する調査（2013 年）の結果報告」『常葉大学教職大学院研究紀要』第 2 号.

油布佐和子 2007「教師集団の変容と組織化」油布佐和子編『転換期の教師』放送大学教育振興会.

油布佐和子 2009「新自由主義的教育改革下の教師の意識――教員政策を中心として」『早稲田大学大学院教職研究科紀要』創刊号.

油布佐和子・紅林伸幸・川村光・長谷川哲也 2010「教職の変容――『第三の教育改革』を経て」『早稲田大学大学院教職研究科紀要』第 2 号.

油布佐和子・紅林伸幸 2011「教育改革は、教職をどのように変容させるか？」『早稲田大学大学院教職研究科紀要』第 3 号.

油布佐和子 2012「教職の変容と展望に関する教育社会学的研究――成果主義の影響と専門職の可能性」『社会と調査』No. 9.

油布佐和子 2015「教師の職場集団――同僚性の形成」油布佐和子編著『現代日本の教師――仕事と役割』放送大学教育振興会.

Ball, S. 2003 “The teacher’s soul and the terrors of performativity”, *Journal of Education Policy*, 18(2).

Bernstein, B. 1996 Pedagogy, Symbolic Control and Identity, London: Taylor & Francis (= 久冨善之他訳 2000『〈教育〉の社会学理論――象徴統制、〈教育〉の言説、アイデンティティ』法政大学出版局).

# おわりに―「日本の教員文化」研究30余年を振り返って：本書研究成果の位置と課題を考える―

久冨　善之

「はじめに」において、本研究の課題を提示した。それは以下の3点であった。

① 「教師の責任」を学校文化の歴史的な形成・再編とその現在として明らかにする

② 「教師への子ども・親の期待」の教師たちによる認知と責任意識を明らかにする

③ 教師が陥っているアポリア、その変化とそれを乗り切る教員文化再構成の可能性を追求する

本研究がこのような課題を追究するのに先立って筆者の場合、「日本の教員文化」研究30余年の積み重ねがある。この「あとがき」ではそれらを振り返りつつ、本書の「結び」に即して、この研究を通じて何が明らかになり、その成果が「日本の教員文化」研究にどのような位置と課題を持つものか、その点について若干の考察を加えたいと思う。

## 1.「日本の教員文化」という課題意識

### (1)「見えにくい教員世界」を「教員文化」論で考える

近代学校の19世紀における成立に伴って、その学校に大量に雇用されたのが今日我々の眼にする学校教師である。近代社会に数ある「専門的免許・資格」の必要な職業は数多いがそのなかではどの社会でも、学校教師と看護師とがその数において圧倒的に多く、今日の日本では初等・中等教育学校の教師だけで100万人弱、全就業者の数パーセントはいる勘定になる。

それだけ多い教師たちは社会の中の一つの巨大な職業層を形成してきたと言えよう。ところが、教師の世界は見えにくいものである。それはときには「見果てぬ暗黒の大陸」(中内・川合 1974) とも呼ばれてきたものである。教師たちが何を考えて、どのように行動をしているのかは、とりわけ外からは見えづらい。

しかし、その見えづらい教員世界を外側から批判・裁断するのではなく、社会の教師層が形成している「教員社会」の内部から、どのように形成されているかを考える上で、「教員文化」という存在を考えてきた。それは、「内部にいれば見える」という意味でなく、内部構成を分析的に、また歴史的に考察するため「それに関わる人々が共同形成する行動様式とそれへの意味づけ」(Williams, R. 1980 [1961]) という意味の「文化」概念を、教員社会にも存在するに違いないと考えて、その共同形成過程と生じた「教員文化」の働きを追究することを目指すものであった。

### (2)「教員文化」の暫定的定義

英国教育社会学者 D. H. ハーグリーヴスは、「職業文化」について、次のように述べている (Hargreaves, D. H. 1982 pp. 192-193)。

「私たち大多数にとって、仕事の世界に入るということは、その職業共同体に参加することでもある。私たちは同僚・対象者といった他の人々と共に働き、私たちがどう行動するかに強い期待を抱いている一群の人々と出会う。新人には、単に仕事の技術的熟練だけが求められるのではなく、仕事の世界 (the social world of work) にも適応していかなくてはならない。言い換えれば、大部分の職業は、一つの『職業文化』の中におかれている。この用語が指しているのは、すでにその職業にある人々によって共有され理解されているところの『信念 (beliefs)』、『慣習 (habits)』、『伝統 (tradition)』、『ものの考え方、感じ方や他人とのつき合い方 (ways of thinking and feeling and relating to others)』などの一つのセットなのである。この職業文化は、もとからのメンバーの間では明白かつ当然のこととされているが、新人にとってはしばしば不明瞭で、神秘的で、学びとるのが難しいものである。しかし一方、私たちの職業的アイデンティティが形成され確立されるのは、この文化を通してなのである。」

新人が身につけるように求められるのがその職業技術だけでなく、仕事の世界への適応、すなわち「職業文化」である、という考察は的確だと思う。「教員文化」は「学校教員層の仕事の世界に形成され棲みついている職業文化」であって新人の前にはそういう職業文化世界がある。筆者はかつて、この規定に依拠し他の文化論も援用して「教員文化」を次のように定義した（久冨編著1988 p. 23）。

「教員文化とは、教員世界に見出されるモーダルなあるいは変異的な行動型を要素とするものであるが、その単純な和であるよりも、その背後にあって行動を律し、教員たちに「世界解釈」のコードを与えている組織された全体である。その全体は、教員という職業の遂行（仕事と生活とを含めて）にまつわって歴史的に選択され、形成され、継承され、また創造されながら変容していくところの蓄積された信念・慣習・伝統・心性・つき合い方などのセットからなっている。」

この定義は、長い割に抽象的で、かつやや折衷的性格[(1)]を持つものになっている。それでも教師たちの世界に、確かに職業文化としての教員文化があるに違いないという点を明らかにし、それがどのようなもので、どう働いているかを解明して行く上での出発点にはなっていると思う。

### (3) 教師が陥っているアポリアとそれを乗り切る「教員文化」という存在

教師の「教える」という仕事がいくつもの難しさをはらんだものであることは、既に言及してきた（本書「序」でも）。しかし教師の仕事が難しいばかりでどうにもならないような仕事ならば、職業として成り立たないし、それを目指す人も少ないだろう。歴史的事実として学校教師は立派に専門職業として成立しその後継希望者も常に多数いて、日本は教員不足にあまり悩んでこなかった。だとすれば困難や課題があったとしても、それらを何とか「乗り切る」道も開かれたに違いないと思われるのである。それは、ある困難をうまく解決したたまたまの経験だったかも知れない。難しい課題を何とか克服しようとして絞り出された知恵・工夫だったかも知れない。あるいは、難問を何とかうまく外してすり抜けた体験だったかも知れない。そもそも、そのような知恵・工夫・経験・体験の蓄積、それらの共有と伝達は、その社会層が毎日のように直面するその困難と課題を何とか乗り切ろうとする個人的・集団的努力として長年の間に生まれ、その社会層の「行動様式」や「ものごとの捉え方」として定着するものだろう。つまりそこに共通する集団的困難・課題があるからこそ、集団のなかで「こういう場合には、こうすればいい」「こういう時には、ことがらをこう捉えて対処するといい」という経験や知恵が交流・蓄積・伝達され「行動様式・ものごとの捉え方」として定着するというメカニズムがそこに働くということになる。

学校教員層がそうやって集団形成した「行動様式とものごとへの意味づけ」こそが先に暫定的に定義した「教員文化」に他ならない。

## 2.「教師の責任と教職倫理」という課題意識から見えてきたもの

### (1) 教師はなぜ責任追及的な立場に立たされるのか――「教員文化」問題として

「教師の責任と教職倫理」をめぐり、教師がなぜ責任追及的な被告席に立つことが多いのかを考えてきた。そこには子ども・親側の変化があるのか、教師の側のことがらの捉え方にあるのか。本書では、「教員文化」の今日的様相が10年前に行った同様の調査研究結果と比較しどう変化しているかを追究した。

第2章・3章でやや詳しく見たように、教師をめぐる学校状況は今回質問紙調査の回答結果からは、一見まるで「事態が好転し、教師をめぐる難しさや責任追及が、開かれた性格に変化してきている」ように思える。しかし、第3章・4章・5章の分析により、事態はむしろ学校の官僚制化や成果主義的運営が深まって、「教師の責任意識・教職倫理」が教師の直面する課題からやや距離を置き、課題把握や責任意識の平板化の傾向さえ見られるものであった。

### (2) そこにある課題に応えるのは、いかなる方向性か？

本書第6章の教師たち自身の持つ「教職観」として、「自己犠牲や苦労はあっても、子どもとの触れ合いに喜びを見出して教師の仕事に向かう人たち」という「献身的教師像」が、教師層多数の教師イメージとしては相変わらず根強いが、そこにも「教育改革」の「効率主義」的学校運営とそれに見合う「教師像」が浸透している姿が示された。

その一方で、全国10地域質問紙調査の回答結果を踏まえて実施した第13章のD町インタビュー調査や、第Ⅱ部の東日本大震災被災地調査（質問紙調査と面接調査の組み合わせ）では、「効率主義」や「課題把握の平板さ」とは対極に位置するような「眼の前にある課題を直視する」教師たちの姿が見られた。とりわけ被災3市のインタビュー調査に回答してくれた13人の教師たちには、「子どもの被災、その保護者の被災、地域の被災、教師自身の被災、教師の家族の被災」などの困難を乗り超えて、子ども・学校・地域の再生に向けて、献身的に努力する姿に感銘を受けた。そこではまた、学校・教師と子ども・保護者・住民とのさまざまの形での協力や共同・交流の具体的な形の展開が見られた。それらは、子どもとの交流を「犠牲とは思わない」というかつての「献身的教師像」とはやや異なる、むしろ「子どもたちの自主性・主体性のなかに生きる教師の指導性・教育性」とでも言うべき、新しい教員文化要素が生じていると思えた。

それが、今後どのような方向を生み出すものなのかは、まだ不確定であるが、そこには一つの可能性、あの「民主主義的専門職性（Whitty & Wisby 2008）」の今日版となり得るのではないかという期待を持たせるものではあると思う。

### (3) 教師像がはらむ「子どもへの責任の無限定性」

第2章や第6章などが明らかにしたように「子どもへの責任の無限定性」は、いまもなお「弱く、成長中の子どもに関わる」教師という仕事が持たざるを得ない基本的性格だと言えよう。「はじめに」でも述べたが、それは教師が、その担任する子どもたちの側から教師に期待していることがらに対して、教師として「それが子どもにとって必要」と考えられるならば、熱意をもって応えていこうとする行動様式である。もちろん「無限の責任を負う」という意味ではない。「責任の範囲をあらかじめ限定・局限せず、責任範囲が緊急の必要とともに変わり得る」という責任範囲の境界区分の不分明さを意味している。

そのような「クライエントの必要・呼びかけ」に対して、真っ当に「応答する」ことが「責任」の意味であるとすれば、教師の仕事は何を置いても「子どもの必要・要求」に応答する「子どもに対する責任」を果たすことが仕事柄の最重要点となる。それは当然のこととも思われるが、しかしそれをめぐって、実に難しいさまざまの課題が絡んでいることは、本書の全体が明らかにした点であると言えよう。そういう課題の絡み合いの追究を今後の課題としたい。

末尾になるが、この調査に協力してくれた「全国10地域〈教師質問紙調査〉」の、各地域の、教育委員会関係者、各学校、回答してくれた教師たち、それに〈インタビュー調査〉に答えてくれたいくつかの教育委員会・各学校・教師のみなさん・保護者のみなさん、またF県の被災3市の「〈質問紙調査〉・〈インタビュー調査〉」に答えてくれた13人の教師のみなさん、それらのすべての皆さんに深く感謝したい。それにまた各地域の調査依頼を仲介・援助してくれた人たちにも深謝したい。

さらに、本書の刊行に向けて並々ならぬ配慮と尽力を下さった勁草書房編集部の藤尾やしおさんにも、心からのお礼を申し上げたい。

最後に、日本の教師の教育活動が子ども・保護者・地域の期待するものに、応える〈教育実践〉として発展し、それが、日本の〈教員文化〉のなかに、引き継がれて財産になることを、希望をもって見守り続けることを述べて、本書を終えたい。

執筆者の一人として　久冨　善之

〈注〉

（1）「折衷的」というのは、人類学の「行動様式の体系」という一般的な「文化」の定義に加えて、解釈人類学の「ことがらへの解釈・意味づけ」という点を加味し、またその歴史的形成・継承という面や、個人のアイデンティティの拠点になることにも目配りしているためである。

〈参考文献〉

Hargreaves, D. H. 1982, *The culture of teaching, in The Challenge for the Comprehensive School*, London: RKP.

久冨善之編著 1988『教員文化の社会学的研究』多賀出版.

中内敏夫・川合章編 1974『日本の教師5　教師像の探求』明治図書.

Williams, R. 1980［1961］*The Long Revolution*, London: Chatto & Windus（=1983 若松繁信・妹尾剛光・長谷川光昭訳『長い革命』ミネルヴァ書房）.

Whitty, G. & Wisby, E. 2008,「近年の教育改革を超えて――民主主義的な専門職性」、久冨善之編著『教師の専門性とアイデンティティ――教育改革時代の国際比較調査と国際シンポジウムから』勁草書房.

# 索　引

## ア行



## カ行

## サ行

## タ行



## ナ行



## ハ行

## マ行



## ヤ行



## ラ行

## 執筆者紹介

**久冨　善之**（くどみ　よしゆき）　編者　はじめに、第1・2・6・13・16章、おわりに
現在：一橋大学・名誉教授
専門：教育社会学、教員文化論、学校文化論
主著：『競争の教育』（旬報社、1993年）、『日本の教師、その12章』（新日本出版社、2017年）

**長谷川　裕**（はせがわ　ゆたか）　編者　序、第4・8章、結び
現在：琉球大学人文社会学部・教授
専門：教育社会学
主著：『教育社会学』（学文社、2008年、共編著）、『格差社会における生活・子育て・教育と新たな困難』（旬報社、2014年、編著）

**福島　裕敏**（ふくしま　ひろとし）　編者　第3・5・14・15章
現在：弘前大学教育学部・教授
専門：教育社会学、教師教育、教育科学
主著・主論文：『学校・教員と地域社会』（東信堂、2012年、共編著）、「教師教育の「高度化」と学生の成長過程——学生の在学中の成長過程」（『日本教師教育学会年報』第23号、2014年）

**山田　哲也**（やまだ　てつや）　第7章
現在：一橋大学大学院社会学研究科・教授
専門：教育社会学
主著：『現代社会の児童生徒指導』（放送大学教育振興会、2017年、共編著）、「PISA型学力は日本の学校教育にいかなるインパクトを与えたか」（日本教育社会学会編『教育社会学研究』第98集、2016年、pp. 5-28）、『学力格差是正策の国際比較』（岩波書店、2015年、共編著）

**本田　伊克**（ほんだ　よしかつ）　第9章
現在：宮城教育大学教育学研究科・准教授
専門：教育社会学（学校知識論）、教育課程論
主著：『学力と学校を問い直す』（かもがわ出版、2014年、共編著）、「教育の知識論的・文化階層論的基盤」（『宮城教育大学紀要』第47巻、2012年）

**山本　宏樹**（やまもと　ひろき）　第10章
現在：東京電機大学理工学部共通教育群教職課程・助教
専門：教育社会学、教育科学
主著：「なぜ学校で体罰や指導死が起こるのか？——社会に蔓延する“ダークペダゴジー（闇

の教授法)」(SYNODOS、2016 年(http://synodos.jp/education/19720))、「追いつめられた教師たちの『汚れた手』――教育実践の科学と倫理について」(教育科学研究会[編]『教育』2015 年 12 月号、かもがわ出版)、「ゼロ・トレランス教育論の問題圏――訓育・法治・排除の共振と闘争」民主教育研究所編『季刊 人間と教育』2015 年春号、旬報社)

**松浦　加奈子**(まつうら　かなこ) 第 11 章
現在:一橋大学大学院社会学研究科・博士課程
専門:教育社会学
主論文:「授業秩序はどのように組織されるのか――児童間の発話管理に着目して」(『教育社会学研究』第 96 集、2015 年)

**松田　洋介**(まつだ　ようすけ) 第 12 章
現在:金沢大学人間社会学域学校教育学類・准教授
専門:教育社会学
主著:『「復興」と学校――被災地のエスノグラフィー』(岩波書店、2013 年、共編著)、『戦後日本の教育と教育学』かもがわ出版、2014 年、分担執筆)

教師の責任と教職倫理
経年調査にみる教員文化の変容

2018年7月20日　第1版第1刷発行

編著者　久冨善之
長谷川　裕
福島裕敏

発行者　井村寿人

発行所　株式会社　勁草書房

112-0005 東京都文京区水道2-1-1　振替　00150-2-175253
（編集）電話　03-3815-5277／FAX　03-3814-6968
（営業）電話　03-3814-6861／FAX　03-3814-6854
本文組版　プログレス・日本フィニッシュ・松岳社

©KUDOMI Yoshiyuki, HASEGAWA Yutaka,
FUKUSHIMA Hirotoshi　2018
ISBN978-4-326-25127-8　Printed in Japan

JCOPY ＜㈳出版者著作権管理機構 委託出版物＞
本書の無断複写は著作権法上での例外を除き禁じられています。
複写される場合は、そのつど事前に、㈳出版者著作権管理機構
（電話 03-3513-6969、FAX 03-3513-6979、e-mail: info@jcopy.or.jp）
の許諾を得てください。

＊落丁本・乱丁本はお取替いたします。

http://www.keisoshobo.co.jp

| | | | |
|---|---|---|---|
| 久冨善之編著 | 教師の専門性とアイデンティティ<br>教育改革時代の国際比較調査と国際シンポジウムから | A 5 判 | 3800 円 |
| 鈴木悠太 | 教師の「専門家共同体」の形成と展開<br>アメリカ学校改革研究の系譜 | A 5 判 | 7200 円 |
| 高井良健一 | 教師のライフストーリー<br>高校教師の中年期の危機と再生 | A 5 判 | 6400 円 |
| グループ・ディダクティカ編 | 教師になること、教師であり続けること<br>困難の中の希望 | 四六判 | 2600 円 |
| グループ・ディダクティカ編 | 学びのための教師論 | 四六判 | 2600 円 |
| G・ビースタ／上野正道ほか訳 | 民主主義を学習する<br>教育・生涯学習・シティズンシップ | 四六判 | 3200 円 |
| 小玉重夫 | 教育政治学を拓く<br>18 歳選挙権の時代を見すえて | 四六判 | 2900 円 |
| 宮寺晃夫 | 教育の正義論<br>平等・公共性・統合 | A5 判 | 3000 円 |
| 山名淳<br>矢野智司編著 | 災害と厄災の記憶を伝える<br>教育学は何ができるのか | A 5 判 | 4000 円 |
| 酒井朗 | 教育臨床社会学の可能性 | A 5 判 | 3300 円 |
| 園山大祐編著 | フランスの社会階層と進路選択<br>学校制度からの排除と自己選抜のメカニズム | A 5 判 | 4400 円 |
| 教育思想史学会編 | 教育思想事典 増補改訂版 | A5 判 | 7800 円 |

＊表示価格は 2018 年 7 月現在。消費税は含まれておりません。